입재집

이 책은 2018~2019년도 정부(교육부)의 재원으로 한국고전번역원의 지원을 받아 수행된 '권역별거점연구소협동번역사업'의 결과물임.

This work was supported by Institute for the Translation of Korean Classics - Grant funded by the Korean Government.

한국고전번역원 한국문집번역총서 / 경북대학교 영남문화연구원

입재집 11

정종로 지음 송희준 김승호 옮김
鄭宗魯

立齋集

일러두기

1. 이 책의 번역 대본은 한국고전번역원에서 간행한 한국문집총간 제253~254집에 실린 《입재집(立齋集)》으로 하였다. 번역 대본의 원문 텍스트와 원문 이미지는 한국고전종합DB(http://db.itkc.or.kr)에서 확인할 수 있다.
2. 내용이 간단한 역주는 간주(間註)로, 긴 역주는 각주(脚註)로 처리하였다.
3. 한자는 필요한 경우 이해를 돕기 위하여 넣었으며, 운문(韻文)은 원문을 병기하였다.
4. 맞춤법과 띄어쓰기는 한글 맞춤법과 표준어 규정을 따랐다.
5. 이 책에서 사용한 부호는 다음과 같다.

   ( ) : 번역문과 음이 같은 한자를 묶는다.

   〔 〕 : 번역문과 뜻은 같으나 음이 다른 한자를 묶는다.

   " " : 대화 등의 인용문을 묶는다.

   ' ' : " " 안의 재인용 또는 강조 문구를 묶는다.

   「 」 : ' ' 안의 재인용을 묶는다.

   『 』 : 「 」 안의 재인용을 묶는다.

   《 》 : 책명 및 각주의 전거(典據)를 묶는다.

   〈 〉 : 책의 편명 및 운문·산문의 제목을 묶는다.

   □ : 글자의 자리를 비워둠을 나타낸다.

   ▨ : 마멸 또는 삭제된 원문 글자의 자리를 나타낸다.

입재집 제43권

행장行狀

입재집 제44권

행장行狀

입재집 제45권

행장行狀

입재집 제46권

행장行狀

입재집

제43권

행장
行狀

행장 行狀

증 가선대부 이조 참판 겸 동지의금부사 행 가선대부 동지중추부사 홍문관 제학 예문관 제학 남계 표 선생 행장
贈嘉善大夫吏曹參判兼同知義禁府事行嘉善大夫同知中樞府事弘文館提學藝文館提學藍溪表先生行狀

선생의 휘는 연말(沿沫)이고 자는 소유(少游)이며 호는 남계(藍溪)이다. 신창(新昌) 표씨(表氏)는 고려 시대 합문지후(閤門祇候)를 지낸 인려(仁呂)의 후손이다. 고조부는 휘가 광원(光遠)으로 관대부(官大夫)를 지냈고, 증조부는 휘가 을충(乙忠)으로 군기시 소윤(軍器寺少尹)을 지냈으며, 조부는 휘가 하(河)로 온수 감무(溫水監務)를 지냈다. 아버지는 휘가 계(繼)로 봉직랑(奉直郎)과 상주 교수(尙州教授)를 지냈으며 어머니는 주부(主簿)를 지낸 안씨(安氏) 모(某)의 따님인데, 황명(皇明) 선덕(宣德)[1] 모년 모월 모일에 선생을 낳았다.

선생은 약관의 나이에 이미 문장과 행실로 세상에 이름이 났으며 점필재(佔畢齋) 김 선생(金先生)[2]에게 배워서 위기지학(爲己之

1 선덕(宣德) : 명나라 선종(宣宗)의 연호로 1426～1435년까지이다.

學)을 들을 수 있었다. 이로부터 더욱 실제의 공부에 힘을 쏟아 마음을 다잡고 몸을 계칙함을 한결같이 의리와 예절로 하여 동문의 선비 중에 최고로 성대하였다. 교제한 사람은 도학(道學)에 있어서는 김한훤당(金寒暄堂)[3]과 정일두(鄭一蠹)[4] 두 선생이 있었고, 문장(文章)에 있어서는 조매계(曺梅溪)[5]와 김탁영(金濯纓)[6]

2 점필재(佔畢齋) 김 선생(金先生) : 김종직(金宗直, 1431~1492)을 말한다. 본관은 일선(一善), 자는 계온(季昷), 호는 점필재, 시호는 문간(文簡)에서 문충(文忠)으로 바뀌었다. 김숙자(金叔滋)의 아들로 벼슬이 홍문관 대제학에 이르렀으며 사후 영의정에 증직되었다. 저서로 《점필재집》, 《청구풍아(靑丘風雅)》 등이 있으며, 선산(善山)의 금오서원(金烏書院), 밀양(密陽)의 예림서원(禮林書院), 김천(金泉)의 경렴서원(景濂書院) 등에서 제향되었다.

3 김한훤당(金寒暄堂) : 김굉필(金宏弼, 1454~1504)을 말한다. 본관은 서흥(瑞興), 자는 대유(大猷), 호는 한훤당이다. 김종직(金宗直)의 문하에서 《소학》을 읽고 스스로 '소학동자'라고 일컬었다. 1480년(성종11) 사마시에 합격하여 감찰 등을 역임했다. 1498년(연산군4) 무오사화에 희천(熙川)에 유배되고 다시 순천으로 이배되었다가 1504년(연산군10) 갑자사화에 사사(賜死)되었다. 시호는 문경(文敬)이다.

4 정일두(鄭一蠹) : 정여창(鄭汝昌, 1450~1504)을 말한다. 본관은 하동(河東), 자는 백욱(伯勗), 호는 일두이다. 함양(咸陽) 출신으로 김종직의 문인이다. 1490년(성종21) 문과에 급제하여 안음 현감을 지냈다. 1498년(연산군4) 무오사화로 종성(鍾城)에 유배되었다가 거기서 죽었는데, 1504년(연산군10) 갑자사화 때 부관참시(剖棺斬屍)를 당하였다.

5 조매계(曺梅溪) : 조위(曺偉, 1454~1503)를 말한다. 본관은 창녕(昌寧), 자는 태허(太虛), 호는 매계로 김종직(金宗直)의 문인이다. 무오사화로 투옥되었을 때, 이극균(李克均)의 극간으로 죽음을 면하고 의주로 유배 가서 배소에서 죽었다. 시호는 문장(文莊)이다.

6 김탁영(金濯纓) : 김일손(金馹孫, 1464~1498)을 말한다. 본관은 김해(金海), 자는 계운(溪雲), 호는 탁영, 시호는 문민(文愍)이다. 김종직의 문인이다. 1486년(성종17) 생원시와 문과에 급제하였다. 성종 때에 사관으로 김종직이 쓴 〈조의제문(弔

등 여러 군자가 있었는데, 서로 절차탁마하며 추중하고 허여하여 당시 동료들이 모두 남계 선생이라 일컬었다.

선생은 어버이를 섬김에 효도를 극진히 하여 기쁜 기색과 온순한 용모로 받들어 봉양하기를 극진히 하였다. 초상을 당하자 슬퍼하고 몸을 훼손함이 보통 사람보다 지나쳤으며 장례를 치름에 유감이 없게 하였다. 당시 세속에서 수도(隧道)[7]를 사용하여 장례를 지냈고, 추령(芻靈),[8] 모마(茅馬),[9] 금추(金樞), 석실(石室) 같은 것도 참람되게 만들어 썼으며, 또 불교의 가르침인 49재를 받들어 행하였다. 선생이 홀로 이것을 그르다고 하면서 한결같이 주자(朱子)의 《가례(家禮)》를 따라 시행하였다. 이때 점필재 어른이 마침 함양(咸陽) 태수로 부임하였는데, 선생의 효행을 경상감영에 보고하고 임금에게까지 알려지기를 기약하였다. 선생이 점필재 어른에게 편지를 보내 자신이 효행의 실상이 없음을 스스로 진술하고 보고의 문서를 돌려 오기를 청하니, 점필재 어른이 더욱 현명하게 여겼다.

성화(成化) 기축년(1469, 예종1)에 생원과 진사에 모두 합격하였고 임진년(1472, 성종3)에 문과에 급제하여 즉시 선발되어 검열(檢閱)에 임명되었다. 병신년(1476, 성종7) 가을에 임금이 사가(四佳) 서거정(徐居正)[10]과 의정부(議政府), 이조(吏曹), 관각

義帝文)〉을 사초에 실었는데 이것을 빌미로 무오사화 때 능지처참을 당하였다.

7 수도(隧道) : 무덤으로 통하는 길로, 제왕에게만 쓸 수 있다.

8 추령(芻靈) : 풀을 묶어서 사람의 형상을 만든 것이다.

9 모마(茅馬) : 짚으로 만든 말이다.

당상(館閣堂上)[11]에게 명하여 독서문신(讀書文臣)을 초계(抄啓)[12]하게 하여 산사(山寺)에서 사가독서하게 하니, 이름을 '독서당(讀書堂)'[13]이라 하였다. 선생은 김안락(金顔樂),[14] 조지족(趙知足)[15]

10 사가(四佳) 서거정(徐居正) : 1420~1488. 본관은 대구(大丘), 자는 강중(剛中), 호는 사가정(四佳亭)이다. 1438년(세종20) 생원과 진사에 합격하고, 1444년(세종26) 문과에 급제하였다. 여섯 왕을 섬겨 45년간 조정에 봉사, 23년간 문형을 관장하고, 23차에 걸쳐 과거 시험을 관장해 많은 인재를 뽑았다. 저술은 시문집으로 《사가집(四佳集)》이 전한다. 공동 찬집으로 《동국여지승람(東國輿地勝覽)》, 《동문선(東文選)》, 《경국대전(經國大典)》, 《동국통감(東國通鑑)》 등이 있다. 시호는 문충(文忠)이다.

11 관각당상(館閣堂上) : 홍문관과 예문관의 제학과 대제학을 이르는 말이다.

12 초계(抄啓) : 인재를 선발하여 임금에게 보고하는 일이다.

13 독서당(讀書堂) : 조선 시대에 국가의 중요한 인재를 길러 내기 위하여 건립한 전문 독서연구기구로 호당(湖堂)이라고도 하였다. 세종이 1426년 12월에 젊은 문신들에게 휴가를 주어 독서에 전념할 수 있도록 하는 사가독서제(賜暇讀書制)를 실시한 것이 시초이다. 그러나 세조가 왕위를 찬탈하여 집현전을 혁파함으로써 사가독서제는 폐지되었다. 그 뒤 성종은 1476년과 1486년에 다시 사가독서제를 실시하였다. 장소는 지금의 마포 한강변에 있던 귀후서(歸厚署) 뒷쪽 언덕의 사찰이었다고 하며, 20칸 정도의 공간이었다 한다. 그 뒤 존폐를 거듭하였다. 독서당의 인원수는 1426년부터 1773년까지 350여 년 동안 총 48차에 걸쳐서 320인이 선발되었다. 매차별 인원수로는 가장 적었을 때인 1585년이 1인, 가장 많을 때인 1517년과 1608년 등이 12인이었으나, 일반적으로는 6인 내외였다.

14 김안락(金顔樂) : 김흔(金訢, 1448~1492)을 말한다. 본관은 연안(延安), 자는 군절(君節), 호는 안락당(顔樂堂)이다. 김종직(金宗直)의 문인이다. 1468년(세조14) 진사시에 합격하고, 1471년(성종2) 문과에 장원으로 급제하였다. 벼슬이 공조참의와 행부사과(行副司果)에 이르렀다. 성품은 고결하고 지조가 있었으며 언행이 한결같았다. 문장은 율시에 능하였다. 시호는 문광(文匡)이다.

15 조지족(趙知足) : 조지서(趙之瑞, 1454~1504)를 말한다. 본관은 임천(林川), 자는 백부(百符), 호는 지족정(知足亭)이다. 1474년(성종5) 생원시에 1등으로 합격

과 함께 여기에 선발되었는데, 좋은 때와 절기에 임금께서 특별히 연음(燕飮)을 하사하시니 당시 사람들이 영광스럽게 생각하였다.

병오년(1486, 성종17) 중시(重試)에 일등으로 합격하였다. 또 상례를 치름에 예절을 극진히 하였다고 조정에 알려지니, 임금이 한 등급을 올려 관직에 명하도록 하여 홍문관(弘文館) 응교(應敎)와 직제학(直提學)에 임명되었다. 얼마 있지 않아 승정원 승지(承政院承旨)에 승진되었고 또 가선대부(嘉善大夫) 동지중추부사(同知中樞府事) 겸 홍문관 제학과 예문관 제학에 승진되었다. 교동주(喬桐主 연산군) 무오년(1498)에 사옥(史獄)이 일어나니, 점필재 어른이 부관참시당하는 화를 입었고 당시 그의 문도들도 모두 귀양 가거나 죽음을 당하였다. 선생은 곤장을 맞고 경원(慶源)에 유배되었다가 돌아가시니, 향년 68세였다. 장지는 함창(咸昌) 입암산(立巖山) 모향(某向) 언덕에 있다.

부인은 성산 이씨(星山李氏)로 호군(護軍)을 지낸 종림(從林)의 따님이다. 3남 2녀를 두었으니, 장남은 준(準)이고 차남은 빙(憑)으로 문과에 급제하여 직제학(直提學)을 지냈고, 셋째는 충(沖)인데, 모두 후사가 없다. 딸은 정윤성(鄭允誠)과 판서에 증직된 강호(姜滸)에게 각각 시집갔다.

선생은 학문이 순박(醇朴)하고 조행(操行)이 독실하였다. 성종의 태평성대를 만나 경악(經幄)에서 임금을 가까이 모시며 계옥

하고, 같은 해 문과에 급제하였다. 1504년 갑자사화가 일어났을 때, 세자 시절 그의 풍간(諷諫)과 집요한 진강(進講)을 혐오했던 연산군의 기휘(忌諱)로 이에 연루되어 참살되었다. 진주의 신당서원(新塘書院)에 제향되었다.

(啓沃)[16]하고 헌체(獻替)[17]함이 임금을 바로잡고 나라를 위하는 계책이 아님이 없었으나, 임금이 궁검(弓劍)을 갑자기 버리고 돌아가셔서[18] 능력을 크게 펴지 못하였다. 교동주가 즉위함에 욕심을 방종하고 법도를 폐하였다. 교동주가 일찍이 궁전에서 나가 한강가에 유람하면서 배를 타고 용산(龍山)으로 내려가고자 하였다. 선생이 노를 안고 간쟁하여 말하기를 "육지로 가는 것은 안전하고 배를 타는 것은 위태로우니, 안정된 것을 버리고 위태로움을 따르는 것은 불가합니다." 하니 임금이 들어주지 않았다. 뱃사공으로 하여금 노를 빼앗게 하니, 선생이 물속으로 꺼꾸러지며 투신하였다. 임금이 신하에게 명령하여 등에 업고 나와 구출하게 하고는 묻기를 "어찌하여 강물에 투신하였는가."라고 하니, 대답하여 "신은 초 회왕(楚懷王)의 신하 굴원(屈原)을 따라 죽고자 해서입니다."[19]라고 하였다. 임금이 노하여 "너는 실제로 굴원을 보았는가."

16 계옥(啓沃) : 신하가 자기의 마음속에 있는 것을 열어 임금의 마음을 윤택하게 인도하는 것이다. 은(殷)나라 고종(高宗)이 그 재상 부열(傅說)에게 "그대의 마음을 열어 나의 마음을 적셔라.〔啓乃心, 沃朕心.〕"라고 한 데서 유래하였다. 《書經 說命上》

17 헌체(獻替) : 헌가체부(獻可替否)의 준말이다. 즉 임금이 옳게 여기는 것 가운데 그른 요소가 있으면 그것을 아뢰어 선(善)으로 인도하고, 임금이 그르다고 여기는 것 가운데 옳은 점이 있을 때에는 그것을 아뢰어 악(惡)을 버리게 하는 것이다.

18 궁검(弓劍)을……돌아가셔서 : 임금(성종)의 죽음을 말한다. 용이 수염을 드리우고 내려와 황제(黃帝)의 죽음을 맞이하자 황제가 올라탔는데 이때 황제를 따랐던 신하들과 후궁들이 70여 명이었다. 나머지 사람들은 오르지 못하고 곧 용의 수염을 잡으니 수염이 뽑혀 떨어지면서 황제의 궁검이 함께 떨어졌는데 남은 백성들은 곧 그 궁검을 끌어안고 우러러보았다는 고사에서 유래한다. 《史記 封禪書》

19 초 회왕(楚懷王)의……해서입니다 : 굴원은 전국 시대 초(楚)나라 대부(大夫)

하니, 선생이 "신은 굴원을 보았는데, 굴원에 저에게 한 편의 시를 주었습니다."라고 하였다. 임금이 "어떤 시인가."라고 하니, 선생이 "그 시에 '나는 암매한 군주를 만나 강물에 투신하여 죽었으나, 그대는 명군(明君)을 만났는데 왜 왔는가.〔我逢暗主投江死, 君逢明主底事來?〕'라 하였습니다."라고 하니, 임금이 웃으며 그만두었다. 선생이 해학으로 규계하고 풍자하여 임금의 마음을 깨닫게 하여 방향을 돌리려고 한 것이 이와 같은 것이 많았다.

일찍이 한림원에서 연음(燕飮)하는 날에 쇠고기를 마련하였다. 임금이 알게 되자 관례에 따라 금지하는 법을 범한 사람은 모두 파직되었다. 이로부터 금지하였던 쇠고기를 보면 문득 제거하고 말하기를 "차마 다시 법을 범할 수가 없다."라고 하였다. 옥당(玉堂)에 있으면서 서사가(徐四佳)가 《동국통감(東國通鑑)》[20]을 찬술할 때 선생이 그 일을 도왔는데, 편집하고 찬술하는 것이 많았다. 선생이 저술한 시문에 대하여는 탁영(濯纓)이 "국가의 성대함을 잘 표현하여 대아고풍(大雅高風)을 진작시키기에 충분하였다."라고 생각하였으나, 산일되어 전하지 않으니 애석하다.

중종이 반정하자[21] 특별히 이조 참판에 증직하고 관리를 보내어

가 되어 회왕(懷王)의 신임을 얻었으나 참소를 당하여 소원하게 되었으며, 양왕(襄王) 때 다시 참소를 당하여 장사(長沙)에 귀양 가게 되었다. 이에 〈회사(懷沙)〉를 읊고는 돌을 안고 멱라수(汨羅水)에 빠져 죽었다.

20 동국통감(東國通鑑) : 1485년(성종16)에 서거정(徐居正) 등이 왕명을 받아 신라 초부터 고려 말까지의 역사 사실을 모아 편찬한 역사책으로 조선 전기 대표적 관찬 사서(官撰史書)이다.

21 반정하자 : 원문 '개옥(改玉)'의 뜻이다. 《예기(禮記)》 〈옥조(玉藻)〉에 의하면,

치제(致祭)하였다. 사림들이 선생의 신령을 편안하게 모시어 숭모하여 받들었는데 함양(咸陽)에는 구천서원(龜川書院)[22]이 있고 함창(咸昌)에는 임호서원(臨湖書院)[23]이 있으니, 하늘이 선생에게 보답을 베푼 것이 여기에 있을진저.

내가 일찍이 《무오당적(戊午黨籍)》을 읽어 보고 선생의 일에 대하여 한두 가지를 알게 되었고 이미 또 삼가 사제문(賜祭文)을 읽어 보고서 성대하게 기리고 권장하는 내용이 있음을 보았으니, 그 사제문에 "유림에서는 성대하여 많은 닭 속에 한 마리의 학이었고, 조정에 나아가서는 가을 하늘의 한 마리 수리새였네.〔蔚乎儒林, 如鷄羣獨鶴, 揚于王庭, 如秋天一鶚.〕"라고 하였다. 또 여러 선배들의 칭찬하여 기술한 말이 국승(國乘)과 야사(野史)에 보이는 것이 또한 적지 않으니, 이 때문에 선생의 원통함을 비통하게

"대부(大夫)는 창옥(蒼玉)을 차고, 제후(諸侯)는 현옥(玄玉)을 찬다."라고 하였으니, 대부가 왕이 되면 옥을 바꾸어 차게 되므로 개옥이라 한다.

22 구천서원(龜川書院) : 경남 함양군 수동면 우명리에 있다. 1701년(숙종27) 지방 유림의 공의로 박맹지(朴孟智), 양관(梁灌), 표연말(表沿沫), 강한(姜漢), 양희(梁喜), 하맹보(河孟寶)의 학문과 덕행을 추모하기 위해 창건하여 위패를 모셨다. 선현 배향과 지방 교육의 일익을 담당하여 오던 중, 대원군의 서원철폐령으로 1869년(고종6)에 훼철되었다. 그 뒤 후손들이 불망계(不忘契)를 조직, 구천재와 유허비를 세워 헌례(獻禮)를 올려 오다가, 1983년에 복원하고 양홍주(梁弘澍)를 추가로 배향하여 지금에 이르고 있다.

23 임호서원(臨湖書院) : 경북 상주시 공검면 역곡리에 있다. 1693년(숙종19)에 지방 유림의 공의로 표연말(表沿沫), 홍귀달(洪貴達), 채수(蔡壽), 권달수(權達手), 채무일(蔡無逸)의 학문과 덕행을 추모하기 위해 창건하여 위패를 모셨다. 선현 배향과 지방 교육의 일익을 담당하여 오던 중 1868년(고종5)에 대원군의 서원철폐령으로 훼철되었다가 1979년에 복원되었다.

여기고 선생의 풍모를 우러른 것이 오래되었다. 지금 함창의 유자들이 모두 "선생의 묘도(墓道)에 이미 묘지(墓誌)와 묘갈명이 없고 행적을 기록한 행장도 누락되었으니, 이것을 한스러워할 만하다."라고 하였다. 드디어 여러 글에 흩어져 실려 있는 것을 널리 채집하여 모아 한 통의 글을 만들어 나에게 행장을 지어 주기를 부탁하였다. 스스로 생각해 보니 까마득한 후생(後生)인 내가 어찌 감히 이 일을 감당할 수 있겠는가. 그러나 함창의 유자들이 누차 강요하며 그만두지 않았으며, 또 내가 행장 끝에 나의 이름을 붙이는 것은 실제로 영광스러운 일에 속한다고 생각하여 감히 서술하기를 위와 같이 한다. 진양(晉陽) 정종로(鄭宗魯)는 삼가 행장을 쓴다.

정헌대부 이조 판서 겸 경연관 지사 춘추관 지사 홍문관 대제학 예문관 대제학 시 문광 호 허백당 홍 선생 행장
正憲大夫吏曹判書兼知經筵春秋館事弘文館大提學藝文館大提學謚文匡公虛白洪先生行狀

선생의 휘는 귀달(貴達)이고 자는 겸선(兼善)이며 성은 홍씨(洪氏)이다. 그 선조는 중국 사람으로 당(唐)나라 초기에 신라에 와서 남양(南陽)에 거주한 자가 있어서 드디어 우리나라의 대성(大姓)이 되었다. 그 뒤에 여러 곳에 흩어져 살았는데, 부계(缶溪)에 거주한 자가 곧 선생이 본관으로 하는 분이다. 고려 시대에 휘 란(鸞)이 비로소 드러나 현달하였고 내시(內侍)를 지낸 휘 문영(文永)에 이르러 상주(尙州)로 이거하였다. 문영의 아들 휘 순(淳)은 사재감(司宰監)을 지냈고, 순의 아들 휘 득우(得禹)는 이조 참판에 증직되었다. 득우의 아들 휘 효손(孝孫)은 예조 판서에 증직되었고, 그 부인은 부사직(副司直)을 지냈으며 본관이 안강(安康)인 노집(盧緝)의 따님인데 정부인(貞夫人)에 증직되었다. 득우는 선생의 조부이고 효손과 그 부인은 선생의 부모인데, 모두 선생이 귀하게 된 덕분으로 벼슬에 추증되는 영광을 받았다. 정통(正統) 무오년(1438, 세종20)에 선생이 함창(咸昌) 양적리(羊積里)에서 태어났다.

선생은 어려서 특출한 자질을 가지고 있어서 총명하고 빼어났다. 이미 학교에 들어가서는 스스로 힘쓰고 게을리하지 않았으며, 집에 책이 없었으나 남에게 빌려서 읽었는데 반드시 외우고서 되돌려 주었다. 12세 때 천자께서 북쪽으로 순수(巡狩)하신다[24]는 말을 듣고 개연(慨然)히 눈물을 흘리며 "천하 사람들이 거꾸로 매달리듯 고통을 받겠구나."라고 말하니, 식자들이 기특하게 여겼다. 성장하여서 경전과 제자백가에 대대적으로 힘을 쏟아 푹 잠겨 공부를 쌓고 쌓아 해박한 지식으로 이치를 관통하지 않음이 없었다. 그러나 선생의 뜻은 구도(求道)에 더욱 절실하여 성현의 글에 잠심(潛心)하고 복응(服膺)하여 반드시 자기 몸에 선(善)을 두려고 하였다. 문장을 지음에는 넉넉하고 광대하여 스스로 여유로움을 으뜸으로 삼았다.

기묘년(1459, 세조5)에 국자시(國子試 진사시)에 합격하였다. 신사년(1461, 세조7)에 임금이 친히 임하여 치른 대책문 시험에 합격하였는데, 전형관이 선생의 답안지를 보고 기뻐하며 "뒷날 우리의 의발(衣鉢)을 전수받을 이는 반드시 이 사람일 것이다."라고 말하였다. 문충공(文忠公) 서거정(徐居正)도 선생을 문장을 주도할 솜씨라고 추천하니 처음에 삼관직(三館職)을 시험하여[25] 예문관 봉교(藝文館奉教)와 시강원 설서(侍講院說書)를 역임하였다. 이때 임금이 문무의 재능을 겸비한 자를 명하여 선전관(宣傳官)으로 삼았는데, 선생이 선발되었으니 문신 겸 선전관의 직책이 여

24 천자께서 북쪽으로 순수(巡狩)하신다 : 1449년 토목보(土木堡)에서 변란이 일어나 명(明)나라 영종(英宗)이 오이라트군의 야선(也先 : 와랄부(瓦剌部) 수령(首領)이며 승상(丞相) 탈환(脫懽)의 아들이다)에게 포로로 잡혀 가게 된다. 이에 경제(景帝)가 즉위하였으며 영종은 이듬해에 석방되어 돌아온다. 여기서는 황제가 포로가 된 것을 '순수'라고 완곡하게 표현한 것이다.

25 처음에 삼관직(三館職)을 시험하여 : 옛날 관례에 새로 급제한 사람은 반드시 예문관(藝文館), 교서관(校書館), 성균관(成均館)의 직책을 임명하였다.

기서 시작되었다.

정해년(1467, 세조13) 북관(北關)의 전역(戰役)[26]에 선생이 원수(元帥) 충정공(忠貞公) 허종(許琮)[27]을 보좌하여 계책을 돕고 항오(行伍)를 정돈하는 데 공로가 많았다. 난리가 평정되자 단계를 뛰어넘어 공조 정랑(工曹正郎) 겸 예문관 응교에 임명되었는데, 이 벼슬은 장차 문형(文衡)을 관장할 자를 임명하는 것이다. 홍문관 교리(弘文館校理)로 전직되었고 예문관 응교를 겸하는 것은 그대로 유지하였다. 사헌부 장령(司憲府掌令)으로 자리를 옮겨 시사를 말함에 간절하고 곧았으며 당시의 소차(疏箚)가 모두 선생의 손에서 지어졌다. 체직되어 성균관 사예(成均館司藝)에 임명되었다. 이조(吏曹)에서 선생을 외직에 임명하려고 하자, 문충공(文忠公) 서거정이 계장을 올려 홍모(洪某)는 문한직(文翰職)에 있는 것이 마땅하고 외직으로 나가서는 안 된다고 하였다. 이에

26 북관(北關)의 전역(戰役) : 함경도의 호족(豪族) 이시애(李施愛)가 일으킨 반란을 말한다. 세조가 중앙집권의 강화를 위해 북도 출신 수령의 임명을 제한한 것에 불만을 품고 일으킨 난리이다. 이에 세조는 구성군(龜城君) 준(浚)을 병마도총사(兵馬都摠使)로 삼아 토벌하니, 이시애는 여진족까지 끌어들여 대항하였으나 허종(許琮)과 남이(南怡) 등이 이끄는 3만 군대가 반란군 주력부대를 분쇄하였다. 5월에 난이 시작되어 3개월 뒤인 8월에 평정되었다.

27 허종(許琮) : 1434~1494. 본관은 양천(陽川), 자는 종경(宗卿) 또는 종지(宗之), 호는 상우당(尙友堂)이다. 1456년(세조2)에 생원시를 거쳐, 1457년 문과에 급제하였다. 1466년(세조12) 함길도 병마절도사가 되었으나 아버지 상을 당해 사직했다가, 1467년 이시애(李施愛)의 난을 계기로 기복(起復 : 상중에 국가의 필요에 의해 관직에 나오던 제도)되어 토벌에 나섰다. 벼슬이 우의정에 올랐으며 시호는 충정(忠貞)이다. 허종은 홍귀달을 병마평사(兵馬評事)로 삼았다.

특별히 홍문관 전한(弘文館典翰)에 임명되었다. 일찍이 경연에서 임금을 모시면서 연한(燕閒)의 때 야대강의(夜對講義)[28]를 하여 영원한 규범으로 삼기를 청하니, 임금께서 가납하시었다. 경연에서 야대강의는 대개 선생의 건의로 시작된 것이다.

임금께서 장차 송도(松都)에 행차하려 할 때 당시 재상이 여악(女樂)을 대동하여 가도록 청하였다. 선생께서 경연에 들어가 임금을 모시면서 불가함을 극언하니, 임금께서 놀라며 얼굴 모습을 바꾸고 말하기를 "그대의 말이 없었다면 실수할 뻔했다."라고 하고 즉시 명령하여 그만두게 하였다. 그 후에 정전(正殿)의 회례연(會禮宴)에 또한 여악을 사용하지 말도록 명령하였으니, 선생의 말씀에 깊이 깨달음이 있었기 때문이다. 조금 있다가 직제학(直提學)에 승진하고 승정원 도승지에 발탁되었다. 기해년(1479, 성종 10) 가을에 호서(湖西) 관찰사가 되었다가 어떤 일로 체직되었다. 얼마 후 가선대부 계급과 형조 참판에 특진되었다가 한성부 우윤(漢城府右尹)에 전직되었다. 이때 선생의 집은 남산 아래에 있었는데, 집 곁의 언덕에 정자 하나를 지어 허백당(虛白堂)이라 편액하고 함허자(涵虛子)로 자호하였다. 선생이 공무에서 퇴근하여 폭건(幅巾)을 쓰고 지팡이를 짚고서 거기에서 흥얼거리며 시를 읊조리니 말쑥한 모습이 세상을 잊어버린 자와 같았다.

신축년(1481, 성종12) 여름에 사신의 임무를 띠고 명나라에 천추절(千秋節)을 축하하러 갔다. 이에 앞서 사신의 행차가 요양(遼

28 야대강의(夜對講義) : 경연(經筵)과 서연(書筵)에서 낮에 실행하는 조강(朝講), 주강(晝講), 석강(夕講)의 정규 강의 외에 밤에 시행하던 비정규 강의를 말한다.

陽)을 지날 때 역참(驛站)에서 오직 하루 동안의 비용만 지급하였기에 비록 몸이 아파 지체하고 비가 와서 길이 막혀도 절대로 더 이상 음식을 주지 않아 사신으로 오가는 사람들이 매우 곤궁하였다. 선생이 서장관 신종호(申從濩)[29]와 함께 명나라의 예부(禮部)에 하소연하여 넉넉한 음식을 지급하기를 청하여 허락을 받았다. 이로부터 중국에 사신 가는 자들은 영원히 이 은택을 받게 되었다. 돌아오다가 용만(龍灣)에 도착하여 어머니 정부인(貞夫人)의 초상 소식을 듣고 고향으로 분상(奔喪)하였다.

갑진년(1484, 성종15)에 이조 참판에 임명되었고 가의대부(嘉義大夫)에 승급되었다. 외직으로 나가 관동(關東 강원도) 관찰사가 되어 학교를 세우고 군민(軍民)들을 주휼했다. 공무의 여가에 삼일포(三日浦)의 사선정(四仙亭)[30]을 유람하다 바위에 시를 지어 남겼는데, 그곳의 사람들이 돌에다가 새겨 정자 안에 두었다.[31]

29 신종호(申從濩) : 1456~1497. 본관은 고령(高靈), 자는 차소(次韶), 호는 삼괴당(三槐堂)이다. 문과에 세 차례 장원 급제하여 예빈시 부정(禮賓寺副正) 등을 역임하였고, 《동국여지승람(東國輿地勝覽)》과 《성종실록(成宗實錄)》 편찬에 참여하였다. 문장과 시와 글씨에 뛰어났다.

30 삼일포(三日浦)의 사선정(四仙亭) : 강원도 고성군 삼일포리에 있는 호수와 정자이다. 삼일포는 신라의 사선(四仙)이 삼 일간 이곳에서 놀았다는 데서 비롯되었고, 사선정은 영랑(永郎), 술랑(述郎), 안상(安祥), 남랑(南郎) 등 사선이 거기에 놀다가 갔다고 하여 세워진 정자로 삼일포 한가운데 위치하고 있다.

31 그곳의……두었다 : 홍여하(洪汝河)의 《목재집(木齋集)》 권6에 실려 있는 〈유삼일포기(遊三日浦記)〉에 "삼일포(三日浦)의 남쪽 단서벽(丹書壁) 아래에 신라 사선이 제명(題名)한 '영랑도남석행(永郎徒南石行)'이라는 6글자가 있다. 선조(先祖) 문광(文匡) 허백공(虛白公)이 여기를 유람하면서 시 한 편을 지었는데, 당시 사람들

이때 아버지 판서공(判書公)이 이미 연로하였기에 선생께서 해직을 빌어 집으로 돌아와 아버지에게 문안 인사를 드릴 것을 청하였다. 대개 국법에 관찰사가 관할 지역을 넘어서 가는 관례가 없었기 때문에 임금이 특별히 명하여 관직을 띠고서 아버지를 찾아 뵙게 하였다.

을사년(1485, 성종16) 가을에 체직되어 재차 형조 참판이 되었으나 아버지의 봉양을 위하여 외직을 요청하여 경주(慶州) 부윤이 되었다. 기유년(1489, 성종20) 봄에 대사헌(大司憲)의 벼슬로 부름을 받고 조정으로 돌아왔다. 그러나 선생께서는 차자를 올려 집에 돌아가 아버지를 봉양할 것을 빌었으나 윤허받지 못했다. 그 해 3월에 판서공의 상을 당하였다. 선생은 어머니와 아버지의 상에 모두 삼 년 동안 여묘(廬墓)살이를 하였다. 신해년(1491, 성종22)에 탈상하고 판서공의 묘소 서쪽에 조그만 집을 지어 애경당(愛敬堂)이라 이름하여 부모를 사모하는 뜻을 붙였다.

얼마 후 성균관 대사성(成均館大司成)에 임명되자 개연(慨然)히 사문(斯文)을 흥기시키는 일로 자임하여 유생들의 재능에 따라 학업을 시켜 가르치고 면려함을 다방면으로 하니, 원근의 선비들이 풍문을 듣고 구름 같이 모여들었다. 그리하여 한 번 선생의 가르침을 받기를 원하는 자들이 걸핏하면 백 명으로 헤아릴 정도였다. 임금에게 건의하여 대성전(大成殿) 곁에 향실(香室)[32]을 건

이 단서벽 옆 돌에다 새겨서 감실(龕室)을 만들어 갈무리했지만, 지금 정자 안으로 옮겼다."라고 하였다.

32 향실(香室) : 대성전의 모든 제향(祭享)에 쓰는 향(香)과 축문(祝文)을 맡던 곳이다.

립하였고 또 존경각(尊經閣)[33] 북쪽에 향관청(享官廳)[34]을 세웠는데, 거기의 서문과 기문을 찬술하여 건물에 걸었다. 이때 대제학이 결원이 되어 임금께서 그 대신할 인물을 찾는 데 어려워하며 자리를 비워 둔 지 여러 달이 되었는데, 선생이 조정에서의 인망을 한 몸에 받았다.

임자년(1492, 성종23) 봄에 자헌대부(資憲大夫)로 승급하였다. 그리고 지중추부사로서 홍문관 대제학과 예문관 대제학 및 성균관 지사(成均館知事)를 겸임하였다. 차자를 올려 홍문관의 학사(學士)는 나이 제한 없이 매달 제술(製述)시험을 보도록 할 것이며, 또 연소자 중에 재행(才行)이 뛰어난 사람을 선발하여 윤번제로 사가독서(賜暇讀書)를 하도록 청하였는데, 임금께서 윤허하였다. 의정부 우참찬(議政府右參贊)에 전직되었고 얼마 후 이조 판서로 자리를 옮겼으나 문형(文衡)의 자리는 옛날 그대로 겸직을 유지하였다. 마침 명나라에 사신으로 가라는 왕명이 있었는데, 선생께서 본래부터 앓고 있던 풍질(風疾)이 재발하여 면제되기를 청하니 법사(法司 사헌부)에서 왕명을 꺼리고 회피한다는 이유로 탄핵하여 파면되었다. 선생이 남산 아래에 물러나 한가하게 지냈는데 당시 친구들과 즐겁게 술을 마시며 시를 짓거나 혹은 투호놀이를 하는 것을 즐거움으로 삼으니, 보는 자들이 공경(公卿)을 지낸 귀인인 줄 알지 못했다.

33 존경각(尊經閣) : 성균관 내에 있는 도서관이다.

34 향관청(享官廳) : 대성전에 제향을 올릴 때 제관들이 제향 준비를 하거나 향축을 보관하는 곳이다.

갑인년(1494, 성종25)에 다시 벼슬하여 호조 판서 겸 동지경연사와 동지춘추관사에 임명되었다. 이해 겨울에 성종이 돌아가시자 삼도감(三都監)[35] 제조(提調)로 왕릉을 조성하는 일을 관리하고 감독하였다. 연산군 을묘년(1495, 연산군1)에 정헌대부(正憲大夫)로 승품하였다. 차자문을 올려 불교를 배척하는 유생(儒生)을 구제하였다. 여름에 명나라 사신 왕헌신(王獻臣)이 고명(誥命)을 가지고 옴에 선생이 원접사(遠接使)가 되었다. 왕헌신은 성격이 까다롭고 엄준하여 좀처럼 허여하지 않았으나, 선생을 보고는 흔연히 기뻐하며 본래부터 사귀던 사람과 같이 대하였다. 왕헌신은 그 뒤에 본국에 돌아가 우리나라 사람을 만나면 반드시 선생의 안부를 물었다. 선생은 얼마 후 또다시 우참찬에 임명되었고 다시 대제학을 겸하였다. 조금 있다가 좌참찬에 승진되었고 겸직은 그전과 같았다.

무오년(1498, 연산군4)에 《성종실록(成宗實錄)》을 찬술하였다. 이해 여름에 사화가 일어났다. 선생이 오랫동안 문형(文衡)을 맡았기에 김일손(金馹孫)의 사초(史草)[36]를 알았음에도 불구하고 임금에게 아뢰지 않았기 때문에 심문받아 좌천되었지만, 얼마 후 실록 편찬의 일이 끝나지 않았다는 이유로 문형의 직책에 복귀되었

35 삼도감(三都監) : 국상(國喪) 때 설치하는 세 도감으로 국장도감(國葬都監), 빈전(殯殿)・혼전도감(魂殿都監), 산릉도감(山陵都監)을 말한다.

36 김일손(金馹孫)의 사초(史草) : 김일손이 자기의 스승 김종직(金宗直)이 지은 〈조의제문(弔義帝文)〉을 사초에 넣은 것을 말한다. 〈조의제문〉은 중국 초나라 의제(義帝)를 조상하는 글인데, 유자광 등이 세조의 왕위 찬탈에 비긴 것이라고 하면서 문제를 일으켜 김종직과 그 제자들이 화를 입게 한 것이 무오사화이다.

다. 가을에 의금부 지사(義禁府知事)를 겸하였다. 이때 임금의 포학함이 날로 심하였는데, 대간들이 충간하였던 일로 폄직되거나 죽는 경우가 서로 줄을 이었다.

기미년(1499, 연산군5)에 선생이 상소하여 충간을 물리치는 것에 대해 논한 것이 수천언(數千言)이었으니, 그 대략은 다음과 같다. "신이 들어보니 자신을 망치는 일이 한두 가지가 아니지만 여색을 좋아하는 자는 반드시 망하고, 나라를 망치는 일이 한두 가지가 아니지만 충간을 물리치는 자는 반드시 망한다고 합니다. 나라를 다스리는 것은 자신의 몸을 다스리는 것과 같습니다. 혈기가 하루라도 순환하지 않으면 몸이 위태롭고, 언로(言路)가 하루라도 통하지 않으면 나라가 위태로우니, 이것은 필연적인 이치입니다." 또 말하기를 "인주(人主)는 굽혀야 할 곳이 없지만 오직 대간(臺諫)에게는 굽혀야 하니 굽혀서 그의 말을 따라하여 치도(治道)가 백왕(百王)에서 높이 우뚝 뛰어나게 되면 이른바 인주의 의견을 굽히는 것은 잠시이지만 나라의 안녕을 길이 펴는 것입니다."라고 하였다.

또 인주(人主)의 사냥 놀이를 충간하였는데, 대략 다음과 같다. "근래에 안으로 우레와 우박으로 재앙의 기미를 보였고 밖으로 오랑캐들이 환란을 일으키니,[37] 마땅히 상하로 임금과 신하가 서로 덕을 닦아 재앙을 막고 환란을 없애는 것을 힘써야 합니다. 사냥하여 짐승을 잡는 것을 비록 종묘(宗廟)에 제수를 받들기 위해서

37 오랑캐들이 환란을 일으키니 : 1499년 4월에 여진족이 삼수군(三水郡)에 침입하였고 7월에 여진족이 강계(江界)와 이동(梨洞)에 침입하였다.

라고 말합니다만, 오랑캐들에게 지금 피살되거나 사로잡히는 자는 모두 선왕(先王)과 선후(先后)의 적자(赤子 백성)들입니다. 적자들이 살해되고 포로가 되는데도 불구하고 자제(子弟 임금과 신하)들이 그것을 긍휼히 여기지 않고 도리어 사냥하여 짐승을 잡아 효도를 극진히 하고자 한다면 제사를 받는 어버이들〔선왕과 선후〕은 그것을 흠향하시겠습니까."

옛날 관례에 합문(閤門)을 열어 놓고 임금이 경연강의를 들으며 강의가 끝나면 대간이 먼저 일어나 그 일을 논하고 홍문관이 그 뒤를 잇는다. 그 외에 입시(入侍)한 사람들은 반드시 임금이 돌아보며 질문하는 것을 기다리고 나서 말을 꺼내며, 말을 할 때도 매우 강하게 주장하지 않고 사체(事體)의 당연한 도리에 따라 완곡하게 말하였다. 그러나 선생은 홀로 분연(奮然)히 말하기를 "신하가 마음에 생각하는 것이 있으면 반드시 진달해야 하고 할 말을 다하여 기피하지 않을 따름이니, 저는 사체가 어떠한 일인지 염두에 두지 않습니다."라고 하면서 매양 입시할 때마다 반드시 오랜 시간 동안 논계(論啓)하였다.

경신년(1500, 연산군6)에 또 차자를 올려 비융사(備戎司)[38]를 설치할 것을 청하고, 상소하여 11조항을 진술하였다. 그 1조항은 대략 다음과 같다. 인주(人主)의 일신은 만물의 으뜸이며 인주의 일심(一心)은 만화(萬化)의 근원입니다. 몸을 닦지 않고 마음을 바르게 하지 않고서 천하와 국가가 다스려지며 백관과 만민이 바

38 비융사(備戎司) : 연산군 6년(1500)에 설치했다가 10년에 폐지한 관청으로 철갑(鐵甲)과 투구의 제조를 담당하였다.

르게 되는 것은 있지 않습니다. 부열(傅說)이 고종(高宗)에게 고하여 "생각하는 것을 시종일관 학문에 둔다."[39]라고 말하였으니, 일념을 시종토록 항상 학문에 둔다는 말입니다. 시인(詩人)이 성왕(成王)을 칭송하여 "배움이 선왕의 학문을 이어 밝혀서 광명함에 이르고자 한다."[40]라고 말하였으니, 학문을 계속하여 광명하게 됨을 어느 때도 중간에 끊어짐이 없게 한다는 말입니다. 전하께서는 춘추가 아직 젊고 학문을 두루 익히지 않았으니, 성현의 치심(治心)과 양성(養性)의 요체에 혹 미진한 바가 있을 것입니다. 이것은 정히 날마다 새롭게 하고 또 새롭게 하는 데 오직 날이 부족할 때입니다. 고인이 말하기를 "오늘 배우지 않고 내일이 있다고 말하지 말며, 금년에 배우지 않고 내년이 있다고 말하지 말라."라고 하였으니, 무릇 학문하는 공부는 그 급함이 이와 같으니, 하물며 인군(人君)의 학문이야 말할 것이 있겠습니까. 원하건대 전하께서는 이제삼왕(二帝三王)의 마음가짐과 정치하였던 법을 스승으로 삼아 부지런히 경연(經筵)에 납시어, 하루에 다시 하루를 더하고 또 밤으로 낮을 이으며, 공부를 하다가 말다가 하는 것이 없어서 누적되어 몇 년이 지나면 자연 성학(聖學)이 더욱

39 부열(傅說)이……둔다 : 《서경(書經)》 〈열명 하(說命下)〉에 "가르침은 배움의 반이니, 생각하는 것을 시종일관 학문에 두고 중단하지 않으면 자기도 모르는 사이에 덕이 닦여질 것이다.〔惟斅學半, 念終始, 典于學, 厥德脩罔覺.〕"라고 하였다.

40 시인(詩人)이……한다 : 《시경(詩經)》 주송(周頌) 〈경지(敬之)〉에 "나 소자가, 총명하지 못하여 공경하지 못하나, 날로 나아가고 달로 진보하여, 배움이 선왕의 학문을 이어 밝혀서 광명함에 이르고자 한다.〔維予小子, 不聰敬止, 日就月將, 學有緝熙于光明.〕"라고 하였다.

높아지고 치도(治道)가 더욱 융성하게 될 것입니다.

그 2조항의 대략은 다음과 같다. "처음이 있지 않음이 없으나 능히 마침이 있기는 드물다."라고 하였으니, 이것은 인정(人情)의 상도(常道)입니다. 비록 그러하나 천하의 일에 그 시작을 잘한 사람은 그 마침도 잘합니다. 그 시작은 있고 그 마침이 없는 경우는 있지만, 그 시작이 없고 그 마침이 있는 경우는 없습니다. 그러므로 옛사람이 시작을 신중히 하는 것을 중시하였습니다. 원하건대 전하께서는 잘 마무리하는 경계를 거울삼고 시작을 삼가는 도를 돈독히 하여, 일상생활에서 현명한 사대부를 접하는 시간은 많게 하고 환관궁첩(宦官宮妾)과 가까이 지내는 시간은 적게 하여, 경(敬)을 처소로 삼아서 감히 안일하고 나태하지 않아 항상 적국(敵國)과 외환(外患)이 장차 앞에 이를 것 같이 한다면, 자손만세토록 뽕나무 밑동에 매어 놓은 듯[41] 견고하고 반석(盤石)처럼 안정되게 하는 방법이 여기에 있을 것입니다.

그 외에 언로를 넓히고〔廣言路〕, 좋아하며 숭상하는 취미를 신중히 하며〔愼好尙〕, 상벌을 명백히 밝히고〔明賞罰〕, 병사의 정원을 걱정하며〔憂兵額〕,[42] 수령을 잘 선발하고〔擇守令〕, 사신의 행차를 점검하며〔檢使行〕,[43] 군병에게 휴식하는 제도를 만들고〔休軍

41 뽕나무……듯 : 원문 '포상(苞桑)'은 뽕나무 밑동이 본래 깊이 박혀 무척 견고하므로 무슨 물건을 매어 놓으면 든든한 것을 말한다. 《주역》 〈비괘(否卦) 구오(九五)〉의 "혹시 망하지 않을까 혹시 망하지 않을까 하고 항상 염려해야만, 뽕나무 밑동에 매어 놓은 것처럼 안정되리라.〔其亡其亡, 繫于苞桑.〕"라는 말이 있다.

42 병사의 정원을 걱정하며 : 《연보》에 의하면, 변방의 외적의 침입을 걱정하며 병사의 숫자를 늘리는 것을 신중하게 결정해야 한다는 뜻이다.

兵], 영선[44]을 정지하는[停營繕] 것 등과 같은 여러 조항은 모두 궁궐의 비사(秘事)에 관련되는 것임에도 불구하고 반복하여 풍간함에 구구절절이 간절하고 곧았다. 임금이 불평스러운 마음이 쌓인 지 이미 오래되었는데, 이에 이르러 크게 성내었다. 그때 마침 선생이 간간이 사사로운 마음을 행하는 것이 있다고 무고하는 자가 있었다. 임금이 즉시 그 일을 의금부에 내려서 조사하게 하고 인하여 경연관과 대제학 그리고 의정부 좌참찬 등의 관직을 빼앗고 산직(散職)에 좌천시켰다. 홍문관에서 계장을 올려 "과실은 미미한데 벌은 과중하니 중신(重臣)을 대우하는 예가 아닙니다. 하물며 문형의 임무는 아무 사람이나 차지하기에 마땅한 자리가 아니니, 원래 관직에 복귀하도록 청합니다."라고 하니, 임금이 더욱 노하였다.

계해년(1503, 연산군9)에 외직으로 나가 경기 감사(京畿監司)가 되었다. 내폐인(內嬖人 임금에게 총애받는 여인)이 수차례 이치에 맞지 않는 것으로 선생에게 청탁하였지만 선생은 허락하지 않았다. 드디어 위에서 참소의 죄로 얽어매고 또 다른 일로 없는 죄를 만들어 내어 악지(惡地)를 가려서 경원(慶源)에 유배를 보내었다. 선생이 집안 식구들과 영결하여 말하기를 "내가 함창(咸昌)의 한 농부로 경상(卿相)의 지위에 올랐으니 성공한 것도 나로부터 말

43 사신의 행차를 점거하며 : 《연보》에 의하면, 사신의 행차에서 우리나라 물건을 명나라에 팔거나 명나라의 물건을 사서 오는 것을 막아서 의주(義州)의 백성들이 피해를 입지 않도록 한다는 말이다.

44 영선(營繕) : 궁전 내의 건물을 건축하거나 수리하는 것을 말한다.

미암았고 실패한 것도 나로 말미암았으니 또한 다시 무엇을 한하리오." 하고는 기쁜 얼굴로 귀양길에 올랐다.

조금 뒤에 다시 무오당인(戊午黨人)에 대하여 죄를 더하는 논의가 있게 되자, 선생을 경옥(京獄)으로 잡아 올리게 하였는데 행차가 단천(端川)에 이르자 왕명을 받든 관원이 말을 타고 달려와 한 장의 공문서를 주었다. 공이 개봉하여 보고는 조용히 교수형을 받아 죽었으니, 그날은 홍치(弘治) 갑자년(1504, 연산군10) 6월 22일이었다. 이때 선생의 아들들은 모두 해도(海島)에 귀양을 갔기에 오직 몇 명의 종들이 선생을 그곳에 간략하게 장례를 치렀다. 중종이 반정하자 의정부 좌찬성(議政府左贊成)에 증직시켰고 특별히 부의와 제사를 내렸으며, 태상시(太常寺)에서 문광(文匡)이란 시호를 내리도록 논의하였다. 선생의 아들들도 모두 방면(放免)되었기에 드디어 선생의 널을 받들고 고향으로 돌아와 판서공(判書公) 묘소 아래 해좌(亥坐) 언덕에 장례를 지낼 수 있었다.

오호라! 선생은 홍의(弘毅)하고 독실(篤實)한 자질에다가 해박하고 오랜 기간의 공부로 인하여 평소 한가하게 거처할 때 반드시 옷깃을 정돈하고 바른 자세로 앉았기에 엄연하기가 마치 산이 우뚝 솟은 것 같았다. 항상 경전의 가르침에 시선이 떠나지 않아 밤에도 낮을 이어서 책을 보았다. 평소 공부한 것은 자기의 사사로운 욕심을 제거하는 데 더욱 힘을 쏟았기에 확고한 태도로 외물에 흔들리지 않았다. 하늘을 공경하고 사람을 두려워하는 뜻을 혹 잠시도 느슨하게 한 적이 없었다. 덕을 충양(充養)함을 이미 오래함에 영화(英華)가 밖으로 저절로 드러나 깊고 깊게 그 학문이 심오하였으며 향기롭고 향기롭게 그 도덕이 빛났다. 발현하여 문장이 되고 드러나서 업적이 되었다. 바야흐로 성종의 지우(知遇)를 입어 중앙직과 지방직을 두루 역임하였는데, 논의하고 건백(建白)하며 실행하고 행동함이 정대하고 광명하였다.

항상 '제왕(帝王)의 학문은 무엇을 먼저 하고 뒤에 할 것인가를 아는 데 있으니, 몸과 마음에 근본하여 정치를 하는 데 적용할 것으로 이와 같이 할 따름이다.'라고 생각하였다. 그러므로 전후로 진술하여 경계한 것이 이것을 반복하고 강조하여 반드시 임금의 마음을 바로잡고 시무(時務)를 처리하고자 하지 않음이 없었으니, 대개 요순(堯舜)의 임금과 요순의 백성으로 만드는 책임을 자임하였다. 비록 연산군 같은 음학(淫虐)한 군주라 할지라도 우리 임금을 구제불능의 사람으로 여기지 않고, 반드시 허물이 없는 지경에 들여놓으며 도리에 당면하도록 유도하고자 하였다. 선생이 계옥(啓沃)하고 진선폐사(陳善閉邪)하기를 마치 명철한 군주와 의로운 임금을 섬기는 자가 하는 것 같이 함이 있었고, 도거(刀鉅)와 정확(鼎鑊)[45]이 앞에 있는 것을 염두에 둔 적이 없었다. 이것은 선생의 성대한 충애(忠愛)의 뜻과 지성측달(至誠惻怛)의 마음이 실제로 평소 수양한 심오함과 덕을 많이 쌓은 것에 근본하여, 순수(純粹)하고 백직(白直)함이 도의(道義)에서 흘러나오지 않음이 없는 것이니, 선생의 학문의 높은 조예를 여기서 더욱 볼 수 있다. 어찌 다만 바른 논의를 견지하여 임금 앞에서 직간(直諫)하

45 도거(刀鉅)와 정확(鼎鑊) : 모두 죄를 지은 자에게 가하는 형구이다. 도(刀)는 거세(去勢)하는 데 쓰는 칼이고, 거(鉅)는 월형(刖刑)에 쓰는 톱이며, 정확은 사람을 삶아 죽이는 큰 솥이다.

며 의리를 쟁집(爭執)하다가 귀양 가서 죽는 화를 당하여 큰 절의가 되는 것에 그치겠는가.

선생은 김점필재(金佔畢齋),[46] 조매계(曺梅溪),[47] 성용재(成慵齋)[48]와 도의(道義)의 교제를 맺어 당시 사군자(四君子)로 일컬어졌다. 일찍이 성현(成俔)·권건(權健)[49]과 함께 왕명을 받들어 《역대명감(歷代明鑑)》[50]을 찬술하여 서문(序文)과 함께 올렸는데, 큰 요체는 선을 권하고 악을 징계함을 주로 하여 치도(治道)에 도움이 되게 한 것이었다. 호부 낭중(戶部郞中) 기순(祈順)[51]이 조서를 받들고 우리나라에 왔을 때 서 문충공(徐文忠公)과 서로

46 김점필재(金佔畢齋) : 김종직(金宗直, 1431~1492)을 말한다. 본관은 일선(一善), 자는 계온(季昷), 호는 점필재, 시호는 문간(文簡)에서 문충(文忠)으로 바뀌었다.

47 조매계(曺梅溪) : 조위(曺偉, 1454~1503)를 말한다. 본관은 창녕(昌寧), 자는 태허(太虛), 호는 매계로 김종직(金宗直)의 문인이다.

48 성용재(成慵齋) : 성현(成俔, 1439~1504)을 말한다. 본관은 창녕(昌寧), 자는 경숙(磬叔), 호는 용재·부휴자(浮休子)·허백당(虛白堂)·국오(菊塢), 시호는 문대(文戴)이다. 1462년(세조8) 문과에 급제하여 벼슬이 공조 판서와 대제학에 이르렀다. 1504년(연산군10)에 《용재총화(慵齋叢話)》를 저술하였다. 죽은 지 수 개월 만에 갑자사화가 일어나서 부관참시(剖棺斬屍)당했다.

49 권건(權健) : 1458~1501. 본관은 안동(安東), 자는 숙강(叔强) 또는 태보(殆甫), 시호는 충민(忠愍)이다. 1472년(성종3) 진사가 되고, 1476년(성종7) 문과에 급제하였다. 벼슬이 지중추부사에 이르렀다. 저서로 《권충민공집(權忠愍公集)》이 있다.

50 역대명감(歷代明鑑) : 1500년(연산군6)에 홍귀달, 권건, 성현 등이 왕명을 받들어 찬술한 총 27권의 감계서(鑑戒書)이다. 총 320인의 선인(善人)과 악인(惡人)의 생애가 실려 있어 권선징악의 교훈을 담고 있다.

51 기순(祈順) : 1475년(성종6)에 명나라에서 호부 낭중(戶部郞中)의 벼슬을 띠고 우리나라에 온 사신이다. 이때 서거정(徐居正)이 원접사(遠接使)가 되어 맞이하고 보내는 일에 주선하기를 무려 넉 달이나 하였다.

창수하였는데, 기순이 운자(韻字)가 많은 시를 지어 문충공을 궁지에 몰고자 하여 〈등루부(登樓賦)〉[52] 60여 운의 시를 지었다. 이때 선생이 문충공을 대신하여 즉시 차운하여 지으니, 기순이 한참 동안 칭찬하였다. 이에 세상에서 비문과 서·발문(序跋文)을 받으려는 사람들이 모두 선생의 문하에 돌아가, 한 편이라도 받으면 영광스럽게 생각하지 않음이 없었다. 그러나 이것은 선생에 있어서 여사(餘事)에 지나지 않을 따름이었다. 나의 선조 문장공(文莊公 정경세(鄭經世))이 일찍이 선생의 유집에 서문을 써서 "성종의 유명한 경상(卿相)이 되기는 쉬웠고 폐조(廢朝 연산군)의 직신(直臣)이 되기는 어려웠네. 보불(黼黻)과 같은 문장을 짓기는 쉬웠고 박실(樸實)한 충간의 말을 하기는 어려웠네."라고 말하였으니,[53] 이것은 진실로 백세의 정론(定論)이다. 선생이 어렵게 여겼던 것은 도덕에 한결같이 근본하는 것이었으니 또한 어찌 속일 수 있겠는가.

선생은 어버이를 섬김에 사랑과 공경이 모두 지극하여 부모님

52 등루부(登樓賦) : 서울 숭례문(崇禮門) 안 양생방(養生坊)에 태평관(太平館)이 있었는데, 중국 사신을 접대하는 곳이다. 태평관 뒤에 누(樓)가 있었으니, 명나라 사신 예겸(倪謙)과 기순(祈順) 등이 거기에 올라 지은 작품이 〈등루부(登樓賦)〉이다. 이에 우리나라의 접반사도 차운하여 지었으니, 서거정의 문집 《사가집(四佳集)》 1권에 실려 있는 〈차운기호부태평관등루부(次韻祁戶部太平館登樓賦)〉가 그것이다. 그러나 홍귀달의 문집인 《허백정집(虛白亭集)》에는 이 작품이 없다.

53 선조……말하였으니 : 정경세(鄭經世)의 문집 《우복집(愚伏集)》 권15에 실린 〈허백정문집서(虛白亭文集序)〉에 나오는 말이다. 거기에 이 말에 이어 "천백 년 뒤에 공의 시를 외우고 공의 글을 읽으면 반드시 나의 말이 거짓이 아니라는 것을 징험하게 될 것이다."라고 하였다.

의 뜻을 잘 이어받아 따르며 마음을 기쁘게 해 드렸다. 겨울에는 따뜻하게 해 드리고 여름에는 시원하게 해 드림과 맛있는 음식[54]을 마련함을 곡진히 하지 않음이 없었으며, 상례에 슬픔을 극진히 하고 제사에 정성을 지극히 하여 혹시라도 유감이 없게 하였다. 형제에게 돈독하여 함께 우애롭게 지냄에 수족과 같이 여겼다. 궁핍하여 귀의할 데가 없는 자매의 자식 즉 생질들에게 집을 지어 주어 거처하게 하고, 성장하여서는 혼례를 시켜 주었다. 집안을 다스림에 법도가 있어서 문정(門庭)이 엄숙하였다. 성품이 화평하면서도 포용성이 있어 현명하고 불초한 사람 관계없이 만남에 매우 정성스러웠다. 그러나 혹 의리가 아닌 것으로 요구하는 데 이르면 절교하고 돌아보지 않았다.

선생의 부인 정경부인(貞敬夫人)은 상산 김씨(商山金氏)로 낙성군(洛城君) 김선치(金先致)의 후손이며 사정(司正)을 지낸 김숙정(金淑貞)의 따님이다. 현명하면서도 부도(婦道)가 있었고 선생의 배필이 되어 덕에 어긋남이 없었다. 갑자년(1504, 연산군10) 4월에 죽었다. 5남 2녀를 두었으니, 장남 언필(彦弼)은 시를 잘 짓는 명성이 있었으나 요절하여 후사가 없다. 둘째 언승(彦昇)은 현감을 지냈으며 두 아들 복창(復昌)과 복명(復明)은 기유년의 변란[55]에 모두 원통하게 죽었으나 신원되었다. 셋째 언방(彦邦)은

54 맛있는 음식 : 원문의 '수수(瀡滫)'는 쌀뜨물을 음식물에 넣어 음식물을 부드럽고 매끄럽게 만드는 것이다. 《예기(禮記)》 〈내칙(內則)〉에 "씀바귀나 부추는 햇것과 묵은 것을 섞어 쌀뜨물로 매끄럽게 하거나 혹은 유지를 사용하여 입에 맞도록 한다.〔堇荁枌榆免薨, 滫瀡以滑之, 脂膏以膏之.〕"라고 하였다.

55 기유년의 변란 : 이홍윤(李弘胤)의 모반 사건을 가리킨다. 이홍윤은 1547년(명

홍문관 박사(弘文館博士)를 지냈는데, 두 아들을 두었으니 완(琬)은 장사랑(將仕郞)을 지냈고 염(琰)은 요절하였다. 넷째 언충(彦忠)은 홍문관 교리(弘文館校理)를 지냈으며 호는 우암(寓庵)인데, 세 아들을 두었으나 모두 요절하였다. 다섯째 언국(彦國)은 참봉(參奉)을 지냈는데, 외아들 경삼(景參)은 음직으로 사과(司果)에 보임되었으니 곧 선생의 제사를 받드는 사람이다. 선생의 두 딸은 봉사(奉事)를 지낸 고극형(高克亨)과 참봉(參奉)을 지낸 유희청(柳喜淸)에게 각각 시집갔다. 경삼은 두 아들을 두었는데 장남 덕록(德祿)은 음직으로 사정(司正)에 보임되었으며 둘째 덕희(德禧)는 음직으로 사용(司勇)에 보임되었다. 사정(司正) 덕록의 아들은 호(鎬)로 대사간(大司諫)이 되었고, 대사간 호의 아들 여하(汝河)는 사간(司諫)을 지냈으며 부제학(副提學)에 증직되었다. 여하의 아들 상문(相文)은 참봉을 지냈고 상민(相民)은 익위사(翊衛司)를 지냈으며 상훈(相勛)은 통덕랑을 지냈다. 사용을 지낸 덕희의 아들로 예약(禮約)은 사용(司勇)을 지냈고 수약(守約)은 장사랑(將仕郞)을 지냈으며 호약(好約)은 찰방(察訪)을 지냈다.

종2) 양재역(良才驛) 벽서 사건에 연루되어 죽은 이약빙(李若氷)의 둘째 아들로서, 아비의 죄로 인하여 자신은 충주로 귀양 가고 형 홍남(洪男)은 영월(寧越)로 귀양 갔다. 홍윤은 아비의 억울한 죽음에 대해 종종 분개하는 말을 하곤 하였는데, 평소 동생과 사이가 나쁘던 홍남이 동생 홍윤을 반역죄로 고발함으로써 자신이 출세할 기회로 삼으려 하였다. 그리하여 홍윤이 계(契)를 모은 문서를 반역하기 위한 문서라고 꾸며 이를 증거물로 고변(告變)한 결과, 홍윤과 이 계에 관련된 자 30여 명이 잡혀 가 심한 고문 끝에 모두 허위 자백함으로써 처형된 일을 가리킨다. 《燃藜室記述 卷10 明宗朝故事本末 乙巳士禍》

예약의 아들은 여량(汝量)이고 수약의 아들은 하량(河量)으로 학행(學行)이 있었다. 호약의 아들은 준량(浚量)이다. 여량의 아들은 극기(克己)이고 하량의 아들은 극가(克家)이며 준량의 아들은 극인(克仁)이다. 나머지는 기록하지 않는다.

만력(萬曆) 무자년(1588, 선조21)에 사림들이 임호서원(臨湖書院)[56]을 건립하여 선생을 제향하였다. 지금 서원의 유림들이 선생의 행장이 아직도 없는 것으로 나에게 그 일을 부탁하였다. 스스로 생각해 보니 나는 늦은 시기에 태어난 소자(小子)로 어찌 감히 이 일을 감당할 수 있겠는가. 그러나 그들이 재촉함이 매우 간절하고 또 내가 선생의 외손에 해당되기에 의리상 또한 사양할 수 없는 것이 있었다. 드디어 가승(家乘)과 국사(國史)와 그리고 비명(碑銘)에 실려 있는 것을 두루 채록하여 삼가 거친 말로 위와 같이 서술한다. 비록 선생의 성대한 덕의 만분의 일도 천양하기에 부족하지만, 구구한 저의 경모하는 사사로운 마음을 붙일 수 있다면 혹 저의 바람에 가까울 것이다.

56 임호서원(臨湖書院) : 경북 상주시 공검면 역곡리에 있다. 처음에는 성악서당(城嶽書堂)이었던 것을 1588년에 임호서원으로 바꾸었다. 1693년(숙종19)에 지방 유림의 공의로 표연말(表沿沫), 홍귀달(洪貴達), 채수(蔡壽), 권달수(權達手), 채무일(蔡無逸)의 학문과 덕행을 추모하기 위해 창건하여 위패를 모셨다. 선현 배향과 지방 교육의 일익을 담당하여 오던 중 1868년(고종5)에 대원군의 서원철폐령으로 훼철되었다가 1979년에 복원하였다.

증 통정대부 승정원 도승지 행 통덕랑 홍문관 교리 동계 권 선생 행장

贈通政大夫承政院都承旨行通德郎弘文館校理桐溪權先生行狀

선생의 휘는 달수(達手)이고 자는 통지(通之)이며 호는 동계(桐溪)이다. 성은 권씨(權氏)이며 본관은 안동(安東)이니, 고려 시대 태사(太師)를 지낸 권행(權幸)의 후손이다. 고조부는 휘가 윤균(允均)으로 공조 전서(工曹典書)를 지냈다. 증조부는 휘가 회(恢)로 군사(郡事)를 지냈으며 이조 참의(吏曹參議)에 증직되었는데, 비로소 함창(咸昌)에 살게 되었다. 조부는 휘가 유순(有順)으로 목사(牧使)를 지냈으며 이조 참판(吏曹參判)에 증직되었다. 아버지는 휘가 림(琳)으로 현감을 지냈으며 이조 판서에 증직되었다. 어머니는 연안 이씨(延安李氏)로 판서를 지낸 보정(補丁)의 따님이니, 성화(成化) 기축년(1469, 예종1) 모월 모일에 선생을 낳았다.

선생은 어려서 큰 뜻을 가져 무리에서 우뚝 뛰어났다. 약관의 나이가 되지도 않아서 문명(文名)이 크게 떨쳤는데, 당시 과거 시험을 공부하는 사람들이 진부한 글을 짓는 것을 걱정하며 힘써 고문(古文)을 지었다. 부(賦)는 양마(揚馬)[57]를 본받고 시는 건안(建安)[58]을 취하여 매양 지은 작품이 나올 때마다 후생들이 앞다

57 양마(揚馬) : 한(漢)나라의 양웅(揚雄, 기원전 53~18)과 사마상여(司馬相如, 기원전 179~기원전 117)인데, 둘 다 부(賦)의 장르에 뛰어났다.

58 건안(建安) : 후한(後漢) 헌제(獻帝) 건안(建安) 연간에 작가(作家)로 활동하

투어 전사(傳寫)하며 외웠다. 벗으로 삼은 사람은 모두 당대의 명류(名流)이니 용재(容齋) 이택지(李擇之),[59] 제학(提學) 김인로(金仁老),[60] 읍취헌(挹翠軒) 박중열(朴仲說),[61] 허암(虛庵) 정순부(鄭淳夫)[62] 같은 이가 그중에 특출한 이들이다.

성종 기유년(1489, 성종20)에 백씨 대헌공(大憲公)[63]과 함께 사

여 건안칠자(建安七子)로 일컬어진 공융(孔融), 진림(陳琳), 왕찬(王粲), 서간(徐幹), 완우(阮瑀), 응창(應瑒), 유정(劉楨)과 위(魏)나라 조식(曹植) 부자의 시체(詩體)를 말한다.

59 용재(容齋) 이택지(李擇之) : 이행(李荇, 1478~1534)을 말한다. 본관은 덕수(德水), 자는 택지(擇之), 호는 용재(容齋)이다. 1495년(연산군1) 문과에 급제해 벼슬이 우의정과 홍문관 대제학에 이르렀다. 1531년(중종26)에 김안로(金安老)의 전횡을 논박하다가 함종에 유배되어 그곳에서 죽었다. 저서로 《용재집》이 있다. 시호는 문정(文定)이었으나 뒤에 문헌(文獻)으로 바뀌었다.

60 김인로(金仁老) : 김천령(金千齡, 1469~1503)을 말한다. 본관은 경주(慶州), 자는 인로(仁老)이다. 1489년(성종20) 진사시에 합격하였고, 1496년(연산군2) 문과에 장원 급제하였다. 갑자사화 때 대간에 재직할 때 정침(鄭沈)의 가자(加資)를 주장한 일로 부관참시(剖棺斬屍)의 추형을 당하였다. 중종반정으로 신원되고 도승지에 추증되었다.

61 읍취헌(挹翠軒) 박중열(朴仲說) : 박은(朴誾, 1479~1504)을 말한다. 본관은 고령(高靈), 자는 중열(仲說), 호는 읍취헌(挹翠軒)이다. 갑자사화 때 동래로 유배되었다가 다시 의금부에 투옥되어 사형을 당했다. 저서로 《읍취헌유고》가 있다.

62 정순부(鄭淳夫) : 정희량(鄭希良, 1469~1502)을 말한다. 본관은 해주(海州), 자는 순부(淳夫), 호는 허암(虛庵)이다. 김종직(金宗直)의 문인이다. 무오사화 때는 사초문제(史草問題)로 의주에 유배되었다가, 1500년 김해로 이배되었다. 저서로 《허암집》이 있다.

63 백씨 대헌공(大憲公) : 권민수(權敏手, 1466~1517)를 말한다. 본관은 안동(安東), 자는 숙달(叔達), 호는 퇴재(退齋)이다. 1489년(성종20) 사마시에 합격한 뒤 1494년(성종25) 문과에 급제하였다. 1504년(연산군10) 갑자사화 때 이조 좌랑으로

마시에 합격하였는데 선생은 생원과 진사에 모두 합격하였다. 임자년(1492, 성종23)에 문과에 급제하여 곧바로 예문관 검열(藝文館檢閱)에 보임되었다. 당시에 임금이 문치(文治)에 지대한 관심을 가지고 유술(儒術)을 전적으로 숭상하였기에, 문학(文學)의 선비들을 정선(精選)하여 용산(龍山) 독서당(讀書堂)에서 학업을 익히게 하였다. 선생이 김탁영(金濯纓)[64] 등 여러 현자들과 함께 선발되었는데, 사림들이 영광스럽게 생각하였다. 사간원 정언(司諫院正言), 홍문관 수찬(弘文館修撰), 이조 좌랑(吏曹佐郎)을 거쳐 또 이조 정랑에 올랐다. 얼마 있지 않아 성종이 돌아가시고 연산군이 왕위를 계승하였다. 선생은 이때 경악(經幄)에 있었는데, 서장관(書狀官)으로 명나라에 사신을 간 것이 두 번이었다. 얼마 후 어머니 상을 당하여 백씨와 함께 3년간 여묘살이를 하였다. 탈상하고 다시 홍문관에 들어가 교리(校理)가 되었다.

갑자년(1504, 연산군10)에 연산군이 모비(母妃) 윤씨(尹氏)가 폐사(廢死)한 것을 선조(先朝 성종)의 궁인에게 죄를 돌렸고,[65] 또 윤씨의 휘호(徽號)[66]를 극진히 하여 장차 추숭(追崇)하려고 백관

직언을 하다가 상주에 유배되었으나, 중종반정으로 풀려나 벼슬이 대사간과 대사헌에 이르렀다.

64 김탁영(金濯纓) : 김일손(金馹孫, 1464~1498)을 말한다. 본관은 김해(金海), 자는 계운(溪雲), 호는 탁영, 시호는 문민(文愍)이다. 김종직의 문인이다. 1486년(성종17) 생원시와 문과에 급제하였다. 성종 때 사관으로 김종직이 쓴 〈조의제문(弔義帝文)〉을 사초에 실었는데 이것을 빌미로 무오사화 때 능지처참을 당하였다.

65 연산군이……돌렸고 : 성종의 후궁인 숙의 엄씨와 숙의 정씨를 때려 죽인 사실을 말한다.

들에게 안건을 내려 의논하게 하였다. 연산군의 흉악하고 노여워하는 기세가 바야흐로 성대하여 왕의 뜻을 거스르는 자는 문득 해를 당하여 거리에 시체가 가득 쌓였다. 조정의 모든 신하들이 두려움에 떨면서 감히 다른 의견을 내세우지 못하고 오직 임금의 뜻에 이구동성으로 찬성하였다. 그러나 선생은 홀로 분격(奮激)하여 "어찌 나의 목숨을 아까워하면서 아첨하고 따르며 선왕의 신령을 저버릴 수가 있겠는가."라고 말하고 불가함을 견지하니, 같은 반열에 있는 사람들이 선생의 말을 의롭게 여기고 모두 그와 같이 하였다. 임금이 크게 노하여 모두에게 곤장을 쳐서 유배를 보내었는데, 선생은 용궁(龍宮)에 유배되었다. 반년이 지나자 유배 보내었던 사람들을 모두 서울로 체포해 와 장차 앞장서서 주장한 사람을 적발하여 극형에 처하려고 하였다. 그러자 모두가 먼저 죽은 사람에게 허물을 미루어 그들을 부관참시(剖棺斬屍)하게 만들고 자기는 구차하게 화를 면하려 하였다. 선생만이 홀로 제 자신을 끌어서 자복하고, 죽은 동료를 저버리면서 자신이 살 계획을 하지 않았다. 붓을 휘둘러 공초(供招)를 쓰기를, "불초 신하 달수가 감히 한 일입니다."라고 하고, 공초를 다 쓴 뒤에도 안색이 변하지 않았다. 술을 주니 즉시 다 마시고 죽음에 나아가기를 평상시 태도와 다름이 없었으니, 곧 갑자년 12월 2일이다.

감옥에 있을 때 사헌부 관원 한 명이 또한 먼저 발론(發論)하여 공과 함께 형구에 채워진 채 옆에 있었는데, 옥리(獄吏)가 슬

66 휘호(徽號) : 후비(后妃)가 세상을 떠난 뒤에 시호(諡號)와 함께 올리는 존호(尊號)이다.

픈 모습을 짓고 말하기를, "둘이 같이 죽는 것보다 차라리 죄를 한 사람에게로 돌리고, 한 사람은 사는 것이 좋겠다."라고 하였다. 관원이 그렇게 여겨서 옥당이 사헌부보다 먼저 발론하였다고 말을 고치니, 선생이 눈을 부릅뜨고 찬찬히 보며 말하기를, "아무개야, 아무개야, 네가 과연 나보다 뒤에 그 일을 하였는가."라고 하였다. 선생이 판결문에 나아가 살펴보니 같은 죄수로 말을 바꾸어서 화를 면하기를 구하는 자가 있었는데, 선생이 꾸짖기를 "너의 마음이 어찌 바르지 않음이 이와 같은가."라고 하였다.

이에 앞서 선생이 태양 아래에 흰 기운이 공중으로 뻗어 있는 것을 보고 사람들에게 "내가 죽을 것이다."라고 말하였다. 화를 입기 전날 저녁에 옥중 사람들에게 말하기를 "무릇 사람이 먼 길을 가면 반드시 전송하는 일[67]이 있으니, 내가 내일 장차 떠나는데 제군들은 어찌하여 전송해 주지 않는가."라고 하고는 인하여 술을 따라 마시면서 행동거지가 당당하였다. 아! 장하구나. 선생이 정충(貞忠)과 직기(直氣)를 하늘에서 품부받아 평소에 곰발바닥과 생선을 분별하는 것[68]이 본래부터 마음에 정해져 있지 않았다면 죽음을 보기를 집에 돌아가는 것 같이 함을 어찌 이와 같이 장렬

67 전송하는 일 : 원문 '조송(祖送)'은 장사를 지낼 때 발인(發靷)을 하기 전에 영결(永訣)을 고하는 제사를 지내면서 조전(祖奠)을 올려 가는 이를 전송하는 의식을 말한다.

68 곰발바닥과……것 : 삶을 버리고 의리를 취하는〔捨生取義〕 분별력을 가진 훌륭한 사람을 말한다. 《맹자》 〈고자 상(告子上)〉에, "생선도 내가 먹고 싶어 하는 바이며, 곰발바닥도 내가 먹고 싶어 하는 것이지만 이 두 가지를 겸하여 얻을 수 없다면 곰발바닥을 취하겠다. 삶도 내가 원하는 바이며 의리도 내가 원하는 것이지만, 이 두 가지를 겸하여 얻을 수 없다면 삶을 버리고 의리를 취하겠다."라고 하였다.

하게 할 수 있었겠는가.

선생은 타고난 자질이 뛰어나고 흉금이 창달(暢達)하여 사람을 대함에 천진한 마음을 확 펴고, 웃으면서 하는 말이 강직하며 견지하는 논의가 곧아, 자기의 절개를 굽히며 남을 따른 적이 없었다. 문장(文章)과 지업(志業)은 성대하여 당시의 최고였으니, 가령 성종 초년의 성대한 시절을 만났다면 총애를 받아 발탁되어 능력을 펼침이 어떠하였겠는가. 불행하게도 성종의 은총이 바야흐로 융성할 때 임금이 갑자기 돌아가시니,[69] 인하여 현자들이 양구지회(陽九之會)[70]를 만나 끝내 수립한 것은 다만 몸이 한 번 죽어 백대에 풍성(風聲)을 세우는 것이었다. 또 선생의 유문(遺文)은 재앙을 당할 때 모두 산일되었으니, 옥당(玉堂)에서 논의한 말과 문단에서 지은 최고 수준의 작품을 금일에 다시 징험할 수 없으니, 이것이 지사(志士)와 인인(仁人)이 함께 마음 아파하면서 매우 탄식하는 것이다. 그러나 선생의 하늘을 떠받치고 해를 꿰는 절의에 힘입어 사람들이 모두 의리가 삶보다 중요하다는 것을 알아 분발하고 격앙하여 만일 마땅히 죽어야 하는 처지를 만나면

69 임금이 갑자기 돌아가시니 : 원문 '궁검거유(弓劒遽遺)'는 궁검을 갑자기 남긴다는 뜻으로 성종이 돌아가심을 비유하는 말이다. 용이 수염을 드리우고 내려와 황제(黃帝)의 죽음을 맞이하자 황제가 용에 올라탔는데 이때에 황제를 따랐던 신하들과 후궁들이 70여 명이었다. 나머지 사람들은 오르지 못하고 곧 용의 수염을 잡으니 수염이 뽑혀 떨어지면서 황제의 궁검이 함께 떨어졌는데 남은 백성들은 곧 그 궁검을 끌어안고 우러러보았다는 고사에서 유래한다. 《史記 封禪書》

70 양구지회(陽九之會) : 1백 6세(歲)마다 도래한다고 하는 기막힌 불운(不運)의 시대를 말한다. 백륙회(百六會)라고도 한다. 《漢書 律曆志 上》《漢書 谷永傳 注》

즉 흰 칼날도 앞다투어 밟을 것이다. 이것이 세교(世教)를 부지하고 사람의 기강을 세우는 데 또한 어찌 하찮은 것이었겠는가. 중종이 반정(反正)한 초년에 도승지에 특별히 증직하였고 해당 관청에 명하여 관리를 보내 치제(致祭)하게 하였으며 선생의 자손들을 관직에 임명하였다. 선조 경인년(1590, 선조23)에 사림들이 함창현의 서쪽 검암서원(黔巖書院)에 선생을 제향하였으나, 임진왜란 이후 임호서원(臨湖書院)을 중건하여 여기에 제향하였다.

선생의 부인은 동래 정씨(東萊鄭氏)로 감찰(監察)을 지낸 정계금(鄭繼金)의 따님이며 좌참찬(左參贊)을 지낸 정갑손(鄭甲孫)의 증손녀이다. 시부모를 봉양하고 동서들을 대함에 모두 예의와 법도가 있었다. 선생이 화를 당하자 부인이 고향 집에 있으면서 한 모금의 물도 마시지 않으며 신위를 설치하여 날마다 세 번 제사를 올렸다. 밤낮으로 통곡의 소리가 끊어지지 않았으며 눈물이 다 나오자 피가 이어서 나왔다. 이미 생명이 위태롭게 되자 "내가 구차하게 지금까지 산 것은 남편의 유골이 이 땅에 돌아오는 것을 보려고 한 것이었으니, 돌아오거든 반드시 남편의 묘소에 나를 부장하라."라고 하였다. 또 "남편의 형 정랑공(正郎公)의 아들을 남편의 후사로 삼기를 원한다."라고 말하였다. 말을 마치자 죽었다. 이 일이 임금에게 알려지자 숙부인(淑夫人)에 증직하고 정려(旌閭)하도록 명하였다.

사자(嗣子) 소(紹)는 부사(府使)를 지냈는데, 2남 2녀를 두었다. 장남은 경룡(景龍)으로 생원이 되었고 차남 경호(景虎)는 임진왜란 때 창의하여 벼슬이 군수(郡守)에 이르렀으며 호종한 공로로 이조 참판에 증직되었다. 생원 경룡은 외아들 수(澍)를 낳았으니 군수이고, 참판 경호는 외아들 순(淳)을 낳았으니 현령(縣令)인데 원종공신(原從功臣)으로 이조 판서에 증직되었다. 군수 수는 아들이 없어서 판서 순의 다섯째 아들 이양(以亮)을 후사로 삼았는데, 현령을 지냈다. 판서 순은 5남을 낳았으니, 장남은 이직(以稷), 둘째는 이익(以益), 셋째는 도사(都事)를 지낸 이열(以悅)이다. 증손자 경(鏡)은 생원으로 현감을 지냈으며 무신년(1728, 영조4) 반란[71]에 창의하였다. 경의 아들 성하(聖河)는 진사로 참봉이 되었고 손자 욱(栯)은 진사가 되었다. 그 외는 많아서 다 기록할 수가 없다.

선생의 행장은 마땅히 오래전부터 있어야 했지만 수백 년을 지나면서 아직까지도 없는 상태이다. 그러므로 서원의 여러 유자들이 합의하여 추급하여 기술하고자 하면서 지금 나에게 그것을 부탁하였다. 내가 일어나서 대답하기를 "선생의 명성은 빛나기가 해와 별과 같고 국승(國乘)과 선배들의 글에 나타난 선생의 사적이 모두 밝게 드러나 있으니 또한 어찌 제가 행장을 지을 필요가 있겠습니까. 하물며 저는 행장을 쓰기에 적합한 인물이 아니니 결단

71 무신년(1728, 영조4) 반란 : 충청도 청주의 이인좌(李麟佐, ?~1728)가 주동이 되고 영남 안의의 정희량(鄭希亮)이 공모하여 일으킨 무신란을 말한다. 영조(英祖)의 즉위로 소론(少論)이 실각하자 이인좌는 정희량과 공모하여 밀풍군(密豊君) 탄(坦)을 추대, 무력에 의한 정권쟁탈을 꾀했다. 1728년 3월 청주에 잠입하여 충청도 병마절도사 이봉상(李鳳祥)을 죽이고 대원수라고 자칭하였으나 도순무사(都巡撫使) 오명항(吳命恒)의 관군에게 죽산에서 대패하여 절에 숨었다가 잡혀서 서울로 압송, 참형을 당했다. 정희량은 안음(安陰)·거창(居昌)·합천(陜川)·삼가(三嘉) 등의 고을에서 반란을 일으켰으나 잡혀 참수되었다.

코 감당할 수 없습니다."라고 하며 누차 사양하고 한 번 사양한 것이 아니었지만 그들의 뜻이 더욱 정성스러웠다. 이에 감히 유사(遺事)에 나아가 살펴보고 위와 같이 서술하여 행장을 짓는다.

증 자헌대부 의정부 좌참찬 겸 지경연 춘추관사 예문관 제학 행 가정대부 예조 참판 홍문관 제학 인천군 양정공 나재 채 선생 행장

贈資憲大夫議政府左參贊兼知經筵春秋館事藝文館提學行嘉靖大夫禮曹參判弘文館提學仁川君諡襄靖公懶齋蔡先生行狀

선생의 휘는 수(壽)이고 자는 기지(耆之)이며 성은 채씨(蔡氏)이고 본관은 인천(仁川)이다. 12대 조부 휘 신징(愼徵)이 고려 시대에 벼슬하여 무공으로 대장군(大將軍)에 임명되었다. 이분이 휘 보문(寶文)을 낳으니 의종(毅宗)을 섬겼으며 문장을 잘하는 것으로 일컬어졌고 관직이 예부 상서(禮部尙書)에 이르렀다. 7대를 지나 전서(典書)를 지낸 휘 귀하(貴河)는 고려가 망하자 역시 전서를 지낸 이씨(李氏) 및 박씨(朴氏)와 함께 두문동(杜門洞)에 들어갔으니 호를 다의당(多義堂)이라 하였다. 이분이 군자감 소감(軍資監少監)을 지낸 휘 영(泳)을 낳았고, 이분이 시강원 좌필선(侍講院左弼善)을 지냈으며 예조 참의(禮曹參議)에 증직된 휘 윤(倫)을 낳았다. 이분이 남양 부사(南陽府使)를 지냈고 이조 참판(吏曹參判)에 증직되었으며 소성군(邵成君)에 추봉된 휘 신보(申保)를 낳았으니, 곧 선생의 아버지이다. 본관이 문화(文化)인 유승순(柳承順)의 따님에게 장가들어 명나라 정통(正統) 기사년(1449, 세종31) 8월 8일에 선생을 낳았다.

선생은 어려서 빼어나고 특출하였으며 총명함이 남달랐다. 성장하여 성격이 호탕하며 얽매이지 않았다. 공부를 한 지 몇 년 만에 재능과 학문이 크게 진척하였다. 점필재(佔畢齋 김종직(金宗直))

가 선생의 글을 보고서 "뒷날에 세상을 울릴 자는 반드시 이 사람일 것이다."라고 말하였다. 20세에 사마시에 합격하고 이듬해에 문과에 장원 급제하여 곧바로 감찰(監察)에 임명되었다. 이 과거 시험에서 선생은 관시(館試 성균관에서 보는 시험)와 전시(殿試)에 연달아 장원 급제하니, 국조 이래로 삼장(三場)[72]에 장원 급제한 사람은 오직 저헌(樗軒) 이석형(李石亨)[73]과 선생 두 사람뿐이다. 이때 성종은 문치(文治)에 대단히 뜻을 두었다. 처음으로 예문관(藝文館)을 설치하고 집현전(集賢殿) 고사에 의거하여 당시의 문학(文學)의 선비를 정선(精選)하였는데, 선생이 첫 번째로 뽑혀 수찬(修撰) 겸 지제교(知製敎)에 임명되었다. 5년 뒤 교리(校理)에 승진하고 조금 있다가 사헌부 지평(司憲府持平)에 임명되었다. 또 충익부 도사(忠翊府都事)로 이조 정랑 겸 장악원 첨정(掌樂院僉正)에 전직되었다가 돌아와 예문관(藝文館)에 들어가 응교(應敎)가 되었다. 임금이 사가독서(賜暇讀書)하게 하여 장려함이 융숭하였으니, 사람들이 영광스럽게 여겨 등영(登瀛)[74]에 비유하였다.

72 삼장(三場) : 초시(初試), 복시(覆試), 전시(殿試)를 말한다.

73 이석형(李石亨) : 1415~1477. 본관은 연안(延安), 자는 백옥(伯玉), 호는 저헌(樗軒)이다. 1441년(세종23) 생원·진사 두 시험에 장원 합격하고 이어 문과에 장원 급제하였으며 1447년에 문과 중시에 장원 급제하였다. 벼슬이 판중추부사와 지성균관사에 이르렀다. 좌리공신(佐理功臣) 4등에 책록되고, 연성 부원군(延城府院君)에 봉해졌다. 시호는 문강(文康)이다.

74 등영(登瀛) : 등영주(登瀛洲)의 준말로 선비가 영예를 얻은 것을 신선이 산다는 전설상의 산인 영주에 오르는 것에다 비긴 것이다. 당 태종(唐太宗)이 태자로 있을 때 방현령(房玄齡)과 두여회(杜如晦) 등 18인을 학사(學士)로 삼아 정사를 자문하자, 사람들이 그들을 부러워하여 '영주에 올랐다.'라고 말했다 한다. 《新唐書 卷102 褚亮列傳》

무술년(1478, 성종9)에 또 응교(應敎)가 되었다. 이때 임사홍(任士洪)[75]이 도승지(都承旨)가 되었는데, 선생이 그의 간사함을 알아보고는 붓을 휘날려 상소문을 지어 그의 정상(情狀)을 낱낱이 진술하였다. 임금이 처음에는 선생에게 노하였다가 끝내는 임사홍을 외직으로 물리치니 조야(朝野)의 사람들이 통쾌하게 생각하였다. 9월에 전한(典翰)에 승진하고 11월에 동부승지(同副承旨)에 특진하니, 선생이 승진의 등급을 밟지 않았다는 것으로 사양하였으나 임금이 어필로 기리고 면려하여 전직하여 좌승지(左承旨)에 이르렀다. 그러나 일에 연좌되어 좌천되게 되자 왕명으로 강등하여 우부승지에 임명하였다. 승정원(承政院)에서 계장을 올려 승정원은 상하의 사이에 예분(禮分)이 매우 엄중하니 체직함이 당연하고 강등함은 부당하다고 하였다. 그럼에도 불구하고 임금이 "채수와 같은 사람은 후설(喉舌)에 두지 않으면 안 되니, 경들은 어찌 나의 뜻을 알리오."라고 말하였다. 몇 달 되지 않아 단계를 뛰어넘어 도승지에 승진하였다. 선생이 누차 사양하니 임금이 또 어찰을 내렸는데, 거기에 옛날 명신(名臣)을 인용하여 면려하는 데 이르렀다.

마침 천재지변이 있었는데, 선생이 입시(入侍)하여 대답함에 득실에 대하여 극언하였다. 또 "병자년의 옥사[76]는 원통하고 과도

75 임사홍(任士洪) : 1449~1506. 본관은 풍천(豊川), 자는 이의(而毅)로 효령대군(孝寧大君)의 아들 보성군(寶城君)의 사위이다. 그 자신뿐만 아니라, 세 아들 중 두 명이 왕실의 사위가 되었다. 1466년(세조12) 문과에 급제하였다. 소인배로 간악한 짓을 많이 하였으며, 특히 1504년 갑자사화를 주도해 훈신 계열을 축출하는 데 앞장섰다.

하게 죄를 받은 이가 많으니, 벌이 처자식에게 미치지 않는 것이 선왕의 법전입니다. 하물며 천도(天道)는 10년이면 반드시 변하니, 마땅히 방면하여 하늘의 뜻을 받드십시오."라고 말하니, 임금이 크게 감동하고 깨달아 석방해 준 자가 수백 명이었다.

선생은 본래 산수를 좋아하여 드디어 밖으로 관동(關東)을 유람하여 명승지들을 두루 관람하면서 훌쩍 진세(塵世)를 벗어나려는 생각이 있었다. 임인년(1482, 성종13)에 다시 벼슬하여 판결사(判決事)가 되었다. 이때 대사헌의 자리가 비어 있었는데, 임금이 즉시 발탁하여 임명하고서 재촉하여 불러서 궁궐로 들어오게 하고 유시하기를 "대사헌 자리는 모름지기 강개(慷慨)한 사람을 등용해야 하는데, 내가 오랫동안 그대의 마음을 알고 있으니 지금 특별히 명한다. 지나치게 강건하지 말고 지나치게 유약하지 말아 그 중도를 잡도록 힘쓰라."하고는 인하여 근신(近臣)에게 명하여 금대(金帶)를 가져오게 하여 채워 주었다. 선생이 세상에 드문 지우를 입었다고 스스로 여겨 더욱 충간의 말을 극진히 하여 은혜에 보답할 것을 생각하였다.

하루는 경악(經幄)에서 임금을 모시면서 선생이 계장을 올려 "윤씨(尹氏)가 비록 폐비가 되었으나 지존인 임금의 배필인 적이 있었습니다. 지금 여염집의 더러운 곳에 거주하며 먹고 사는 것도 궁핍하니, 청하건대 별도로 집 한 채를 마련하여 관청에서 식량을 공급하십시오."라고 말하였다. 임금이 진노하여 이것은 원자(元子

76 병자년의 옥사 : 1456년(세조2)에 단종을 복위시키려던 성삼문, 박팽년 등 사육신을 처형한 옥사를 말한다.

연산군)에게 잘 보이려고 하는 것이라 생각하고 국문하도록 명령하니, 임금의 위엄이 바야흐로 성대하여 앞일을 예측할 수가 없었다. 선생이 고금의 일을 증거로 들면서 분변하여 대답하기를 명백하고 간절하게 하였으나, 임금의 노여움이 오히려 풀리지 않아 의금부에 내려 논의하도록 명령하였다. 얼마 후 사면되었지만 오히려 벼슬에 박탈된 지 수 년이 되었다.

을사년(1485, 성종16)에 비로소 서서(西敍 서반직에 서용됨) 겸 지경연사(知經筵事)가 되었다. 병오년(1486, 성종17)에 또 홍문관 제학을 겸하였다. 외직으로 나가 충청도 관찰사(忠淸道觀察使)가 되었다. 무신년[77](1488, 성종19)에 한성부 좌윤(漢城府左尹)에 임명되었으며 사신 업무를 받들고 명나라에 성절(聖節)을 축하하는 사절로 갔다가 돌아와 성균관 대사성(成均館大司成)으로 전직되었다. 기유년(1489, 성종20)에 아버지 상을 당하였다. 삼년상을 마치고 동지중추부사에 임명되었다. 계축년(1493, 성종24)에 동지경연사와 동지의금부사를 겸하였다. 갑인년(1494, 성종25)에 호조 참판으로 있다가 어머니 상을 당하였다. 병진년(1496, 연산군2)에 또 한성부 좌윤에 임명되니, 이해는 교동주(喬桐主 연산군) 2년이었다. 선생이 나랏일이 장차 그릇되어 감을 보고 벼슬에 나아가는 것을 즐거워하지 않고 누차 한직을 구하였다. 무오년(1498, 연산군4)에 사화가 일어나자 선류(善類)들이 다 죽음에 선생이 어찌해 볼 수 없다는 것을 알고 세상을 따라 부침할 따름이었다. 기미년(1499, 연산군5)에 예조 참판(禮曹參判)에 임명되었

77 무신년 : 원본에는 무오년(1498, 연산군4)으로 되어 있으나 잘못된 듯하여 고쳤다.

고 임술년(1502, 연산군8)에 병조 참판으로 옮겼다. 계해년(1503, 연산군9)에 평안도 관찰사(平安道觀察使)에 임명되었는데, 임기가 만료되기도 전에 병으로 사직하니, 서반직(西班職)에 임명되었다.

갑자년(1504, 연산군10)에 사화가 일어났다. 선생이 승지(承旨)로 있을 때 대비(大妃)가 윤서인(尹庶人)의 죄상을 비방하여 지었던 언문을 한문으로 번역하여 사관(史官)에 내려 주자는 것에 대하여, 당시에 추급하여 논하여 죄를 줄 만하다고 여겨 선생을 곤장을 쳐서 단성(丹城)으로 유배를 보냈다. 이때 임사홍이 다시 기용되어 권력을 휘둘렀는데, 평소에 원한이 있었던 사람들을 반드시 사지(死地)에 빠뜨리려고 하였다. 어떤 경우는 온 집안이 화를 당하는 사람이 있었으니 사람들이 모두 선생을 위하여 두려워하였다. 그러나 선생은 기쁜 얼굴빛을 하고 걱정하지 않았으며, 비록 귀양지에 있었으나 말하고 웃는 것이 태연자약하여 평소와 다름이 없었다. 얼마 있지 않아 방면되어 돌아왔다.

병인년(1506, 중종1)에 중종이 반정할 때 거사하기 하루 전날에 박원종(朴元宗)[78] 등이 서로 의논하여 말하기를 "여기에 채모(蔡某)가 없어서는 불가하니 무사(武士)를 시켜 맞이해 오라. 만

78 박원종(朴元宗) : 1467~1510. 본관은 순천(順天), 자는 백윤(伯胤)이다. 공신 가문에서 태어나 음보(蔭補)로 호군(護軍)이 되고, 1486년(성종17) 무과에 급제하였다. 1506년(연산군12) 경기도 관찰사로 나갔다가 연산군의 미움을 받아 삭직되자 마침내 성희안(成希顔)·유순정(柳順汀) 등과 함께 반정(反正)을 모의해 연산군을 폐하고 중종을 옹립하였다. 그 공으로 정국공신(靖國功臣) 1등으로 우의정이 되고 평원 부원군(平原府院君)으로 진봉(進奉)되었다. 중종 묘정에 배향되었으며 시호는 무열(武烈)이다.

약 오지 않으면 머리라도 베어서 오라."라고 하였다. 선생의 사위 김감(金勘)[79]이 사태가 급박함을 알았지만 선생이 반드시 그 견해를 따르지 않을 것이라고 생각하여 자기 부인에게 다른 일로 가탁하여 선생을 맞이하여 오게 하고는, 술을 올려 드시게 하여 정신이 혼미할 정도로 취하게 하였다. 이에 선생을 부축해서 끌어안고 곧바로 대궐 문에 이르니 선생이 아직 술에서 깨지 못했다. 선생이 궁정 뜰에 불빛이 환하고 군대의 소리가 크게 진동한 것을 보고 비로소 잘못되었다는 것을 알았다. 크게 놀라며 손으로 땅을 치며 말하기를 "이런 짓을 어찌 감히 하는 것인가. 이런 짓을 어찌 감히 하는 것인가."라고 하면서 이와 같이 한 것이 두 번이었다. 정국(靖國) 공훈에 책록되고 인천군(仁川君)에 봉해졌다.

선생이 탄식하기를 "내가 젊은 나이에 훌륭한 임금을 만나 봉록을 먹은 것이 40여 년이니, 영화가 이미 지극한 것이다. 떠나지 않고 무엇하리오." 하고는 드디어 집안 식구를 모두 데리고 남쪽으로 내려와 함령(咸寧)의 이안(利安)에 거주하였으니, 곧 선생의 처가가 있는 곳이었다. 집의 서쪽에 깎아지른 봉우리가 냇물에 임하고 있어 자못 산수의 아름다운 경치가 있었다. 그 위에 조그만 정자를 지어 '쾌재정(快哉亭)'이라 편액하고 아침저녁으로 노닐며

79 김감(金勘) : 1466~1509. 본관은 연안(延安), 자는 자헌(子獻), 호는 일재(一齋) 또는 선동(仙洞)이다. 1489년(성종20) 진사가 되었고, 이어 문과에 급제하였다. 임사홍(任士洪)과 더불어 갑자사화를 다스려 예조 판서에 임명되었으며 연산군에 충성을 서약하는 경서문(敬誓文)을 지어 올리기도 하였다. 그러나 중종반정에 협력해 정국공신(靖國功臣) 2등에 책록되고, 연창 부원군(延昌府院君)에 봉해졌다. 시호는 문경(文敬)이다.

스스로 즐기니, 당시의 현명한 사대부들이 모두 사모하며 칭송하여 '명성을 이룬 뒤 몸이 물러난[80] 이로 지금 시대에 한 사람뿐이다.'라고 생각하였다. 그로부터 10년 뒤 을해년(1515, 중종10) 11월 8일에 선생께서 아무런 병 없이 돌아가셨다. 대개 선생은 이 해에 시한 수를 지어서 '봉래산 정상에서 신선과 짝하네.〔蓬萊頂上伴神仙〕'라는 말을 벽에다가 썼으니, 아마도 죽음을 먼저 예측한 것인가. 이듬해 고을의 남쪽 밖 율곡(栗谷) 계좌(癸坐) 언덕에 장례를 지냈다. 임금이 특별히 의정부 좌참찬(議政府左參贊)을 증직하였고 양정(襄靖)이라 시호하였으며 관리를 보내 치제(致祭)하였다. 숙종 신미년(1691, 숙종17)에 사림들이 임호서원(臨湖書院)에 제향하였다.

선생은 성품이 소탈하고 호탕하였으며 사람들과 거슬림이 없었다. 평생 독서하기를 좋아하여 비록 질병이 들어서도 손에서 책을 놓은 적이 없었다. 시문을 지음에 붓을 들면 곧바로 이루어 찬란하게 빛났다. 당시 명문장가로 막상막하였던 사람이 무려 6, 7명 있었는데, 뛰어나고 민첩하여 나라를 빛내는 대가가 됨에 있어서는 매양 선생을 추중하였다. 산경(山經)과 지지(地誌) 같은 분야에도 정밀하고 해박하지 않음이 없어서 비록 해외 이국(異國)이라 할지라도 환하게 마치 친히 본 것 같이 말하였다. 선생이 명나라 서울에 사신을 갔을 때 운남(雲南) 사람 최환(崔瓛)을 만나

80 명성을……물러난 : 큰 공을 이루고 은퇴하여 더 이상 벼슬하지 않는 것을 말하는데, 노자 《도덕경》 9장의 "공을 이루고 이름을 날린 뒤에 몸이 물러나는 것이 하늘의 도이다.〔功成名遂身退, 天之道.〕"라는 말에서 유래한 것이다.

운남 산천의 형승(形勝)과 도로의 원근에 대하여 역력히 말하자, 최환이 크게 놀라 말하기를 "모산(某山) 아래는 곧 제가 사는 곳입니다. 대인께서는 언제 여기에 유람하러 왔습니까."라고 하였다. 선생의 박람강기(博覽强記)에 대하여 먼 지방의 사람을 흠복(欽服)하게 만듦이 또 이와 같았다.

오호라! 선생께서 사헌부 대사헌으로 있을 때 폐비 윤씨에게 식량을 주자는 계장을 올렸고, 승정원 도승지로 있을 때 병자년의 옥사에 대하여 방면해 주자는 계장을 올렸으며, 응교로 있을 때 임사홍의 간악한 정상(情狀)을 논하였으니, 그 큰 절개의 우뚝함은 진실로 한 세대를 진동하며 빛났다. 또 이것보다 어려운 일을 한 것이 있으니, 나의 외고조부 목재(木齋) 홍 선생(洪先生)[81]이 일찍이 말하기를 "식량을 주자는 계장은 지혜로운 자라야 할 수 있고, 방면해 주자는 계장은 인자한 자라야 할 수 있으며, 간사한 사람을 배척하는 상소문은 용기 있는 자라야 할 수 있다. 그러나 중종반정 때 공훈을 책록한 이날의 거사는 천리에 순종하고 인사에 호응하는 것에서 나와, 대려(帶礪)의 맹세[82]와 운대(雲臺)의

81 목재(木齋) 홍 선생(洪先生) : 홍여하(洪汝河, 1620~1674)를 말한다. 본관은 부림(缶林), 자는 백원(百源), 호는 목재・산택재(山澤齋)이다. 1654년(효종5) 문과에 급제하여 검열과 감찰 등을 역임하였다. 1658년(효종9)에 올린 상소문이 송시열(宋時烈)을 비방하였다는 모함을 받아 유배 갔다가 해배 뒤 고향으로 돌아와 저술과 강학에 매진하였다. 저서로는 《목재집》이 있고, 편서로는 《휘찬여사(彙纂麗史)》와 《동사제강(東史提綱)》 등이 있다.

82 대려(帶礪)의 맹세 : 황하가 허리띠처럼 좁아지고 태산이 숫돌처럼 작게 되도록 공신의 집안을 영원히 보호해 주겠다는 맹세로서 산려하대(山礪河帶)의 준말이다.

화상[83]처럼 혁혁하게 사람의 이목에 환히 드러나는 것이었다. 그러나 나재(懶齋)의 처신의 경우는 자신의 의지로 행한 것이 아니었다. 그러므로 유독 초연히 몸을 끌어서 세속에서 멀리 벗어나 일찍이 한 터럭의 공명도 뜻을 둔 적이 없었으니, 나재가 아니었다면 이와 같이 할 수 있었겠는가. 뒤에 선생의 마음을 알려고 할진댄 이른바 더욱 어려운 일을 한 것이 있다는 점을 여기에서 보면 또한 징험할 수 있을 것이다."라고 하였다.

선생의 아내인 정부인(貞夫人)은 안동 권씨(安東權氏)로 부사(府使)를 지낸 이순(以順)의 따님이다. 묘소는 선생과 같은 곳이다. 3남 4녀를 두었으니, 장남은 윤권(胤權)으로 진사가 되어 참봉을 지냈고, 둘째 소권(紹權)은 문과에 급제하여 판서를 지냈고 호가 졸재(拙齋)이며, 셋째 승권(承權)은 진사가 되었다. 장녀는 곧 연창 부원군(延昌府院君) 김감(金勘)에게, 둘째는 감역(監役)을 지낸 이승검(李承儉)에게, 셋째는 김안로(金安老)에게, 넷째는 문과에 급제하여 참찬(參贊)을 지냈으며 호가 음애(陰厓)인 이자(李耔)에게 각각 시집갔다. 참봉 윤권은 4남을 두었으니, 장남 무휼(無恤)은 진사가 되어 현감(縣監)을 지냈고, 둘째 무일(無逸)은 생원시에 장원하고 진사시에도 급제하였으며 문과에 급제하여 헌납(獻納)을 지냈고 호는 휴암(休庵)이니 임호서원(臨湖書院)에 제향되었다. 셋째는 무해(無害)이고 넷째는 무적(無敵)이니 생원이 되어 현감(縣監)을 지냈다. 판서 소권은 2남을 두었으니, 장남

83 운대(雲臺)의 화상 : 후한 명제(明帝) 때 등우(鄧禹) 등 전대(前代)의 명장 28인의 초상화를 그려서 걸어 놓고 추모한 공신각(功臣閣)의 이름이다.

무강(無彊)은 진사로 별제(別提)를 지냈고 둘째는 무은(無垠)인데 모두 후사가 없어서 승권(承權)의 아들 무태(無怠)를 양자로 들였으니 진사가 되어 현감을 지냈다. 진사 승권은 4남을 두었으니 장남은 무경(無競)이고 둘째는 곧 무태(無怠)이며 셋째는 무언(無言)이고 넷째는 무구(無垢)이다. 무휼은 후사가 없어서 동생 무적(無敵)의 둘째 아들 유권(有根)을 양자로 들였는데 주부(主簿)를 지냈으며 좌승지(左承旨)에 증직되었다. 무일의 아들 유린(有隣)은 감찰을 지냈고 유광(有光)은 첨정(僉正)을 지냈다. 무태의 아들 유부(有孚)는 참봉을 지냈으며 판결사(判決事)에 증직되었고, 유희(有喜)는 임진왜란 때 창의하여 판결사(判決事)에 증직되었으며, 유종(有終)은 또한 임진왜란 때 창의하여 직장(直長)을 지냈다. 이 외에는 많아서 다 기록하지 못한다.

그중에 절의(節義)로 드러난 사람으로, 홍(泓)은 임진왜란 때 임금을 호종하다가 적에게 죽어서 참판(參判)에 증직되고 인양군(仁陽君)에 추봉(追封)되었다. 득기(得沂)는 병자호란 때 임금을 호종하여 심양(瀋陽)에 갔으며 별좌(別座)를 지냈고 집의(執義)에 증직되었으며 호는 우담(雩潭)이다. 이항(以恒)은 병자호란에 척화하여 현감을 지냈고 이조 판서에 증직되었으며 시호는 경헌(景憲)이고 호는 오봉(五峯)이다. 효행으로 포상을 받은 사람으로, 지영(之瀛)은 서윤(庶尹)에 증직되었고 정려(旌閭)를 받았다. 형(泂)은 동지중추부사를 지냈고 판서에 증직되었다. 과거 시험과 벼슬로 드러난 사람으로, 지연(之沇)은 문과에 급제하여 부사(府使)를 지냈다. 헌징(獻徵)은 문과에 급제하여 필선(弼善)을 지냈으며 호가 우헌(愚軒)이다. 명보(命寶)는 문과에 급제하여 정자

(正字)를 지냈다. 명운(命運)은 문과에 급제하여 기랑(騎郎 병조랑(兵曹郎))을 지냈다. 천계(天啓)는 참봉을 지냈으며 득호(得湖)는 참봉을 지냈다. 하징(河徵)은 생원이 되어 주부(主簿)를 지냈고, 명천(命千)은 음직으로 별검(別檢)이 되었으며, 몽익(夢翼)은 무과에 급제하여 영장(營將)이 되었다.

선생이 돌아가신 지 2백여 년이 되었지만 아직도 행실을 기술한 행장이 없었다. 임호서원의 유생들이 서로 의논하여 말하기를 "우리 선생의 문장과 풍절(風節)에 대하여는 진실로 국승(國乘)에 실려 있고 야사(野史)에 전해 온다. 그러나 무릇 전배들에게 행장을 지어 두었음은 예로부터 그러하였으니 이것은 그만둘 수 없는 일이다." 하고 드디어 생애의 자료를 수집하여 한 통의 기록으로 만들어 나에게 그 일을 부탁하였다. 내가 거기에 적절한 사람이 아니라고 누차 사양하였지만 되지 않아 삼가 위와 같이 찬술하니, 대개 또한 이것으로 평소 선생의 큰 행실을 사모하는 마음을 깃들인 것이다.

가선대부 이조 참판 한벽재 정공 행장
嘉善大夫吏曹參判寒碧齋鄭公行狀

공의 휘는 석견(錫堅)이고 자는 자건(子健)이며 성은 정씨(鄭氏)이고 한벽재(寒碧齋)는 그의 자호이다. 처음에 국자(國子 성균관) 시험에 합격하였고 성종 때 준량(俊良)으로 임금의 부름을 받아 여러 관직을 거쳐 외직으로 나가 비안(比安), 지례(智禮), 김산(金山) 현감을 지냈는데, 부임지마다 아전들은 두려워하고 백성들은 그리워하여 어떤 곳에서는 불망비를 세워 칭송하기도 하였다. 청백리에 선발되었고, 중앙직으로 사헌부(司憲府)에 들어가 강직하게 간쟁하는 신하의 풍도가 있었다. 성화(成化) 계사년(1473, 성종4)에 명나라에 사신을 보내 천추절(千秋節)을 축하할 때 임금께서 서장관을 정선(精選)하였는데 공이 첫 번째로 뽑혀 사신으로 갔다. 점필재(佔畢齋) 김 문간공(金文簡公)[84]이 전송하면서 말하기를 "중국에 시를 감상할 줄 아는 사람이 있다면 반드시 해외에 그대가 있는 줄을 알 것이다."라고 하였다. 귀국함에 짐 꾸러미에는 쓸쓸하게 아무 것도 없고 오직 중국인이 지은 시뿐이었다.

갑오년(1474, 성종4)에 과거 시험에 장원 급제하여 이조 좌랑에 임명되었다. 공을 몹시 시기하는 자가 사간원(司諫院)에 있으

84 점필재(佔畢齋) 김 문간공(金文簡公) : 김종직(金宗直, 1431~1492)을 말한다. 본관은 일선(一善), 자는 계온(季昷), 호는 점필재, 시호는 문간(文簡)에서 문충(文忠)으로 바뀌었다.

면서 글로 중상모략하자 공이 형조(刑曹)에 좌천되었다. 이윽고 옥서(玉署 옥당)에 들어가 수찬(修撰)과 교리(校理)를 역임하고 응교(應教)에 이르렀다. 이에 앞서 홍문관에는 구사(丘史)[85]가 없어서 출입할 때 다른 관청에서 빌려 왔지만 공만은 유독 빌리지 않았다. 매양 납패(鑞牌)를 든 조졸(皁卒) 한 명이 말 앞에서 인도하며 뒤에는 종 한 명을 따르게 하고 공 자신은 가운데에 위치하여 자리가 높았으니, 세 사람이 나란히 선 모습이 마치 '산(山)'자와 같았다. 보는 사람들이 눈으로 힐끔하고 비웃으면서 산자관원(山字官員)이라 호칭하였다. 동료들이 희롱하여 묻기를, "한 명의 구사를 빌리는 것이 무엇이 대의에 해롭다고 이런 산자관원이 되었는가." 하였다. 공이 말하기를, "뒤에 따르며 호위하는 것은 등 뒤의 일이니 내 눈에 보이지 않는 것이고, 구사를 빌리는 것은 눈앞에 보이는 일이니, 내가 어찌 구차한 짓을 하리오. 나는 차라리 산자관원이 되겠다."라고 하였다.

삼사(三司)에 재직한 것이 십수 년 동안이었다. 사간원의 사간과 사헌부의 집의로부터 승정원 동부승지에 승진하고 좌부승지에 이르렀다. 또 대사간(大司諫)에 자리를 옮겼다. 대궐 안에 관련되는 것에 대하여 거짓말하는 사건이 있었는데, 사간원에서 시작하였다고 소문이 났다. 임금이 진노하여 친히 국문하니, 좌우의 시신(侍臣)들이 모두 다리를 떨며 두려워하였지만 공은 조금도 기가 죽지 않고 종용(從容)히 무릎을 모으고 말하기를 "신은 늙었으니 저 고문에 나아가면 반드시 목숨을 온전히 하기가 어려울 것

85 구사(丘史) : 종친이나 공신 등에게 나라에서 제정해 준 하인이다.

입니다. 죄 없이 신을 죽인다면 아마도 밝은 조정〔明朝〕에 누가 될 것입니다."라고 하였다. 또 말하기를 "신이 임금의 측근에 출입하면서 성주(聖主)를 보필하고 유도하지 못하여 이런 과실이 있게 되었으니 신의 죄입니다."라고 하였다. 임금이 공에게 대우함이 평소 중인(衆人)과는 달랐기에 태도를 바꾸며 죄를 주지 않았다. 여러 번 전직하여 제조(諸曹)의 참의(參議)가 되었는데, 중간에 외직으로 나가 관찰사가 된 것이 한 번이었다. 이조 참판에 임명되자 공의 나이가 이미 60세가 넘었다. 이에 퇴직하는 것을 힘써 구하여 고향으로 돌아와 경신년(1500, 연산군6) 정월에 집에서 고종(考終)하였다. 공을 아는 사람이든 알지 못하는 사람이든 사방의 모든 이가 와서 조문하였다. 3개월 뒤 개령(開寧)의 오지산(五指山) 모향(某向) 언덕에 장례를 지냈다.

해주(海州)에서 일어나 본관으로 삼은 정씨(鄭氏)는 고려 시대 때 크게 드러났다. 고려 시대 말에 휘 초(初)는 여러 번 거도(巨盜)를 물리쳐 관직이 대장군(大將軍)에 이르렀다. 당시 정치가 문란한 것을 보고 숭선(崇善 선산(善山))으로 은거하였으니 곧 공의 고조부이다. 증조부는 휘가 윤성(允成)으로 생원을 지냈고, 조부는 휘가 희언(希彦)으로 호조 참의(戶曹參議)에 증직되었다. 아버지는 휘가 유공(由恭)으로 단천 훈도(端川訓導)를 지냈으며 이조 참판(吏曹參判)에 증직되었고, 어머니 정부인(貞夫人)은 옥천 육씨(沃川陸氏)니 모씨(某氏)와 같이 제사를 받고[86] 공의 묘소에 부

86 모씨(某氏)와……받고 : 옥천 육씨 부인이 정석견의 아내가 되어 제사를 함께 받는다는 말이다. 《의례》 〈소뢰궤식례(小牢饋食禮)〉에 "효손 아무개는 오는 정해일

장되어 있다. 두 딸을 두었으니 강세경(姜世卿)과 유경억(俞慶億)에게 각각 시집갔다. 서자는 부(皃)이다.

공은 기운이 전일하고 용모가 엄숙하였으며 겉모습은 순하고 속마음은 방정하였다. 어릴 때부터 《소학(小學)》으로 스스로를 단속하여 모든 것에 의절(儀節)과 법칙이 있었다. 경서와 사서(史書)에 박통하고 기억력이 보통 사람보다 매우 뛰어났다. 낙건(洛建)[87]의 여러 책의 내용에 대하여는 모두 자기 말처럼 외웠다. 철견(鐵堅), 은견(銀堅) 두 형과 함께 공부에 매진하기를 그만두지 않았다. 한훤당(寒暄堂),[88] 점필재(佔畢齋 김종직(金宗直)), 매계(梅溪)[89] 등 여러 현자들이 공의 집을 바라보며 달려가 교제하기를 원하였으며, 사절(使節 임금이 심부름 보낸 신하)로 공의 집 앞을 지나는 자는 모두 예의를 표했다. 사람을 알아보는 감식안이 밝았는

에 황조백 아무개께 제물을 올려 세시의 제례를 거행하고 아울러 모비(某妃)로 황조(皇祖) 모씨에게 배제(配祭)하니 부디 흠향하소서.〔孝孫某, 來日丁亥, 用薦歲事于皇祖伯某, 以某妃配某氏, 尙饗.〕"라고 하였는데, 그 주에 함께 제사 지내는 것을 배(配)라 한다고 하였다. 모비는 부인이고 모씨는 정석견이다.

87 낙건(洛建) : 낙양(洛陽)의 정자(程子)와 건양(建陽)의 주자(朱子)를 말한다.

88 한훤당(寒暄堂) : 김굉필(金宏弼, 1454~1504)의 호이다. 본관은 서흥(瑞興), 자는 대유(大猷), 시호는 문경(文敬)이다. 김종직(金宗直)의 문인이며, 평생 《소학》에 심취하여 스스로 '소학동자'라 일컬었다. 무오사화 때 희천에 유배되었다가 뒤에 순천으로 이배되었으나 갑자사화 때 극형에 처해졌다.

89 매계(梅溪) : 조위(曺偉, 1454~1503)의 호이다. 본관은 창녕(昌寧), 자는 태허(太虛)로 김종직의 제자이다. 1472년(성종3) 생원・진사에 합격하고, 1474년 문과에 급제하였다. 벼슬이 관찰사에 이르렀으나 무오사화 때 의주에 유배되었다가 그곳에서 죽었다. 저서로 《매계집(梅溪集)》이 있다. 경북 김천의 경렴서원(景濂書院)에 제향되었으며, 충북 영동군 황간의 송계서원(松溪書院)에 주벽으로 제향되었다. 시호는 문장(文莊)이다.

데, 일찍이 조카 신당(新堂) 정붕(鄭鵬)[90]을 두고 말하기를 "이 아이는 우리 집안의 옥수(玉樹)[91]이다."라고 하였다. 이미 명하여 한훤당의 문하에 제자가 되게[92] 하여 자기 몸을 행함에 큰 도를 들을 수 있게 하였다. 또 서울에 데리고 들어가서 성리서(性理書)를 가르쳐서 깨우치고 연마시켜 끝내는 대유(大儒)가 되게 하였다.

당시에 여러 현자들이 성대하게 일어남이 송(宋)나라 순희(淳熙)[93] 연간과 거의 비슷하였으나 도를 믿고 곧장 앞으로 나아가기만 하고 올곧아 위태롭게 되는 것을 경계하지 않았다. 공이 매우 걱정하면서 신당에게 경계하여 말하기를 "군자가 처세함은 비록 무턱대고 남이 하는 대로 따라 해서는[94] 안 되지만 또한 유속(流

90 신당(新堂) 정붕(鄭鵬) : 1467~1512. 본관은 해주(海州), 자는 운정(雲程), 호는 신당이다. 김굉필의 문인이다. 1486년(성종17) 진사에 합격하고 1492년(성종23) 문과에 급제하였다. 1504년(연산군10) 교리(校理)로 있으면서 갑자사화에 연루되어 영덕에 유배되었다. 그 후 중종반정으로 복직되고 청송 부사(靑松府使)를 지냈다. 청백리에 녹선되었으며 금오서원(金烏書院)에 제향되었다.

91 옥수(玉樹) : 훌륭한 자제를 일컫는 말이다. 진(晉)나라 때 큰 문벌을 이루었던 사안(謝安)이 자질(子姪)들에게 "어찌하여 사람들은 자기 자제가 출중하기를 바라는가?" 하고 묻자, 조카 사현(謝玄)이 "비유하자면 마치 지란(芝蘭)과 옥수(玉樹)가 자기 집 뜰에 자라기를 바라는 것과 같습니다."라고 한 데서 유래하였다.

92 제자가 되게 : 원문 '속수(束脩)'는 열 마리의 포를 묶은 단위로서 제자가 스승에게 가르침을 청할 때 바치는 소박한 예물을 의미한다. 《논어》 〈술이(述而)〉에 공자가 "속수를 행한 이상의 사람은 내가 일찍이 가르치지 않음이 없었다.〔自行束脩以上, 吾未嘗無誨焉〕"라고 한 말에서 유래하였다.

93 순희(淳熙) : 송나라 효종(孝宗)의 연호로 1174~1189년 사이이다. 이 시기는 주희(朱熹, 1130~1200), 여조겸(呂祖謙, 1137~1181), 장식(張栻, 1133~1180) 등 많은 현자들이 양성될 때였다.

俗)과 매우 달라서 그들에게 배척되는 바가 되어서도 안 된다."라고 하였으니, 대개 동한(東漢) 말기와 같은 사태[95]를 염려한 것이다. 그 후에 과연 삼대(三大) 엄한 법망의 처단이 발생하여[96] 한 때의 선류(善類)들이 모두 죽임을 당하거나 혹 부관참시를 당하였으나 신당은 유배를 가는 데 그쳤다.

공은 누차 큰 고을의 고을 원이 되었고 또 유명한 변방 지역을 맡아 다스렸지만, 빙벽(氷檗)의 절조[97]는 시종 한결같았다. 파직되어 집으로 돌아올 때 집의 사방 벽에는 쓸쓸하기가 예전 그대로였다. 매양 봄에서 여름으로 바뀌는 시절에 아들 부(鳧)에게 명

94 무턱대고……해서는 : 원문 '궤수(詭隨)'는 옳고 그른 것을 따지지 않고 함부로 남을 따르는 것을 말한다. 《시경》 대아(大雅) 〈민로(民勞)〉에 "잘잘못 가리지 않고 제멋대로 남을 따르지 말 것이요, 어질지 못한 자를 삼가야 할 것이다.〔無縱詭隨, 以謹無良.〕"라는 말이 나온다.

95 동한(東漢)……사태 : 후한(後漢) 말기의 당고(黨錮)를 말한다. 환제(桓帝) 때 진번(陳蕃), 이응(李膺) 등의 정인군자(正人君子)가 환관(宦官)의 발호를 미워하여 태학생들을 거느리고 환관을 공격했는데 환관들이 도리어 그들에게 조정을 반대하는 당인(黨人)이라고 몰아붙여 옥에 가두고 벼슬길을 막았으며, 영제(靈帝) 때 두무(竇武), 진번(陳蕃) 등이 환관들을 죽이려 하다가 일이 누설되어 그들과 뜻을 같이했던 백여 명이 함께 피살되었다.

96 삼대(三大)……발생하여 : 1498년의 무오사화, 1504년의 갑자사화, 1519년의 기묘사화를 말한다.

97 빙벽(氷檗)의 절조 : 맑은 얼음물을 마시고 쓰디쓴 소태나무를 씹는다는 뜻으로, 굳게 절조를 지키면서 온갖 고난을 감내하는 것을 비유할 때 쓰는 표현이다. 당(唐)나라 백거이(白居易)가 지은 〈삼년위자사(三年爲刺史)〉의 "삼 년 세월 동안 자사로 있으면서, 맑은 얼음물을 마시고 쓰디쓴 소태를 씹었노라.〔三年爲刺史, 飮氷復食檗.〕"라는 시구에서 유래한 것이다. 《白樂天詩集 卷1》

하여 오선(烏蘚)[98]을 채취하도록 하여 자급자족하였다. 일찍이 공을 방문한 자가 역마를 타고 이르렀는데, 집 앞의 못 둑에는 곳곳마다 땅이 부풀어 있었으며 풀을 제거한 것이 마치 밭 갈고 김맨 것처럼 파헤쳐져 있었다. 그가 이 점을 이상하게 여기고 아전에게 물어보니, 아전이 실없이 응답하여 말하기를 "모공(某公)이 근래에 산돼지 새끼를 키웁니다."라고 하였다. 객이 공에게 절하고 인하여 말이 이에 미치니, 공이 웃으면서 "진짜 산돼지가 아니라 바로 우리 아이가 한 짓입니다."[99]라고 하였다. 그 가난함이 이와 같았지만, 항상 흐뭇하게 즐기며 유유자적하고 전혀 밖의 것을 사모하지 않았다. 그러므로 사람들이 더욱 현명하게 여겨 당세의 고사(高士)를 논함에 반드시 한벽재를 으뜸으로 간주하였다. 학문의 정밀함과 조예의 심오함에 대하여는 또 사람들이 알 수 없는 경지를 소유하고 있었다. 그럼에도 불구하고 조정에 벼슬하는 여러 해 동안의 지위가 덕에 부합되지 못하였다. 또 집안을 이어 갈 적자가 없었으며 신당도 일찍 죽었으므로 공의 평소의 아름다운 말씀과 훌륭한 행실이 모두 없어져서 전하지 않게 되었으니, 어찌 애석하지 않으랴. 공의 방손 유욱(惟旭)이 가장(家狀)을 가지고 나에게 와서 보여 주고서는 행장을 지어 그의 숨은 빛을 드러내 주기를 빌었다. 내가 사양했으나 되지 않아 드디어 위와 같이 서술한다.

98 오선(烏蘚) : 하수오(何首烏)와 백선(白蘚)이다.

99 우리……짓입니다 : 한벽재가 먹을 것이 없어서 구황으로 집 앞의 못 둑에 자라는 하수오와 백선을 캐서 먹었는데, 그의 아들이 그것을 캐고 난 땅의 모습이 마치 산돼지가 헤집어 놓은 듯 부풀어 있었기에 그렇게 말한 것이다. 또 자신의 아들을 낮추어 돈아(豚兒)라고 하기 때문에, 산돼지는 아니지만 돼지라고 말하였던 것이다.

성균 진사 죽정 장공 행장

成均進士竹亭張公行狀

공의 휘는 잠(潛)이고 자는 호원(浩源)이며 죽정(竹亭)은 그의 자호이다. 장씨(張氏)는 옥산(玉山)을 본관으로 하며 거기에 대대로 살았다. 고려 시대 휘 금용(金用)은 관직이 삼중대광(三重大匡) 신호위 상장군(神虎衛上將軍)이었다. 후세에 덕령 부윤(德寧府尹)을 지낸 안세(安世)와 김해 부사(金海府使)를 지낸 중양(仲陽) 부자는 모두 고려 왕조에 의리를 지켜 조선 왕조를 섬기지 않았다. 그들은 조선조 태조가 잠저(潛邸)에 있을 때 친분이 있는 것으로 어찰을 내려 여러 번 벼슬에 불렀지만, 끝내 출사하지 않았다. 또 두 분 모두 유언을 남겨 비석에 관직을 쓰지 못하게 하였다. 부사 중양은 조선조에 장령(掌令)을 지낸 수(脩)를 낳았고, 장령을 지낸 수는 풍저창 승(豐儲倉丞)을 지낸 보(俌)를 낳았으며, 승을 지낸 보는 통찬(通贊)을 지낸 맹저(孟儲)를 낳았다. 통찬을 지낸 맹저는 효자로 알려진 충순위(忠順衛)를 지낸 적손(嫡孫)을 낳았으니, 이분이 공의 아버지이다. 어머니는 화순 최씨(和順崔氏)로 대사성(大司成) 사로(士老)의 후손이며 전호군(典護軍) 한충(漢忠)의 따님이다. 홍치(弘治) 정사년(1497, 연산군3) 6월 26일에 공을 낳았다.

공은 나면서 아름다운 자질을 가졌으며 성품이 고결(高潔)하고 효순(孝順)하였다. 겨우 강보(襁褓)에서 벗어날 나이에 이미 더러운 곳에 거처하지 않았다. 어머니께서 질병이 들었는데, 고통스러워하시는 것을 보고 항상 곁에 있으면서 울부짖었고 아이들과 어울려 다니며 놀지 않았다. 9세에 아버지 충순공(忠順公)의 상을 당하였는데, 마음으로 슬퍼하고 몸을 훼손하며 상을 치르기를 어른과 같이 하였다. 12세에 비로소 경전을 읽었는데, 모두 손수 스스로 정사(淨寫)하였다. 옷깃을 여미고 단정히 앉아 책을 읽는데, 게으르고 태만한 기색이 없었다. 16세에 관찰사가 친히 인동현(仁同縣)에서 선비들에게 시험을 치렀는데, 공이 장원하였다. 공이 장자(長者)에게 장원을 양보하며 "나이의 질서를 감히 어지럽힐 수 없다."라고 말하니, 관찰사가 공의 국량을 훌륭하게 여겼다.

18세에 한양에 유학하여 정암(靜庵) 조 선생(趙先生)[100]에게 나아가 배우고 또 휴암(休庵) 백인걸(白仁傑),[101] 청송(聽松) 성수침(成守琛)[102]과 붕우로 맺어 사과우(四科友)가 되었다. 이듬해에

100 정암(靜庵) 조 선생(趙先生) : 조광조(趙光祖, 1482~1519)를 말한다. 본관은 한양(漢陽), 자는 효직(孝直), 호는 정암이다. 김종직(金宗直)의 학통을 이은 사림파의 영수로서 도학정치를 실현해야 한다는 지치주의(至治主義)를 강조하였다. 또 과거 시험 대신 현량과(賢良科)를 시행하여 인재를 등용하도록 하였다. 그러나 도학정치를 단시일 내에 급히 실현하려고 하다가 기묘사화에 걸려 죽음을 당하였다. 시호는 문정(文正)이다.

101 휴암(休庵) 백인걸(白仁傑) : 1497~1579. 본관은 수원(水原), 자는 사위(士偉), 호는 휴암이다. 조광조(趙光祖)의 문인이다. 1519년(중종14) 기묘사화가 일어나자 비분강개해 금강산에 들어갔다가 돌아와 1531년(중종26) 생원시에 합격하고 1537년(중종32) 문과에 급제하였다. 벼슬이 지중추부사(知中樞府事)에 이르렀다. 선조 때 기로소(耆老所)에 들어갔으며 청백리에 뽑혔다. 파주의 파산서원(坡山書院)과 남평(南平)의 봉산서원(蓬山書院) 등에 제향되었다. 저서로 《휴암집》이 전한다. 인조 때 충숙(忠肅)의 시호를 받았으나, 뒤에 문경(文敬)으로 고쳐졌다.

102 청송(聽松) 성수침(成守琛) : 1493~1564. 본관은 창녕(昌寧), 자는 중옥(仲

정암을 따라 지평(砥平)의 용문사(龍門寺)[103]에 있으면서 천연두에 걸려 누워 있다가 어머니 최씨의 초상 소식을 듣고 병든 몸으로 힘써 달려서 눈이 오는 것을 무릅쓰고 분상(奔喪)하였다. 여묘살이로 삼년상을 마쳤는데, 항상 쥐가 빈소에 올리는 제수를 더럽히는 것을 보고 울면서 스스로를 꾸짖으니, 얼마 후 쥐가 빈소 상 아래에서 저절로 쓰러져 죽었다.

기묘년(1519, 중종14)에 정암이 능성(綾城)으로 귀양 가자 공이 찾아뵙고 집으로 돌아왔다. 정암이 사약을 받아 돌아가셨다는 소식을 듣고는 오열하면서 밥을 먹지 않은 것이 3일 동안이었다. 황상동(凰顙洞)[104] 깊숙한 곳에 거주지를 옮겨 숨어 지냈는데, 그 곳의 못을 세심당(洗心塘)이라 하고 대를 소영대(嘯咏臺)라 하였다. 대나무 울타리로 둘러싸인 초가집에서 오직 서책을 읽으며 스스로 즐겼다.

갑신년(1524, 중종19)에 회재(晦齋) 이 선생(李先生)[105]이 인동

玉), 호는 청송이다. 조광조(趙光祖)의 문인으로 1519년에 현량과(賢良科)에 천거되었다. 기묘사화가 일어나자 벼슬을 단념하고 청송이라는 편액을 내걸고 두문불출하였다. 좌의정에 추증되었으며, 파주의 파산서원(坡山書院)과 물계(勿溪)의 세덕사(世德祠)에 제향되었다. 시호는 문정(文貞)이다.

103 지평(砥平)의 용문사(龍門寺) : 경기도 양평 용문산에 있는 신라 시대에 세워진 사찰이다. 경내에는 정지국사(正智國師) 부도 및 정지국사 탑비가 보물 제531호로 지정되어 있고, 마의 태자가 심었다는 수령이 1,100년이 넘는 은행나무가 천연기념물 제30호로 지정되어 있다.

104 황상동(凰顙洞) : 원전에는 봉상동(鳳顙洞)으로 되어 있으나, 오류이므로 고쳤다.

105 회재(晦齋) 이 선생(李先生) : 이언적(李彦迪, 1491~1553)이다. 본관은 여강(驪江), 자는 복고(復古), 호는 회재이다. 1514년(중종9) 문과에 급제하였고 1524년

현감이 되자 공에게 예를 갖추어 매우 정중하게 대하며 "죽정주인(竹亭主人)이 보리밥과 죽순국을 배부르게 먹고 성현의 책을 읽으며 음미하니, 일생의 청락(淸樂)이 무엇이 이보다 낫겠는가."라고 하였다. 그리고는 매양 관아에서 퇴근하면 지팡이를 짚고 신을 신고 공을 방문하여 혹 정자에서 혹 암반에서 함께 경의(經義)를 강마하기를 쉬지 않고 끊임없이 하여 한밤중에까지 이르렀다. 사람들이 두 분이 앉은 암반에 '이현암(二賢巖)'이라 이름하였고, 공이 선생을 맞이하고 전송하는 도로를 또 '덕구(德衢)'라 호칭하였다 한다.

가정(嘉靖) 신묘년(1531, 중종26)에 진사에 합격하였으나, 합격자 명단을 보지 않고 집으로 돌아왔다. 고을 수령이 문에 이르러 축하하였으나, 공은 부모께서 모두 돌아가신 것 때문에 사양하고 받지 않았다. 장인 정공(鄭公)이 잔치를 베풀어 맞이하였으나 또한 가지 않았다. 경자년(1540, 중종35) 여름에 날씨가 가물어 상소문을 지어 당시의 폐단 12조목을 논하여 장차 올리려 하였다. 그러나 곧바로 퇴계(退溪) 이 선생(李先生)이 지평(持平)의 벼슬로 이미 경연에서 그런 내용을 진달하였다는 소식을 듣고 원고를 불태워 버렸다.

을사년(1545, 인종1)에 정암의 신원을 위하여 성균관 유생과

에 인동 현감이 되었으며, 벼슬이 좌찬성에 이르렀다. 그러나 양재역 벽서 사건(良才驛壁書事件)에 연루되어 강계로 유배되어 그곳에서 죽었다. 저술로 《회재집》, 《구인록(求仁錄)》, 《대학장구보유(大學章句補遺)》, 《중용구경연의(中庸九經衍義)》, 《봉선잡의(奉先雜儀)》 등이 있다. 명종(明宗) 묘정에 배향되었으며, 옥산서원(玉山書院)에 제향되었다. 시호는 문원(文元)이다.

함께 합소(合疏)하였으니, 그 대략은 "조모(趙某)는 호걸의 재주와 성현의 학문으로 선왕(先王 중종)에게 세상에 드문 대우를 받은 것에 감동하여 아는 것을 말하지 않음이 없고 말하는 것은 극진히 하지 않음이 없었습니다. 다만 임금이 있는 것만 염두에 두고 자신의 몸이 있는 것은 염두에 두지 않았더니, 불행하게도 참소의 말이 망극함에 임금께서 창졸간에 분변하기 어려워서, 조모는 한스러움을 품은 채 저승에 들어가는 데 이르고 말았으니, 이것이 어찌 우리 선왕의 뜻이었겠습니까. 삼가 바라건대 전하께서는 통촉하시어 통쾌하게 설원해 주십시오."라고 하였다. 얼마 있지 않아 인종께서 병이 위독하여[106] 조광조의 관직을 회복하라는 명을 내렸다.

이해에 윤원형(尹元衡)[107] 등이 대옥사를 얽어서 선류(善類)들을 죽였는데 여기에 연좌되는 자가 많았다. 공이 드디어 병을 핑계 대고 고향으로 돌아왔다. 인하여 과거 시험 공부를 폐하고 조그만 서재를 지어 '소요재(逍遙齋)'라 편액하고 거기서 독서하며 즐겁게 지내고 근심을 잊었으며, 입으로는 절대로 시사에 대하여

106 병이 위독하여 : 원문 '대점(大漸)'은 병이 위독하다는 말이다. 《서경》 〈고명(顧命)〉에, "아, 병이 크게 번져 나가서 오직 위태롭다.〔嗚呼, 疾大漸, 惟幾.〕"라고 하였는데, 전(傳)에 "병이 크게 번져 나가서 위태함을 자탄한 것이다." 하였다.

107 윤원형(尹元衡) : 1503~1565. 본관은 파평(坡平), 자는 언평(彦平)으로 중종의 계비인 문정왕후(文定王后)의 동생이다. 1528년(중종23) 생원시에 합격하고, 1533년 문과에 급제하였다. 윤임(尹任) 일파의 대윤(大尹)과 윤원형 일파의 소윤(小尹)이 세력을 다투었다. 윤형원이 1545년(인종1) 을사사화를 일으켜 대윤 일파를 처단하였다. 또 1547년(명종2) 양재역 벽서 사건을 계기로 대윤의 잔당을 모두 숙청하였다. 벼슬이 영의정에 올랐다.

말하지 않았다. 그러나 매양 맑은 밤과 밝은 달이 비칠 때마다 거문고를 연주하며 비장한 노래를 불러 강개한 회포를 풀었다. 임자년(1552, 명종7) 정월 26일에 집에서 돌아가시니 향년 56세였다. 3월에 인동현 서북쪽 묘향(卯向) 언덕에 장례를 지냈다.

공은 어릴 때부터 배우기를 좋아하였다. 항상 말하기를 "하루라도 책을 대하지 않으면 비루한 생각이 문득 싹튼다. 마음을 맑게 하는 요체는 다만 독서에 있다."라고 하였다. 비록 어머니의 명에 따라 과거 시험을 공부하였지만, 공이 뜻하는 바는 여기에 있지 않았다. 대현(大賢 조광조)을 만나 스승으로 삼아서는 학업이 날로 더욱 진척하였다. 〈진수잠(進修箴)〉과 〈경심잠(警心箴)〉 등을 지어서 스스로 돌아보고 반성하였다. 또 일찍이 화공(畫工)을 시켜 성현의 유상(遺像)을 그려 좌우(座右)에 걸어 두고서 엄숙히 공경하며 쳐다보고 우러르며 함장(函丈)[108]이 있는 듯이 하였다. 한가하게 거처할 때 항상 하루 종일토록 바른 자세로 앉아 머리를 숙여 책을 읽고 머리를 들어 사유하였다. 일상생활의 언행은 모두 고인(古人)의 것을 사모하여 따랐다.

백형이 죽었을 때 그 조카들이 어렸는데 공이 항상 슬하에 두면서 잠시도 떠나지 않게 하였다. 밖으로 출타하면 사람에게 업어서 앞장 서게 하였는데, 끝내는 성장하여 자립할 수 있게 하였다. 두 동생이 매우 가난하였기에 종가의 제전(祭田)을 두기를 의논함에 공이 자기 집의 종들을 나누어서 종가에 주었다. 족보를 만

108 함장(函丈) : 선생(先生) 장자(長者)를 일컫는 말이다. 옛날에 제자가 스승을 모시고 강론할 때에 거리를 한 길〔丈〕쯤 떨어지게 하였으므로 생긴 명칭이다.

들어 문중을 돈독히 하고 학규(學規)를 게시하여 서당의 유자(儒者)들을 계칙하였다. 향약법(鄕約法)과 선악적(善惡籍)을 새로 만들어 선을 좋아하고 권장하며 악을 미워하고 징계하는 방법을 엄준하게 하였다. 동몽들을 모아 가르치는 데 게으르지 않았다. 종유한 사람들은 대부분 공의 추향을 알았다.

병이 위독해지자 손수 유계(遺戒) 10조항을 써서 집안 식구들에게 고하였다. 또 일찍이 문하의 제자들에게 말하기를 "선비가 이 세상에 태어나 현달하여 그 도를 베풀어 임금과 백성을 요순의 시대로 만들 수 없다면, 차라리 스스로 만족하며 농토에 처하여서 고인의 책을 읽고 고인의 마음을 구하며 분수에 편안하고 천도를 즐기며 일생을 마치는 것이 매우 좋지 않겠는가."라고 하였다. 공과 같은 이는 학문도 있고 덕망도 있으면서 옛날 일민(逸民)에 가까운 사람이라고 말할 수 있겠다.

부인은 연일 정씨(延日鄭氏)로 고려 시대 재상 정습명(鄭襲明)의 후손이며 생원을 지낸 정호(鄭濩)의 따님이다. 3남을 낳았으니, 장남은 참의를 지낸 곤(崑)이고 둘째는 율(嵂)이며 셋째는 종(嵸)이다. 참의공은 6남을 두었으니, 첫째 천한(天翰)은 자식이 없고 둘째 경한(景翰)은 주부(主簿)를 지냈으며, 셋째는 광한(光翰)이다. 넷째는 용한(龍翰)으로 호가 기촌(岐村)이니 덕행이 있어서 향사(鄕祠)에 제향되었다.[109] 다섯째는 봉한(鳳翰)으로 호가

109 용한(龍翰)으로……제향되었다 : 장용한(1564~1599)은 자가 견거(見擧)로, 장현광(張顯光)과 이이(李珥)에게 배웠다. 저서로 《대학연의집주(大學衍義集註)》, 《주역36궁도설(周易三十六宮圖說)》, 《성리론(性理論)》, 《경전주해(經傳註解)》 등

개옹(夰翁)이며 학문과 충의(忠義)가 있어 향사(鄕祠)에 제향되었다.[110] 여섯째는 홍한(鴻翰)으로 판관(判官)을 지냈다. 주부공의 외아들은 내정(乃貞)이다. 광한의 2남은 현감을 지낸 내절(乃節)과 판사(判事)를 지낸 내적(乃迪)이다. 기촌(岐村)의 외아들은 사복시 정(司僕寺正)을 지낸 내량(乃亮)이다. 개옹(夰翁)의 외아들은 생원을 지낸 이유(以兪)이다. 판관공(判官公)의 4남은 참의에 증직된 경만(慶曼) 그리고 경섬(慶暹), 경최(慶最), 경욱(慶昱)이다. 현손자 이하는 많아서 기록하지 않는다.

지금 공의 8대손 경목씨(敬穆氏)가 공의 유사(遺事)와 여헌(旅軒) 선생이 찬술한 묘갈명[111]을 가지고 와서 나에게 보여 주며 말하기를 "저의 선조께서 현암서원(賢巖書院)[112]에 제향된 지 지금

이 있다. 칠곡 기산(岐山)의 봉양서원(鳳陽書院)과 비안(比安)의 구천서원(龜川書院)에 제향하였다.

110 봉한(鳳翰)으로……제향되었다 : 장봉한(1566~1644)은 자가 문거(文擧)로 정구(鄭逑)에게 배웠다. 임진왜란 때 의병을 일으켜 많은 공을 세웠다. 아우 장홍한(張鴻翰), 사촌 아우 장사진(張士珍)과 더불어 일문삼의사(一門三義士)라 칭해졌다. 성주군 벽진면 가곡리의 이양사(伊陽祠)에 제향되었다. 1790년(정조14)에 이건하여 이양서원(伊陽書院)이라 하고 장봉한을 제향하였으며, 1855년(철종6)에 장봉한의 아들 장이유(張以兪)를 추가 배향하였다. 그러나 대원군의 서원철폐령으로 1868년(고종5)에 훼철되고 그 자리에는 빈 터만 남아 있다. 대신 계신재(繼愼齋)를 신축하여 유림의 회합장소로 사용되고 있다.

111 여헌(旅軒)……묘갈명 : 여헌 선생은 장현광(張顯光, 1554~1637)을 말한다. 본관은 인동(仁同), 자는 덕회(德晦), 호는 여헌, 시호는 문강(文康)이다. 정구(鄭逑)의 조카 사위인 동시에 제자이다. 보은 현감을 끝으로 은퇴하여 학문에 전념하였다. 사후에 영의정에 추증되었으며, 구미 동락서원(東洛書院)에 제향되었다. 《여헌집》 권12에 〈죽정장공묘갈명(竹亭張公墓碣銘)〉이 실려 있다.

이미 35년이 되었으나 아직까지도 행장이 없으니 그대가 어찌 힘써 지어 주시지 않겠습니까."라고 하였다. 내가 거기에 적임자가 아니라고 하며 사양하였으나 받아들여지지 않았다. 또 공의 행실이 이미 대현을 만나 선양되었기에 다시는 드러낼 만한 남아 있는 업적이 없는 점을 생각하니, 이 행장은 다만 격식을 갖추어 글을 지었을 따름이지, 애초에 나의 행장으로 공이 더 귀중해지는 것은 아니다. 그러므로 드디어 큰 줄거리를 뽑아 위와 같이 서술한다.

112 현암서원(賢巖書院) : 경북 구미시 황상동에 있었던 서원이다. 1761년(영조37)에 지방 유림의 공의로 장잠(張潛)의 학문과 덕행을 추모하기 위해 창건하여 위패를 봉안하였다. 당시 경내의 건물로는 강당·신문(神門)·동재(東齋)·서재(西齋)·전사청(奠祀廳)·정문(正門) 등이 있었다. 선현 배향과 지방 교육의 일익을 담당하여 오던 중 1871년(고종8)에 대원군의 서원철폐령으로 훼철되어 복원되지 못하였다.

통정대부 괴헌 곽공 행장

通政大夫槐軒郭公行狀

공의 휘는 재겸(再謙)이고 자는 익보(益甫)이며 성은 곽씨(郭氏)이고 본관은 포산(苞山 현풍(玄風))이다. 시조의 휘는 자의(子儀)로 고려 시대 금오위 교위(金吾衛校尉)를 지냈다. 5대 뒤에 휘 윤현(允賢)은 공조 전서(工曹典書)를 지냈다. 그분의 아들은 휘가 경(瓊)으로 조선조에 벼슬하여 판사재 감사(判司宰監事)를 지냈고, 그분의 아들 휘 득종(得宗)은 의영고 사(義盈庫使)를 지냈다. 그분의 아들 휘 안방(安邦)[113]은 세조의 정난공신(靖亂功臣)으로 청백리에 녹선(錄選)되었으며 고을 사람들이 사당을 세워 향사를 지내니, 이분이 공의 5대조이다. 고조부는 휘가 승화(承華)로 진사를 지냈는데 점필재(佔畢齋) 김종직(金宗直)의 문하에서 배웠으며 도동서원(道東書院) 별사(別祠)에 종향(從享)되었다. 증조부는 휘가 위(瑋)로 생원시와 진사시에 모두 합격하여 현감을 지냈으며 좌통례(左通禮)에 증직되었다. 조부는 휘가 지번(之蕃)으로 문과에 급제하여 사성(司成)을 지냈으며 좌승지(左承旨)에 증직

113 안방(安邦) : 곽안방(郭安邦, ?~?)의 자는 여주(汝柱)이다. 1453년(단종1) 계유정난(癸酉靖難) 때 정난공신(靖難功臣)에 책봉되었으며, 1467년(세조13)에 이시애(李施愛)의 난을 진압하는 데 공을 세워 적개원종공신(敵愾原從功臣)에 책봉되었다. 해남 현감과 익산 군수를 지냈으며 봉열대부(奉列大夫)에 올랐다. 1707년(숙종33) 청백사(淸白祠)에 배향되었는데, 청백사는 지금의 이양서원(尼陽書院)으로 달성군 현풍읍 대리에 있다.

되었다. 증조부와 조부가 증직된 것은 공의 재종형 망우당(忘憂堂) 재우(再祐)가 귀해진 덕택이다. 아버지는 휘가 초(超)이고 어머니는 전주 이씨(全州李氏)로 임영대군(臨瀛大君)[114]의 아들인 홍양 수(洪陽守) 완(玩)의 따님이니, 가정(嘉靖) 정미년(1547, 명종2) 2월 12일에 현풍현(玄風縣) 솔례리(率禮里)의 집에서 공을 낳았다.

공은 어려서 영오함이 남보다 뛰어났다. 처음 글자를 배울 때 한 번 들으면 문득 기억하였다. 조금 성장하여 성격이 독서를 좋아하니, 어른들이 비록 하지 못하게 하더라도 그만두지 않았다. 8세에 막내 숙부 참의공(參議公) 곽규(郭赳)가 과거에 급제하여 문희연(聞喜宴)[115]을 열었는데, 사람들이 모두 앞다투어 구경하러 갔지만, 공은 홀로 단정히 앉아 독서하였으니, 부로들이 공이 원대한 뜻을 가졌음을 허여하였다. 15세에 대암공(大庵公) 박성(朴惺),[116] 재종숙 존재공(存齋公) 곽준(郭䞭)[117]과 함께 낙천공(洛川

114 임영대군(臨瀛大君) : 이구(李璆, 1420~1469)로 세종대왕과 소헌왕후 사이의 넷째 아들이다.

115 문희연(聞喜宴) : 과거에 합격한 사람이 가까운 친척을 불러 합격을 자축하기 위해 베푸는 잔치를 이른다.

116 대암공(大庵公) 박성(朴惺) : 1549~1606. 본관은 밀양(密陽), 자는 덕응(德凝), 호는 대암, 시호는 문간(文簡)이다. 1567년(명종22) 생원에 합격하였고 임진왜란 때 김성일(金誠一)의 참모로 종사했으며, 정유재란 때 조목(趙穆)과 의병 활동을 하였다. 벼슬이 공조 좌랑에 이르렀다. 저서로 《대암집》이 전한다.

117 존재공(存齋公) 곽준(郭䞭) : 1551~1597. 본관은 현풍, 자는 양정(養靜), 호는 존재, 시호는 충렬(忠烈)이다. 임진왜란 때 의병장 김면(金沔)의 막하에서 공을 세웠고, 정유재란 때 안음 현감(安陰縣監)으로 아들들과 함께 황석산성을 지키다가

公) 배신(裵紳)[118]의 문하에 가서 공부하였다. 이해에 아버지 상을 당하여 여묘살이를 하며 삼년상을 마쳤는데 슬퍼하고 몸이 훼손되어 거의 죽을 뻔하였다.

20세에 계동(溪東) 전경창(全慶昌)[119]을 뵈러 가니 전경창이 《근사록(近思錄)》 한 질을 주면서 "이것은 그대를 참되게 하는 책이다."라고 말하였다. 30세에 한강(寒岡) 정 선생(鄭先生)[120]을 찾아뵙고서 《중용》과 주자서(朱子書)를 강론하니 선생이 감탄하면서 "나의 익우(益友)이다."라고 하였다. 선생이 공에게 친한 친구[121]가 되지만 공은 제자의 예를 실행하여 정성을 다하였다. 일찍부터 과거 시험을 공부하여 누차 향시(鄕試)에 합격하였지만, 평소의 뜻

전사하였다. 병조 참의에 증직되었으며 황암사(黃巖祠)와 예연서원(禮淵書院)에 제향되었다.

118 낙천공(洛川公) 배신(裵紳) : 1520~1573. 본관은 성산(星山), 자는 경여(景餘), 호는 낙천으로 현풍에 거주하였다. 17세에 향시(鄕試)에 급제하였으며, 조식(曺植)과 이황(李滉)의 문하에서 수학하였다. 참봉과 동몽교관(童蒙敎官)을 지냈다. 저술로 《낙천집》이 전하며, 도동서원(道東書院) 별사(別祠)에 배향되었다.

119 전경창(全慶昌) : 1532~1585. 본관은 경산(慶山), 자는 계현(季賢), 호는 계동으로 이황(李滉)의 제자이다. 1555년(명종10) 사마시에 합격하고 1573년(선조6) 문과에 급제하여 검열과 정언 등을 역임하였다. 대구의 연경서원(硏經書院)에 제향되었다.

120 한강(寒岡) 정 선생(鄭先生) : 정구(鄭逑, 1543~1620)를 말한다. 본관은 청주(淸州), 자는 도가(道可), 호는 한강이다. 김굉필(金宏弼)의 외증손이며, 조식(曺植)과 이황(李滉)의 제자이다. 벼슬이 대사헌에 이르렀으며 시호는 문목(文穆)이다. 저서로 《한강집》과 《오선생예설분류(五先生禮說分類)》 등이 있다.

121 친한 친구 : 원문 '총구(蔥舊)'는 총적구우(蔥笛舊友)의 준말로 대파로 만든 피리를 불고 죽마(竹馬)를 타며 허물없이 지내는 친구를 말한다.

에는 달갑게 여기지 않았다. 드디어 은거하며 자기가 하고자 하는 뜻을 구하고[122] 공명을 추구하는 것으로 스스로 기약하지 않았다. 해안(解顔)의 유계(柳溪) 가에 서사(書社 글 읽고 시 짓는 모임)를 결성하여 두문불출하며 고요히 앉아서 유교 경전을 읽고 외웠다.[123]

을유년(1585, 선조18)에 동강(東岡) 김 선생(金先生)[124]의 추천으로 건원릉 참봉(健元陵參奉)에 제수되었으나 부임하지 않았다. 임진왜란이 일어나자 팔공산(八公山)으로 왜구를 피하였다. 팔공산에서 나와 초유사(招諭使) 학봉(鶴峯) 김 선생(金先生)[125]을 뵙고 병사(兵事)에 대해 논하여 장정을 모집하고 군량미를 모으며

122 은거하며……구하고 : 《논어》 〈계씨(季氏)〉에 공자가 "숨어 살면서 그 뜻을 구하고〔隱居以求其志〕 의를 행하여 그 도를 이루는 것〔行義以達其道〕에 대해, 나는 그런 말은 들었지만 그런 사람은 못 보았다."라고 말하였다.

123 해안(解顔)의……외웠다 : 해안(解顔)의 유계(柳溪)는 지금 대구광역시 동구 불로동의 불로천(不老川)인데, 괴헌이 여기에 유계서당을 짓고 문인들의 모임의 장소로 삼았다. 괴헌이 여기에 거주하게 된 것은 괘편당(掛鞭堂) 이영(李榮)의 손서가 되었기 때문이다.

124 동강(東岡) 김 선생(金先生) : 김우옹(金宇顒, 1540~1603)을 말한다. 본관은 의성(義城), 자는 숙부(肅夫), 호는 동강, 시호는 문정(文貞)이다. 남명 조식(曺植)의 문인이다. 1567년(명종22) 문과에 급제하여 벼슬이 이조 참판과 대사성에 이르렀다. 회령의 향사(鄕祠), 청주의 봉계서원(鳳溪書院), 성주(星州)의 청천서원(晴川書院)에 배향(配享)되었다. 저서로 《동강집》과 《속자치통감강목(續資治通鑑綱目)》 등이 있다.

125 학봉(鶴峯) 김 선생(金先生) : 김성일(金誠一, 1538~1593)을 말한다. 본관은 의성(義城), 자는 사순(士純), 호는 학봉, 시호는 문충(文忠)이다. 1568년(선조1) 문과에 급제하였고 1590년(선조23) 통신부사(通信副使)로 일본에 건너가 실정을 살피고 귀국하였다. 임진왜란에 경상 우도 절도사와 초유사를 역임하였는데, 진주대첩에서 병사하였다.

많은 책략을 내니, 낙동강의 북쪽 요충지에 적들이 감히 쉽게 침범하지 못하였다. 이듬해 봄에 명나라 장수 총병(摠兵) 유정(劉綎)[126]에게 나아가 보고서 공이 거느리던 병사를 거기에 소속시켜 그의 군세(軍勢)를 도왔다. 겨울에 일 때문에 도원수(都元帥) 권율(權慄)[127]의 군문(軍門)에 나아갔는데, 그때 술을 권하는 비장(裨將)이 있었다. 공이 말하기를 "주상께서 몽진하시고 두 개의 왕릉[128]이 변고를 만났거늘 신하가 어찌 차마 술을 가까이하겠습니까." 하고는 물리치며 마시지 않았다.

을미년(1595, 선조28)에 다시 팔공산에 들어가서 가장(假將)[129] 등과 군무(軍務)를 강론하였다. 여가를 봐서 모당(慕堂) 손처눌(孫處訥)[130]과 만나 《심경(心經)》을 강학하였다. 정유년(1597, 선

126 유정(劉綎) : ?~1619. 명나라 장군으로 자는 성오(省吾)이다. 임진왜란 때 원병 5천 명을 이끌고 참전하였다. 1597년 정유재란 때 남원에서 패하였다는 소식이 전해지자, 배편으로 강화도를 거쳐 입국하였다. 전세를 확인한 뒤 돌아갔다가, 이듬해 제독한토관병어왜총병관(提督漢土官兵禦倭總兵官)이 되어 대군을 이끌고 와서 도와주었다. 예교(曳橋)에서 왜군에게 패전, 왜군이 철병한 뒤 귀국하였다.

127 권율(權慄) : 1537~1599. 본관은 안동(安東), 자는 언신(彦愼), 호는 만취당(晩翠堂)이다. 1582년(선조15) 문과에 급제하였다. 임진왜란이 일어나자 금산군 이치(梨峙) 싸움, 수원 독왕산성 전투, 서울 행주대첩 등에서 승리했다. 임진왜란 7년간 군대를 총지휘한 장군으로 전공을 세웠다. 영의정에 추증되고, 1604년(선조37) 선무공신(宣武功臣) 1등에 영가 부원군(永嘉府院君)으로 추봉되었으며, 충장사(忠莊祠)에 배향되었다.

128 두 개의 왕릉 : 성종(成宗)의 선릉(宣陵)과 중종(中宗)의 정릉(靖陵)을 말하니, 모두 서울 성동구 삼성동에 위치해 있다.

129 가장(假將) : 조정의 명령이 빨리 통하지 못하므로 각 도의 순찰사 등이 임시로 임명하는 장수를 말한다.

조30) 봄에 왜구들이 재차 침입하였다. 공이 의병을 거느리고 화왕산성(火旺山城)으로 달려가 망우당공(忘憂堂公)[131]과 함께 적에게 대항할 것을 마음에 맹서하고 병기와 식량을 운송하였다. 관찰사가 임금에게 공의 공로를 아뢰니, 임금께서 특지로 통정대부 계급을 자급(資級)하였다. 가을에 팔공산성이 함락되자 공이 장군 권응수(權應洙)[132]를 따라 왜병들을 달성(達城) 아래까지 추격하였다. 난이 평정되자 오직 학도들을 모아 강학하는 것을 평상의 일로 삼았다. 계축년(1613, 광해군5)에 중풍에 걸렸고 3년 뒤 1615년 5월 29일에 죽으니, 향년 69세였다. 그해 윤8월 모일에 달성부(達城府) 북쪽 둔기(屯基)[133] 동쪽 묘향(卯向) 언덕에 장례

130 손처눌(孫處訥) : 1553~1634. 본관은 일직(一直), 자는 기도(幾道), 호는 모당이다. 정구(鄭逑)의 문인이며 장현광(張顯光), 서사원(徐思遠) 등과 교유하였다. 임진왜란 때 의병을 모아 왜군과 투쟁하려다 부모상을 연이어 당해 실현하지 못했다. 대구의 청호서원(靑湖書院)에 제향되었다.

131 망우당공(忘憂堂公) : 곽재우(郭再祐, 1552~1617)를 말한다. 본관은 현풍(玄風), 자는 계유(季綏), 호는 망우당, 시호는 충익(忠翼)이다. 임진왜란이 일어나자 경남 의령(宜寧)에서 의병을 일으켰는데, 홍의장군(紅衣將軍)이라 불렀다. 정유재란 때 경상 좌도 방어사(慶尙左道防禦使)로 임명되어 화왕산성(火旺山城)을 수비하면서 왜장을 맞아 싸웠다. 저서로 《망우당집》이 있고, 예연서원(禮淵書院)에 제향되었다.

132 권응수(權應洙) : 1546~1608. 본관은 안동(安東), 자는 중평(仲平), 호는 백운재(白雲齋), 시호는 충의(忠毅)로 영천에 거주하였다. 1583년(선조16) 무과에 급제하였고, 임진왜란 때 의병을 일으켜 경상도 병마절도사 겸 방어사(慶尙道兵馬節度使兼防禦使)가 되었다. 1604년(선조37) 선무2등공신(宣武二等功臣)에 책록되고 화산군(花山君)에 봉해졌으며 도총관(都摠管)이 되었다. 신령(新寧)의 경덕사(敬德祠)에 제향되었다.

133 달성부(達城府) 북쪽 둔기(屯基) : 지금 대구광역시 동구 내동 일대이다.

를 지내니, 장례식에 참석한 사람이 수백 명이었다.

공은 자질과 성품이 관대하고 인자하였으며 염정(恬靜)하고 욕심이 적었다. 뜻을 돈독히 하여 학문을 하였고 타인이 알아주는 것을 기뻐하지 않았다. 9세에 '소학동자(小學童子)'가 이 고을에 다시 태어난 것으로 일컬어졌다. 대개 한훤당(寒暄堂) 김 선생(金先生)[134]이 항상 스스로 소학동자라 일컬었음으로 사람들이 공을 김 선생에 비기어 기대하였던 것은 이 때문이다. 매양 독서할 때마다 항상 책을 덮고서 "효도와 공손 그리고 정성과 공경 외에 다시 무엇을 일삼겠는가."라고 말하였다. 어버이를 섬김에 얼굴빛을 화기롭게 하고[135] 부모의 뜻을 어김이 없었다. 상례에는 슬픔을 극진히 하고 제사에는 엄숙함을 극진히 하였다. 거주지가 선영(先塋)과 거리가 멀었기에 망배단(望拜壇)을 쌓아 매달 초하루와 보름에 그쪽으로 바라보며 절하였는데, 비록 몸이 아파도 그만두지 않았다. 백형을 아버지 같이 섬기며 노년까지 최선을 다하여 몸바쳤다. 백형의 전염병을 치료함에 차마 잠시도 곁을 떠나지 않았으

134 한훤당(寒暄堂) 김 선생(金先生) : 김굉필(金宏弼, 1454~1504)을 말한다. 본관은 서흥(瑞興), 자는 대유(大猷), 호는 한훤당, 시호는 문경(文敬)이다. 곽재겸과 함께 현풍 출신이다. 김종직(金宗直)의 문인이며, 평생 《소학》에 심취하여 스스로 '소학동자'라 일컬었다. 무오사화 때 희천에 유배되었다가 뒤에 순천으로 이배되었으나 갑자사화 때 극형에 처해졌다.

135 얼굴빛을 화기롭게 하고 : 원문 '색양(色養)'은 자식이 낯빛을 화기롭게 하여 부모를 봉양하는 것, 혹은 자식이 부모의 안색을 살피면서 봉양하는 것을 말한다. 자하(子夏)가 효(孝)에 대해서 물었을 때, 공자가 '색난(色難)'이라고 대답한 데에서 나온 말로, 자식이 즐거운 얼굴색으로 부모를 봉양하는 것이 어렵다는 해설과 부모의 안색을 잘 살펴서 봉양을 잘하는 것이 어렵다는 해설이 있다. 《論語 爲政》

며 옆 사람에 잇달아 전염되어 매우 위태로웠으나 공은 안전하였으니, 사람들이 공의 효우에 감복하였다. 자제들을 가르침에 16개의 그림을 만들어 아침저녁으로 보면서 성찰하게 하였으니, 모두 옛 현인들의 지결(旨訣)을 유추하여 근원한 것이지만, 그 가운데는 스스로 터득한 것도 많았다.

공은 선을 즐거워하고 현인을 좋아하였다. 최수우당(崔守愚堂),[136] 이석담(李石潭),[137] 서낙재(徐樂齋)[138] 등과 그리고 당시 뜻을 같이하는 사람들과 만나면 문득 학문을 강론하고 토의하였다. 나의 선조 문장공(文莊公)께서 대구 부사(大邱府使)와 경상도 관찰사로 재직하실[139] 때 혹 공의 집을 방문하기도 하고 혹 서원과 향교

136 최수우당(崔守愚堂) : 최영경(崔永慶, 1529~1590)이다. 본관은 화순(和順), 자는 효원(孝元), 호는 수우당으로 조식(曺植)의 문인이다. 1576년(선조9) 덕천서원(德川書院)을 창건하여 조식을 향사하였다. 1590년(선조23) 정여립(鄭汝立) 사건에 무고되어 옥사(獄死)하였다. 1591년 신원되어 대사헌에 추증되고, 사제(賜祭)의 특전이 베풀어졌다. 1611년(광해군3) 덕천서원에 배향되었다.

137 이석담(李石潭) : 이윤우(李潤雨, 1569~1634)이다. 본관은 광주(廣州), 자는 무백(茂伯), 호는 석담이다. 칠곡 출신으로 정구(鄭逑)의 문인이다. 1591년(선조24) 진사에 합격하고, 1606년(선조39) 문과에 급제하였다. 벼슬이 이조 참의(吏曹參議)에 이르렀으며 저서로 《석담집》이 있다.

138 서낙재(徐樂齋) : 서사원(徐思遠, 1550~1615)이다. 본관은 달성(達城), 자는 행보(行甫), 호는 낙재이다. 달성(達城) 출신으로 이황(李滉), 조식(曺植), 정구(鄭逑)의 문인이다. 저서로 《낙재집》이 있으며, 대구의 이강서원(伊江書院)과 청안의 구계서원(龜溪書院)에 제향되었다.

139 나의……재직하실 : 나의 선조는 입재의 6대 조부 정경세(鄭經世, 1563~1633)를 말한다. 자는 경임(景任), 호는 우복(愚伏), 시호는 문장(文莊)으로 유성룡(柳成龍)의 문인이다. 1586년(선조19)에 문과에 급제하였다. 1598년(선조31) 4월에 경상 감사

에 공을 초청하였으니, 공이 추중을 받음이 이와 같았다. 공의 문하에 공부한 사람으로 사월당(沙月堂) 유시번(柳時藩)[140]과 동고(東皐) 서사선(徐思選)[141]이 그중 뛰어난 자들이다. 마음가짐이 충후(忠厚)하였고 선한 사람을 좋아하고 악한 사람을 미워하는 것에는 구차하지 않았다. 선비가 한 가지의 훌륭한 행실이 있으면 비록 한천(寒賤)한 사람이라 할지라도 공경히 대하였으며, 그 사람에게 취할 점이 없으면 비록 존귀한 사람이라 할지라도 또한 중시하지 않았다. 일찍이 연경서원(研經書院)[142]의 원장이 되어 제생과 예를 익히고 있었는데, 관찰사가 마침 찾아왔으나 공은 피하고 만나지 않았으니, 대개 그 사람됨을 비루하게 여겼기 때문이다. 평소 거처함에 아침 일찍 일어나고 밤 늦게 잠자리에 들었다.

가 되었으며 1607년(선조40)에 대구 부사(大邱府使)가 되었다. 저서로 《우복집》을 비롯하여 《양정편(養正篇)》, 《주문작해(朱文酌海)》, 《상례참고(喪禮參考)》가 있다.

140 유시번(柳時藩) : 1569~1640. 본관은 문화(文化), 자는 위중(衛中), 호는 사월당(沙月堂)으로 칠곡(漆谷)에 거주하였다.

141 서사선(徐思選) : 1579~1651. 본관은 달성(達城), 자는 정보(精甫), 호는 동고로 달성에 거주하였다. 1613년(광해군5) 생원에 합격하였으며 예빈시 참봉(禮賓寺參奉)을 지냈다. 경산(慶山)의 옥천서원(沃川書院)에 제향되었다.

142 연경서원(研經書院) : 대구광역시 북구 연경동(研經洞)에 있었던 서원이다. 1564년(명종19) 지방 유림의 공의로 이황(李滉)의 학문과 덕행을 기리기 위하여 생사당(生祠堂)을 창건하였다. 이황이 죽은 뒤 1613년(광해군5) 그의 위패를 모셨으며, 1660년(현종1) '연경(研經)'이라고 사액되어 서원으로 개편되었다. 1622년(광해군14)에 정구(鄭逑), 1676년(숙종2)에 정경세(鄭經世)를 추가 배향하였다. 1639년(인조17)에는 별사(別祠)를 건립하여 전경창(全慶昌)을 모셨으며, 1647년(인조25) 이숙량(李叔樑)을 그곳에 추가 배향하였다. 선현 배향과 지방 교육의 일익을 담당하여 오던 중, 대원군의 서원철폐령으로 1868년(고종5)에 훼철된 뒤 복원되지 못하였다.

의관을 정제하고 손에서 책을 놓은 적이 없었다. 도덕의 충양(充養)이 지극하여 기상이 화락하였으며 흉금이 깨끗하였기에 사람들이 만나 보고 자기도 모르게 공경심이 일어나게 하는 것이 있었다. 공은 집 뒤에 회화나무가 있었기에 괴헌(槐軒)으로 자호하였다. 지금 임금(정조) 갑진년(1784, 정조8)에 사림들이 공을 유호사(柳湖祠)[143]에 제향하였다.

부인 영천 이씨(永川李氏)는 좌랑(佐郎)을 지낸 두문(杜文)의 따님이다. 두 아들을 두었으니, 장남 점(漸)은 임진왜란 때 죽었으며 그 부인 송씨(宋氏)도 따라 죽었기에 후사가 없다. 차남은 적(滴)으로 생원을 지냈다. 적은 두 아들을 두었으니, 장남은 민첨(民瞻)으로 참의에 증직되었고 차남은 민각(民覺)이다.

공의 7대손 원택씨(元澤氏)가 그의 아들 주남(柱南)을 시켜 모당(慕堂)이 찬술한 묘지명과 여러 현자들이 기록한 믿을 만한 자료를 가지고서 나에게 가서 행장을 받아 오기를 부탁하면서 말하기를 "우리 두 집안이 선조 때부터 이어온 세의(世誼)가 유사(遺事)에 두루 실려 있으니, 이 행장 짓는 일을 그대가 아니면 누가 맡겠습니까."라고 하였다. 내가 스스로 돌아보니 거기에 적임자는 아니지만, 의리상 또한 감히 사양할 수 없는 점이 있었다. 드디어 절하고 기록한 내용을 받아 보고 위와 같이 서술하여 돌려보낸다.

143 유호사(柳湖祠) : 대구광역시 동구 불로동에 위치했던 것으로, 숙종 기묘년(1699)에 사림들에 의하여 곽재겸(郭再謙)과 채응린(蔡應麟)을 제향하자는 논의가 일어나 유호사를 건립하였다. 정조 갑진년(1784)에 최흥원(崔興遠)이 유호사를 유호서원으로 승격시키고 두 사람을 배향하였다. 그러므로 유호서원으로 호칭하는 것이 타당할 것 같다. 그러나 지금은 훼철되고 남아 있는 건물이 전혀 없다.

성균 생원 사봉 김공 행장

成均生員沙峯金公行狀

공의 휘는 천택(天澤)이고 자는 대형(大亨)이며 사봉(沙峯)은 그의 자호이다. 의성(義城)을 본관으로 하는 김씨는 신라 시대 경순왕(敬順王)의 아들 석(錫)이 의성에 식읍(食邑)을 받은 것으로 시작된다. 휘 용비(龍庇)에 이르러 고려 시대 태자 첨사(太子詹事)가 되었으며 백성들에게 공덕이 있어서 고을 사람들이 지금까지 제향하고 있다. 조선조에 들어와 휘 용초(用超)는 태조를 도와 원종공신(原從功臣)이 되었고 호남 병마절도사(湖南兵馬節度使)를 지냈으니, 이분이 공에게 7대 조부가 된다. 증조부는 휘가 윤적(允迪)이다. 조부는 휘가 관석(關石)이니 효행으로 추천되어 제릉 참봉(齊陵參奉)에 제수되었으나, 부임하지 않았다. 아버지는 휘가 담로(聃老)로 부호군(副護軍)을 지냈으며 어머니는 일선 김씨(一善金氏)로 도사(都事)를 지낸 순(珣)의 따님이다. 공은 가정(嘉靖) 을묘년(1555, 명종10)에 태어나 만력(萬曆) 을유년(1585, 선조18)에 생원시에 합격하고 을미년(1595, 선조28)에 돌아가시니 향년 41세이다. 성주(星州) 토곡(土谷) 곤향(坤向) 언덕인 조부 참봉공(參奉公) 묘소 아래에 장례를 지냈다.

공은 자질과 성품이 어릴 때부터 슬기로웠고 재주와 기품이 영민하였다. 8세에 《소학(小學)》을 배웠고 12, 3세에 여러 경전들의 심오한 뜻을 통달하여 말을 함에 사람들을 놀라게 하여 동학자(同學者)들이 미칠 수가 없었다. 효도와 우애가 천성에서 나와 부모와 조부모를 봉양함에 뜻을 잘 이어받고 순종하며 기쁜 얼굴로 대하였다. 동생들을 어루만지고 사랑하여 가르치고 인도함에 그 방도를 극진히 하였다. 종족에게 화목하고 붕우들에게 신의가 있었다. 아래로 하인들에게 이르러서도 또한 곡진히 은혜로운 뜻으로 대하였다. 항상 말하기를 "사람이면서 배우지 않으면 소와 말에다가 옷을 입혀 놓은 격이다."라고 하였다. 사봉(沙峯) 아래에 하나의 서실을 지어 거기에서 동생들과 독서하며 날마다 의리(義理)를 강설(講說)하였다. 이미 또 한강(寒岡) 정 선생(鄭先生)을 좇아 질의하고 배움을 청하여 크게 터득함이 있었다.

대개 공의 평소 뜻은 과거 시험에 있지 않았지만, 부모님의 뜻을 어기기 어려워 힘써 과거 시험 공부를 하여 사마시에 합격하고서는 드디어 과거 시험 공부를 사절하고 임천에서 늙으면서 일생을 마칠 계획을 세웠다. 임진왜란에 영남 지역이 먼저 격파되었는데, 공이 어버이를 모시고 산골짜기에 피신하였다. 임금께서 몽진하였다는 소식을 듣고 동생들과 두 아들에게 부모님을 봉양하게[144] 하고는 의병을 창도하여 일으켜 망우당(忘憂堂) 곽공(郭公)의 군중(軍中)에 달려갔다. 공이 망우당과 함께 적을 토벌할 것을 도모하였는데, 적을 대응하는 임기응변과 그리고 병기와 식량을 마련하는 조치들에 대하여 기획(企劃)한 것이 매우 많았으니, 이

144 부모님을 봉양하게 : 원문 '숙수(菽水)'는 가난하게 살면서 어버이를 극진하게 봉양하는 것을 말한다. 공자의 제자 자로(子路)가 집안이 가난해서 효도를 제대로 하지 못한다고 탄식하자, 공자가 "콩 죽을 끓여 먹고 물을 마시더라도 기쁘게 해 드리는 일을 극진히 행한다면, 그것이 바로 효이다.〔啜菽飮水盡其歡, 斯之謂孝.〕"라고 위로했던 고사가 있다. 《禮記 檀弓下》

사실이 《창의록(倡義錄)》에 실려 있다. 4년 동안의 전쟁으로 나라를 위하여 몸과 마음을 다 바치다가 병이 들어 드디어 죽고 말았다. 맏아들 즙(檝)에게 유언하여 말하기를 "내가 적이 평정되는 것을 보지 못하고 죽게 되었다. 또 중위(重闈)[145]에 봉양을 마치지 못하였으니, 어찌 눈을 감을 수가 있겠는가. 너는 나의 뜻을 체인하여 충효를 실행하는 데 힘쓰도록 하여라. 또 선비가 과거시험만 전적으로 힘쓰고 실지의 공부 과정〔성리학〕을 알지 못하면 끝내 속유(俗儒)가 되는 데 귀결됨을 면하지 못할 것이니, 너는 모름지기 사상(泗上)에 가서 선생님에게 인사를 드리고[146] 학문에 나아가는 길을 아는 것이 좋겠다."라고 하였다. 원근에서 이 이야기를 들은 자들이 애도하지 않음이 없었다.

부인은 성산 이씨(星山李氏)로 대사성(大司成)을 지낸 철균(鐵均)의 증손인 호인(好仁)의 따님이니, 곧 산화(山花) 선생 견간(堅幹)[147]의 후손이다. 은혜롭고 화순(和順)하며 부덕(婦德)이 있어서 규방의 규범을 극진히 갖추었다. 두 아들을 두었으니, 장남

145 중위(重闈) : 일반적으로 부모와 조부모를 말한다. 그러나 조부 김관석은 1542년에 죽었고 그 부인은 1598년에 죽었으므로 여기서는 김천택의 부모와 조모를 말한다.

146 사상(泗上)에……드리고 : 사상은 한강(寒岡) 정구(鄭逑)가 만년에 정착하여 강학하였던 대구광역시 북구 사수동(泗水洞)을 말하니, 한강에게 가서 배우라는 말이다.

147 산화(山花) 선생 견간(堅幹) : 이견간(?~1330). 본관은 벽진(碧珍), 자는 직경(直卿), 호는 국헌(菊軒), 시호는 문안(文安)이다. 충렬·충선·충숙왕 3대에 걸쳐 벼슬하였다. 1317년 원나라에 사신으로 가서 〈봉사관동두견(奉使關東杜鵑)〉이란 시를 지어 천하에 그 명성을 떨쳤는데, 그 시의 끝 구절에 나오는 산화(山花)라는 말로 인하여 산화 선생으로 불리었다.

은 곧 즙으로 집의(執義)에 증직되었고 호가 퇴은(退隱)이며 차남은 모(某)라고 하더라. 근래 성주의 선비들이 공의 조부 참봉공과 공, 그리고 공의 아들 퇴은공(退隱公)을 성주의 덕천사(德泉祠)[148]에 배향하면서 나에게 봉안문(奉安文)과 상향문(常享文) 등을 지어 달라고 부탁하였는데, 내가 이미 보잘것없는 재주를 헤아리지 않고 참람되게 지었다. 지금 공의 6대손 지범(之範) 씨가 그의 재종 동생 굉범(宏範) 군을 보내 공의 외현손 송명기(宋命基)[149]가 찬술한 공의 유사를 나에게 보여 주면서 행장을 지어 주기를 부탁하였다. 이 일이 또한 가볍지 않고 중요한 것이기에 내가 말을 것이 아님이 명백하다. 그러나 공의 아름다운 덕은 사람으로 하여금 여러 차례 말하여도 싫지 않은 점이 있었다. 그러므로 드디어 기록한 유사를 근거하여 위와 같이 찬술한다.

148 덕천사(德泉祠) : 성주군 수륜면 수륜동에 위치하는 것으로 사우당(四友堂) 김관석(1505~1542), 사봉(沙峯) 김천택(1555~1595), 퇴은(退隱) 김즙(1575~1639)이 배향되어 있다.

149 송명기(宋命基) : 1680~1755. 본관은 야성(冶城), 자는 정부(定夫), 호는 매헌(梅軒)으로 칠곡에 거주하였다. 1727년(영조3) 생원에 합격하였으나 출사를 단념하고 학문에 전념하였다. 아들 이석(履錫)과 함께 칠곡의 매양서원(梅陽書院)에 제향되었다. 편저로 《퇴계서절요(退溪書節要)》가 있다.

통례원 우통례 지제교 서곡 이공 행장
通禮院右通禮知製敎鉏谷李公行狀

통례원 우통례(通禮院右通禮) 지제교(知製敎) 서곡(鉏谷) 이공(李公)이 돌아가신 지 백여 년에 그의 5대손 요상(堯相)이 공의 유집(遺集) 5권과 그의 족형 요복 씨(堯福氏)가 찬술한 공의 유사(遺事)를 받들고 와서 나에게 보여 주며 행장을 지어 주기를 부탁하면서 다음과 같이 말하였다.

공은 창석(蒼石) 선생[150]의 둘째 아들로 만력(萬曆) 정유년(1597, 선조30) 11월 10일에 태어났다. 어려서부터 총명함이 무리에서 빼어나 겨우 말을 배울 때 이미 문장을 지을 줄 알았다. 11세에 경상감영의 백일장에 장원하니, 관찰사가 혹시 다른 사람의 힘을 빌려 지었을지도 모른다고 의심하여 운자를 불러 면전에서 시를 짓게 하였는데, 공이 곧바로 대답한 시구가 뛰어났기에 관찰사가 크게 놀랐다. 성장하여 학문이 더욱 박식하고 문장은 더욱 진보하여 시험을 치면 문득 일등을 하였다. 그대의 선조 우복(愚伏) 선생[151]이 고관(考官)으로 공의 대책문을 보고 감탄하기를

150 창석(蒼石) 선생 : 이준(李埈, 1560~1635)을 말한다. 본관은 흥양(興陽), 자는 숙평(叔平), 호는 창석으로 유성룡의 문인이다. 1591년(선조24) 문과에 급제하여 벼슬이 대사간에 이르렀다. 옥성서원(玉城書院)과 우곡서원(愚谷書院)에 제향되었다. 저서로 《창석집》이 있고, 《형제급난지도(兄弟急難之圖)》를 편찬하였다.

151 우복(愚伏) 선생 : 정경세(鄭經世, 1563~1633)로 정종로의 6대 조부이다. 본관은 진주(晉州), 자는 경임(景任), 호는 우복으로 유성룡(柳成龍)의 문인이다.

"이 아이의 문장이 풍성하고 넉넉함을 오래전부터 알았지만, 그 물결이 동탕함이 이와 같을 줄은 생각도 못했다."라고 하였다. 우리 선조 창석께서도 공의 글이 격조와 기세가 고고(高古)하여 내가 미칠 바가 아니라고 생각하고 크게 기이하게 여겼다. 그러나 공의 뜻은 비단 문장을 잘 짓는 데 있을 뿐만 아니었다. 그러므로 이미 가정에서 의방(義方)[152]의 가르침을 받아서 스스로 몸을 계칙하고 행실을 면려하였고 또 그대의 선조 우복 선생에게 나아가 배웠으니, 그 덕성을 훈도(薰陶)하여 성취한 것이 대개 당시의 동료들이 미치지 못할 바가 있었다.

28세에 진사에 합격하고 5년 뒤에 음직으로 제원(濟原) 승우(丞郵 찰방)가 되었다. 당시 병란의 여파로 각 역참이 매우 피폐하였다. 공이 감사(監司)에게 힘써 말하여 역원의 어려움을 풀어 주고 구제해 주었다. 43세에 별시(別試)에 합격하여 괴원(槐院 승문원)에 예속되었다. 승정원 주서(承政院注書)가 되어 비사(秘史)를 관장한 것이 여러 해가 되었다. 후에 병으로 체직을 빌었으나 윤허받지 못했다. 얼마 있지 않아 외직으로 나가 관동(關東)과 관

1582년(선조15) 진사에 합격하고, 1586년(선조19) 문과에 급제하였다. 대구 부사와 경상도 관찰사, 이조 판서, 대제학 등을 역임하였다. 저서로 《우복집》, 《상례참고(喪禮參考)》, 《주문작해(朱文酌海)》가 있다. 시호는 문장(文莊)이다.

152 의방(義方) : 올바른 방법이라는 뜻이다. 《춘추좌씨전》 은공(隱公) 3년 조에, 위(衛)나라 장공(莊公)의 아들 주우(州吁)가 오만 방자하게 굴자, 현대부(賢大夫) 석작(石碏)이 장공에게 "아들을 사랑한다면 그에게 올바른 방법으로 가도록 가르쳐서 잘못된 곳으로 빠져들지 않게 해야 한다.〔愛子, 教之以義方, 弗納於邪.〕"라고 충간(忠諫)한 말이 나온다.

북(關北) 그리고 호남과 호서 군막의 보좌관이 되었고, 다시 관서(關西)와 영남의 도사(都事)에 임명되었지만 부임하지 않았다. 당시 어떤 권귀(權貴)가 세력을 크게 떨쳤다. 공이 상소문을 지어 권력을 덜고 빼앗기를 청하려고 하였는데, 글이 미처 올라가기도 전에 그 사람이 패배하였으니, 세상 사람들이 공의 선견지명에 감복하였다.

계미년(1643, 인조21)에 임금이 훌륭한 말을 구하는 전지(傳旨)에 응하여 만언(萬言)의 상소문을 올려 8조항을 진술하였다. 제1조항은 황극(皇極)을 세워 붕당을 혁파할 것, 제2조항은 벼슬길을 맑게 하여 정체(停滯)된 것을 떨칠 것, 제3조항은 선발을 정밀하게 하여 장수(將帥)를 구할 것, 제4조항은 고과(考課)를 엄중히 하여 장리(長吏 지방 장관의 보좌관)를 바르게 할 것, 제5조항은 부세를 감면하여 궁핍한 백성들을 구휼할 것, 제6조항은 도망한 자와 사망한 자를 가려내어 군정(軍政)을 닦을 것, 제7조항은 해당 관청에 칙서를 내려 명령을 신실하게 할 것, 제8조항은 임금의 결단을 명쾌하게 하여 군신 간에 정의(情意)가 감동되도록 할 것인데, 공경하고 인자함을 두는 것을 8조항의 강령으로 삼았다. 상소문이 올라가자 임금께서 넉넉한 비답을 내려 말하기를 "조항마다 진술한 글이 훌륭한 말과 지극한 논의가 아님이 없으니, 나를 걱정하고 사랑하는 너의 정성을 매우 가상히 여긴다."라고 하였다.

6년 뒤에 병조 좌랑(兵曹佐郎)에 임명되고 지제교에 선발되었다. 또 8년 뒤에 성균관 사예(司藝)에 임명되었다. 이듬해에 대구 부사(大邱府使)에 임명되었으나 부임하지 않자 예빈시 정(禮

賓寺正)에 임명되었다. 5년 뒤에 통례원 우통례(通禮院右通禮)에 임명되었다. 이듬해에 다시 예빈시 정(禮賓寺正)에 임명되었는데, 모든 경우에 지제교를 겸직하였다. 대개 공은 바르고 곧고 강건하고 방정하여 시속과 부합하지 못하였다. 그러므로 벼슬로 크게 성취하지 못한 채 여기에 이르고 말았다. 만년에 벼슬을 버리고 고향으로 돌아와 서암(鉏巖)의 아래에 집을 짓고 살았는데, 이것으로 인하여 서곡(鉏谷)으로 자호하였다. 도서를 완미하여 탐색하고 후학들을 권장하여 지도하니, 영남의 인사들이 귀의하는 사람이 많았다. 향년 65세로 죽으니, 곧 신축년(1661, 현종2) 9월 13일이다.

대저 공은 연원이 있는 학문과 웅장한 문사로 한 시대에 크게 울려 임금의 계책을 돕고 성군의 정치를 잘 보좌하는 것[153]은 다만 공의 분수 안의 쉬운 일이었으나 끝내 침체한 채로 일생을 마쳤다. 평소의 아름다운 행실과 규범은 또한 기록하여 전하는 것이 없고 지금 그 유사(遺事)는 진실로 소략함을 면하지 못한다. 만약 집사(執事)의 문장을 받아 숨은 빛을 천양할 수 있다면 거의 후세에 믿고 증명할 수 있을 것이니, 감히 행장을 지어 주기를 청합니다.

내가 일어나 감탄하며 다음과 같이 말하였다. 창석 선생은 서애(西厓) 유 선생(柳先生)의 고제(高弟)로 도산(陶山 퇴계 이황)의

153 잘 보좌하는 것 : 원문 '생용(笙鏞)'은 생황(笙簧)과 큰 종이다. 순임금 때의 악관인 기(夔)가 "생황과 용을 번갈아 울리자 새와 짐승들이 서로 춤을 추고, 소소(簫韶)를 아홉 번 연주하자 봉황이 와서 춤을 추었습니다."라고 한 데서 온 말로, 임금을 잘 보좌하는 것을 의미한다. 《書經 虞書 益稷》

학문을 들을 수 있었기에 성대하게 유림에서 백세토록 경모하는 분이다. 창석 선생의 유풍여운(遺風餘韻)을 비록 다른 사람이 얻더라도 오히려 한 시대를 울리기에 넉넉하거늘, 하물며 공은 선생의 아들로 날마다 가정에서의 가르침에 훈도(薰陶)되어 몸에 배었으며 또 나의 선조 문장공에게 심복하여 섬김에 문장공께서 평소에 공을 교화하고 인도하는 방법이 평상한 사람보다 매우 월등함에 있어서야 말할 것이 있겠는가. 그러니 공이 이것으로 빛나게 문채를 이루고 우뚝하게 재목감이 되었던 것이 어찌 저와 같지 않을 수 있겠는가. 세상에서 항상 하늘이 재주 있는 사람을 태어나게 하는 것이 자주 있는 일이 아니라고 말하니, 세상에 보기 드문 기운을 모아 진실로 한 번 크게 일어난 우뚝한 인물이 있은 이후라면 그 집안에서 이를 계속 이어서 뛰어난 자가 나오는 경우는 드물다. 그러나 공의 경우로 보면 하늘이 한 집안에 재주 있는 이를 내림을 또한 자주 하였지만, 유독 시대를 만나지 못하여 뛰어난 재주를 품은 채 시험해 보지도 못하였으니, 이것이 한스러운 점이다.

그러나 밖으로 발현된 영화(英華 문장) 같은 것은 창석 선생이 오히려 스스로 미칠 수 없다고 생각하였으니, 이것은 바로 삼불후(三不朽)[154] 중의 하나이다. 공의 만언의 상소문에서 진술한 것은

154 삼불후(三不朽) : 영원토록 썩지 않고 전해지는 세 가지로, 덕업(德業)을 이루고〔立德〕, 뛰어난 공을 세우고〔立功〕, 훌륭한 말을 남기는 것〔立言〕을 말한다. 춘추시대 노(魯)나라 대부 숙손표(叔孫豹)가 진(晉)나라에 갔을 적에 범선자(范宣子)가 길이 불후하는 일에 대해서 물어보자 대답하기를 "최상의 것은 덕을 남기는 것이고, 그 다음은 공을 세우는 것이며, 그 다음은 말을 전하는 것이다.〔太上有立德, 其次有

또한 나라를 경영하는 계책과 시절에 절실한 일이 아님이 없었으니, 백세의 아래에서도 또한 공의 평소에 온축한 공부가 매우 풍성하여 여기에 그치지 않았음을 상상해 볼 수 있다. 공이 무슨 일을 하든 간에 바르고 곧으며 강건하고 방정하지 않음이 없는 것에 대하여는 생각건대 타고난 자질이 그러했을 뿐만 아니라 반드시 학문에서 터득한 식견이 명철(明徹)함을 극도로 하여 애초에 일을 할 때 한 터럭의 사사로운 뜻을 둠이 없었기 때문이다. 그러므로 스스로 믿어 의심하지 않았으며 홀로 우뚝이 서서 두려워하지 않았다. 이 때문에 세상과는 둥근 자루와 네모난 구멍처럼 맞지 않아[155] 궁핍하게 살다가 죽었지만, 후회함이 없었다. 이런 마음을 미루어 천리와 인욕의 기미와 그리고 천리를 보존하고 인욕을 막는 즈음에 또한 명쾌하게 용단을 내림이 밝아 마침내 상달(上達)의 지극한 경지에 이르는 일에 무슨 어려운 점이 있었겠는가.

오호라. 사람에게 더할 수 없는 가장 좋은 것은 양강(陽剛)한 덕인데, 공이 홀로 소유할 수 있었음이 이와 같았다. 세상에서는 도리어 그런 분을 귀하게 여길 만하다는 것은 알지 못하고 도리어 소외시켜서 공의 능력을 만분의 일도 펼 수 없게 하였으니, 이것은 시대 상황에 잘못을 돌릴 수 있는 것이지 어찌 공을 손상시킬 수 있겠는가. 한스러운 것은 공의 유사(遺事)가 매우 소략하여

立功, 其次有立言.]"라고 하였다. 《春秋左氏傳 襄公24年》

155 둥근……않아 : 원문 '예조(枘鑿)'는 둥근 자루와 네모진 구멍을 뜻하는 것으로, 둥근 자루를 네모진 구멍에 넣으면 맞지 않듯이 쌍방이 서로 맞지 않거나 모순되는 것을 비유한 말이다.

평소 아름다운 업적이 모두 민멸하여 전해지지 않는 점이다. 그러나 공의 대체(大體)를 보면 또한 이런 점이 있음을 상상할 수 있어 그 형상을 그려 볼 수 있을 것이다. 게다가 유집(遺集)이 남아 있어 백세의 글이 되기에 충분하니, 진실로 보잘것없는 내가 감히 천양하는 것을 필요로 하지 않을 것이다. 그러나 외람되게도 내가 두 집안이 대대로 돈독히 지내는 후손의 말석에 있기에 의리상 또한 사양할 수 없는 점이 있다. 그러므로 이미 나의 비루한 의견을 위와 같이 쓰고 인하여 다음과 같이 세계(世系)와 자손(子孫)에 대하여 기록한다.

공의 휘는 원규(元圭)이고 자는 기재(器哉)이며 본관은 흥양(興陽)이다. 시조는 휘가 언림(彦林)으로 생원을 지냈다. 그의 손자 휘 양승(陽升)은 고려 시대에 벼슬하여 거란의 난에 힘써 싸우다가 죽었다. 몇 대를 지나 휘 길(吉)은 문과에 급제하여 흥양군(興陽君)에 봉해졌다. 조선조에 들어와 휘 서원(舒原)은 문하찬성사(門下贊成事)를 지냈고 휘 은(垠)은 대사헌을 지냈으며, 휘 언(堰)은 전주 부윤(全州府尹)을 지냈는데 청백리로 이름이 났다. 휘 수천(壽川)은 유도(有道)자로 추천을 받아 집의(執義)에 임명되었으니, 이분이 공에게 5대 조부가 된다. 고조부는 휘가 조년(兆年)으로 판관(判官)을 지냈는데 높은 절조로 이름이 났다. 증조부는 휘가 탁(琢)으로 종사랑을 지냈고 조부는 휘가 수인(守仁)으로 좌승지(左承旨)에 증직되었다. 아버지는 곧 창석 선생으로 휘가 준(埈)이며 부제학(副提學)을 지냈고 이조 참판(吏曹參判)에 증직되었으며 옥성서원(玉成書院)[156]에 배향되었다. 비(妣)는 선산 문씨(善山文氏)로 수민(秀民)의 따님이고, 계비(繼妣)는 능성 구씨(綾城具氏)로 별제(別提)를 지낸 충윤(忠胤)의 따님이며 참판(參判) 봉령(鳳齡)의 후손이니 모두 정부인(貞夫人)에 증직되었다. 묘소는 모향(某鄉) 모 언덕에 있다.

부인은 고령 박씨(高靈朴氏)로 성범(成範)의 따님이다. 외아들 재발(在發)이 있었으나, 병으로 부모보다 먼저 죽었다. 둘째 부인은 능주 구씨(綾州具氏)로 문기(文紀)의 따님이며, 셋째 부인은 한양 조씨(漢陽趙氏)로 선략장군(宣略將軍)을 지낸 칭(偁)의 따님이니, 모두 자녀가 없었다. 이에 종제 신규(身圭)의 아들 재웅(在雄)을 양자로 들였다. 측실에서 난 딸은 송가징(宋可徵)에게 시집갔다. 재웅은 좌랑을 지냈고 본관이 성산(星山)인 이형천(李亨千)의 따님에게 장가들어 2남 4녀를 두었으니, 아들은 성지(誠至)와 윤지(允至)이고 딸은 김필천(金必千), 이인빈(李寅賓), 김지귀(金持貴), 김시주(金是柱)에게 각각 시집갔다. 성지의 두 아들은 증위(增暐)와 윤지에게 양자로 나간 증화(增華)이다. 윤지의 두 딸은 여제황(呂齊璜)과 박동태(朴東泰)에게 각각 시집갔다. 증손자와 현손자 이하는 다 기록하지 않는다.

156 옥성서원(玉成書院) : 경북 상주시 외남면 신상리에 있다. 1631년(인조9)에 지방 유림의 공의로 김득배(金得培), 신잠(申潛), 김범(金範), 이전(李㙉), 이준(李埈)의 학문과 덕행을 추모하기 위하여 창건하였다. 선현 배향과 지방 교육의 일익을 담당하여 오던 중, 대원군의 서원철폐령으로 1868년(고종5)에 훼철되었다. 그 뒤 단소(壇所)를 설치, 계속 향사를 지내 오다가 1977년에 복원되었다.

산양 처사 활재 선생 이공 행장

山陽處士活齋先生李公行狀

선생의 휘는 구(榘)이고 자는 대방(大方)이며 성은 이씨(李氏)이고 활재(活齋)는 그의 자호이다. 8대 조부 효령대군(孝寧大君) 정효공(靖孝公) 휘 보(補)는 곧 공정왕(恭靖王)의 둘째 아들인데, 형 양녕대군(讓寧大君)과 함께 태백(泰伯)과 우중(虞仲)의 덕이 있었다.[157] 아홉 임금을 차례로 섬겨 장수하고 돌아가셨는데, 장효왕(莊孝王)[158]에 이르러 그 사당을 기려 '청권사(淸權祠)'[159]라 하

157 효령대군(孝寧大君)……있었다 : 효령대군(1396~1486)은 태종의 둘째 아들이므로 정종(定宗)인 공정왕의 아들이라고 한 것은 사실에 맞지 않다. 우중(虞仲 : 仲雍)은 주(周)나라 태왕(太王)의 둘째 아들로 형인 태백(泰伯)과 함께 아우인 계력(季歷 : 王季)에게 왕위를 양보하고 형만(荊蠻)으로 달아난 인물이다. 태종은 세 아들을 두었으니, 첫 번째가 양녕대군(讓寧大君), 두 번째가 효령대군, 세 번째가 충녕대군(忠寧大君)이다. 맏아들인 양녕대군이 태종의 뒤를 이어 왕위에 올라야 하지만 태종은 충녕대군에게 왕위를 물려주고 싶어 했는데, 이것을 눈치챈 양녕대군과 효령대군이 동생에게 왕위를 양보하여 세종이 되게 하였으니, 이것이 마치 주나라 태백과 우중이 계력에게 왕위를 양보한 것과 마찬가지라는 것이다.

158 장효왕(莊孝王) : 정조(正祖)를 가리킨다. 원본에는 장효왕(章孝王)으로 되어 있으나, 오류이므로 고쳤다. 왕이 승하하자 수원에 건릉(健陵)을 조성하고 문성무열성인장효왕(文成武烈聖仁莊孝王)이라 시호하였다. 1800년 순조가 즉위하자 정종(正宗)으로 바꾸었으며 1899년에 정조로 바꾸었다.

159 청권사(淸權祠) : 서울특별시 서초구 방배동에 있는 조선 태종의 둘째 아들이자 세종의 형인 효령대군(孝寧大君) 보(補)의 사당과 묘소로, 정식 명칭은 청권사부묘소(淸權祠附墓所)이다. 훗날 공자(孔子)가 태백은 지덕, 우중은 청권이라고 칭송

였다. 그 뒤 자손들이 습봉(襲封)하였고, 4대 뒤 휘 효언(孝彦)에 이르러 비로소 조정의 벼슬 명부에 이름을 올려 현감을 지냈으며 좌승지(左承旨)에 증직되었다. 이분이 단성 현감(丹城縣監)을 지낸 휘 경금(景嶔)을 낳았고, 이분이 호조 좌랑(戶曹佐郎)을 지냈으며 이조 참판(吏曹參判)에 증직된 휘 돈(惇)을 낳았다. 이분이 공조 정랑(工曹正郎)을 지낸 휘 광흡(光洽)을 낳았으니 곧 선생의 아버지로 광해군의 혼란한 정치를 당하여 초연하게 먼 곳에 피하였는데, 장수 황씨(長水黃氏) 익성공(翼成公) 희(喜)의 후손이며 형조 정랑(刑曹正郎)을 지낸 시간(時幹)의 따님에게 장가들어 만력(萬曆) 계축년(1613, 광해군5) 2월 12일에 충원리(忠原里) 집에서 선생을 낳았다.

선생은 유소년 시절부터 총명하고 단중(端重)하여 유학자의 기상과 법도가 있었다. 아버지를 따라 서울 집에 있었는데, 죄인의 명부에 올라간 이웃집에 재화(財貨)가 쌓여 있는 것을 보고 무뢰배들이 때를 틈타 마구 약탈해 가는 경우가 많았다. 공의 집에 있는 어떤 여종도 그들을 따라 물건을 훔치거늘[160] 선생이 마침 목

하였기에 효령대군을 모시는 사당을 청권사(淸權祠), 양녕대군을 모시는 사당을 지덕사(至德祠)라 하였다.

160 물건을 훔치거늘 : 원문 '염지(染指)'는 자신에게 해당되지 않는 이익을 취하는 것을 말한다. 《좌전》 선공(宣公) 4년에 "초(楚)나라 사람이 정 영공(鄭靈公)에게 자라를 드리자, 자공(子公)의 식지(食指)가 움직이니, 자공은 말하기를, '다른 날에 내가 손가락이 이러하면 반드시 진미(珍味)를 먹게 된다.' 하였다. 이윽고 영공이 대부(大夫)들에게 자라를 나누어 먹이면서 자공에게는 주지 아니하니, 자공은 노하여 솥에 손가락을 담가 맛보고 나갔다." 하였다.

격하고 통렬하게 금지하며 접근하지 못하게 하였으니, 듣는 자들이 모두 기특하게 생각하였다. 이미 외부의 선생에게 나아가〔10세〕《소학(小學)》을 배움에 문리가 갑자기 통달하여 밝고 환하며 뛰어나고 훌륭하여 모든 경전과 역사책들을 한 번 보면 문득 명료하게 깨닫지 않음이 없었다. 문장을 지음에 뜻에 따라 즉시 글을 쓰되 고인의 준칙을 답습하지 않았지만 필력과 이취(理趣)가 거침없이 쏟아지고 융통하며 흡족하였다. 나의 선조 문장공(文莊公 정경세(鄭經世))이 선생의 저술을 보고 매우 기이하게 여겨 선생의 외조부 황공(黃公)에게 편지로 축하하며 "그대에게는 현명한 외손[161]이 있네."라고 말하였다.

성장해서는 설문청(薛文淸)[162]의 글을 읽었는데, "유자에게는 향상의 공부〔성리학〕가 있으니, 문장은 다만 보잘것없는 찌꺼기이다."는 등의 말에 이르러서는 곧 개연히 마음에 계합함이 있었다. 드디어 과거에 배웠던 것을 모두 버리고 성현의 도에 전심하여 주자서(朱子書)와 《퇴도집(退陶集)》으로 단서를 구하여 공부하는 터전으로 삼았다. 인하여 염락(濂洛 주돈이(周敦頤)와 정자(程子))에

161 외손 : 원문 '택상(宅相)'의 뜻이다. 진(晉)나라 위서(魏舒)가 어려서 외가인 영씨(寧氏) 집에서 자랐는데, 그 집터의 미래를 점친 자〔相宅者〕가 '장차 귀한 외손(外孫)이 나오게 될 것'이라고 예언한 말대로 위서가 나중에 사도(司徒)의 지위에까지 올랐다는 고사에서 비롯되어, 상택(相宅) 혹은 택상(宅相)이 외손의 뜻으로 쓰이게 되었다. 《晉書 卷41 魏舒列傳》

162 설문청(薛文淸) : 명(明)나라 학자인 설선(薛瑄, 1389~1464)이다. 자는 덕온(德溫), 호는 경헌(敬軒), 시호는 문청(文淸)이다. 정주학파(程朱學派)의 이학(理學)을 계승하였으며, 이부 우시랑(吏部右侍郎) 겸 한림학사(翰林學士) 등을 역임하였다. 저서로 《독서록(讀書錄)》, 《설문청집(薛文淸集)》 등이 있다.

거슬러 올라가고 수사(洙泗 공자(孔子))에 푹 잠겨, 미묘한 말과 심오한 뜻 그리고 천인성명(天人性命)의 이치에 대하여 모두 마음속에 분명하게 깨달았다. 더욱이 경(敬)을 다잡고 성(誠)을 확립하는 방법에 힘을 다하여 평상시에 정제엄숙(整齊嚴肅)하기를 신명(神明)을 대하는 것 같이 하였으며, 존심양성(存心養性)과 성찰의 공부에 조금도 중간에 끊어짐이 없게 하였다. 그리고 은미(隱微)하고 그윽이 홀로 있는 가운데서 경계하고 삼가는 것을 더욱 엄중하고 치밀하게 하였다. 그리하여 수연(粹然)히 천덕(天德)과 왕도(王道)로 자임하여 세간의 일체 영화와 이익이 모두 마음을 족히 누가 되게 할 수 없다고 여겼다. 그러나 어버이 때문에 애를 써서 과거 시험에 나아가 향시에 장원 급제한 것이 한 번이었고 별시에 합격한 것이 두 번이었다.

병자년(1636, 인조14)에 임금이 남한산성에서 항복한 뒤로 선생께서는 종국(宗國 명(明)나라)이 멸망하는 지경에 이른 것을 부끄럽게 여기고 초연히 바다를 밟아 죽을 뜻[163]이 있었다. 드디어 과거 시험을 단념하여 버리고 가족을 거느리고 소백산맥을 넘어 상산(商山 상주(尙州))의 산양촌(山陽村 지금 문경 산양면)에 은거하여 두문불출하며 마음을 고요하게 하며 수양하기를 대개 수십 년

163 바다를……뜻 : 절개를 지키기 위하여 바다로 들어가 죽는 것을 말한다. 춘추시대 진(秦)나라 군사가 조(趙)나라의 한단(邯鄲)을 에워쌌는데, 위왕(魏王)이 신원연(新垣衍)을 시켜 평원군(平原君)을 통하여 진소왕(秦昭王)을 황제로 삼자고 청하게 하였더니, 제(齊)나라의 노중련(魯仲連)이 마침 조나라에 왔다가 이 말을 듣고 평원군을 통하여 신원연을 만나 "그가 방자하게 황제가 된다면 나는 동해(東海)를 밟아 죽을 따름이다." 하였다는 고사(故事)에서 나왔다.

간 하였다. 이에 실행이 날로 더욱 순고(純固)해지고 학문의 조예가 날로 더욱 고명(高明)해져서 확충한 도덕을 사람들이 그 끝을 엿볼 수가 없었으며, 선생께서 도학이 혹 참됨을 잃을까 우려하는 마음도 무궁하였다. 항상 말하기를 "이기(理氣)라는 것은 성명(性命)의 큰 본원이며 학문의 큰 핵심이다. 만약 여기에서 투철하게 파악하지 못하면 그 폐단을 이루 다 말할 수가 없다."라고 하고서 이에 주자(朱子)가 이기에 대해 분석하여 해설한 곳에 나아가 더욱 추론하고 연역하여 이치를 밝혀 드러냄을 지극히 하였다. 또 우리나라의 현인들의 책을 가지고 이기를 논한 곳을 뽑아내어 단락마다 논변하여 털끝만큼의 착오도 허용하지 않았다. 또 도(道)의 전체(全體)는 모든 것에 해당하지 않음이 없다고 생각하여 역상(易象)과 예가(禮家) 외에 천문(天文), 주수(籌數), 율력(律曆) 등과 같은 책들을 또한 두루 통달하고 곡진하게 통창하지 않음이 없었다. 그리고 역사 책에는 또한 후세에 귀감을 삼을 곳이 있다고 생각하였다. 무릇 고인의 마음 씀의 미묘한 곳과 시비득실을 일에 따라 별도로 논단하여 털끝만큼도 법도의 표준에서 벗어날 수가 없게 하였다.

그러나 선생께서 뜻을 지극히 한 것은 더욱 《춘추》의 존주양이(尊周攘夷)의 의리에 있었다. 갑신년(1644, 인조22)에 명나라가 드디어 멸망하자 선생께서 더욱 비풍(匪風) 하천(下泉)[164]의 생각

164 비풍(匪風) 하천(下泉) : 〈비풍〉과 〈하천〉은 《시경》 〈회풍(檜風)〉과 〈조풍(曹風)〉의 편명이다. 모두 주(周)나라의 왕업이 쇠퇴하고 정사가 가혹해진 것을 슬퍼하는 내용인데, 여기서는 명나라의 멸망을 슬퍼한 것을 의미한다.

을 감당할 수가 없었다. 이로부터 다시는 청나라 책력을 가까이 하지 않고 사적으로 책력을 만들어 절기와 시절을 알았다. 일찍이 시를 지어서 "산중에 책력이 없으나, 오히려 대명의 봄을 기록하네.〔山中無曆日, 猶記大明春.〕"라고 말하였으니, 대개 실제의 마음을 기록한 것이다.

선생은 도를 품고 덕을 간직하였으나 시험해 보지 못하고 임하에서 한가하게 지내며 만족스러워하고 스스로 즐김이 있었으나, 그 마음에는 이 세상을 잊은 적이 없었다. 을유년(1645, 인조23)에 임금이 훌륭한 말을 구하는 것에 응하여 올린 상소문에 10조항을 진술하였는데, 성학(聖學)의 대요(大要)와 정치의 폐단, 시대의 병폐를 말한 것이 매우 절실하였다. 상소문을 경상감영에 올리자 관찰사가 위태로운 말이 있다고 핑계 대며 기각시키고 임금에게 올리지 않았다. 경인년(1650, 효종1)에 영남의 많은 선비들이 일어나 승무(陞廡)의 일을 논쟁하였는데,[165] 선생이 상소문을 지었다가 대대적으로 세상 사람들에게 미워하는 바가 되어 금고(禁錮)되었지만, 되는 대로 놓아두고 돌아보지 않고 말하기를 "내가 우리 유교의 도를 위하여 우려하였을 따름이다. 화와 복은 운명이니, 어찌 두려워하랴."라고 하였다.

선생은 천성이 지극히 효성스러웠다. 아버지 정랑공(正郎公)의

165 승무(陞廡)의 일을 논쟁하였는데 : 승무는 학덕이 높은 분을 문묘에 배향하는 것을 말한다. 홍위 등이 이이(李珥)와 성혼(成渾)을 문묘에 배향하려 하자 영남의 유생들이 반대의 논쟁을 벌였다. 《활재집(活齋集)》 권1에 실려 있는 〈영남유생논우계율곡불합종사소(嶺南儒生論牛溪栗谷不合從祀疏)〉가 그것이다.

병이 위독하자 선생께서 손가락 하나를 갈라 나온 피를 약과 조제하여 올려서 회생할 수 있었으나 3년 뒤에 상을 당하였다. 계사년(1653, 효종4)에 또 어머니 상을 당하여 피눈물을 흘리며 몸이 파리하고 훼손되어 거의 병들게 되었다. 좌우의 사람들이 자양분과 보약을 먹기를 권하였지만, 선생이 응하지 않았다. 상례를 치르기를 더욱 삼가 상복과 수질을 벗지 않았고 곡읍(哭泣)하기를 그만두지 않다가 드디어 이 때문에 죽었으니, 갑오년(1654, 효종5) 8월 25일이었으며 향년이 겨우 42세였다.

선생의 동지우(同志友)인 구학재(溝壑齋) 권구(權坵)[166]가 맹정요(孟貞曜)[167]와 서절효(徐節孝)[168]의 고사처럼 선생에게 사시(私諡)를 지어 주고자 의논하였다. 이에 목재(木齋) 홍 선생(洪先生)[169]이 말하기를 "이 일은 옛날 도(道)로 쉽게 말할 수 있는 것

166 권구(權坵) : 1611~1682. 본관은 안동(安東), 자는 차산(次山), 호는 구학재이다. 1651년(효종2) 생원에 합격하였고 문장과 행의가 널리 알려져 세상에서 추앙받았다. 좌승지(左承旨)에 증직되었다.

167 맹정요(孟貞曜) : 당(唐)나라 시인이며 한유(韓愈)의 벗이었던 맹교(孟郊, 751~814)를 말한다. 자는 동야(東野)로 매우 가난하여 곤궁하게 살았는데, 사후에 친구들이 정요(貞曜)라는 사시(私諡)를 지어 정요 선생이라 하였다. 한유가 그의 묘지명인 〈정요선생묘지명(貞曜先生墓誌銘)〉을 지었다.

168 서절효(徐節孝) : 절효 처사(節孝處士)의 시호(諡號)를 받은 송(宋)나라 산양(山陽) 사람 서적(徐積, 1028~1103)을 말한다. 자는 중거(仲車)로 효성이 지극하였다. 세 살 때에 아버지를 여의었는데, 아버지의 이름에 석(石) 자가 있다 하여 평생토록 석기(石器)를 쓰지 않았고 길을 가다가 돌이 있으면 밟지 않고 피해 갔다. 또한 어머니가 작고하자 3년 동안 여묘살이를 하는 등 효성이 지극하였다. 배우는 사람에게 군자의 행실에 힘쓰기를 바라는 훈계가 《소학》 〈가언(嘉言)〉에 실려 있다.

169 목재(木齋) 홍 선생(洪先生) : 홍여하(洪汝河, 1620~1674)를 말한다. 본관은

이 아니다. 오직 그의 행적을 짓고 그의 저술을 편찬하여 후세에 드리워 불후하게 한다면 뒷날 역사가가 우리나라 사람의 우뚝한 행실을 전할 때 누가 선생보다 뛰어난 자가 있겠는가."라고 하였다. 그해 10월에 연풍(延豐)의 장풍산(長豐山) 손향(巽向) 언덕에 장례를 지냈다.

부인은 청주 경씨(淸州慶氏)로 선공감 감역(繕工監監役)을 지낸 유후(有後)의 따님이니, 아들 주창(冑昌)을 낳았다. 둘째 부인은 임천 조씨(林川趙氏)로 병절교위(秉節校尉)를 지낸 인보(仁輔)의 따님이니, 아들 주만(冑萬)과 김정남(金鼎南)에게 시집간 딸을 낳았다. 주창의 4남은 정번(鼎蕃), 진번(震蕃), 관번(觀蕃), 이번(頤蕃)이고, 딸은 진사를 지낸 송유량(宋儒良)에게 시집갔다. 주만의 아들은 사번(師蕃)이고 세 딸은 권침(權琛), 이지정(李之珽), 최상(崔慡)에게 각각 시집갔다. 김정남의 두 아들은 생원을 지낸 윤명(允命)과 그리고 윤검(允儉)이고, 딸은 김서봉(金瑞鳳)에게 시집갔다. 제사를 받드는 증손자는 진사를 지낸 유춘(囿春)이다. 나머지는 기록하지 않는다.

선생은 얼굴과 용모가 밝고 순수하며 자품이 강건하고 명철하였으니, 대개 하늘이 낳은 도에 가까운 군자였다. 이 때문에 선정(先正 퇴계 이황)께서 이미 돌아가신 지 오래되어서 우리 유교의

부림(缶林). 자는 백원(百源), 호는 목재·산택재(山澤齋)이다. 1654년(효종5) 문과에 급제하여 검열과 감찰 등을 역임하였다. 1658년(효종9)에 올린 상소문이 송시열(宋時烈)을 비방하였다는 모함을 받아 유배갔다가 해배 뒤 고향으로 돌아와 저술과 강학에 매진하였다. 저서로는 《목재집》이 있고, 편서로는 《휘찬여사(彙纂麗史)》와 《동사제강(東史提綱)》 등이 있다.

도가 바야흐로 쇠미할 즈음에 선생이 우쩍 일어나 성리학을 창도하여 밝혔다. 무릇 평일 마음가짐과 처신함 그리고 논지를 견지함과 글을 씀에 하나라도 순유(醇儒)와 성덕(成德)의 사람이 하는 바가 아님이 없었다. 사람을 접할 때는 성대하게 봄바람의 온화함과 같았고, 재물에 임하여는 초연하게 얼음과 서리의 고결함과 같았으며, 일에 부닥쳐 의리로 재단함에 늠연하게 강한 쇠와 곧은 화살과 같은 것을 보면 선생의 마음에 간직한 것을 진실로 알 수 있을 것 같다.

시험 삼아 평상시 행실 한두 가지를 들어 보자. 종모(從母 어머니의 자매)가 병으로 폐가(廢家)하여 자식이 없자 자기 집에 모시고 와서 받들었는데, 살았을 때 섬김과 죽고 난 뒤의 장례와 제사를 지냄에 있어서 한 터럭도 유감이 없게 하였다. 누님이 죽은 뒤 남은 많은 생질들을 데리고 와서 양육해 줌에 자기 자식과 차이가 없었다. 이와 같은 것들은 거의 이루 다 기록할 수가 없다. 그러나 이것은 다만 비근한 것을 드러내었을 따름이니, 어찌 선생에 대하여 다 말했다 할 수 있겠는가.

목재 선생이 시를 지어 조곡(弔哭)하며 "남쪽 지방에 다만 군자가 있으니, 동국의 이름 있는 선비이네.〔南朝只君子, 東國一名儒.〕"라고 말하였고, 용주(龍洲) 조 선생(趙先生)[170]이 만사에 말

170 용주(龍洲) 조 선생(趙先生) : 조경(趙絅, 1586~1669)이다. 본관은 한양(漢陽), 자는 일장(日章), 호는 용주이다. 1626년(인조4) 문과에 장원 급제하여 벼슬이 이조 판서에 이르렀다. 그 뒤 노인직(老人職)으로 행부호군에 등용, 1658년(효종9) 기로소(耆老所)에 들어갔다. 숙종 때 청백리에 녹선되었다. 포천의 용연서원(龍淵書院), 흥해의 곡강서원(曲江書院), 춘천의 문암서원(文巖書院)에 각각 제향되었

하기를 "하늘에 빛나는 웅변은 주륙[171]을 분변하였고, 땅에서 빼어난 진귀한 재목은 기남[172]으로 나타났네. 세상의 뜬 구름 같은 영화 일찍이 악취처럼 피하였고, 도의 경지의 참된 맛에 만년에 막 취하였네.〔掞天雄辯分朱陸, 拔地瑰材見杞柟. 世路浮榮曾避臭, 道腴眞味晩方酣.〕"라고 하였다. 청대(淸臺) 권 선생(權先生)[173]도 일찍이 말하기를 "경인년의 상소에서 온 세상이 시끄럽도록 떠들면서 우계(牛溪)와 율곡(栗谷)을 공격하던 자들이 다만 그들의 거친 논리 두 가지 일에 근거하여 판단을 내렸고 학술의 정미(精微)한 것에 이르러서는 언급할 수 있는 사람이 없었지만, 선생이 홀로 '기(氣)를 가지고 이(理)로 인식하고 있다.'는 등의 말로 자세하게 진술하고 논변하여 우리 유도(儒道)의 본지(本旨)를 우주에 밝게 내걸었다. 병자년과 정축년의 청나라 침략에 온 나라 사람들이 슬퍼하며 분노했지만, 당시 사람으로 조정과 재야의 인사를 막론하고 치욕을 참으며 분주하게 벼슬에 달려간 자가 도도하

다. 저서로 《용주집》과 《동사록(東槎錄)》이 있다. 시호는 문간(文簡)이다.

171 주륙(朱陸) : 송나라의 주희(朱熹)와 육구연(陸九淵)을 말한다. 둘 다 유교를 표방하여 이념이 비슷하였지만, 주희는 정자(程子)의 학문을 계승하여 정주학〔성리학〕의 체계를 세웠고, 육구연은 상산학(象山學)을 세워 왕수인(王守仁)에게 이어지게 하여 양명학(陽明學)의 기초를 닦았다.

172 기남(杞柟) : 기나무와 녹나무로 모두 좋은 재목이다.

173 청대(淸臺) 권 선생(權先生) : 권상일(權相一, 1679~1759)을 말한다. 본관은 안동(安東), 자는 태중(台仲), 호는 청대 또는 졸수재(拙修齋)로 상주의 근암리(近嵒里)에서 출생했다. 1710년(숙종36) 문과에 급제해 대사간, 지중추부사, 대사헌 등을 역임하고 기로소에 들어갔다. 저서로는 《청대집》, 《초학지남(初學指南)》 등이 있다. 시호는 희정(僖靖)이며, 죽림정사(竹林精舍)와 근암서원(近嵒書院)에 제향되었다.

게 흐르는 물처럼 많았다. 선생은 유독 의리로 보아 진(秦)나라〔청나라〕를 황제로 섬길 수가 없다고 생각하고 은둔하는 것을 마음에 만족해하면서 원망하고 후회하지 않았다. 한 손으로 모든 하천의 물결을 막고 한 몸으로 만고의 강상(綱常)을 부지하려고 생각하였다.……"라고 하였다.

아, 세 분 선생의 말씀을 보면 선생에 대한 핵심을 또한 알 수 있다. 가령 하늘이 수명을 연장시켜 주어 이치를 밝히고 도를 체득한 공로로 하여금 더욱 그 지극함에 이르게 하였다면 비록 시대의 불행을 만나 출사하여 세상에 훌륭한 일을 할 수가 없었을지라도 물러나서 우뚝하게 유림의 태산교악이 되었고 찬란하게 성문(聖門)의 벽수(壁宿)[174]가 되었을 것이다. 그의 공리(功利)가 사람에게 미치는 것과 빛남이 후대에 비추는 것이 어떠했겠는가. 그러나 하늘은 도리어 목숨을 빼앗아 감을 이와 같이 급히 하였다. 선생의 효성으로 어찌 죽을 수 있다는 경계를 알지 못하여 부모상을 이겨 내지 못하는 데 귀결됨으로 인생을 마쳤는가. 이것은 실로 사문의 액운이며 인위적인 힘으로 어찌할 수 없는 것이니, 아, 슬프다.

선생의 유집(遺集) 약간 권이 집에 갈무리되어 있으니, 영남의 학자들이 진실로 선생의 행적을 알면 읽고 외우며 경모하지 않음이 없을 것이다. 건릉(健陵 정조의 능호) 병오년(1786, 정조10)에 드디어 근암서원(近嵒書院)[175]에 제향하니 이것은 선생에게 보답

174 벽수(壁宿) : 28수 중의 하나로 문장을 관장하는 별이니 문단의 거장을 비유하는 말이다.

하는 하나의 방법이라 말할 수 있다. 하루는 선생의 5대손 원양(元陽)이 유사(遺事)를 가지고 와서 나에게 보여 주며 행장을 지어 주기를 청하기에 사양하여도 되지 않아 감히 찬술하기를 위와 같이 한다.

175 근암서원(近嵒書院) : 경북 문경시 산북면 서중리에 있다. 1665년(현종6)에 지방 유림의 공의로 홍언충(洪彦忠)과 이덕형(李德馨)의 학문과 덕행을 추모하기 위해 창건하고 위패를 모셨다. 1693년(숙종19)에 김홍민(金弘敏)과 홍여하(洪汝河)를 추가 배향하였으며, 1786년(정조10)에 이구(李榘), 이만부(李萬敷), 권상일(權相一)을 추가로 배향하였다. 선현 배향과 지방 교육의 일익을 담당하여 오던 중, 1868년(고종5)에 훼철되었다가 1982년 9월에 유림에 의해 복원되어 지금에 이르고 있다.

개옹 장공 행장

芥翁張公行狀

공의 휘는 봉한(鳳翰)이고, 자는 문거(文擧)이며, 개옹은 그의 호이다. 장씨의 본관은 옥산(玉山)으로 고려 시대 삼중대광(三重大匡) 신호위 상장군(神虎衛上將軍) 휘 금용(金用)이 시조가 된다. 그 뒤 정헌대부(正憲大夫)이며 덕령 부윤(德寧府尹)을 지낸 휘 안세(安世), 가선대부(嘉善大夫)이며 김해 부사(金海府使)를 지낸 휘 중양(仲陽)이 있었는데, 고려가 망하자 부자간에 함께 옥산(玉山)의 사저로 물러나 거주하였다. 조선조 태조 강헌대왕(康獻大王)이 잠저(潛邸) 시에 친분이 있었던 것으로 어찰을 내려 김해 부사 중양에게 한성부 서윤(漢城府庶尹)의 벼슬로 불렀으나 출사하지 않았다. 또 부사가 유언으로 묘비를 세울 때에 고려 왕조에서 지낸 벼슬을 쓰도록 명령하였다. 이분이 남대(南臺 사헌부) 장령(掌令)을 지낸 휘 수(脩)를 낳았고, 이분이 풍저창 승(豐儲倉丞)을 지낸 휘 보(俌)를 낳았으며, 이분이 통찬(通贊)을 지낸 휘 맹저(孟儲)를 낳았고, 이분이 효행으로 알려진 휘 적손(嫡孫)을 낳았다. 이 분이 휘 잠(潛)을 낳았으니 정암(靜庵) 조 선생(趙先生)의 문하에 배웠으며 또 회재(晦齋) 이 선생(李先生)과 도의(道義)의 교제를 맺었으니, 호가 죽정(竹亭)이고 현암서원(賢巖書院)에 제향되었다. 이분이 호조 참의에 증직된 휘 곤(崑)을 낳으니, 곧 공의 아버지이다. 어머니는 숙부인(淑夫人) 양성 이씨(陽城李氏)로 참판(參判) 이공(李拱)의 손자이며 사직(司直)을 지낸 이후(李薰)의 따님이다. 가정(嘉靖) 병인년(1566년, 명종21) 10월 9일에 공을 낳았다.

공은 자질과 성품이 순수하고 발랐다. 식사를 할 수 있을 때부터 손에 들어오는 모든 과일과 어육(魚肉)을 자기가 먹지 않고 문득 부모에게 올렸다. 겨우 5세에 아버지 참의공이 안고 무릎에 두고서 오륜을 가르쳤는데, 장유유서(長幼有序)의 내용에 이르자 공이 즉시 무릎에서 내려와 백형과 중형이 있는 말석에 달려가 꿇어앉으며 "장유유서가 이것입니까."라고 말하였다. 참의공이 등을 어루만지며 "들으면 바로 실행하니 우리 집안의 5세 계로(季路)이구나."[176]라고 말하였다. 8세에 종족 종형 여헌(旅軒) 선생[177]

176 들으면……계로(季路)이구나 : 좋은 이야기를 들으면 바로 실행에 옮기는 데 용감한 계로(季路 : 子路)라는 말이다. 《논어》 〈선진(先進)〉에 다음과 같은 이야기가 있다. "자로(子路)가 '들으면 실행하여야 합니까?' 하고 묻자, 공자가 '부형(父兄)이 계시니, 어찌 들으면 실행할 수 있겠는가?'라고 대답하였다. 염유(冉有)가 '들으면 실행하여야 합니까?' 하고 묻자, 공자가 '들으면 실행하여야 한다.'라고 대답하였다. 공서화(公西華)가 물었다. '유(由 : 자로)가 「들으면 실행하여야 합니까?」 하고 묻자, 선생께서, 「부형(父兄)이 계시다.」 하셨고, 구(求 : 염유)가 「들으면 실행하여야 합니까?」 하고 묻자, 선생께서 「들으면 실행하여야 한다.」라고 대답하시니, 제가 의혹되어 감히 묻습니다.' 공자가 말하였다. '구(求)는 뒤로 물러나는 성격이기 때문에 앞으로 나아가게 했고, 유(由)는 남들보다 배로 서두르기 때문에 뒤로 물러나게 했다.'〔子路問聞斯行諸? 子曰 有父兄在, 如之何其聞斯行之? 冉有問聞斯行諸? 子曰 聞斯行之. 公西華曰 由也問聞斯行諸? 子曰 有父兄在, 求也問聞斯行諸? 子曰 聞斯行之, 赤也惑, 敢問? 子曰 求也退故進之, 由也兼人故退之.〕"

177 여헌(旅軒) 선생 : 장현광(張顯光, 1554~1637)을 말한다. 본관은 인동(仁同), 자는 덕회(德晦), 호는 여헌, 시호는 문강(文康)이다. 정구(鄭逑)의 조카 사위인 동시에 제자이다. 보은 현감을 끝으로 은퇴하여 학문에 전념하였다. 사후에 영의정에 추증되었으며, 동락서원(東洛書院)에 제향되었다. 저서로 《여헌집》이 있다.

에게 나아가 《소학》을 배웠는데, 책상을 대하고 꿇어앉아 책을 읽는 것이 엄연하기가 어른과 같으니, 선생께서 매우 훌륭하고 귀중하게 여겼다. 16세에 참의공의 상을 당하여서는 상례를 지냄에 예제를 넘었으며 삼년상을 지내는 동안 죽을 먹었다. 서애(西厓) 유 선생(柳先生)[178]이 공의 지극한 행실을 듣고 경상도 관찰사가 되어서는 순시 차 옥산(玉山)에 도착하여 공을 불러 보고자 하였다. 공이 사양하면서 "동자로서 관공서의 문에 발을 들이는 것은 더욱 불가합니다."라고 말하였다. 이미 관례를 한 20세에 남계서당(南溪書堂)[179]에 찾아가서 서애를 뵈었다. 24세에 집지의 예를 갖추어 한강(寒岡) 정 선생(鄭先生)[180]을 배알하고서 《심경(心經)》을 배웠으며 현명한 문도들과 강마하기를 그치지 않았다.

27세에 임진왜란을 만나자 어머니를 받들고 병란을 피하여 산

178 서애(西厓) 유 선생(柳先生) : 유성룡(柳成龍, 1542~1607)을 말한다. 본관은 풍산(豊山), 자는 이현(而見), 호는 서애이며 시호는 문충(文忠)으로 퇴계(退溪) 이황(李滉)의 문인이다. 1566년(명종21) 문과에 급제하여 1583년(선조16)에 경상도 관찰사가 되었고 최후에 영의정(領議政)에까지 이르렀다. 저서에 《서애집(西厓集)》, 《징비록(懲毖錄)》 등이 있다.

179 남계서당(南溪書堂) : 지금 경북 군위군 군위읍 대북리에 있는 남계서원(南溪書院)의 전신을 말한다. 유성룡은 외가가 연안 이씨(延安李氏)로 이곳이기 때문에 여기서 공부를 한 적이 있다. 나중에 서원이 되면서 유성룡(柳成龍)과 이호민(李好閔)을 배향하였는데, 1868년(고종5) 흥선 대원군이 전국의 미사액(未賜額) 서원을 철폐하자 위패를 하회로 옮겼으며 일부 건물만 남아 서당으로 사용되었다.

180 한강(寒岡) 정 선생(鄭先生) : 정구(鄭逑, 1543~1620)를 말한다. 본관은 청주(淸州), 자는 도가(道可), 호는 한강이다. 김굉필(金宏弼)의 외증손이며, 조식(曺植)과 이황(李滉)의 제자이다. 벼슬이 대사헌에 이르렀으며 시호는 문목(文穆)이다. 저서로 《한강집》과 《오선생예설분류(五先生禮說分類)》 등이 있다.

골짜기로 들어갔다. 비록 어머니께서 살아 계시기에 사람들을 규합하여 의병을 창도하지는 못했지만 충분(忠憤)의 마음을 이길 수가 없었다. 때때로 혹 몸을 떨쳐 일으켜 의병장 송암(松庵) 김면(金沔)[181]을 지례(智禮) 진영에 가서 뵙고 함께 적을 토벌하는 기무(機務)를 의논하였다. 바야흐로 이때 성주 목사(星州牧使) 제말(諸沫)[182]이 전사하자, 성주의 승(僧) 찬희(贊熙)와 찬숙(贊夙)이 왜(倭)의 부신(符信)을 받아 스스로 관직에 올라 목판관(牧判官)이 되었다. 찬희는 곧바로 잡혀 죽었지만, 찬숙은 왜병을 향도(嚮導)하여 사방에서 대대적으로 침략하여 설쳐 대니 호남과 영남의 의병장들이 여러 차례 패하게 되었다. 호남 의병장 임계영(任啓英)[183]이 군사를 퇴각시키고자 하거늘 공이 격문을 보내 저

181 송암(松庵) 김면(金沔) : 1541~1593. 본관은 고령(高靈), 자는 지해(志海), 호는 송암이다. 경북 고령 출신으로 조식(曺植)과 이황(李滉)의 문인이다. 1592년(선조25) 임진왜란에 조종도(趙宗道)·문위(文緯) 등과 함께 거창과 고령에서 의병을 일으켰다. 1593년 1월 경상 우도 병마절도사가 되어 충청도·전라도 의병과 함께 김산에 주둔하며 선산(善山)의 적을 격퇴시킬 준비를 갖추던 도중, 갑자기 병에 걸리자 자신의 죽음을 알리지 말라는 유언을 남기고 죽었다. 저서로 《송암실기(松庵實紀)》가 있다. 고령의 도암사(道巖祠)에 제향되었으며, 1607년(선조40) 선무원종공(宣武原從功)에 기록되고 이조 판서에 추증되었다.

182 제말(諸沫) : ?~1592. 본관은 칠원(漆原), 자는 성여(成汝), 호는 가계(柯溪), 시호는 충의(忠毅)이다. 1583년(선조16) 별시 무과에 급제하여 성주 목사를 지냈는데, 임진왜란 때 전사하였다. 병조 판서(兵曹判書)에 증직되고 충절사(忠節祠)와 충렬사(忠烈祠)에 제향되었다.

183 임계영(任啓英) : 1528~1597. 본관은 장흥(長興), 자는 홍보(弘甫), 호는 삼도(三島)이다. 임진왜란 때 1,000여 명의 의병을 규합, 전라 좌도 의병장이 되었고, 남원에서 최경회(崔慶會)의 의병과 합류, 장수·거창·합천·성주·개령 등지에서

지시켰다. 공이 장정을 모집하여 덫을 놓아 찬숙을 사로잡아 죽이고 말을 달려 송암의 진영에 가니, 송암이 크게 기뻐하며 행재소의 임금에게 공로를 보고하려고 하였다. 공이 말하기를 “원수에게 성내어 적들을 잡는 것은 신하의 직분이니, 무슨 공로가 있겠습니까. 만약에 반드시 보고하려 한다면 이로부터 사직할 것을 청합니다.”라고 하였다. 송암이 감탄하며 “공을 세워 놓고 상을 받기를 사양하니 참으로 군자다운 사람이다.”라고 말하였다.

송암과 학봉(鶴峯) 어른이 서로 이어 돌아가시자 공도 가야산(伽倻山)으로 돌아와 숨었다. 이때 여헌이 바야흐로 어머니 상을 치르면서 공이 있는 곳에 숨어들었다. 비록 전쟁으로 험난하고 위축된 지경에 있었으나, 공은 《상제답문(喪制答問)》[184]과 《예기(禮記)》 등의 책을 강론하여 묻기를 게을리하지 않았다. 갑오년(1594, 선조27) 2월에 명나라 장군 총병(摠兵) 유정(劉綎)[185]이 팔거(八莒 칠곡)로부터 남원(南原)으로 옮겨 진지(陣地)를 친다는

왜적을 무찔렀다. 1593년 제2차 진주성 싸움에서 부장 장윤에게 정예군 300명을 이끌고 먼저 성에 들어가게 하고, 자신은 곡식과 무기를 조달하느라 성 밖에 있었는데, 성의 함락과 함께 장윤이 전사하자 함께 죽지 못한 것을 종신토록 한스럽게 생각하였다. 선조가 환도한 뒤에 양주·정주·해주·순창 등지의 목사를 역임하였다.

184 상제답문(喪制答問) : 한강(寒岡) 정구(鄭逑)가 지은 저술이다. 《상제문답(喪制問答)》이라고도 한다.

185 유정(劉綎) : ?~1619. 명나라 장군으로 자는 성오(省吾)이다. 임진왜란 때 원병 5천을 이끌고 참전하였다. 또 1597년 정유재란 때 남원에서 졌다는 소식이 전해지자, 배편으로 강화도를 거쳐 입국하였다. 전세를 확인한 뒤 돌아갔다가, 이듬해 제독한토관병어왜총병관(提督漢土官兵禦倭總兵官)이 되어 대군을 이끌고 와서 도와주었다. 예교(曳橋)에서 왜군에게 패전, 왜군이 철병한 뒤 귀국하였다.

소식을 듣고 공이 편지를 보내 병세(兵勢)로 보아 물러나서는 마땅하지 않다고 논하였다. 3월에 어머니 상을 당하였다. 이때 공의 형 4명은 모두 전염병에 걸렸고 동생 홍한(鴻翰)은 상주 판관(尙州判官)으로 있었는데 또한 전염병에 걸려 진영에서 죽었다. 공은 혼자의 몸으로 형제들의 병을 치료하고 어머니와 동생의 상을 치르는 데 유감이 없게 하였고 널을 받들고 고향으로 돌아왔다. 전후로 위험하고 어려움을 무릅쓰기를 이와 같이 하였으나 끝에 죽음을 면할 수 있었다.

기해년(1599, 선조32) 봄에 남쪽 왜구들의 침략이 비로소 느슨해지자 공이 성주의 대가곡(大家谷)에 우거하였으니, 한강 선생의 거처와 가까웠기 때문이다. 경술년(1610, 광해군2)에 한강 선생이 박이립(朴而立)에게 무고당하여[186] 장차 앞일을 예측할 수가 없었다. 공이 도내의 유생들과 여러 차례 변무소(辨誣疏)를 올렸는데, 상소장이 공의 손에서 지어진 것이 많았다. 병자년(1636, 인조14) 겨울에 청나라 군사가 갑자기 침략해 옴에 임금의 수레가 남한산성으로 몽진하였다. 공이 이때 연세가 71세였으나, 노천

186 박이립(朴而立)에게 무고당하여 : 박이립은 한강 정구보다 몇 해 연상인 같은 고향 사람이다. 평소에 정구를 위시한 고을 선비들이 자기를 푸대접한다고 앙심을 품고 정구를 비방하는 행위를 일삼다가, 이때 장차 정씨(鄭氏)가 왕이 될 것이라는 참언(讖言) 등을 끌어대며 정구가 대역 모의를 꾀했다고 모함하는 상소문을 올렸다. 그러자 성주(星州)의 생원 정준민(鄭俊敏)과 송원기(宋遠器) 등이 연이어 상소하여 박이립을 처벌할 것을 청하였고 정구는 경상 감영에 나아가 80여 일 동안 머무르며 억울한 사정을 밝혀 줄 것을 진정하였는데, 그 결과 광해군은 죄를 묻지 않고 석방시켜 주었다. 《寒岡先生年譜 卷1》

에 서서 북쪽을 바라보며 눈물을 흘리며 음식을 물리치고 먹지 않았다. 아들 이유(以兪)를 보내 고향 사람들과 의병을 창도하고 군량미를 관장하도록 하였다. 임금께서 남한산성에서 항복하였다는 소식을 듣자 하늘을 우러러보며 대성통곡하였다. 곧바로 금원산(金猿山)에 가서 동계(桐溪) 정 선생(鄭先生)[187]을 찾아뵈었다. 숭정(崇禎) 갑신년(1644, 인조22) 11월 8일에 향년 79세로 돌아가시니, 성주 북쪽 소야산(蘇野山) 좌윤공(左尹公 한성부 서윤을 지낸 중양(仲陽))의 묘소와 같은 기슭 계좌(癸坐) 언덕에 장례를 지냈다.

공은 이른 나이에 한강과 여헌 두 선생에게 배웠다. 뜻을 돈독히 하고 학문에 힘써 한결같이 스승의 가르침을 따랐다. 평소에 항상 닭이 울면 일어나 세수하고 머리를 빗질하며 의관을 정제하고서 종일토록 게으르고 나태한 용모가 없었다. 경전을 완색(玩索)하여 깊이 그 맛을 터득하였고 주자서(朱子書)에 대하여 더욱 지극히 공부하였다. 여헌이 동지(冬至)에 종족을 인솔하여 시조에 제사 지냈는데, 인하여 각자가 삼가야 하는〔愼〕 훈시를 하였다. 공이 '신(愼)' 자의 뜻을 유추하고 연역하여 수백 글자의 저술을 남겼는데, 신(愼)에 대한 큰 것과 미세한 것 그리고 그윽한 것과

187 동계(桐溪) 정 선생(鄭先生) : 정온(鄭蘊, 1569~1641)을 말한다. 본관은 초계(草溪), 자는 휘원(輝遠), 호는 동계이다. 1636년(인조14) 병자호란 때에 이조 참판으로 명나라와의 의리를 내세워 최명길(崔鳴吉) 등의 화의주장에 적극 반대하였다. 강화도가 함락되고 항복이 결정되자 오랑캐에게 항복하는 수치를 참을 수 없다고 하며 칼로 배를 갈라 자결하려 하였으나 목숨은 끊어지지 않았다. 그 뒤 관직을 단념하고 고향인 거창 금원산의 모리(某里)에 들어가 조를 심어 생계를 자급하다가 죽었다. 숙종 때 절의를 높이 평가하여 영의정에 추증되었으며 시호는 문간(文簡)이다.

현저한 것에 대하여 드러내 밝히지 않음이 없었다. 여헌이 그 저술의 규모와 공효(功效)가 장씨 일족을 온전하게 보전하며 백세에 전할 만한 가치가 있다고 자주 칭찬하였다. 만년에 《주역》 읽기를 좋아하여 각고하고 면려함을 젊고 기운이 넘치던 시절처럼 부지런히 하였다. 자손들이 공이 건강이 쇠약해졌음을 걱정하여 그만두게 하려고 하였지만 그렇게 할 수가 없었다. 공이 학문을 좋아함이 이와 같았으므로 효우와 충의(忠義)가 이미 보통 사람보다 월등히 뛰어났다.

또 재물과 이익에 담담하고 천륜의 정에 돈독하였다. 이에 앞서 공의 처가가 매우 부유하고 풍성하여 전답과 동산이 몇 고을에 걸쳐 있었다. 병란에 처가가 망하게 되자 토지를 주관하는 사람은 오직 공뿐이었는데, 각 토지에 처한 사람들이 가로채 점유하는 경우가 매우 많았다. 공이 토지 문건을 불태우고 일체를 불문에 부쳤다. 고향 옥산에 있는 대대로 내려오는 가업의 분토(分土)는 조카들과 조카 사위들이 경작하여 이익을 취하게 하도록 맡겨두고, 집 식구들이 그것에 대하여 따지며 조사하는 것을 금하게 하며 "장공예(張公藝)의 구세동거(九世同居)[188]를 내가 지금 비록 타향에 거주하기에 이것을 실행할 수가 없으나, 오히려 마음에 조금 즐거움이 있다."라고 말하였다. 젊어서부터 공명에 뜻을 끊었

188 장공예(張公藝)의 구세동거(九世同居) : 장공예는 당(唐)나라 수장(壽張) 사람으로 구세(九世) 수백 명이 한 집에 같이 살았다. 고종(高宗)이 태산에 제사를 드리고 돌아오는 길에 그 집을 방문하여 그렇게 화목하게 지내는 방도를 물으니, 장공예가 '인(忍)' 자를 백여 번 써서 드렸다고 한다. 《小學 善行》

다. 일찍이 윤화정(尹和靖)의 고사[189]로 여헌에게 질문하여 은거하며 의리를 행하였다. 임종 때 '효제충(孝弟忠)' 세 글자를 써서 손자들에게 명하여 마음에 새기게 하였으니, 공이 처음부터 끝까지 학문에 전념한 뜻[190]을 여기서 더욱 볼 수 있다.

부인 창원 유씨(昌原兪氏)는 참봉을 지낸 수(遂)의 따님이다. 경정(敬靜)하고 단숙(端淑)하였는데, 공보다 7년 뒤에 죽어 공의 묘소에 부장되었다. 1남 1녀를 두었으니, 아들은 곧 생원을 지낸 이유(以兪)이고, 딸은 생원을 지낸 이중형(李重亨)에게 시집갔다. 이유는 5남 1녀를 두었으니, 아들은 진옥(振玉), 정옥(挺玉), 지옥(持玉), 수옥(授玉), 택옥(擇玉)이고, 딸은 문세경(文世經)에게 시집갔다. 이중형은 5남 4녀를 두었으니, 아들은 두제(杜齊), 두문(杜文), 두장(杜章), 진사를 지낸 두광(杜光), 두장(杜長)이고, 딸은 나필소(羅必素), 김전(金銓), 박상진(朴尙眞), 우여구(禹汝矩)에게 각각 시집갔다. 진옥은 4남을 두었으니, 무과에 급제한 무선(茂先)과 무행(茂行) 그리고 무양(茂養), 무홍(茂弘)이다. 정

189 윤화정(尹和靖)의 고사 : 윤화정은 송(宋)나라의 윤돈(尹焞, 1071~1142)으로 호가 화정이다. 정이(程頤)의 으뜸가는 문인이었는데 그가 과거에 응시하려 하지 않으므로, 정이가 "자네에게는 어머니가 계시네." 하니, 윤돈이 집에 돌아와 과거의 응시 여부를 어머니께 물었다. 그러자 그의 어머니가 "나는 네가 착하게 사는 것으로 나를 봉양해 줄 것으로 알았지, 봉록(俸祿)으로 봉양해 주리라고는 생각하지 않았다." 하니, 그는 끝내 과거에 응시하지 않았다. 《宋子大全隨箚 卷10》

190 처음부터……뜻 : 원문 '종시전학(終始典學)'은 처음부터 끝까지 학문에 뜻을 두고 중단하지 않는다는 말인데, 부열(傅說)이 은 고종(殷高宗)에게 "생각하는 것을 시종일관 학문에 두고 중단하지 않으면 자기도 모르는 사이에 덕이 닦아질 것입니다.〔念終始典于學, 厥德脩罔覺.〕"라고 권면한 말에서 온 것이다. 《書經 說命下》

옥(挺玉)은 2남을 두었으니, 무창(茂昌)과 무영(茂榮)이다. 지옥은 2남을 두었으니, 무원(茂元)과 무응(茂膺)이다. 수옥의 외아들은 무석(茂碩)이다. 택옥은 아들이 없어서 무행으로 양자로 삼았다. 현손 이하는 많아서 다 기록하지 못한다.

공의 6세손 경목씨(敬穆氏)가 공의 유사(遺事)를 가지고 나에게 와서 보여 주고 말하기를 "우리 선조께서 돌아가신 지 13년 만에 고을 사람들이 사당에 제향할 것을 논의하여 이수(伊水)의 북쪽에 사당을 세웠습니다. 금상(今上) 경술년(1790, 정조14)에 이건(移建)하여 봉안(奉安)하니, 이때 신(神)을 편안히 모시는 봉안문을 실제로 그대에게 도움을 받아 지었습니다.[191] 그대가 우리 선조에 대하여 아는 것이 매우 자세하니, 어찌 다시 행장을 지어 숨은 빛을 더욱 드러내지 않으리오."라고 하였다. 나는 성주의 선비들이 이미 공을 제향함이 저와 같으니 공에 대하여 무궁토록 현창하여 드날림에 나의 말을 필요로 하지 않을 것이라고 생각하였다. 그러나 공의 숨은 덕과 아름다운 행실은 나로 하여금 즐겨 말하게 하여 싫어하지 않게 하는 것이 있기에 드디어 위와 같이 서술한다.

191 우리……지었습니다 : 장봉한은 사후 13년인 1656년(효종7)에 아우 장홍한(張鴻翰), 사촌 아우 장사진(張士珍)과 더불어 일문삼의사(一門三義士)라 칭해지며 성주 벽진면 가곡리(家谷里)의 이양사(伊陽祠)에 제향되었다. 1790년(정조14)에 이건하여 이양서원(伊陽書院)이라 하고 장봉한을 제향하였다. 이때 서원 봉안문을 정종로가 지었다고 하나, 《입재집》에는 남아 있지 않다. 서원에 1855년(철종6)에 장봉한의 아들 장이유(張以兪)가 추가 배향되었다. 그러나 대원군의 서원철폐령으로 1868년(고종5)에 훼철되어 그 자리에는 빈 터만 남아 있다. 현재는 다른 곳에 계신재(繼愼齋)를 신축하여 유림의 회합장소로 사용되고 있다.

통훈대부 영월 군수 월담 김공 행장
通訓大夫寧越郡守月潭金公行狀

공의 휘는 정룡(廷龍)이고 자는 시현(時見)이며 성은 김씨(金氏)이고 자호는 월담(月潭)이다. 시조 휘 석(錫)은 신라 경순왕의 아들로 의성(義城)에 채지를 받았기에 자손들이 의성을 본관으로 하였다. 고려 시대 휘 용비(龍庇)는 의성군(義城君)에 봉해졌다. 조선조에 들어와 휘 용초(用超)는 태조를 도와 원종공신에 참록(參錄)[192]되었다. 5대를 지나 휘 관석(關石)에 이르러 효행으로 제릉 참봉(齊陵參奉)에 임명되었으나 부임하지 않았고, 사후에 성주(星州) 덕천사(德泉祠)에 제향되었으니 공의 조부이다. 그의 아들 휘 담수(聃壽)는 호가 서계(西溪)인데 유일(遺逸)로 선공감 참봉(繕工監參奉)에 임명되어 임금이 여러 번 불렀으나 부임하지 않았다. 청천서원(晴川書院)[193]에 배향되었으니, 공의 아버지이다. 어머니는 창녕 조씨(昌寧曺氏)로 승지(承旨)를 지낸 몽길(夢吉)의 따님이니, 가정(嘉靖) 신유년(1561, 명종16)에 공을 낳았다.

공은 자품이 뛰어나고 기국이 탁월하였다. 아이 때 어떤 선진

192 참록(參錄) : 훈공을 장부나 문서에 기록하는 것이다. 녹훈(錄勳)이라고도 한다.

193 청천서원(晴川書院) : 성주군 대가면 칠봉리에 있다. 1729년(영조5)에 세웠고, 1785년(정조9)에 사제(賜祭)되었다. 동강(東岡) 김우옹(金宇顒)을 주향(主享)하였고, 서계(西溪) 김담수(金聃壽)와 용담(龍潭) 박이장(朴而章)을 종향(從享)하였다. 선현 배향과 지방 교육의 일익을 담당하여 오던 중 1868년에 훼철되었다가 최근에 복원되었다.

(先進)이 공이 장난치고 노는 것을 보고 꾸짖으니 공이 즉시 분발하여 독서하였다. 15세에 여러 경서에 박식하고 통달하여 문사(文詞)가 크게 진척되었다. 만력(萬曆) 을유년(1585, 선조18)에 별시에 합격하였다. 을미년(1595, 선조28)에 성균관 박사(成均館博士)에 임명되었다. 병신년(1596, 선조29) 9월에 특별히 예안현감(禮安縣監)에 임명하여 군량미를 운송하게 하였다. 이때 왜놈들이 침략하여 설쳐 댄 것이 이미 5년이 되었다. 명나라 군대가 또 바야흐로 가까이 주둔해 있었는데, 공이 나라를 위하여 심신을 다 바쳐 직분을 수행하였다. 간간이 등창의 병환이 심하였으나, 자신을 가련히 여겨 돌아볼 여가도 없이 병든 몸으로 수레를 타고 달리며 일을 수행하여 끝내 군량미를 모자라지 않게 하였다. 임금이 특별히 귤을 하사하여 기리고 가상히 여기는 뜻을 보였다. 임인년(1602, 선조35)에 임소에서 조모상을 당하였고 계묘년(1603, 선조36)에 또 아버지 서계공의 상을 당하였는데, 산 사람을 섬기며 죽은 이를 장례 지냄과 제사 지냄에 한결같이 예에 따라 하여 유감이 없게 하였다. 정미년(1607, 선조40)에 병조랑(兵曹郎)에 임명되었고 그해 겨울에 영월 군수(寧越郡守)에 임명되어 치적의 공효가 있었다. 무신년(1608, 선조41)에 임금께서 별도의 유시(諭示)를 연달아 내린 것이 세 번이었다. 신해년(1611, 광해군3)에 풍기 군수(豐基郡守)가 되어 명성과 치적이 또한 성대하였다. 공은 본래 벼슬길에 나아가는 것을 즐거워하지 않았다. 얼마 있지 않아 곧바로 인수(印綬)를 풀고 집으로 돌아와 은자로 산수에 노닐며[194] 스스로 즐기다가 죽으니, 향년이 59세였다. 서계공 묘소 오른쪽 묘좌(卯坐) 언덕에 장례를 지냈다.

공은 어려서부터 학문을 좋아하여 이미 가정에서의 가르침을 이어받았다. 그리고 이때 한강(寒岡), 동강(東岡),[195] 월천(月川),[196] 설월당(雪月堂)[197] 등 여러 선생 같은 이들이 모두 가까운 지역에 있었기에 대개 그분들의 덕망을 보고 마음으로 취한 것이 또한 많았다. 그러므로 자신의 몸을 규율하고 마음을 다스림에 모든 것에 대하여 그들을 사모하고 본받았다. 비록 꺾어지고 넘어지며 위태롭고 어려운 즈음이라도 공부를 조금도 그만둔 적이 없었다. 더욱 《소학(小學)》책에 득력하여 만년에는 한 질을 정성스럽게 필사하여 복응하는 데 이르렀으니, 덕망과 기국을 양성(養成)하고

194 은자로 산수에 노닐며 : 원문 '고반(考槃)'은 '은거하는 곳을 이루다.'라는 뜻으로 산수 간에 은자(隱者)의 은거지를 말한다. 《시경》 〈고반(考槃)〉에 "고반이 물가에 있으니 석인의 마음이 넉넉하네.〔考槃在澗, 碩人之寬.〕"라고 하였다.

195 동강(東岡) : 김우옹(金宇顒, 1540～1603)의 호이다. 본관은 의성(義城), 자는 숙부(肅夫), 시호는 문정(文貞)으로 성주 출신이다. 남명(南冥) 조식(曺植)의 문인으로 남명의 외손녀와 혼인하였다. 1567년(명종22) 문과에 급제하여 벼슬이 대사성(大司成)에 이르렀다. 회령의 향사(鄕祠), 청주의 봉계서원(鳳溪書院), 성주(星州)의 청천서원(晴川書院)에 배향(配享)되었다. 저서 《동강집》과 《속자치통감강목(續資治通鑑綱目)》이 있다.

196 월천(月川) : 조목(趙穆, 1524～1606)의 호이다. 본관은 횡성(橫城), 자는 사경(士敬)으로 예안 출신이며 이황(李滉)의 문인이다. 1552년(명종7) 생원시에 합격했으나 대과(大科)를 포기하고 학문과 수양에만 전념하였다. 저서로는 《월천집》과 《곤지잡록(困知雜錄)》이 있다. 예천(醴泉)의 정산서원(鼎山書院), 예안(禮安)의 도산서원(陶山書院), 봉화의 문암서원(文巖書院) 등에 제향되었다.

197 설월당(雪月堂) : 김부륜(金富倫, 1531～1598)의 호이다. 본관은 광산(光山), 자는 돈서(惇敍), 예안 출신으로 이황의 문인이다. 1555년(명종10) 사마시에 합격하여 봉화 현감을 지냈다. 저서로 《설월당집》이 있다.

능하지 못한 분야를 보충하고 보태는 데 이 책으로 마음에 덕을 온축하고 밖으로 행동에 나타나게 하는 것이 매우 적지 않았다. 그러나 능력을 크게 펼 수가 없었으니 마땅히 한스러워할 만한 듯하다. 그러나 사람에게 가장 중요한 일이 있으니, 공의 경우는 이미 충성스럽고 이미 효성스러웠던 점이다. 또 관직에서 물러나 한가하게 지내는 날에 막냇동생 국원공(菊園公)[198]과 함께 학문을 강구하고 토론하며 매진하여 늙음이 장차 이르는 줄도 몰랐으니, 대개 또한 이른바 유감없이 온전히 돌아간[199] 자이다. 이 때문에 고을의 선비들이 낙암사(洛巖祠)[200]에 제향하여 융숭히 보답하니, 오히려 어찌 매우 탄식할 것이 있겠는가.

공의 첫째 부인 선산 김씨(善山金氏)는 인의(引儀)를 지낸 후(煦)의 따님이며 찰방을 지낸 취련(就鍊)의 손녀이다. 둘째 부인 강양 이씨(江陽李氏)는 판돈녕부사(判敦寧府事)를 지낸 천수(天

198 국원공(菊園公) : 김정견(金廷堅, 1576~1645)을 말한다. 본관은 의성(義城), 자는 훈경(勳卿), 호는 국원이다. 정구(鄭逑)의 문인으로 1612년(광해군4) 생원시에 합격하였다. 낙암에 정사(精舍)를 지어 후진을 양성하였다.

199 온전히 돌아간 : 원문 '전귀(全歸)'는 몸을 잘 보중하여 훌륭한 명성을 남기고 생을 마치는 것을 말한다. 《예기(禮記)》 〈제의(祭義)〉에 "부모가 온전하게 낳아 주었으므로, 자식이 온전하게 돌아가야만 효(孝)라 이를 수 있나니, 육체를 손상시키지 않고 몸을 욕되게 하지 않아야만 온전히 했다고 이를 수 있는 것이다.〔父母全而生之, 子全而歸之, 可謂孝矣. 不虧其體, 不辱其身, 可謂全矣.〕"라고 한 데서 온 말이다.

200 낙암사(洛巖祠) : 경북 상주시 중동면 죽암리에 있었다. 1745년(영조21)에 지방 유림의 공의로 낙암서원으로 승격하여 김담수(金聃壽), 김정룡(金廷龍), 김정견(金廷堅)을 배향하였다. 대원군의 서원철폐령으로 1868년(고종5)에 훼철되었으나, 그 뒤 묘우(廟宇) 자리에 단소(壇所)를 만들었다.

授)의 따님이다. 셋째 부인 동래 정씨(東萊鄭氏)는 충의위(忠義衛)를 지낸 응성(應星)의 따님이다. 4남 4녀를 두었으니, 아들은 진사를 지낸 이원(以元)과 이형(以亨), 그리고 이리(以利)와 이정(以貞)이고, 딸은 이시건(李時健), 김양복(金陽復), 황사헌(黃師憲), 유원립(柳元立)에게 각각 시집갔다. 이원의 3남은 별제(別提)를 지낸 연(埏), 은(垠), 류(塯)이다. 이형의 외아들은 진사를 지낸 기(垐)이고, 이리의 외아들은 판결사(判決事)에 증직된 타(堶)이며, 이정은 자식이 없어서 류(塯)로 양자를 삼았다. 별제를 지낸 연의 사자(嗣子)는 익남(益南)이다. 나머지는 기록하지 않는다. 하루는 공의 6대손 동필 씨(東弼氏)가 공의 유사(遺事)를 가지고 나에게 와서 행장을 지어 주기를 부탁하였다. 내가 사양하였지만 되지 않아 드디어 위와 같이 서술한다.

가촌, 대암, 취미헌 세 분의 유공 행록
嘉村臺巖翠微軒三柳公行錄

가촌공(嘉村公)은 성이 유씨(柳氏)이고 휘는 포(砲)이며 자는 자포(子包)이고 본관은 진주(晉州)이다. 좌우위(左右衛) 상장군(上將軍) 휘 정(挺)이 곧 그분의 시조이다. 상장군은 중랑장(中郎將) 휘 숙(淑)을 낳았고, 중랑장은 진흥군(晉興君) 휘 돈식(敦式)을 낳았으며 진흥군은 추밀원 부사(樞密院府事) 휘 홍림(洪林)을 낳았다. 추밀원 부사는 두 아들을 낳았으니, 군부사 총랑(軍簿司摠郎)을 지냈으며 시호가 양화(良和)인 휘 욱(栯)과 그리고 휘 단(槫)이다. 총랑은 평리(評理) 개성군(開城君) 휘 간(玕)을 낳았고 평리는 삼중대광(三重大匡) 진천군(晉川君) 휘 지정(之淀)을 낳았다. 삼중대광은 광주 목사(廣州牧使) 휘 손(巽)을 낳았고 광주 목사는 삼사부사(三司副使) 휘 휘생(暉生)을 낳았으며, 삼사부사는 증(贈) 우참찬(右參贊) 사재사(司宰事) 박문로(朴文老)의 따님에게 장가들어 홍무(洪武) 8년 을묘년(1375, 우왕1)에 공을 낳았다.

공은 어려서 지극한 성품을 지녔다. 어버이를 섬김에 효도하여 화순하고 부드러운 안색으로 예의와 공경이 모두 지극하였다. 무릇 부모님의 이목을 기쁘게 해 드리고 심지(心志)를 즐겁게 해 드리는 것에는 그 지극함을 쓰지 않음이 없었다. 부모께서 돌아가심에 몸소 흙을 지고 와서 봉분을 만들어 장례를 지냈으며 삼 년간 여묘살이를 하였는데, 마음으로 슬퍼하고 몸을 훼손함이 상제를 넘어서 거의 목숨을 잃을 지경에 이르기도 하였다. 고을에서 그 효행을 임금에게 보고하니, 조정에서 가상히 여겨 벼슬에 발탁하여 경산 현령(慶山縣令)에 임명하였다. 또 거주하는 비안촌(比安村)에 가리(嘉里)라는 마을 이름을 하사하였고 비석을 세워 정려하였으며 복호(復戶 국세를 면해 주는 것)하여 포상하였으니, 이 사실이 《신증동국여지승람》에 실려 있다.[201] 여묘살이했던 유지(遺址)는 지금까지도 완연히 남아 있다. 그 뒤 비안 현감(比安縣監) 최지위(崔地緯)[202]가 글을 지어 묘소에 제사를 드리니, 그 제문의 대략에 "흙을 지고 와서 봉분을 만들며 반포(反哺)로 효도하고,[203] 삼년상에 피눈물을 흘리기를 자고(子羔)와 같이 하였네.[204] 나라로부터 정려를 받고 국세를 면제받으니 포상의 은전이 특별하네. 한 선비의 행실이 백세의 표준이 되네.〔負土感烏, 泣血如羔. 門旌戶復, 褒典特異. 一士之行, 百世之表.〕"라고 하였다. 후대 사람들이 공이 거주하였던 지역을 가지고 가촌(嘉村) 선생이라 호를 하였고 사림들이 비안(比安)의 백천사(白川祠)와 함녕(咸寧)의 청암사(淸巖祠)에 제향하였다. 함녕에 제향한 것은 공이 함녕에 지팡이를 짚고 신을 신고 다녔으며 또 복거(卜居)하려고 한

201 고을에서……있다 : 《신증동국여지승람》 25권 비안현 조에 실려 있다.

202 최지위(崔地緯) : 1591~?. 본관은 흥해(興海), 자는 문보(文甫)로 서울에 거주하였다. 1610년(광해군2)에 생원시에 합격하였다.

203 반포(反哺)로 효도하고 : 원문 '감오(感烏)'는 성장하여서 어미에게 먹이를 먹인다는 효조(孝烏) 까마귀에 감동한다는 말이다.

204 삼년상에……하였네 : 공자(孔子)의 제자 고시(高柴 : 字가 子羔)가 부모상을 당하여 삼 년 동안 피눈물을 흘리며 울었고 이를 드러내고 웃은 적이 없으니, 군자가 어려운 일이라고 칭찬하였다고 한다. 《小學 稽古》

적이 있었기 때문이다.

대암공(臺巖公)의 휘는 달존(達尊)이고 자는 백삼(伯三)이다. 아버지인 가촌공(嘉村公)이 판사(判事)를 지냈으며 본관이 전의(全義)인 이이예(李以藝)의 따님에게 장가들어 홍무(洪武) 28년 조선조 태조 4년 을해년(1395)에 공을 낳았다. 공은 어려서 뛰어나고 영리하여 흡사 노성(老成)한 사람과 같았다. 총명함과 식견이 보통 사람보다 월등히 뛰어났다. 나이 겨우 10세에 이미 경사(經史)에 통달하여 일취월장함에 문사(文詞)가 크게 통달하니 당시 동료배 중에 공보다 나은 이가 없었으며, 사람들이 모두 원대한 기국(器局)으로 기대하였다. 19세 때 영락(永樂) 신묘년(1411, 태종11)에 실시한 생원시에 합격하였다. 인하여 과거 시험 공부를 폐하고 학문에 전념하여, 좌우에 도서를 두고 공부에 침잠하고 마음을 함양(涵養)하면서 일생을 마칠 계획을 세웠으니, 선생과 장자(長者)들에게 크게 인정을 받았다.

천성이 인자하고 효성스러워 어버이를 섬김과 종족에게 화목하게 대함에 정성을 다하지 않음이 없었다. 가촌공이 함창(咸昌)의 산수가 맑고 아름다움을 보고 복거(卜居)할 뜻이 있었는데, 공이 그 고을의 함녕군(咸寧君) 김요(金饒)[205]의 손녀에게 장가들었기에 공에게 도계촌(陶溪村)에 먼저 터전을 잡으라고 명하였다. 대

205 김요(金饒) : ?~?. 본관은 함창(咸昌), 호는 강촌(江村)이다. 삼사판사(三司判事)와 중대광(重大匡) 등을 역임하였다. 홍건적의 난 때 임금을 안동으로 호종하여 이 공로로 함녕군에 봉해졌다.

개 비안의 집과 도계촌은 거리가 백 리가 되었으나 공이 부모님에게 안부인사를 때에 맞추어서 하였다. 이씨(李氏)에게 시집간 종조고모(從祖姑母)는 과부가 되어 자식이 없어서 공에게 의지하였는데, 공이 어머니와 같이 섬겨 봉양하기를 매우 극진히 하여 항상 그분의 환심을 샀다. 궁핍하고 가난한 이를 주휼하니, 종족과 인척이 모두 의지하였다. 공의 아름다운 행실은 진실로 가정에서 얻은 것이고 게다가 학문의 공력으로 이룬 것임을 또한 속일 수가 없다. 나이는 장수하지 못하고 죽었다. 공의 아들 철산(鐵山)도 효행으로 여러 번 추천받아 관직이 음성 현감(陰城縣監)에 이르렀는데, 당시에 공의 집안을 두고 효자문(孝子門)이라 일컬었다. 공이 일찍이 대암(臺巖)에 산 적이 있기에 호를 대암이라 하였으며 또한 청암사(淸巖祠)에 제향되었다.

취미공(翠微公)은 휘가 종인(宗仁)이고 자가 사원(士元)이다. 고조부의 휘는 달존(達尊)이니 곧 대암(臺巖)이고 증조부는 휘가 철산(鐵山)으로 곧 음성 현감(陰城縣監)을 지냈다. 조부는 휘가 정후(正厚)로 산계(散階 이름만 있고 직무는 없는 벼슬의 품계) 종사랑(從仕郎)을 지냈다. 아버지는 휘가 희임(希任)으로 조봉대부(朝奉大夫) 습독관(習讀官)을 지냈는데, 참봉을 지낸 형 희청(希淸)과 함께 나란히 허백당(虛白堂) 홍 선생(洪先生)[206]의 문하에서 배웠

206 허백당(虛白堂) 홍 선생(洪先生) : 홍귀달(洪貴達, 1438~1504)을 말한다. 본관은 부림(缶林), 자는 겸선(兼善), 호는 허백당, 시호는 문광(文匡)이다. 1460년(세조6) 문과에 급제하여 서거정(徐居正)을 이어 전형(銓衡)을 맡았으며, 벼슬이 좌

다. 홍 선생이 그의 이름을 명명하였으니, 그 설(說)이 《허백당》 문집에 보인다.[207] 습독관의 첫 번째 부인은 감찰(監察)을 지낸 동래 정씨(東萊鄭氏) 계금(繼金)의 따님이고, 두 번째 부인은 생원을 지낸 공주 이씨(公州李氏) 함(諴)의 따님이다. 공은 정덕(正德) 11년 병자년(1516, 중종11)에 태어나 가정(嘉靖) 24년 을사년(1545, 인종1)에 돌아가시니 향년이 겨우 30세였다.

공은 태어나면서 아름다운 자질을 가졌고 천부적인 덕성이 있었다. 언행에 법도가 있었고 기쁘고 성냄을 얼굴에 드러내지 않았다. 가정에서는 화목한 기운이 넘쳐났다. 서책의 글을 스승의 가르침을 받지 않고도 스스로 완전히 이해할 수 있었다. 새벽에 일어나 책상을 대하고서 저녁까지 피곤함을 잊고 성현의 가르침을 궁구하며 관찰하여 도에 나아가는 방법을 깊이 터득하였다. 일찍이 "널리 보는 것보다 한 방면에 전공(專攻)하는 공부가 좋다."라고 말하였다. 받아 사용하는 공부에 절실한 경전을 손수 초록하여 종신토록 복응(服膺)하였으니, 공이 학문을 좋아하고 공부를 하는 독실함이 이와 같음이 있었다. 이에 세상에서 공을 아는 자들은 모두 소안자(小顏子)로 일컬어서, 종친들은 그의 효우에 열복(悅服)하고 고을 사람들은 그의 행의(行誼)에 심복하여 모두 "이 사람은 비단 한 고을의 선사(善士)가 되는 데 그치지 않는다."라고

참찬에 이르렀다. 1504년(연산군10) 손녀를 궁중에 들이라는 왕명을 거역하여 장형을 받고 경원으로 유배 도중 교살당하였다. 중종반정 후 신원되었고 임호서원(臨湖書院)에 제향되었다. 저서로 《허백당집》이 있다.

207 홍 선생이……보인다 : 《허백당집》 권3에 실려 있는 〈명유후정후이자설(名柳侯正厚二子說)〉이 그것이다.

하였는데, 불행하게도 단명으로 죽었으니, 아! 애석하구나. 공이 일찍이 도계(陶溪)의 취미대(翠微臺)에 집을 짓고 살았기에 인하여 그 헌함에 취미(翠微)로 이름하였다. 사림들이 공을 존모하기를 그치지 않았고 또한 청암사(淸巖祠)에 제향하였다.

위 세 공의 행록(行錄)은 모두 개략적인 것이다. 그러나 가촌공이 어버이를 섬김에 스스로 극진히 효도함이 저와 같고, 자식과 후손이 모두 그 아름다움을 이어서 3대에 걸쳐 효도로 소문이 났으니, 길이 너에게 선을 줄 것이며[208] 선으로 너를 닮게 하라[209]고 말하지 않을 수 있겠는가. 대암공의 경우는 경학에 침잠하여 또한 이른바 '문왕(文王)을 기다리지 않고도 흥기하는 자'[210]에 가깝다. 이것은 기질이 청수(淸粹)함이 보통 사람보다 뛰어난 자가 아니면 어찌 그렇게 될 수 있겠는가. 이에 신령스러운 기운을 기르고

208 길이……것이며 : 《시경》 대아(大雅) 〈기취(旣醉)〉에, "효자가 다하지 않으니 길이 너에게 선을 주리로다.〔孝子不匱, 永錫爾類.〕"라고 하였으니 효자가 계속 이어져 그 집안이 복을 받을 것이라는 말이다.

209 선으로……하라 : 《시경》 소아(小雅) 〈소완(小宛)〉에 "명령이 새끼를 두거늘 과라가 업어 데리고 가서 키우네. 그대 아들을 잘 가르쳐서 선으로 닮도록 하라.〔螟蛉有子, 蜾蠃負之. 教誨爾子, 式穀似之.〕"라고 하였다. 옛사람들은 과라(蜾蠃), 즉 나나니벌이 명령, 즉 뽕나무 벌레를 데려다가 자기의 양자로 삼아 길러서 과라로 만든다고 믿었다. 곡(穀)은 선(善)이라는 뜻이다.

210 문왕(文王)을……자 : 《맹자》 〈진심 상(盡心上)〉에 "주(周)나라 문왕과 같은 성군(聖君)이 나오기를 기다린 뒤에야 흥기하는 자들은 일반 백성들이고, 호걸의 인사들로 말하면 문왕이 없더라도 혼자서 흥기하는 법이다.〔待文王而後興者, 凡民也, 若夫豪傑之士, 雖無文王猶興.〕"라는 말이 나온다.

빼어난 자질을 잉태하여 취미헌(翠微軒)과 같은 이를 낳아서 소안자(小顏子)의 칭호를 받게 하였던 것이다. 나이는 비록 장수하지는 못했지만, 아름다운 명성은 실로 무궁하다. 그러므로 내가 감탄하기를 그만두지 않는다. 공들의 후손 상사(上舍) 식(栻)의 요청으로 그가 가지고 온 행록을 가지고 조금 가감하여[211] 글을 지어 후대에 보는 사람으로 하여금 실려 있는 아름다운 행적이 간략하다고 하여 소홀히 여길 수 없음을 알게 한다.

211 가감하여 : 원문은 '은괄(檃括)'이다. 기울어지고 굽은 것을 바로잡는 기구로, 휘어진 것을 곧게 하는 것을 '은(檃)'이라 하고 뒤틀린 방형(方形)을 바로잡는 것을 '괄(括)'이라 한다. 《회남자(淮南子)》에 "그 굽은 것을 규(規)에 맞게 되는 것은 은괄의 힘이다.〔其曲中規, 檃括之力.〕"라고 한 구절이 보인다. 은괄(檃栝)로도 쓴다.

입재집

제44권

행장 行狀

행장 行狀

이조 참판 취죽헌 이공 행장
吏曹參判翠竹軒李公行狀

공의 휘는 응시(應蓍), 자는 군서(君瑞)이며, 취죽(翠竹)은 그의 호이다. 세종(世宗)의 별자(別子)[1] 임영대군(臨瀛大君 세종의 4남) 휘 구(璆)가 6세조이다. 영양군(英陽君) 함(涵), 마성군(馬城君) 신손(神孫), 풍양 도정(豐陽都正) 춘(春), 군자감 판관(軍資監判官)으로 이조 판서(吏曹判書)에 증직된 몽상(夢祥)을 지나 경기도 관찰사(京畿道觀察使) 휘 정신(廷臣)에 이르렀으니, 이분이 바로 공의 아버지이다. 어머니는 동래 정씨(東萊鄭氏) 군수(郡守) 휴후(休後)의 따님이다. 만력(萬曆) 갑오년(1594, 선조27)에 김제군(金堤郡) 관아에서 공을 낳았다.

1 별자(別子) : 고대의 종법(宗法) 제도에서 제후(諸侯)의 적장자(嫡長子) 이외의 아들 즉, 서자(庶子)를 가리킨다. 《예기》 〈대전(大傳)〉에, "별자가 조가 되고 별자의 적통을 계승한 이는 종이 되고 아비를 계승한 자는 소종이 된다.〔別子爲祖, 繼別爲宗, 繼禰者爲小宗.〕" 하였는데, 이는 별자는 적통을 잇지 않지만 별자에게도 후손은 있으니, 그 후손이 별자를 높여 조로 삼을 경우, 그 별자를 계승한 적장(嫡長)은 대종(大宗)이 되고, 별자를 계승한 적장 이외의 아들들은 소종(小宗)이 된다는 뜻이다.

공은 골격이 빼어나고 준걸하였으며, 어린아이 때부터 글자를 배울 줄 알았고 조금 성장함에 문장 짓는 솜씨가 훌륭하였다. 시와 글씨에 더욱 뛰어나 혹 왕두(王杜)[2]라고 일컫기도 하였다. 을묘년(1615, 광해군7) 사마시에 합격하니, 화려한 명성이 매우 자자하였다. 경오년(1630, 인조8) 음직으로 예빈시 별제(禮賓寺別提)에 보임되었다. 계유년(1633) 문과에 급제하여 괴원(槐院 승문원(承文院))에 선발되었다. 갑술년(1634)에 전적(典籍)[3]과 예랑(禮郎)을 역임하였다. 병자년(1636) 연서 승(延曙丞)에 제수되었으나 부임하지 않았다. 이해 겨울 청나라 병사들이 도성을 침범하자 임금이 남한산성으로 몽진하였는데, 부체찰사(副體察使) 최명길(崔鳴吉)[4] 공이 공을 불러 종사(從事)로 삼으니, 공이 임금을 호종하여 성으로 들어갔다.

정축년(1637, 인조15) 봄에 형조랑(刑曹郎)에 제수되었고, 임금을 따라 도성으로 돌아왔다. 전라도사(全羅都事)로 전직(轉職)되었다가 겨울에 직강(直講)으로 관직을 옮겼다. 무인년(1638) 봄에 안악 군수(安岳郡守)[5]로 나갔는데 다스림에 공평하고 청렴하

2 왕두(王杜) : 중국 고금(古今)의 첫째가는 서성(書聖)으로 존경받는 중국 남북조 시대 동진(東晉)의 서예가 왕희지(王羲之, 307~365)와 시성(詩聖)으로 불리며 중국 최고의 시인으로 칭송되는 중국 당(唐)나라의 두보(杜甫, 712~770)를 병칭한 것이다.

3 전적(典籍) : 성균관에 딸린 정6품 관원이다.

4 최명길(崔鳴吉) : 1586~1647. 본관은 전주(全州), 자는 자겸(子謙), 호는 지천(遲川), 시호는 문충(文忠)이며 이항복(李恒福)의 문하이다. 1627년(인조5) 정묘호란 때에는 주화파를 이끌고 후금과의 강화를 이끌어 냈으며, 병자호란 뒤에 우의정이 되어 흩어진 정사를 수습하고 좌의정을 거쳐 영의정에 올랐다.

다고 칭송받았다. 신사년(1641)에 병 때문에 벼슬을 그만두고 떠나니 고을 사람들이 길을 막고 더 머물러 주기를 빌었고, 돌아가자 송덕비를 세웠다.

임오년(1642, 인조20) 겨울 성균관 사예(成均館司藝)[6]에 제수되었다. 계미년(1643) 사헌부 장령(司憲府掌令)으로 품계가 올랐고, 순천 부사(順天府使)로 나갔다. 이곳은 바닷가의 도회지(都會地)여서 상인과 거간꾼들에 관련된 송사가 번거로워 본디 다스리기 어렵다고 일컬어졌으나, 간약(簡約)하게 하여 번거로움을 제어하고 엄하게 하되 가혹하게 하지 않았다. 그래서 교활한 아전들이 두 손을 모으고 공손하였으며, 고을이 잘 다스려졌다. 갑신년(1644)에 어떤 일에 연루되어 파직되어 돌아오니, 백성들이 또 비(碑)를 세워 칭송하였다.

을유년(1645, 인조23) 서장관(書狀官)으로 연경에 갔다. 관례(慣例)에 따라 은자(銀子)와 폐백을 얻었으나 모두 역졸들에게 나누어 주었고, 오랑캐〔청나라〕들이 보내 준 말은 또한 만상(灣上 의주(義州))에 버려 두었고, 관서(關西 평안도(平安道)) 방백이 보낸 노잣돈도 또한 돌려보냈다. 이미 돌아와 또 장령(掌令)에 제수되자 재이(災異)로 인해 상소하여 이경여(李敬輿),[7] 심로(沈櫓),[8]

5 안악 군수(安岳郡守) : 안악은 황해도(黃海道) 소재이며, 군수는 종4품이다.

6 성균관 사예(成均館司藝) : 성균관에 딸린 정4품 관원이다.

7 이경여(李敬輿) : 1585~1657. 본관은 전주(全州), 자는 직부(直夫), 호는 백강(白江)·봉암(鳳巖)이다. 세종(世宗)의 7세손이다. 1646년(인조24) 민회빈 강씨(愍懷嬪姜氏), 즉 소현세자빈(昭顯世子嬪)의 사사(賜死)를 반대하다가 진도에 유배되고, 다시 1648년 삼수에 위리안치되었다. 이듬해 효종이 즉위하자 풀려 나와 1650년

홍무적(洪茂績)[9]을 구명(救命)[10]하였다. 병술년(1646, 인조24)에 또 상소하여 강빈(姜嬪)의 원통한 옥사[11]를 끝까지 말하였는데, "'성대한 주나라를 포사가 멸망시키리로다.〔赫赫宗周, 褒姒威之.〕'[12]라고 하더니, 우리 국가의 300년 사직을 조 숙원(趙淑媛)[13]이 망

(효종1)에 다시 영중추부사가 되었다. 이어 영의정으로 다시 사은사가 되어 청나라에 다녀온 뒤 청나라의 압력으로 영중추부사로 관직을 옮겼다.

8 심로(沈簵) : 1590~1664. 본관은 풍산(豐山), 자는 원직, 호는 죽사(竹沙)・죽계(竹溪)이다. 1646년 헌납으로 있을 때 소현세자빈(昭顯世子嬪) 강씨(姜氏)를 변호하다가 인조의 노여움을 사서 남해(南海)에 유배되었다. 효종이 즉위한 뒤에 집의와 승지를 지냈다.

9 홍무적(洪茂績) : 1577~1656. 본관은 남양(南陽), 자는 면숙(勉叔), 호는 백석(白石), 시호는 충정(忠貞)이다. 광해군 당시 폐모론(廢母論)에 반대하다가 거제도(巨濟島)로 귀양 갔다. 인조반정 이후 사간・승지・대사헌 등을 역임했다. 1646년(인조24) 강빈(姜嬪)의 옥사(獄事)가 일어나자 이에 대해 간하다가 노여움을 사 정의(旌義)・남해(南海)・갑산(甲山)・홍천(洪川) 등지로 귀양 갔으며, 효종 즉위 후 사면되어 대사헌・지의금부사・우참찬을 지냈다.

10 구명(救命) : 이응시가 장령이 되자마자 상소를 올려 언관인 이경여, 심로, 홍무적을 귀양 보낸 것을 비판한 것을 말한다. 이로 인해 체직되었다가 뒤이어 유배를 당했다. 《仁祖實錄 24年 11月 13日》

11 강빈(姜嬪)의 원통한 옥사 : 강빈 옥사(姜嬪獄事)를 말한다. 강빈은 소현세자(昭顯世子)의 빈(嬪)으로, 소현세자가 죽은 뒤 어선(御膳)에 독을 넣은 사건이 일어나자, 강빈이 독을 넣은 장본인이라는 무함을 받아 사사(賜死)되고, 그 집안사람들도 죽임을 당하였다. 《국역 인조실록 24년 2월 3일》 1718년(숙종44)에 숙종이 강빈의 위호(位號)를 회복하도록 명하였다. 《국역 숙종실록 44년 4월 8일》

12 성대한……멸망시키리로다 : 《시경》 〈정월(正月)〉에 나온다. 이 시는 주 유왕(周幽王) 때 한 대부(大夫)가 유왕의 학정(虐政)을 풍자하여 노래한 시이다.

13 조 숙원(趙淑媛) : 인조의 후궁으로, 품계가 올라 귀인(貴人)이 되었다. 대전, 자전, 세자궁을 저주했다는 죄목으로 1652년(효종3)에 사사되었다.

쳤습니다."라고 하였고, 또 말하기를, "포사(褒姒)[14]는 주(周)나라를 망하게 하였고 여희(驪姬)[15]는 진(晉)나라를 어지럽게 하였으며, 한 성제(漢成帝)[16]와 당 명황(唐明皇)[17]은 아녀자의 말을 들어 끝내 거의 망하게 되었습니다. 남녀가 잠자리하는 사이에 사랑에 빠지는 일은 항상 많으니, 옛 성인(聖人)은 이것을 경계하였습니다. 또 전하께서 바야흐로 고요히 조섭(調攝)하는 가운데 있으니, 더욱 마땅히 여색을 멀리하는 것으로 힘써야 합니다."라고 하였다.

임금이 크게 노하여 강빈(姜嬪) 구명하기를 도모한다고 여겨 가장 변방 지역에 유배하도록 명하였다. 삼공(三公) 양사(兩司)가

14 포사(褒姒) : 주 유왕(周幽王)의 폐첩(嬖妾)으로, 유왕(幽王)이 포사(褒姒)에게 빠져 자신의 왕비인 신후(申后)와 태자 의구(宜臼)를 폐하고 포사와 아들 백복(伯服)을 왕비와 태자로 책봉하였다. 유왕은 주색(酒色)에 빠져 국사를 돌보지 않다가 견융(犬戎)의 침공을 받아 아들 백복과 함께 여산(驪山) 기슭에서 살해되고, 포사는 납치되어 견융의 여자가 되었다. 이후 견융이 수도 호경(鎬京)을 자주 침범하자, 주나라는 수도를 낙양(洛陽)으로 옮기게 되었고, 결국 서주(西周) 시대는 끝이 났다.

15 여희(驪姬) : 중국 춘추 전국 시대 진 헌공(晉獻公)의 후궁(後宮)으로 서방 여(麗)나라 국경지기의 딸이었으나 헌공(獻公)의 폐비(嬖妃)가 되어 아들 혜제(奚齊)·탁자(卓子)를 낳자, 태자 신생(申生)을 모살(謀殺)하고 자기 소생을 왕위에 앉혔다. 이로 인해 나라가 어지러워졌다. 《春秋左氏傳 僖公4年》

16 한 성제(漢成帝) : 한 성제(漢成帝)가 가무를 잘하는 조비연(趙飛燕)을 총애하여 허황후(許皇后)를 폐하고 조비연을 황후로 삼았는데 아들이 없어 황실의 대를 잇는 일을 어렵게 하였다. 《通鑑節要 卷14》

17 당 명황(唐明皇) : 당나라 6대 황제인 이융기(李隆基)로, 묘호(廟號)가 현종(玄宗)이다. 시호(諡號)가 지도 대성 대명 효황제(至道大聖大明孝皇帝)인데 줄여서 명황이라 속칭한다. 현종은 본디 영무(英武)하고 재략(才略)이 있어 초기에 정사를 바로잡아 성당 시대(盛唐時代)를 이루었으나, 후기에 양 귀비(楊貴妃)에게 빠져 정사를 돌보지 않다가 안녹산(安祿山)의 난(亂)을 만나 나라가 어지럽게 되었다.

힘써 어명을 거두기를 요청하였으나 받아들여지지 않아서 겨울에 마침내 경원(慶源 함경도(咸鏡道) 소재)에 유배되었다. 문정공(文貞公) 김홍욱(金弘郁)[18]이 또 상소하여 방면하기를 청하였으나, 허락하지 않았다. 기축년(1649, 인조27) 효종이 즉위함에 청음(淸陰) 김상헌(金尙憲)[19]이 신원하고 구명한 것으로 인하여 형량이 줄고 직산(稷山)에 이배(移配)되었다. 경인년(1650, 효종1)에 방면됨을 받았고, 가을에 의정부 검상(議政府檢詳)에 제수되었다.

신묘년(1651, 효종2) 봄에 사간원 사간(司諫院司諫)에 제수되었다가 세자시강원(世子侍講院) 필선(弼善)으로 관직을 옮겼다. 인하여 부묘도감 낭청(祔廟都監郎廳)에 차출(差出)되었다가 홍문관 교리(弘文館校理)로 관직을 옮겼고, 얼마 뒤 사인(舍人)에 제수되었다. 가을에 도감(都監)에서의 공로로 인하여 품계가 올라 승정원 동부승지(承政院同副承旨)에 제수되었다가 좌부승지와 우부승지로 승진하였고 병조 참의(兵曹參議)로 관직을 옮겼다. 임진

18 김홍욱(金弘郁) : 1602~1654. 자는 문숙(文叔), 호는 학주(鶴洲), 시호는 문정(文貞)이다. 1654년(효종6) 효종의 구언 교지에 응하여 당시 가뭄이 강빈(姜嬪)의 억울한 죽음 때문이라고 하였다가 효종의 노여움을 사서 곤장을 맞고 죽었다. 1718년(숙종44) 강빈의 위호를 회복한 뒤에야 복관되고 이조 판서에 추증되었다.

19 김상헌(金尙憲) : 1570~1652. 본관은 안동, 자는 숙도(叔度), 호는 청음(淸陰)·석실산인(石室山人)이다. 병자호란 때 주화론(主和論)을 배척하고 끝까지 주전론(主戰論)을 주장하다 인조가 항복하자 파직되었으며, 1639년(인조17)에 청나라가 명나라를 공격하기 위해 요구한 출병에 반대하는 상소를 올렸다가 청나라에 압송되어 6년 후에 풀려났다. 효종이 즉위하여 북벌을 추진할 때 북벌군의 이념적 상징으로 대로(大老)라고 불렸다. 사후 영의정에 추증되었으며, 효종(孝宗)의 묘에 배향되었다. 저서에 《청음집(淸陰集)》, 《야인담록(野人談錄)》 등이 있다.

년(1652, 효종3) 가선(嘉善)[20]으로 품계가 올라 성균관 대사성(成均館大司成)에 제수되었고, 도승지(都承旨)·예문관 직제학(藝文館直提學)으로 승진하고 병조 참판(兵曹參判)·사간원 대사간(司諫院大司諫)으로 관직을 옮겼다. 마침 기뻐하지 않은 자가 있어 몰래 대관(臺官)을 사주하여 관절(關節 뇌물)의 죄로 얽게 하였다. 옥당(玉堂 홍문관(弘文館))에서 차자(箚子)를 올려 변론하니, 주상이 이에 깨달아 즉시 명하여 사람을 무고한 죄를 다스리고 아울러 멀리 유배 보내게 하였다. 그럼에도 공은 뇌물을 받았다는 명목을 얻었기 때문에 가까운 고을로 유배 보냈다. 한 달 남짓 만에 방면되었다.

계사년(1653, 효종4) 함경도 관찰사(咸鏡道觀察使)에 제수되자 학문과 정사를 크게 닦아 그곳의 거칠고 억센 풍속을 변화시키니, 임금이 포창하여 특별히 표리(表裏 옷의 안감과 겉감)와 마굿간의 말을 하사하였다. 체직되자 공조 참판(工曹參判)에 제수되었는데, 겨울에 어떤 일에 연루되어 체직되었다. 병신년(1656, 효종7) 병조 참판(兵曹參判)으로 관직을 옮겼다. 정유년(1657, 효종8) 봄에 충청도 관찰사(忠淸道觀察使)에 제수되었다가 곧바로 체직되고 그사이 사은 부사(謝恩副使)로 차출되었다. 무술년(1658, 효종9) 가을에 대사간(大司諫)에 제수되자 상소하여 수성(修省)[21]의 도

20 가선(嘉善) : 가선대부(嘉善大夫)로 종2품에 해당하는 품계이다.

21 수성(修省) : 공구수성(恐懼修省)으로, 옛사람들은 사람의 잘못이 있으면 하늘이 재변(災變)을 내려 경계의 뜻을 보인다고 생각했기 때문에, 천재(天災)가 생길 경우 임금이 하늘의 노여움을 두려워하여 몸을 닦고 허물을 반성한 것을 말한다. 《周易 震卦》

(道)와 당시의 급선무에 대해 진술하니, 임금이 가상히 여겨 받아들였다.

기해년(1659, 효종10) 봄 대사헌(大司憲)에 제수되자 재이(災異)로 인하여 상소하면서 김홍욱(金弘郁)[22] 공이 예전에 강빈(姜嬪)의 일을 논하다가 원통하게 죽은 상황을 힘껏 진술하였다. 주상이 경연에서 대신(大臣)과 유신(儒臣)에게 물어보고는 곧 김홍욱의 관직을 회복하고 그의 아들과 조카의 당고(黨錮)를 풀어 주도록 명하였다. 여름에 효종이 승하하자 공은 주부자(朱夫子)의 〈군신복의(君臣服議)〉에 따라 상복(喪服)을 제작하여 상례에 임할 것을 청했으나,[23] 윤허를 받지 못했다. 얼마 뒤 도승지(都承旨)로 관직을 옮겼고, 한성(漢城)의 좌윤(左尹)과 우윤(右尹) 겸 승문원 제조(承文院提調)로 관직을 옮겼다가 가의대부(嘉義大夫)로 승진하여 예조 참판(禮曹參判)에 제수되었다. 경자년(1660, 현

22 김홍욱(金弘郁) : 1602~1654. 본관은 경주(慶州), 자는 문숙(文叔), 호는 학주(鶴洲), 시호는 문정(文貞)이다. 1654년 황해 감사였던 그는 효종의 구언 교지에 응하여 당시 가뭄이 강빈(姜嬪)의 억울한 죽음 때문이라고 하였다가 효종의 노여움을 사서 곤장을 맞고 죽었다. 《孝宗實錄 5年 7月》 1718년(숙종44) 강빈의 위호를 회복한 뒤에야 복관되고 이조 판서에 추증되었다.

23 주부자(朱夫子)의……청했으나 : 〈군신복의(君臣服議)〉는 주자가 1187년 고종(高宗)의 상(喪) 때 지은 것으로, 군왕(君王)의 상중(喪中)에 임금과 신하의 복제(服制)에 관해 서술한 것이다. 《朱子大全 卷69》 《국조보감》 제39권, 현종조 1, 즉위년(기해, 1659)에 "대상(大喪) 이튿날 대사헌 이응시(李應蓍)와 대사간 이상진(李尙眞) 등이 상차하여 주자(朱子)의 〈군신복의(君臣服議)〉대로 따를 것을 청했는데 그 복의란, 임금은 옛 상복(喪服)을 만들어 입고 신하를 대하고, 신하들은 베로 만든 복두(幞頭)·공복(公服)·혁대(革帶) 차림으로 조회해야 한다는 것이었다."라고 하였다.

종1)에 이조 참판(吏曹參判)으로 관직을 옮겼다. 이해 겨울에 정침(正寢)에서 생을 마쳤으니, 향년 67세였다. 부음이 전해지자 임금이 크게 놀라고 애도하면서 조문과 제사를 관례대로 하였다. 뒤에 이조 판서(吏曹判書) 겸 양관(兩館 홍문관(弘文館)과 예문관(藝文館)) 대제학(大提學)을 증직하였다. 이듬해 봄에 과천(果川) 장의(藏宜)의 선영 아래 임좌(壬坐 남동 15도 방향) 언덕에 장례 지냈다.

부인 정부인(貞夫人)은 초계 정씨(草溪鄭氏) 목사(牧使) 약(鑰)의 따님이니, 찬성(贊成) 종영(宗榮)의 손녀이다. 후처는 남양 홍씨(南陽洪氏)이니, 참봉(參奉) 욱(勖)의 따님이다. 아들 다섯, 딸 하나이니, 아들은 태징(泰徵), 호징(虎徵), 의징(義徵), 감사(監司)인 운징(雲徵), 부솔(副率)[24]인 석징(碩徵)이며, 딸은 이진면(李震冕)에게 시집갔다. 손자와 증손자 이하는 기록하지 않는다.

공은 타고난 성품이 평탄하여 천진함을 그대로 따를 뿐 꾸며서 드러냄이 없었다. 세상에서 공평하고 덕 있는 사람이라 일컬었다. 그러나 그분이 조정에 서서 관직에 있을 때는 이해를 고려하지 않고 곧바로 앞으로 나아가 용감하게 풍간(風諫)함이 있었다. 성충(誠忠)과 지절(志節)이 평소 임금에게 믿음을 받았던 까닭으로, 비록 여러 번 견책을 받아 배척되었으나 끝내 위험과 재앙에서 벗어날 수 있었으니, 이것이 그 대체(大體)이다.

평소 생활함에 반드시 새벽에 일어나 사당을 배알하고 종일토

24 부솔(副率) : 왕세자를 시위(侍衛)하는 세자익위사(世子翊衛司)에 딸린 정7품 관원으로, 좌부솔(左副率)과 우부솔(右副率)이 있다.

록 단정하게 앉아 있었으니, 비록 자제들이라도 그분의 게으른 모습을 본 적이 없었다. 빙벽(氷蘗) 같은 지조[25]를 지켜서 여러 번 변방을 맡아 다스렸으나 청렴결백함은 한결같아서 청백리에 뽑히게 되었다. 어떤 때는 거친 현미밥도 혹 제대로 먹지 못했으나 처함에 편안하였다.

대저 공은 왕실의 성대한 후손으로, 부귀한 집안에서 나고 자라서 자품(資稟)이 영민(英敏)하고 특별하며 몸가짐이 겸손하고 간약(簡約)하였다. 평생 주장은 오직 의리(義理)를 앎을 자신의 떳떳한 분수로 여겼다. 그래서 정사를 시행한 것과 관직 이력에서 드러난 것이 모두 사람들의 귀와 눈에 분명히 남아 있으며, 그 가운데 사헌부 장령으로 있을 때 두 번의 상소는 모두 남들이 감히 말하지 못한 바를 언급하고, 남들이 감히 할 수 없는 바를 한 것이니, 100년이 지난 지금까지도 오히려 사람들이 반복하여 장엄히 외워서 퇴락(頹落)한 이를 격발시키고 나약한 이를 서게 하는 뜻이 있다. 환하게 붉은 충정(衷情)을 본래 하늘로부터 얻음이 있는 사람이 아니라면, 어찌 이와 같을 수 있겠는가.

평소 생활함에 몸을 삼가고 가난을 즐기는 절조에 이르러서는 공에게 있어 비록 자잘한 절조 같은 것이지만, 나는 이것이 실로 그 본령이 된다고 생각하는 까닭으로 아울러 드러내어 공의 후손

25 빙벽(氷蘗) 같은 지조 : 청렴하고 깨끗한 지조를 이른다. 빙벽은 얼음물을 마시고 쓰디쓴 황벽나무(소태나무)를 씹는다는 뜻으로, 굳은 절조와 청백한 삶을 비유할 때 흔히 쓰는 표현이다. 당(唐)나라 백거이(白居易)의 "3년 동안 자사(刺史)로 있으면서, 깨끗한 얼음물을 마시고 쓰디쓴 소태를 씹었노라.〔三年爲刺史, 飮氷復食蘗.〕"라는 시구에서 유래하였다.《白樂天詩集 卷1 三年爲刺史》

들에게 알린다. 그러나 그분의 유사(遺事)가 완전히 없어져 전하는 것이 없음을 애석히 여긴다. 지금 이에 기록한 바는 다만 대악(岱岳 태산(泰山))의 한 가닥 까끄라기일 뿐이니, 슬프지 않겠는가. 공의 현손 삼운(三運)이 6백 리 길을 산 넘고 물 건너 찾아와 나에게 공의 행장을 부탁하였다. 나는 공에게 외가 쪽 후손이 되니 감히 글재주가 없다는 것으로 사양할 수 없어 삼가 차례에 따라 위와 같이 기록하였다.

원주 목사 동암 이공 행장

原州牧使東巖李公行狀

공의 휘는 영도(詠道), 자는 성여(聖與), 호는 동암(東巖)이니, 문순공(文純公) 퇴도(退陶) 이 선생(李先生)의 손자이다. 본관은 진보(眞寶)이다. 고조는 휘가 계양(繼陽)으로 진사이며, 천관경(天官卿 이조 판서)에 증직되었다. 증조는 휘가 식(埴)으로 진사이며, 이상(貳相 찬성(贊成))에 증직되었다. 아버지는 휘가 준(寯)으로 군기시 첨정(軍器寺僉正)이며, 어머니는 봉화 금씨(奉化琴氏) 사도시 첨정(司導寺僉正) 치담(致湛)[26]의 손자 훈도(訓導) 재(梓)의 따님이다. 가정(嘉靖) 기미년(1559, 명종14) 9월 모일[27] 공을 낳았다.

공은 어려서부터 빼어나고 시원하였으며, 도량이 있었다. 문순공(文純公)이 매우 사랑하여 소자(小字)를 지어 주며 '아경(阿慶)'[28]이라 하고, 가르치기를 평범한 아이와 달리하였다. 잠시도 곁에서

26 치담(致湛) : 금치담(琴致湛, 1461~1524)으로, 자는 가구(可久)이며, 봉화(奉化)에 거주하였다. 1504년(연산군11) 생원에 합격하고, 음사(蔭仕)로 인동 현감(仁同縣監)을 제수받았다.

27 9월 모일 : 이야순(李野淳, 1755~1831)의 《광뢰집(廣瀨集)》 권12 〈칠대조 원주 목사 증 좌승지 동암공 가장(七代祖原州牧使贈左承旨東巖公家狀)〉에 의하면, 9월 11일로 되어 있다.

28 아경(阿慶) : 저본에는 '하경(河慶)'으로 되어 있으나, 이야순(李野淳)의 가장(家狀)에 의거하여 수정하였다.

떼어 놓지 않고 계산(溪山 도산(陶山))에 출입할 때도 반드시 그와 함께하였으며, 항상 “가르침을 잘 알아들을 수 있다.”는 말로 칭찬하였으니, 대개 일찍이 깨달은 것을 기뻐한 것이다. 경오년(1570, 선조3) 겨울에 선생이 세상을 떠났고, 이듬해 봄에 어머니도 세상을 떠났다. 공은 그 당시 나이가 12, 13세였으나 곡하고 울며 상례를 주선하는 것이 마치 어른 같았다.

계미년(1583, 선조16) 가을 첨정공(僉正公)이 의성 현령(義城縣令)으로 있으면서 관사에서 세상을 떠났다. 이미 장례 지냄에 두 형이 또 상을 감당하지 못하고 세상을 떠나니, 공이 외로이 예제(禮制)를 지키며 몸이 여위어 거의 목숨을 보전하지 못할 듯하였다. 그때 송언신(宋言愼)[29] 공이 사신의 명을 받들고 순행하던 중에 그를 위해 조문하고 갔다. 이미 돌아가 보고할 때, 주상이 영남에서의 일을 묻자 대답하기를, “선정(先正) 신(臣) 이모(李某)의 손자 영도(詠道)가 그의 아버지와 두 형을 잃고 바야흐로 산골짜기에서 시묘살이를 하는데, 그 몸이 상하여 여윈 모습은 거의 차마 볼 수 없을 지경입니다.”라고 하였다. 주상이 측연(惻然)히 용모를 고치고 특별히 명하여 삼년상이 끝나기를 기다려 벼슬

29 송언신(宋言愼) : 1542~1612. 본관은 여산(礪山), 자는 과우(寡尤), 호는 호봉(壺峰). 이황의 문인이며 유희춘과 노수신(盧守愼)의 문하에도 출입한 바 있다. 1577년(선조10) 알성 문과에 병과로 급제하였고, 젊어서는 언관으로 서인을 공격하는 데에 앞장섰다. 1589년 기축옥사 때 정여립(鄭汝立)과 연루되어 부교리에서 면직되었다. 1596년 동면 순검사(東面巡檢使)로 다시 등용된 뒤 대사간·병조 판서·이조 판서를 역임하였다. 저서로 《성학지남(聖學指南)》이 있다. 이야순의 가장에 의하면, 이때 재상 경차관(灾傷敬差官)으로 영남을 순행 중이었다.

을 내리게 하였다. 을유년(1585, 선조18) 9월 삼년상이 끝나자 전조(銓曹 이조(吏曹))에서 참봉 이상의 벼슬에는[30] 편한 자리가 없다는 것으로 아뢰니, 군자감 참봉(軍資監參奉)에 제수하였다. 이듬해 2월 집경전 참봉(集慶殿參奉)[31]으로 관직을 옮겼다. 정해년(1587, 선조20) 6월 또 소격서 참봉(昭格署參奉)[32]으로 관직을 옮겼다. 기축년(1589, 선조22) 겨울 제용감 봉사(濟用監奉事)[33]로 승진하였다.

임진년(1592, 선조25) 왜구가 크게 쳐들어왔다. 공이 마침 벼슬에서 물러나 고향에 있었기 때문에 바로 그날 행장을 급히 꾸려 달려가 임금께 문후하려 하였다. 충주(忠州)를 지나다가 순변사(巡邊使) 신립(申砬)[34]이 탄금대(彈琴臺)[35]에 진을 친 것을 보

30 참봉 이상의 벼슬에는 : 저본에는 없으나, 참봉에 제수한 이유를 분명히 드러내기 위하여 이야순이 지은 가장에 의거하여 번역을 보충하였다.

31 집경전 참봉(集慶殿參奉) : 조선 초기에 전국 5곳에 태조(太祖)의 진전(眞殿)을 건립하였는데, 그중 경주(慶州)에 건립된 진전이 집경전이다. 뒤에 강릉(江陵)으로 옮겼다.

32 소격서 참봉(昭格署參奉) : 소격서는 조선 시대에 하늘과 땅, 별에 지내는 도교의 초제(醮祭)를 맡아보던 관아이다. 1466년(세조12)에 소격전을 고친 것으로, 임진왜란 이후에 완전히 폐지되었으며, 그 제단은 서울 삼청동에 있었다. 참봉은 종9품에 해당하는 관직이다.

33 제용감 봉사(濟用監奉事) : 제용감은 조선조 때 궁중(宮中)에서 쓰는 모시・피물(皮物)・마포(麻布)・인삼(人蔘)의 진헌 및 의복과 사라 능단(紗羅綾緞)의 사여(賜與)와, 포화(布貨)와 염직(染織)을 맡아보던 관청이다. 태조 원년(1392)에 베푼 제용고(濟用庫)를 태종 9년(1409)에 와서 승격시켜 감고(監庫)로 만들고 나라의 탕장(帑藏)을 맡게 하였다. 봉사는 종8품에 해당하는 관직이다.

34 신립(申砬) : 1546~1592. 본관은 평산(平山), 자는 입지(立之), 시호는 충장

고, 들어가 말하기를, “조령(鳥嶺)은 천혜의 요충지이니, 한 사내가 관문을 맡으면 만 사내라도 열지 못합니다. 어찌 이곳을 버리고 넓은 평야에서 적의 칼날을 대적하려 하십니까. 이는 반드시 패배하는 방법입니다. 급히 대병을 옮겨 요충지에 웅거하십시오. 군이 다른 방법을 말하라 하신다면 편사(偏師)[36] 수천 명이라도 출동시켜 조령을 잡아 지키게 하는 것 또한 긴요한 일입니다.”라고 하였으나, 신립은 듣지 않았다. 며칠 되지 않아 과연 패하였다. 사람들이 공의 선견지명에 감복하였다.

조정으로 돌아옴에 어가가 서쪽으로 몽진하니 공도 또한 호종하고 가서 파주(坡州)에 이르렀다. 주상이 명하여 시종(侍從) 외에 걸어가는 자는 따르지 말게 하였다. 공은 남쪽으로 내려와 창의(倡義)한 군대에 귀의하여 안동(安東)의 의병 진영에서 계책을 도모함에 참여하니 공로가 드러났다. 계사년(1593, 선조26) 9월 충주(忠州) 연원 승(連原丞)이 되었다. 당시 충주(忠州)에 목사(牧使)와 방백(方伯)이 없었다. 그 사실을 임금께 아뢰니, 공은

(忠壯)이다. 1567년(선조1) 무과에 급제했다. 임진왜란이 일어나자 삼도 도순변사(三道都巡邊使)로 제수되어 충주(忠州) 탄금대(彈琴臺)에 배수진을 치고 왜장 소서행장(小西行長)과 대결했지만 패배하여 부하 김여물(金汝岉)과 함께 강물에 투신 자결했다.

35 탄금대(彈琴臺) : 충주에 있는 명승지로 가야국(伽倻國)의 우륵(于勒)이 즐겨 가야금을 타던 곳이다.

36 편사(偏師) : 주력 군대가 아닌 소규모 보병 부대를 말한다. 춘추 시대 한헌자(韓獻子)가 환자(桓子)에게 “체자가 편사로 출전해서 적진에 빠졌으니, 그대의 죄가 크다.〔彘子以偏師陷, 子罪大矣.〕” 하였다. 《春秋左氏傳 宣公12年》

품계가 올라 판관(判官)[37]이 되었으며, 역참도 예와 같이 다스렸다. 충주가 새로 왜구의 침략을 받고, 기근까지 겹치자 공은 구휼하는 양식을 베풀어 제대로 힘입을 수 있게 하였으며, 이웃 고을의 곡식을 배로 실어와 군량미로 공급하였다. 백성을 모아 황무지를 개간한 것이 거의 수천 이랑이었다. 가을에 크게 풍년이 들어 수만 곡(斛)을 수확하여 구휼하고 남은 것으로 창고에 저축하였으니, 주(州)와 역(驛)의 관청에서 곡식을 쌓아 둔 것이 이로부터 시작되었다. 백성들이 감동하여 뒷날 공이 서울로 갈 때에 공을 위해 배를 빌리고 말을 내었으며, 술병과 술잔을 잡고 쫓아가며 전별하였다. 그 후 늙은 아전과 역졸들이 공의 자손을 만나면, 혹 옛일을 말하며 눈물 흘리는 사람도 있었다.

병신년(1596, 선조29) 3월 익위사 익찬(翊衛司翊贊)에 제수되었고, 겨울에 비변사 낭청(備邊司郎廳)에 제수되었으며, 정유년(1597, 선조30) 봄 익위(翊衛)에 제수되었으나 모두 부임하지 않았다. 5월 조정의 논의는 호조(戶曹)는 일이 많기 때문에 모름지기 적임자를 얻어야 하는데 얻기 어렵다는 것이었다. 주상이 특별히 명하여 공을 호조 좌랑(戶曹佐郎)으로 삼았다. 8월 천장(天將 명나라 장수) 경리(經理) 양호(楊鎬)[38]가 군대를 행진하여 용만(龍

37 판관(判官) : 종5품의 관직이다.

38 양호(楊鎬) : ?~1629. 1597년(선조30) 정유재란 때 경략 조선 군무사(經略朝鮮軍務使)가 되어 참전했다가 울산에서 벌어진 도산성(島山城) 전투에서 크게 패해 병사 2만을 잃었다. 이를 승전했다고 보고했다가 탄로 나 겨우 목숨만 구하고 파직되었다. 1618년 중국 조정에서 병부 좌시랑 겸 첨도어사로 제수하여 요동을 경략하게 하였는데 후금(後金)과의 싸움에서 크게 패하였다. 이에 투옥되어 사형 선고를 받고

灣 의주(義州))에 이르러 병기(兵器)와 식량을 물었다. 비국(備局 비변사(備邊司))에서 이모(李某)가 아니면 불가하다고 여겨 상주하여 청하였다. 공이 역말로 급히 달려와 조목대로 여러 가지 편의를 대답하니 모두 질서정연하고 이치에 맞았다. 경리(經理)가 어질게 여기고 국기(國器)로 인정하며 말하기를, "내가 국왕을 알현하면, 크게 등용하라고 마땅히 말하리라."라고 하였다. 접반사(接伴使) 한음(漢陰) 이공(李公)[39]이 그 일을 임금께 아뢰었다. 9월 정랑(正郞)으로 승진하였다. 복명하니 주상이 얼굴을 마주 보며 위로하였다.

얼마 지나지 않아 명나라 대군이 남하하였다. 조정의 논의는 공이 주획(籌畫 계획을 세움)에 뛰어나니, 먼저 파견하여 식량을 마련하자는 것이었다. 그래서 공을 청하니, 주상이 옳다고 여겼다. 공이 명을 받고[40] 조령을 넘어갈 때 집과의 거리가 일사(一舍 30리)가 되지 않았는데도 들어가지 않고 곧바로 안동(安東)에 이르렀다. 여러 고을의 군수 물자 수송을 감독하여 용품을 공급함에 부족함이 없게 하였다. 당시 연로(沿路)에 군량을 관리하는 벼슬아치는

1629년(의종2)에 처형되었다.

39 한음(漢陰) 이공(李公) : 이덕형(李德馨, 1561~1613)으로, 본관은 광주(廣州), 자는 명보(明甫), 호는 한음(漢陰)·쌍송·포옹산인(抱雍散人)이다. 1580년(선조14) 별시 문과(別試文科)에 급제하였다. 1592년 예조 참판 때, 임진왜란이 일어나 일본과 화친을 교섭했으나 실패, 이후 왕을 호종(扈從)하였고, 명나라에 가서 원병을 불러왔다. 1613년 영창대군(永昌大君)의 처형과 폐모론(廢母論)을 반대하다가 삭직되어 양근(楊根)으로 가서 죽었다. 문집에 《한음문고》가 있다.

40 공이 명을 받고 : 가장에 의하면, 이때 조도사(調度使)에 제수되었다.

모두 명나라 병사들에게 두들겨 맞았으나 유독 공에게만은 문득 나열하여 절하면서 말하기를, "우리들이 앙식(仰食)[41]하는 관리이다."라고 하였다. 공은 또 명을 받들어 유민들을 모아 안정시키고 비어 있는 땅을 택하여 농사지을 양식과 소를 공급해 주고 농사짓게 하니, 이에 도적에게 붙었던 자들도 또한 서로 알려 주고 와서 귀의하였다.

기해년(1599, 선조32) 8월, 특별히 본도(本道 경상도) 재상 경차관(灾傷敬差官)[42]으로 뽑혔는데, 또한 직분을 잘 수행한다는 것으로 일컬어졌다. 경자년(1600, 선조33) 9월, 현풍 현감(玄風縣監)이 된 지 겨우 1년 만에 떠돌던 백성들이 사방에서 모였다. 순찰사(巡察使) 이시발(李時發)[43] 공이 포창(褒彰)하여 임금께 아뢰니, 표리(表裏 옷의 안감과 겉감)를 하사하고 장려하였다. 계묘년(1603, 선조36) 김제 군수(金堤郡守)로 승진하였고, 병오년(1606, 선조39) 청송 부사(青松府使)로 승진하였는데, 치적이 모두 최고였다. 임자년(1612, 광해군4) 선혜랑(宣惠郎)[44]이 되었다. 계축년

41 앙식(仰食) : 우러러 먹는다는 뜻으로, 자기 스스로 식량을 해결할 수 없어 남의 도움에 의지하여 먹는 것을 말한다.

42 재상 경차관(災傷敬差官) : 재해(災害), 특히 가뭄이나 홍수 등으로 곡물이 재해를 입은 것을 살피기 위하여 중앙에서 파견하는 관원. 경차는 임금의 명으로 차출하여 보낸다는 뜻이다.

43 이시발(李時發) : 1569~1626. 본관은 경주(慶州), 자는 양구(養久), 호는 벽오(碧梧), 후영어은(後潁漁隱)이다. 임진왜란 때 도체찰사(都體察使) 유성룡(柳成龍)의 종사관으로 활약하였다. 경상도 관찰사, 형조 참판, 함경도 관찰사, 예조 참판, 병조 참판 등을 역임하였다. 삼남도 검찰사(三南道檢察使)가 되어 남한산성의 역사(役事)를 감독하였다. 저서로는 《주변록(籌邊錄)》, 《벽오유고(碧梧遺稿)》가 있다.

(1613, 광해군5) 봄 태복시 정(太僕寺正)에 제수되었고, 가을 군기시 부정(軍器寺副正)에 제수되었다. 얼마 뒤 영천 군수(榮川郡守)에 제수되었는데, 경내(境內)가 모두 친구였으나 시원한 빗줄기처럼 하는 일에 막힘이 없었으며, 집과의 거리가 매우 가까웠으나 절대 사사로운 일로 공적인 일을 흔들리게 하지 않았다.

광해군(光海君)의 정사가 혼란할 때를 당하여 크게 놀랄 기미가 있음을 보고 탄식하여 말하기를, "삼강(三綱)이 끊어졌으니, 다시 벼슬할 수 있겠는가."라고 하였다. 권세가에 붙은 어떤 사람이 집에 찾아와 만나기를 청했으나, 공은 문을 굳게 닫고 들이지 않았다. 정사년(1617, 광해군9) 7월에 또 선혜랑(宣惠郎)이 되고, 10월 훈련감 낭(訓鍊監郎)에 제수되었으나, 모두 나가지 않았다. 계해년(1623, 인조1) 인조(仁祖)반정이 일어나고, 5월 외직으로 나가 익산 군수(益山郡守)가 되었다. 갑자년(1624, 인조2) 이괄(李适)의 난이 일어나자 의병을 거느리고 서군(西軍)[45]으로 갔다가 다시 여산(礪山)의 의병으로 돌아갔다. 곧이어 전임 관리가 해마다 거두어들인 군포(軍布)가 부족한 것 때문에 죄를 입어 파직

44 선혜랑(宣惠郎) : 대동미(大同米)와 대동포(大同布), 대동전(大同錢)을 수납하는 관청인 선혜청(宣惠廳)에 딸린 종6품 관직 낭청(郎廳)을 말한다.

45 서군(西軍) : 이괄(李适)의 난 때 도원수 장만(張晩)의 휘하에서 큰 공을 세워 진무 공신(振武功臣)이 되고 금남군(錦南君)에 봉해진 정충신(鄭忠信, 1576~1636)의 군대를 말한다. 정충신의 유품인 서군사명기(西軍司命旗)가 1978년에 중요민속문화재 제36호-3으로 지정되었다. 가장에는 "갑자년 9월에 이괄의 난이 있자 곧바로 장정들을 모집하여 충의로 장려하고 원군에 들어가 여산에 이르렀으나 적이 평정되었다는 소식을 듣고 돌아왔다.〔甲子九月, 有适變, 卽抄募丁壯, 奬勵忠義, 入援至礪山, 聞賊平而退.〕"라고 되어 있다.

되었으나, 그것에 대해 변론하지 않았다. 기사년(1629, 인조7) 선공시 첨정(繕工寺僉正)에 제수되었으나, 사은숙배만 하고 돌아왔다. 경오년(1630, 인조8) 내섬시 정(內贍寺正)에 제수되자 윤대(輪臺)에 입시하여 해당 관청의 일에 대해 아뢴 바가 있었는데, 주상이 가납하였다. 당시 조정의 논의는 장차 공을 은대(銀臺 승정원(承政院))에 제수하려는 것이었으나, 겨울에 원주 목사(原州牧使)에 제수하였다. 조귀(朝貴 지위가 높은 조신(朝臣))로 남의 장지(葬地)를 다투는 사람이 있었는데, 공은 조금도 흔들리지 않고 법대로 판결하였다. 조귀는 화가 나서 대관(臺官)을 부추겨 공을 파직하게 하였다. 뒤에 대관(臺官)이 그에게 속은 것을 알고 부끄러워하며 뉘우치기를 그치지 않았다고 한다.

병자년(1636, 인조14) 가을 군자감 정(軍資監正)에 제수되었으나 부임하지 않았다. 겨울 청나라 사람들이 서울을 포위하고, 여러 도의 병사들이 연이어 패배하였다. 공은 나이가 많아 혼자의 힘으로 임금께 문후할 수 없자 고을 사람들을 면려하여 의병을 일으키고, 자제들에게 명하여 집안의 장정들을 모았으며, 집안의 재물을 털어 군흥(軍興 군사를 일으킴)을 도왔다. 이듬해 2월 항복했다는 소식을 듣고 서쪽으로 바라보며 통곡하였다. 감기에 걸린 것으로 인하여 세상을 떠나시니, 바로 이달 26일이며, 향년 79세였다. 10월 묘지동(妙枝洞)[46] 향오(向午 남향) 언덕에 장례 지냈다. 선무 원종공신(宣武原從功臣)에 녹훈되고, 승정원 좌승지(承

46 묘지동(妙枝洞) : 저본에는 막지동(莫枝洞)으로 되어 있으나, 이야순의 가장에 의거하여 수정하였다.

政院左承旨)에 증직되었다.

공은 빼어나게 드러난 자질과 혼후한 기상으로 문순공(文純公)의 곁에서 생장하였기에 보고 들으며 무젖은 것이 성대한 덕과 지극한 가르침이 아님이 없었으니, 그 훈도(薰陶)를 받아 성취한 것은 진실로 이미 남들보다 크게 빼어났다. 그래서 자신을 다스림에 삼가서 실천하는 것이 법도에 맞으며, 남을 대함에 서(恕)를 미루어서 온화한 기운이 봄처럼 따뜻했으니, 세상에서 대현(大賢)의 손자라고 칭찬하지 않음이 없었다. 일과 행위에 드러난 것에 이르러서는 한결같이 듬직하고 중후한 가운데서 나와서 집안과 국가를 따질 것 없이 행한 것마다 모두 원대한 것을 경영하는 계책이 되었으니, 이것이 그 대체이다. 이런 까닭으로 문순공(文純公)이 공의 백씨(伯氏) 몽재(蒙齋)[47]의 희석(喜席)[48]에서 공을 가리키며 자리에 앉은 손에게 말하기를, "우리 세대를 이어 갈 사람

47 몽재(蒙齋) : 이안도(李安道, 1541~1584)로, 본관은 진성(眞城), 자는 봉원(逢原)이며, 몽재(蒙齋)는 그의 호이다. 1561년(명종16) 생원시에 합격하였고, 1574년(선조7) 이황의 적손이라 하여 음서(蔭敍)로 목청전 참봉(穆淸殿參奉)에 임명되고, 그 뒤 사온 직장(司醞直長)까지 올랐다. 아버지의 병으로 귀향하였다가 상을 당하고 이듬해 44세로 죽었다. 예안의 동계서원(東溪書院)에 제향되었다. 저서로는 《몽재집》이 전한다.

48 희석(喜席) : 문희연(聞喜宴)이라고도 하며, 과거 급제자에게 베풀어 주던 잔치를 말한다. 원래는 당대(唐代)에 진사 급제자를 방방(放榜)한 다음, 이들을 장안(長安)의 곡강정(曲江亭)에 모아 놓고 베풀었던 주연을 말하는데, 이것을 문희연 또는 곡강회(曲江會)라고 한다. 그러나 이안도가 생원시에 합격한 것은 1561년(명종16)으로, 이때 이영도의 나이는 겨우 2세였다. 여기서는 1574년(선조7) 음서(蔭敍)로 목청전 참봉(穆淸殿參奉)에 임명된 것을 축하하는 잔치를 말하는 듯하다.

은 반드시 이 아이입니다."라고 한 적이 있었다.

몽재공(蒙齋公)이 일찍 세상을 떠나고 후사가 없었다. 문순공(文純公)의 문하 제자들이 모두 "공이 종중의 제사를 이을 만하다."라고 하였다. 공은 백씨의 제사가 끊어짐을 차마 볼 수 없어[49] 섭행(攝行)한 것이 거의 30년이 넘었다. 관직에 있을 때는 반드시 구수(邱嫂 맏형수)의 기일에까지 제수를 마련해 보냈으며, 여러 아들들이 자라기를 기다려 어진 아이를 가려 후사를 잇게 하였다.

무릇 문순공이 남긴 글과 묵첩(墨帖)은 비록 편언척자(片言隻字)의 작은 것이라도 반드시 보물처럼 간직하여 오직 삼갔다. 가법에 지자(支子)로 벼슬하는 사람은 사당의 신주를 받들고 갈 수 없었기 때문에 가까운 고을을 다스릴 때 방백(方伯)에게 청하여 초하루와 보름에는 반드시 와서 사당에 참배하였다. 집이 사우(祠宇)와 거의 몇 리 떨어져 있었으나 속절(俗節 명절)의 차례에는 반드시 참여하였다. 비록 비 내리고 바람 불어도 그만두지 않았으며, 이미 늙음에 이르러서도 또한 게으르지 않았다. 보첩(譜牒)을 간행하고 목판을 도산서원(陶山書院)에 보관하여 영원히 보존되기를 도모하였다. 이웃을 구휼하고 친족과 화목함에 정분(情分)에 차별 없이 대하니, 혹 유감을 가진 이가 없었다. 병이 들면 자주 안부를 묻고 약을 보냈으며, 죽어서 초상을 치를 때에는 반드시

49 공은……없어 : 저본에는 '공불인지(公不忍之)'로 되어 있어, 이영도가 퇴계 이황의 적손이 되는 것을 차마 하지 못하는 것으로 오해할 소지가 있다. 그래서 가장의 '공불인백씨지수절기후(公不忍伯氏之遂絶其後)'와 허목의 《기언(記言)》 별집(別集) 권24 〈동암공 묘음기(東巖公墓陰記)〉의 '공불인백씨지핍사야(公不忍伯氏之乏祀也)'에 의거하여 보충 번역하였다.

구제하였다.

성품이 손님을 좋아하여 관청에 있을 때는 수시로 찾아오는 이들을 곧 맞이하여 문에는 손님을 지체하게 함이 없었으며, 집에 있을 때는 반드시 훌륭한 사람을 선택하고 초청하여 맞이하며 술 마시는 즐거움을 누리니 고을 사람들이 부러워하였다. 선현(先賢)을 높여 받드는 일에 더욱 힘을 다하여 무릇 서원의 규제(規制)를 문순공이 가르친 바에 의거하되 더욱 확장한 바가 많으니, 사림이 더욱 의지하고 추중하였다.

총괄하면, 세대를 계승하는 한 가지 일의 경우 형망제급(兄亡弟及)[50]이 온 세상에 통행되는 예이며, 당시의 제현(諸賢)들의 논의도 또 동일하게 말이 같았다. 그러나 공은 끝까지 굳게 거절하여 처리함이 마땅함을 얻었으니, 털끝만큼도 혹 천리와 인정의 사이에 부족함이 없었다. 공의 덕망과 의리는 이에 의거하여 유추할 수 있으며, 끊어진 대를 잇고 종중을 중시한 것은 후세에 법이 될 만하다. 본령이 이와 같다면, 사소한 행실과 성근 절도가 일상생활에 드러난 것은 진실로 마땅히 앞의 일과 같을 것이다.

무릇 군(郡)을 다스릴 때는 자신을 간약(簡約)하게 하고 백성을 부유하게 하는 것으로 급선무를 삼았다. 부채 하나는 비용이 많이 들지 않았으나 자제들이 요구함이 있자, 이에 오래되고 낡은

50 형망제급(兄亡弟及) : 형이 죽으면 아우가 종통을 계승한다는 뜻이다. 송(宋)나라 호안국(胡安國)의 《호씨춘추전(胡氏春秋傳)》 권14 문공조(文公條) 주석에 "아비가 죽으면 아들이 잇고, 형이 죽으면 아우에게 미치니, 명칭은 다르지만 한 세대가 되는 것은 마찬가지이다.〔父死子繼, 兄亡弟及, 名號雖不同, 其爲世一也.〕" 하였다.

것을 주었다.[51] 객사와 관아, 창고 등은 모두 그 무너진 것을 수리함에 명령은 잘 거행되고 일은 잘 다스려졌으며 백성들은 원망하지 않았다. 부임한 곳마다 모두 거사비(去思碑)가 있었으나, 또한 오직 묵묵히 감추고 물러났을 뿐 스스로 자랑하지 않았다. 충주(忠州)와 원주(原州), 용만(龍灣) 및 안동(安東)에서의 치적이 더욱 드러났다.

바야흐로 전란 때문에 물자가 탕진된 때에 가장 급하고 매우 중요한 것은 무기와 식량만 한 것이 없으니, 공은 몸을 수고하고 지혜를 다하여 은혜에 보답하기를 기약하였다. 비단 때에 맞추어 힘써야 할 계책을 취했을 뿐만 아니라 훗날 국토 수복의 기본도 또한 반드시 이에 의지하지 않을 수는 없었으니, 화살이 빗발치는 전쟁터에 직접 나아가 적의 목을 벤 정도의 공로에 그친 사람에 비교하면 과연 누가 더 훌륭하겠는가.

더욱 공경하여 감복할 만한 것은 광해군의 정사가 혼란한 때를 당하여 기미를 살피고 멀리 떠나 자연에 은둔한 것이 거의 10년이 되도록 확고하게 지켜 변하지 않았다. 그러니 《주역》에 이른바 "돌처럼 견고해서 하루가 다하기를 기다리지 않으니, 정하고 길하다.〔介于石, 不終日, 貞吉.〕"[52]라는 것이 공을 말하는 것이 아니겠는가. 바야흐로 공이 물러나 쉬고 있을 때, 장자 기(岐)가 성

51 부채……주었다 : 가장에 의하면 익산 군수(益山郡守)로 있을 때의 일로, "집안 자제 가운데 단오 부채를 얻고자 하는 이가 있자, 공은 오래되고 낡은 것에 다시 종이를 붙여 보내 주었다.〔有家子弟要得節箑, 公以舊件已敝者, 改貼紙以送.〕"라고 하였다.

52 돌처럼……길하다 : 《주역》 〈예괘(豫卦) 육이(六二)〉에 나오는 말이다.

시(省試)에 응시하지 않고 인하여 공거(公車)[53]마저 물리친 것은 이른바 "북인의 기세가 불타는 듯하니, 그 무리가 오면 곧 문을 닫고 엄준하게 물리친다."라는 것이니, 대개 또한 몰래 그들의 사악한 마음을 꺾고 천지간의 강상(綱常)을 담당하려는 중후함이 있었다. 비록 호강후(胡康侯)의 '한겨울의 소나무와 측백나무〔大冬松柏〕'[54] 같은 절개라도 어찌 공보다 낫겠는가. 공이 처음에는 비록 음보(蔭補)로 벼슬에 나아갔으나, 실제 지방관이 되어 다스림에 이르러서는 원활하고 막힘이 없으며 돈후하고 홍심(弘深)하니, 바로 명나라 장수가 이른바 '재상지기(宰相之器)'였지만 세로(世路)에 나간 지 50년 동안 끝내 지방관의 임무에 그치고 말았다. 그 당시 은대(銀臺: 승정원(承政院))에 제수하려던 의논은 세상을 떠난 뒤 관례에 따라 추증(追贈)하는 데 불과했으니, 어찌 시대를 거슬러 고인을 논하는 사람들이 개탄할 일이 아니겠는가. 고을 사람들이 다 함께 공을 제향하고자 한 것이 오래되었으나 나라의 명령에 막혀 실행하지 못하였다고 한다.

부인 숙부인(淑夫人)은 안동 권씨(安東權氏) 현감(縣監) 동미

53 공거(公車) : 원래 한(漢)나라 때 초야의 선비를 등용할 때 보내던 역마(驛馬)를 의미하였는데, 뒤에는 거인(擧人)이 되어 과거에 응시하는 일, 또는 응시자를 지칭하는 말로 쓰이게 되었다. 여기서는 향시(鄕試), 초시(初試) 등을 말한다.

54 호강후(胡康侯)의……측백나무 : 사양좌(謝良佐)가 일찍이 사람들에게 말하기를, "호강후는 마치 한겨울 큰 눈이 내리면 온갖 풀들은 시들어 죽지만 소나무와 측백나무는 꼿꼿이 홀로 빼어난 것과 같다.〔胡康侯如大冬嚴雪, 百草萎死, 而松柏挺然獨秀者也.〕"라고 하였는데, 이 말에서 4자를 따온 것이다. 《宋史儒林五傳·胡安國傳》 호강후는 호안국(胡安國, 1074~1138)으로, 송나라 건주(建州) 숭안(崇安) 사람이다. 자는 강후(康侯), 시호는 문정(文定)이다.

(東美)[55]의 따님이니, 충정공(忠定公) 충재 선생(冲齋先生) 벌(橃)의 손녀이다. 아들 둘을 두었으니, 장남은 공릉 참봉(恭陵參奉)[56] 기(岐)[57]이며, 그다음은 사직 참봉(社稷參奉) 억(嶷)으로, 백부(伯父) 몽재공(蒙齋公)의 후사가 되어 문순공(文純公)의 제사를 받들었다. 측실은 아들이 하나이니 계(嵠)이다. 공은 딸이 셋이니 박이환(朴以煥), 김종선(金從善),[58] 이간(李玕)에게 시집갔다. 공릉 참봉은 아들이 둘이니, 찰방(察訪) 희철(希哲)[59]은 이조 참의에 증직되었고, 주부(主簿) 극철(克哲)[60]은 사복시 정(司僕寺正)에 증직되었으며, 딸이 셋이니, 금삼달(琴三達), 참봉 금성휘(琴聖徽), 임헌(任憲)에게 시집갔다. 사직 참봉은 아들이 넷

55 동미(東美) : 권동미(權東美, 1525~1585)로, 자는 자휴(子休), 호는 석정(石亭)이며, 권벌의 차남이다. 이황(李滉)의 문인이다. 1568년(선조2) 증광시(增廣試)에 합격하고 현감, 감찰(監察) 등을 역임하였다. 저서로는 《석정집(石亭集)》이 전한다.

56 공릉 참봉(恭陵參奉) : 공릉은 예종의 원비(元妃) 장순왕후(章順王后) 한씨(韓氏)의 능으로, 경기도 파주(坡州)에 있다.

57 기(岐) : 이기(李岐, 1591~1654)로, 자는 사숙(士夙), 호는 수졸당(守拙堂)이다. 참봉을 지냈다. 《입재집》 권38에 정종로가 지은 〈참봉 수졸당 이공 묘갈명(參奉守拙堂李公墓碣銘)〉이 있다.

58 김종선(金從善) : 1540~1588. 본관은 상산(商山), 자는 군보(君輔)이며, 이황(李滉)의 문인이다. 상주(尙州)에 거주하였다.

59 희철(希哲) : 이희철(李希哲, 1622~1693)로, 자는 원명(元明)·원명(原明)이다. 이조 참의에 증직되었다. 《입재집》 권36에 정종로가 지은 〈증 이조 참의 찰방 이공 묘갈명(贈吏曹參議察訪李公墓碣銘)〉이 있다.

60 극철(克哲) : 이극철(李克哲, 1624~1712)로, 자는 언명(彦明)이다. 병자호란이 일어나자, 13세의 나이로 출사를 단념하고, 천석을 벗하여 유연자적할 뜻을 굳혔다. 참봉, 사복시 주부(司僕寺主簿)를 역임하였다.

이니, 참봉 명철(命哲), 판관(判官) 성철(誠哲), 신철(信哲), 윤철(允哲)이며, 딸이 셋이니, 유경지(柳敬之), 고이령(高爾齡), 황석래(黃石來)에게 시집갔다. 찰방의 아들 회(櫰)는 이조 참판에 증직되었다. 회(櫰)의 아들 수약(守約)은 참봉으로 이조 판서에 증직되었다. 여러 증손과 현손 이하는 다 기록할 수 없다.

다만 과거에 급제하여 벼슬한 사람으로 참의(參議)에 증직된 구(榘), 첨지(僉知) 수강(守綱), 참판(參判)에 증직된 수원(守元), 문과 급제하여 사서(司書)가 된 세진(世震),[61] 전부(典簿) 세항(世恒), 첨지 세복(世復), 문과 급제하여 지사(知事)가 된 세사(世師), 문과 급제하여 참의(參議)가 된 세태(世泰), 동지(同知) 세익(世翊), 생원 세립(世立), 첨지 귀원(龜元), 참봉 귀서(龜書), 첨지 귀용(龜容), 문과 급제하여 지금 응교(應教)인 귀운(龜雲), 현감 귀성(龜星), 참봉 야순(野淳), 문과 급제하여 지금 군수인 태순(泰淳), 참봉 가순(家淳), 문과 급제하여 지금 현감인 언순(彦淳), 진사 노순(老淳), 생원 휘원(彙遠)은 모두 공릉 참봉의 자손이다.

군수 고(杲), 참봉 자(栥), 현령 수겸(守謙), 생원 수인(守仁), 익찬(翊贊) 수연(守淵), 현감 세덕(世德), 문과 급제하여 도정(都正)이 된 세백(世白), 현감 세윤(世胤), 군수 구응(龜應), 생원

61 세진(世震) : 이세진(李世震, 1680~1740)으로, 자는 형백(亨伯)이다. 1735년(영조11) 문과에 급제하여 병조 좌랑, 시강원 사서를 역임하였다. 벼슬에서 물러나 건지산의 선영 아래 집을 얽고 옛 글을 읽으며 가업을 계승하였다. 《입재집》 권38에 정종로가 지은 〈시강원 사서 이공 묘갈명(侍講院司書李公墓碣銘)〉이 있다.

귀철(龜喆), 현감 이순(頤淳), 판관(判官) 지순(志淳)은 모두 사직 참봉의 자손이다.

하루는 침랑군(寢郎君) 야순(野淳)[62]이 공의 유사를 가지고 와서 나에게 행장 지어 줄 것을 부탁하였는데, 그분의 공로와 수립한 것이 모두 우뚝하니 이는 마땅히 백세(百世)까지 알려야 할 것이다. 드디어 수정 보완하여 차례대로 기록하여 붓을 잡아 글 쓰는 사람의 고찰함이 있기를 기다린다.

62 야순(野淳) : 이야순(李野淳, 1755~1831)으로, 자는 건지(健之), 호는 광뢰(廣瀨)이며, 안동에 거주하였다. 이상정(李象靖)·김종덕(金宗德)의 문인이다. 과거를 포기하고 뇌석정을 중건하여 이황의 저술들을 수집하여 연구하였다. 저서로는 《도산연보보유(陶山年譜補遺)》, 《예설유편(禮說類編)》, 《요존록(要尊錄)》, 《광뢰집(廣瀨集)》 등이 전한다.

통훈대부 사헌부 장령 지제교 나재 신공 행장
通訓大夫司憲府掌令知製敎懶齋申公行狀

공의 휘는 열도(悅道), 자는 진보(晉甫)이며, 나재(懶齋)는 그의 호이다. 아주 신씨(鵝洲申氏)는 고려(高麗) 판도판서(版圖判書) 윤유(允濡)를 조상으로 한다. 이분이 안렴사(按廉使) 우(祐)를 낳았으니, 지극한 효성으로 정려를 받았으며, 그 일이 여지지(輿地誌)에 실려 있다. 나의 선조 문장공(文莊公)이 그분의 묘표(墓表)를 지었으니,[63] 공에게 8세조가 된다. 고조는 휘가 준정(俊禎)이니 교수(敎授)이며, 증조는 휘가 수(壽)이다. 조부는 휘가 원록(元祿)이니 호조 참의에 증직되었으며, 지행(至行)으로 정려를 받았다. 아버지는 휘가 흘(仡)이니 좌승지(左承旨)에 증직되었다. 어머니는 숙부인(淑夫人)에 증직되었으니, 순천 박씨(順天朴氏) 부위(副尉) 윤(倫)의 따님이며 현감(縣監) 회(璯)의 증손이다. 만력(萬曆) 기축년(1589, 선조22) 10월 21일 의성(義城) 향교리(鄕校里)에서 공은 태어났다.

공은 자태가 단정하고 깨끗하여 옥 같았으며, 침착하고 중후함이 평범한 아이들과 달랐다. 여헌 선생(旅軒先生)이 보고 기특하게 여겨 어린아이의 거동을 가르쳤다. 이미 학업에 나아갈 나이[64]

63 문장공(文莊公)이……지었으니 : 정경세(鄭經世)의 《우복집(愚伏集)》 권18의 〈고려 안렴사 신공 묘표(高麗按廉使申公墓表)〉가 바로 그것이다.

64 학업에 나아갈 나이 : 10세를 말한다. 《예기》 〈내칙(內則)〉에 "10세가 되면, 밖

에 총명하고 민첩하여 날마다 진보가 있어 10여 세에 이미 경사(經史)와 백가(百家)의 말에 통달하였다. 자부(姊夫 자형(姊兄))가 신은(新恩 새로 과거에 급제한 사람)으로 오자 광대들의 온갖 놀이를 베푸니, 구경하는 사람들이 담처럼 둘러쌌으나 공은 문을 닫고 책 읽기를 그치지 않았다. 인재(訒齋) 최공(崔公)[65]은 그의 뜻이 작은 데 있지 않음을 기특하게 여겼다. 겨우 성동(成童 15세)이 되자마자 곧 장 선생(張先生 장현광(張顯光))에게 나아가 배웠다. 선생이 유문(儒門)에 훌륭한 사람이 있다는 것으로 칭찬하였다.

병오년(1606, 선조39) 진사에 합격하여 성균관에 들어가 공부하였는데, 성균관장이 크게 공경하고 중시하는 바가 되었다. 또 제자의 예를 갖추어 한강(寒岡) 정 선생(鄭先生 정구(鄭逑)) 및 나의 선조(先祖 정경세(鄭經世)) 문하에서 공부하면서 학문하는 방법을 더욱 잘 알게 되었다. 갑인년(1614, 광해군6) 내간(內艱 어머니 상)과 외간(外艱 아버지 상)을 연이어 당하였다. 이보다 앞서 숙부인(淑夫人)이 병들어 침상에 누워 있은 지 몇 년이 되었다. 공이 손수 약을 달이고 직접 죽을 끓여서 간호한 것이 하루 같았는데, 상을 당함에 이르러 몸이 상함이 심하였다. 두 형[66]과 함께 시묘살

의 스승에게 나아가서 바깥에서 기숙하면서 육서(六書)와 구수(九數)를 배운다.〔十年, 出就外傅, 出就外傅, 居宿於外, 學書計.〕"라고 하였다.

65 인재(訒齋) 최공(崔公) : 최현(崔晛, 1563~1640)으로, 본관은 전주(全州), 자는 계승(季昇), 호는 인재(訒齋), 시호는 정간(定簡)이다. 정구(鄭逑)의 문하에서 수학하고 증광 문과에 급제하였으며, 부제학과 강원도 관찰사를 역임하였다. 예조판서에 추증되었다. 저서로 《인재집》이 있다.

66 두 형 : 첫째 형은 신적도(申適道, 1574~1663)로, 자는 사립(士立), 호는 호계

이하며 삼년상을 마쳤으니, 예제(禮制)에 유감이 없었다. 천계(天啓) 신유년(1621, 광해군13) 조정에서 체찰사(體察使)를 파견하여 삼도(三道)의 선비들을 시험하여 뽑았는데, 공이 장원으로 선발되었다. 갑자년(1624, 인조2) 가을 곧장 전시(殿試)에 응시할 것을 허락하니, 을과(乙科)로 합격하자, 뽑혀 괴원(槐院 승문원(承文院))에 보임되었다. 을축년(1625) 저작(著作)으로 승진하였다. 병인년(1626) 박사(博士)에서 성균관 전적(成均館典籍)으로 승진하였고, 춘추관 기사관(春秋館記事官)을 겸하였다. 정묘년(1627) 서쪽 청나라의 침략을 당하여 어가(御駕)를 호종하여 강도(江都)에 들어갔으며, 중씨(仲氏) 수찬공(修撰公)과 함께 항소(抗疏)하여 화의(和議)의 잘못을 간쟁하였다.

숭정(崇禎) 무진년(1628, 인조6) 형조 좌랑(刑曹佐郎)에 제수되었다가 얼마 뒤 성절사 서장관(聖節使書狀官)에 충원되었다. 당시 중국에 조회할 때는 해로를 경유하였기 때문에 바람과 파도가 험악해서 사람들은 모두 위태롭게 여겼는데, 공은 편안한 모습으로 두려워하는 기색이 없었다. 황도(皇都)에 이르러 하례(賀禮)를

(虎溪)이며, 의성(義城)에 거주하였다. 정구(鄭逑)·장현광(張顯光)의 문인이다. 정묘호란(丁卯胡亂)과 병자호란 때 척화(斥和)를 주장하고 의병을 일으켰으나 실패하고 학산(鶴山 : 지금의 의성군 옥산면 금학동)의 미곡(微谷)에 채미헌(採薇軒)을 짓고 날마다 《춘추(春秋)》를 읽으며 세상에 나오지 않았다. 의성 단구서원(丹丘書院)에 제향되었다. 저서로는 《호계집(虎溪集)》이 전한다.

둘째는 신달도(申達道, 1576~1631)로, 자는 형보(亨甫), 호는 만오(晩悟)이며, 의성 봉양(鳳陽)에 거주하였다. 조목(趙穆)·장현광(張顯光)의 문인이다. 1627년 정묘호란 때 척화론을 주장하다 파직되었다. 저서로는 《만오집(晩悟集)》이 전한다.

마치자 황조(皇朝)에서는 우리나라가 조공을 바치는 길이 노추(奴酋)[67]와 매우 가깝다는 것 때문에 혹 관망(觀望)하려는 뜻이 있다[68]고 의심하여 장차 해로(海路)로 바꾸려고 하였으니, 험악함이 배가 되었다. 또 우리나라 사람이 일찍이 몰래 초황(硝黃)을 구매한 일을 꾸짖으니, 공이 군문(軍門)과 예부(禮部)에 글을 올려 매우 힘을 다하여 해명하자, 꾸짖는 일이 중지되었다. 또 본국(本國)의 기황(飢荒) 때문에 예부터 해 오던 일인 상마연(上馬宴)과 하마연(下馬宴)[69]을 그만둘 것을 빌었다. 이듬해 여름 복명함에 이르러 이번 사행(使行)에서 천조(天朝)가 황태자 탄생에 대해 별도의 사신을 파견하여 반포하는 것을 어렵게 여겨 우리나라 사신에게 주어 귀국하게 하였다.[70] 공이 상개(上价 정사(正使))

67 노추(奴酋) : 오랑캐 추장이란 말로, 건주위(建州衛)의 추장에서 청나라 태조(太祖)가 된 누르하치(奴兒哈赤, 1559~1626)를 가리킨다. 누르하치는 명나라 말기에 혼하(渾河) 일대를 경략하여 건주를 통일한 다음 점차 세력을 확장하여 만주 중앙부를 장악하였다. 그러고는 황제 자리에 올라 국호를 후금(後金)이라고 하고 명나라에 대하여 칠대한(七大恨)을 선포한 다음 공격을 개시하여 무순(撫順)을 함락시키고 청나라의 기반을 세웠다.

68 혹……있다 : 이현일의 《갈암집(葛庵集)》 권24 〈통훈대부 행 사헌부 장령 신공 묘갈명(通訓大夫行司憲府掌令申公墓碣銘)〉에 "원 군문(袁軍門)이 '조선이 관망(觀望)하고 있다.'라고 의심하여 조선 군사를 다른 방면으로 옮겨 줄 것을 주청하려 한다.〔袁軍門見疑本國有所觀望, 將奏請移路.〕"라고 하였다. 원 군문(袁軍門)은 명(明) 말기의 장수 원숭환(袁崇煥, 1584~1630)이다.

69 상마연(上馬宴)과 하마연(下馬宴) : 상마연은 사신이 길을 떠날 때 베푸는 잔치를 이르고, 하마연은 사신이 도착했을 때 베푸는 잔치를 이른다.

70 황태자……하였다 : 이때 명(明)나라에 황태자가 탄생하자 번거롭게 조선에 사신을 보낼 것 없이 조선의 사신에게 조서를 주어서 반포하게 하고자 하였다. 이에

와 함께 옛 관례에 의거해야 한다고 간쟁하였으나, 뜻을 얻지 못했다. 대관(臺官)이 이 일을 가지고 탄핵하여 파직하려 했으나 주상이 윤허하지 않고 다만 추고(推考)하라고만 명하였으니, 대개 주상은 공이 굳게 잡은 것이 있고 자의대로 하지 않았음을 살폈기 때문이다.

얼마 뒤 예조, 형조, 호조의 좌랑에 연이어 제수되었고, 사관직(史館職)을 겸하였다. 경오년(1630, 인조8) 또 지제교(知製教)를 겸하였다. 신미년(1631) 병조 좌랑으로 돌아왔고, 임신년(1632) 예조 좌랑으로 복직되었다. 얼마 뒤 경성 통판(鏡城通判)이 되었는데, 고을의 풍속이 본디 다스리기 어렵다고 일컬어졌으나, 공은 어루만지고 부림이 마땅함을 얻으니 백성과 아전들이 기뻐하며 감복하였다. 이듬해 가을 병으로 체직되니, 고을 사람들이 비석을 세워 칭송하였다. 병자년(1636) 성균관 직강으로 관직을 옮겼고, 얼마 뒤 병조 정랑(兵曹正郎)으로 관직을 옮겼다. 겨울에 사간원 정언(司諫院正言)에 제수되었다가 얼마 지나지 않아 서쪽 청나라 병사들이 크게 침략하자 공은 어가를 호종하여 남한산성(南漢山城)으로 들어갔다. 다시 병조 정랑으로 돌아왔다. 청나라와 화의(和議)가 이루어짐에 이르러 동지(同志)들과 상소하여 힘껏 간쟁하였다.[71] 이듬해 어가가 성을 나가 항복하니, 공은 즉시 병을 핑

정사(正使) 송극인(宋克訒)과 서장관 신열도(申悅道)가 중국 조정의 뜻에 따라 조서를 가지고 본국으로 돌아왔다. 조선의 조정에서는 이 일이 오랜 외교적 관례를 무너뜨린 것이라 하여 파직시키자는 논의가 있었다. 《仁祖實錄 7年 5月 3日》

71 화의(和議)가……간쟁하였다 : 《나재집》 권2에 실린 〈청 물견신사 잉자핵 계(請勿遣信使仍自劾啓)〉에서는 강화 사신을 보내지 말 것을 주장한 정온(鄭蘊)을 옹

계로 향리로 돌아갔다.

무인년(1638, 인조16) 울진 현령(蔚珍縣令)이 되었다. 구언(求言)으로 인해 상소하여[72] 백성들의 병폐와 군역의 폐단을 극력 말하였고, 또 어려움이 많은 가운데 나라를 중흥한 연 소왕(燕昭王)[73]과 월 구천(越句踐)[74]의 고사를 인용하여 간곡히 건의하니 주상이 모두 가납(嘉納)하였다. 동명(東溟) 김세렴(金世濂)[75] 공이

호하고 간관(諫官)의 소임을 다하지 못한 자신의 체직을 청하였다.

72 구언(求言)으로 인해 상소하여 : 이 상소는 《나재집》 권2에 실린 〈무인 응지소(戊寅應旨疏)〉로, 결역(結役)의 편중과 군액(軍額)의 과다로 인한 울진현(蔚珍縣)의 폐해를 진달하여 도움을 청하면서 '다난흥방(多難興邦)'을 역설하였다.

73 연 소왕(燕昭王) : 전국 시대 연(燕)나라 왕으로, 제(齊)나라에 원수를 갚고자 하여 곽외(郭隗)에게 인재를 추천하게 하자, 곽외가 "옛날에 어떤 임금이 내관(內官)에게 천금을 주어 천리마를 구해 오게 하였는데, 말이 이미 죽고 없으므로 500금을 주고 말의 뼈를 사서 돌아오니 그 임금이 크게 노하였습니다. 그러자 내관이 '죽은 말의 뼈도 사 왔는데 하물며 산 말이겠습니까. 머잖아 천리마가 이를 것입니다.'라고 하였는데, 1년이 되지 않아 천리마가 세 마리나 왔다고 합니다. 지금 반드시 인재를 오게 하려면 저부터 등용하십시오. 그러면 저보다 어진 사람이 어찌 천 리를 멀리 여기겠습니까."라고 하였다. 이에 연 소왕이 황금대(黃金臺)를 세우고 곽외를 스승으로 섬기니 천하의 인재들이 앞다투어 연나라로 모여들었다고 한다. 《戰國策 燕策1》

74 월 구천(越句踐) : 춘추 시대 월(越)나라 임금. 회계산(會稽山)에서 오왕 부차(吳王夫差)에게 패한 뒤 굴욕적인 강화를 맺고 목숨을 부지한 뒤에, 복수를 위해 와신상담(臥薪嘗膽)하며 명재상인 범려(范蠡)·문종(文種)과 함께 10년 동안 백성을 기르고 재정을 모아 부국강병을 이룩하고, 마침내 오나라를 대파하여 치욕을 씻었다. 《史記 卷41 越王句踐世家》

75 김세렴(金世濂) : 1593~1646. 본관은 선산(善山), 자는 도렴(道濂) 또는 도원(道源), 호는 동명(東溟), 시호는 문강(文康)이다. 만년에는 경서 연구에 전력했고, 문장이 아름다웠으며 특히 시문에 능하였다. 저서로는 《동명집(東溟集)》, 《해사록(海槎錄)》 등이 있다.

사람들에게 말하기를, “이는 남한산성에서 항복한 일이 있은 이후 제일의 의론이다.”라고 하였다. 무릇 지역 내에 자효(慈孝) 정렬(貞烈)의 행실이 있는 사람은 존망(存亡)에 상관 없이 모두 드러내어 넉넉히 구휼하거나 혹 제문을 지어 그의 무덤에 제사 지냈다. 매월 초하루에는 고을의 빼어난 자제들을 모아 훈계하고 가르치기를 게을리하지 않았고, 또 향약(鄕約)의 법도를 가르쳐 실천하게 하니, 모두 백성들을 위해 권면한 바이다. 임기를 마치고 돌아가게 되자 고을 사람들이 비석을 세워 그 덕을 생각하였다.

을유년(1645, 인조23) 공조 정랑(工曹正郎)으로서 관북 경시관(關北京試官)에 차출되었으나, 부임하지 않았다. 얼마 뒤 병조 정랑으로 관직을 옮겼으나 때마침 두 아들의 상(喪)을 당해 정고(呈告 휴가 신청)하고 향리로 돌아왔다. 정해년(1647) 사헌부 장령(司憲府掌令)에 제수되어 부름을 받고 조정으로 돌아갔다. 상소하여 본원(本原 마음)에 더욱 힘쓸 것과 천인교태(天人交泰)의 뜻[76]을 논하니, 주상이 훌륭하다고 여겨 비답을 내렸다. 겨울에 체직되어 서추(西樞)[77]에 들어갔다. 무자년(1648) 장령(掌令)으로 다

76 천인교태(天人交泰)의 뜻 : 《주역(周易)》 〈태괘(泰卦) 상전(象傳)〉에 “천지가 교합하는 것이 태이니, 임금이 이것으로 인하여 천지의 도를 헤아려 이루고, 천지의 적합한 공효를 도와서 백성들을 다스리느니라.〔天地交泰, 后以裁成天地之道, 輔相天地之宜, 以左右民.〕”라고 한 데서 온 말로, 임금이 하늘과 땅이 서로 교합하는 도를 헤아려 백성을 잘 다스리는 것을 뜻한다.

77 서추(西樞) : 서반(西班)의 종1품 아문인 중추부(中樞府)를 달리 이르는 말이다. 특정한 사무가 없이 문무의 당상관(堂上官)으로서 소임이 없는 사람들을 소속시켜 대우하던 기관이다.

시 돌아간 것이 두 번이었다. 기축년(1649, 인조27) 사도시 정(司導寺正)에 제수되었다.

얼마 뒤 외직으로 나가 예천 군수(醴泉郡守)가 되어 폐단을 고치고 쇠잔한 고을을 소생시키되 오직 힘이 미치지 못할까 걱정하였다. 또 교지에 응하여 진술한 소장에서는 민력(民力)을 펴고 병적(兵籍)을 줄이며, 옛 철왕(哲王)의 궁중(宮中)과 부중(府中)이 일체가 되었던 뜻[78]을 따르게 하였으며, 또 이 문순공(李文純公 이황(李滉))이 선조(宣祖)께 올린 《성학십도(聖學十圖)》[79]로 병풍을 만들어 유좌(宥坐)[80]의 도구로 삼기를 청하였다. 경인년(1650, 효

78 옛 철왕(哲王)의……뜻 : 제갈량(諸葛亮)이 촉한(蜀漢)의 후주(後主)인 유선(劉禪)에게 올린 〈출사표(出師表)〉에 "궁중과 부중은 모두 일체이니, 잘한 사람을 승진시키고 잘못한 사람을 벌주는 것이 달라서는 안 됩니다.〔宮中府中俱爲一體, 陟罰臧否, 不宜異同.〕"라고 하였다. 《三國志 卷35 蜀書 諸葛亮傳》 궁중(宮中)은 임금이 관할하는 궁궐이고, 부중(府中)은 승상(丞相)이 관할하는 승상부(丞相府)이다. 국론이 분열되지 않고 일치단결해야 함을 가리킨다.

79 성학십도(聖學十圖) : 퇴계(退溪) 이황(李滉, 1501~1570)이 1568년(선조1) 선조(宣祖)에게 올린 것으로, 유학의 대강(大綱)을 풀이하여 밝히고 심법(心法)의 요점을 명시하기 위해 여러 유학자들의 학설과 도설(圖說)을 근거로 자신의 견해를 부연하여 만든 책이다. 내용은 1. 태극도(太極圖), 2. 서명도(西銘圖), 3. 소학도(小學圖), 4. 대학도(大學圖), 5. 백록동규도(白鹿洞規圖), 6. 심통성정도(心統性情圖), 7. 인설도(仁說圖), 8. 심학도(心學圖), 9. 경재잠도(敬齋箴圖), 10. 숙흥야매잠도(夙興夜寐箴圖)이다.

80 유좌(宥坐) : 곁에 두고 경계를 삼는 그릇을 말한다. 공자가 노 환공(魯桓公)의 묘당에서 유좌기(宥坐器)를 봤을 때의 일이다. 고대의 제왕이 자리 오른쪽〔宥〕에 놔두고 경계로 삼았다는 이 그릇은 무게 중심을 교묘하게 계산해 텅 비면 기울어지고, 적절히 채우면 똑바르고, 가득 채우면 엎어지는 그릇이었다. 공자가 한숨을 쉬며 탄식하고 "아, 어찌 가득 차고서도 엎어지지 않는 것이 있겠는가!" 하니, 자로가 "감히

종1) 겨울 어떤 일 때문에 방백(方伯)에게 거슬리게 되자 즉시 병을 핑계로 벼슬을 그만두고 돌아갔다.

임진년(1652, 효종3) 가을 다시 장령(掌令)에 제수되자 입대(入對)하여 시정(時政)의 득실에 대해 말하였다. 겨울 능주 목사(綾州牧使)가 되었는데, 풍속이 본디 강하고 억세다고 일컬어졌으나 공은 어루만지고 부림에 도가 있었다. 부역을 균등하게 하고 세금을 줄이니, 온 고을 백성들이 믿고 감복하였다. 얼마 지나지 않아 공을 미워하는 자의 탄핵을 받아 파직되었다. 백성들이 또 비석을 세워 공을 생각하였다.

병신년(1656, 효종7) 사도시 정(司導寺正)으로 관직을 옮겼고, 또 종부시 정(宗簿寺正)으로 관직을 옮겼으나 모두 취임하지 않았다. 문을 닫고 병으로 요양한 것이 몇 년이었다. 기해년(1659, 효종10) 4월 19일 집에서 세상을 떠났으니, 향년 71세였다. 8월 의성현(義城縣)의 남쪽 비정산(飛亭山) 부해(負亥 남동 30도 방향) 언덕에 장례 지냈다.

공은 독실하고 중후하며 순수하고 진실한 자질로 침착하고 고요하며 분명하고 통달한 지식을 온축하였고, 또 여러 대현(大賢)들이 훈도(薰陶)하고 이끌어 주는 가르침을 입어 그 조예(造詣)와 성취가 더욱 우뚝하여 남들이 미치지 못할 점이 있었다. 그러

묻건대 가득 찬 것을 유지하는 데 도가 있습니까?" 하자, 공자가 "총명하고 지혜로우면서도 어리석음으로 지키고, 공이 천하를 뒤덮는데도 물러나고 사양함으로 지키며, 용맹과 힘이 세상을 어루만지는데도 겁냄으로 지키고, 부유함은 사해를 가질 만한데도 겸손으로 지키는 것, 이것이 이른바 물을 뜨면서 조금을 덜어 내는 도다." 하였다. 《玉海 卷90》

나 그 평생 동안 강습(講習)하고 마음에 새겨 덕행(德行)의 근본으로 삼은 것의 경우는 《대학장구》와 《중용장구》 및 성현(聖賢)들이 자신을 바로잡았던 가르침 같은 것을 생활함에 항상 반복하여 읊조렸다. 주자서(朱子書) 읽기를 더욱 좋아하여 하루도 손에서 떠난 적이 없었다. 진덕 수업의 지극함을 극진히 할 수 있는 것은 오직 힘써 노력하여 게으르지 않음에 있다고 생각하였다. 드디어 '라(懶)' 자로 그 서재를 이름하여 스스로 경계하였다.[81] 오직 그 수양한 바의 깊이가 이와 같았던 까닭으로 그 행의(行誼)가 집안에서 미더움, 충애(忠愛)를 윗사람에게 다함, 그리고 명성과 치적이 밖으로 드러남은 모두 밝게 드러내어 기록할 만한 것이 있다.

대개 효우(孝友)는 공의 가법(家法)으로, 공이 또 잘 계승하였다. 어버이 곁에 있을 때는 항상 목소리를 온화하게 하고 얼굴빛을 부드럽게 하여 어버이의 마음을 기쁘게 함에 힘썼다. 아버지가 돌아가심에 이르러 녹봉이 어머니를 봉양함에 부족함을 지극히 애통함으로 여겼다. 제사를 지낼 때마다 반드시 목욕재계하여 마치 신령이 실제로 계시는 듯한 정성을 다하였으며, 혹 외지에 있어 제사에 참여할 수 없으면, 반드시 신위를 설치하여 곡하고 제수를 올려 그 사모하는 마음을 부쳤다. 큰누이를 어머니처럼 봉양하여 비록 스스로는 쓰고 담백한 음식을 먹더라도 누이의 주방에는 진미(珍味)가 부족하지 않게 하였다. 종족들을 두루 구휼하니 사람들이 흠잡는 말을 하지 않았고, 돈후하고 화목한 기풍이 향당

81 드디어……경계하였다 : 《나재집》 권6에 〈나재설(懶齋說)〉이 있다.

(鄕黨)에 드러났으니, 남의 어려움을 급하게 여긴 것도 또한 그러하였다.

무릇 국휘(國諱)[82]를 당하면 반드시 소식(素食)하여 오직 삼갔고, 병이 위독한 것 때문에 그만두지 않았다. 인조가 승하한 날[83]을 당하여 어버이 상을 당한 것처럼 슬픔을 지극히 하였으며, 하루에 한 번 미음을 먹은 것이 모두 6일이었다. 이미 성복(成服)을 하고도 음식과 거처를 평소와 다르게 함은 또한 이보다 더하였다. 조정에서 벼슬한 40년 동안 모두 하급 관료로 체류되어 지냈으나 털끝만큼도 원망하는 뜻이 없었다. 조정(朝政)의 득실을 들을 때마다 문득 그 때문에 기뻐하거나 근심해 마지않았다. 동인(銅印)을 차고 고을 수령이 되어 백성들에게 임할 때는 한결같이 오직 정성을 다할 뿐 화려함은 없었다. 그러나 전후로 임금께 올린 장주(章奏)의 사이에 정성스럽고 간절한 것과 고을에서 전리(剸理 치리(治理))의 즈음에 근심하고 수고한 것은 조리가 있어 시행할 만하지 않은 것이 없었다. 심도(沁都 강화도(江華島))와 남한산성에서 화친 조약을 맺던 날[84]에 대의(大義)를 분명히 밝혀 배

82 국휘(國諱) : 국기(國忌)와 같은 말로 왕이나 왕후 등의 국상(國喪)이나 제삿날을 말한다.

83 인조가 승하한 날 : 인조(仁祖, 1595~1649)는 조선 제16대 왕으로, 이름은 종(倧), 자는 화백(和伯), 호는 송창(松窓)이다. 재위는 1623년에서 1649년까지이다. 시호는 헌문열무명숙순효대왕(憲文烈武明肅純孝大王), 묘호는 인조(仁祖)이다. 능호은 장릉(長陵)으로 경기도 파주시 탄현면 갈현리에 있다. 재위 27년째인 1649년 5월 8일 창덕궁(昌德宮)의 대조전 동침(東寢)에서 승하하였다. 당시 신열도는 예천군수(醴泉郡守)로 있었다.

척한 것에 이르러서는 더욱 우뚝이 백세(百世) 뒤에 말할 것이 있다.

대개 공은 겸손하고 공손함으로 스스로를 기르고 온화한 기운으로 남을 대했으니, 무릇 논의가 있으면 마음을 비우고 의견을 자문(諮問)했으며, 악은 숨기고 선은 드러냈으니, 거의 모난 성품이 없었다. 환란에 임하여 의리가 요구되는 상황에 처하면 확고하게 자신을 잃지 않음이 이와 같았다. 이는 비록 타고난 분수에서 얻은 것이 많다 하더라도 학문의 힘이 남들보다 뛰어남이 있는 사람이 아니라면 그렇게 할 수 있겠는가.

평소 직접 가르침을 받은 것은 특히 옥산(玉山)[85]의 문하에 있을 때였으니, 무릇 선생의 일동일정(一動一靜)을 익숙히 관찰하고 상세히 기록하여 규범의 바탕으로 삼지 않음이 없었다. 선생이 돌아가심에 이르러서는 또 스승을 위해 창의(倡議)하여 많은 선비를 거느리고 서원을 세워 제향하여 숭상하고 보답하는 의리를 다

84 심도(沁都)와……날 : 1627년(인조5) 1월 후금(後金) 군이 침략한 정묘호란(丁卯胡亂)으로 인조가 강화도로 피난하였다가 결국 3월 3일에 형제의 예를 맺고 화친한 것과 1636년(인조14) 12월에 청나라 군이 침략한 병자호란으로 남한산성으로 피난하였다가 결국 1637년 1월 30일 삼전도에서 군신의 예를 맺고 항복한 것을 말한다.

85 옥산(玉山) : 인동(仁同)의 옛 이름으로, 경상북도 구미시의 일부이다. 여기서는 장현광(張顯光, 1554~1637)을 가리킨다. 그의 본관은 인동(仁同), 자는 덕회(德晦), 여헌(旅軒), 시호는 문강(文康)이다. 누차 조정의 부름을 받았으나 줄곧 사양하고 산림에서 학문에 정진하였다. 병자호란이 일어나고 이듬해 삼전도(三田渡)에서의 항복 소식을 듣고 영천(永川)의 입암(立巖)에 들어가 6개월 후에 죽었다. 인동의 동락서원(東洛書院), 영천의 임고서원(臨皐書院) 등에 제향되었다. 저서에 《여헌집》, 《성리설(性理說)》, 《용사일기(龍蛇日記)》 등이 있다.

하였으니, 그 유집을 보면 알 수 있다.[86]

집이 본디 빈한(貧寒)하여 빙 두른 담안이 쓸쓸하였으며 거처하는 곳은 비바람도 막지 못했으나 생활함에 편안하였다. 집안을 다스림에 엄정하여 내외의 구분이 분명했으며, 자제를 가르침에 방법이 있어 항상 정성스럽게 타일러 독서와 수신(修身)을 급선무로 삼았다. 문장을 지음에 꾸미는 것을 일삼지 않았으며, 온아(溫雅)하면서도 체재(體裁)가 있었다. 그래서 그분이 중국으로 사신을 갔을 때, 크고 작은 문장들은 모두 중국 사람들의 칭찬을 받았다. 〈조천록(朝天錄)〉,[87] 《선사지(仙槎誌)》,[88] 《문소지(聞韶志)》[89] 및 유문(遺文) 약간 권[90]이 있는데, 집에 보관되어 있다.

86 유집을……있다 : 《나재집》 권6의 장현광의 문하에서 40여 년간 가르침을 받은 내용을 기록한 〈배문록(拜門錄)〉, 장현광을 배향한 동락서원(東洛書院)의 상량문, 그리고 권7의 장현광을 애도한 제문 등의 내용을 말한다.

87 조천록(朝天錄) : 중국에 사신으로 다녀오면서 보고 들은 일을 기록한 것으로, 지금은 전하지 않는다. 다만 《나재집》 권3 〈조천시 문견사건 계(朝天時聞見事件啓)〉를 통해 그 내용을 짐작해 볼 수 있다.

88 선사지(仙槎誌) : 선사는 울진의 다른 이름이다. 울진 현감으로 부임했을 때 편찬한 지지(地誌)로, 지금은 전하지 않는다. 다만 《나재집》 권6에 발문이 있어 사정을 짐작할 수 있다.

89 문소지(聞韶志) : 문소는 의성(義城)의 다른 이름이다. 1634년(인조12) 2월 장현광의 명으로 편찬한 지지(地誌)로, 지금은 전하지 않는다. 다만 《나재집》 권6에 발문이 있어 사정을 짐작할 수 있다.

90 유문(遺文) 약간 권 : 유문을 바탕으로 《나재집》을 수집 편차하여 목판으로 간행하였으며, 서(序), 발(跋)이 없어 편찬 경위와 간행 연도를 정확하게 알 수 없다. 다만 정종로가 지은 행장 말미에 정종로의 관직이 '지평(持平)'으로 표기되어 있으므로 지평에 제수된 1796년 이후에 간행된 것으로 추정할 수 있다. 초간본은 9권 4책으

부인은 문소 김씨(聞韶金氏)이니, 학봉 선생(鶴峯先生) 휘 성일(誠一)의 손자 종사랑 굉(浤)의 따님이다. 단정하고 정숙(貞淑)하며 효성스럽고 의로웠으며, 부인의 규범을 잘 갖추었다. 임진년(1592, 선조25)에 태어나 경오년(1630, 인조8)에 세상을 떠났다. 의성현의 남쪽 오토산(五土山) 부갑(負甲 남서 75도 방향) 언덕에 장례 지냈다.

아들 다섯, 딸 둘을 두었으니, 아들로 장남 기(機)는 후사가 없고, 그다음은 급(圾), 그다음은 감(堪), 그다음은 전(塼), 그다음은 성(埩)이며, 딸은 김종원(金宗源), 진사 권주(權霔)에게 시집갔다. 급(圾)은 아들 둘, 딸 다섯을 낳았으니, 아들은 응석(應錫), 흥석(興錫)이며, 딸은 정유흥(鄭惟興), 조수창(曺壽昌),[91] 김명현(金命賢), 이규(李圭), 김도평(金道平)에게 시집갔다. 감(堪)은 아들 둘, 딸 하나를 낳았으니, 아들은 인석(仁錫), 의석(義錫)이며, 딸은 장우추(張宇樞)에게 시집갔다. 전(塼)은 아들 하나, 딸 하나를 낳았으니, 아들은 두석(斗錫)이며, 딸은 남형하(南亨夏)에게 시집갔다. 성(埩)은 아들 넷, 딸 하나를 낳았으니, 아들은 휘석(徽錫), 징석(徵錫), 정석(鼎錫), 순석(舜錫)이며, 딸은 문도형(文道亨)에게 시집갔다. 측실은 아들 둘이 있으니, 증(增), 벽(壁)이다. 증손 현손 이하는 다 기록할 수 없다.

로 한국문집총간 속24에 포함되어 있다.

91 조수창(曺壽昌) : 저본에는 '조수(曺壽)'로 되어 있으나, 김응조의 《학사집(鶴沙集)》 권8 〈나재 신공 묘지명(懶齋申公墓誌銘)〉과 이현일의 《갈암집(葛庵集)》 권24 〈통훈대부 행 사헌부 장령 신공 묘갈명(通訓大夫行司憲府掌令申公墓碣銘)〉에 의거하여 수정하였다.

공의 6세손 치교(致敎)가 가장을 나에게 보여 주며 말하기를, "나의 선조의 행적은 학사(鶴沙) 김 선생(金先生)[92]이 지은 묘지(墓誌)에 진실로 상세히 기술되었습니다. 그러나 빠트릴 수 없는 것은 또 행장입니다. 그래서 감히 청합니다."라고 하였다. 나는 생각건대 공은 참으로 나의 선조의 문인으로 내가 평소 우러러 숭상함이 얕거나 적지 않았으니, 정의(情誼)상 글을 잘 짓지 못한다는 것으로 사양할 수 없었다. 그래서 삼가 차례 지어 위와 같이 쓴다.

92 학사(鶴沙) 김 선생(金先生) : 김응조(金應祖, 1587~1667)로, 본관은 풍산(豐山), 자는 효징(孝徵)이고, 호는 학사 또는 아헌(啞軒)이다. 1613년(광해군5) 생원(生員)이 되었으나 광해군의 난정을 보고, 문과 응시를 포기하고 장현광(張顯光)의 문하에서 학문을 연마하였다. 인조 즉위 후 알성(謁聖) 문과에 병과(丙科)로 급제하였고, 병조 정랑, 공조 참의 등 여러 관직을 역임하였다.

현감 약남 이공 행장
縣監藥南李公行狀

공의 휘는 헌락(憲洛), 자는 경순(景淳)이며, 성은 이씨(李氏)이다. 고려(高麗) 향공 진사(鄕貢進士)[93] 세정(世貞)이 비조(鼻祖)가 되니 이로부터 여주(驪州)를 관향으로 삼았다. 뒤에 연일(延日)로 이주하였다가 다시 경주(慶州)로 옮겼다. 조선에 들어와 생원으로 좌찬성(左贊成)에 증직된 휘 번(蕃)은 아들 둘이 있었으니, 장남은 문원공(文元公) 회재 선생(晦齋先生)으로 휘가 언적(彦迪)이며, 아우는 송라 찰방(松羅察訪)으로 휘가 언괄(彦适)인데 효행(孝行)으로 정조 갑진년(1784, 정조8) 지평(持平)에 증직되었으며, 찬성공(贊成公)과 함께 나란히 세덕사(世德祠)에 배향되었다. 이분〔언괄(彦适)〕이 공에게 7세조가 된다. 고조는 휘가 력(皪)이며, 증조는 휘가 집(埁)이며, 조부는 휘가 덕훈(德薰)이다. 아버지는 휘가 신중(愼中)으로 장수하여 첨추(僉樞)의 수직(壽職)을 받았다. 어머니는 월성 최씨(月城崔氏)니, 정무공(貞武公) 진립(震立)[94]의 현손 덕기(德基)의 따님이다. 숙종 무술년(1718,

93 향공 진사(鄕貢進士) : 고려 때 지방의 각 고을에서 유생들을 뽑아 중앙에 올려 보내 국자감시(國子監試)에 응시하게 했는데, 이들을 향공(鄕貢) 또는 공사(貢士)라고 하였고, 이들 중에서 국자감시에 합격한 사람을 향공 진사라고 하였다.

94 진립(震立) : 최진립(崔震立, 1568~1636)으로, 자는 사건(士建), 호는 잠와(潛窩), 시호는 정무(貞武)이며, 경주(慶州)에 거주하였다. 임진왜란 때 동생 계종(繼宗)과 함께 의병을 일으켰고, 1597년 정유재란 때에는 결사대 수백 명을 인솔하

숙종44) 2월 모일[95] 양좌동리(良佐洞里)[96] 집에서 공을 낳았다.

공은 단정하고 빼어났으며 매우 총명하였다. 6세에 《증사(曾史 십팔사략(十八史略))》를 읽다가 순(舜)임금과 우(禹)임금의 세계(世系)에 이르러 묻기를, "순임금이 전욱(顓頊)에게 6세손이 된다면, 우임금이 어떻게 전욱(顓頊)의 손자가 됩니까?"라고 하니, 듣는 사람들이 놀라 기특하게 여겼다. 10세에 《주역(周易)》을 읽음에 이미 시초(蓍草)를 세어 괘(卦)를 펼치는 방법[97]을 알았다. 성동

고 서생포의 적을 격멸한 데 이어 양호(楊鎬), 권률(權慄)과 함께 도산에서 대승하였다. 병자호란을 맞아 정세규(鄭世規)를 따라 참전하여 용인 험천에서 청군과 싸우다 전사하였다. 1647년 청백리에 녹선되었고, 저서로는 《정무공기실(貞武公紀實)》 2권이 전한다. 경주의 숭렬사(崇烈祠), 경원의 충렬사(忠烈祠)에 제향되었다.

95 2월 모일 : 남경희(南景羲, 1748~1812)의 《치암집(癡庵集)》 권10 〈익위사 위솔 약남 이공 행장(翊衛司衛率藥南李公行狀)〉에는 3월 21일로 되어 있다.

96 양좌동리(良佐洞里) : 남경희의 행장에는 '양좌동 사곡리(沙谷里)'로 되어 있다.

97 시초(蓍草)를……방법 : 《주역》에서 시초점(蓍草占)을 치는 방법을 말한다. 그 방법은, 50개의 산가지 중 태극(太極)을 상징하는 1개를 제외한 49개의 산가지를 임의로 절반을 나눈 다음 오른쪽의 지책(地策) 중에서 1개를 왼손 새끼손가락과 약지 사이에 끼우는 것을 괘(掛)라고 하고, 천책(天策)을 4개씩 덜어 내어 남은 것을 중지와 약지 사이에 끼우는 것을 늑(扐)이라 하고, 다시 지책을 4개씩 덜어 내어 남은 것을 왼손 검지와 중지 사이에 끼우는 것도 늑(扐)이라 하는데, 이 세 단계를 합쳐서 1변(變)이라고 한다. 이 과정을 3번 반복하여 하나의 효를 얻는데 이것을 3변이라고 한다. 제1변에서는 5 아니면 9가 나오고, 제2변과 제3변에서는 4 아니면 8이 나오는데, 제1변에서 5, 제2변에서 4, 제3변에서 4가 나왔을 때 노양이 된다. 즉 5+4+4=13이 되는데, 여기에서 괘(掛) 1을 빼면 12가 나온다. 이 12를 변상수(變相數)라고 한다. 총 시수(蓍數) 49개에서 3변의 합수(合數) 13을 빼면 36이 나오는데, 이것을 과설수(過揲數)라고 한다. 이 과설수를 4로 나누면 9가 된다. 3변의 결과로 나올 수 있는 숫자는 6, 7, 8, 9 중 하나가 되는데, 6이 나오면 노음(老陰)이라 하고, 7이 나

(成童 15세)이 되기도 전에 여러 기예가 모두 성취되니, 종당(宗黨)에서 기대하는 바가 되었다. 18세에 향시에 합격하고, 27세에 생원에 합격하니, 명성이 성대하였다.

신미년(1751, 영조27) 어머니 상을 당하였다. 삼년상이 끝나자 아버지의 명으로 성균관에서 공부하였는데, 선배 권 희정공(權僖靖公)[98]이 훌륭한 그릇으로 여겨 권면하는 말이 많았다. 당시 조정에서 재서(才諝 재능과 식견)가 있는 선비를 뽑았는데, 공이 여러 번 포함되었다. 경진년(1760, 영조36) 비로소 강릉 참봉(康陵參奉)[99]에 제수되었다. 임오년(1762, 영조38) 주상이 생원 진사 가운데 응제(應製)하여 합격한 사람에게 명하여 진강(進講)케 하여 사제(賜第)[100]할 계획(計畫)이었다. 공은 《희경(羲經 주역(周易))》을 진강하여 여러 번 주상의 포상을 받았으나 끝내 합격하지 못

오면 소양(少陽)이라 하고, 8이 나오면 소음(少陰)이라 하고, 9가 나오면 노양이라고 한다.《易學啓蒙要解 卷3 明蓍策》《강천봉, 계몽전의연구, 퇴계학보 10집, 퇴계학연구원, 1976》

98 권 희정공(權僖靖公) : 권상일(權相一, 1679~1759)로, 본관은 안동(安東), 자는 태중(台仲), 호는 청대(淸臺), 희정(僖靖)은 그의 시호이다. 상주의 근암리(近嵒里)에서 출생했다. 이황(李滉)을 사숙해 〈사칠설(四七說)〉을 지어 이(理)와 기(氣)를 완전히 둘로 분리하고, 이는 본연의 성이며 기는 기질의 성이라고 주장했다. 저서로는 《청대집》 18권, 《관서근사록집해(觀書近思錄集解)》과 《일기(日記)》 30여 권이 있다. 죽림정사(竹林精舍), 근암서원(近嵒書院)에 향사되었다.

99 강릉 참봉(康陵參奉) : 강릉은 명종(明宗)과 비 인순왕후(仁順王后) 심씨(沈氏)의 능으로, 서울 양주(楊州)에 있다.

100 사제(賜第) : 임금의 특별 명령으로 특별히 과거에 급제한 사람과 동일한 자격을 주는 것을 말한다.

하였다. 계미년(1763, 영조39) 여름 평시서 봉사(平市署 奉事)[101]로 승진하였다가 겨울에 남부(南部)[102]로 관직을 옮겼다. 갑신년(1764, 영조40) 의금부 도사(義禁府都事)로 관직을 옮겼다. 을유년(1765, 영조41) 사포서 별제(司圃署別提)로 승진하였다. 병술년(1766, 영조42) 여름 장악원 주부(掌樂院主簿)로 관직을 옮겼다.

얼마 뒤 하양 현감(河陽縣監)에 제수되어 폐사(陛辭)[103]함에 이르니, 주상이 말하기를, "너는 능리(能吏)가 되고 양리(良吏)가 돼라."라고 하였다. 대답하기를, "신은 재능이 미치지 못하니, 어찌 감히 미리 스스로 기약할 수 있겠습니까. 다만 백성을 다스림에 마음과 힘을 다하고자 할 뿐입니다."라고 하니, 임금이 또 말하기를, "너는 추로지향(鄒魯之鄕)의 사람이니, 오늘 명하여 보내는 뜻을 저버리지 않음이 옳다."라고 하였다. 관아에 도착하자 다스림에는 문아(文雅)함을 숭상하였다. 먼저 학교를 방문하여 허문경공(許文敬公)[104]의 사당을 배알하고 그분의 유적을 수습하여

101 평시서 봉사(平市署 奉事) : 시전에서 쓰는 도량형과 물가 등에 관한 일을 담당하는 관청인 평시서(平市署)에 딸린 종8품 관직이다.

102 남부(南部) : 한성(漢城)을 다섯 부로 나눈 행정 구역으로 각 구역 안의 소송, 도로, 금화(禁火), 택지 따위에 관한 일을 맡아는 오부(五部)의 하나이다. 남경희의 행장에는 남부 봉사(南部奉事)로 되어 있다.

103 폐사(陛辭) : 지방관으로 임명된 신하가 임금을 뵙고 떠나는 인사말을 올리면서 임금의 편안함을 비는 것을 말한다.

104 허 문경공(許文敬公) : 허조(許稠, 1369~1439)로, 본관은 하양(河陽), 자는 중통(仲通), 호는 경암(敬庵), 시호는 문경(文敬)이며, 하양(河陽)에 거주하였다. 조선왕조가 개창되자 강직한 성품으로 태종으로부터 인정을 받게 되어 예악제도를 정비하였다. 관직이 우의정(右議政), 좌의정(左議政), 영춘추관사(領春秋館事)에

책으로 간행하였다. 매년 하과(夏課)에 고을 자제들을 시험하고, 자신의 봉급을 덜어 우수한 사람에게 상을 주었다. 백성을 다스림에 상처 입은 사람 돌보듯[105] 하는 것으로 마음을 삼아 활협(闊狹 상과 벌)이 그 마땅함을 얻으니, 아전과 백성들이 편안히 여겼다. 신묘년(1771, 영조47) 임기를 마치고 돌아왔다.

임진년(1772, 영조48) 첨추공(僉樞公)의 상을 당하였고, 갑오년(1774, 영조50) 삼년상이 끝났다. 병신년(1776, 영조52) 정월 조정에서 명유(名儒)를 뽑아 계방(桂坊 세자익위사(世子翊衛司)의 별칭)에 배속하였는데, 공이 순암(順菴) 안정복(安鼎福)[106]과 함께 뽑혀서 익위사 위솔(翊衛司衛率)에 제수되었다. 3월 원릉(元陵 영조(英祖))이 승하하였다. 가을에 영남의 선비들이 의견을 모아 상소하여 역당(逆黨)[107]을 성토할 때 소장(疏章)의 글이 공의 손에서

올랐다. 저서로는 《경암집(敬庵集)》이 전한다.

105 상처……돌보듯 : 원문은 '여상(如傷)'으로, 인자한 은택으로 백성들을 감싸고 보호함을 말한다. 《맹자》 〈이루 하(離婁下)〉에서 "문왕은 백성을 상처 입은 사람 돌보듯 하셨으며 도를 바라보기를 아직 한 번도 보지 못한 듯 하셨다.〔文王視民如傷〕" 라고 하였다.

106 안정복(安鼎福) : 1712~1791. 본관은 광주(廣州), 자는 백순(百順), 호는 순암(順庵)·한산병은(漢山病隱)·우이자(虞夷子)·상헌(橡軒) 등이며, 시호는 문숙(文肅)이다. 저서에는 《임관정요(臨官政要)》, 《동사강목(東史綱目)》, 《순암집》 등이 있다.

107 역당(逆黨) : 남경희의 행장에는 김양택(金陽澤, 1712~1777)으로 되어 있다. 김양택은 영조 때 우의정을 지냈는데, 그의 아들 김하재(金夏材, 1745~1784)가 윤득부(尹得孚)를 의망한 일로 이조 참판에서 체직되자 불평을 품어 오다가 영희전(永禧殿) 고유제(告由祭)에 헌관(獻官)으로 들어가서 미리 써 가지고 간 흉서(凶書)를 승지 이재학(李在學)에게 전했는데, 그 내용이 일찍이 유례를 찾아볼 수 없는 막된

나왔는데, 말이 매우 엄중하였다. 겨울에 통례원 인의(通禮院引儀)에 제수되었다. 정유년(1777, 정조1) 여름 상의원 주부(尙衣院主簿)로 관직을 옮겼고, 가을 함창 현감(咸昌縣監)이 되었다. 함창현은 영남의 좌도와 우도가 교차하는 곳에 있어서 친구들이 날마다 문에 가득하였으나, 공은 그들을 맞아 접대함에 게으름이 없었고, 흉년을 만나면 힘을 다해 구휼하였다. 공은 동계(桐溪) 정 문간공(鄭文簡公)[108]의 사당이 황폐하고 제향이 이어지지 않음을 보고, 측연히 여겨 수리하였고 기일과 명절에는 곧 제수를 보내 주었다. 경자년(1780, 정조4) 고을의 어떤 일 때문에 엄준한 교지를 받들어 벼슬에서 물러나 돌아왔다.

임인년(1782, 정조6) 후임 관리가 중벌을 받은 것이 전임 관리에게까지 그 죄가 미쳤기 때문에 관동(關東)의 울진(蔚珍)으로 귀양 갔다. 당시 번암공(樊庵公)[109] 또한 관직을 잃고 교외에 살

말로 임금을 욕한 것이었다. 이로 인해 1784년(정조8) 7월 28일에 복주(伏誅)되었다.《正祖實錄 8年 4月 28日, 6月 20日, 7月 28日》

108 정 문간공(鄭文簡公) : 정온(鄭蘊, 1569~1641)으로, 본관은 초계(草溪), 자는 휘원(輝遠), 호는 동계(桐溪)・고고자(鼓鼓子)이며, 문간은 그의 시호이다. 병자호란 때에 강화도가 함락되고 항복이 결정되자 오랑캐에게 항복하는 수치를 참을 수 없다고 하며 칼로 자결했으나 목숨은 끊어지지 않았다. 허목(許穆)・조경(趙絅) 등 기호남인(畿湖南人)과도 깊은 관계를 가져 이황(李滉)-정구-허목으로 이어지는 기호남인학통 수립에도 큰 역할을 하였다. 저서에 《동계집(桐溪集)》이 있다.

109 번암공(樊庵公) : 채제공(蔡濟恭, 1720~1799)으로, 본관은 평강(平康), 자는 백규(伯規), 호는 번암(樊巖)・번옹(樊翁), 시호는 문숙(文肅)이다. 과거에 급제하여 조정의 주요 관직을 두루 거쳐 벼슬이 영의정에 이르렀다. 당대 기호남인의 영수이다. 저서로는 《번암집》이 있다.

고있으면서 시를 보내 말하기를, "남관의 말을 한스러워 마오, 오히려 염예의 배보다는 낫다오.〔莫恨藍關馬, 猶勝灩澦船.〕"[110]라고 하니, 공이 차운하여 말하기를, "다만 풍파 속에서도 배에서 초연

110 남관의……낫다오 : 《번암집(樊巖集)》 권16 〈함창 현감 이헌락이 강변의 거처로 찾아와 스스로 일찍이 함창에 부임했던 일과 울진에 귀양 온 일을 말하기에 이렇게 써 주면서 증별하였다.〔李咸昌 憲洛 來訪江居, 自言以曾任咸昌事、謫赴蔚珍, 草此爲別.〕〉의 미련(尾聯)이다. 남관과 염예는 모두 귀양과 관련된 고사이다.
남관은 진(秦)나라 때의 요관(嶢關)인 남전관(藍田關)으로, 남전현(藍田縣)에 있다. 한유(韓愈)의 조카이자 중국 도가의 8선(八仙) 가운데 한 사람인 한상(韓湘)이 젊었을 때 신선술에 빠지자 한유가 학문에 힘쓰라고 권유하였는데, 한상이 웃으면서 "준순주를 만들 줄도 알거니와 경각화도 피울 수가 있습니다.〔解造逡巡酒, 能開頃刻花.〕"라는 시구를 지어 보여 주었다. 한유가 의심하자, 한상이 흙을 모은 다음 동이로 덮어 놓았다가 뒤에 동이를 들어내니, 거기에 벽목단(碧牧丹) 두 송이가 피어 있었고, 그 목단 잎에는 "구름은 진령에 비꼈어라 집은 어디메뇨. 눈은 남관에 가득 쌓여 말이 가지를 못하네.〔雲橫秦嶺家何在? 雪擁藍關馬不前.〕"라는 시구가 작은 금자(金字)로 쓰여 있었다. 한유가 이때 이 시의 뜻을 깨닫지 못하였는데, 뒤에 〈불골표(佛骨表)〉를 올렸다가 헌종(憲宗)의 진노를 사서 조주 자사(潮州刺史)로 좌천되어 가던 도중, 눈을 맞으며 따라오는 한상을 만났는데, 한상이 말하기를 "옛날 목단 잎에 쓰인 시구의 뜻이 바로 오늘의 일을 예언한 것입니다." 하였다. 한유가 지명(地名)을 물어보니 바로 남관(藍關)이라고 하므로, 마침내 이 시구의 뜻을 깨달았다고 한다. 《太平廣記》
염예는 사천성(四川省) 봉절현(奉節縣) 서남쪽 양자강(揚子江) 구당협 어귀의 큰 암초가 있는 염예퇴(灩澦堆)를 이르는데, 이 부근은 격류(激流)가 극심하여 배가 다니다가 암초에 걸리는 곳으로 유명하다. 송(宋)의 이천(伊川) 정이(程頤)가 일찍이 부릉(涪陵)으로 유배 가던 길에 염예퇴를 지나갈 적에 파도가 거세게 일자, 배 안에 있던 다른 사람들은 모두 놀라서 어찌할 줄을 몰랐으나, 유독 정이는 태연하여 조금도 동요하지 않았다. 그가 사면되어 부릉으로부터 돌아왔을 때는 기모(氣貌), 용색(容色), 자발(髭髮) 등이 모두 평소보다 나아졌으므로, 문인이 그 까닭을 묻자, "학문의 힘이다.〔學之力也〕"라고 대답했던 고사에서 온 말이다. 《心經 正心章》

히 유유자재함이 부럽구려.〔秖羡風波裏, 超然自在船.〕"[111]라고 하였다. 공은 유배지에서도 해산(海山)의 빼어난 경치를 찾고, 〈선사록(仙槎錄)〉을 지어 그 흥을 부쳤다. 번암(樊菴)이 그것을 얻어 보고 다시 편지를 보내 말하기를, "경십(瓊什 남의 시에 대한 경칭(敬稱))이 찬란(燦爛)하여 이소(離騷)의 한을 띠고 있지 않으니, 마땅히 오래 지나지 않아 사환(賜環)[112]을 보리라."라고 하였는데, 그해 가을 과연 사면되어 돌아왔다. 경술년(1790, 정조14) 나라에 큰 경사[113]가 있자 공은 조정의 관리로 나이가 70이 되었기 때문에 품계가 더해져 첨지중추부사(僉知中樞府事)에 제수되었다.

대개 공이 파직된 뒤에 산수 간에 터를 잡아 집을 짓고 자연을 스스로 즐겼다. 일찍이 벽에다 시를 지어 다음과 같이 읊었다.

111 다만……부럽구려 : 풍파 속에서도 배에서 초연히 유유자재함은 정이(程頤)가 일찍이 부릉(涪陵)으로 유배된 고사로, 앞의 주 110) 참조.

112 사환(賜環) : 임금이 신하의 허물을 용서하고 다시 조정으로 불러들이는 것을 말한다. 《순자(荀子)》 〈대략(大略)〉에 "임금이 조정을 떠난 신하에 대해서 용서하지 않고 결별하는 뜻을 보일 때에는 한쪽이 떨어진 패옥을 보내고, 다시 조정으로 불러들일 때에는 고리가 완전히 이어진 옥환을 보낸다.〔絶人以玦, 反絶以環.〕"라는 말이 나온다.

113 큰 경사 : 남경희의 행장에는 원량지경(元良之慶), 즉 원자가 태어나는 경사로 되어 있다. 이 원자는 정조의 둘째 아들로 훗날 조선 제23대 왕인 순조(純祖, 1790~1834)가 되며, 재위는 1800년에서 1834년까지이다. 이름은 공(玜), 자는 공보(公寶), 호는 순재(純齋)이다. 시호는 연덕현도경인순희문안무정헌경성효대왕(淵德顯道景仁純禧文安武靖憲敬成孝大王), 묘호는 순조(純祖)이다. 능호는 인릉(仁陵)으로 서울 서초구 내곡동에 있다.

티끌 세상의 쓸데없는 일 버리고	遺落塵冗
정처 없이 떠도는 몸일세	放浪形骸
무엇을 구하며 무엇을 염려하는가	何求何慮
넉넉하고 여유 있네	優哉游哉
산은 고요하고 하루 해는 기니	山靜日長
시를 읊조리며 거니네	吟諷徘徊
탁주 술동이 곁에	濁酒罇畔
원량[114]이 또 오네	元亮又來

그 골짜기의 별장이 약산(藥山)의 남쪽에 있었기에 드디어 약남옹(藥南翁)이라 자호하였다.

신해년(1791, 정조15) 11월 모일[115] 세상을 떠나시니, 향년 74세였다. 바야흐로 병이 들었을 때도 오히려 책 읽기를 그만두지 않았으니, 밤에는 옛사람들의 여러 글을 외우고 마음으로 이해하며 스스로 시간을 보냈다. 병이 위급해짐에 이르러 널과 염은 소박하게 할 것에 힘쓰기를 경계로 남기고, 또 모시는 사람에게 명하여 서적과 궤안을 정리하게 하였다. 인하여 편안히 세상을 떠났다. 이듬해 4월 비학산(飛鶴山) 남쪽 기슭 부감(負坎 남향) 언덕에 장례 지냈다.[116] 부인은 월성 이씨(月城李氏)이니, 익재(益齋)

114 원량 : 동진(東晉) 도잠(陶潛)으로, 팽택 현령(彭澤縣令)으로 있다가 〈귀거래사(歸去來辭)〉를 짓고 고향으로 돌아가 평생을 안빈낙도하며 살았다.

115 모일 : 남경희의 행장에는 23일로 되어 있다.

116 이듬해……지냈다 : 남경희의 행장에 의하면 공보다 10년 먼저 세상을 떠난 부인의 무덤 남쪽에 장례 지냈다.

제현(齊賢)의 후손 문룡(文龍)의 따님이다.

아들 둘을 낳았으니, 재행(才行)으로 일컬어진 정용(鼎容), 정함(鼎涵)이다. 정용(鼎容)은 아들이 둘이니, 욱상(旭祥), 희상(曦祥)이다. 정함(鼎涵)은 아들이 둘이니, 표상(杓祥), 추상(樞祥)이며, 딸이 하나이니, 김민수(金民壽)에게 시집갔다. 욱상(旭祥)은 아들이 하나이니, 재원(在瑗)이다. 희상(曦祥)은 아들이 하나이니, 재기(在琦)이다. 표상(杓祥)은 아들이 둘이니, 재관(在寬), 재댁(在宅)이다. 추상(樞祥)은 아들이 둘이니, 모두 어리다.

공의 성품은 화락하고 단정하며 흉금은 고아하고 깨끗하였으며, 얼굴빛은 온화하고 순수하며 말은 간결하면서도 부드러웠다. 외면은 소탈하고 호탕함에 가까웠으나 내면은 실로 야무지면서도 꼼꼼하며, 외모는 다만 보통 수준의 사람이지만 기상은 매우 헌걸찼다. 일생 동안 자신을 단속하고 일을 처리함에 뭇사람들과 매우 다르지는 않은 것 같으나 꿋꿋하게 세속을 벗어나 산뜻한 의취가 있었으니, 이것이 그 대체이다. 어려서부터 가난하여 나물국에 거친 밥도 제대로 먹지 못했으나 공은 정성을 다하여 어버이를 모셔서 달고 맛있는 음식을 제공함에 부족함이 없게 하였다. 공이 하양 현감(河陽縣監)으로 있을 때 녹봉(祿俸)으로 어버이를 봉양한 것이 6년이었고, 수신(晬辰 생일)마다 곧 축수를 올려 영광이 밝게 빛나니, 사람들이 모두 '효성스런 마음이 다함이 없다.'라는 말로 칭찬하였다.

형제를 사랑함이 지극하여 근심과 즐거움, 굶주림과 배부름을 함께하지 않음이 없었다. 함녕 현감(咸寧縣監)으로 있을 때, 관아에서 백씨(伯氏)를 받들기를 마치 아버지 첨추공(僉樞公)을 섬기듯 하였다. 아우 한 명이 있었는데 재주가 있었으나 한 가지를 이룬 명성을 얻지 못하고 가족을 데리고 한 곳에 우거하였는데, 훈지(塤篪)[117]로 번갈아 창수하면서 공피(共被)[118]의 즐거움을 극진히 하였다. 찰방공(察訪公 이언괄(李彦适))의 경우, 예전에 사당이 있었는데 나라의 금령(禁令) 때문에 헐었다. 공이 이에 진씨(陳氏)와 동씨(董氏)의 의문(儀文 의식과 예절)[119]을 고찰하여 종족(宗族)과 함께 묘우 한 채를 세워 봄가을로 제사 지냈다.

스스로 생활함은 검약하여 만년에 집안이 조금 부유해졌을 때도 항상 거(莒)에 있을 때의 마음[120]을 잊지 않았다. 의복과 음식은 다만 몸을 가리고 입에 맞기를 취할 뿐이었고, 오직 제사를 받들고 빈객을 접대하는 데 마음을 다하였다. 향리에 거처할 때는 친하고 소원한 이를 따지지 않고 정성스럽게 대우함이 한결같았

117 훈지(塤篪) : 훈지(壎篪)로도 쓰며, 형제 사이의 화목과 조화를 비유할 때 쓰는 표현이다. 《시경(詩經)》 소아(小雅) 〈하인사(何人斯)〉의 "맏형은 훈을 불고 둘째형은 지를 분다.〔伯氏吹壎, 仲氏吹篪.〕"는 말에서 나온 것이다.

118 공피(共被) : 이불을 함께 덮는다는 뜻으로, 형제간의 우애를 말한다. 후한(後漢) 때의 강굉(姜肱)은 자가 백회(伯淮)인데, 두 아우인 중해(仲海)·계강(季江)과 우애가 지극하여 항상 한 이불을 덮고 함께 잤으므로 '강굉공피(姜肱共被)'라는 고사가 생겼다. 《後漢書 卷53 姜肱列傳》

119 진씨(陳氏)와 동씨(董氏)의 의문(儀文) : 분명하지 않다.

120 거(莒)에 있을 때 : 과거 곤경에 처했던 때를 일컫는 말이다. 제 환공(齊桓公)이 공자(公子) 시절에 거(莒) 땅으로 망명하여 온갖 어려움을 겪었는데, 귀국하여 즉위한 뒤 축하연이 벌어졌을 때 포숙아(鮑叔牙)가 술잔을 올리면서 "우리 임금께서 조국을 떠나 거 땅으로 망명했던 때를 잊지 않으시기를 축원합니다.〔祝吾君無忘其出而在莒也〕"라고 말한 고사가 있다. 《新序 雜事 卷4》

다. 만약 질병이 있는 사람을 보면 마치 자신이 병들어 아픈 것 같이 하였으며, 궁핍하여 굶주린 사람이 있으면 즉시 베풀었다. 비록 서울에서 벼슬살이하고 있을 때에도 군색하고 위급한 영남 사람들을 접대하고 구제한 것이 매우 많았다.

안〔마음〕은 지키는 바가 있어 한결같은 마음으로 공사(公事)를 받들었으나 밖〔몸〕의 안위는 돌보지 않았다. 하양 현감으로 있을 때, 방백(方伯)이 일찍이 그의 종을 현(縣)의 군인으로 충당한 적이 있었던 것을 가지고 면전에서 청하는 바가 있었다. 공이 군적(軍籍)을 살펴보니, 바로 20년 전에 충당한 것이었다. 즉시 "이는 한때의 현령이 감히 손쓸 수 있는 것이 아니다."라는 것으로 보고하니, 방백이 놀라서 사죄하였다. 번암(樊庵)과는 젊어서부터 서로 잘 지냈기에 비록 관직의 고하가 크게 차이가 난 뒤에도 악정구(樂正裘)와 목중(牧仲)의 맹헌자(孟獻子)에 대한 관계[121]와 거의 같았으니, 시를 주고받으며 왕래함에 거의 그 권세를 잊었다.

재적(載籍 서적)을 두루 기억하였으나, 《노론(魯論 논어(論語))》과 《증전(曾傳 대학(大學))》에 대해서는 더욱 익혔다. 역대 사서(史書)를 보면 반드시 그 치란과 흥망의 원인을 궁구하였으나 지식을 포괄하여 나열하는 것으로 능하다고 여기지 않았다. 드러내

121 악정구(樂正裘)와……관계 : 맹헌자는 노나라의 어진 대부(大夫) 중손멸(仲孫蔑)이다. 《맹자》 〈만장 상(萬章上)〉에 "맹헌자는 백승 대부의 집안이었다. 벗 다섯 명이 있었는데 악정구와 목중이요, 나머지 세 사람은 내 그 이름을 잊었노라.〔孟獻子, 百乘之家也. 有友五人焉, 樂正裘・牧仲, 其三人, 則予忘之矣.〕"라고 하였다. 악정구와 목중이 맹헌자의 권세를 보고 사귄 것이 아닌 것처럼 권세를 보고 사귄 것이 아님을 말한다.

어 문장을 지음에 명백하고 간절(簡切 간결하고 절실함)하여 사정을 곡진하게 표현하였다. 시 또한 성정을 도야하여 쏟아내어 스스로 일가(一家)의 시체를 이루었다. 성품이 술을 좋아하였으나 마시는 것이 두세 잔에 불과해도 문득 취하였다. 수염이 아름답고 풍채가 말끔하였으며 비록 벼슬하여 부령(簿領 관청의 문서)을 처리하는 사이에 있을 때라도 항상 초연(超然)히 세속을 벗어난 뜻이 있었다. 평소 산수를 좋아하여 금강산(金剛山), 구월산(九月山), 가야산(伽倻山), 내연산(內延山) 같은 지역에 발자취가 닿지 않은 곳이 없었다. 시를 지어 읊조린 것이 많은데, 버리고 모아 두지 않았기에 지금은 다만 약간 권[122]이 집에 보관되어 있다.

하루는 공의 손자 욱상(旭祥)이 공의 유사(遺事)를 가지고 와서 나에게 행장 짓는 일을 부탁하였다. 사양했으나 받아들여지지 않아 드디어 차례에 따라 위와 같이 쓴다.

122 약간 권 : 1850년 후손 이경희(李景羲)가 편집하여 《약남집》 7권 3책으로 간행되었다.

자헌대부 동지중추부사 외경당 하동 정공 행록
資憲大夫同知中樞府事畏警堂河東鄭公行錄

공의 휘는 시순(時淳), 자는 사순(士淳)이며, 외경(畏警)은 그 자호이다. 정씨(鄭氏) 가운데 본관을 하동(河東)으로 하는 사람은 고려(高麗) 때 휘 손위(遜位)가 있어 다섯 임금에게 두루 벼슬하여 자헌대부 지례부(資憲大夫知禮部)에 이르렀으니 비조(鼻祖)가 된다. 휘 세유(世裕)는 벼슬이 형부 상서(刑部尙書)에 이르렀다. 우리 조선에 들어와 휘 유건(惟謇)이 있었는데 벼슬은 찰방(察訪), 호는 동강(東江)이니, 이분이 공의 5대조이다. 대부(大父 조부(祖父))는 휘가 용(墉)으로, 호는 구곡(龜谷)이며 좌승지(左承旨)에 증직되었다. 아버지는 휘가 원경(元鏡)이며 호조 참판(戶曹參判)에 증직되었다. 대대로 효의(孝義)와 문학(文學)으로 소문이 났다. 어머니는 경주 김씨(慶州金氏)니, 정부인(貞夫人)에 증직되었으며, 충암 선생(冲庵先生) 정(淨)[123]의 후손 통덕랑(通德郞) 도(渡)의 따님이다. 숙종 계유년(1693, 숙종19) 옥천(沃川) 기사

123 정(淨) : 김정(金淨, 1486~1521)으로, 본관은 경주(慶州), 자는 원충(元冲), 호는 충암(冲庵)·고봉(孤峯)이며, 시호는 처음에는 문정(文貞)이고, 나중에 문간(文簡)으로 고쳐졌다. 1507년(중종2) 증광 문과에 장원으로 급제하였고, 1514년에 순창 군수가 되었다. 기묘사화로 금산(錦山)에 유배되었다가, 진도를 거쳐 다시 제주도로 옮겨졌다. 그 뒤 신사무옥에 연루되어 사림파의 주축인 생존자 6명과 함께 다시 중죄에 처해져 사사되었다. 1545년(인종1)에 복관되었고, 1646년(인조24)에 영의정에 추증되었다. 저서로는 《충암집(冲庵集)》이 있다.

천(耆士川)에서 공을 낳았다.

공은 천성이 지극히 효성스러웠다. 겨우 열 살 남짓일 때, 아버지가 오랜 산증(疝症)[124]을 앓았고 아울러 지독한 설사증이 날로 심해졌다. 공은 정성을 다해 병을 간호하고 병세를 알기 위해 변을 맛보며 하늘에 비는 등 지극정성을 다하지 않음이 없었으나 모든 약이 끝내 효험이 없었다. 어느 날 저녁 아버지가 절명하자 공이 좌작도(莝斫刀 작두)를 가져와 왼손 둘째 손가락의 한 마디를 잘라 입에 피를 흘려 넣었다. 잠깐 동안 살아날 뜻이 조금 있자 곧바로 또 셋째 손가락의 한 마디를 잘라서 피를 연이어 흘려 넣으니 한참 후에 이에 소생할 수 있었다. 다섯 달을 살다가 아버지가 다시 병들어 절명하니, 공이 너무 갑작스러워 작두를 찾았으나 찾지 못하자 곧바로 사기(砂器) 그릇을 쳐서 깨트렸다. 손가락을 마구 찔러 피를 내서 흘려 넣었으나 다시 소생하지 못했다. 공은 밤낮으로 부르짖으며 가슴을 쳤다. 상례를 치름에 한결같이 주자(朱子)의 《가례(家禮)》를 따랐다. 삼년상을 마칠 때까지 몸을 상함이 막 초상을 당한 것과 같았다. 제사를 지낼 때마다 반드시 목욕재계하고 직접 제수를 마련하여 제례를 행하였다.

백형(伯兄)을 받듦에 우애와 공경이 모두 지극하여 잠자고 먹을 때 곁에서 시중들며 함께하였고, 세상을 떠나자 통곡함에 문득 거의 숨이 끊어질 정도에 이르렀다. 홀로 된 형수를 봉양하고 아버지 여읜 조카를 어루만짐에 은혜와 예의가 곡진하였다. 재물에

124 산증(疝症) : 고환(睾丸), 부고환(副睾丸), 음낭(陰囊) 등의 질환으로 일어나는 신경통(神經痛), 요통(腰痛) 및 아랫배와 불알이 붓고 아픈 병의 총칭이다.

있어서도 또한 축적하여 나누어 줄 수 있었으니, 이미 반으로 똑같이 나누어 종가의 조카에게 주어 선조의 제사를 받들게 하였다. 가난한 친족과 궁핍한 벗은 두루 구휼함에 마치 힘이 미치지 못한 듯하였다. 빈객이 날마다 집에 가득하였으나 정성스럽게 접대하며 귀찮아하는 기색이 없었다.

나이 90세에 장수했다는 것으로 천작(天爵 이조 판서)을 얻었으니, 품계가 정이품(正二品)이다.[125] 3년 뒤 정조 갑진년(1784, 정조8) 집에서 세상을 떠났다. 군의 동쪽 어은동(於隱洞) 좌건(坐乾 남동향) 언덕에 장례 지냈다. 부인 박씨(朴氏)도 합장하였다. 박씨(朴氏)는 사인 제흠(濟欽)의 따님이다. 단정하고 엄숙하며 부인의 덕이 있었으나, 자식이 없었기에 형의 아들 대주(大柱)를 양자로 들였다. 대주(大柱) 또한 효제(孝悌)의 행실이 있었으나, 일찍 죽었다. 대주는 아들이 둘이니, 국환(國煥), 석환(錫煥)이며, 딸이 하나이니, 강순야(姜淳也)에게 시집갔다.

하루는 석환(錫煥)이 공의 유사(遺事)를 가지고 와서 나에게 보여 주고 행장 짓기를 부탁하며 말하기를, "조부의 우뚝한 행실은 이와 같음이 있으니, 향리의 인사들이 고을과 감영에 공문서를 보내 주상께 아뢰었습니다. 주상이 듣고 정려를 내리고 포상해 줄 것을 모두 허락하였으나 과연 그렇게 되지는 못했습니다. 여러 첩지를 살펴보면 알 수 있습니다만 지금은 세월이 이미 오래되어

125 천작(天爵)을……정이품(正二品)이다 : 천작은 높은 벼슬을 뜻한다. 정시순이 자헌대부(資憲大夫) 동지중추부사(同知中樞府事)에 제수되었는데, 자헌대부는 정2품의 품계이며, 동지중추부사는 종2품의 관직이다.

이 일을 더욱 기필할 수가 없으니, 인하여 마침내 인몰되기 쉽습니다. 어찌 한마디 말을 지어 주어 후세에 믿음을 전할 수 있게 하지 않으시겠습니까."라고 하였다.

내가 말하기를, "어버이의 병에 손가락 하나 자르는 것도 오히려 지극한 효성이라고 말할 수 있거늘 하물며, 손가락 두 개를 자르고도 그만두지 않은 경우야 말할 것이 있겠는가. 굳센 효자가 아니라면 그 누가 할 수 있겠는가. 이는 정려(旌閭)를 내리고 포상함에 끝내 마땅히 그렇게 될 날이 있을 것일세."라고 하였다. 내 말은 진실로 믿음을 전하기에 부족하나 깜짝 놀라 들은 나머지 나도 모르게 흐뭇하고 즐거이 말하고 마침내 형제간에 우애 있고 친족들과 화목한 행실까지 아울러 위와 같이 기록하였다.

자헌대부 지돈녕부사 이공 행장
資憲大夫知敦寧府事李公行狀

공의 휘는 빈(穦), 자는 숙형(叔馨)이다. 이씨(李氏) 가운데 본관을 여주(驪州)로 하는 사람으로 고려조에 현달하여 벼슬이 대제학(大提學)에 이른 문절공(文節公) 행(行)[126]은 호가 기우자(騎牛子)이며 덕행과 문장으로 이름났다. 이분이 적(迹)[127]을 낳으니 우리 조선에 들어와 예문관 직제학(藝文館直提學)이 되었다. 이분이 자(孜)[128]를 낳으니 양녕대군(讓寧大君)[129]의 사위로 관직이 중추부사(中樞府事)이다. 이분이 증석(曾碩)을 낳으니 중화 군수(中和郡守)이다. 이분이 사필(師弼)[130]을 낳으니 연산군 때 밀양(密

126 행(行) : 이행(李行, 1352~1432)으로, 자는 주도(周道), 호는 기우자(騎牛子)・백암거사(白巖居士)・일가도인(一可道人), 시호는 문절(文節)이다. 1371년(공민왕20)에 과거에 급제하여 좌간의대부(左諫議大夫), 지신사(知申事), 예문관 대제학(藝文館大提學), 이조 판서 등을 지냈다. 고려가 망하자 예천동(禮泉洞)에 은거하였다. 저서에 《기우집(騎牛集)》이 있다.

127 적(迹) : 이적(李迹)으로, 고려 말~조선 초의 문신이다. 1390년(공양왕2) 문과에 급제하였고, 조선 개국 후 이조 참판(吏曹參判) 등을 지냈다.

128 자(孜) : 이자(李孜)로, 조선 세종(世宗) 때의 문신이며 양녕대군(讓寧大君)의 사위가 되었다. 돈녕 부사(敦寧府事)를 지냈다.

129 양녕대군(讓寧大君) : 이제(李禔, 1394~1462)로, 태종의 장남이며, 자는 후백(厚伯)이다. 1404년(태종4)에 왕세자로 책봉되었으나, 자유분방한 성품의 소유자였기 때문에 왕세자로서 지녀야 할 예의범절, 절도 있는 유교적인 교육, 엄격한 궁중 생활 등에 잘 적응하지 못하여 1418년에 유정현(柳廷顯) 등의 청원으로 폐위되었다.

130 사필(師弼) : 이사필(李師弼)로, 연산군(燕山君) 때 교위(校尉)를 지냈으며,

陽)으로 퇴거하였다. 아들 태(迨)[131]는 한원(翰苑 예문관(藝文館))에 뽑혔으나 권력을 가진 간사한 이들에게 배척되어 월연(月淵) 가로 퇴거하고, 인하여 월연(月淵)이라 불렸으며, 벼슬은 사도시 부정(司導寺副正)에 그쳤다. 아들 원충(元忠)[132]은 공조 참의(工曹參議)에 증직되었다. 아들 윤수(潤壽)[133]는 한성 우윤(漢城右尹)에 증직되었으며, 서애(西厓) 유 문충공(柳文忠公)의 매서(妹婿)가 되었는데, 어려서 용궁(龍宮) 고모(姑母) 집에서 양육되었기에 인하여 용궁에 살았다. 아들 넷을 낳았으니, 중찬(仲燦)은 유일(遺逸)로 벼슬이 정랑(正郎)이 되었으며 호는 국창(菊窗)이니, 이 분이 공의 5세조이다. 고조는 휘가 장춘(長春)이다. 증조는 휘가 만지(萬枝)이니 좌승지(左承旨)에 증직되었다. 조부는 휘가 지해(之瑎)이니, 문행(文行)이 있어 호조 참판(戶曹參判)에 증직되었다. 아버지는 휘가 제시(濟時)이니, 후덕(厚德)함으로 사림(士林)의 추중을 받았으며 호조 판서(戶曹判書)에 증직되었다. 어머니는 축산 전씨(竺山全氏)이니, 부원군(府院君) 원발(元發)[134]의 후손

무오사화(戊午士禍)가 일어나자 밀양(密陽)으로 퇴거하였다.

131 태(迨) : 이태(李迨, 1483~1536)로, 자는 중예(仲豫), 호는 월연(月淵)이다. 저서로는 《월연집》이 있다.

132 원충(元忠) : 이원충(李元忠, ?~?)으로, 호는 잠옹(潛翁)이다. 광해군이 모후를 폐한 것에 대해 상소를 올린 적이 있다. 경현단에 배향되었다.

133 윤수(潤壽) : 이윤수(李潤壽, 1545~1594)로, 자는 인수(仁叟)이다.

134 원발(元發) : 전원발(全元發)로, 본관은 용궁(龍宮), 호는 국파(菊坡)이다. 고려 말기에 원나라에 가서 문과에 장원 급제하여 병부 상서 집현전 태학사에 오르고 영록대부(榮祿大夫)에 가자되었다. 뒤에 귀국하여 축산 부원군(竺山府院君)에 봉해졌다. 서예에 뛰어났으며, 용궁의 소천서원(蘇川書院)에 제향되었다. 《입재집》 권34에

희대(僖大)의 따님이다. 여사(女士)의 풍도가 있었으며, 정부인(貞夫人)에 증직되었다. 어버이가 모두 증직된 것은 공이 귀하게 되었기 때문이다. 공은 명릉(明陵 숙종) 임진년(1712, 숙종38) 5월 12일에 태어났다.

공은 어려서부터 빼어난 기상이 있었으며, 성장함에 이르러 판서공(判書公)이 의로운 방법으로 가르쳤기에 억손(抑損 만심(慢心)을 누르고 겸양(謙讓)함)하여 공손하고 삼가며 주밀하고 신중하였다. 무오년(1738, 영조14) 판서공이 천연두 때문에 궁벽한 골짜기의 우거지에서 세상을 떠났다. 공이 홀로 천연두에 걸렸으나 슬픔의 예를 극진히 하였다. 무릇 부신(附身)과 부관(附棺)[135]은 반드시 정성스럽고 신실하게 하여 유감이 없었다. 성격이 통활(通豁)하여 얽매이지 않았으며, 사물의 이치를 따라 계책을 내어 막힘이 없었다. 집안과 유궁(儒宮 서원(書院))의 큰일은 모두 공에게 의지하여 주관하였으니, 부로(父老)들이 모두 공보(公輔)[136]의 그릇으로 칭찬하였다.

그의 묘갈명인 〈축산 부원군 국파 전공 묘갈명(竺山府院君菊坡全公墓碣銘)〉이 있다.

135 부신(附身)과 부관(附棺) : 부신은 염을 할 때 쓰는 수의와 이불 같은 의금(衣衾)의 도구이고, 부관은 장례를 지낼 때 쓰는 명기(明器 : 고인이 아끼던 물건)와 용기(用器 : 고인이 쓰던 일반 물품)의 부장품이다. 《예기》 〈단궁 상(檀弓上)〉에 자사(子思)가 말하기를 "상을 당하면 3일 만에 빈(殯)을 하는데, 시신과 함께 관에 넣는 물건은 반드시 정성스럽고 신실하게 하여 후회를 남기는 일이 없어야 한다. 3개월이 지나 장사를 지내는데, 관곽(棺槨)과 함께 부장하는 물품들은 반드시 정성스럽고 신실하게 하여 후회를 남기는 일이 없어야 한다.〔子思曰 : 喪三日而殯, 凡附於身者, 必誠必信, 勿之有悔焉耳矣. 三月而葬, 凡附於棺者, 必誠必信, 勿之有悔焉耳矣.〕"라고 하였다.

136 공보(公輔) : 천자(天子)를 보좌하는 삼공(三公)과 사보(四輔)를 말하는데,

갑술년(1754, 영조30) 증광시에 합격하여 괴원(槐院 승문원(承文院))에 보임되었다. 정축년(1757, 영조33) 익릉 별검(翼陵別檢)[137]에 제수되었으나, 부임하지 않았다. 계미년(1763, 영조39) 어머니 정부인(貞夫人)의 상을 다하자 이전 아버지의 상(喪) 때와 마찬가지로 마음을 다하였다. 삼년상이 끝나자 정자(正字)에서 저작(著作)과 박사(博士)를 거쳐 태상시 직장(太常寺直長)으로 관직을 옮겼다. 새벽부터 밤까지 정성을 다하고 부지런하니 관례에 따라 전적(典籍)으로 승진하였다. 정해년(1767, 영조43) 형조 좌랑(刑曹佐郞)으로 관직을 옮겼는데, 재판하여 판결함에 공평하고 사사로운 부탁을 받아들이지 않았다. 여러 당상관들이 공경하며 두려워하였고, 재판의 판결이 있을 때마다 반드시 말하기를, "이 낭료(李郎僚)[138]는 어떻게 생각하는가?"라고 물어보았다. 춘추관(春秋館)을 겸하여 경연(經筵)에 입시(入侍)한 것이 한 달 남짓이었을 때, 영조가 일찍이 그의 나이와 거주지를 특별히 묻고 좌우를 돌아보며 말하기를, "성실하고 정성스러우며 순후하고 신실하니, 영남(嶺南)의 본색을 잃지 않았다."라고 하였다. 몇 년 뒤 향리로 돌아왔다.

경자년(1780, 정조4) 지평(持平)에 제수되었으나, 외부에 있다

전하여 재상과 같은 벼슬을 이른다.

137 익릉 별검(翼陵別檢) : 익릉은 숙종의 비 인경왕후(仁敬王后) 김씨(金氏)의 능으로, 경기도 고양(高陽)에 있다.

138 이 낭료(李郎僚) : 낭료는 낭관(郎官)인 요속(僚屬)으로 낭청(郎廳)이라고도 한다. 낭관은 정5품 이하 즉 동반의 통덕랑(通德郎) 또는 서반의 과의 교위(果毅校尉) 이하인 관원을 말한다.

는 것 때문에 체직되었다. 신축년(1781, 정조5) 은산 현감(殷山縣監)에 제수되었고 얼마 뒤 정언(正言)에 제수되었으나, 모두 부임하지 않았다. 임인년(1782, 정조6) 연이어 장령(掌令)에 제수된 것이 세 번이었으나 공은 황달을 앓고 있어서 부름에 달려갈 수 없었다. 상소하여 면직을 청하고 아울러 큰 가뭄에 몸을 닦고 반성하는 방법을 진술하여 재해를 당하여 조언을 구하는 교지에 응하였다. 주상이 비답을 내려 말하기를, "근래 적료(寂寥)하던 차에 이같이 진술하는 글이 있으니, 별도로 과인의 몸을 반성하고 체득하여 살피고자 하노라. 그대는 사직하지 말라. 병이 차도가 있기를 기다려 올라와 직책을 살피라."라고 하고, 도신(道臣 관찰사(觀察使))에게 칙령을 내려 병의 차도를 살펴 기송(起送 사람을 보냄)하게 하니 실로 특별한 은혜였다. 공이 더욱 황송하여 움츠러듦을 이기지 못하였다. 다시 병의 위독한 상황을 진술하면서 말미에 임금의 덕을 돕고 관방(官方 벼슬아치가 지켜야 할 도리)을 정비하는 뜻을 언급하였으나 진달하기도 전에 체직되었으며, 인하여 종부시 정(宗簿寺正)에 제수되었다.

계묘년(1783, 정조7) 장령(掌令)에 제수되었고, 병오년(1786, 정조10) 사성(司成)에 제수되었고, 무신년(1788, 정조12) 또 장령(掌令)에 제수되었으나, 모두 부임하지 않았다. 기유년(1789, 정조13) 통정대부(通政大夫 정3품)의 품계를 더하였고, 얼마 뒤 공조 참의(工曹參議)에 제수되었다. 경술년(1790, 정조14) 가선대부(嘉善大夫 종2품)로 품계가 올라 형조 참판(刑曹參判)에 제수되었다. 신해년(1791, 정조15) 가의대부(嘉義大夫 종2품)로 품계가 올랐다. 갑인년(1794, 정조18) 자헌대부(資憲大夫 정2품)로 품계가 올라 지돈녕부사(知敦寧府事)에 제수되었다가 기사(耆司 기로소(耆老所))에 들어갔다. 그 덕에 전고(典故)대로 3대까지 벼슬을 내리는 은혜를 입었다.

공은 평소에 비병(脾病)[139]이 있었는데 이때에 이르러 점점 위독해졌으나 오히려 스스로의 힘으로 분황(焚黃)[140]을 행하였으며, 임금의 넓은 은혜에 감격하여 눈물이 흘러 땅을 적셨다. 11월 1일 세상을 떠나니, 향년 83세였다. 이듬해 윤월 18일 고을의 남쪽 구미산(九美山) 부경(負庚 북동 75도 방향) 언덕에 장례 지냈다. 부인은 안동 권씨(安東權氏)이니, 동지(同知) 이(怡)의 따님이다. 단정하고 엄숙하여 부도(婦道)가 있었으나 공보다 5년 먼저 세상을 떠났으며, 정부인(貞夫人)에 증직되었다. 처음에 임시로 가매장하였다가 뒤에 공의 묘에 부장하였다.

아들 하나 딸 셋을 낳았으니, 아들은 관섭(觀燮)이며, 딸은 남필준(南必駿), 이유섭(李有燮), 유택조(柳宅祚)에게 시집갔다. 관섭(觀燮)은 일찍 죽었는데, 자식이 없어 족질 장규(章奎)를 양자로 들였으며, 딸 하나가 있으니, 권재술(權載述)에게 시집갔다.

공은 잡아 지킨 것이 확고하여 진퇴가 바름을 얻었다. 일찍이 말하기를, "벼슬하는 사람은 항상 스스로 격앙(激昂)하여야 하니, 벼슬에 진출하려는 뜻을 뱃속에 제멋대로 생기게 하지 않는다면,

139 비병(脾病) : 비장(脾臟)이 아픈 병으로, 배가 아프고 소화가 잘 안 되며, 몸이 무겁고 뼈마디가 아프며, 가슴속에 기가 가득 차서 숨이 찬 증세를 보인다.

140 분황(焚黃) : 관직이 추증(追贈)될 경우, 사령장(辭令狀)과 황색 종이에 쓴 사령장의 부본(副本)을 주면 그 자손이 추증된 선조의 묘소 앞에서 이를 고(告)하고 황색 종이의 부본을 불태우는 의식을 이른다.

거의 함정에 떨어지지 않을 것이다."라고 하였다. 갈옷을 벗고 벼슬하던 처음에 어떤 조사(朝士 조정의 벼슬아치)가 있어 자주 방문하고 여러 번 편지를 보내 교제를 맺고자 하였으나, 공은 한 번도 답장하지 않고 말하기를, "사군자(士君子)의 몸가짐은 아이를 낳지 않은 처녀와 같아야 한다. 만약 머뭇거리고 감싸면서 저와 사귄다면, 벽을 뚫고 담을 넘는 도둑과 무엇이 다르겠는가."라고 하였다. 얼마 지나지 않아 그 사람이 결국 패가망신하니, 사람들은 공의 감식안에 감복하였다.

상서(尙書) 남유용(南有容)[141]은 공에게 인척이 된다. 일찍이 정당(政堂)[142]에서 공을 만난 적이 있었는데 정성을 지극히 하며 찾아와 달라고 하였다. 뒤에 공이 그 집 대문을 자주 지나면서도 들어가지 않았다. 공은 퇴근하면 반드시 여저(旅邸 객지에 임시로 머물러 있는 집)에서 문을 닫고 발걸음이 반촌(頖村)[143] 밖을 밟지 않았다. 일찍이 휴가에서 돌아왔을 때, 전관(銓官)[144]의 말을 전하는

141 남유용(南有容) : 1698~1773. 본관은 의령(宜寧), 자는 덕재(德哉), 호는 뇌연(雷淵) 또는 소화(小華)이며 시호는 문청(文淸)이다. 이재(李縡)의 문인으로 1721년 진사가 되고 1740년 알성 문과에 급제했다. 양관(兩館) 대제학·원손 사부(元孫師傅)를 거쳤다. 문장과 시에 뛰어나고 서예에도 일가를 이루었다. 저서에 《뇌연집》, 《명사정강(明史正綱)》 등이 있고, 〈우화교비(羽化橋碑)〉, 〈해백윤세수비(海伯尹世綏碑)〉 등의 글씨가 있다.

142 정당(政堂) : 임금이 통상적 업무를 처리하는 편전으로 보인다.

143 반촌(頖村) : 반촌(泮村)과 같은 말로, 성균관을 중심으로 한 근처의 동네를 이르는 말이다.

144 전관(銓官) : 문무관(文武官)의 인사를 담당하는 관리로, 조선조에는 문관은 이조(吏曹)에서, 무관은 병조(兵曹)에서 담당하였다.

사람이 있어 말하기를, "조금 더 머무시면 읍(邑)의 수령 자리를 얻을 수 있을 겁니다."라고 하니 공이 웃으면서 말하기를, "이 사람이 내가 벼슬을 그만두고 향리로 돌아갈 길을 재촉하는구나."라고 하고 바로 그날 출발하였다. 가식(家食)[145]한 지 30년 동안 조각 편지도 결코 서울에 보낸 적이 없었으니, 그분의 편안함과 절개가 이와 같았다.

평소 생활함에 떳떳한 윤리에 돈독하여 어버이를 섬김에 그 효성을 다하였다. 선조의 제사를 받듦에 그 정성을 다하여 제사를 만날 때마다 목욕재계하고 직접 나아가 그 사랑과 정성을 지극히 하였다.[146] 종족에게 돈독하고 화목하여 친소(親疎)에 차별 없이 우환(憂患)과 길경(吉慶)에 날마다 반드시 직접 찾아뵈었다. 어버이를 여의어 곤란하고 가난한 이들은 더욱 불쌍히 여겨 구휼하였다. 일찍이 얼속(孼屬 서속(庶屬))으로 돌림병에 죽은 이가 있었는데 가난하여 시신을 수습할 수 없었다. 공이 사람을 사서 자신의 이불로 염을 하게 하니, 이로 인하여 이불 없이 겨울을 지냈으나 마음에 두지 않았다. 여러 자질(子姪)이 잘못이 있으면 정성스럽게 깨우치고 목소리를 높이지 않았다. 항상 숙세(叔世)[147]에 종중

145 가식(家食) : 《주역(周易)》 〈대축괘(大畜卦) 단(彖)〉에, "집에서 밥을 먹지 않으면 길하다.〔不家食吉〕"라고 하였는데, 가식은 조정에 출사하여 녹(祿)을 먹지 않고 벼슬에서 물러나 집에서 밥을 먹는다는 뜻이다.

146 사랑과……하였다 : 원문은 '치기애각(致其愛慤)'으로, 제사를 지낼 때 돌아가신 부모가 눈앞에 계신 것처럼 항상 잊지 않고 공경하는 것을 의미한다. 《예기》 〈제의(祭義)〉에 후손이 조상에 대하여 "사랑을 다하면 혼령이 보존되고, 정성을 다하면 혼령이 드러난다.〔致愛則存, 致慤則著.〕"라는 말에서 나왔다.

(宗中)을 중시하는 뜻을 알지 못함을 한스러워하였고, 대종(大宗)을 위해 그 방계(傍系)가 쇠락(衰落)하는 것을 염려하여 문족(門族)과 의논하여 별도로 토지와 밭을 두어 보충하게 하였다. 충성과 믿음으로 향당(鄕黨)에 대처하며, 온화하고 중후함으로 빈객을 대우하였다. 객이 이르면 신분의 귀하를 따지지 않고 반드시 의관을 가지런히 하고 계단을 내려와 맞이하고 전송하였으며, 자신이 지위가 높아지고 늙었다는 것으로 혹 게으르지 않았다.

넓은 자리에 사람들이 빽빽하게 모이거나 당(堂)에 가득한 사람들과 웃으며 농담할 때도 공은 듬직하고 중후하여 자세를 바르게 하고 앉았으며 풍유(風猷 풍모와 교화)는 주위를 덮었다. 일에 대해 말하는 것이 없고, 말은 가벼이 하지 않았다. 의(義)와 이(利)를 분별하는 곳에 이르러서는 절대 흔들리는 바가 없었으니, 남의 선함을 기쁘게 드러내고 남의 잘못을 끝까지 덮어 주어 뭇 사람들을 따라 비난하거나 칭찬하지 않았다. 그래서 사람들이 모두 공경하며 감복하여 장막[148]처럼 의지하였다. 공이 서울의 사저에 있을 때 같은 경상도 사람이 어떤 일로 인해 서울에 왔는데, 공은 정성을 다해 대우하고 지도함에 골육(骨肉)의 친한 이와 다름이 없었다. 혹 병든 사람이 있으면 더욱 그를 위해 힘을 다해 간호하여 완전하게 살아나야 그만두었다. 이 때문에 영남 사람들

147 숙세(叔世) : 말세(末世)라는 뜻이다. 쇠란(衰亂)한 세상을 숙세(叔世)라 하고, 망하게 된 세상을 계세(季世)라 한다.

148 장막 : 원문은 '병몽(帡幪)'으로 보호막을 의미한다. 한(漢)나라 양웅(揚雄)의 《법언(法言)》에 "우레와 바람, 세찬 폭우가 온 뒤에야 큰 집이 장막이 됨을 안다.〔震風陵雨, 然後知廈屋之爲帡幪也.〕"라는 구절에서 인용한 말이다.

이 공을 일컬어 경상도의 어른〔道長〕이라 하였다.

대개 공은 기국(器局)이 침착하고 고요하며, 금운(襟韻 흉금(胸襟))이 크고 장대하였으며, 자상하고 주밀하며 자애롭고 온화함으로 이루었으니 자신을 단속하고 남을 대우함에 그 곡진함을 마땅히 하여 유감이 없었다. 옛사람의 글 읽기를 좋아하여 긴요한 말을 얻을 때마다 곧 벽에다 써서 잠심하여 완미하는 바탕으로 삼았다. 《대학장구》에 이르러서는 종신토록 애송하기를 그만두지 않았다. 평소 생활함에 항상 늦게 자고 일찍 일어났으며, 궤안의 서적, 당우(堂宇)의 계단은 항상 가지런히 정리하고 깨끗이 쓸었다. 언덕과 골짜기를 여유롭게 거닐며 즐거이 노년을 마쳤으니, 요행으로 오는 높은 벼슬이 어떤 물건인지 다시는 알지 못했다.

연세와 덕이 점점 높아지고 지위가 숭반(崇班 높은 반열(班列)이란 뜻으로 1품 관직을 의미함)에 오르자 항상 지나쳐 넘음이 있을까 두려워함이 걱정스럽게 말과 얼굴에 드러났다. 일찍이 큰 글씨로 '심은지족(心隱知足)'[149] 네 글자를 쓰고는 곧바로 지운 적이 있으니, 대개 자신의 뜻을 표방하고자 하지 않아서 그렇게 한 것이다. 그러나 임금을 사랑하고 나라를 걱정하는 마음은 한가한 곳에 살고 있다는 것 때문에 조금도 해이하지 않았으니, 당시 정사의 득실을 들으면 근심하거나 기뻐하지 않은 적이 없었다. 공의 병이 위독할 때를 당하여 어떤 사람이 원자(元子)의 성대한 덕이 드러난 한두 가지 일을 전해 주자 벌떡 일어나 앉아 마치 장차 춤을 출 것처

149 심은지족(心隱知足) : 몸은 벼슬에 매여 있으나 마음으로 은둔하여 만족함을 안다는 뜻이다.

럼 하면서 말하기를, "이는 우리 동방의 억만년토록 다함이 없는 아름다움이다. 그러나 어찌 우뚝하고 빼어난 의표(儀表)를 우러러볼 수 있겠는가."라고 하였다. 임종할 때 양양(陽陽 화락함)함이 평일과 같았으며, 말한 바는 모두 국가의 일이었고 사사로운 것은 언급하지 않았으니, 공 같은 분은 곧 왕실에 충성을 다하는 마음을 두어 죽더라도 오히려 잊지 않는 사람이 아니겠는가.

청대(淸臺) 권 희정공(權僖靖公)은 일찍이 공을 일컬어 말하기를, "강의(剛毅)는 중임을 맡을 수 있고,[150] 관후(寬厚)함은 남을 포용할 수 있고, 확고함은 물들지 않고 닳지 않[151]을 수 있다."라고 하였다. 대산(大山) 이 선생(李先生)은 말하기를, "넉넉하고 여유가 있으며 부지런하고 정성스러우니, 어디에 시행한들 마땅하지 않으랴.〔紆餘勤恪, 疇施不宜?〕"라고 하였다. 남야(南野)[152] 박공(朴公)은 말하기를, "학문하는 중에 있는 사람은 아니었으나 그 언행을 공평하게 고찰해 보니, 곧 학문하는 중에 있는 사람이었

150 강의(剛毅)는……있고 : 《논어(論語)》 〈태백(泰伯)〉에서 증자(曾子)가 말하기를, "선비는 도량이 넓고 뜻이 굳세지 않으면 안 되니, 책임이 무겁고 길이 멀기 때문이다.〔士不可以不弘毅, 任重而道遠.〕"라고 한 말을 원용한 것이다.

151 물들지……않 : 지조를 굳건히 지켜 변하지 않음을 의미한다. 《논어》 〈양화(陽貨)〉에 "단단하다고 말하지 않겠는가? 갈아도 닳지 않으니. 희다고 말하지 않겠는가? 검은 물을 들여도 물들지 않으니.〔不曰堅乎? 磨而不磷. 不曰白乎? 涅而不緇.〕"라고 하였다.

152 남야(南野) : 박손경(朴孫慶, 1713~1782)으로, 본관은 함양(咸陽), 자는 효유(孝有), 남야는 그의 호이다. 경북 예천군(醴泉郡) 용문면(龍門面) 상금곡리(上金谷里)에 거주하였다. 정종로가 40세에 박손경을 배알하고 가르침을 청하였다. 저서에 《남야집》이 있다.

다."라고 하였다. 정우천(鄭牛川)[153]과 명고(鳴皐)[154] 같은 분들도 또한 칭찬하며 인정하였다. 어떤 이는 대사농(大司農 호부 상서(戶部尙書)의 별칭)에 합치된다고 말하고, 어떤 이는 우리들 가운데 특별하다고 하였으니, 이 몇 가지 설을 보면 또한 공의 대략(大略)을 볼 수 있다. 영조(英祖)의 포창 같은 것은 칙철(則哲)[155]의 명철함에서 나왔으나, '영남본색(嶺南本色)' 네 글자가 한마디 말로 포괄할 수 있는 것이니, 참으로 신하를 아는 것은 임금만 한 것이 없다. 또한 공이 처음부터 끝까지 편안히 물러나 완전한 명성을 보전한 것은 또 말세에 분경(奔競)[156]하는 습속을 경계하고 후생이 크게 사모하는 마음을 일으키게 할 수 있다. 그 풍류와 원대한 운치는 거의 장차 백세(百世)토록 영원히 민몰되지 않을 것이니, 아 어찌 성대하지 않은가.

153 정우천(鄭牛川) : 정옥(鄭玉, 1694~1760)으로, 본관은 청주(淸州), 초명(初名)은 주관(周館), 자는 자성(子成), 호는 우천(牛川)이며, 봉화(奉化)에 거주하였다. 권두경(權斗經)의 문인이다. 지평(持平)을 지냈고, 대간(臺諫)으로 있으면서 시무(時務)를 조리 있게 고하여 이해에 좌우됨이 없이 간언하여 영조의 특별한 신임을 받았다. 저서로는 《우천집(牛川集)》이 전한다.

154 명고(鳴皐) : 정간(鄭幹, 1692~1757)으로, 본관은 연일(延日), 초명은 권(權), 자는 도중(道中), 호는 명고(鳴皐)이다. 영조 연간에 증광시에 급제하여 보령, 청양, 동래, 경주의 지방관을 거치면서 선정(善政)을 베풀어 칭송을 받았다.

155 칙철(則哲) : 인재를 알아보는 제왕의 명철한 지혜를 말한다. 《서경》 〈고요모(皐陶謨)〉에 "아, 모든 일을 이같이 하는 것은 요임금도 어렵게 여기셨던 것이다. 사람을 알게 되면 명철해져 다른 사람을 훌륭하게 임용할 수 있다.〔吁! 咸若時, 惟帝其難之. 知人則哲, 能官人.〕"라고 하였다.

156 분경(奔競) : 대관(大官)이나 세도가(勢道家)에 출입하면서 엽관(獵官)이나 이권(利權) 운동을 하는 것을 말한다.

공의 손자 장규(章奎)가 유사(遺事)를 가지고 와서 나에게 행장을 지어 주기를 부탁하였다. 사양했으나 받아들여지지 않아 삼가 서술하여 차례하기를 위와 같이 하였다.

승정원 동부승지 추담 고공 행장

承政院同副承旨秋潭高公行狀

공의 휘는 유(裕), 자는 순지(順之), 호는 추담(秋潭)이며, 성은 고씨(高氏)이다. 그 선조는 개성(開城)을 관향으로 하는 사람이니, 고려(高麗) 판도판서(版圖判書) 영(瑛)이 비조가 된다. 이분이 사원(士原)을 낳으니, 조선에 들어와 벼슬이 직제학(直提學)이다. 군수(郡守)로 도승지(都承旨)에 증직된 휘 인계(仁繼) 호 월봉(月峯)에 이르러서는 사원에 제향되었다.[157] 증조 휘 한익(漢翊)은 선교랑(宣教郎)이며, 조부 휘 사석(師錫)은 문장과 행실이 있었다. 아버지 휘 규서(奎瑞)는 온화하고 우아함으로 일컬어졌다. 어머니는 의성 김씨(義城金氏)이니, 서계(西溪) 담수(聃壽)[158]의

157 군수(郡守)로……제향되었다 : 저본에는 "至郡守贈都承旨諱仁繼號月峯享俎豆."로 되어 있다. 그러나 《추담집(秋潭集)》의 행장에는 "至郡守諱興雲號溪亭, 贈都承旨. 諱仁繼號月峯享俎豆."로 되어 있고, 한국학중앙연구원 도서관에 소장된 《입재집》(청구기호 K4-6427)에는 "至郡守諱興雲號溪亭. 諱仁繼號月峯享俎豆."로 되어 있다. 한국학중앙연구원 도서관에 소장된 판본이 후에 수정한 판본인 듯하다.

고흥운(高興雲, 1523~1582)의 자는 천상(天祥), 호는 계정(溪亭)이다. 과거에 급제하여, 횡성 현감과 고성 군수 등을 지냈다. 문경의 죽곡사(竹谷祠)에 부 고윤종(高胤宗), 아들 고인계(高仁繼)와 함께 제향되었다.

고인계(高仁繼, 1564~1647)의 자는 선승(善承)이며, 예천(醴泉) 용궁(龍宮)에 거주하였다. 1645년 통정대부(通政大夫)에 오르고, 용양위 부호군(龍驤衛副護軍)을 지냈다. 상주의 효곡서원(孝谷書院)에 제향되었다.

158 담수(聃壽) : 김담수(金聃壽, 1535~1603)로, 자는 태수(台叟), 호는 서계(西溪)·황계처사(黃溪處士)이며, 성주(星州)에 거주하였다. 조식(曺植)과 오건(吳健)

후손이다. 경종 임인년(1722, 경종2) 정월 모일 상주(尙州) 의곡리(蟻谷里)에서 공을 낳았다.

공은 자태와 용모가 단아하고 야무지면서도 정채가 있고 식견과 도량이 영민하였다. 6세에 여종이 밤에 보관해 둔 물건을 훔치는 것을 보고 잡으려고 하는 사람에게 목소리를 낮추어 말하기를, "만약 그렇게 하면, 이는 그 악행을 드러내는 것이니 스스로 깨닫고 달아나게 하는 것만 못하다."라고 하였다. 일찍이 시냇가에서 놀다가 여러 아이들이 나무를 해서 등에 지지 못하는 것을 보고 나뭇단을 물에 띄우고 물결을 따라 떠내려가기를 기다려 취하게 하였다. 또 일찍이 밤에 홀로 길을 가는데 어떤 사람이 눈을 부릅뜨고 곧장 앞으로 다가왔다. 공은 그가 자신을 시험하고자 하는 것임을 알고 얼굴빛이 변하지 않으면서 말하기를, "내가 이미 알고 있다. 네가 감히 그렇게 할 수 있느냐."라고 하였다.

7세에 어머니의 상을 당하자 슬퍼하여 몸이 상하였으며 통곡하고 눈물 흘리는 것이 마치 어른 같았다. 선공(先公)의 곁에 있으면서 잠시도 떠나지 않았으며, 혹 선공이 외출할 때를 당하면 하루 종일 문에서 기다리며 떠나지 않았다. 8세에 〈시황금인론(始皇金人論)〉[159]을 지으니, 종조(從祖) 가암공(可庵公)[160]이 말하기

의 문인이며 천거로 참봉(參奉)을 제수받았다. 성주의 청천서원(晴川書院)과 상주의 낙암서원(洛嵒書院)에 제향되었다.

159 시황금인론(始皇金人論) : 전하지 않는다. 다만 진 시황이 천하를 통일하고 나서 제후가 다시 발호할까 염려하여 천하를 36군으로 쪼개고 천하의 병장기를 함양(咸陽)에 모아 모두 녹여서 종거(鐘鐻)와 금인(金人) 열둘을 만들어 궁궐 뜰에 두었던 고사에 대해 자신의 견해를 논한 것인 듯하다.

를, "우리 집안을 크게 일으킬 사람은 반드시 이 아이이다."라고 하였다. 이미 장성함에 학문을 독실히 하여 경사자집(經史子集)을 두루 통하지 않음이 없었다. 16세에 향시(鄕試)에 합격하였다.

경신년(1740, 영조16) 입춘시(立春詩)를 지었는데 "우임금의 촌음은 마땅히 아껴야 하며, 탕임금의 욕조에 목욕해야 하네.〔禹陰當惜, 湯盤是浴.〕"[161]라는 말이 있으니, 청대(淸臺) 권 희정공(權僖靖公)이 감탄하여 말하기를, "이것은 후세에 전할 글이다."라고 하였다. 신유년(1741, 영조17) 생원에 합격하였다. 이듬해 반궁(泮宮 성균관(成均館))의 친시(親試 임금이 몸소 나와 시험을 보임)에 장원하였다. 주상은 그가 많은 선비 가운데 의표와 걸음걸이가 특별히 남다름이 있는 것을 보고 명하여 앞으로 나아오도록 하여 손을 잡고 당시 정사의 득실을 물으니, 공이 조리 있게 대답함이 매우 자세하였다. 계해년(1743, 영조19) 정시(庭試)에 응시했으

160 가암공(可庵公) : 《추담집(秋潭集)》의 행장에는 "개암공(介庵公)"으로 되어 있다. 행적은 자세하지 않다.

161 우……하네 : 우임금은 촌음을 애석하게 여겼는데, 진(晉)나라 황보밀(皇甫謐)이 지은 《제왕세기(帝王世紀)》에 "우가 부친인 곤의 뒤를 이어 홍수를 다스릴 적에, 몸을 괴롭히고 열심히 수고하면서, 직경 한 자 되는 벽옥은 중하게 여기지 않고, 날마다 촌음을 애석하게 여겼다.〔繼鯀治水, 乃勞身勤苦, 不重徑尺之璧, 而愛日之寸陰.〕"라고 하였다.
탕임금의 욕조는 《대학장구》 전 2장에 "탕왕의 반명(盤銘)에 이르기를 '진실로 어느 날에 새로워졌거든 나날이 새롭게 하고, 또 나날이 새롭게 하라.'라고 하였다.〔湯之盤銘曰 : 苟日新, 日日新, 又日新.〕"라고 하였는데, 주희의 주에 "반(盤)은 목욕하는 기물이고, 명(銘)은 그 기물에 이름을 붙여 자신을 경계하는 말이다.〔盤, 沐浴之盤也. 銘, 名其器以自警之辭也.〕"라고 하였다.

며, 뽑혀서 승문원(承文院)에 보임되었다.

갑자년(1744, 영조20) 당후(堂后 승정원 주서(注書))로서 입시(入侍)하였다. 어떤 상신(相臣)이 붓을 빌리고자 하니, 공이 허락하지 않으면서 말하기를, "이 붓은 사관이 아니면 사용할 수 없습니다."라고 하였다. 일찍이 정원(政院)에서 봉조하(奉朝賀) 홍봉한(洪鳳漢)[162]이 문을 막고 앉아서 다른 사람이 지나가는 것을 허락하지 않음을 보았다. 공이 천천히 말하기를, "상공은 길을 막아 후진을 막는 것입니까."라고 하니, 홍봉한이 공손히 사죄하고 피하였다.

을축년(1745, 영조21) 숭릉 별검(崇陵別檢)[163]에 제수되었다. 병인년(1746, 영조22) 중시(重試)에 나아갔다. 어떤 사람이 바야흐로 요진(要津 중요한 직책)에 있는 사람의 뜻을 가지고 와서 만나고자 한다고 하면서 말하기를, "만나면 힘이 될 것입니다."라고 하였다. 공이 사양하며 말하기를, "선비가 부뚜막 귀신에게 아부하는 것[164]이 옳겠는가."라고 하니, 그 사람은 얼굴빛이 변하여 물러

162 홍봉한(洪鳳漢) : 1713~1778. 자는 익여(翼汝), 호는 익익재(翼翼齋), 시호는 익정(翼靖), 본관은 풍산(豐山)이다. 사도세자(思悼世子)의 장인으로 당쟁(黨爭)의 폐해, 인재의 발탁 등 시무(時務) 6조로 당면 정책을 건의 시행케 하고, 백골징포(白骨徵布)와 환곡(還穀)의 폐단을 엄금, 은결(隱結)의 재조사 등을 단행하게 하였다. 저서에는 《익익재만록(翼翼齋漫錄)》, 《정사휘감(正史彙鑑)》 등이 있다.

163 숭릉 별검(崇陵別檢) : 숭릉은 현종(顯宗)과 비 명성왕후(明聖王后) 김씨(金氏)의 능으로, 경기도 구리시 양주(楊州)에 있다.

164 부뚜막……것 : 실권자에게 아부한다는 의미이다. 위(衛)나라의 실권자인 왕손가(王孫賈)가 "아랫목 귀신에게 잘 보이려 하기보다는, 차라리 부뚜막 귀신에게 잘 보이라.〔與其媚於奧 寧媚於竈〕"라고 하여 왕에게 잘 보이는 것보다 실권자인 자

났다. 이해에 특별한 교지로 연원 승(連原丞)에 제수되자 공은 역(驛)의 공물을 반으로 줄여 그 힘을 느슨하게 하였다.

무진년(1748, 영조24) 전적(典籍)으로 승진하고 사관을 겸하여 입시(入侍)하니, 주상이 상신(相臣) 원경하(元景夏)[165]에게 말하기를, "이 사람은 젊은 나이로 갈옷을 벗고 벼슬하였으나 그 문학이 스스로 풍족함이 이와 같으니 참으로 급제라고 말할 만하도다."라고 하였다. 기사년(1749, 영조25) 예조 좌랑(禮曹佐郎)으로 관직을 옮겼고, 또 병조 좌랑(兵曹佐郎)으로 관직을 옮겼다.

계유년(1753, 영조29) 외직으로 나가 경상 도사(慶尙都事)가 되었다. 조정에서 도내(道內)의 전결(田結)[166]을 고핵(考覈 조사하여 자세히 밝힘)하도록 명하니, 장부와 문서가 구름처럼 많았으나 공은 부결(剖決 판결)함이 물 흐르듯 하였다. 송사에 혹 잘못이 없었으며 일 처리가 곧 이치에 맞으니, 관찰사(觀察使) 윤공(尹公)이 놀라 말하기를, "어찌 그리도 신통한가."라고 하였다.

갑술년(1754, 영조30) 병조 좌랑으로 입시하니, 주상이 말하기

기에게 잘 보이라는 뜻으로 공자에게 말하였다. 이에 공자는 "하늘에 죄를 지으면 빌 곳이 없다.〔獲罪於天, 無所禱也.〕"라고 대답하였다. 주희(朱熹)의 집주(集注)에, "방 서남쪽의 모퉁이가 오(奧)이다. 조(竈)는 오사(五祀) 중의 하나인데, 여름에 제사를 지낸다……이는 군주와 결탁하는 것이 권신에게 아부하는 것보다 못하다는 것을 비유한 것이다."라고 하였다.《論語 八佾》

165 원경하(元景夏) : 1698~1761. 본관은 원주, 자는 화백(華伯), 호는 창하(蒼霞)·비와(肥窩), 시호는 충문(忠文)이다. 소탕평(小蕩平)을 반대하고 이른바 대탕평(大蕩平)을 주장하였고, 소론의 온건파 조현명(趙顯命)과 함께 임금이 탕평책을 펴는 데 중심 역할을 하였다. 저서로는 《창하집(蒼霞集)》이 있다.

166 전결(田結) : 논밭에 대하여 물리는 세금, 또는 그 전답을 말한다.

를, "내가 그대를 한번 등용하고자 한다. 지금 과거 급제한 것이 10여 년이 되었도다."라고 하고 인하여 공의 과제(科製) 몇 구절을 외우면서 말하기를 "나는 지금도 잊지 않았다."라고 하였고, 또 교서를 내려 말하기를, "이 사람은 매우 야무지고 확실하다."라고 하였다. 하루는 주상이 복희(伏羲)와 신농(神農)의 사신(蛇身) 우수(牛首)에 대한 설[167]을 물으니, 경연의 신하들이 대답한 것이 모두 합당하지 않았다. 공이 말하기를, "신성(神聖)한 인물의 형상은 뭇사람들과 다름이 있으니, 예를 들면 한 고조(漢高祖)의 용안(龍顔)[168]과 당 태종(唐太宗)의 봉자(鳳姿)[169] 같은 것이 모두 이런 것입니다. 이는 반드시 이마 위는 일각(日角)과 월각(月

167 복희(伏羲)와……설 : 《제왕세기(帝王世紀)》에 "복희의 어머니는 '화서(華胥)'라고 한다. 뢰택(雷澤)에서 걸어 나온 거인의 발자취를 발로 밟고 임신하여 성기(成紀)에서 복희를 낳았는데, 몸은 뱀의 몸이고 머리는 사람의 머리였다.〔伏犧母曰華胥, 有巨人跡, 出於雷澤, 華胥以足履之, 有娠, 生伏犧於成紀, 蛇身人首.〕"라고 하였으며, 《제왕세기(帝王世紀)》에 "신농의 어머니는 '여등(女登)'이라 하는데, 신룡(神龍)의 머리가 여등을 감동시켜서 염제(炎帝)를 낳았으니, 몸은 사람의 몸이고 머리는 소의 머리였다.〔神農母曰女登, 有神龍首感女登而生炎帝, 人身牛首.〕"라고 하였다. 《尙書正義 尙書序》

168 한 고조(漢高祖)의 용안(龍顔) : '용안'은 눈썹 뼈가 둥글게 일어난 것을 말하는데, 제왕의 상을 이른다. 한(漢)나라 고조(高祖)가 용안이었다고 한다. 《史記 卷8 高祖本紀》

169 당 태종(唐太宗)의 봉자(鳳姿) : 봉자는 봉황 같은 자태로, 《구당서(舊唐書)》 〈태종본기상(太宗本紀上)〉에 이세민(李世民)의 나이 네 살 적에 어떤 서생(書生)이 그를 보고 기이하게 여겨 말하기를, "용과 봉황 같은 자태요, 하늘의 해 같은 의표(儀表)이니, 그 나이가 거의 약관(弱冠)에 이르면 반드시 세상을 구제하고 백성을 편안케 할 것이다.〔龍鳳之姿, 天日之表, 其年將二十, 必能濟世安民矣.〕"라고 하였다.

角)[170]이 분명하고 사체(四體)는 문채가 드러났기 때문에 사관들이 비슷하게 기술한 것이 저와 같습니다."라고 하니, 주상이 고개를 끄덕이며 말하기를, "이 말이 옳도다."라고 하였다. 병자년(1756, 영조32) 직강(直講)으로 관직을 옮겼다.

정축년(1757, 영조33) 또 특별 교지로 창녕 현감(昌寧縣監)이 되었다. 고을은 거듭된 흉년을 막 겪었기에 백성들이 제대로 살지 못했다. 공이 널리 방문하고 두루 자문하여 폐단과 병폐를 제거하고 정리하였다. 대개 어짊과 사랑으로 주관하고 엄격함과 분명함으로 구제하니, 시행한 지 몇 달 만에 합경(闔境 온 고을)이 소생할 수 있었다.

이때 해당 방백이 밀양(密陽)에 조창(漕倉)[171]을 창설하고 하도(下道)[172]에 명하여 이곳에서 봄에 배로 운송하고 가을에 곡식을 수납하게 하니, 그 비용 소모가 견디지 못할 지경에 이르렀다. 공이 공문을 보내 마땅히 혁파해야 할 것임을 말한 것이 무릇 16번이었으나, 방백은 끝내 수긍하지 않았다. 공은 이에 묘당(廟堂)에 거듭 아뢰어 마침내 청한 바를 이루었으니, 하도의 백성들이 모두

170 일각(日角)과 월각(月角) : 일각(日角)은 이마의 중앙이 해처럼 융기(隆起)한 골상(骨相)을 말하는데, 관상학(觀相學)에서 대귀(大貴)의 상으로 여겼다. 또는 이마 중앙의 융기한 뼈가 왼쪽 발제(髮際)로 들어간 것을 일각이라 하고, 오른쪽 발제로 들어간 것을 월각(月角)이라 한다. 흔히 제왕(帝王)을 이르는 말로 쓰인다. 후한(後漢)의 광무제(光武帝)가 일각이었다고 한다. 《後漢書 卷1上 光武帝紀上》

171 조창(漕倉) : 조운창(漕運倉)의 약칭으로, 배로 운송할 곡식을 쌓아 둔 창고이다.

172 하도(下道) : 서울에서 떨어져 있는 충청도, 경상도, 전라도를 통틀어 이르는 말이다.

지금까지도 칭송하고 있다.

또 승려 남붕(南鵬)이란 자가 있었는데, 고을의 떠돌이 백성으로 권모술수를 부려 경상(卿相)을 두루 찾아다니며 불법을 자행하였다. 어떤 수령이 그 죄를 살펴 다스리다가 도리어 파직당하니, 이로부터 누구도 감히 조사하지 못하였다. 공이 임지에 도착하자 곧바로 옥에 가두었다. 권세 있는 이들이 서로 편지하여 구원하였으나, 공은 대답하지 않고 끝내 곤장으로 때려 죽였다.

이보다 앞서 고을에 갑(甲)이란 이가 있었는데, 금품으로 을(乙)에게 첩을 요구하니, 을이 그의 딸을 첩으로 허락하였다. 혼인날에 이르러 갑이 늙고 못생긴 것을 보고 마음으로 싫어하였으나, 그 금품을 이롭게 여겨 일단 함께 잠자게 하고는 몰래 살해하였다. 거짓으로 갑인 것처럼 하고 인하여 유람길을 떠난다면서 갑의 아들에게 편지를 보냈다. 1년이 지나도록 돌아오지 않자 그 아들이 비로소 의심하여 부르짖고 울며 그 아비의 자취를 찾았으나 찾지 못해 마침내 관아에 아뢰었다. 관아에서 살펴보았으나 또한 효과가 없었다. 인하여 의안(疑案 의심이 나는 사건)이 된 것이 오래였으나 공이 을의 간사(奸邪)함을 파악하여 시신을 찾아 돌려보냈다.

어떤 장사꾼이 주점에서 묵었다가 그 금품을 잃고 추적하니, 도둑은 대개 대나무 울타리를 베고 나갔다. 장사꾼이 그 상황을 아뢰니, 공이 말하기를, "무릇 대나무를 밖에서 베었으면 그 뾰족한 부분이 바깥쪽에 있을 것이고, 안에서 베었으면 그 뾰족한 부분이 안쪽에 있을 것이다."라고 하고 살펴보게 하니, 과연 안에 있었다. 마침내 주막 주인을 체포하여 한 번 심문하자 자복하니,

금품을 찾아 돌려주었다.

하루는 도끼를 든 사람이 갑자기 다가왔다. 공이 들어가 보니 그 사람은 일부러 눈을 부릅뜨고 수염을 치켜올린 채 위협적이고 성난 모습을 하였다. 공이 웃으면서 말하기를, "군자의 거동이 곧 이와 같은가."라고 하니, 그 사람이 곧바로 모습을 고치고 밤중에 달아났다. 이는 대개 공을 시험한 것이었다.

초계(草溪)에 남의 무고를 당한 염씨(廉氏)의 딸이 있었는데, 관아에 원통함을 소송하였다. 관리가 포졸로 하여금 끌어내게 하니, 포졸이 그 손을 잡자 여인이 칼을 뽑아 손을 베고 죽었다. 조정에서 사신을 파견하여 엄격히 조사하게 하였다. 감사가 송관(訟官)[173]의 오른쪽에 있으면서 말하기를, "여인의 죽음은 정조에서 나온 것이 아니다."라고 하였다. 공이 마침 자리에 있었는데, 정색하고 말하기를, "사람이 싫어하는 바는 죽음만 한 것이 없습니다. 정조 때문이 아니면 죽을 수 있겠습니까. 공의 말과 같다면 어떻게 세상을 권면하겠습니까."라고 하였다. 감사가 이에 깨달았고, 사신도 또한 실상을 주상께 아뢰니, 염씨(廉氏)가 드디어 그 원통함을 펼 수 있었다.

한번은 공이 접위관(接慰官)[174]으로서 동래부(東萊府)에서 일본 사신을 접대하였다. 일본 사신이 공을 바라보고 절하며 말하기를,

173 송관(訟官) : 청송관(聽訟官)의 준말로, 송사를 처리하는 관원을 말한다.

174 접위관(接慰官) : 외국 사신이 왔을 때 경관(京官)을 차출하여 영접하는 선위사(宣慰使)에서 유래한 명칭으로, 사절의 격에 따라 경관이 제수되는 경접위관(京接慰官)과 동래부 인근의 수령이나 경상도 도사(都事)가 제수되는 향접위관(鄕接慰官)으로 나뉜다.

"반드시 덕 있는 군자이다."라고 하였다. 이미 접위관의 일을 마치고 인하여 지름길로 돌아갔는데, 백성들이 듣고 좇아가 밀양(密陽)에 이르러 길을 막고 눈물 흘리며 만류하고 떠나는 것을 허락하지 않았다. 공이 이에 밤에 출발하여 돌아갔다. 창녕 사람들이 비석을 세워 잊지 않는 마음을 붙였다. 가을에 병조 좌랑(兵曹佐郎)에 제수되었다. 신사년(1761, 영조37) 아버지 상을 당함에 몸이 상하여 여러 번 기절했다가 소생하였다. 임오년(1762, 영조38) 정언(正言)에 제수되었으나, 교지(教旨)를 되돌려 드리고 사직하였다. 삼년상이 끝나자 경기 도사(京畿都事)에 제수되었다.

을유년(1765, 영조41) 지평(持平)에 제수되었다. 부름에 달려가다가 중도에 이르러 상소하여 사직하고, 인하여 군왕을 바로잡는 말 세 조목을 진술하였다.[175] 대략 말하기를, "지금 성상(聖上)의 연세가 매우 높아 천안(天顏 임금의 얼굴)이 예와 같지 않습니다. 일이 자잘한 데 관련된 것 또한 성심(聖心 임금의 마음)에 머물러 두어 충화(沖和) 정밀(靜密)의 기상을 손상하지 않음이 없으니, 대본(大本)을 세우고 지극한 정치를 순조롭게 이루는 바의 뜻이 아닙니다. 엎드려 바라건대 전하(殿下)께서는 건곤(乾坤)의 간이(簡易)[176]한 공(功)을 본받고 목청(穆淸)[177]의 편안하고 고요한

175 군왕을……진술하였다 : 이 상소는 《영조실록》 영조 41년 2월 10일 조에 그 대강이 실려 있다.

176 건곤(乾坤)의 간이(簡易) : 《주역》 〈계사전 상(繫辭傳上)〉에 "하늘은 쉬움으로써 주관하고 땅은 간략함으로써 완성한다.〔乾以易知, 坤以簡能.〕"라고 한 데서 원용한 말이다. 하늘처럼 순조롭게 진행하고 땅처럼 간략하게 행하는 것을 말한다.

177 목청(穆淸) : 《시경》 〈청묘(淸廟)〉에 나오는 말이다. 이 시는 주공(周公)이

효과를 거두십시오."라고 하였다. 또 말하기를, "근자에 언로가 통하지 않아 침묵함이 날로 심합니다. 한 명관(名官)이 정사의 잘못을 논의하여 탄핵하였다는 것과 한 수령(守令)이 논박하여 공격하였다는 것도 또한 들림이 없으니, 곤직(袞職 임금 직책)에 잘못이 있으면 누가 바로잡을 수 있으며,[178] 조정의 기강이 점점 무너지면 누가 진작시킬 수 있겠습니까. 엎드려 바라건대 전하께서는 간언을 허용하는 길을 열어 말을 다할 수 있는 방도를 지극히 함에 힘쓰십시오."라고 하였다. 또 말하기를, "태학(太學)은 수선(首善)[179]의 장소인데도 지난해에 청금(青衿 선비)들이 부례(府隸)[180]에게 끌려 나오게 되었고, 지난 겨울에 많은 선비들이 또 한밤중에 쫓겨 달아나게 되었습니다. 만약 유생들에게 진실로 죄를 줄 만한 단서가 있다면, 저절로 응당 시행해야 하는 형벌이 있을 것입니다. 그러나 성상께서 선비를 사랑하는 덕으로 이같이 중도를 넘는 일을 하시니, 유생이야 설령 아낄 것이 못 된다 하더라도 태

낙읍(洛邑)을 이룬 뒤 제후(諸侯)들에게 조회를 받은 다음, 제후들을 거느리고 문왕(文王)의 사당에 가서 제사(祭祀) 지낼 때에 부른 노래이다. 여기서 '목청'은 궁궐의 의미로 사용되었다.

178 곤직에……있으며 : 《시경》 〈대아(大雅) 증민(烝民)〉에 "곤직에 결함이 있거든, 중산보가 이를 깁도다.〔袞職有闕, 惟仲山甫補之.〕"라고 하였는데, 여기에서 온 말이다.

179 수선(首善) : '선(善)을 시작한다.' 또는 '모범을 세운다.'라는 뜻으로 《한서(漢書)》 권88 〈유림전(儒林傳)〉의 "교화를 폄에 있어 수선(首善)을 경사(京師)로부터 시작한다."라는 대목에서 유래하였다. 일반적으로는 수도(首都)나 성균관(成均館)을 뜻하는 말로도 쓰인다.

180 부례(府隸) : 사헌부, 한성부, 충훈부 등에 소속된 노복을 말한다.

학의 중함은 어떻게 하겠습니까. 엎드려 바라건대 전하께서는 이녕(以寧)[181]의 아름다움을 생각하여 선비를 배양(培養)하는 방법에 더욱 힘쓰십시오."라고 하였다.

주상이 비답을 내려 말하기를, "네가 젊은 나이에 갈옷을 벗고 벼슬함에 네 선조가 임금을 바로잡은 뜻을 저버리지 않았으니, 내가 매우 가상히 여기노라. 진술한 바 세 가지 조목에서 그 첫째는 나에게 약석(藥石)이 되니 힘쓰지 않을 수 있겠느냐. 그 둘째는 진실로 너의 말과 같다. 만약 흡수(翕受)[182]의 도량이 있다면, 어찌 꺼리지 않고 바른말을 하는 풍도가 없겠는가. 마땅히 스스로 맹렬히 반성할 것이다. 그 셋째는 내가 이미 선비를 부지(扶持)하여 세운 효험이 없으니, 어찌 많고 많은 선비가 배출되는 현관(賢關)[183]의 아름다움이 있겠는가. 너의 문장을 봄에 내 마음이 부끄러우니, 어찌 일이 지나갔다고 하여 소홀히 할 수 있겠는가. 마땅히 더욱 힘쓸 것이다."라고 하였다. 8월 이조 좌랑(吏曹佐郎)에

181 이녕(以寧) : 훌륭한 신하와 인재들이 그 나라의 백성과 군왕에게 가져오는 좋은 영향을 말한 것이다. 《시경》 〈대아(大雅) 문왕(文王)〉에 "빛나는 많은 인재들이 이 왕국에서 나왔도다. 왕국에서 제대로 인재를 내었나니 주나라의 동량이 되리라. 많은 훌륭한 인재들이 있으니 문왕이 이 때문에 편안하시리라.〔思皇多士, 生此王國. 王國克生, 維周之楨. 濟濟多士, 文王以寧.〕"라고 한 것에서 유래하였다.

182 흡수(翕受) : '모아 받는다.'라는 말로, 인재 확보를 뜻한다. 《서경》 〈우서(虞書) 고요모(皐陶謨)〉에 "합하여 받아들여 펼쳐서 쓰면 구덕(九德)의 인재가 모두 일을 하여 준걸들이 지위에 있다.〔翕受敷施, 九德咸事, 俊乂在位.〕"라고 하였다.

183 현관(賢關) : 현자(賢者)가 통행하는 관문이라는 의미로 성균관(成均館)의 별칭으로 쓰인다. 《한서(漢書)》 권56 〈동중서전(董仲舒傳)〉에 "태학(太學)은 현사가 거쳐 가는 관문이요 교화의 본원이다."라고 한 것에서 유래하였다.

제수되었으나 부임하지 않았다.

병술년(1766, 영조42) 장령(掌令)에 제수되었다. 주상이 말하기를, "나는 일찍이 고유(高裕)가 수염도 나지 않은 젊은 시절에 본 적이 있다. 이제 내가 망팔(望八)[184]이 되었는데도 오히려 다시 보지 못하였으니, 그가 수염이 있는지 없는지를 알 수 없구나. 영남 사람들의 굳은 지조를 나는 매우 가상히 여기노라. 그러나 임금과 신하의 분수는 하늘 끝, 땅 끝으로도 피할 곳이 없다. 얼마 전 부임하던 도중에 사직하고 물러간 것은 지극히 내 마음을 차갑게 하였으니, 그 거만하고 게으른 자에게 벼슬을 맡길 수 없어 특별히 파직(罷職)의 은전을 베푸노라."라고 하였다. 얼마 뒤 다시 장악원 정(掌樂院正)에 제수되었다.

정해년(1767, 영조43) 또 장령에 제수되자 부름에 달려가 입시하였다. 주상이 앞으로 가까이 다가오도록 명하고, 상신(相臣) 서지수(徐志修)[185]를 돌아보며 말하기를, "이 사람이 늙었느냐? 내 눈이 어두워 분간하지 못하겠구나."라고 하였다. 인하여 탄식하며 말하기를, "내가 너를 안 것이 홀연히 이미 20여 년이 되었구나."라고 하니, 공이 대답하여 말하기를, "지난날 성상의 비답에 '네

184 망팔(望八) : 80세를 바라보는 나이라는 뜻으로, 일반적으로 71세를 말한다. 이때 영조의 실제 나이는 73세였다.

185 서지수(徐志修) : 1713~1768. 본관은 달성(達城), 자는 일지(一之), 호는 송옹(松翁), 시호는 문청(文淸)이다. 1740년(영조16) 문과에 급제하여 대사헌이 되었을 때, 장헌세자(莊獻世子)의 비행을 조작하여 영조에게 처벌을 강요한 김상로(金尙魯) 등을 탄핵하였으며, 시강원 빈객으로서 장헌세자의 면학을 도와 크게 존경을 받았다. 뒤에 이조 판서, 우의정, 좌의정을 거쳐 1766년(영조42)에 영의정을 지냈다.

선조의 뜻을 저버리지 않았다.'라는 교지(教旨)가 있었습니다. 신의 선조가 이미 여러 임금께 공훈(功勳)이 없었는데도 성상의 교지가 이와 같은 것은 사사로운 분수를 뛰어넘음이 있으니, 신은 참으로 황송하고 움츠러듭니다."라고 하였다. 주상이 한참 지난 뒤에 말하기를, "그러냐?"라고 하였다. 대신(大臣)이 계속 아뢰어 말하기를, "아무개의 말이 옳습니다. 그러나 그의 6세조 신(臣) 인계(仁繼)는 지위가 비록 현달하지 않았으나, 그의 명성과 행실은 사림의 모범이 되었습니다."라고 하니, 주상이 말하기를, "그렇다."라고 하였다. 대개 주상이 문렬공(文烈公) 고경명(高敬命)[186]의 후손인 줄 잘못 알았기에 이런 교지가 있었다. 그래서 이때에 이르러 그렇게 말한 것이다.

기축년(1769, 영조45) 또 장령에 제수되었다. 상소하여 천리·인욕(天理人慾), 미발·이발(未發已發), 함양(涵養)의 뜻, 그리고 명분(名分), 기강(紀綱) 등을 논함에 뜻이 매우 적절하여 납약(納約)[187]의 방법을 극진히 할 수 있었으니, 주상이 가납하였다. 신묘

186 고경명(高敬命) : 1533~1592. 본관은 장흥(長興), 자는 이순(而順), 호는 제봉(霽峰), 시호는 충렬(忠烈)이다. 시와 글씨와 그림에 모두 능하였다. 저서에 《제봉집》과 각처에 보낸 격문을 모은 《정기록(正氣錄)》이 있다. 금산의 성곡서원(星谷書院)과 종용사(從容祠), 순창의 화산서원(花山書院)에 배향되었다.

187 납약(納約) : 임금에게 나아가 말을 함에 있어서 임금이 잘 아는 것부터 말하여 임금을 깨우쳐 주는 것을 말한다. 《주역》 〈감괘(坎卦)〉 육사(六四)에 "맺음을 들이되 통한 곳으로부터 하면 끝내 허물이 없을 것이다.〔納約自牖, 終无咎.〕" 하였는데, 이에 대한 전(傳)에 이르기를, "납약은 임금에게 나아가 맺는 도를 말하고, 유(牖)는 개통(開通)의 뜻이다. 사람의 마음은 가려진 바가 있고 통한 바가 있는데, 가려진 바는 어두운 곳이고 통한 바는 밝게 아는 곳이다. 그러니 임금이 밝게 아는

년 군자감 정(軍資監正)에 제수되었다. 계사년 주상이 장차 동궁 필선(東宮弼善)에 가능한 사람을 뽑고자 하였는데 대신들이 공을 적임자로 대답하니, 드디어 제수하였다. 얼마 뒤 사간원 헌납(司諫院獻納)으로 관직을 옮겼다. 을미년 사복시 정(司僕寺正)에 제수되었다.

병신년(1776, 영조52) 영조가 승하하고 정조가 즉위하자 장악원 정(掌樂院正)과 사복시 정에 제수되었으며, 영묘실록 낭청(英廟實錄郎廳)을 겸하였다. 정유년 호우(湖右 충청도)의 과거 시험을 관장하였으며, 또 사복시 정에 제수되었다. 사간원으로서 뽑혀 동부승지(同副承旨)에 제수되었다. 주상이 동궁(東宮)에 있을 때부터 이미 공의 명성을 들었기에 입시하던 날 돌봄과 관심이 매우 융성하였다.

무술년(1778, 정조2) 겨울 안주 목사(安州牧使)에 제수되었다. 안주 지방은 변방에 가까워서 그 백성들의 길들여지지 않음이 마치 오랑캐 같아 혹 형제가 서로 소송하는 지경에 이르렀다. 공은 정성과 믿음으로 감동시키고 효도와 우애로 깨우치니 얼마 지나지 않아 기쁘게 감복하고 복종하여 변화하게 되었다.

만력(萬曆)[188] 연간에 오리(梧里) 이공(李公)[189]이 이 고을에 부

곳에 나아가 아뢰어서 임금이 믿기를 구하면 쉽게 깨우칠 수 있다." 하였다.

188 만력(萬曆) : 명나라 신종(神宗)의 연호로 1573년부터 1620년까지 사용되었다.

189 오리(梧里) 이공(李公) : 이원익(李元翼, 1547~1634)으로, 본관은 전주(全州), 자는 공려(公勵), 호는 오리(梧里), 봉호는 완평 부원군(完平府院君), 시호는 문충(文忠)이다. 대동법(大同法)의 실시를 건의하여 국민의 조세를 덜었고 청백리(淸白吏)에 녹선(錄選)되었다. 저서에 《오리집(梧里集)》과 《오리일기(梧里日記)》가 있다.

임했을 때, 관전(官田)을 내놓아 백성들에게 뽕나무를 심고 누에를 기르게 하였다. 뒤에 폐지된 것으로 인해 공이 계승하고 수리하여 백성을 이롭게 하였다. 또 이공(李公)이 설치한 혜민고(惠民庫), 민호전(民戶錢) 등이 있는데, 본래 백성을 이롭게 하였으나 관리들이 탐욕을 부려 도리어 백성을 고통스럽게 하였다. 공이 다 혁파하여 회복시키니, 백성들이 말하기를, "예전에는 이공(李公)이 있었고 지금은 우리 공이 있다."라고 하였다.

본부(本府)는 관례에 따라 병마절도사를 접대하였다. 병마절도사 김상옥(金相玉)은 탐욕스럽고 교활하여 징색(徵索)[190]한 바의 음식과 장어(帳御)[191]가 법도에 넘침이 많으니, 공은 걸핏하면 곧 제재하고 억제하였다. 출입할 때 횃불을 100개로 하던 것도 또한 횃불 몇 개만 정하여 공급하였고, 강을 따라 제방을 쌓고자 하는 것도 또 농사를 방해한다는 것으로 불가하다고 하니, 상옥이 화가 나서 불손한 말을 하였다. 공은 곧바로 해유문서(解由文書)를 정리하고 벼슬을 그만둘 뜻을 결정하여 돌아가려 하였으나, 허리를 굽혀 사죄함을 받고서야 이에 그만두었다. 또 백성을 위해 고기잡

190 징색(徵索) : 징구토색(徵求討索)의 준말로 돈이나 곡식 따위를 강제로 요구하는 일을 말한다.

191 장어(帳御) : 휘장 및 일상에 사용하는 물품을 말한다. 《사기(史記)》 〈경포전(黥布傳)〉에 다음과 같은 내용이 있다. 회남왕이 이르렀는데, 한왕은 한창 평상에 걸터앉아 발을 씻다가 경포를 불러들여 알현하게 하였다. 경포는 너무 화가 나서 한나라로 온 것을 후회하고 자살하려고 하였다. 그런데 바깥으로 나와서 자신이 묵을 처소에 가보니, 휘장·일용품〔帳御〕·음식과 딸린 관원이 모두 한왕의 거처와 같았다. 경포는 자신이 바라던 것보다 좋은 대우에 크게 기뻐하였다.

이하는 집의 세금을 영원히 줄여 반만 받고 둔전(屯田)의 세금을 면제하였으며, 상사(上司 상위 관청)에 신청하여 허호(虛戶)[192] 8천 가구의 세금을 덜거나 면제해 주니, 안주의 백성들이 모두 고무되었다.

이듬해 맏아들의 상(喪)을 듣고 장차 돌아가려고 하니, 백성 수백 명이 날마다 관청의 문을 지키며 공의 행차를 막았다. 공은 이에 밤에 급히 출발하여 숙천(肅川)에 도착하였는데, 백성들이 뒤따라와 가마를 붙잡아 되돌아간 상황에 이른 것이 3번이었다. 끝내 막을 수 없음에 이르니, 백 리 밖에서 전송하고 혹 바라보며 눈물 흘리는 사람이 있었다. 공은 본래 여위고 허약하였는데, 다만 아들 둘이 있었다. 먼저 그 막내를 잃었으니, 이때에 이르러 크게 상심하고 애통하여 마침내 병이 생기게 되었다. 행차가 문경현(聞慶縣)에 이르러 세상을 떠나니, 곧 기해년(1779, 정조3) 7월 27일이며, 향년 58세였다. 원근에서 부고를 들은 사람은 탄식하고 애석히 여기며 말하기를, "하늘이 공에게 보답함이 곧 이와 같은가."라고 하지 않는 이가 없었다. 그해 10월 상주 회산(檜山) 부자(負子 남향) 언덕에 장례 지냈다.

공은 경술(經術)로 스스로 표방한 적이 없었으나, 동정(動靜)과 운위(云爲 언행)가 예의(禮儀)에서 어긋나지 않았다. 일생 동안 마음의 자취가 옛사람에게 부끄럽지 않았으니, 묵묵히 앎이 있어 실천한 사람이 아니라면 그렇게 할 수 있었겠는가. 대개 그 기경

192 허호(虛戶) : 실호(實戶)와는 달리 실제 호역(戶役)을 부과할 수 없는 호로, 대표적인 것이 과부호(寡婦戶), 과녀호(寡女戶) 및 환부호(鰥夫戶)이다.

(機警 눈치가 빠르고 민첩함)함과 영발(穎發)함은 하늘로부터 얻었으나 문학(文學 문인의 학문)의 아름다움으로 보충한 것이다.

평소 생활함에 웃고 이야기하며 마음이 즐겁고 편안하여 겉치레에 신경쓰지 않았으며, 풍류가 화창하고 온화한 기운이 사람을 감쌌다. 그러나 무슨 일을 만나 의리(義理)를 판단할 때에 이르면 눈 깜빡이는 사이에 실날을 분석하듯 자세하고 대나무를 쪼개듯 거침이 없었으니, 그 분수가 명백함과 조처가 정밀함은 비록 포정(庖丁)이 소를 결대로 해부함[193]과 영인(郢人)이 코끝의 진흙을 깎아 냄[194]이라도 또한 그보다 낫지 않을 것이다. 또 공이 곧은 도를 잡고 바른 견해를 지켜서 이해와 화복이 흔들어 어지럽게 할 수 없었던 것은 실로 만 마리 소라도 그 지키는 뜻을 돌리기

193 포정(庖丁)이……해부함 : 기예의 경지가 높아 일을 자유자재로 능란하게 처리하는 것을 말한다. 《장자(莊子)》 〈양생주(養生主)〉에 "지금 내가 칼을 잡은 지 19년이나 되었고 잡은 소만도 수천 마리를 헤아리는데, 칼날이 지금 숫돌에서 금방 꺼낸 것처럼 시퍼렇기만 하다. 소의 마디와 마디 사이에는 틈이 있는 공간이 있고 칼날은 두께가 없으니, 두께가 없는 것을 그 틈 사이에 밀어 넣으면 그 공간이 널찍하여 칼을 놀릴 적에 반드시 여유가 있게 마련이다.〔今臣之刀十九年矣, 所解數千牛矣, 而刀刃若新發於硎. 彼節者有間, 而刀刃者無厚, 以無厚入有間, 恢恢乎其於遊刃, 必有餘地矣.〕"라는 '포정해우(庖丁解牛)'의 이야기에서 비롯된 것이다.

194 영인(郢人)이……냄 : 《장자》 〈서무귀(徐無鬼)〉에 "영(郢) 땅 사람이 자신의 코끝에 파리의 날개만큼 백토(白土)를 얇게 바르고, 장석(匠石)으로 하여금 이것을 깎아 내게 하였다. 장석이 도끼를 휘둘러 바람을 일으켜 백토를 깎아 내었는데, 영 땅 사람은 코끝의 백토를 깎아 내도록 내맡겨 두고 조금도 움직이지 않았다. 그리하여 백토가 말끔히 다 깎였으나 코가 상하지 않았는데, 영 땅 사람은 그대로 꼿꼿이 서서 얼굴색 하나 변하지 않았다.〔郢人堊墁其鼻端, 若蠅翼, 使匠石斲之. 匠石運斤成風, 聽而斲之, 盡堊而鼻不傷, 郢人立不失容.〕"라고 한 내용을 원용한 것이다.

어려운 힘이 있었다. 그래서 세상에서 억지로 자용(自用 남의 말을 듣지 않고 자기 생각대로 함)을 변명하고 기운으로 동료를 압도하는 것으로 일컬어지는 사람이라 하더라도 공의 모습을 한번 만나 말을 듣고 행사(行事 행위)를 보면, 자신도 모르게 멍하게 스스로를 잃게 되니, 공 같은 이는 어찌 하늘로부터 타고난 훌륭한 재목이며 무리에서 빼어난 이기(利器)[195]가 아니겠는가.

그 안팎의 행실을 객관적으로 고찰해 보면, 어버이를 섬김에 뜻과 몸을 봉양함이 다 지극하였으며, 벼슬에 있거나 집에서 생활할 때를 따질 것 없이 사사로운 재물을 쌓아 두지 않았다. 비록 보잘것없는 물건이라도 반드시 어버이께 여쭌 뒤에 사용하였다. 어버이가 질병이 있음에 이르러서 힘을 다해 시중들고 간호하며 밤낮으로 하늘에 빌었다. 갑자기 비몽사몽의 즈음에 어떤 사람이 말하기를, "너는 근심하지 마라. 약이 장차 이를 것이다."라고 하였는데, 과연 해당 약제를 가지고 온 사람이 있었다. 그 약을 쓰니 곧바로 효과가 있었다. 또 일찍이 어버이의 병 때문에 밤을 무릅쓰고 의원을 찾았는데, 의원이 밤이 너무 어둡다고 거절할 것을 염려하여 화구(火具)를 준비하여 곧바로 등불을 밝혀 나아가니,

195 이기(利器) : 예리한 연장을 뜻하는데, 전하여 뛰어난 재능을 비유한다. 후한(後漢) 안제(安帝) 때에 도적 영계(寗季)가 무리를 규합하여 조가현(朝歌縣)을 공략하고 재물을 약탈하였는데, 우후(虞詡)가 조가현의 장(長)에 임명된 뒤에 말하기를, "쉬운 것을 구하지 않고 어려운 일을 피하지 않는 것이 신하의 직분이니, 반근착절을 만나지 않으면 어떻게 훌륭한 연장을 구별할 수 있겠는가.〔志不求易, 事不避難, 臣之職也. 不遇盤根錯節, 何以別利器乎?〕"라고 하고는 갖가지 계책을 써서 도적들을 모두 토벌한 고사가 있다. 《後漢書 卷58 虞詡列傳》

의원이 그 정성과 민첩함에 감복하였다.

손위 누이와 손아래 누이 두 사람이 가난하여 살아갈 수가 없었다. 공도 또한 매우 가난하였으나 데리고 와서 이웃에 살게 하고 굶주림과 배부름, 추위와 따뜻함을 그들과 함께하였다. 척박한 밭 약간 이랑이 있었는데, 가을이 되어 바야흐로 곡식이 익으면 세 집에서 광주리를 가지고 번갈아 수확하니, 보는 사람들은 그것이 누구의 밭인지 알지 못하였다. 집안이 온화하고 화목함에 한결같아서 자제들이 곁에서 모실 때는 목소리와 얼굴빛에 다급함이 있은 적이 없으며, 남녀 종들이 죄가 있을 때도 또한 매질을 더한 적이 없었다. 자신을 검속할 때는 분명하고 엄준하며, 남을 대할 때는 최선을 다하고 용서하였다.

젊어서 책을 읽을 때 촌집에 밤을 틈타 유혹하려는 어떤 소애(少艾 젊고 아름다운 여인)가 있었는데 공이 이치에 의거하여 준엄하게 꾸짖었다. 벼슬에 있을 때 노래하는 기생을 물리쳐 멀리하였으니, 자리에 상객이 있을 때가 아니면 음악을 연주하는 기생을 앞에 나열하지 않았다.

평생 산업을 다스리지 않아 집안사람들이 굶주림과 추위로 근심하니, 그들을 깨우쳐 말하기를, "이것은 분수이다."라고 하였다. 일찍이 희양산(曦陽山 경북 문경(聞慶) 소재) 아래에 밭 한 구역을 사서 노년을 마칠 계획으로 삼았는데, 관리하던 사람이 몰래 팔아버렸다. 공이 그 사실을 듣고는 곧바로 그 매매문서를 불사르고, 그를 예와 같이 대하였다. 혹 남의 과실을 말하는 사람이 있으면 문득 말리면서 말하기를, "어찌 그럴 리가 있겠는가. 아마 전한 사람의 잘못일 것이다."라고 하였다.

과거에 급제하여 40년 동안 내직으로 들어가 주대(奏對)[196]할 때는 가리켜 진술한 것이 자세하고 법도로 풍간한 것이 완곡하니, 주상의 돌아봄과 관심을 얻어 총애로 대우함을 받은 것이 한두 번에 그치지 않았다. 평소 나아가기 어려운 지조[197]를 굳게 지키고 특히 굽히지 않는 뜻을 힘썼다. 옥서(玉署 홍문관(弘文館))의 맑은 반열에 있을 때는 공의가 오직 공평하였으나 끝내 기뻐하지 않는 자의 제지를 받았고, 임금의 자리에서 가까운 반열인 은대(銀臺 승정원(承政院))에 있을 때는 주상의 뜻이 바야흐로 맡겨졌으나 또한 오직 용감하게 물러나는 것을 옳다고 여겼다. 그래서 공이 평소 임금을 바르게 하는 방법을 경연 자리에서 다 진달할 수 없었다.

외직으로 나가 백성을 다스릴 때는 헤아려 계획함이 장구하고 원대하여 고식적(姑息的)인 것을 일삼지 않고 백성과 아전을 모두 편하게 하는 데 마음을 두고자 하였다. 고을에 억울한 옥사가 있어 여러 해 동안 해결되지 않았는데, 공이 문안(文案)을 한 번 보고는 문득 그 일의 사실 여부를 파악하였다. 효행과 절의가 있

196 주대(奏對) : 관료가 임금의 면전에서 정사와 관련한 물음에 곧바로 대답하여 아룀. 또는 그에 해당하는 문서를 가리킨다.

197 나아가기 어려운 지조 : 원문은 '난진(難進)'으로, 벼슬을 사양하면서 미련 없이 과감하게 물러나는 것을 가리킨다. 《예기》 〈표기(表記)〉에 "임금을 섬길 적에 나아가기는 어렵게 하고 물러나기는 쉽게 한다면 자리에 질서가 잡힐 것이요, 반면에 나아가기는 쉽게 하고 물러나기는 어렵게 한다면 문란해질 것이다. 따라서 군자는 세 번 읍을 한 다음에야 나아가고 한 번 사양하고는 곧바로 물러남으로써 문란해지는 것을 예방하는 것이다.〔事君難進而易退, 則位有序. 易進而難退, 則亂也. 故君子三揖而進, 一辭而退, 以遠亂也.〕"라는 말이 나온다.

는 사람은 반드시 찾아서 안부를 묻고 장려하며 포창하였다. 무릇 인자하고 분명한 정사의 은택이 사람의 피부에 두루 퍼져 사람의 마음을 감복시켰다. 그러므로 그가 고을살이를 그만두고 돌아갈 때, 창녕 사람들처럼 비석을 세워 칭송할 뿐만 아니라 공의 생신을 맞을 때마다 반드시 사람을 보내 안부를 물었으니, 그 일은 공이 세상을 떠날 때까지 계속되었다.

무릇 공의 포부와 재기(才器)로 만약 방악(方岳)[198]의 직임(職任)에 처하여 성명(聖明)의 정치를 보좌할 수 있었다면, 어찌 도형주(陶荊州)[199]와 유하동(柳河東)[200]보다 낮겠는가만 하늘이 아껴 남겨 두지 않았으니,[201] 이 또한 어찌할 수 없는 것이다. 아, 이것

198 방악(方岳) : 사악(四岳)과 같은 말로, 관찰사의 직책을 일컫는다. 원래 방악은 옛날 중국 고대에 천자가 사방으로 순행하며 각 지방 제후들의 조회를 받던 곳이었다. 《서경》 〈주관(周官)〉에 "제후는 각각 방악에서 조회하거든 출척을 크게 밝힌다.〔諸侯各朝于方岳, 大明黜陟.〕"라고 한 데서 온 말이다.

199 도형주(陶荊州) : 도간(陶侃, 295~334)으로, 동진(東晉) 때의 명장이다. 그가 형주(荊州)를 맡고 있을 때 고을에 일이 없자, 매일 아침 벽돌 100개를 집 밖으로 옮겼다가 저녁에 집 안으로 옮겼다. 사람들이 그 까닭을 물으니, "내가 장차 중원(中原)에 힘을 쏟고자 하는데 너무 안일하면 일을 감당하지 못할까 두렵다.〔吾方致力中原, 過爾優逸, 恐不堪事.〕"라고 답변한 도간운벽(陶侃運甓)의 고사가 전한다. 《晉書 卷66 陶侃列傳》

200 유하동(柳河東) : 유종원(柳宗元, 773~819)으로, 자는 자후(子厚)이다. 하동(河東) 출신이기 때문에 유하동, 유주 자사(柳州刺史)로 좌천되었기 때문에 유유주(柳柳州)라고도 불린다. 당송 팔대가(唐宋八大家) 중의 한 사람이다. 왕숙문(王叔文)의 사건에 연좌되어 영주 사마(永州司馬)로 좌천되고 이어 유주 자사로 옮겼다. 그곳에서 백성들의 힘든 생활을 묘사한 작품을 많이 지었으며, 백성들을 위한 선정을 많이 베풀었다.

이 어찌 다만 우리 유학에 복이 없어 그런 것이겠는가. 바야흐로 공이 살아 계실 때 명성이 온 나라가 가득하여 아래로 도성의 백성들도 또한 모두 공의 성명을 외울 정도에까지 이르렀다. 공이 세상을 떠난 후에 인재를 얻어 국사를 함께하고자 한 묘당(廟堂)[202]의 대신들은 죽은 사람이 살아올 수 없는 것을 깊이 탄식하였다고 한다. 이에 공이 간세(間世)[203]에 쉽게 얻지 못할 사람이 됨을 더욱 알 수 있겠다. 부인은 축산 전씨(竺山全氏)이니, 좌랑(佐郞) 광제(光濟)[204]의 따님으로 후사가 없다. 후처는 순천 김씨(順天金氏)이니, 군수 성흠(聖欽)[205]의 따님이다. 인자하고 정숙(靜淑)하여 부덕이 있었다.

아들이 둘이니, 몽린(夢麟), 몽근(夢根)이다. 몽린은 아들이 하나이니 익겸(益謙)이고, 딸이 둘이니, 황헌로(黃獻老),[206] 이휘장

201 하늘이……않았으니 : 하늘이 훌륭한 인재를 이 세상에 남겨 두려 하지 않는다는 말로, 《시경》 〈시월지교(十月之交)〉에 "원로 한 분을 아껴 남겨 두어서, 우리 임금을 지키게 하지 않는구나.〔不憖遺一老, 俾守我王.〕"라고 한 말에서 유래한 것이다.

202 묘당(廟堂) : 종묘(宗廟)와 명당(明堂)이라는 뜻으로 조정(朝廷)을 일컫기도 하였고, 또는 의정부(議政府)를 달리 이르던 말이다.

203 간세(間世) : 세대의 간격을 둔다는 말로, 세상에 드문 영웅 호걸을 뜻한다. 맹자가 "오백 년 만에 반드시 왕자(王者)가 태어나는데 그 사이에 반드시 세상에 이름난 인물이 있다.〔五百年必有王者興, 其間有名世者.〕"라고 한 데서 온 말이다. 《孟子 公孫丑上》

204 광제(光濟) : 전광제(全光濟, 1677~1745)로, 자는 명겸(明兼), 호는 삼백당(三白堂)이며, 예천(醴泉) 용궁(龍宮)에 거주하였다.

205 성흠(聖欽) : 김성흠(金聖欽, 1690~?)으로, 자는 약천(若天), 호는 남곽(南郭)이며, 상주(尙州)에 거주하였다. 1715년 문과에 급제하여 병조 좌랑(兵曹佐郞), 사헌부 감찰(司憲府監察), 서천 군수(舒川郡守)를 역임하였다.

(李彙章)에게 시집갔다. 하루는 익겸(益謙)의 아들 언필(彦弼)이 그 아버지의 뜻으로 유사를 받들고 와서 행장 지어 주기를 부탁하였다. 나는 대개 공을 여러 번 뵙고 사모한 사람이어서 드디어 사양하지 않고 차례대로 위와 같이 기술하였다.

206 황헌로(黃獻老) : 1777~1837. 본관은 장수(長水), 자는 징가(徵可), 호는 평심와(平心窩)이며, 상주(尙州)에 거주하였다.

전라도 관찰사 와은 김공 행장

全羅道觀察使臥隱金公行狀

공의 휘는 한동(翰東), 자는 한지(翰之)이며, 성은 김씨(金氏)이다. 그 선조는 의성(義城)을 관향으로 하는 사람이다. 세계(世系)와 관벌(官閥)은 모두 학음공(鶴陰公)의 묘갈(墓碣)[207]에 기재하였다. 학음공은 휘가 경필(景泌)로 벼슬은 병조 좌랑이며 이조 참판에 증직되었으니, 곧 공의 황고(皇考 아버지)이다. 어머니 증 정부인은 서원 정씨(西原鄭氏)이니, 정간공(貞簡公) 탁(琢)[208]의 6세손 사인(舍人) 주현(周賢)의 따님으로, 영조 경신년(1740, 영조16) 5월 모일 영가(永嘉 안동(安東)) 해저리(海底里)에서 공을 낳았다.

공은 모습이 풍채가 있으면서도 빼어났고 총명하여 깨달음이 남들보다 뛰어났다. 대여섯 살에 문장을 지을 줄 알았으며, 낯선 글을 읽을 때도 익숙히 보던 것 같았다. 10세가 되기도 전에 연

207 학음공(鶴陰公)의 묘갈(墓碣) : 학음공은 김경필(金景泌, 1701~1748)로, 자는 원중(源仲)이다. 1735년에 문과에 급제하여 병조 좌랑을 역임하였다. 묘갈은 《입재집》 권35의 〈증 가선대부 이조 참판 겸 동지 경연 의금부사 홍문관 제학 행 통훈대부 병조 좌랑 학음 김공 묘갈명 병서(贈嘉善大夫吏曹參判兼同知經筵義禁府事弘文館提學行通訓大夫兵曹佐郎鶴陰金公墓碣銘 並序)〉를 말한다.

208 탁(琢) : 정탁(鄭琢, 1526~1605)으로, 본관은 청주, 자는 자정(子精), 호는 약포(藥圃), 시호는 정간(貞簡)이다. 예천 출신으로, 이황의 문인이다. 임진왜란 때 왕을 의주까지 호종한 공으로 호종공신 3등에 녹훈되었으며, 서원 부원군(西原府院君)에 봉해졌다. 예천의 도정서원(道正書院)에 제향되었으며, 저서로 《약포집》, 《용만문견록(龍灣聞見錄)》 등이 있다.

이어 부모상을 당하였으나 상을 치름에 슬퍼하여 몸이 상함이 성인(成人) 같았다. 중부 지현공(知縣公)[209]을 아버지처럼 섬겨 법도를 어기지 않았다. 《증사(曾史 십팔사략(十八史略))》를 수업하다가 성탕(成湯)이 걸(桀)을 쫓아낸 대목에 이르러 문득 책을 덮고 물러나 앉아 말하기를, "천하에 큰 변고가 있다."라고 하였다. 또 일찍이 '고(孤)' 자의 뜻을 묻고, 어려서 아버지를 여읜 것을 일컫는 것임을 알고는 인하여 눈물 흘렸다. 성동(成童 15세)이 되기도 전에 지현공(知縣公)이 "천만 길 되는 높은 봉우리에 올라, 천만의 옛 영웅을 추억한다.〔登千萬丈高峯, 憶千萬古英雄.〕"라는 내용으로 시제를 명하여 고풍(古風) 시를 짓게 하자 붓을 휘둘러 100구를 완성함에 문장 표현이 찬란하였다. 이로부터 정문(程文 과거 문장)을 익힘에 기세가 거침없고 빠르게 성취하니, 과거 시험장에서 명성이 자자하였다.

계미년(1763, 영조39) 사마시에 합격하였다. 신축년(1781, 정조5) 겨울 경릉 침랑(敬陵寢郎)[210]에 제수되었다. 갑진년(1784, 정조8) 여름 중부 봉사(中部奉事)[211]로 관직을 옮겼다가 겨울 평

209 지현공(知縣公) : 하양 현감(河陽縣監)을 지낸 김경철(金景澈, 1698~1764)로, 자는 유청(幼淸), 호는 서파(西坡)이다. 1741년 식년시(式年試) 2등으로 생원에 합격하였다. 음사(蔭仕)로 현감을 제수되었다. 《입재집》 권35에 〈통훈대부 행 하양 현감 서파 김공 묘갈명 병서(通訓大夫行河陽縣監西坡金公墓碣銘 並序)〉가 있다.

210 경릉 침랑(敬陵寢郎) : 경릉은 덕종(德宗)으로 추존된 의경세자(懿敬世子 : 성종 부)와 비 소혜왕후(昭惠王后) 한씨(韓氏)의 능으로, 경기도 고양(高陽)에 있다.

211 중부 봉사(中部奉事) : 중부는 한성(漢城)을 다섯 부로 나눈 행정 구역의 하나로 소송, 도로, 금화(禁火), 택지 따위에 관한 일을 맡는다.

시서 직장(平市署 直長)으로 승진하였다. 병오년(1786, 정조10) 상의원 주부(尙衣院主簿)로 승진하였다가 곧바로 사헌부 감찰(司憲府監察)로 관직을 옮겼다. 정미년(1787, 정조11) 인일제(人日製)[212]에 장원하여 곧바로 전시(殿試)에 응시하였다. 기유년(1789, 정조13) 봄 비로소 급제자로 이름이 불렸고, 얼마 뒤 성균관 전적(成均館典籍)에 제수되었다. 인하여 병조 좌랑(兵曹佐郎)으로 관직을 옮겼으나, 선공(先公 돌아가신 아버지)이 이 직책에 부임하였다가 세상을 떠나 귀장(歸葬)하였기[213] 때문에 차마 다시 부임할 수 없어서 사은숙배를 하지 않았다.

8월에 주상이 영남의 인재 가운데 누가 마땅히 최고인지를 하문하니, 우상(右相) 채제공(蔡濟恭)이 공이라고 대답하였다. 주상이 말하기를, "지난번 그 사람을 보았을 때 이미 보잘것없지 않음을 알았다. 지금 다시 보고자 하니, 승지(承旨)는 영백(嶺伯 경상도 관찰사)에게 알려 기송(起送 사람을 보냄)케 하는 것이 좋겠다."라고 하였다. 공이 백의(白衣)의 평민으로 부름에 달려가는 것을 혐의하였으나, 그 당시 영우원(永祐園)[214]의 천조(遷厝 이장(移葬))를

212 인일제(人日製) : 인일(人日)인 음력 정월 초 7일에 성균관 유생에게 보이는 과거. 인일제는 오순절제(五巡節製)의 하나로, 사람을 점(占)치는 풍속이 있었다.

213 선공(先公)이……귀장(歸葬)하였기 : 김한동의 아버지 김경필이 1748년(영조24) 병조 좌랑에 제수되어 사은숙배한 지 10일 남짓 만에 병이 나 서울의 집에서 세상을 떠났으니, 향년 48세였다. 봉화현(奉化縣) 덕고촌(德皐村) 북쪽 부감(負坎 : 남향) 언덕에 귀장하였다.

214 영우원(永祐園) : 정조의 생부 사도세자(思悼世子)의 묘이다. 저본에는 '영호원(永祜園)'으로 되어 있는데, 바로잡았다. 사도세자는 1762년(영조38) 5월 21일 뒤

만났기 때문에 마지못해 나아갔다. 10월 사헌부 지평(司憲府持平)에 제수되었다. 경술년(1790, 정조14) 4월 사간원 정언(司諫院正言)에 제수되었고 6월 홍문관 부교리(弘文館副校理)에 제수되니, 공이 분에 넘치는 임명이라는 것으로 사양하였으나, 윤허하지 않았다. 7월 부름을 받아 주상을 독대하고 《정관정요(貞觀政要)》[215]의 이대량장(李大亮章)[216]을 강연하여 말하기를, "대량이 번신(藩臣 변방의 신하)으로 은밀히 표문(表文)을 올려 간언한 것은 진실로 쉬운 일이 아닙니다. 그러나 그에게 간언할 수 있게 한 것은 태종(太宗)이 간언을 들어주는 아름다움 때문이었습니다. 삼가 바라건대 살피시어 염두에 두십시오."라고 하니 주상이 옳다고 여겼다.

주 속에서 죽고 나서 배봉산(拜峯山) 아래 언덕에 예장되어 묘호를 수은묘(垂恩墓)라 하였는데 1776년(정조 즉위년) 3월 수은묘를 영우원(永祐園)으로 개칭하고, 존호도 사도(思悼)에서 장헌(莊獻)으로 개칭하였다. 1789년(정조13) 영우원은 다시 현륭원(顯隆園)으로 바뀌었고, 같은 해 10월 7일 현 위치로 이장되었다. 1899년 사도세자가 장종(莊宗)으로 추존되면서 무덤도 융릉(隆陵)이라는 능호를 받았다.

215 정관정요(貞觀政要) : 당나라 태종 이세민(李世民)이 그 당시 역사가였던 위징(魏徵), 방현령(房玄齡), 두여회(杜如晦), 왕규(王珪) 등과 담소를 나눈 내용을 현종 때 오긍(吳兢)이 책문(策問), 쟁간(爭諫), 의론(議論), 주소(奏疏)로 분류하여 편찬했다. 모두 10권 40편으로 구성되어 있다.

216 이대량장(李大亮章) : 《정관정요》 권2 〈납간 제오(納諫第五)〉의 이대량 부분을 말한다. 이대량이 양주 도독(涼州都督)이 되었을 때, 대사(臺使)가 양주(涼州)의 경내에 와서 유명한 매를 보고 이대량에게 임금께 헌상할 것을 넌지시 권유하자, 이대량이 은밀히 표문(表文)을 올려 말하길, "폐하께서 오랫동안 사냥을 단절하셨는데 사자가 매를 요구하니, 이것이 만일 폐하의 뜻이라면 '사냥을 하지 않으려는' 원래의 뜻에 크게 위배된 것이며, 사자가 자기 마음대로 한 일이라면 이는 사자가 제대로 된 사람이 아닙니다."라고 한 내용이 있다.

9월 수찬(修撰)으로 관직을 옮겼다가 11월 교리(校理)로 돌아왔다. 신해년(1791, 정조15) 정월 수찬에 제수되었고, 5월 부교리(副校理)에 제수되었으나 모두 곧바로 체직되었다.

6월에 또 부교리에 제수되니, 인하여 차대(次對)[217]하여 입시하였다. 주상이 대신들을 돌아보며 말하기를, "영남 사람들은 순수하고 강직하여 그 지키는 바를 바꾸지 않으니, 이 풍속은 아름답게 여길 만하다. 내가 이 유신(儒臣)에게 깊이 기대하는 바가 있다."라고 하였다. 인하여 전교를 내려 말하기를, "일찍이 영남 사람 아무개가 지방관의 반열에 이른 것을 보았는데 그 빼어난 업적을 낼 때를 당하여서는 비록 전형(銓衡)의 임무라도 감당할 수 있었으니, 속히 교지에 응하도록 하는 것이 옳다."라고 하였다. 인하여 외직으로 나가 함경도(咸鏡道) 장시관(掌試官)이 되었는데 복명(復命)하기도 전에 부수찬에 제수되었다. 10월 또 제수되었으나, 마침 혐의하는 말에 책임을 지고 사직하니 체직되어 향리로 돌아왔다.

11월 헌납(獻納)에 제수되었다. 현(縣)과 도(道)를 통해 상소하여[218] 사직하고, 아울러 흉년의 적정(糴政 환곡(還穀)에 관한 사무)

217 차대(次對) : 의정(議政)·옥당(玉堂)·대간(臺諫)이 매달 5일·10일·15일·20일·25일·30일에 정기적으로 입시(入侍)하여 중요한 정무를 상주하는 것을 이른다. 처음에는 한 달에 세 차례 행하였으나, 1698년(숙종24) 여섯 차례로 바꾸면서 이 중 세 차례는 원임 대신도 참가하는 것으로 정하였다. 《萬機要覽 軍政編1 備邊司》

218 현(縣)과……상소하여 : 지방에 있는 관원이 자신이 거주하는 고을에 상소를 바치면, 고을 수령이 감사에게 상소를 보내고 감사가 승정원으로 올려보내는 것을 말한다. 이러한 과정을 통해 올리는 상소를 '종현도상소(從縣道上疏)', 또는 '현도소(縣道疏)'라고 불렀다.

이 번거롭고 가혹함과 민생들이 유랑하여 떠도는 고통을 진술하니, 주상이 가납하였다. 12월 연이어 관직(館職)[219]에 제수되었다. 임자년(1792, 정조16) 정월 또 부름에 나아가니, 회시(會試)의 시험관으로 차출되었다. 시험이 끝나고 입직(入直)하였으나 어떤 일로 인해 체직되어 돌아왔다.

4월 또다시 수찬에 제수되니 부름에 나아갔다. 당시 유성한(柳星漢)[220]의 상소에 경모궁(景慕宮)[221]을 핍박하는 말이 지극히 흉악하였다. 공이 본도(本道 경상도)의 선비, 유생과 약속하여 합소(合疏)하여 함께 성토하고자 하였다. 소장(疏章)을 작성하여 장차 올리려고 하였으나 태학(太學)에서 근실(謹悉)[222]을 허락하지 않

219 관직(館職) : 통칭 홍문관(弘文館), 사관(史館), 집현원(集賢院) 등 수찬과 교정을 담당하는 관직을 말한다.

220 유성한(柳星漢) : 1750~1794. 본관은 진주, 자는 원명(原明)으로, 증광시에 급제하고 사헌부 집의, 사간원 정언을 역임하였다. 1792년(정조16) 4월 18일 정언 유성한이 상소하여 논란을 불러일으켰는데, 문제가 된 내용 중 하나는 정조에게 경연을 자주 열어 강학에 힘쓸 것을 권유한 일이다. 정조가 경연을 자주 열지 않았던 것은 생부인 사도세자에 대한 무함이 주로 영조가 경연을 연 자리에서 이루어졌기 때문이라 이 문제는 "차마 말하지 못하고 차마 듣지 못하는 일"로 간주되고 있었는데, 유성한이 이 문제를 제기하여 파란을 일으킨 것이다. 《日省錄 正祖 15年 8月 8日, 16年 4月 18日・4月 30日・閏4月 4日・8月 11日》

221 경모궁(景慕宮) : 정조의 생부 사도세자와 그의 빈(嬪) 혜경궁(惠慶宮) 홍씨(洪氏)의 사당인데, 여기서는 사도세자를 가리킨다. 1792년(정조16) 4월에 영남의 선비들이 사도세자의 신원(伸冤) 등을 요구하는 이른바 영남 만인소(嶺南萬人疏)를 올렸다.

222 근실(謹悉) : 유생의 상소는 성균관과 사학(四學)의 두 장의(掌議)가 "잘 알았다.〔謹悉〕"라는 말을 적은 것이 없으면 봉입(捧入)할 수 없게 되어 있다. 《六典條例 吏典 承政院 摠例》

았고, 후원(喉院 승정원(承政院))에서도 또 근실이 없다는 것으로 저지하여 봉입(捧入)을 막았다. 공이 짧은 소장을 올려 그 상황을 진술하니, 곧바로 받들어 올릴 것을 명하고 또 선비와 유생에게 명하여 함께 입시하도록 하고, 또 유신(儒臣) 몇 사람에게 명하여 대전(大殿)에 올라와 하교를 듣게 하였다. 공이 반수(班首)[223]로서 상소한 유생들을 거느리고 전각에 올라 마침내 애통히 여기는 윤음[224]의 비답(批答)을 받들었다. 이튿날 수찬에 제수되었으나, 위패(違牌)[225]한 것 때문에 파직되었다. 5월에 영남 유생들의 소장을 또 올렸으나 끝내 윤허를 받지 못했다. 바야흐로 세 번째 소장을 올리려고 할 즈음, 전망(前望)[226]으로 또 수찬에 제수되었다. 그때는 마침 황단(皇壇)[227] 망배례(望拜禮)의 전날에 해당하였고 옥당(玉堂 홍문관(弘文館))에 인원이 부족하였기에 억지로 나아가 사은숙배하고 모시는 반열에 참여하였다가 곧장 소장(疏章)에 자

223 반수(班首) : 생원과 진사가 각기 나이 순으로 도열할 때 각 대열의 선두를 뜻하는 말로, 곧 생원과 진사 중에 가장 나이가 많은 사람 1인씩을 이른다. 《增補文獻備考 卷208 學校考》

224 윤음 : 원문은 '십항(十行)'으로, 원래는 후한(後漢) 광무제(光武帝)가 조칙을 내릴 때 친필로 한 장에 열 줄씩 써서 보냈던 고사에서 유래하여 임금의 교서 또는 전지 등을 십항서(十行書)라고 한다. 여기서는 임금의 말씀, 즉 윤음을 뜻한다.

225 위패(違牌) : 패초(牌招)를 어기는 것으로, 승지가 왕명이 적힌 패를 가지고 신하를 불렀으나 어기고 오지 않는 것을 말한다.

226 전망(前望) : 예전에 벼슬아치의 후보로 추천되었던 사람을 말한다.

227 황단(皇壇) : 일명(一名) 대보단(大報壇)으로, 창덕궁 내에 설치하였으니, 명(明)나라 태조, 신종(神宗), 의종(毅宗)에게 제사 지내는 곳이다. 5월 10일이 명나라의 태조(太祖) 고황제(高皇帝) 기신(忌辰)이다.

신의 뜻을 진술하고 급히 궁을 떠났다. 대략 말하기를, "신의 마음과 형세는 반드시 스스로 선비들의 끝자리에 의탁한 자로 선비의 논의를 중하게 여기고 관직을 스스로 맡고자 하지 않습니다. 영남의 인사들이 비록 거칠고 천하지만, 잡아 지키는 바는 백세(百世)토록 변치 않은 큰 의리이며, 말한 바는 한 나라의 공론(公論)입니다. 선비들이 먼저 의리를 발하고 진신(搢紳 사대부)들이 연명(聯名)하여 의리에 참여하였으니, 신도 또한 소장 가운데 연명한 사람입니다. 의리가 펴지지 않았는데, 어찌 감히 관작을 받들어 맡을 수 있겠습니까. 또 엎드려 생각건대 천리 먼 곳 영남에서 서로 이끌며 피눈물을 흘리고 있으나 아직 주상의 윤허를 받지 못했는데 신만 홀로 관직을 받는 것은 도리(道理)와 분의(分義)에 있어 모두 감히 할 수 없는 바입니다."라고 하였다. 패초(牌招)를 어긴 것 때문에 파직되었다.

승정원(承政院)에서 급히 하교(下教)를 전하여 말하기를, "전(前) 옥당(玉堂) 김한동(金翰東)이 급히 궁을 떠난 것은 영남의 선비들이 아직 내려가지 않은 것으로 말미암아 떠났다고 들었다. 어찌 두 번째 소장을 더 올린 뒤에 말하였는가. 원로방지(圓顱方趾)[228]의 하교는 이미 이전의 비답에 자세한데도 지금 이와 같이

228 원로방지(圓顱方趾) : 저본에는 '원려방지(圓臚方趾)'로 되어 있는데, 바로잡았다. 원로방지는 《회남자(淮南子)》 〈정신훈(精神訓)〉에 "머리가 둥근 것은 하늘을 형상한 것이고, 발이 네모난 것은 땅을 형상한 것이다.〔頭之圓也像天, 足之方也像地.〕"라고 한 데서 유래한 말로 사람을 가리킨다. 1768년(영조44) 생원·진사시의 입격자들에게 각자의 시험지를 외우도록 하였는데, 민급(閔汲)의 시험지 내용에 원로방지 등의 말이 있자, "'원로방지' 네 글자를 어찌 감히 함부로 과거의 글에 쓴단

거듭하여 말한 것은 진실로 선비를 우대하는 뜻에서 나온 것이다. 김한동이 비록 파직되어 한가한 가운데 있으나 관복을 갖추어 입고 벼슬하게 하고, 소수(疏首) 이우(李㙖)[229]를 승정원으로 불러오라. 이 하교를 영남 선비들에게 전하면 반드시 당일에 뜻을 접고 돌아갈 것이다."라고 하였다.

이튿날 새벽에 명을 받들고 입시하였다. 주상이 하교를 내려 말하기를, "여러 선비들이 머무는 것은 무엇을 하고자 하는 것인가?"라고 하니, 공이 대답하여 말하기를, "성상의 하교가 이에 이르렀기 때문에 여러 선비들이 비록 감히 오래 머무를 수 없으나, 잠시 동안 돌아가지 않고 재일(齋日 기일(忌日))을 넘긴 뒤에 거취를 정한다고 합니다."라고 하였다. 주상이 서글프게 말하기를, "어쩔 수 없이 다시 한번 말하노라. 내가 이 일에 어찌 털끝만큼이라

말인가." 하고, 방목(榜目)에서 민급의 이름을 빼 버리고 과거의 응시를 정지시켰으니, '원로방지'라는 글이 흉적(凶賊)이 올린 상소에 있었기 때문이다. 《英祖實錄 44年 2月 15日》
1792년(정조16) 경상도 참봉 이우 등 1만 368인이 재차 상소를 올렸는데, 비답을 내린 뒤에 다시 전교한 내용 가운데 "기억하건대 옛날 선왕께서 '원로방지'란 네 글자를 주독(奏牘)과 과문(科文)에 쓴 자를 문득 중형(重刑)에 두셨으니, 이것이 어찌 선인(先人)을 추모하는 성념(聖念)이 조금이라도 극진히 헤아리지 못해서 그렇게 했겠는가."라는 내용이 있다. 《正祖實錄 16年 5月 7日》

229 이우(李㙖) : 1739~1810. 본관은 한산(韓山), 자는 치춘(稚春), 호는 면암(俛菴)이며, 이광정(李光靖)의 아들로, 안동(安東)에 거주하였다. 1792년(정조17) 사도세자(思悼世子)의 신원을 청하는 영남 유림 만인소에 소수(疏首)로 추대되어 대궐로 나아가 의릉 참봉(懿陵參奉)을 제수받았다. 이후 어린 순조가 즉위하자 대신과 대간의 논계에 의하여 이듬해 고금도로 유배되었다가 우윤(右尹) 최헌중(崔獻重)의 상소로 귀양이 풀려 돌아왔다. 저서로는 《면암집》이 전한다.

도 성실하지 못함이 있어 그렇게 하였겠느냐. 본래 지극히 처리하기 어려운 단서가 있어 진실로 여러 선비들이 바라는 뜻과 같이 되기 어려워서 그런 것이다. 갑신년(1764, 영조40) 봄에 선대왕께서 손수 지은 교지[230]가 있고, 나도 또한 우러러 그 교지에 대답한 것이 있다. 의리가 본래 해와 달처럼 분명하며 오늘의 해가 크게 밝은 것은 실로 또한 영남 선비의 공이다."라고 하니, 공이 대답하여 말하기를, "소신이 친히 유지(諭旨)를 받들었으나 아직도 의심스럽고 알 수 없습니다. 하물며 멀리 있는 유생들이 어찌 자세히 알겠습니까. 이 점이 마음을 억눌러 차마 갑자기 돌아갈 수 없는 까닭입니다."라고 하였다. 주상이 말하기를, "여러 유생들은 돌아갈 수 있지만, 너는 돌아갈 수 없을 것이다."라고 하니, 공이 대답하여 말하기를, "여러 유생들이 물러나 돌아가는 날, 소신 또한 마땅히 함께 돌아갈 것입니다."라고 하였다. 주상이 또 교지를 내려 말하기를, "모름지기 교지의 뜻으로 여러 유생들에게 말하여 그들이 속히 돌아가게 하라."라고 하니, 공이 또 대답하여 말하기를, "비록 온갖 방법으로 깨우치고 타일러도 처음부터 끝까지 한결같으니, 신은 우러러 아뢸 수 없습니다."라고 하였다.

이미 물러나자 경연에서 내린 교서로써 승정원에서 여러 유생들의 거취를 물으니, 공이 답장하는 편지에서 대략 말하기를, "당초에 경상도 전체가 한 마음으로 천 리 먼 길을 가는 수고를 아

230 갑신년……교지 : 1764년(영조40) 2월 23일에 왕세손에게 효장묘의 제문을 읽어 보도록 한 뒤, 영조가 직접 하유(下諭)한 내용이 있는데, 그 하유를 말하는 듯하다. 《英祖實錄 40年 2月 23日》

끼지 않은 것은 백세토록 변치 않을 의리를 펼 수 있다고 생각했기 때문입니다. 그러나 정성이 부족하여 주상의 윤허를 받지 못하니, 여러 사람의 마음이 억눌리고 답답하여 모두 잠시 동안 돌아가지 않고자 한 것입니다. 이 점은 제가 이미 주상에 고하여 아뢴 것입니다. 무엇보다 양식을 내려 주신 일은 실로 의리와 분수상 감당할 바가 아니니, 바야흐로 머리를 움츠리고 두려워 떨며 몸둘 바를 알지 못하겠습니다. 대개 주상께서 소를 올린 선비들에게 양식을 내려 주었는데 소를 올린 선비들이 받지 않았습니다. 주상의 하교가 준엄하니, 벼슬을 사양하거나 받는 것이 진실로 어렵습니다. 그래서 아울러 진술합니다."라고 하였다. 얼마 뒤 양식을 환수한다는 명이 있었다. 이날 부교리에 제수되었다. 명을 받들어 입시하니 주상이 하교하여 말하기를, "지금은 의리가 이미 분명하니, 영남의 유생들은 머물 필요는 없다."라고 하였다.

얼마 뒤 경연에서 좌상(左相)이 아뢴 바가 있었는데, "나가서 대신들에게 묻고 여러 선비들에게 상세히 전하는 것이 옳다."라는 것이었다. 대개 채상(蔡相 채제공(蔡濟恭))이 상주(上奏)한 바에 말하기를, "성상의 하교 가운데 '선대왕께서 뒤늦게 후회하셨다.〔先大王追悔〕'라는 한 구절은 바로 주상의 밝은 지혜와 무고함을 분별하는 큰 관려(關捩 가장 중요한 부분)인데 영남의 선비들이 이 점을 가슴에 품고 돌아갔으니, 뜻하고 바라던 바를 다 이루었습니다. 청컨대 오늘의 애통한 교지를 팔방에 반포하여 보이십시오."라고 하니, 주상이 그 주의(奏議)를 옳다고 여겼다. 그래서 이런 하교가 있었다.

이튿날 또 승정원에서 명하여 공에게 어제의 하교를 베껴 가도록 하고, 또 한 부를 베껴 여러 선비들에게 주도록 하였다. 공이 드디어 물러나 소를 올린 선비들과 함께 세 번째 올릴 소장에 대한 의논을 중지하였다. 주상이 대면하고 하교한 것 때문에 공은 여러 선비들과 함께 향리로 돌아가지 못하고 시를 지어 전별하였으니,[231] 그 내용은 다음과 같다.

슬픈 조서[232]는 곁에 방해하는 귀신이 있고	惻愴絲綸傍有鬼
깨끗이 정리된 궁궐은 밤에 사람이 없네	肅淸宮禁夜無人
동방이 백세토록 임금을 알았으나	東方百世知君父
북면하여 세 임금 섬긴 사대부는 몇이었나	北面三朝幾搢紳

얼마 뒤 남학 교수(南學敎授)에 제수되었다. 6월 장령으로 승진하였다가 곧바로 부응교(副應敎)에 제수되었고 얼마 뒤 태상시 정(太常寺正)[233]으로 관직을 옮겼다가 곧바로 부응교에 제수되었

231 시를 지어 전별하였으니 : 이 시는 《와은집(臥隱集)》 권2의 〈전중 벼슬의 권계주가 증별시 율시 두 수를 주기에 차운하여 송별하다〔權殿中季周有贈行詩二律次韻送別〕〉라는 시 중 첫째 수이다. 또한 율시인 원시에서 함련과 경련만 취한 것이다. 권계주는 권방(權訪, 1740~1808)으로, 계주는 그의 자이다. 본관은 안동(安東), 호는 학림(鶴林)이다. 1783년(정조7) 문과에 급제하여 좌랑 등을 역임하였고, 문집으로 《학림집(鶴林集)》이 전한다. 대산의 문인이다.

232 조서(詔書) : 원문은 '사륜(絲綸)'으로, 《예기》 〈치의(緇衣)〉에 "왕의 말은 처음엔 실오라기 같다가도 일단 나오면 굵은 명주실처럼 되고, 왕의 말은 처음엔 굵은 명주실 같다가도 일단 나오면 밧줄과 같이 된다.〔王言如絲, 其出如綸, 王言如綸, 其出如綍.〕"라는 말에서 유래하였다.

233 태상시 정(太常寺正) : 태상시는 제사(祭祀)와 시호(諡號)에 관한 일을 맡아보

다. 9월 승진하여 동부승지(同副承旨)에 제수되었으나, 패초(牌招)를 어긴 것으로 인해 체직되었다. 얼마 뒤 또 연이어 동부승지에 제수되었다. 모두 어떤 일로 인하여 체직되었다가 다시 동부승지에 제수되었다. 당시에 영남의 선비들이 5월에 내린 성상의 하교를 안동 향교(安東鄕校)에 보관하였다. 교장(校長) 안총(安寵)이 그 무리를 풀어 하교를 봉안한 궤를 차서 부수고, 여러 선비들을 몰아서 쫓아낸 적이 있었다. 선비들이 본영(本營 경상 감영)에 공문을 올리니, 감영에서 사실 여부를 조사하였다. 공이 상소문의 말미에 안총의 일을 언급하고 탄핵하니, 주상이 경상도 관찰사에게 엄중하게 하교하여 안총에게 유배의 형벌을 시행케 하였다.[234]

겨울에 또 동부승지에 제수되었다. 계축년(1793, 정조17) 정월 동부승지를 거쳐 우부승지로 승진하였으나 외부에 있다는 것으로 체직되었다. 3월 동부승지에 제수되었다가 우부승지로 관직을 옮겼다. 4월 연이어 동부승지와 우부승지에 제수되었다. 5월 부름에 달려갔으나 체직되었다가 곧바로 동부승지에 제수되었다. 벼슬에 나가 사은숙배하고 채상(蔡相)의 소장을 받들어 주상께 들였다. 소장은 바로 큰 의리를 다시 신원하는 것이었다. 주상이 봉환(封還)[235]하도록 엄중하게 하교하였다. 주상이 인하여 하교하여 말하

는 관청인 봉상시(奉常寺)의 별칭으로, 전사서(典祀署), 전의시(典儀寺)로도 불린다.

234 공이……하였다 : 1792년(정조16) 10월 3일 승지 김한동이 안총의 무죄 석방이 부당함을 건의하니 그와 도백을 추고할 것을 명한 기사가 있다. 《正祖實錄 16年 10月 3日》

235 봉환(封還) : 본래는 임금이 내린 비답이나 조명(詔命)이 도리에 맞지 않으면 그것을 해당 부서로 보내지 않고 봉(封)하여 임금에게 환송(還送)하는 것을 말한다.

기를, "영남의 풍속이 순선(純善)하여 식견과 잡아 지킴이 반드시 유속(流俗)과 다르니, 나의 괴로운 마음을 알 수 있을 것 같다. 영남은 오로지 동부승지에게 맡기노니, 모름지기 이 뜻으로 서로 환히 깨우치고 각 고을에도 알게 하는 것이 옳다."라고 하였다. 우상(右相) 김종수(金鍾秀)[236]는 영상(領相)이 상소한 말의 잘못을 크게 말하여 흉악한 역적으로 지목하기에 이르렀다. 인하여 공이 소장을 받들어 올린 잘못을 지적하였다. 주상이 말하기를, "해당 방(房)[237]에서 처분을 하고자 하는데 영상에게는 들어오기를 바라면서도 문을 닫아 버리는[238] 혐의가 있다. 그러므로 일단 그

그러나 여기서는 상소문을 접수하지 않고 봉한 채 돌려보내는 것을 말한다.

236 김종수(金鍾秀) : 1728~1799. 본관은 청풍(淸風), 자는 정부(定夫), 호는 진솔(眞率) 또는 몽오(夢梧)이다. 1781년에 대제학에 올라 이조 판서를 거쳐 우의정에 올랐다. 벽파(僻派)의 영수로 정조 때 좌의정으로 심환지와 더불어 시파(時派)인 홍씨(洪氏) 일파에 대한 공격에 앞장섰다. 문장이 뛰어났고, 정조 때 《경연고사(經筵故事)》와 《역대명신주의(歷代名臣奏議)》를 지어 바쳤다. 1802년에 유언호(兪彦鎬)와 함께 정조묘에 배향되었다. 저서에 《몽오집》이 있다.

237 방(房) : 조선 시대에 중앙 관부(官府) 중에는 육조(六曹)가 있었고, 법전(法典)에는 육전(六典)이 있었다. 승정원에도 이러한 제도에 호응하여 업무를 나누어 관장할 수 있도록 여섯 개의 담당 부서를 두었는데, 이를 육방(六房)이라고 하였다. 승정원의 육방은 이방(吏房), 호방(戶房), 예방(禮房), 병방(兵房), 형방(刑房), 공방(工房)으로, 승정원의 여섯 승지(承旨)가 각각 1개 방을 담당하였다.

238 들어오기를……버리는 : 원문은 '욕입폐문(欲入閉門)'으로, 《맹자》 〈만장 하(萬章下)〉에 "현인을 만나 보고자 하면서 그 도로 하지 않는다면, 들어오기를 바라면서 문을 닫아 버리는 것과 같다.〔欲見賢人而不以其道, 猶欲其入而閉之門也.〕"라고 한 데서 온 말이다. 여기에서는 정조가 채제공에게 상소하지 못하도록 막고 있는 것과 같음을 뜻한다.

대로 두라."라고 하였다. 공이 드디어 소장에서 자신의 뜻을 진술하고 급히 궁을 나갔다. 6월 좌부승지에 제수되었다. 얼마 뒤 병조 참의로 관직을 옮겼다가 또 우부승지로 돌아왔다. 반직(伴直)[239]으로 교체되었다가 강등되어 동부승지가 되었다. 주상이 특별이 하교하여 말하기를, "동부승지는 늙었으니, 처서(處暑) 전에는 입직(入直)하지 말라."라고 하였다. 겨울에 또 우부승지에 제수되었다.

갑인년(1794, 정조18) 정월 순천 부사(順天府使)에 제수되었다. 순천은 고을이 크고 번거로우니, 평소 피폐한 고을로 일컬어졌다. 공이 도착하자마자 곧바로 해역(海役)을 제거하였다. 당시에 큰 흉년을 만나자 봉급을 덜어 진휼하니 온 경내가 그에 의지하여 살았다. 간사한 아전과 호민(豪民)이 불법을 저지른 것 몇 가지를 엄격히 다스렸다. 휴가를 받아 돌아감에 암행어사 정만석(鄭晩錫)[240]이 그들의 사주를 받아들여 무고로 아뢰어 파직할 것을 논하였다. 주상은 윤허하지 않고 특별히 하교하여 원래 관직으로 돌아올 것을 재촉하였다. 공이 마지못해 원래의 관직으로 돌아가 을묘년(1795, 정조19) 겨울 승지로 체직되어 돌아갔다. 병진년(1796, 정조20) 정월 연이어 동부승지와 우부승지에 제수되었다. 좌차 단자(坐次單子)에 첨서(添書)[241]한 것으로 인하여 좌승

239 반직(伴直) : 두 사람이 당번으로 한 곳에 숙직함을 말한다.

240 정만석(鄭晩錫) : 1758~1834. 본관은 온양(溫陽), 자는 성보(成甫), 호는 과재(過齋)이다. 1795년(정조19) 5월 22일에 호남 암행어사 정만석(鄭晩錫)이 복명하고 서계를 올렸는데, 그 내용 중에 순천 부사(順天府使) 김한동(金翰東)이 모두 불법 행위를 범했다 하여 차등 있게 죄를 매겼다고 하였다. 《正祖實錄 19年 5月 22日》

지로 승진하였다. 2월 우승지에 제수되었고, 3월 또 우승지에 제수되었고, 5월 다시 좌부승지에 제수되었고, 6월 다시 좌승지에 제수되었으나 모두 곧바로 체직되었다. 특별히 하교하여 부르니 드디어 명을 받들어 조정으로 돌아와 곧바로 우승지에 제수되었다. 7월 연이어 승지에 제수되었다가 곧바로 병조 참의로 관직을 옮겼다.

얼마 뒤 좌부승지로 돌아와 입시하니, 주상이 물어 말하기를, "문정공(文貞公)[242]이 지은 《속강목(續綱目)》[243]은 과인이 일찍이 진람(進覽)하고 인쇄하여 간행하였는데, 보았느냐?"라고 하니, 공이 대답하여 말하기를, "아직 보지 못했습니다."라고 하였다. 주상이

241 첨서(添書) : 첨서낙점(添書落點)의 줄임말로, 관직을 임명할 때 왕이 삼망(三望) 이외의 사람을 첨가 기입하여 그 이름 위에 점을 찍어 재결하는 것이다.

242 문정공(文貞公) : 김우옹(金宇顒, 1540~1603)으로, 본관은 의성(義城), 자는 숙부(肅夫), 호는 동강(東岡), 시호는 문정(文貞)이다. 조식(曺植)의 문인으로 대사성을 거쳐 대사헌, 이조 참판을 지냈다. 1589년(선조22) 기축옥사(己丑獄事) 때에 유배되었다가 임진왜란 때에 석방되었다. 배소(配所)에서 《속강목(續綱目)》 15권을 편찬하였다. 저서에 《동강집》, 편저에 《경연강의(經筵講義)》 등이 있다. 청주의 봉계서원(鳳溪書院), 성주의 회연서원(檜淵書院)·청천서원(晴川書院)에 제향되었다.

243 속강목(續綱目) : 김우옹이 지은 《속자치통감강목(續資治通鑑綱目)》을 말하니, 중국 송(宋)나라 태조 원년(960)부터 명(明)나라 태조 홍무(洪武) 원년(1368)까지 408년간의 편년체 중국 역사서로 주자(朱子)의 강목에 이어 그 뒤의 약사(略史)를 속성(續成)한 것이다. 1590년(선조23) 김우옹이 기축옥사로 회령(會寧)에 유배되어 있을 때 편찬에 착수하여 1595년(선조28)에 완성한 것으로 전 36권 20책이다. 안정복(安鼎福)의 주선으로 세손이던 정조의 지시에 따라 내각에서 활인(活印)되고, 그후 1808년(순조8)에 성주의 청천서원(晴川書院)에서 목판으로 재간되었다. 《東岡先生文集 附錄 卷2 神道碑銘, 附錄 卷4 年譜》《宋贊植, 續資治通鑑綱目解題, 1976》

또 문정공이 배향된 서원의 이름을 물어 말하기를, "문정은 매우 올바른 사람이다. 사가(私家)에서 등본(謄本)을 간행할 때 어찌 이 책을 사용하지 않았느냐?"라고 하고, 인하여 인쇄한 책 두 질 가운데 한 질은 본 서원에 하사하고 한 질은 공에게 하사하도록 명하였으나 끝내 중지되어 시행되지 않았다. 8월 좌승지에 제수되었다가 곧바로 우승지 겸 상의원 제조(尙衣院提調)에 제수되었다.

10월 대사간(大司諫)에 제수되었는데, 상소하여 당시의 폐단을 진술하였다. 상소에서 대략 말하기를, "공경히 생각건대, 우리 전하께서는 몸소 검소한 덕을 실천하여 여러 장인(匠人)들을 통솔하고 면려하였습니다. 장차 풍교(風敎)로 세상을 움직이려 하였으나, 공효와 교화가 이른 바가 모두 상반되어 사치하는 풍속이 날로 불어나고 달로 왕성해지니, 위로 공경(公卿)으로부터 아래로 필부에 이르기까지 더욱 서로 사모하고 본받아서 온 세상이 사치하고 화려합니다. 이에 탐관오리들로 백성들을 부극(掊克 조세를 함부로 받아서 백성을 못살게 함)하여 스스로 자신의 이익을 늘리는 자들은 곧 모두 권세와 부귀를 팔아 어리석은 세속을 속입니다. 신(臣)은 전하(殿下)께서 힘써 면려하시는 뜻이 오래되어 혹 해이해지고, 분발(奮發)하는 기상이 점점 처음과 같지 않아 진실로 끝내 크게 다스려지는 경지에 오를 수[244] 없을까 두렵습니다."라고 하였다.

244 크게……수 : 원문은 '윤승우대유(允升于大猷)'이니, 《서경》 〈군진(君陳)〉에 성왕(成王)이 신하인 군진(君陳)에게 "그대가 능히 전상(典常)을 공경하고 마음을 도덕에 둔다면, 이들이 따라서 변하지 않는 자가 없어서, 진실로 크게 다스려지는 경지에 오르게 될 것이다.〔爾克敬典在德, 時乃罔不變, 允升于大猷.〕"라고 충고한 말에서 원용한 것이다.

또 말하기를, "예로부터 나라를 위해 절의를 다하는 선비는 벼슬과 봉록을 가벼이 여기고 명예와 의리를 무겁게 여겨 스스로 천하의 중임을 감당할 수 있습니다. 그래서 따뜻함과 배부름을 염두에 두지 않습니다. 그러나 지금의 이른바 '청요직(淸要職)을 맡고 있다.'라는 사람 가운데 염아(恬雅)한 지조를 하나라도 두었다는 것을 듣지 못했습니다. 동화문(東華門)의 가벼운 먼지[245] 속에서 이익을 쫓아다니며 골몰하여 한 번 풍요로운 고을을 맡아 다스리고 나면 부유함은 도주공(陶朱公)이나 의돈(猗頓)[246]과 같습니다. 순안사(巡按使 관찰사(觀察使))로 나가서 장사하는 기술을 행하고, 목사나 수령이 되어서는 아전들의 간사함을 본받아 곡부(穀簿

245 동화문(東華門)의 가벼운 먼지 : 동화문은 백관(百官)이 입조(入朝)할 때에 출입하던 문 이름인데, 소식(蘇軾)의 〈박박주(薄薄酒)〉 시에 "서호의 풍월이 동화문의 뿌연 먼지만 못하다.〔西湖風月, 不如東華軟紅土.〕"라는 전인(前人)의 희어(戱語)를 인용하여, "은거하여 뜻을 구함엔 의리만을 따를 뿐, 동화문의 먼지나 북창의 바람은 아예 계교치 않는다네.〔隱居求志義之從, 本不計較東華塵土北窓風.〕"라고 한 데서 온 말로, 전하여 동화문의 뿌연 먼지 속에 분주 다사한 관직 생활을 의미한다. 《蘇東坡詩集 卷14 薄薄酒》

246 도주공(陶朱公)이나 의돈(猗頓) : 도주공은 춘추 시대 월(越)나라 대부(大夫) 범려(范蠡)의 별칭이다. 월왕(越王) 구천(句踐)을 도와 오왕(吳王) 부차(夫差)를 죽여서 회계(會稽)의 치욕을 씻은 뒤에, 일엽편주로 강호(江湖)를 떠돌아다니다가, 뒤에 도(陶) 땅에 들어가서는 주공(朱公)으로 이름을 고치고 수만 금을 모아 거부(巨富)가 되었다. 《史記 卷41 越王句踐世家》

의돈은 노(魯)나라 사람으로 도주공에게 치부술을 배워 의(猗) 지방에서 소와 양을 먹였는데, 10년 만에 크게 부(富)해서 왕공(王公)에 비길 만했다. 《사기(史記)》 〈화식전(貨殖傳)〉에 "의돈은 노나라 사람인데, 도주공에게서 치부(致富)하는 방법을 배워 암소 다섯 마리를 길러서 부자가 되었다."라고 하였다.

곡식의 출납을 기록하는 장부)를 바꾸어 부지런히 이익을 도모합니다. 이는 우리 전하께서 근본〔마음〕을 바르게 하여 정치를 행하는 공이 지극하지 못한 바가 있어서 그런 것입니다. 시험 삼아 을야(乙夜)[247]에 단정히 앉아 공부하는 즈음에 두렵게 경계하여 담연(湛然)히 마음을 깨끗하게 한다면 온갖 이치가 다 밝아져 어떤 사물이라도 모습을 숨길 수 없을 것입니다. 그렇게 되면 무릇 오늘날 구하여 치료할 방법을 환히 볼 수 있습니다."라고 하였다.

또 말하기를, "형옥(刑獄)을 다스리고 죄를 심리(審理)하는 정사(政事)는 전하의 괴로운 마음과 지극한 덕(德)이 있는 바입니다. 그러나 목민관(牧民官)이 이에 감히 제멋대로 위엄과 노여움을 행하고 죄 없는 이를 함부로 죽이는 것은 온 나라가 모두 그러합니다만 영남이 더욱 심합니다. 이는 당론(黨論)이 무너졌기 때문입니다. 만약 그 추향(趨向)이 같지 않으면, 그의 죄를 거짓으로 꾸며 몰래 사납고 포학(暴虐)함을 시행하려 합니다. 아, 죄 없는 선비는 살인을 즐기는 가혹한 아전을 만나 부질없이 목숨을 잃으며, 죄 있는 수령은 전하께서 휼형(恤刑)[248]해 주심을 만나 편안함을 보전할 수 있습니다. 동인일시(同仁一視)[249] 가운데 어

247 을야(乙夜) : 밤 10시에 해당되는 시각으로, 제왕이 밤에 독서하는 것을 말한다. 당(唐)나라 문종황제(文宗皇帝)가 "만약 갑야(甲夜)에 정사를 살피지 않고, 을야에 책을 보지 않는다면, 어떻게 제대로 된 임금이 될 수 있겠는가."라고 한 데서 유래한 말이다. 《杜陽雜編 卷中》

248 휼형(恤刑) : 죄인을 처벌할 때 형벌을 신중히 하여 억울하게 되는 일이나 외람한 일이 없도록 하는 것을 말한다.

249 동인일시(同仁一視) : 일반적으로 일시동인(一視同仁)이라 하며, 멀고 가까운

찌 혹 행불행의 차이가 있단 말입니까."라고 하였다.

또 말하기를, "전선(銓選 인사 행정)의 법은 나라의 큰 정사이니, 전하께서 구습을 혁파하고 낡은 관념을 고치는 것으로 급선무를 삼아 일찍부터 밤늦도록 엄정하고 공경하여 여러 아랫사람들을 감독하여 바르게 하시되 그 일을 맡은 사람이 전하의 생각을 우러러 체득하지 못하여 출척(黜陟)에 혹 균형이 맞지 않으며 격양(激揚)[250]함에 인심을 만족시키지 못합니다. 만약 느릿느릿하고 게으른 이를 한번 임용하시면, 삼가 세상의 도와 조정의 형편이 크게 변할 날이 없을까 두렵습니다. 지금 마땅히 거듭 삼가고 힘써서 원대한 계획을 이루기에 힘쓰십시오."라고 하였다.

또 말하기를, "주자(朱子)가 말하기를, '제왕(帝王)의 학문은 비록 벼슬하지 않은 선비와 같지 않다.'[251]라고 하였습니다만, 의리를 강론하여 밝히고 본체를 보존하여 작용에 응대함은 동일합니

사람을 친함에 관계없이 똑같이 대하여 준다는 뜻으로, 성인은 누구나 평등하게 똑같이 사랑함을 말한다. 당(唐)나라 때 한유(韓愈)의 〈원인(原人)〉에 이르기를, "그런 까닭에 성인(聖人)은 하나로 보아 똑같이 사랑하니, 가까이 있는 자를 돈독하게 하고 멀리 있는 자를 들어 쓴다.〔是故聖人一視而同仁, 篤近而擧遠.〕"라고 하였다.

250 격양(激揚) : '격탁양청(激濁揚淸)'의 준말로 탁류(濁流)를 밀어내고 청류(淸流)를 끌어올린다는 말이다. 악을 제거하고 선을 장려함을 뜻한다. 이는 《구당서(舊唐書)》 70권 〈왕규열전(王珪列傳)〉에 나오는 말이다.

251 제왕(帝王)의……않다 : 《주자대전》 권25 〈답장경부(答張敬夫)〉에서 "제왕의 학문은 비록 벼슬하지 않은 선비와 다르고, 경륜하는 사업은 진실로 장구나 해석하는 것과 다른 점이 있습니다만, 그 본말의 순서로 치자면 저는 서로 다른 도가 없다고 생각합니다.〔帝王之學, 雖與韋布不同; 經綸之業, 固與章句有異. 然其本末之序, 愚竊以爲無二道也.〕"라고 하였다.

다. 무릇 의리가 하늘과 땅 사이에 존재하는 것은 음식이나 구갈(裘褐)[252]과 같으나, 다만 강론하여 익힘은 점차적으로 진행함이 없고 참과 거짓이 서로 뒤섞임으로 인하여 나의 앎을 고명한 경지까지 이르게 할 수 없어 끝내 대본(大本)을 세우고 달도(達道)를 행할 수 없습니다. 이런 까닭으로 옛 성현들은 반드시 강론하여 밝힘에 급급하여 수신제가(修身齊家), 치국평천하(治國平天下)의 근본으로 삼았습니다. 무릇 성인의 경(經)과 현인의 전(傳)은 의리의 귀결처[253]입니다. 장횡거(張橫渠 장재(張載))는 말하기를, '책은 이 마음을 유지하게 하니 한때라도 놓아 버리면 한때의 덕성(德性)이 게을러지게 된다.'[254]라고 하였고, 주자(朱子)도 또한 말하기를, '책을 읽는 방법은 마땅히 순서에 따라 떳떳함이 있고 전일한 마음을 다하여 게으르지 않아야 한다.'[255]라고 하였습니다. 이는 모두 강론하여 밝히는 것의 중요한 방법이니, 의리의 근원에 대해서 거의 극진히 할 수 있습니다."라고 하였다.

또 말하기를, "지금 선비가 된 자들은 성병(聲病)[256]을 잘하여

252 음식이나 구갈(裘褐) : 음식이나 의복처럼 일상적인 일로 보아서 지혜롭게 잘 행할 것이라는 말이다. 한유(韓愈)가 말하기를 "여름에는 갈옷을 입고 겨울에는 갖옷을 입으며, 목이 마르면 물을 마시고 배가 고프면 밥을 먹는 것은 그 일은 비록 다르지만 그 지혜로움은 마찬가지이다." 하였다. 《古文眞寶後集 卷2 原道》

253 귀결처 : 원문은 '연수(淵藪)'로, 물고기가 모이는 곳이 연(淵)이고, 짐승이 모이는 곳이 수(藪)인데, 바로 귀결처를 말한다.

254 책은……된다 : 《장자전서(張子全書)》 권6에 나오는 말로, 《근사록》 권3 〈치지류(致知類)〉에도 인용되어 있다.

255 책을……한다 : 《주자대전》 권56 〈답진사덕(答陳師德)〉에 나온다.

256 성병(聲病) : 시부(詩賦)를 지을 때 평자(平字)와 측자(仄字)를 규칙에 따라

새롭고 교묘함을 다투어 다만 서둘러 벼슬하는 계책으로 삼을 뿐이며, 위의를 단속하고 자신의 몸을 삼가는 것에 이르러서는 염두에 두지 않습니다. 그 폐단을 궁구해 보면 오로지 어릴 때 가르침이 단정하지 않고 예(禮)로 가르침이 행해지지 않음으로 말미암은 것입니다. 이는 주자(朱子)가 《소학(小學)》의 가르침에 깊이 뜻을 다한 것이며, 횡거(橫渠)가 사람을 가르침에 예(禮)를 먼저 한 것도 또한 이 때문입니다. 무릇 《소학》은 《대학》의 근기(根基)이니 어릴 때 강론하고 익혀야 바야흐로 한격(扞格)[257]의 근심이 없을 것입니다. 그러므로 옛날 우리 선대왕(先大王)께서 선비를 배양하는 교육에 마음을 두시어 오직 이 《소학》 책을 우선으로 삼았습니다. 우리 전하께서도 또한 일찍이 선대왕의 뜻을 따라 지켜 강론의 규정을 거듭 밝히셨습니다. 지금 마땅히 다시 유사에게 조칙을 내려 학과(學課)의 조목을 엄중히 세우시어 안으로는 교관(敎官)들이 공해(公廨)[258]에 모여 강론하게 하시고, 밖으로는 문망(文望)이 있는 사람을 뽑아 서당의 훈장으로 삼으십시오. 오

평(平), 상(上), 거(去), 입(入) 등 사성(四聲)을 조합하여 구성하는데, 그 구성이 일정한 규칙에 들어맞는 것을 성(聲)이라 하고 그렇지 못한 것을 병(病)이라 한다. 여기서는 시부(詩賦)의 의미로 쓰였다.

257 한격(扞格) : 완강하게 막고 거절하여 가까이하지 못함을 말한다. 《예기(禮記)》 〈학기(學記)〉에 "학생의 과오가 발생한 후에 이를 책망하여 금지시킨다면 상대방은 이에 완강하게 저항하여 감당하기가 어렵다.〔發然後禁, 則扞格而不勝.〕"라고 하였다.

258 공해(公廨) : 관아(官衙)의 건물로 공무를 집행하는 청사만을 가리키기도 하며, 청사 이외의 부속 건물은 물론 관(官)에서 건설한 창고, 누정(樓亭) 등을 포함하여 말하기도 한다.

로지 구두(句讀)를 익히는 말단만 숭상하지 않고 응하고 대답하며, 나아가고 물러나는 예절[259]을 익히게 한다면 그것이 다스림의 교화에 있어서 어찌 보탬이 적다고 하겠습니까. 그 나머지 대선(臺選 사헌부의 벼슬아치로 뽑힘)이 청렴하지 않음, 경연(經筵)이 오랫동안 열리지 않음, 액례(掖隷)[260]의 방자함, 균역청(均役廳)의 무미(貿米),[261] 장용영(壯勇營)의 적폐(積弊) 같은 경우는 공거(貢擧)[262]를 회복하여 조경(躁競 조급하게 승진하기를 다툼)을 억누르며, 향음례(鄕飮禮)를 거행하여 예속(禮俗)을 이루게 하십시오." 라고 하였다. 이 상소문은 처음부터 끝까지 모두 만여 자였다.

주상이 훌륭하게 여겨 비답을 내려 말하기를, "너의 말은 실제 사용함에 채용할 만한 것이 많으니, 마땅히 곳에 따라 시험해 봐야겠다."라고 하고, 인하여 각 도의 향교와 서원에 명하여 향음례(鄕

259 응하고……예절 : 《소학》에서 교육하고 학습하는 기본 내용 중의 하나이다. 주희(朱熹, 1130~1200)가 1187년 58세 때 쓴 〈소학집주서(小學集註序)〉에 "옛날에 소학교에서는 사람을 가르치되, 물 뿌리고 쓸며 응하고 대답하며 나아가고 물러가는 예절과, 어버이를 사랑하고 어른을 공경하며 스승을 높이고 벗을 친히 하는 방도를 가르쳤는데, 이는 모두 자신을 수양하고 집안을 다스리며 나라를 다스리고 천하를 공평하게 다스리는 근본이 된다.〔古者小學, 敎人以灑掃應對進退之節・愛親敬長隆師親友之道, 皆所以爲脩身齊家治國平天下之本.〕"라고 하였다.

260 액례(掖隷) : 임금의 명령을 전달하고 왕이 쓰는 필기구, 대궐 안의 열쇠, 설비 등을 관리하는 관아인 액정서(掖庭署)에 딸린 하인이다.

261 무미(貿米) : 무곡(貿穀)이라고도 하며, 이익을 보고 팔려고 많은 곡식을 사들이는 것을 말한다.

262 공거(貢擧) : 인재 등용법의 하나로, 각 지방에서 재덕(才德)이 있는 사람을 조정에 천거하면 조정에서 그의 기량에 따라 벼슬에 등용하였던 제도이다. 원래는 중국 수(隋)나라 양제(煬帝) 때 이후의 관리 등용법의 하나이다.

飮禮)를 시행케 하였다. 이조 판서 심환지(沈煥之)[263]가 공의 상소문 가운데 논의가 전선(銓選)에 미친 것 때문에 의리를 따라 패초(牌招)를 어기니, 주상이 엄준하게 꾸짖었다. 공 또한 혐의에 책임을 지고 수십 차례 패초(牌招)를 어기고서야 체직될 수 있었다.

12월에 외직으로 나가 평안도(平安道) 성천 부사(成川府使)가 되었다. 정사년(1797, 정조21) 5월 전라 감사(全羅監司)에 제수되었으나, 흉년에 신임 감사를 맞이하고 전임 감사를 전송함에 폐단이 있었기 때문에 곧바로 체직되고 본직(本職 성천 부사)에 잉임(仍任 유임(留任))되었다. 고을에 남전현(藍田縣)이 있었다. 공이 고을 이름으로 인해 의리를 생각하여 여씨향약(呂氏鄕約)[264]을 본떠 가르침의 조목을 만들어 방곡(坊曲)에 시행케 하였다. 또 조정의 명으로 인하여 유생들과 함께 향음례(鄕飮禮)를 행하니 백성들이 기뻐하며 말하기를, "궁마지향(弓馬之鄕)[265]이 비로소 예의를 볼 줄은 생각지 못했도다."라고 하였다.

263 심환지(沈煥之) : 1730~1802. 본관은 청송(靑松), 자는 휘원(輝元), 호는 만포(晩圃)이다. 벽파(僻派)의 영수로, 정조 때 대사헌·대사간 등을 거쳐 좌의정이 되었다. 순조 때에는 영의정에 올라 시파(時派)의 천주교도들에게 박해를 가했다.

264 여씨향약(呂氏鄕約) : 남전여씨향약(藍田呂氏鄕約)을 말한다. 송(宋)나라 때 섬서성(陝西省) 남전현(藍田縣)에 살고 있던 여대균(呂大鈞)이 제정했으며, 문중과 향리 사람들이 지켜야 할 규약으로 '좋은 일을 서로 권장한다.〔德業相勸〕', '잘못을 서로 고쳐 준다.〔過失相規〕', '서로 사귐에 있어 예의를 지킨다.〔禮俗相交〕', '환난을 당하면 서로 구제한다.〔患難相恤〕' 등을 정하였다.

265 궁마지향(弓馬之鄕) : 황해도, 평안도, 함경도를 아울러 일컫는 서북 지방(西北地方)을 표현한 말로, 지리적 특성에 힘입어 전통적으로 좋은 말이 많이 생산되어 말 타고 활 쏘는 것에 뛰어난 무(武)를 숭상하는 고을이란 뜻이다.

무오년(1798, 정조22) 2월 승지로 임명하는 부름을 받고 조정으로 돌아갔다. 3월 간장(諫長 대사간(大司諫))에 제수되자, 현(縣)과 도(道)를 통해 상소하였다. 먼저 "흉년이 들어 백성들이 흩어졌으니 군제(軍制)을 바르게 함과 환곡(還穀)을 균등하게 함과 호적법(戶籍法)을 엄중하게 함으로 병폐를 구제하는 급선무로 삼으십시오."라고 하였고, 중간에 "정학(正學)을 밝혀 사설(邪說)을 막고 통의(通擬)[266]를 삼가서 제방(隄防 기강(紀綱))을 엄중하게 하십시오."라고 하였고, 끝으로 "충성스럽고 어진 사람의 후손으로 청나라 조정에 사신으로 가서 절하고 돌아와서는 대보단(大報壇)의 향사에 참여하니, 의리상 매우 잘못입니다. 청컨대 다시는 청나라에 사신으로 보내지 말아 풍교를 돈독히 하십시오."라고 하였다. 우참찬(右參贊) 김문순(金文淳)[267]이 스스로 충성스럽고 어진 사람의 후손으로 일찍이 중국 사신의 명을 받든 적이 있었기에 상소하여 성난 말을 하였다.[268] 공도 또한 소장을 올려 사직하니,

266 통의(通擬) : 벼슬아치를 뽑을 때, 천거된 후보자의 이름을 죄다 한데 모아 적어 놓고 뽑는 사람들이 한자리에 모여 앉아 의논하여 적임자를 추천하는 일을 말한다.

267 김문순(金文淳) : 1744~1811. 본관은 안동, 자는 재인(在人)이다. 병자호란 때 척화(斥和)를 주장했던 김상헌(金尙憲)의 후손으로, 1767년(영조43) 정시 문과에 장원급제하여 정언(正言)이 되고, 승지, 이조 판서, 우참찬 등을 역임하였다. 순조의 즉위 후 국구(國舅)인 김조순(金祖淳)을 중심으로 김희순(金羲淳)과 함께 안동 김씨 세도의 중심 인물이 되어 김씨 세도정치의 기반을 확립하였다.

268 상소하여……하였다 : 김한동(金翰東)이 4월 13일 상소에서, 근년에 세폐(歲幣)를 가지고 가는 사행에 간혹 충량가(忠良家)의 자손이 사명을 받는데 그곳에 가서는 청나라 조정에 절하고 돌아와서는 또 대보단(大報壇)의 향사에 참여하니 스스로도 가책이 될뿐더러 자기 조상을 욕되게 하는 일이라고 하였다. 이에 병자호란(丙

체직되었다. 4월부터 12월까지 좌부승지에 제수된 것이 네 번, 우승지에 제수된 것이 세 번, 좌승지에 제수된 것이 한 번이었으나 모두 병 때문에 부임하지 못했다.

기미년(1799, 정조23) 봄 연이어 좌승지에 제수되었으나 모두 얼마 지나지 않아 체직되었다. 4월 또 이전 관직에 제수되어 사은숙배하기도 전에 주상이 이전에 여러 번 불렀으나 오지 않은 것 때문에 의금부(義禁府)에 잡아들여 조처(措處)하게 하였다. 이미 의금부(義禁府)에 나아가 심리를 받자 곧바로 방면하였다. 얼마 뒤 좌부승지에 제수되어 입시하니 주상이 말하기를, "승지는 어찌하여 한 해가 지나도록 지체되었느냐?"라고 하였다. 공이 대답하여 말하기를, "영남의 풍속은 직책이 없이 조령[새재]을 넘는 것으로 서로 경계합니다. 그러므로 비록 하유(下諭)를 받들었더라도 체직의 소식이 함께 이르면, 그것은 직책이 없는 것과 마찬가지입니다. 그래서 감히 올라오지 못했습니다. 분수와 의리상 비록 매우 두렵고 떨리나 선배의 유풍도 또한 감히 훼손하여 무너뜨릴 수 없습니다."라고 하였다. 주상이 웃으며 말하기를, "내가 어찌 영남의 풍속을 훼손하여 무너뜨리고자 하겠는가. 다만 오랫동안 오지 않았기 때문에 그렇게 말한 것일 뿐이다."라고 하였다.

5월 다시 승지에 제수되었고, 7월에 또 간장(諫長)에 제수되었다. 당시 정언(正言) 임업(任爍)이 상소[269]하여 섬계(剡溪) 이잠

子胡亂) 때 척화(斥和)를 주장했던 김상헌(金尙憲)의 후손인 김문순이, 이는 동지사(冬至使)로 북경에 갔다가 이해 2월 19일에 복명(復命)한 자신을 향해 말한 것이라면서 상소를 올렸다. 《日省錄 正祖 22年 2月 19日, 4月 13日》

(李潛)[270]을 논척하였는데, 역적이라 일컫는 지경에 이르렀다. 또 교리(校理) 박길원(朴吉源)이 채상국(蔡相國 채제공(蔡濟恭))의 시호를 의논하여 정하는 일을 주관할 때 갑자기 들어와 마음대로 결단하여 '충(忠)' 자는 불가하다[271]고 하였다. 그래서 공이 상소하

269 임업(任爗)이 상소 : 1799년(정조23)에 임업(任爗)이 정언(正言)에 제수된 후 상소하여 이잠(李潛)의 일을 언급하니, 정조는 이잠을 거론하지 말라는 수교(受教)를 위반했다 하여 소장(疏章)을 내려보내지 않는 한편, 소장을 봉입(捧入)한 승지들을 의금부에 내려 조사하게 하였다. 또한 대사간(大司諫) 김한동(金翰東)의 청을 받아들여 임업에게도 사판에서 삭제하는 형을 시행하게 하였다. 이러한 처벌 조치와 별도로 이잠과 관련된 수교 등 문건들을 고출하여 반포하도록 지시하였으나, 민감한 사항이 포함된 내용들을 등록(謄錄) 등에 베껴 반포하는 것이 문제가 있다고 판단하여, 차대(次對)에서 관련 자료를 대신(大臣)들에게 열람만 시켰다. 《正祖實錄 23年 7月 5日, 7日, 10日》

270 이잠(李潛) : 1660~1706. 본관은 여주(驪州), 자는 중연(仲淵), 호는 섬계(剡溪)·서산(西山)이다. 1680년에 일어난 경신대출척(庚申大黜陟)으로 부친 매산(梅山) 이하진(李夏鎭)이 평안도 운산(雲山)으로 유배되고, 2년 뒤 그곳에서 운명하자 과거를 완전히 포기하였다. 경종(景宗)이 세자로 있을 때, 이잠이 상소하여 주로 노론(老論)의 인물들이 세자의 입지를 흔들려 한 것을 지적하고 김춘택(金春澤)과 이이명(李頤命) 등의 처벌을 청하였다. 그런데 그의 상소 중 "전후좌우에서 모두 춘궁에게 칼을 들이댄다.〔左右前後, 莫不向刃於春宮.〕"라고 한 내용이 특히 문제가 되어 당시 국정을 장악하고 있던 노론계의 거센 반발과 숙종의 진노를 일으켜 9월 18일부터 25일까지 참혹한 국문(鞫問)을 당한 끝에 옥사(獄死)하였다. 그 뒤 1723년(경종3)에 심단(沈檀)의 건의로 사헌부 집의(司憲府執義)에 추증되었다. 《肅宗實錄 32年 9月 17日》《景宗實錄 3年 1月 25日, 2月 18日·20日》《承政院日記 景宗 3年 3月 27日》

271 박길원(朴吉源)이……불가하다 : 1799년(정조23) 2월에 응교 박길원(朴吉源)이 1월에 사망한 채제공(蔡濟恭)에게 '충(忠)' 자의 시호를 주는 불가하다고 하여 결국 '문숙(文肅)'으로 확정되었다. 이에 그 자리에 참석했던 교리 심규로(沈奎魯)가 채제공의 시호에 '충(忠)' 자를 넣어야 한다는 자신의 의견을 묵살했다는 이유로 상

였으니, 대략 말하기를, "이잠(李潛)의 일은 당시에 선대왕께서 대궐문에 나오셔서 신칙하신 분부가 애절하고 엄중하였으니, 실로 큰 의리가 관계된 곳입니다. 그래서 그 이후 40여 년이 지난 지금까지 감히 또 그에 관해 언급하는 자가 없었는데, 그〔임업(任爗)〕가 어떤 사람이기에 감히 이렇게 한단 말입니까. 청컨대 사판(仕版)[272]에서 삭제하는 벌을 시행하십시오. 고 상신(相臣 채제공(蔡濟恭))이 한평생 견지한 것에 대해 어느 누가 그 충성을 모르겠습니까만 길원은 이에 '오직 심규로(沈奎魯) 한 사람만이 알고 있다.'라고 여겼습니다. 이러한데도 알지 못한다면 오늘날의 신하라고 말할 수 있겠습니까. 청컨대 유배 보내는 벌을 시행하십시오."[273]라고 하였다. 비답을 내리기를, 임업은 상소에서 아뢴 대로 사판을 삭제하고, 박길원은 이미 처분을 받았다고 하였다.[274] 수찬(修撰)[275]과 당

소하여 박길원을 논척하였다. 이에 대해 박길원은 4월 26일에 해명하는 상소를 올리고 파직되었다. 《日省錄 正祖 23年 2月 5日, 4月 26日, 5月 2日》《承政院日記 正祖 23年 4月 26日, 5月 2日》

272 사판(仕版) : 벼슬아치의 적부(籍簿)로, 사적(仕籍)이라고도 하며, 벼슬길에 오른 사람들의 성명·내력 등을 적어 둔 문서를 말한다.

273 이잠(李潛)의……시행하십시오 : 《정조실록》 정조 23년 7월 7일 조에 실려 있다.

274 박길원은……하였다 : 박길원이 4월 26일에 해명하는 상소를 올리고 파직된 것을 말한다. 《정조실록》 정조 23년 7월 7일 조에는 "더구나 길원의 일은 이미 처분을 거쳤는데 어찌 한 가지 일을 가지고 재차 처벌할 수 있겠는가. 회자에 참가한 신하들에 관한 문제는 심규로(沈奎魯)와 박길원 그리고 기타 사람들을 막론하고 사실 제대로 잘 조처하였더라면 그들이 과연 그러하였겠는가. 문책하여 파직시키는 문제는 아뢴 대로 시행하라."라고 하였다.

275 수찬(修撰) : 《와은집》 행장에는 조득영(趙得永)의 이름이 밝혀져 있다.

시의 무리들이 공을 반대하여 탄핵하니, 공이 주상의 엄중한 교시를 받은 것이 두 번이었다. 당시 조정의 상황이 무너지고 찢어져 기흘(齮齕 서로 미워하고 싫어함)이 날로 심하여지니, 공이 드디어 조구(朝具)를 모두 싣고 향리로 돌아갔다.

경신년(1800, 정조24) 2월 특별히 시강원 필선(侍講院弼善)에 제수되었다. 부름에 나아가 입대(入對)하고 《맹자》 〈이루장구(離婁章句)〉 수장(首章)을 강의하였다. 공이 진강(進講)하여 말하기를, "《시경(詩經)》에 이르기를 「잘못되지 않고 잊어버리지 않음은, 모든 것을 옛 법대로 따르기 때문이다.〔不愆不忘, 率由舊章.〕」[276]라고 하였으니, 선왕의 법을 따르면서 과실을 범하는 사람은 있지 않다.'라고 하였습니다. 대개 선왕은 남에게 차마 하지 못하는 마음으로 남에게 차마 하지 못하는 정사를 행하시니,[277] 전장(典章)과 법도가 이에 갖추어졌습니다. 이것은 선왕의 법을 따르면서 실수하지 않는다면 정사를 함이 쉽기 때문입니다. 지금 우리 조종(祖宗)의 법은 곧 요순(堯舜)의 법이며, 선유(先儒)가 '요순을 본받고자 한다면, 마땅히 조종(祖宗)을 본받아야 한다.'라고 말한 것[278]도

276 잘못되지……때문이다 : 《시경(詩經)》 〈가락(假樂)〉에 나온다.

277 선왕은……행하시니 : 《맹자》 〈공손추상(公孫丑上)〉에 나오는 말이다.

278 선유(先儒)가……것 : 선유는 북송 초기의 학자이자 문신인 범조우(范祖禹, 1041~1098)로 자는 순부(淳夫)이다. 강설(講說)을 잘하였으며, 특히 역사학에 뛰어나 《당감(唐鑑)》을 지어 당나라 3백 년 동안의 치란(治亂)을 자세히 밝혀 당감공(唐鑑公)이라 불리고, 사마광(司馬光)과 함께 《자치통감(資治通鑑)》을 편수하기도 하였다. 《宋史 卷337 范祖禹傳》 본집 권12에 실려 있는 〈답김성보(答金城甫)〉에 "범순부가 이르기를 '요순을 본받고자 할진댄 마땅히 조종(祖宗)을 본받아야 한다.' 하

또한 맹자의 이 장(章)의 뜻입니다."라고 하였다.

또 말하기를, "'천지방궤(天之方蹶)' 이하[279]는 오로지 신하의 도리에 나아가 책난(責難)[280]의 뜻을 말한 것입니다. 대개 인군(人君)이 정사를 함에 위에서 홀로 운용할 수 없으니, 반드시 임금과 신하가 덕을 같이하며, 윗사람과 아랫사람이 협력하고 공경해야 요순의 정치를 행할 수 있습니다."라고 하였다.

또 주강(晝講)에서 '제인유일처일첩장(齊人有一妻一妾章)'[281]을 강의하였는데, 공이 진강(進講)하여 말하기를, "전국 시대(戰國時代)에 아첨하며 구차히 따르는 무리들이 뜻을 얻어 마음대로 행

였다.〔范淳夫言 : 欲法堯舜, 當法祖宗.〕"라고 보인다.

279 천지방궤(天之方蹶) 이하 : 《시경》 〈판(板)〉에 "하늘이 바야흐로 주(周)나라 왕실을 쓰러뜨리려고 하니 그렇게 게으르고 안일하지 말라.〔天之方蹶, 無然泄泄.〕"라고 한 것을 《맹자》 〈이루 상(離婁上)〉에서 인용하고 "예예(泄泄)는 답답(沓沓)과 같은 것으로, 임금을 섬기는 데에 의리가 없으며, 나가고 물러가는 데에 예가 없고, 말만 하면 선왕의 도를 비방하는 자가 바로 답답한 자와 같으니라.〔泄泄猶沓沓也, 事君無義, 進退無禮, 言則非先王之道者, 猶沓沓也.〕"라고 한 것을 말한다.

280 책난(責難) : 하기 어려운 일을 남에게 힘쓰도록 권하는 것을 말한다. 《맹자》 〈이루 상(離婁上)〉에 "어려운 일을 임금에게 요구하는 것을 공손이라 하고, 선을 아뢰고 악을 막는 것을 공경이라 한다.〔責難於君, 謂之恭; 陳善閉邪, 謂之敬.〕"라고 하였다.

281 제인유일처일첩장(齊人有一妻一妾章) : 《맹자》 〈이루 하(離婁下)〉 33장의 내용으로, 처첩을 둔 제(齊)나라의 어떤 사람이 날마다 집을 나가 동곽(東郭)의 무덤 사이〔墦間〕를 이리저리 돌아다니면서 남은 주식(酒食)을 실컷 빌어먹고 집에 돌아와서는 매양 처첩(妻妾)에게 부귀(富貴)한 이들과 만나서 먹었다고 거드름을 떨곤 했으므로, 뒤에 그의 처첩이 그 내막을 알고 나서는 남편의 한심한 행위에 대단히 실망하여 뜰에서 울었다는 고사가 있다. 맹자가 지조 없이 벼슬을 구걸하는 행위를 풍자하기 위해 꺼낸 이야기이다.

동하며 밝은 태양 아래에서 남에게 교만합니다. 그러나 군자의 입장에서 보면, 부끄러워할 만하고 천하게 여길 만한 것이 무덤 사이〔墦間〕에서 빌어먹는 것보다 심함이 있습니다. 맹자의 이 가르침은 한편으로는 유속(流俗)을 경계하고 다른 한편으로는 당시의 군주를 경계한 것입니다. 만약 당시의 군주가 이것으로 인해 깨달아서 도를 굽혀 남을 따르는 자들을 물리치고, 도를 곧게 하여 자신을 지키는 사람을 나아오게 했다면, 어찌 그 유속(流俗)을 변화시킬 수 없었겠습니까. 이런 점을 삼가 깊이 살피시기 바랍니다." 라고 하였다.

또 '산목장(山木章)'[282]을 강의하였는데, 진강(進講)하여 말하기를, "장(章)의 끝에 인용된 바[283]가 가장 천고토록 심학(心學)의 지남(指南)입니다. 대개 심체(心體)는 본래 고요하니, 어찌 출입이 있겠습니까만 오직 외물(外物)에게 유혹되기에 주작(走作 다른

282 산목장(山木章) : 일반적으로 우산장(牛山章), 우산목장(牛山木章), 우산지목장(牛山之木章)이라 한다. 《맹자》 〈고자 상(告子上)〉 8장의 내용이다. 우산은 제(齊)나라 동남쪽에 있는 산으로, 본래 아름다운 나무가 우거진 산이었다. 그러나 소와 양을 치고 도끼로 벌목을 하는 바람에 민둥산이 되었는데, 사람들이 현재 민둥산의 모습만 보고서 우산에는 좋은 재목이 없다고 하니, 이것이 어찌 산의 본성이겠는가라고 맹자는 반문하였다. 인간도 우산의 아름다운 나무처럼 본래 착한 본성을 가지고 있는데, 우산의 나무가 도끼에 잘려 나가듯이 본성이 인욕에 손상되어 드러나지 않는다는 것을 비유적으로 말한 것이다. 맹자가 인간의 본성이 본래 선하다는 것을 증명하기 위해서 꺼낸 이야기이다.

283 장(章)의……바 : 공자가 이르기를 "잡으면 보존되고 놓으면 잃게 되어, 드나듦이 정해진 때가 없으며, 그 정한 방향을 알 수 없는 것은 오직 마음을 두고 이른 말이다."라고 한 것을 말한다.

곳으로 달려감)하여 일정함이 없습니다. 막 주작(走作)하게 되면 마음이 있는 곳을 알지 못합니다. 그러나 그 나감이 안에서 나오는 것이 아니기에 놓으면 잃게 되고, 그 들어옴이 밖에서 들어오는 것이 아니기에 잡으면 보존됩니다. 잡음과 놓음〔操舍〕 두 글자를 특히 유념하십시오."라고 하였다.

세자가 묻기를, "성인(聖人)도 또한 야기(夜氣)[284]가 있습니까?"라고 하니, 공이 대답하여 말하기를, "성인(聖人)은 순전한 호기(浩氣)[285]이니, 밤과 낮의 차이 때문에 더하거나 감소됨이 있지 않습니다. 그러므로 성인은 야기(夜氣)가 없다고 말합니다. 야기에 대한 설은 마땅히 뭇사람들을 논하는 것입니다."라고 하였다.

또 무혹호왕지불지장(無或乎王之不智章)[286]을 강의하여 말하기

284 야기(夜氣) : 밤사이에 생겨나는 천지의 맑은 기운으로, 유가에서는 이를 흔히 사람의 양심에 비겨서 중하게 여기는데, 《맹자》 〈고자 상(告子上)〉 우산지목장(牛山之木章)에 "야기(夜氣)가 보존될 수 없으면 금수(禽獸)와의 거리가 멀지 않다." 하였다.

285 호기(浩氣) : 호연지기(浩然之氣)의 줄임말로, 천지(天地) 사이에 성대히 유행(流行)하는 정기(正氣)를 말한다. 《맹자》 〈공손추 상〉에서 '호연지기'에 대해 설명하며 "호연지기의 성격이 지극히 크고 지극히 강하다. 곧음을 가지고 잘 기르고 해치지 않으면, 이 호연지기가 천지의 사이에 꽉 찬다.〔其爲氣也, 至大至剛. 以直養而無害, 則塞于天地之間.〕"라고 하였다.

286 무혹호왕지불지장(無或乎王之不智章) : 《맹자》 〈고자 상(告子上)〉 9장의 내용으로, 날씨가 하루만 따뜻하고 열흘이 추우면 생물이 자라지 못하는 것처럼 학문도 하루만 진력하고 열흘을 폐하면 성취할 수 없음을 비유하여 "천하에 아무리 쉽게 생장하는 물건이 있더라도 하루 동안 햇볕을 쬐고 열흘 동안 춥게 한다면 능히 생장할 물건이 없는 것이다.〔雖有天下易生之物也, 一日暴之, 十日寒之, 未有能生者也.〕"라고 한 내용과 공부하는 중에는 허튼 생각을 하지 말고 전심할 것을 경계하여 "혁추(奕秋)로 하여금 두 사람에게 바둑을 가르치게 했을 때 한 사람은 마음을 오로지하

를, "장(章) 아래 정자(程子)의 가르침[287]이 가장 인주(人主)의 귀감이 됩니다. 대저 인주는 깊은 궁궐 가운데서 나고 자라서 날마다 좌우에 나아가는 자는 환관과 궁첩뿐이니, 그들이 인주의 뜻을 미리 헤아려 봉영(逢迎 영합(迎合))하거나 장순(將順 받들어 순종함)함이 인주의 오만하고 게으른 습관을 양성합니다. 인주가 된 사람이 진실로 자주 어진 선비를 맞이하여 좌우에 나열하게 하여 도를 논하고 학문을 강습한다면 자연스럽게 기질을 함양하여 덕성을 훈도하는 이로움이 있을 것입니다. 오늘 서연(書筵)에서 세자 저하께 특별히 이 장의 주(註)를 읽게 한 것은 신(臣)이 흠모와 감탄을 이기지 못하였고, 문장의 뜻 외에 가만히 마음속에 품은 바가 있기 때문입니다. 정자의 이 가르침은 대개 또한 궁관(宮官 세자시강원에 소속된 관원)으로 있을 때 인주를 경계한 말입니다. 우리 저하의 경우 슬기로운 자질이 일찍이 성취되고 강연(講筵)이

고 뜻을 극진히 하여 오직 혁추의 말만을 듣고, 한 사람은 비록 듣기는 하지만 마음 한편으로는 기러기와 곡새가 장차 날아오면 활과 주살을 잡아당겨 쏘리라 생각하고 있다면, 비록 같이 함께 배우더라도 실력이 같지 못할 것이다.〔使奕秋, 誨二人奕, 其一人專心致志, 惟奕秋之爲聽, 一人雖聽之, 一心以爲有鴻鵠將至, 思援弓而射之, 雖與之俱學, 弗若之矣.〕"라고 한 내용이 있다. '或'이 저본에는 '惑'으로 되어 있으나, 《맹자》 원문에 의거하여 수정하였다.

287 정자(程子)의 가르침 : 정이(程頤)가 강관(講官)이 되어 철종에게 아뢰어 말하기를, "인주(人主)가 하루 사이에 어진 사대부들을 접견하는 때가 많고 환관과 궁첩을 가까이하는 때가 적으면 기질(氣質)을 함양하여 덕성(德性)을 훈도할 수 있다.〔人主一日之間, 接賢士大夫之時多, 親宦官宮妾之時少, 則可以涵養氣質, 而薰陶德性.〕"라고 한 것을 말한다. 이 말은 원래 《이정수언(二程粹言)》 하(下) 〈군신(君臣)〉에 나온다.

날마다 열리니, 어진 선비를 접견하는 시간을 정히 늘리십시오. 신처럼 어리석고 노둔한 사람은 인원수만 채울 뿐입니다. 비록 오늘날의 인재가 옛사람에 미치지 못하지만, 산림에 은거한 사람 가운데서 구한다면 어찌 적당한 사람이 없겠습니까. 엎드려 바라건대 연방(延訪 신하를 불러서 자문함)하여 포열(布列)케 하십시오."라고 하였다.

세자가 또 묻기를, "함양(涵養)하려면 마땅히 어떤 공부를 해야 합니까?"라고 하니, 공이 대답하여 말하기를, "경(敬) 자가 가장 좋습니다. 저하께서 진실로 이 공부를 능히 하실 수 있다면, 덕을 이루는 데 무슨 어려움이 있겠습니까."라고 하였다.

6월 정조가 승하하고 당저(當宁 금상(今上))가 즉위하였다. 8월 승지에 제수되었다. 11월 인산(因山)에 나아가 참여하고 만사(輓詞)를 지어 올렸다. 신유년(1801, 순조1) 2월 우승지에 제수되었고, 4월 좌부승지(左副承旨)에 제수되었으나 병으로 부임하지 못했다. 7월 돈녕부 도정(敦寧府都正)에 제수되었다가 8월 체직되어 승지에 제수되었고 9월 다시 도정에 제수되었다. 임술년(1802, 순조2) 2월 좌승지에 제수되었다.

경신년(1800, 정조24) 이후 시사(時事)가 크게 잘못되어 원상(院相)[288] 심환지(沈煥之)가 권세를 휘둘렀다. 공은 더 이상 세상에 나갈 뜻이 없어 드디어 황전산(黃田山) 산중에 터를 잡아 집을

288 원상(院相) : 조선 시대 국왕이 정상적으로 국정을 수행하기 어려울 때 임시로 국정을 의논하던 관직이다. 국왕이 병이 났거나 어린 왕이 즉위하였을 때 원임(原任)·시임(時任)의 재상들로 하여금 임시로 승정원에 주재하며 국정을 의논하게 하였다.

짓고 국화를 심고 대나무를 옮겨 심었다. 와은(臥隱)이라 자호하고, 손이 이르면 오직 바둑과 술로 서로 즐겼다. 당시에 낙하(洛下 한양(漢陽))의 어떤 지구(知舊)[289]가 공에게 들러 말하기를, "지금 이때를 당하여서는 비록 의리에 관계된 일이라도 규각(圭角)[290]을 드러낼 필요는 없네. 그렇지 않으면 변방으로 귀양 가는 일이 있을까 두렵네."라고 하였으니, 대개 권력을 잡은 신하의 뜻을 알았기 때문이었다. 그러나 공은 소리 지르며 말하기를, "나는 차라리 변방으로 귀양 가는 일을 할지언정, 차마 머뭇거리고 결정하지 못하는 모습을 보일 수 있겠는가."라고 하였다. 10월 대신(臺臣) 정언인(鄭彦仁)이 과연 공이 기미년(1799, 정조23)에 올린 소장으로 죄안(罪案)을 삼고, 또 인산(因山 국상(國喪))에 참여하지 않은 것[291]으로 무고한 죄를 얽었다. 심환지는 평소 공이 지조를 굳게 지킨 것을 미워하였는데, 이에 이르자 청하여 말하기를, "다른 일은 논할 것 없고, 다만 인산에 참여하지 않은 것만으로도 중죄를 피하기 어렵습니다."라고 하니, 드디어 관북(關北 함경도(咸鏡道)) 명

289 어떤 지구(知舊) : 《와은집(臥隱集)》 행장에는 태상(台相) 최현중(崔顯重)과 경주 부윤(慶州府尹) 윤(尹) 아무개로 되어 있다.

290 규각(圭角) : 규(圭)의 네모진 부분으로, 사람이 모가 남을 이른다. 규는 옛날 벼슬아치들의 신분을 나타내는 신표인데 위는 둥글고 아래는 네모진바, 성품이 깐깐하여 시비(是非)와 곡직(曲直)을 잘 드러냄을 이른다.

291 인산(因山)에……것 : 연보에 의하면, 6월에 정조가 승하하였는데, 인산날이 늦추어져 잠시 귀향하여 5월 4일 세상을 떠난 소암(素巖) 김진동(金鎭東, 1727~1800)의 상에 곡하였으며, 11월에 인산의 발인(發靷)에 참여한 것으로 되어 있다. 김진동은 김한동의 백부(伯父)인 김경린(金景潾)의 양자가 되었으니, 김한동에게 4촌 형님이 된다.

천(明川)으로 유배되었다.[292] 당시 공은 나이가 많고 마비 증상을 앓고 있어 두문불출한 것이 오래였기에 전송하는 사람들이 모두 눈물을 흘렸다. 공은 조금도 얼굴빛에 변화 없이 온화하게 유배길을 떠났다. 악한 곳에 처하기를 좋은 일처럼 여겨 날마다 경서와 역사서로 스스로 즐겼다.

계해년(1803, 순조3) 봄 나라의 경사[293]로 인하여 특별히 유배에서 풀어 주라고 명하였으나, 우상(右相) 서용보(徐龍輔)가 불가하다는 의견을 견지하니, 형량을 헤아려 관동(關東 강원도(江原道))의 흡곡(歙谷)으로 이배되었다. 공이 말하기를, "명천(明川)에 비하면 고향 마을이나 다름이 없으니, 이 또한 하늘의 은혜이다."라고 하고 모든 무료(無聊)하고 불평스런 회포를 한결같이 시에 부

292 드디어……유배되었다 : 1802년(순조2) 10월 1일, 비국에서 지평 정언인의 상소 때문에 순문한 뒤에 아뢰기를, "전 승지 김한동(金翰東)이 이가환(李家煥)의 양육을 받아 사술(邪術)의 호법(護法)을 위하여 재작년 여름과 가을에는 몸이 경연(京輦)에 있었는데도 인산(因山)이 있기 전에 특별한 이유도 없이 시골로 돌아갔으며 대상(大祥)·소상(小祥)의 제사와 중월(中月) 담례(禫禮) 때에 버젓이 집에 있으면서도 한 번도 와서 곡하지 않고 은연중 원망하는 생각을 갖고 신하의 도리를 돌아보지 않았으니 먼저 도배(島配)의 형전(刑典)을 베풀어야 한다는 일입니다. 그가 선조에 은혜를 받은 것이 어떠한데, 인산을 기다리지 않고 갑자기 곧바로 시골로 돌아가 드디어 상사(祥祀)가 끝나도록 한 번도 와서 참여하지 않을 수가 있겠습니까? 다른 것은 진실로 의논할 것도 없고 이 한 가지 일만을 가지고 볼 때 어찌 중한 형률을 면할 수가 있겠습니까? 청컨대 전 승지 김한동에게 조속히 찬배의 형전을 내리소서."라고 하니, 그대로 따랐다. 《국역 순조실록, 순조 2년 10월 1일》

293 나라의 경사 : 1803년(순조3) 1월 29일, 대왕대비 정순왕후(貞純王后, 1745~1805) 김씨(金氏)와 대비 효의왕후(孝懿王后, 1753~1821) 김씨(金氏)가 동시에 병에서 회복된 것을 경축하여 석방 논의가 있었다.

쳐 스스로 마음을 달랬다. 당시에 홍희운(洪羲運)이 권세가 있는 요직에 앉은 사람에게 아부하여 자못 위복(威福)[294]을 지었는데, 공의 맏아들 희익(熙益)이 원통함을 호소하러 가는 길에 아버지를 위해 홍희운을 한 번 만나고자 하였다. 공이 노하여 꾸짖으며 말하기를, "나는 차라리 영동 바다의 귀신이 될지언정 어찌 장씨(臧氏)의 자식[295]에게 힘을 빌릴 수 있겠느냐."라고 하였다.

갑자년(1804, 순조4) 봄 의금부 판사(義禁府判事)가 되었다. 당시 재상(宰相)[296]은 공이 기미년에 상소할 때, 그 재상의 조카[297]

294 위복(威福) : 벌(罰)과 상(賞)을 뜻한다. 원래는 군주만이 상벌을 행할 수 있는데, 후대에는 집권자가 마음대로 권력을 휘둘러 내치기도 하고 벼슬을 주기도 하는 것을 이른다. 《서경》 〈홍범(洪範)〉에 "오직 군주만이 복을 짓고 오직 군주만이 위엄을 지을 수 있다.〔惟辟作福, 惟辟作威.〕"라고 한 데서 유래하였다.

295 장씨(臧氏)의 자식 : 노(魯)나라 평공(平公)이 맹자를 만나려고 하였으나, 맹자를 비난하며 만나지 못하게 한 폐신(嬖臣) 장창(臧倉)을 말한다. 맹자는 평공을 만나지 못한 것에 대해 "행하는 것도 누가 시켜서 행하는 수가 있고, 그만두는 것도 누가 저지하여 그만두는 경우가 있지만, 행하고 그만두게 하는 것은 사람의 힘으로 할 수 있는 것이 아니다. 내가 노나라 군주를 만나지 못한 것은 하늘의 뜻이 있어서이니, 장씨의 자식이 어떻게 나로 하여금 만나지 못하게 하겠는가?〔行或使之, 止或尼之, 行止非人所能也. 吾之不遇魯侯天也, 臧氏之子, 焉能使予不遇哉?〕"라고 하였다. 《孟子 梁惠王下》 성현(聖賢)의 출처(出處)는 천명(天命)에 의한 것이지 인력(人力)으로 미칠 수 있는 것이 아니기 때문에 권력자에게 아부하는 자의 도움은 필요 없다는 뜻이다.

296 당시 재상(宰相) : 《와은집(臥隱集)》 행장에는 조진관(趙鎭寬, 1739~1808)으로 되어 있다. 그의 본관은 풍양(豐壤), 자는 유숙(裕叔), 호는 가정(柯汀), 시호는 효문(孝文)이고, 벼슬은 이조 판서·판돈녕부사까지 올랐다. 저술에 《가정유고(柯汀遺稿)》가 있다.

297 조카 : 《와은집》 행장에는 조득영(趙得永)으로 되어 있다.

가 공을 반대하여 탄핵한 것 때문에 주상의 견책을 받은 것이 그의 선조에게까지 영향이 이르렀기에 깊이 원한을 머금고 있었다. 이에 이르러 정언인(鄭彦仁)에게 말하여 공의 상소를 논박하게 하였는데, 기미년을 갑인년[298]으로 잘못 생각하여 연조(年條)[299]를 다스려 바로잡기를 청하였으니, 실로 그 죄안을 무겁게 하여 이전의 잘못〔前郄〕을 바로잡으려는 것이었다. 그러나 주상이 하교하여 말하기를, "그 아들이 여러 번 원통함을 호소하니, 그 원통함을 알 수 있도다."라고 하였다.

을축년(1805, 순조5) 특별히 명하여 조정으로 돌아오게 하고 인하여 서용(敍用)할 것을 명하였다. 그러나 공은 임천(林泉)에서 한가히 지내며 병을 치료하는 것으로 날을 보냈다. 벽면에 상산(商山) 〈자지가(紫芝歌)〉[300]를 써 놓고 그 시에 화운하여 자신의

298 갑인년 : 1794년(정조18)으로, 김한동이 정월에 순천 부사(順天府使)에 제수되어 경내를 잘 다스렸음에도 간사한 아전과 호민(豪民)이 암행어사 정만석(鄭晩錫)을 사주하여 파직할 것을 논하였는데, 주상이 윤허하지 않은 일이 있었다.

299 연조(年條) : 어떠한 해에 무슨 일이 있었다는 것을 나타내는 조목(條目)을 말한다.

300 상산(商山) 자지가(紫芝歌) : 상산은 섬서성(陝西省) 상현(商縣) 동쪽에 있는 산 이름이다. 진 시황 때 세상의 어지러움을 피하여 섬서성(陝西省) 상산으로 들어간 상산사호(商山四皓), 즉 동원공(東園公), 하황공(夏黃公), 녹리선생(甪里先生), 기리계(綺里季)가 숨어 살면서 〈자지가(紫芝歌)〉를 불렀는데, 그 노랫말은 다음과 같다. "아득하고 아득히 먼 상락 지역에, 깊고 깊은 산골짜기 길게 뻗었네. 반짝이며 빛을 내는 영지 정도면, 굶주린 배 채우기에 충분하다네. 당우의 시대는 아득히 머니, 내 장차 어디로 돌아가리오. 고관 되어 높은 수레 타고 다니면, 걱정스런 마음이 몹시 크다네. 부귀하여 다른 사람 겁내기보다, 가난해도 뜻대로 사는 것이 더 낫다네.〔漠漠商洛, 深谷逶迤. 灼灼紫芝, 可以療飢. 唐虞世遠, 吾將安歸. 駟馬高車, 其憂甚大. 富貴之畏人, 不如貧賤之肆志.〕"《陝西通志 卷95》

뜻을 붙였다.

기사년(1809, 순조9) 맏아들이 성시(省試)에 응시하러 갔다가 천연두에 걸려 목숨을 잃었다. 공은 두어 번 소리 내어 곡하고는 그만두었으며, 널이 집으로 돌아오자 어루만지며 이름을 부른 것이 세 번일 뿐이었다. 그 며느리의 친정아버지 상사(上舍) 권사회(權思晦)가 애도함이 심해 차마 와서 공을 볼 수가 없었다. 공이 편지를 보내 권면하여 말하기를, "나도 오히려 견디며 지내는데, 공께서 어찌 그리 지나치십니까."라고 하고, 사돈을 맞이하여 서로 위로하고는 더 이상 크게 슬퍼하지 않았다. 그러나 평소 비격(脾膈 비장과 횡격막)의 병이 있었고, 또 변방의 바람과 서리에 몸이 상하여 마침내 더욱 몸이 쇠약하게 되었다. 신미년(1811, 순조11) 5월 모일[301] 침소에서 세상을 떠났으니, 향년 72세였다. 11월 춘양면(春陽面) 안현(鞍峴) 부감(負坎 남향) 언덕에 장례 지냈다. 사림 가운데 모인 사람이 수백 명이었으며, 부고가 주상에게 들리자 주상이 관례에 따라 관리를 보내 조문하고 제사 지내게 하였다.

공은 타고난 자질이 우뚝하고 훌륭하며 지조와 절개가 높고 높았다. 강하고 과감하면서도 자상(仔詳)하고 미더웠으며, 아름답고 빼어나며 삼가고 중후하였다. 우뚝이 높은 그 기개이며, 밝게 빛나는 그 풍채였다. 어려서부터 명망이 성대하여 선배와 연장자들도 곧 모두 사귐을 허락하였으며, 이르는 곳마다 풍모를 바라보고 자리를 비워 주지 않음이 없었다.

성품이 술을 좋아하여 술에 취해 담론할 때마다 성령(性靈)을

301 모일 : 《와은집(臥隱集)》 행장에는 초3일로 되어 있다.

펼쳐 드러냈으며, 풍류가 사람을 감동시켰다. 사람에 대해 어질고 어리석음을 따질 것 없이 만남에 따라 정을 다하니, 온화한 기운이 성대하였다. 옳지 않은 점이 있음을 보면 또한 꾸짖고 용서하지 않았지만, 곧이어 사안(賜顔 사랑하는 얼굴빛)을 회복하니, 사람들이 또한 심히 원망하지 않았다.

평생 동안 일찍 어버이를 여읜 것으로 지극한 아픔으로 여겼기에 상여(喪餘)[302]를 만나면 울부짖으며 통곡하기를 단괄(袒括)[303] 때와 같이 하였으며, 또 정부인(貞夫人)의 상 때는 어려서 상복을 입을 수 없었기 때문에 상을 당한 지 60주년 되는 해에는 그 한 해가 끝날 때까지 마치 심상(心喪)을 지키는 것 같이 하였다.

일찍이 성동(成童 15세) 때에 숙부 지현공(知縣公)이 서울에서 벼슬살이하면서 편지를 보내 공에게 공부에 부지런하여 선조를 체현하라는 뜻으로 권면하였는데, 공이 종신토록 마음에 새겼다. 세상을 떠난 뒤에 주머니 속에서 그 편지를 발견하였는데 종이의 표면이 새것 같았으니, 공이 편지를 품은 정성은 이와 같음이 많았다. 손위 누이 둘을 섬김에 곡진하여 애정이 있었다. 멀리 사는 누이에 대해서는 인편을 구해 소식을 묻기를 지금까지 빠트린 달이 없었으며, 가까이 사는 누이에 대해서는 살피고 찾아가기를 같

302 상여(喪餘) : 거상(居喪)을 마치고 난 나머지라는 뜻으로, 삼년상을 넘기고 지내는 기제(忌祭)를 이르는 말이다.

303 단괄(袒括) : 단문 괄발(袒免括髮)의 준말. 시마(緦麻) 이하의 복(服)에서 두루마기 등 웃옷의 오른쪽 소매를 드러내는 것을 '단(袒)'이라 하고 관(冠)을 벗고 괄발(括髮 : 삼으로 머리털을 묶는 예)하여 머리에 사각건(四角巾)을 쓰는 것을 '문(免)'이라 하는데, 갓 상을 당한 때를 말한 것이다.

은 마을에 사는 것 같이 하였다. 맛있는 음식을 얻으면 곧 나누어 보내 주었다. 종부형(從父兄 재종형) 상사공(上舍公)과 감역공(監役公)을 친형처럼 섬겨 날마다 안부 살피기를 그만두지 않았다. 여러 조카들을 자식처럼 대하여 가르치고 면려함에 각각 그 방법을 극진히 하였다.

문족(門族)들을 대우함에 은혜로운 뜻이 두루 미쳤으나 아버지를 여읜 아이들에게 더욱 뜻을 다하였다. 임계년(壬癸年)[304]의 큰 흉년[305]에 문족들이 굶주림에 아우성치자 공이 사람을 시켜 자모전(子母錢)[306] 100민(緡) 남짓을 빌려 조〔粟〕를 사서 기근을 구제하며 말하기를, "조만간 만약 고을을 맡게[307] 되면 내가 장차 갚으리라."라고 하였다. 순천(順天)을 다스리게 되자[308] 또 100민(緡)을 더 보내 주고 곡식을 사서 별도로 저장하여 흉년이나 뜻하지

304 임계년(壬癸年) : 정조(正祖) 6·7년(1782~1783) 임인(壬寅)·계묘(癸卯)를 말한다.

305 큰 흉년 : 원문은 '대침(大祲)'으로, 다섯 가지 곡식이 익지 않은 큰 흉년을 이른다. 한 가지 곡식이 제대로 익지 않은 것을 겸(歉)이라 하고, 두 가지 곡식이 제대로 익지 않은 것을 기(饑)라 하고, 세 가지 곡식이 제대로 익지 않은 것을 근(饉)이라 하고, 네 가지 곡식이 제대로 익지 않은 것을 황(荒)이라 한다. 《春秋穀梁傳 襄公 24年》

306 자모전(子母錢) : 변리(邊利)가 붙은 돈으로, 곧 밑천과 변리를 말한다.

307 고을을 맡게 : 원문은 '일휘(一麾)'이다. 진(晉)나라 때 완함(阮咸)이 순욱(荀勖)의 배척을 받아 시평 태수(始平太守)로 나간 일을 두고, 남조(南朝) 송(宋)의 안연지(顔延之)가 〈오군영(五君詠)〉이란 시를 지으면서 완함에 대해 "누차 천거받았어도 내관직에 못 들고, 깃대 하나 잡고 지방관으로 나갔도다.〔屢薦不入官, 一麾乃出守.〕" 한 데서 온 말로, 지방관을 의미한다.

308 순천(順天)을 다스리게 되자 : 갑인년(1794, 정조18) 정월 순천 부사(順天府使)에 제수된 것을 말한다.

않은 일에 사용할 경비로 삼게 하였다. 인하여 그 법도를 확대하여 전답과 집을 확장하고 마련하기를 범씨(范氏) 집안의 고사[309]와 같게 하니, 종족들이 지금까지 거기에 힘입고 있다. 봉급을 덜어 선대의 묘소를 위한 밭을 마련하여 영원히 제사를 받들 수 있도록 하였다. 외척 가운데 가난하여 제사를 지낼 수 없는 사람에게도 또한 그를 위해 사당을 세우고 밭을 마련해 주었으며, 친구 가운데 돈 빌리기를 구하는 자가 서로 이어 매우 많아 수작하고 접대함이 흐르는 물처럼 끝이 없어 수천 금을 흩어 사용하였다. 뒤에 이로 인하여 재물이 궁핍해지자 집안사람들이 징수하고자 하였다. 공은 가난하여 빌린 돈을 갚을 수 없는 사람을 헤아려 그 차용증을 불사르고, 갚을 수 있는 사람에게도 또한 독촉하지 말게 하였다. 수백 민(緡)을 빌린 사람이 대지(垈地) 문서로 빚을 갚고자 하니, 공이 말하기를, "자네는 자성(子姓 자손(子孫))이 많은데 모두 머리를 동여맨 어린아이들이니, 만약 이것이 없으면 시집 장가 보낼 수 없다. 자식들 결혼이 끝나기를 기다려 힘을 비축하여 빚을 갚더라도 늦지 않을 것이다."라고 하였다.

공은 총명하고 민첩함이 남들보다 뛰어났다. 순천(順天)의 풍속이 건송(健訟)[310]하여 송사가 혹 하루에 천 단위로 헤아릴 정도

309 범씨(范氏) 집안의 고사 : 범씨는 범중엄(范仲淹, 989~1052)으로, 자는 희문(希文), 시호는 문정(文正)이다. 범중엄이 벼슬이 높아져 참지정사(參知政事)에 이르자 오현(吳縣)의 자기 종족을 위하여 자신의 봉급을 덜어서 성곽을 등지고 있는, 곡식이 항상 잘 익는 전답 1천 무(畝)를 사서 의전(義田)이란 전답을 마련하고 대소사(大小事)의 경비를 충당하였다. 의전택(義田宅) 또는 의장(義庄)이라고도 한다.

310 건송(健訟) : 《주역(周易)》 〈송괘(訟卦) 단(彖)〉에, "위는 강하고 아래는 험

에 이르기도 하였으며, 원근의 서소(書疏 문서)가 또 책상에 쌓였으나 공은 눈으로 송첩(訟牒)을 보고 손으로 전필(牋筆 종이와 붓)을 잡아 글을 쓰는 것이 물 흐르듯이 막힘이 없었다. 그래서 문에는 지체된 소송이 없고 회답은 머물러 둔 때가 없었다. 선물을 보내고 안부를 묻는 것이 거의 온 도(道)의 인사들에게 두루 미쳤으며, 아래로 염두에 두어야 할 천한 종이나 승려 무리에 이르기까지 또한 빠트림이 없었다.

남의 어려움을 급히 여기는 의리는 성심(誠心)에서 나왔으니, 사람들 가운데 뜻하지 않은 변고가 있으면 곧 다른 사람보다 먼저 창도하여 구원하고자 하였으며, 자신의 이해 때문에 달려가거나 버려 두지 않았다. 태상(台相) 이재간(李在簡)[311]이 죄로 버려지고 몸은 죽었으나, 친지(親知)들 또한 연루될까 두려워하여 기꺼이 왕래하려는 사람이 없었다. 공은 아버지의 상(喪)에 그 집안에 은혜를 받았다는 것으로 장차 나아가 조문하려 하니, 사람들이 많이들 경계하였다. 공이 말하기를, "나는 차마 연루되는 것을 두려워하여 은혜를 잊을 수 없다."라고 하고 마침내 가서 조문하였다.

평생 검약(儉約)함으로 스스로 지켰다. 어려서 어버이를 여의

하여 험하고 굳센 것이 송이다.〔上剛下險, 險而健, 訟.〕"라고 한 데서 나온 말로, 성품이 험악하여 툭하면 남하고 쟁송(爭訟)하는 것을 말한다.

311 이재간(李在簡) : 1733~1789. 본관은 용인(龍仁), 자는 여담(汝聃)이다. 1759년(영조35) 별시 문과에 병과로 급제하여 벼슬이 판서에까지 이르렀다. 1789년 10월에 신기현(申驥顯)의 상소로 생긴 흉언(兇言) 사건의 소굴로 지목되어 진도(珍島)에 유배되었다가 곧 반역의 죄목으로 처형당했다. 1800년(정조24) 2월 3일에 정조가 명하여 죄명을 삭제하고 관작을 돌려주게 하였다.

고 외로웠으며, 장성하여서 고분(叩盆)의 슬픔[312]을 세 번이나 만났다. 집이 매우 가난하여 탁전(橐饘 의복과 죽(粥))마저도 자주 떨어졌다. 남들은 그 괴로움을 견디지 못했을 것이지만 공은 막히지도 않고 꺾이지도 않으며 대처함이 태연하였다.

벼슬길에 나아간 초기의 낡은 말안장은 관직이 현달함에 이른 뒤에야 바꾸었으나 또한 오직 그런대로 갖출 뿐이었다. 의복은 화려하고 사치함을 취하지 않았으니, 관차(官次 관아(官衙))에 있을 때 집안의 어린 종들이 저포(苧布 모시) 입는 것을 금하였으며, 관청의 기생들이 비단신 신는 것을 매우 엄격하게 하였다. 관직 생활을 마치고 집으로 돌아와 집안의 여러 사람들에게 김매고 북돋는 일을 열심히 할 것을 경계하며 말하기를, "자손들에게 농사꾼 집안의 본모습을 잃지 않아 항상 상조(常調 상례(常例)로 부담하는 갖가지 세금)를 납부하는 것으로 자처하게 하고자 한다."라고 하였다.

무릇 벼슬에 임명하는 부름이 있으면, 까닭 없이 어긴 적은 없었다. 그러나 염우(廉隅)[313]에 관련된 곳에 이르면 또한 구차히 달려가지 않았다. 은대(銀臺 승정원(承政院))에 있을 때 주상의 돌아보심이 높고 흡족하여 이조(吏曹)에 임명하려는 명이 있었으나 공은 마침 향리로 돌아갔었다. 태상(台相) 이익운(李益運)[314]이

312 고분(叩盆)의 슬픔 : 아내의 죽음을 말한다. 《장자(莊子)》 〈지락(至樂)〉에 "장자(莊子)의 아내가 죽었을 때 혜자(惠子)가 조문을 가서 보니, 장자가 바야흐로 두 다리를 뻗치고 동이를 두드리며 노래를 부르고 있었다.〔莊子妻死, 惠子弔之, 莊子方箕踞叩盆而歌.〕"라는 데서 유래한 말이다.

313 염우(廉隅) : 방정한 품행과 굳건한 절조를 말한다. 《예기(禮記)》 〈유행(儒行)〉에 "문장을 가까이하고 염우를 연마한다.〔近文章, 砥礪廉隅.〕"라고 하였다.

주상의 뜻으로 편지를 보내 조정으로 돌아올 것을 독촉한 것이 여러 번이었으나 모두 부임하지 않았다. 뒤에 승지로서 부름에 나아가니, 이익운이 말하기를, "영감께서는 어찌 일찍 오지 않으셨습니까."라고 하니, 공이 웃으며 말하기를, "진실로 장차 부름에 나아가고자 하였으나 영감의 편지가 가로막았습니다."라고 하였다. 이익운이 지금까지도 칭찬하며 감탄하였다.

일찍이 과거 시험을 주관한 것이 여러 번이었다. 집안의 자제와 조카들 가운데 과거에 응시한 사람도 또한 많았으나 관절(關節 뇌물) 때문에 스스로 누가 된 적은 없었다. 말하기를, "나는 부형으로서 자제와 조카를 그릇되게 하고 싶지 않다."라고 하였다. 맏아들이 장차 하과(夏課)[315]에 가려 하였는데, 영백(嶺伯 경상 감사(慶尙監司))은 바로 공의 옛 벗이었다. 맏아들이 공에게 편지 한 장 써 줄 것을 부탁하니, 공이 꾸짖고 물리치며 말하기를, "설령 네가 이로 말미암아 높은 관직을 얻는다 하더라도 나는 하지 않겠다."라고 하였다.

경락(京洛 서울)에서 벼슬살이한 것이 수십 년 남짓이 되었으나 공적인 일이 있을 때를 제외하고는 망건을 벗고 객사(客舍)를 지켰고, 부질없이 다니거나 남들을 좇아 어울린 적이 없었다. 임자년(1792, 정조16) 이후에는 더욱 의리(義理)를 짊어지고, 한편으

314 이익운(李益運) : 1748~1817. 연안(延安), 자는 계수(季受), 호는 학록(鶴鹿), 본관은 시호는 정숙(靖肅)이다. 벼슬은 대사간(大司諫), 대사헌(大司憲), 공조・예조 판서를 역임하였고, 저서에 《학록집(鶴鹿集)》이 있다.

315 하과(夏課) : 여름 5, 6월 동안 유생(儒生)들이 학궁(學宮)에 모여 시(詩), 부(賦) 등을 지으면서 과거(科擧) 공부를 하던 것을 말한다.

로 잊지 말고 천명하여[316] 영원히 선왕의 슬픈 하교를 저버리지 않을 것을 도모하였으나, 시사(時事)가 한번 변하자 비분강개하며 억눌리고 답답하여 왕왕 주먹을 불끈 쥐고 넘어지거나 일어나며 분하여 흘린 눈물이 눈에 가득하였다. 바야흐로 병상에 누워 있을 때, 이웃 고을의 수령 윤동수(尹東壽)가 와서 위문하였는데, 말이 나랏일에 미치자 공이 눈물을 흘렸다. 윤동수가 밖으로 나와 사람들에게 말하기를, "영공(令公)의 질병은 위독하지만 빛나는 붉은 충정은 오히려 이와 같으니, 나로 하여금 공경하고 감복하게 하였다."라고 하였다.

남들에게 평소 사랑하고 순후하고 성실하게 대했으며, 겉으로 꾸미는 것을 매우 미워하였다. 일찍이 자제와 조카를 경계하여 말하기를, "사군자(士君子)의 뜻은 마땅히 높고 깨끗해야 하니, 분수에 맞지 않은 것을 구차하게 사모해서는 안 된다."라고 하였고, 또 말하기를, "사람이 혼후(渾厚)한 것은 진실로 좋으나, 너무 혼후한 것 또한 아름다운 것이 아니다. 그러니 모름지기 규각(圭角)을 조금 남겨 두어야 비로소 스스로를 지키고 남을 바로잡을 수

316 잊지 말고 천명하여 : 원문은 '염염천혼(念念闡揮)'으로, 1792년(정조16)에 영남의 선비들이 상소하여 사도세자의 신원(伸寃) 등을 청한 데 대한 정조의 비답에 나오는 말이니, "너희들은 의리가 밝혀지지 않고 형정이 거행되지 않는 것을 걱정하지 말고, 오직 나의 본뜻이 갈수록 희미해지고 어두워지는 것만을 두려워하고 걱정함으로써 서로 고계를 해 주고 잊지 말고 천명해 준다면 이는 너희들 영남의 진신과 유생들의 공일 것이다.〔爾等毋憂義理之不明・刑政之不擧, 而惟予本意之愈晦愈隱, 是懼而是恐, 交相告戒, 念念闡揮, 則爾等嶺士搢紳章甫之功也.〕"라고 하였다. 《弘齋全書 卷43 敎4 嶺南儒生李瑀等疏批》

있다."라고 하였다. 또 말하기를, "사부(士夫)가 사부가 되는 것은 본디 도리(道理)가 있기 때문이니, 다만 문학(文學)만으로도 불가하며, 다만 과거 급제하여 벼슬하는 것만으로도 불가하며, 다만 고상한 담론만으로도 불가하다. 마땅히 할 바를 하며, 마땅히 행할 바를 행한 그런 뒤라야 사부(士夫)가 될 수 있다. 우리 집안은 본래 가난하여 벼슬로 현달한 사람이 없지만 세상에서 사부(士夫)의 집안으로 일컫는 것은 사부의 모범을 지킬 수 있었기 때문이다. 근래에 가풍이 예스럽지 못하여 호화로운 모습으로 바뀌려 하는 것을 보니, 매우 두려워할 만하다."라고 하였다.

공은 평소 성품이 일정함이 있고 날마다 생활함에 하는 바가 항상 절도가 있어서 이부자리의 방향은 이전에 정한 것을 바꾸지 않았는데, 질병이 위독할 때에도 또한 그러하였다. 평소 생활함에 항상 저술하는 것을 좋아하지 않았기에 혹 저술할 일이 있으면 오직 뜻이 통하게 하고 논리를 분명히 하는 것을 위주로 삼았다. 유취지문(幽竁之文)[317]을 부탁함이 있으면 굳게 사양하며 말하기를, "현안(玄晏)의 병[318]이 있음으로부터 능력도 없이 맡았다가 낭패를 보는 것[319]은 내가 부끄러워하는 바이다."라고 하였다. 시집

317 유취지문(幽竁之文) : 유취는 무덤이란 뜻으로, 묘갈명을 말한다.

318 현안(玄晏)의 병 : 중풍을 말한다. 현안(玄晏)은 진대(晉代)의 학자로 현안 선생(玄晏先生)이라 자호한 황보밀(皇甫謐)을 가리키는데, 그가 일찍이 풍질(風疾)을 얻어서 일생 동안 반신불수로 지냈던 데서 온 말이다. 《晉書 卷51 皇甫謐列傳》

319 능력도……것 : 원문은 '대착혈지(代斲血指)'인데, 《노자(老子)》 74장에 "용렬한 목수가 훌륭한 목수를 대신해 나무를 깎으면 손을 다치지 않는 때가 거의 없다.〔夫代大匠斲者, 稀有不自傷其手矣.〕"라고 한 데서 유래한 말이다.

(詩集)과 소차(疏箚) 약간 권[320]이 집에 보관되어 있다.

부인은 진성 이씨(眞城李氏)이니, 현감 세덕(世德)[321]의 따님으로, 문순공(文純公)의 8세손이다. 딸 하나를 두었으니, 사인 정수(鄭燧)에게 시집갔다. 후처는 전주 유씨(全州柳氏) 태원(泰源)의 따님이다. 삼처는 순천 김씨(順天金氏) 성일(聖鎰)의 따님으로, 양경공(襄景公) 승주(承霔)[322]의 후손이다. 아들 둘 딸 하나를 두었으니, 장남은 희익(熙益)으로 재흠(在欽)을 양자로 들였다. 그 다음은 희복(熙復)으로 아들 셋, 딸 둘이니, 장남은 재흠(在欽)이며 나머지는 어리다. 딸은 사인 유치익(柳致翊)[323]에게 시집가 아들 넷, 딸 셋을 두었으니, 기진(箕鎭), 가진(家鎭), 노진(魯鎭)이며, 나머지는 어리다.

내가 공과의 관계는, 살아서는 함께 같은 시대를 살았고 사는

320 시집(詩集)과……권 : 김한동의 저술은 1917년 8권 4책으로 간행되었다. 6대손인 창섭(昌燮)의 발문(跋文)에 의하면 원래 수십 권이었는데 난을 만나 거의 다 불에 타 버려 남은 글은 반의반에 불과하다고 하였다. 시(詩) 163수, 소(疏) 17편 외에 편지, 잡저 등이 있다. 이 가운데 권5 〈북유일록(北遊日錄)〉은 1791년(정조15) 함경북도 종성(鍾城)에서 실시하는 지방시 시험관으로 임명되어, 시험감독을 마친 후에 강원도 금강산 일대를 둘러보고 온 기행문으로 많은 볼거리를 제공한다.

321 세덕(世德) : 이세덕(李世德, 1701~1749)이다. 음사(蔭仕)로 현감을 제수받았다.

322 승주(承霔) : 김승주(金承霔, 1354~1424)로, 초명(初名)은 을보(乙寶), 호는 월담(月潭), 시호는 양경(襄景)이며, 문경(聞慶)에 거주하였다. 고려 말 조선 초의 변혁기에 무반으로 입신하여 여산군(麗山君), 평양 부원군(平陽府院君) 등에 봉해졌다. 전라남도 해남의 방춘서원(芳春書院)에 제향되었다.

323 유치익(柳致翊) : ?~?. 본관은 전주(全州), 자는 중협(中協), 호는 청류헌(聽流軒)이며, 안동(安東)에 거주하였다.

곳도 또 같은 경상도였기에 공에 대해 흠모하며 들은 것이 오래 되었고, 공도 또 보잘것없는 나를 돌아보았다. 병진년(1796, 정조 20) 주상의 과분한 은혜가 내려졌을 때 공이 주상의 하문을 받들어 대답함이 이미 실상을 넘었다.[324] 또 함께 한번 만나 보고자 하였으나 가는 도중에 공은 병이 나서 집으로 돌아갔고, 나도 또한 문을 나서 공에게 가고자 하였으나 늙어서 그렇게 할 수 없었다. 대개 정신이 서로 비추어 통하는 것이 오래되었기에 바야흐로 공이 살아 있을 때 또 혼인을 약속하였다. 공의 손자 재흠(在欽)이 바로 나의 손녀사위가 되었으나, 공이 혼례를 볼 때까지 살지 못한 것이 더욱 한스럽다. 지금 희복(熙復)이 공의 종질 희분(熙奮)이 지은 유사를 가지고 와서 나에게 행장 짓기를 부탁하였다. 생사가 다름을 생각하니, 뒤에 죽는 사람의 슬픔을 더욱 이길 수 없어 드디어 위와 같이 찬술하여 붓을 잡아 글쓰는 이가 채택(採擇)[325]해 주기를 바랄 뿐이다.

324 병진년……넘었다 : 병진년은 정종로의 나이 59세 때로, 7월 13일에 사포서 별제, 7월 19일에 지평에 제수되었는데, 아마 김한동의 추천에 의한 것인 듯하다. 저간의 사정은 《입재집》 권9 〈김승지 한동에게 답하다〔答金承旨翰東〕〉에 "저는 천만 뜻밖에도 보기 드문 임금의 은총을 입어서 놀라고 두려워 당황하며 몸 둘 곳이 없습니다. 이 분토(糞土)와 같은 저를 돌아봄에 지극히 보잘것없으니, 어찌 이 직책에 조금이라도 비슷하게 부합하는 점이 있겠습니까. 그럼에도 불구하고 그대께서 경연(經筵)에서 대답하신 것은 완전히 실상을 잃고서 위로 임금의 들음을 그르치게 함이 한결같이 여기에 이르렀으니, 이 사람〔입재〕의 낭패를 이미 말할 수가 없습니다."라는 언급을 통해 알 수 있다.

325 채택(採擇) : 저본에는 '채석(採釋)'으로 되어 있으나 《와은집》 행장에 의거하여 수정하였다.

홍문관 교리 표림 김공 행장

弘文館校理豹林金公行狀

공의 휘는 희직(熙稷), 자는 공숙(公叔), 자호는 표림(豹林)이다. 김씨(金氏)는 신라 경순왕(敬順王)의 아들 석(錫)이 의성(義城)을 식읍으로 받았기 때문에 인하여 본관으로 삼았다. 그 뒤에 휘 용비(龍庇)가 있었으니, 공덕 때문에 진민사(鎭民祠)[326]에 제향되었다. 또 휘 용초(用超)가 있었으니, 우리 조선 태조를 도와 개국공신에 녹훈되었다. 몇 세대를 지나 휘 희삼(希參)[327]에 이르렀으니, 벼슬이 홍문관 교리(弘文館校理)이며 덕행으로 이름이 났고 호는 칠봉(七峯)이다. 이분이 휘 우굉(宇宏)을 낳으니, 홍문관 부제학(弘文館副提學)이며 도산〔퇴계(退溪) 이황(李滉)〕의 문하에서 공부하였고 호는 개암(開巖)이다. 두 세대가 모두 사당에 제향되었다. 또 3세 뒤에 휘 추길(秋吉)[328]이 있었으니, 나의 선조〔정경

326 진민사(鎭民祠) : 경상북도 의성군 사곡면 토현리 소재의 사당으로, 의성군 백성들이 김용비(金龍庇)의 공덕(功德)을 기리는 제사를 지내기 위해 만들어 향사(鄕祠)의 성격을 지니고 있었다. 1987년 3월부터 1989년 7월까지 후손들이 힘을 모아 오토재(五土齋)로 중창하였다.

327 희삼(希參) : 김희삼(金希參, 1507~1560)으로, 자는 사로(師魯), 호는 칠봉(七峰)·진재(進齋)이며, 성주(星州)에 거주하였다. 벼슬에서 물러나 임금이 내린 칠봉산 아래 진재(進齋)라는 집을 짓고 은거하였다. 이조판서에 추증되었고, 천곡(川谷)의 향현사(鄕賢祠)에 봉향되었다. 저서로는 《칠봉일집》이 있다.

328 추길(秋吉) : 김추길(金秋吉, 1603~1686)로, 자는 차열(次說), 호는 학정(鶴汀)이며, 봉화(奉化)·안동(安東)에 거주하였다. 수직(壽職)으로 첨지중추부사(僉

세(鄭經世)〕 문하에서 공부하였고 호는 학정(鶴汀)이며 천관 소재(天官小宰 이조 참판)에 증직되었다. 이분이 휘 성후(聲厚)를 낳으니 태복시 정(太僕寺正)에 증직되었다. 이분이 휘 여탁(汝鐸)을 낳으니 천관 우시랑(天官右侍郞 이조 참의)에 증직되었다. 이분이 휘 경숙(景潚)을 낳으니 태복시 정이다. 공은 아우 휘 성구(聲久)[329]가 있으니 관찰사(觀察使)이다. 그 아들 여건(汝鍵)[330]은 홍문관 수찬(弘文館修撰)이다. 그 아들 휘 경헌(景瀗)[331]은 진사이다. 이분이 휘 호동(虎東)를 낳으니, 이분이 경숙(景潚)의 후사가 되었는데, 바로 공의 아버지이다. 어머니는 한양 조씨(漢陽趙氏)이니, 옥천공(玉川公) 덕린(德隣)[332]의 손자 사인(士人) 희상(喜

知中樞府事)를 제수받았으며, 이조 참의에 추증되었다.

329 성구(聲久) : 김성구(金聲久, 1641~1707)로, 자는 덕휴(德休), 호는 팔오헌(八吾軒)이며, 봉화(奉化) 해저(海底)·안동(安東)에 거주하였다. 1662년 생원에 장원으로 합격하고, 1669년 식년시(式年試) 장원으로 문과에 급제하였다. 여러 벼슬을 역임하였고, 해저로 돌아와 학록서당을 세워 후학을 가르쳤다. 백록리사(栢麓里祠)에 제향되었다. 저서로는 《팔오헌집》, 《남천록(南遷錄)》 등이 전한다.

330 여건(汝鍵) : 김여건(金汝鍵, 1660~1697)으로, 자는 천개(天開)이다. 이현일(李玄逸)의 문인으로, 1687년 생원에 합격하고, 1687년 문과에 급제하여 경상도사(慶尙都事)·홍문관 수찬(弘文館修撰) 등을 역임하였다. 1693년 조사석(趙師錫)의 교만함을 논핵하여 유배시켰고 이듬해 그들의 보복으로 명천에 유배되었다. 저서로는 《수찬공유고(修撰公遺稿)》, 《북천록(北遷錄)》 등이 전한다.

331 경헌(景瀗) : 김경헌(金景瀗, 1690~1744)으로, 자는 유징(幼澄), 호는 송암(松庵)이다. 1723년 식년시(式年試) 진사에 합격하여 성균관에서 유학하였다. 당쟁으로 정국이 혼란스러워지자 벼슬을 단념하고 귀향하였다. 저서로는 《송암집》이 전한다. 정종로가 지은 행장이 《입재집》 별집 권6에 〈태학생 문소 김공 행장(太學生聞韶金公行狀)〉으로 실려 있다.

常)의 따님이다. 임술년(1742, 영조18) 모월 모일에 공을 낳았다.

공은 어려서부터 우뚝이 남다른 자질이 있었다. 처음에는 아버지의 명으로 박사업(博士業 과거 공부)을 닦았으나, 공은 달가워하지 않았다. 아버지가 갑자기 병으로 세상을 떠나니[333] 경전(經傳)과 제자(諸子) 사서(史書)를 두루 섭렵하여 문장 짓는 솜씨가 성대하였으나, 과거에 응시함에 이르러 합격 여부를 마음에 두지 않았다. 집안의 어른이 시험 문장을 구하니 곧 지어서 드렸다. 일찍이 소백산(小白山)[334]에서 학업을 익히면서[335] 시 한 수를 지었는데, 그 내용은 다음과 같다.

저물녘에 청산의 산길을 걸으니	晩踏青山路
동풍이 취한 나의 소매에 불어오네	東風醉袂垂
돌은 남았으나 승려는 떠난 뒤요	石留僧去後
꽃이 피니 손이 올 때라	花發客來時
안목이 커지면 원래 물아의 구분이 없고	眼大元無物

332 덕린(德隣) : 조덕린(趙德鄰, 1658~1737)으로, 자는 택인(宅仁), 호는 옥천(玉川)이다. 1727년 정미환국으로 홍문관 응교(弘文館應敎)를 제수받았다. 1736년 서원의 남설을 반대하는 소(疏)를 올리자, 1725년의 소와 연관되어 노론의 탄핵을 받고 제주로 유배 가던 중 강진에서 죽었다. 저서로는 《옥천집》이 전한다.

333 아버지가……떠나니 : 김희주(金熙周)가 지은 유사에 의하면 임오년(1762, 영조38)에 세상을 떠났다.

334 소백산(小白山) : 유사에는 소백산(小白山) 유석사(留石寺)로 되어 있다.

335 학업을 익히면서 : 저본에는 '예업(隷業)'으로 되어 있으나, 유사에 '이업(肄業)'으로 되어 있다.

가슴이 텅 비워지면 다시 기이함을 깨닫네　胸虛更覺奇
누대에 삶은 천제의 자리에 가까우니　樓居近帝座
감히 부질없이 시를 읊조리지 못하네　不敢浪吟詩

얼마 후 과거 급제하였으니, 바로 정유년(1777, 정조1) 봄이었다. 이미 당후(堂后 승정원 주서(注書))에 들어가니 묘당(廟堂)의 제공(諸公)들은 아는 사람이든 알지 못하는 사람이든 따질 것 없이 모두 이구동성으로 나라를 빛낼 그릇이라고 칭하였다. 사람들이 혹 축하하여도 얼굴에 기뻐하는 빛이 없었다. 이듬해 여름 면신(免新)[336]을 행하고 돌아오며 탄식하여 말하기를, "우리 집안의 동강옹(東岡翁)이 일찍이 면신(免新)을 '혼야걸애(昏夜乞哀)'[337]에

336 면신(免新) : 면신례(免新禮) 또는 면신벌례(免新罰禮)의 준말로 조선 시대 새로 관직에 나오는 신참 관원이 선배 관원들에게 성의를 표시하는 의식을 말한다. 대개 술과 안주를 준비하여 성대하게 대접하였다. 부임하는 즉시 허참례(許參禮)라고 하여 일차 향응을 베풀고, 열흘쯤 뒤에 면신례라는 명목으로 다시 주연을 베풀었다. 이 기간 동안에 선배 관원은 온갖 방법으로 신참 관원을 시험하고 괴롭혔는데, 인격적 모독을 가하고 직무상의 함정에 빠뜨리는 것은 물론 육체적인 가혹행위나 구타도 행하였다. 면신을 잘 치르는 경우 선배 관원들로부터 재능과 인품을 인정받아 그 뒤의 관직 생활이 순탄하였지만, 반대인 경우에는 멸시를 받아 견디기 어려웠다. 이 때문에 신참 관원들은 허참례와 면신례를 성대하게 베풀고 때로는 금품을 상납하기도 하였다. 정부에서는 이런 악습을 타파하기 위해 면신과 관련하여 금품을 상납받은 자는 최저 장(杖) 60, 최고 장 1백에 유(流) 3천 리(里)로 처벌하였으나 근절되지 않았다.

337 혼야걸애(昏夜乞哀) : 어두운 밤에 찾아가서 애걸하는 것을 말한다. 《맹자》 〈이루 하(離婁下)〉 '동곽번간(東郭墦間)' 장의 주에 "바르지 못한 도로 어두운 밤에 세력가를 찾아가 애걸을 다하여 벼슬자리를 얻어서 대낮에 공공연히 사람들에게 교

비유하였는데, 과연 그렇구나."라고 하였다. 생활함에 항상 자취를 거두고 절대 조정의 귀한 사람들과 서로 알지 않았다.

갑진년(1784, 정조8) 본원(本院 승정원)의 실관(實官)에 제수되었으나, 부임하지 않았다. 을사년(1785, 정조9) 명릉 별검(明陵別檢)[338]에 제수되었으나, 동료들의 혐의 때문에 체직되었다. 병오년(1786, 정조10) 3월 효릉 별검(孝陵別檢)[339]에 제수되었으니, 대개 주상이 삼망(三望)의 후보자를 세 번이나 물리치고 말의(末擬)[340]로 공을 낙점하니, 공이 감히 사양할 수 없어 직(直)에 나아갔다. 얼마 지나지 않아 시를 지었으니, 그 내용은 다음과 같다.

천리 고양에 한 보습 적실 만한 비 내리니	千里高陽雨一犁
한가한 구름은 일 없이 앞 개울을 지나가네	閑雲無事渡前溪
시 짓는 근심은 몰래 산빛과 더불어 방울지고	詩愁暗共山光滴
돌아갈 꿈은 응당 풀빛 따라 가지런하네	歸夢應隨草色齊
늙은 나무 그늘 가에 꾀꼬리 골짜기에서 나오고	老樹陰邊鸎出谷
떨어지는 꽃 정원 가에 제비 진흙을 머금네	落花庭畔鷰含泥

만을 부린다.〔以枉曲之道, 昏夜乞哀以求之, 而以驕人於白日.〕"라고 하였다.

338 명릉 별검(明陵別檢) : 명릉은 숙종(肅宗)과 계비 인현왕후(仁顯王后) 민씨(閔氏), 제2계비 인원왕후(仁元王后) 김씨(金氏)의 능으로, 경기도 고양(高陽)에 있다.

339 효릉 별검(孝陵別檢) : 효릉은 인종(仁宗)과 비 인성왕후(仁聖王后) 박씨(朴氏)의 능으로, 경기도 고양(高陽)에 있다.

340 말의(末擬) : 말망(末望)으로 주의(注擬)함을 이른다. 관리를 임명할 때 전형(銓衡)을 맡은 아문에서 합당하다고 여기는 세 사람의 후보자로 삼망(三望)을 갖추어 올리는데, 삼망의 끝자리에 추천된 사람을 말망이라 한다.

오늘 아침에야 참된 기미의 움직임을 깨달으니　　今朝始覺眞機動
한 잔의 술을 하늘가에서 억지로 잡아 끄네　　盃酒天涯强把提

드디어 벼슬을 버리고 돌아왔다.

경술년(1790, 정조14) 여름 의영고 주부(義盈庫主簿)에 제수되었다. 임자년(1792, 정조16) 봄 관록(館錄)[341]에 뽑혀 들어갔으며, 4월 수찬(修撰)에 제수되었다. 그 당시 유성한(柳星漢)이 병신(柄臣 권력을 잡은 신하) 조아(爪牙)[342]로 상소하여 무고로 핍박함이 있었는데 매우 흉악한 말이었다. 공이 분연(奮然)히 봉사(封事)를 올려 말하기를, "저 성한(星漢)이 일찍이 전하의 조정에서 북면(北面)하여 임금을 섬기는 신하인 자인데도 감히 주장(譸張 터무니없는 말로 남을 속임)의 남은 버릇으로 차마 아무 까닭 없이 어그러진 말을 합니다. 나라에 법이 없다면 그만이지만, 법이 있다면 무장(無將)[343]과 부도(不道)의 죄[344]를 마땅히 이 역적에게 속히 가

341 관록(館錄) : 홍문관의 벼슬아치를 뽑을 때, 부제학 이하 여러 사람들이 각각 뽑힐 사람의 성명 아래에 권점을 찍어, 그 점수의 많고 적음에 따라서 뽑는 일을 말하며, 홍문록(弘文錄) 또는 본관록(本館錄)이라고도 한다.

342 조아(爪牙) : 손톱과 어금니란 말로, 원래는 용사(勇士)나 위사(衛士)를 비유한 것으로 《시경(詩經)》 소아(小雅) 〈기보(祈父)〉에, "기보(祈父)야! 나는 천자의 조아(爪牙)이다."라고 하였는데, 정현(鄭玄)의 전(箋)에, "이는 용력(勇力)의 인사를 지칭한 것이다."라고 하였다. 여기서는 권력을 농단한 신하를 말한다.

343 무장(無將) : 춘추(春秋)의 의리에 있어서는, 임금에 대해 신하가 장차 난(亂)을 일으켜 시역(弑逆)하겠다는 불충(不忠)한 마음조차 갖는 것을 허락하지 않는다는 뜻이다. 《춘추공양전(春秋公羊傳)》 장공(莊公) 32년 조에 "임금과 어버이에게는 장차 어찌해 보려는 마음도 가져서는 안 되니, 그럴 마음을 갖기만 해도 주벌한다.

하십시오."라고 하였다. 5월 부수찬(副修撰)에 제수되었다. 계축년(1793, 정조17) 3월 수찬에 제수되었고, 4월 교리에 제수되었다. 갑인년(1794, 정조18) 3월 수찬에 제수되었다. 7월 해서(海西 황해도) 장시관(掌試官)에 제수되었다. 을묘년(1795, 정조19) 2월 부수찬에 제수되었고, 또 문신겸선전관(文臣兼宣傳官)[345]에 제수되었다. 6월 사간원 헌납(司諫院獻納)에 제수되었다가 얼마 후 사헌부 지평(司憲府持平)으로 관직을 옮겼고 8월 교리에 제수되었으나, 모두 부임하지 않았다.

10월 부수찬에 제수되었다. 공은 임금이 여러 번 부르는 명령이 내려왔으니 한 번이라도 사은숙배하지 않을 수 없다고 생각하여 11월에 도성으로 들어갔다. 그 당시 성한(星漢)의 무리인 이안묵(李安默)이 상소하여 영남 유생들이 상소한 일을 침해하였고, 좌상(左相) 유언호(兪彦鎬)도 또 차자(箚子)를 올려 드러나게 비호하니, 성한은 꺼리는 바가 없었다. 주상은 조저(朝著 조정(朝廷))가 분분할까 염려하여 금령(禁令)을 내려 이에 대해 말하는 자는 처벌하였다. 공이 사은숙배하기도 전에 곧장 상소하였으니, 대략

〔君親無將, 將而誅焉.〕"라고 하였고, 《사기(史記)》 권99 〈숙손통열전(叔孫通列傳)〉에 "남의 신하는 어찌해 보려는 마음을 가져서는 안 되니, 그럴 마음을 가지게 되면 곧 반역하게 되고, 그 죄는 죽어도 용서되지 않는다.〔人臣無將, 將卽反, 罪死無赦.〕"라고 하였는데, 그 집해(集解)에 "장(將)은 역란(逆亂)을 말함이다."라고 하였다.

344 부도(不道)의 죄 : 《대명률(大明律)》에서 가장 나쁜 범죄 행위를 사항별로 분류한 십악(十惡) 중 하나로, 정도(正道)를 위배한 사람을 사형에 처하는 법률을 말한다.

345 문신겸선전관(文臣兼宣傳官) : 형명(形名), 계라(啓螺), 시위(侍衛), 전명(傳命), 부신(符信)의 출납을 맡아보는 선전관청(宣傳官廳)에 딸린 종6품의 관직이다.

말하기를, "임자년(1792, 정조16)의 의리[346]는 천지를 지탱하여 만고까지 뻗도록 훼손되어 없어지지 못할 것입니다. 한 번 법으로 금지한 뒤로 두려워하고 겁이 많아 입을 다물고 침묵하지 않은 이가 없어서 점점 만환(漫漶)[347]해졌습니다. 아, 저 성한(星漢)이 지은 죄가 어떠합니까. 죄가 종묘사직에 관련되어 신과 사람을 분개케 하는데, 근일 차자(箚子)의 사이에 이에 감히 장황하게 허물을 숨기고 꾸미며 죄지은 이를 두둔하고 보호하여 꺼리지 않는 자가 있을 줄은 생각지 못했습니다. 신은 실로 그 까닭을 알지 못하겠습니다. 그러나 징벌함이 엄하지 않아 순치(馴致 점점 변하여 어떠한 상태에 이르게 하는 것)가 이와 같으니, 첫째도 법으로 금지하고, 둘째도 법으로 금지해야 합니다. 신은 영남에서 나고 자라 의리를 익혀 마음에 품었으니, 구구하게 잡아 지킨 것이 성실하고 전일하여 다른 것이 없어 이에 감히 만 번 죽을 것을 무릅쓰고 호소합니다."라고 하였다. 후원(喉院 승정원(承政院))에서는 명으로 금지한 것이기 때문에 봉입(捧入)하지 않았다. 마침내 위패(違牌)하여 체직되었다. 이튿날 교리에 제수되었다. 이미 임명됨에 감사인사하고 다시 이전 상소에서의 말을 거듭하니, 주상이 온화한 비답으로 답하고 윤허를 해 주지 않자 곧 사직서를 올리고 향리로 돌아왔다. 병진년(1796, 정조20) 봄에 연이어 수찬(修撰)에 제수

346 임자년의 의리 : 1792년(정조16) 이우(李堣, 1739~1811)를 중심으로 영남 유생 1만여 명이 연명(聯名)으로 사도세자의 억울함을 풀어 주라는 상소를 올린 것을 말한다.

347 만환(漫漶) : 원래 문체의 파손 또는 퇴색된 것을 칭하는 말인데, 여기서는 흐지부지 넘겨 버림을 말한 것이다.

되었으나, 모두 부임하지 않았다.

정사년(1797, 정조21) 2월 모일[348] 집에서 세상을 떠나시니, 향년 56세였다. 부고가 나자 원근에서 들은 사람들이 모두 탄식하면서 애석해 하였다. 그해 모월 모일 호평(虎坪) 부병(負丙 북서 15도 방향) 언덕에 장례 지냈으니, 선영(先塋)을 따른 것이다. 부인은 고성 이씨(固城李氏)이니, 좌상(左相) 원(原)[349]의 후손인 사인(士人) 원적(元績)의 따님이다.[350] 정숙(靜淑)하고 부드러우며 부지런하고 삼가서 군자의 배필이 됨에 부덕을 어김이 없으니 종당(宗黨)에서 칭찬하였다.

아들이 하나이니, 재상(在商)이며, 딸이 둘이니, 진사 최홍우(崔鴻羽),[351] 유규조(柳奎祚)에게 시집갔다. 재상(在商)은 아들이 여섯이니, 중수(重銖) 외에 나머지는 어리다. 딸이 셋이니, 유진휘(柳進彙), 권재화(權載華)에게 시집갔고, 나머지는 어리다. 유

348 2월 모일 : 김희주(金熙周)가 지은 유사에는 '이월 초오일 해시(二月初五日亥時)'로 되어 있다.

349 원(原) : 이원(李原, 1368～1430)으로, 자는 차산(次山), 호는 용헌(容軒), 시호는 양헌(襄憲)이며, 청도(淸道)에 거주하였다. 정몽주(鄭夢周)의 문인이다. 왕자의 난 때 태종을 도운 공으로 좌명사등공신(佐命四等功臣)에 책록되고 철성군(鐵城君)에 봉해졌다. 도성 수축에도 참여했으나 1426년 노비의 불법 차지 혐의로 탄핵되어 공신녹권을 박탈당하고 여산에 안치되었다가 배소에서 죽었다. 세조 때 관작이 회복되었으며 안동의 명호서원(明湖書院)에 제향되었다. 저서로는 《용헌집》, 《철성연방집(鐵城聯芳集)》 등이 전한다.

350 부인은……따님이다 : 김희주(金熙周)가 지은 유사에 의하면, 공보다 4년 뒤에 세상을 떠났으며, 순흥(順興) 마평(馬坪) 모향(某向) 언덕에 장례 지냈다.

351 최홍우(崔鴻羽) : 김희주가 지은 유사에는 '최승우(崔昇羽)'로 되어 있다.

규조(柳奎祚)는 아들이 하나이다.

공은 타고난 자품이 크고 훌륭했으며, 기국(器局)이 높고 가지런하였다. 풍채와 언론이 우뚝하고 비분강개하니, 헤아려 보면 가슴속에 운몽(雲夢)을 품은 듯[352]하고 바라보면 하늘 밖에서 큰 날개를 떨치는 것[353] 같았다. 공의 인품은 짐짓 본디 남들이 미칠 수 없는 점이 있었으니, 시례(詩禮)의 집안[354]에서 가르침에 무젖

352 가슴속에……듯 : 포부가 매우 큰 것을 뜻한다. 사마상여(司馬相如)의 〈상림부(上林賦)〉에, "초나라에는 칠택이 있고 그중에 하나인 운몽택은 사방이 9백 리인데, 운몽택 같은 것 여덟아홉 개를 삼키어도 가슴속에 조금도 거리낌이 없다.〔楚有七澤, 其一曰雲夢, 方九百里, 呑若雲夢者八九, 其於胸中曾不蔕芥.〕" 한 데서 온 말이다.

353 하늘……것 : 위험을 벗어나 얽매임 없이 높은 하늘을 자유로이 나는 큰 고니처럼 권력과 이익을 추구하다 자신을 잃어버리게 되는 세속을 멀리 떠나 은거하며 고고하게 살기를 바란다는 말이다. 한 고조(漢高祖)가, 여후(呂后)가 낳은 태자를 폐하고 척 부인(戚夫人)이 낳은 여의(如意)로 바꾸려 하자, 장량(張良)이 동원공(東園公), 녹리선생(甪里先生), 기리계(綺里季), 하황공(夏黃公) 등 상산사호(商山四皓)를 불렀다. 이들은 고조에게 나아가 여후가 낳은 태자를 위한 자신들의 뜻을 아뢰었다. 그러자 평소 상산사호의 명망을 듣고 그들을 초치(招致)하려고 했던 고조가 마음을 바꾸어 태자를 세울 수밖에 없음을 척 부인에게 말하고 척 부인에게 초무(楚舞)를 추게 하면서 다음과 같이 초가(楚歌)를 지어 불러 설득하였다고 한다. "큰 고니가 높이 날이여, 단번에 천리를 가는도다. 날개가 이미 자람이여, 사해를 가로지르도다. 사해를 가로지르니 어찌할 수 있겠나. 비록 주살이 있은들 도리어 어디에 쓰겠는가.〔鴻鵠高飛, 一擧千里. 羽翮已就, 橫絶四海. 橫絶四海, 當可奈何? 雖有矰繳, 尙安所施?〕"《史記 卷55 留侯世家》

354 시례(詩禮)의 집안 : 원문은 '시례지가(詩禮之家)'로, 공자가 일찍이 홀로 뜰에서 계셨는데, 아들인 이(鯉)가 종종걸음으로 그 앞을 지나가자, 그를 불러 세워 "시(詩)를 배웠느냐?" 하고 묻고, 또 한 번은 "예(禮)를 배웠느냐?" 하고 물어, 이가 시와 예에 관한 가르침을 받은 고사에서 유래한 것이다.《論語 季氏》

었고 성현의 가르침에 감발했기 때문이다. 무릇 자신을 잡아 지키고 일을 행하는 바가 모두 우뚝하여 기록할 만한 것이 있다. 공이 어머니를 섬김에 일찍 아버지를 여의였기 때문에 그 효성을 더욱 독실히 하였으니, 한결같이 뜻을 받들어 순종하며 어김이 없었다. 어머니 상을 당함에 좌우의 사람들이 부축해야 할 지경이 되어 자신의 손가락을 잘라 피를 유입하지 못하였는데, 이 점을 죽을 때까지 한으로 여겼다. 제삿날이 되면 슬퍼 울부짖기를 초상 때와 같이 하였다.

계부(季父 막내 숙부)를 아버지처럼 섬겼으며, 누이들과 우애함이 모두 지극하였다. 제사 때는 반드시 미리 제수를 마련하여 풍성함과 간약함이 마땅함에 부합하였다. 명절에 성묘하기를 남에게 대신하게 하지 않았다. 친척들과 화목하여 뜻에 맞지 않음이 있으면 반드시 정성스럽게 깨우치고 꾸지람을 더하지 않았다. 한 가지 선함이 있음을 보면 마음에 진실로 사랑하고 좋아하여 마치 자신이 그 선함을 가지고 있는 것처럼 하였다. 무리들을 진정시키는데 더욱 잘하여 종당(宗黨)에 견해의 다름이 있으면 곧 말 한마디로 해결하였다. 종족의 여인 가운데 어리고 아버지를 여읜 이를 데려다가 잘 보살펴 주고 혼수를 갖추어 시집보냈다. 평생 동안 생업에 뜻을 둔 적이 없었으나 의리상 마땅히 해야 할 바의 경우는 재물이 있고 없음을 헤아리지 않았다. 매양 의전(義田)을 마련하여 가난한 종족 살리기를 범 문정공(范文正公)의 고사[355]와 같

355 범 문정공(范文正公)의 고사 : 범 문정공은 범중엄(范仲淹, 989~1052)으로, 종족을 위하여 의전(義田)이란 전답을 마련하고 대소사(大小事)의 경비를 충당한

이 할 수 없음을 한으로 여겼다.

공은 도량이 크고 넓어 남들과 옳고 그름을 다툴 때, 처음에는 혹 자신의 견해를 굳게 잡아 바꾸지 않았으나 이미 자신의 잘못을 알면 곧바로 자신의 견해를 버렸다. 대개 유속(流俗)에 구차히 같아지려고 한 적이 없었으나, 또한 모가 나서 남들과 다르고자 하지 않았다. 모든 일에 그것이 옳은가를 생각하였다. 일찍이 말하기를, "인생의 영달(榮達)은 본디 정해진 분수가 있으니, 지혜와 힘으로 구할 수 있는 것이 아니다."라고 하였다. 갈옷을 벗고 벼슬한 뒤로 관직에 등용되지 못한 것이 10여 년이었다. 어떤 이가 장난 삼아 말하기를, "조정에서 이미 그대를 물고(物故 죽은 것)로 여겼다."라고 하니, 공이 웃으며 말하기를, "내가 여기에 태어나 여기에 노닐었으니, 비록 죽었다고 한들 무슨 상관이 있겠는가."라고 하였다.

대개 공이 면신(免新)[356]할 때, 요직을 차지하고 있는 집안의 자제가 있었는데, 본원(本院)의 선배로 사사로이 공을 만나 보고자 하였으나 끝내 가지 않았다. 그 사람이 또 공의 귀향 날짜를 묻고 와서 만나고자 하였으나, 공은 아직 정해진 날짜가 없다고 거절하고는 이튿날 곧바로 향리로 돌아갔다. 그 사람이 크게 원한을 품었다가 뒤에 병용(柄用 중용(重用)되어 권세를 잡음)하게 되자 공을 절대 의망(擬望)에 올리지 않았고, 다른 사람이 공을 천거함이 있으면 또한 저지하였다. 공이 벼슬길에 막힌 것이 대개 이 때문이었다.

고사가 있다. 앞의 주 309) 참조.

356 면신(免新) : 앞의 주 336) 참조.

명릉 별검(明陵別檢)에 제수되자 동료가 공과 세혐(世嫌 대대로 내려온 혐의)이 있어 피하는 것이 마땅하였다. 공은 본래 부임하고자 하지 않았는데, 마침 어떤 궁인(宮人)이 정관(政官)의 말을 전하여 말하기를, "부임을 조금 늦추면 마땅히 좋은 자리를 얻을 것이오."라고 하였으니 대개 저쪽의 입장을 위한 것이었다. 공이 말하기를, "내가 어찌 남의 숨결을 우러러보고 참서(慘舒)[357]하는 사람이겠는가."라고 하였다. 그 이튿날 드디어 명릉에 인사하고 사직하였다. 효릉 별검(孝陵別檢)[358]에서 귀향한 뒤에 특별한 임명이 있어 오래도록 체직되지 않았기 때문에, 지구(知舊)들이 서로 분수와 의리상 사직함은 온당치 않음으로 공을 면려하였고, 공도 또한 그렇게 여겼다. 장차 임지로 출발하려 할 때, 또 당시 재상의 말을 전한 사람이 있어 말하기를, "아무개가 일단 다시 벼슬하였으니, 오래지 않아 마땅히 영선(瀛選 홍문관(弘文館)의 관원을 뽑는 것)에 들 것이다."라고 하니, 공이 말하기를, "내가 만약 이렇게 하면서 간다면, 이것은 벼슬에 나아가기를 바라는 것이다. 선비가 그 몸을 자중하지 않을 수 있겠는가."라고 하였다. 인하여 부임하지 않았다.

집이 가난하여 죽도 혹 거를 때가 많았으며, 타고 가는 말과 하인들이 낡고 해졌으나 편안히 여겼다. 남을 대하고 외물을 접함에 한결같이 천진(天眞)함으로 하여 친소와 귀천의 차이를 두지

357 참서(慘舒) : 참(慘)은 그늘에 있을 적에 몸이 움츠러드는 것이고, 서(舒)는 양지에 있을 적에 몸이 펴지는 것으로, 걱정과 즐거움, 너그러움과 엄함, 성함과 쇠함을 뜻한다.

358 효릉 별검(孝陵別檢) : 병오년(1786, 정조10) 3월 효릉 별검에 제수되었다.

않았다. 우뚝한 운치가 담박하고 빼어났으며, 술은 조금만 마셔도 곧바로 취했는데 취하면 곧 고상한 해학을 즐겼다. 때때로 마을의 어른 및 들판의 노인들과 고기잡고 낚시하며 노래하고 읊조리는 사이에 서로 뒤섞여 유유(悠悠)히 자득한 의취가 있었다. 사람들이 말하기를, "비록 지위가 경상(卿相)보다 높아지더라도 일반 백성의 규모를 잃지 않을 이는 이 사람일 것이다."라고 하였다.

평소 산수를 좋아하여 갈천(葛川)에 아름다운 경계를 얻어 띳집을 짓고 노년을 보내려고 하였으나, 그렇게 하지 못했다. 평소 생활함에 인재를 성취시키기를 즐거워하였다. 무릇 자제와 후생들에게 반드시 정성스럽게 가르치고 인도하여 수립한 바가 있게 한 것이 많았다. 아, 만약 공이 장수하였다면, 예속(禮俗)을 돈독히 하고 퇴폐한 풍속을 격발(激發)하며 기강을 진작하고 풍성(風聲)을 수립하여 집안과 나라에 도움이 된 것이 마땅히 한둘로 세는 데 그치지 않았을 것이다. 그러나 불행하게 중도에 갑자기 세상을 떠나서 그 포부와 학업을 끝마치지 못했다. 편(楩)·남(枏)·예(豫)·장(章)[359]의 재목과 야광(夜光)·명월(明月)[360]의 구슬 같은 것이 큰 집과 청묘(淸廟 종묘(宗廟))의 용도에 사용되지 못하고 궁벽한 산이나 끊어진 구렁에서 가려지고 매몰된 것은 무엇 때문인

359 편(楩)·남(枏)·예(豫)·장(章) : 모두 크고 훌륭한 재목이 될 만한 나무로 "편(楩)·남(楠)·여(櫲)·장(章)을 베어 다듬어서 혹은 관곽(棺槨)을 만들고 혹은 기둥과 들보를 만든다.〔楩楠櫲章而剖梨之, 或爲棺槨, 或爲柱梁.〕"라는 말에서 나왔다. 《淮南子 齊俗訓》

360 야광(夜光)·명월(明月) : 야광벽(夜光璧)과 명월주(明月珠)로 진귀한 보물을 말한다.

가. 또 그 문사가 밝게 빛나서 임금의 계책을 도울 수 있는 것이 있는데도 지금 다만 적막한 건연(巾衍)[361]에 갈무리되어 있으니, 또한 슬퍼할 만하도다.

그러나 공의 평생에서 중요한 점을 뽑아 보면, 비록 과거 시험으로 세상에 드러났으나 그 마음은 참으로 이른바 '천방(天放)[362]의 은둔자여서 벼슬로 구속할 수 없다.'라는 것이다. 그가 세상에 산 30, 40년 사이에 우뚝이 스스로 서서 사람과 하늘에 부끄러운 바가 없었다가 마침내 호연(浩然)하게 세상을 떠났으니, 또 무슨 유감이 있겠는가.

하루는 재상(在商)이 그 종숙(從叔) 승선군(承宣君) 희주(熙周)[363]가 지은 유사를 가지고 와서 나에게 행장 지어 줄 것을 부탁하였다. 나는 진실로 공의 풍도를 듣고 일찍부터 사모하는 것이 있었기에 마침내 사양하지 않고 차례대로 위와 같이 기술한다.

361 건연(巾衍) : 서적을 넣어 두는 천을 바른 상자로, 건상(巾箱) 또는 건사(巾笥)와 같은 말이다.

362 천방(天放) : 남의 간섭을 받지 않고 자연 속에서 자유자재로 즐겁게 노니는 자유방임(自由放任)을 말한다. 《장자》 〈마제(馬蹄)〉에 "한쪽에 치우치지 않고 자연과 하나 되는 것을 천방이라고 한다.〔一而不黨, 命曰天放.〕"라고 하였다.

363 희주(熙周) : 김희주(金熙周, 1760~1830)로, 본관은 의성(義城), 자는 공목(公穆), 호는 갈천(葛川)이다. 매헌(梅軒) 권사민(權士敏, 1557~1634)과 이상정(李象靖)의 문인이다. 1795년(정조19)에 문과에 급제하였으며, 1800년(순조 즉위년)에는 교리에 실록 편수관을 겸하여 《정조실록》 편찬에 참여하였다. 말년에는 경북 봉화군 재산면 갈산리에 갈천정(葛川亭)이라는 정자를 짓고 머물러 있었다. 저서로는 《갈천집(葛川集)》이 있다. 《갈천집》 권9에 〈재종형 홍문관 수찬 표림공 유사(再從兄弘文館修撰豹林公遺事)〉가 있다.

증 조봉대부 사헌부 지평 김공 행장

贈朝奉大夫司憲府持平金公行狀

공의 휘는 희보(熙普), 자는 제중(濟仲)이며, 성은 김씨(金氏)이다. 의성(義城)을 본관으로 하는 것은 신라 경순왕(敬順王)의 아들 석(錫)이 봉(封)해진 것으로부터 시작하였다. 고려 때 태자첨사(太子詹事) 용비(龍庇)가 백성들에게 공덕이 있자 고을 사람들이 숭상하여 제향하였다. 11세 조상 휘 희삼(希參)[364]은 삼사(三司)를 역임했으며, 호는 칠봉(七峯)이니 학행으로 천곡서원(川谷書院)의 방사(傍祠)에 배향되었다. 휘 우굉(宇宏)[365]은 벼슬이 부제학(副提學)에 이르렀으며 호는 개암(開巖)이니 속수서원(涑水書院)에 제향되었다. 이분이 휘 득가(得可)[366]를 낳으니 창녕 현

364 희삼(希參) : 김희삼(金希參, 1507~1560)으로, 자는 사로(師魯), 호는 칠봉(七峯) 또는 진재(進齋)이다. 성주에 살았으며, 이황(李滉), 조식(曺植), 김인후(金麟厚)와 도의로 교유하였다. 벼슬에서 물러나 임금이 내린 칠봉산 아래 진재(進齋)라는 집을 지으니, 학자들이 칠봉 선생이라 칭하였다. 성주 천곡서원(川谷書院)의 향현사(鄉賢祠)에 봉향되었다. 저서에 《칠봉유집(七峯遺集)》이 있으며, 《입재집》 권26에 〈칠봉유집서(七峯遺集序)〉가 있다.

365 우굉(宇宏) : 김우굉(金宇宏, 1524~1590)으로, 자(字)는 경부(敬夫), 호는 개암(開巖)이다. 김우옹(金宇顒, 1540~1603)의 형이며, 이황의 문인으로 1542년 향시에 수석 합격하고, 1552년 사마시(司馬試)에도 수석으로 합격하였다. 여러 관직을 두루 지내다가 1589년 관직에서 물러나 고향 성주로 돌아갔다. 저술로 《서행일기(西行日記)》와 《개암집》이 있다. 상주 속수서원(涑水書院)에 제향되었다. 1562년(명종17) 11월, 상주 개암(開巖) 곁에 개암정을 지었는데, 《입재집》 권29에 〈개암정중건기(開巖亭重建記)〉가 있다.

감(昌寧縣監)이 되어 청렴결백함으로 이름났고 사복시 정(司僕寺正)에 증직되었다. 이분이 휘 률(琛)[367]을 낳으니 진사 급제하여 부호군(副護軍)이 되고 좌승지에 증직되었다. 이분이 휘 추임(秋任)[368]을 낳으니 희릉 참봉(禧陵參奉)[369]이고 나의 선조 우복 선생 문하에서 공부하였다. 그 아들은 휘가 성직(聲直)이며, 손자는 휘가 여황(汝璜)이며, 증손은 휘가 경렴(景濂)이며, 현손은 휘가 국채(國采)[370]이니 생원이다. 이분이 공의 아버지이다. 어머니는 재령 강씨(載寧康氏) 유해(有楷)의 따님으로, 남계 선생(南溪先生)[371]의 후손이다. 숙종 갑오년(1714, 숙종40) 6월 5일 공을 낳았다.

366 득가(得可) : 김득가(金得可, 1547~1591)로, 자는 대중(大中), 호는 주봉(柱峯)이다. 이황(李滉)의 문인이다. 1564년 진사에 합격하였다. 창녕 현감으로 있을 때 선정을 펴 선정비가 세워졌다. 사복시 정(司僕寺正)에 증직되었다.

367 률(琛) : 김률(金琛, 1568~?)로, 자는 백온(伯溫), 호는 천유옹(天有翁)이며, 상주(尙州)에 거주하였다. 조목(趙穆)의 문인이며, 1627년 진사에 합격하였다.

368 추임(秋任) : 김추임(金秋任, 1592~1654)으로, 자는 만열(萬說), 호는 외서암(畏棲庵)이다. 정경세(鄭經世)의 문인이며, 1616년 생원에 합격하였다.

369 희릉 참봉(禧陵參奉) : 희릉은 중종(中宗)의 계비 장경왕후(章敬王后) 윤씨(尹氏)의 능으로, 경기도 고양시에 있다.

370 국채(國采) : 김국채(金國采, 1688~1751)로, 자는 익장(翊章), 호는 호수(湖叟)이다. 1735년 생원에 합격하였다.

371 남계 선생(南溪先生) : 강응철(康應哲, 1562~1635)로, 본관은 재령(載寧), 자는 명보(明甫), 남계는 그의 호이다. 1590년(선조23) 진사에 입격하였다. 임진왜란이 일어나자 정기룡(鄭起龍) 장군과 합세하여 왜병을 무찔렀다. 벼슬은 사근도(沙斤道) 찰방(察訪)에 이르렀으나 향리에서 독서와 저술로 일생을 보냈다. 상주의 연악서원(淵岳書院)에 배향되었다. 저서에 《남계유고(南溪遺稿)》가 있다. 《입재집》 권27에 〈재령 강씨 세덕사 실기서(載寧康氏世德祠實紀序)〉가 있다. 거기에 따르면 강응철은 정경세(鄭經世)의 자형(姊兄)이다.

공은 태어나면서부터 효심이 있었다. 바야흐로 젖을 빨 때, 어머니가 아픈 것을 보면 곧 손으로 어머니의 이마를 짚어 보고 근심하는 얼굴빛을 띠며 젖을 빨지 않았고, 비록 배가 고파도 울지 않았다. 사람들이 젖 빨기를 권하면 머리를 저으며 말을 듣지 않았고, 병이 나아야 이에 젖을 빨았다. 다박머리 아이일 때, 어버이가 혹 회초리로 때리자 울고 나서는 반드시 웃었다. 사람들이 그 까닭을 물으니, 대답하여 말하기를, "나는 아팠기 때문에 울었습니다. 그러나 아프면 징계가 되니 또한 다행이 아니겠습니까. 이런 까닭으로 웃었습니다."라고 하였다.

무신년(1728, 영조4) 숙부 처사공(處士公)이 장차 창의한 군진(軍陣)으로 가려 하였다.[372] 공은 당시 나이 15세였는데, 숙부를 대신해 가기를 청하였다. 처사공이 허락하지 않자 장차 몰래 가려고 하였으나 마침 난이 평정되어 결국 가지 않았다. 부로들이 모두 칭찬하여 말하기를, "옛날 목란(木蘭)은 자식으로서 아버지를 대신하였는데,[373] 숙부를 대신하여 가려고 한 이 아이가 목란보다 더 어질다."라고 하였다.

372 무신년……하였다 : 무신년은 노론 정권에 불만을 품은 소론 과격파와 남인들이 연합하여 영조와 노론을 제거할 목적으로 전국적인 규모로 기병(起兵)하였는데, 무신년에 일어나 무신란(戊申亂)이라 하거나, 이인좌(李麟佐)의 난이라고도 한다.

373 목란(木蘭)은……대신하였는데 : 목란은 악부(樂府)의 〈목란시(木蘭詩)〉에 나오는 주인공 이름으로, 전쟁터에 나가게 된 아버지를 대신해서 남장(男裝)을 하고 전쟁터에 나가 12년 동안을 종군하면서 전공(戰功)을 세운 여자이다. 이 목란은 북위(北魏) 사람이라고도 하고, 수(隋)나라 사람이나 당(唐)나라 사람이라고도 하여 일정치 않다.

어머니가 일찍이 병이 들어 왼쪽 눈을 실명하였는데, 공이 아침 일찍부터 밤늦도록 애간장을 태우며 울었고, 지극한 정성으로 약을 구해 치료하여 시력을 회복할 수 있었다. 어머니가 풍해(風咳 풍사(風邪)로 인한 기침의 증상) 때문에 침상에 누워 지낸 것이 여러 해였으나 모시며 간호하는 절도가 곡진하지 않은 바가 없었다. 여름에는 베개에 부채질하여 시원하게 해 드리고, 자리를 바꾸어 누우려 하시면 반드시 먼저 누워 이와 벼룩을 유인하여 다 밖으로 내보낸 뒤라야 비로소 자리를 바꾸어 주무시기를 청했다. 겨울에는 직접 아궁이에 불을 때서 그 온도를 적당하게 하였다. 공경하고 조심하여 한결같은 마음이 오직 어버이에게 있었다. 선공(先公 돌아가신 아버지)이 일찍이 지독한 설사를 앓아 증세가 매우 위독하니, 달고 맛있는 음식이 모두 입에 맞지 않고 오직 꿩고기만 생각할 뿐이었다. 공이 바야흐로 울면서 구했으나 얻을 수 없었는데, 갑자기 꿩 한 마리가 뜰의 나무에 올라가 울었다. 놀라고 기뻐하며 돌을 던지니 꿩이 손에 정확히 떨어졌다. 드디어 꿩을 아버지께 대접하니, 사람들이 효성에 감동한 것이라고 칭찬하였다.

기미년(1739, 영조15) 어머니 상을 당하자 공은 슬퍼하여 몸이 상함이 예제(禮制)보다 지나쳤다. 물 한 모금도 입에 넣지 않은 것이 4일이었다. 이미 소상(小祥)이 되었을 때도 오히려 채소와 과실을 먹지 않았다. 묘소가 7리 밖에 있었으나 날마다 가서 곡하였는데, 비록 극심한 추위와 더위에도 그만두지 않았다. 신미년(1751, 영조27) 아버지 상을 당하자 몸이 상함이 또한 어머니 상 때와 같았다. 3년 뒤 5월 7일 지독한 전염병 때문에 삼년상을 이기지 못하고 세상을 떠났으니, 향년 40세였다. 개구암(開口巖) 아래 향신(向辛 북서 75도 방향) 언덕에 장례 지냈다.

공은 타고난 성품이 독실하고 중후하며 그 어버이에게 효도함이 이와 같았고 아버지 대신 숙부를 아버지처럼 섬겼다. 숙부가 가난하여 이불이 없자 공이 자신의 이불을 드렸으며, 얼마 지나지 않아 이불이 불에 타자 또 만들어서 드렸다. 공은 이불 없이 평생을 살았으나 스스로 근심하지 않았다. 막냇동생이 일찍이 종기가 나서 거의 죽게 되자 공이 밤낮으로 돕고 간호하였다. 치료하고 약을 쓰는 가운데 더러운 물질이 많았으나 먼저 맛보지 않은 바가 없었으며, 입으로 고름을 빼는 데까지 이르렀다. 바야흐로 막냇동생의 병이 위중하자 한밤중에 목욕재계하고 신과 하늘에 기도하였는데, 마침내 완전히 나을 수 있었다.

아버지 상을 당했을 때, 큰형님 또한 병이 심하자 공이 정성을 다해 치료하였으나 끝내 구하지 못하니 슬퍼 통곡함이 더욱 지극하였다. 공이 세상을 떠난 것은 다만 전염병이 그렇게 한 것일 뿐만 아니니, 하늘이 효자를 돕지 않음이 곧 이런 지경에 이르렀단 말인가.

공은 덕성과 기국이 깊고 넓으며 풍모와 거동이 장엄하고 중후하였다. 어린아이 때 함께 공부하던 아이들과 나무 아래에 단을 쌓고 학업을 익혔는데,[374] 공이 약조(約條)을 세워 말하기를, "효성스럽지 않고 우애롭지 않은 자는 내친다. 어른을 능멸하고 무리를 업신여기며 학업을 폐하는 자는 가장 중한 형벌을 사용한다.

374 학업을 익혔는데 : 저본에는 '예업(隷業)'으로 되어 있으나, '이업(肄業)'의 오기로 판단하고 번역하였다.

동료들 사이에 다투는[375] 자 및 벗을 참소하여 말을 지어내는 자는 중간 형벌을 사용한다. 말이 혹 비루하거나 어그러지며 행동이 혹 미친 듯이 날뛰는 자는 낮은 형벌을 사용한다."라고 하였다. 약조가 이미 정해지자 그에 따라 시행하니, 함께 공부하던 아이들이 모두 공경하고 삼가서 감히 소홀히 하지 못했다.

장성함에 이르러 학문을 좋아하여 실천하고 남은 힘이 있으면 책을 보며 꼿꼿이 앉아 한 해를 보내지 않은 적이 없었다. 《주역》에 더욱 완미하는 바가 있었으며, 제가(諸家)의 학술에도 두루 통하였으니, 대개 '변화를 관찰하고 점복을 완미함〔觀變玩占〕'을 가지고 사물의 이치를 다하여 그 쓰임을 지극히 한 것이 이와 같았다. 그러나 중년에 세상을 떠나서 포부와 학업을 이룰 수 없었으니, 애석하도다. 집안을 다스림이 엄격하여 법도가 있음, 형제간에 우애하고 종당과 화목하게 처신하여 그 도를 곡진히 함, 그리고 재물에 임해 청렴함 및 벗과 더불어 신의가 있음, 남들이 기뻐 감복하지 않음이 없음 같은 것에 이르러서는 공에게 있어서 다만 일상적인 일이기에 생략해도 괜찮을 것이다.

부인은 흥양 이씨(興陽李氏) 생원 인지(麟至)[376]의 따님으로,

375 동료들 사이에 다투는 : 원문은 '재추이쟁(在醜而爭)'으로, 《효경(孝經)》 〈기효행(紀孝行)〉에 "윗자리에 있으면서 교만하면 망하고, 아랫자리에 있으면서 난리를 치면 형벌을 당하며, 동료와 다투면 해를 입을 것이니, 이 세 가지를 없애지 않으면 아무리 날마다 세 종류의 희생을 드리며 부모를 봉양하더라도 오히려 불효가 된다. 〔居上而驕則亡, 爲下而亂則刑, 在醜而爭則兵. 三者不除, 雖日用三牲之養, 猶爲不孝也.〕"라고 했다.

376 인지(麟至) : 이인지(李麟至, 1683~1746)로, 본관은 흥양(興陽), 자는 성서

월간 선생(月澗先生)의 현손이다. 아들 둘 딸 하나를 낳았으니, 아들은 달천(達天), 달의(達義)이고, 딸은 강세제(姜世濟)에게 시집갔다. 달천(達天)은 연강(鍊剛)을 양자로 들였다. 달의(達義)는 아들이 넷이니, 장남은 연강(鍊剛)이고 그 다음은 연건(鍊健), 연순(鍊純), 연수(鍊粹)이며, 딸이 둘이니, 김영조(金永祚), 황하한(黃夏漢)에게 시집갔다. 강세제는 아들이 하나이니, 굉흠(肱欽)이며, 딸이 하나이니, 장기섭(張夔燮)에게 시집갔다. 연강은 아들이 하나이니, 상회(尙誨)이다. 나머지는 어리다.

하루는 연수(鍊粹)가 공의 동생 지헌공(持憲公)이 지은 유사를 가지고 와서 보여 주며 말하기를, "할아버지의 지극한 행실이 이와 같음이 있다는 것을 지난 정조 기유년(1789, 정조13)에 도백(道伯)이 고을의 의논을 모아 임금께 아뢰니, 특별히 사헌부 지평(司憲府持平)을 추증하였습니다. 원컨대 집사께서 한마디 말로 행장을 지어 주시어 실제 행적이 전해짐이 있도록 해 주십시오."라고 하였다. 내가 말하기를, "예, 천하에 가장 숭상할 것은 효이니, 누군들 즐거이 말하지 않겠습니까."라고 하고 드디어 차례대로 기록하기를 위와 같이 하였다.

(聖瑞), 호는 은와(恩窩)이며, 상주(尙州)에 거주하였다. 행의와 학식으로 칭송이 있었다. 1728년 이인좌(李麟佐)의 난 때 의병 부장이 되었다. 1736년 영남 유생들이 송시열, 송준길의 문묘 종향(文廟從享)하는 것을 저지하는 상소 운동 때 소수(疏首)가 되었다. 이로 인해 금산(錦山)으로 유배되었다. 유집이 전한다. 금산 석포서원(石浦書院)에 제향되었다.

입재집

제45권

행장
行狀

행장 行狀

무첨당 이공 행장
無忝堂李公行狀

공의 휘는 의윤(宜潤), 자는 수연(睟然)이며, 성은 이씨(李氏)이다. 그분의 선조는 여주(驪州)를 관향으로 하는 사람이다. 영의정(領議政)에 증직되고 시호가 문원(文元)인 회재(晦齋) 선생[1]의 손자이다. 아버지의 휘는 응인(應仁)[2]이니 판관(判官)이며, 좌승지에 증직되었다. 어머니는 숙부인(淑夫人) 장씨(張氏)이니, 연복군

1 회재(晦齋) 선생 : 이언적(李彦迪, 1491~1553)으로, 본관은 여주, 자는 복고(復古), 호는 회재이며, 현 경상북도 경주 출신이다. 원래 이름은 적(迪)이었으나 중종의 명령으로 언적(彦迪)으로 고쳤다. 중종 때 과거로 출사하였으나 김안로(金安老)의 집정을 반대하다가 쫓겨난 후 귀향하여 성리학에 몰두하였다. 김안로 사후 다시 관직에 나아갔으나 명종 때 윤원형(尹元衡)의 양재역 벽서 사건으로 다시 강계(江界)에 유배되어 그곳에서 졸하였다. 조선 성리학 발전에 선구적인 역할을 하였고, 이후 이황의 학설에 많은 영향을 끼쳤다. 문묘에 배향되었고, 경주 옥산서원에 제향되었다. 저술로 《회재집》, 《대학장구보유(大學章句補遺)》 등이 있다.

2 응인(應仁) : 이응인(李應仁, 1535~1592)으로, 본관은 여강(驪江), 자는 경이(敬而), 호는 수암(守庵)이며, 경주(慶州)에 거주하였다. 벼슬하여 여러 고을을 맡아 다스렸고 부임하는 곳마다 선정으로 이름이 높았으며, 승지(承旨)에 증직되었다.

(延福君) 안양공(安襄公) 말손(末孫)의 후손[3] 세마(洗馬) 응기(應機)의 따님이다. 가정(嘉靖) 갑자년(1564, 명종19) 2월 모일 월성(月城) 양좌동(良佐洞)에서 공을 낳았다.

공은 어려서부터 영민하여 나이가 열 살이 되기도 전에 시부(詩賦)를 지을 수 있었다. 일찍이 문지방을 밟은 것 때문에 어머니에게 회초리를 맞은 적이 있었기에 종신토록 다시는 문지방을 밟지 않았다. 성동(成童 15세)이 되었을 때 판관공(判官公)이 신령(新寧)을 다스렸는데, 공이 아우 의징(宜澄)[4]과 함께 따라갔다. 관아 안의 매화나무와 대나무 숲에 손수 집 한 채를 짓고 공자, 맹자, 정자(程子), 주자(朱子)의 위판(位版)을 만들어 안치하고서 날마다 젯밥을 올리고 아침저녁으로 손을 씻고 절하였다. 이듬해 어머니 숙인(淑人)의 상을 당하여 이미 반장(返葬)하고는 시묘살이하며 삼년상을 마쳤다.

약관(弱冠 20세)에 판관공이 서울에서 벼슬살이하였기에 공이

3 연복군(延福君)……후손 : 《무첨당집》의 행장과 가장에는 "연복군 안량의 현손〔延福君安良之玄孫〕"으로 되어 있다. 장말손(張末孫, 1431~1486)의 본관은 인동(仁同), 자는 경윤(景胤), 호는 송설헌(松雪軒), 시호는 안양(安襄)이다. 옥산군(玉山君) 장안량(張安良, 1395~1478)의 아들이며, 예천(醴泉)에 거주하였다. 이시애(李施愛)의 반군을 토벌하는 데 공을 세워 적개이등공신(敵愾二等功臣)에 책록되었으며, 1482년 연복군에 봉해졌다. 장안량은 일명 중지(重智)이며, 그의 아들 5형제가 크게 현달하여 옥산군에 추봉되었다.

4 의징(宜澄) : 이의징(李宜澄, 1568~1596)으로, 본관은 여강(驪江), 자는 형연(炯然), 호는 양졸당(養拙堂)이며, 정구(鄭逑)의 문인이다. 부모상을 당하자 매우 슬퍼하며 삼년상을 마쳤다. 그로부터 얼마 후에 형제가 차례로 죽으니 나라에서 이 사실을 듣고 호역(戶役)을 감면해 주었다.

향리의 선배에게 나아가 학문하였다. 선배가 감히 제자로 보지 않고, "조부의 자취를 이을 만하다."라고 하였다. 판관공이 영산(靈山)을 다스릴 때, 공이 따라갔다. 시를 지어 여러 아우들을 경계하여 주색을 통렬히 끊고 자취를 거두어 놀러 나가지 않게 하였다.[5] 고을의 선비들과 만날 때는 한결같은 뜻으로 겸손하고 공경하였으며, 청렴하고 강직하며 지혜가 넉넉하였기에 판관공이 영산에서의 의심스러운 정사를 결정함에 도와서 보익한 바가 많았다.

병술년(1586, 선조19) 별시에 응시하였다. 노소재(盧穌齋)[6]가 당시 재상으로 있었는데 공을 불러 추천하여 음직(蔭職)을 주려 하자, 공이 향리로 내려간다고 핑계를 대고 만나지 않았다. 이로부터 드디어 학문에 뜻을 오로지 하고 〈불괴옥루잠(不愧屋漏箴)〉[7]

5 시를……하였다 : 시는 《무첨당집》 권1의 〈절구 한 수를 읊어 스스로 경계하고 인하여 두 아우에게 보여 주다.〔吟一絶而自警, 因示兩弟.〕〉이며, 주색을 경계하는 내용이다.

6 노소재(盧穌齋) : 노수신(盧守愼, 1515~1590)으로, 본관은 광주(光州), 자는 과회(寡悔), 호는 소재·이재(伊齋)·암실(暗室)·여봉노인(茹峰老人)이다. 을사사화(乙巳士禍)로 이조 좌랑에서 파직되어 순천(順天)에 유배되었다가 양재역(良才驛) 벽서(壁書) 사건으로 가죄(加罪)되어 진도(珍島)로 옮겨져서 19년간 귀양살이를 하였다. 선조(宣祖) 즉위 후 영의정에까지 기용되었다. 저서에 《소재집(穌齋集)》이 있다. 시호는 문의(文懿)이며, 뒤에 문간(文簡)으로 고쳤다. 충주(忠州)의 팔봉서원(八峰書院), 상주(尙州)의 도남서원(道南書院)·봉산서원(鳳山書院), 진도(珍島)의 봉암사(鳳巖祠), 괴산(槐山)의 화암서원(花巖書院) 등에 제향되었다.

7 불괴옥루잠(不愧屋漏箴) : 《무첨당집》 권1에 수록되어 있다. 서문(序文)에 따르면 정해년(1587, 선조20)에 지은 것으로, 《중용장구》 제33장에 "《시경》에 '네가 홀로 방 안에 있을 때를 살펴보건대, 방 귀퉁이에도 부끄럽지 않다.' 하였다.〔詩云, 相在爾室, 尙不愧于屋漏.〕"라고 한 내용을 읽다가 두려운 마음이 일면서 감흥이 있어

을 지었으니, 다음과 같다.

내가 나의 몸을 둠에　　我有我身
우뚝이 만물 가운데서 태어났고　　挺生萬物
내가 나의 본성을 받음에　　我稟我性
성인과 동일하게 얻었네　　與聖同得
성인이 되는 바탕은　　作聖之基
반드시 그 홀로를 삼감[8]이네　　必愼其獨
삼감이란 그 무엇인가　　愼之伊何
성과 경이니　　曰誠曰敬
이 두 가지에 능한 사람이라야　　能斯二者
몸이 닦이고 마음이 바르게 되네　　身修心正
이 옥루[9]를 돌아보니　　瞻玆屋漏

잠을 지었다고 하였다.

8 그 홀로를 삼감 : 원문은 '신기독(愼其獨)'인데, 《중용(中庸)》 수장(首章)에 "숨는 것보다 더 드러나는 것이 없고 세미한 것보다 더 나타나는 것이 없다. 그러므로 군자는 그 홀로 있을 때를 삼간다.〔莫見乎隱, 莫顯乎微. 故君子愼其獨也.〕" 하였으며, 《대학(大學)》 성의장(誠意章)에는 "이른바 뜻을 성실히 한다는 것은 자기(自欺)함이 없는 것이다. 악을 미워하되 악취를 미워하듯 하고 선을 좋아하되 미색(美色)을 좋아하듯 하는 것을 자겸(自謙)이라 한다. 이 때문에 군자는 반드시 그 홀로 있을 때를 삼간다.〔所謂誠其意者, 毋自欺也. 如惡惡臭, 如好好色, 此之謂自謙. 故君子必愼其獨也.〕" 하였다.

9 옥루(屋漏) : 방의 서북 모퉁이로, 중류(中霤)의 신에게 제사를 지내는 곳인데 집 안에서 가장 깊숙한 곳이다. 고대에 혈거나 움막 생활을 할 때 지붕의 가운데에 구멍을 뚫어 햇빛과 바람을 통하게 하고 낙숫물도 빠지게 한 데서 유래하였다.

실의 서북쪽이라 于室西北
남들이 보지 못하는 곳이며 人所不睹
남들이 소홀하기 쉬운 곳일세 人所易忽
반드시 자신을 위한 공부를 해서 必須爲己
안으로 반성해 허물이 없어야 하며[10] 內省不疚
마땅히 참되고 실제적인 공부에 힘써 當務眞實
더욱 경계하고 두려워해야 하네 益加戒懼
마음의 기미가 움직이는 곳에서 心幾動處
그 선과 악을 살피고 察其善惡
사물이 응할 때 事物應時
그 잘잘못을 분별하여 辨其枉直
오직 의리를 따라 惟義之從
스스로 힘써 쉬지 않아야 하네[11] 自强不息
얇은 얼음을 밟듯 깊은 못에 임하듯 履薄臨深
두려워하고 삼가기를 그치지 않고[12] 戰兢不已

10 안으로……하며 : 원문은 '내성불구(內省不疚)'로, 군자의 신독(愼獨)을 말한다. 《논어》 〈안연(顔淵)〉에 "내성불구하다면 걱정하고 두려워할 것이 뭐가 있겠는가. 〔內省不疚, 夫何憂何懼?〕"라고 하였고, 《중용장구》 제33장에 "《시경》에 '물에 잠겨 숨어 있어도 그것 역시 잘 보이기만 하다.'라고 하였다. 그러므로 군자는 내성불구를 함으로써 양심에 거리낌이 없게 하는 것이다.〔詩云 : 潛雖伏矣, 亦孔之昭. 故君子內省不疚, 無惡於志.〕"라는 말이 나온다.

11 스스로……하네 : 《주역》 〈건괘〉 〈상(象)〉에 "하늘의 운행이 굳세니 군자가 이를 본받아 스스로 힘쓰고 쉬지 않는다.〔天行健, 君子以, 自彊不息.〕"라고 한 것을 원용하였다.

12 얇은……않고 : 《시경》 소아 〈소민(小旻)〉에 "전전긍긍하여 깊은 못에 임하듯

큰제사를 받들듯 함은	如承大祭
반드시 큰일을 받들 때만 하는 것은 아니고	不必承事
큰손님을 보는 듯 함은	如見大賓
반드시 문을 나갈 때만 하는 것은 아니네[13]	不必出門
넘어져 자빠지는 때도 해이하지 말며	顚沛莫弛
다급한 상황에서도 반드시 보존해야 하네[14]	造次必存
그런 뒤라야 부끄럽지 않아	然後不愧
은은하지만 날로 드러나게 되고	闇然日章
오직 저 소인은	惟彼小人
선명하지만 날로 없어지네[15]	的然日亡

이 얇은 얼음을 밟듯이 하라.〔戰戰兢兢, 如臨深淵, 如履薄氷.〕"라는 구절을 원용한 말이다.

13 큰……아니네 : 《논어》 〈안연〉에서, 중궁(仲弓)이 인을 묻자 공자가 대답하기를 "문을 나갔을 때에는 큰손님을 뵙는 듯이 하며, 백성에게 일을 시킬 때에는 큰제사를 받들듯이 하고, 자신이 하고자 하지 않는 것을 남에게 베풀지 말아야 한다.〔出門如見大賓, 使民如承大祭, 己所不欲, 勿施於人.〕"라고 한 것을 원용하였는데, 주희는 집주에서 전자를 '경을 주장함〔主敬〕'으로 보고, 후자를 '서를 행함〔行恕〕'으로 보았다.

14 넘어져 ……하네 : 《논어》 〈이인(里仁)〉의 "군자는 밥 먹는 동안이라도 인의 정신을 어겨서는 안 되니, 아무리 다급한 때라도 이 인에 의거해야 하고, 넘어져 자빠지는 때라도 반드시 이 인에 의거해야 한다.〔君子無終食之間違仁, 造次必於是, 顚沛必於是.〕"라는 공자의 말을 원용하였다.

15 은은하지만……없어지네 : 《중용장구》 제33장에 "《시경》에 '비단옷을 입고 홑옷을 덧입는다.' 하였으니, 이는 문채가 너무 드러나는 것을 싫어하기 때문이다. 그러므로 군자의 도는 은은하되 날로 밝아지고, 소인의 도는 선명하되 날로 없어진다.〔詩曰 衣錦尙絅, 惡其文之著也. 故君子之道, 闇然而日章, 小人之道, 的然而日亡.〕"라고 한 데서 원용한 말이다.

보지 않는다고 말하지 마라	莫謂不見
열 눈이 보는 바이며	十目所視
아는 이가 없다고 말하지 마라	莫謂無知
열 손이 가리키는 바일세[16]	十手所指
어두운 방이 비록 그윽하지만	暗室雖幽
귀신이 엿보는 바이며	鬼神所瞰
홀로 있는 곳이 비록 은미하지만	獨處雖隱
천군〔마음〕이 이에 살핀다네	天君是監
감히 공경하고 두려워하지 않으랴	敢不敬畏
아 나는 욕됨이 없기를[17]	嗟我無忝

무첨(無忝)[18]은 공의 자호이다. 기축년(1589, 선조22) 한강(寒岡) 정 선생(鄭先生)의 문하에 나아가 스승으로 섬기며 《심경(心經)》

16 열……바일세 : 모든 사람이 삼엄하게 주시하고 있다는 의미이다. 《대학장구(大學章句)》 전(傳) 6장에 "증자가 말하기를 '열 개의 눈이 지켜보는 바이고 열 개의 손가락이 가리키는 바이니 얼마나 삼엄한가.' 하였다.〔曾子曰, 十目所視, 十手所指, 其嚴乎!〕"라고 한 데서 원용한 말이다.

17 아……없기를 : 저본의 '차아(嗟我)'는 《무첨당집》의 행장과 동생 이의혼(李宜渾)이 지은 가장, 그리고 《무첨당집》 권1 〈불괴옥루잠(不愧屋漏箴)〉에는 '서기(庶幾)'로 되어 있다.

18 무첨(無忝) : 북송(北宋)의 학자 장재(張載)의 〈동명(東銘)〉에 "옥루에 부끄러움이 없게 함이 욕되게 함이 없는 것이다.〔不愧屋漏爲無忝〕"에서 취하였다. '무첨'은 《시경》 〈소완(小宛)〉의 "일찍 일어나고 밤 늦게 자서 너를 낳아 주신 분을 욕되게 하지 말라.〔夙興夜寐, 無忝爾所生.〕"라는 말에서 유래한 것으로, 부모를 욕되게 하지 말라는 뜻이다.

을 배울 때에 뜻을 받들어 '언지시(言志詩)'[19]를 지었는데, 한강(寒岡)이 매우 인정하며 마음을 오로지하고 각고의 노력을 하여 가학을 저버리지 않았다고 칭찬하였다. 인하여 공에게 말하기를, "책을 읽는 것은 산을 유람하는 것과 같으니, 반드시 두루 다닌 뒤에 그 맛을 알아야 한다."[20]라고 하였다. 공이 허리띠에 써서[21] 마음에 새겼다.

공이 27세에 〈원조오잠(元朝五箴)〉[22]을 계승하여 지었는데, 잠은 잃어버려 전하지 않는다. 그 서문에 대략 말하기를, "나의 선

19 언지시(言志詩) : 자신의 뜻을 말한 시로, 이의훈이 지은 가장과 청대 권상일(權相一)이 지은 묘갈명에 따르면, 《무첨당집》 권1의 〈한강 선생이 주자 시의 "일용무여공 상간구노력"으로 운을 나누어 시를 지으라고 명하셨는데 '일(日)' 자를 얻었다.〔寒岡先生以朱子詩'日用無餘功相看俱努力', 命分韻, 得'日'字.〕〉라는 시이다. 주자의 시는 〈무이정사잡영(武夷精舍雜詠)〉 8수 중 관선재를 읊은 것이다. 시의 내용은 다음과 같다. "책 짊어지고 어디에서 오셨는가? 오늘 아침 자리를 함께했네. 날마다 공부하느라 여력이 없으니, 서로 함께 노력하세나.〔負笈何方來, 今朝此同席? 日用無餘功, 相看俱努力.〕"

20 책을……한다 : 가장과 권상일(權相一)이 지은 묘갈명에는 "책을 읽는 것은 산을 유람하는 것과 같다. 혹 산을 반도 오르지 못하고 중지하는 자도 있고, 혹 산을 두루 다니면서도 그 의취를 알지 못하는 자가 있으니, 반드시 그 산수의 의취를 알아야 비로소 산을 유람하였다고 말할 수 있다.〔讀書如遊山. 或有登山未半而止者, 或有歷遍而不知其趣者, 必也知其山水之趣, 方可謂之遊山.〕"라고 하였다.

21 허리띠에 써서 : 중요한 말을 잊지 않도록 허리에 맨 띠에 적어 두는 것으로, 공자가 충신(忠信)과 독경(篤敬)에 관해 말하자 "자장(子張)이 공자의 말을 띠에 썼다.〔子張書諸紳〕"라고 한 데서 유래한다. 《論語 衛靈公》

22 원조오잠(元朝五箴) : 이언적이 27세 되던 해 정월 초하루에 사람의 도리를 다하여 하늘이 인간에게 부여해 준 바를 저버리지 않겠다는 각오를 피력하면서 지은 것으로, 《회재집(晦齋集)》 권6에 수록되어 있다.

조 회재(晦齋) 선생이 정덕(正德) 정축년(1517, 중종12) 새해 아침 27세가 되어 다섯 편의 잠을 지어 스스로 경계하셨으니, 첫째 〈외천잠(畏天箴)〉, 둘째 〈양심잠(養心箴)〉, 셋째 〈경신잠(敬身箴)〉, 넷째 〈개과잠(改過箴)〉, 다섯째 〈독지잠(篤志箴)〉이다. 지금 내 나이가 또한 27세이고, 오늘이 또한 새해 아침이니 마땅히 그 뜻을 계승하기를 생각해야 할 것이다. 이에 감히 계승하여 지어서 새해의 다짐으로 삼는다."라고 하였다.

이해 가을 향시에 합격하여 서울로 갔는데, 장사랑(將仕郎)이란 일자(一資)[23]의 벼슬을 가지고 온 서리(書吏)가 있어 말하기를, "아버지의 품계가 끝까지 올라가면 자식에게 대신 더하는 것[24]이 관례이다."라고 하니, 공이 거절하고 받지 않았다.

임진년(1592, 선조25) 왜적이 크게 침입하여 노략질하니, 공이 어버이를 모시고 난리를 피하였다. 비록 달아나 숨어 있는 가운데서도 힘을 다해 맛난 음식 제공하기를 빠트리지 않았다. 계사년(1593, 선조26) 여름 판관공(判官公)이 전염병에 걸리자 공은 밤낮으로 애를 태우며 대변을 맛보고 하늘에 기도하며[25] 지극함을

23 일자(一資) : 보잘것없이 조그마한 벼슬을 이르는 말이다. 장사랑은 종9품의 최하위 관직이다.

24 아버지의……것 : 원문은 '부자궁즉자대가(父資窮則子代加)'이다. 자궁(資窮)은 당하관(堂下官)의 최상급인 사람을 말한다. 정3품에는 당하관과 당상관이 있는데, 정3품 당하관은 당하관으로서는 더 이상 승진할 수 없는 것이 예이므로 계급이 다 찼다는 뜻이다. 대가(代加)는 자궁 등의 이유로 본인에게 직접 가자(加資)할 수 없을 때 아들·사위·동생·조카 등에게 자기 대신 그 품계를 받게 하는 것을 말한다.

25 대변을……기도하며 : 유검루(庾黔婁)의 효행을 본받아 실천한 것으로, 대변을

다하지 않음이 없었다. 아버지가 세상을 떠나자 몸소 시신을 염습(殮襲)하였으며, 부신(附身)과 부관(附棺)[26]은 한결같이 오직 예에 맞게 하여 유감이 없게 하였다. 왜적이 바야흐로 고을의 경내에 있었기 때문에 땅을 파서 가매장하고 그 곁에서 거적을 깔고 시묘살이하며 바람과 이슬을 피하지 않았다. 아침저녁으로 곡하고 제수를 올렸는데, 비록 위급한 상황이라도 그만둔 적이 없었다. 공 또한 전염병에 걸려 마른 나무처럼 매우 여위었으나, 장례를 치르기 전 무릇 8개월 동안 여전히 죽만 먹었다. 얼마 뒤 전쟁은 그칠 기미가 없고, 크게 흉년이 들어 사람들이 서로 잡아먹는 상황을 보자 형제는 돈주머니를 털어 일꾼을 사서 장례를 지냈다. 애초에 시묘살이하며 삼년상을 마치고자 하였으나 양식은 끊어지고 왜적 또한 사방에서 위협하였기에 집으로 반혼(返魂)[27]하였다.

맛본 것은 아버지 병세의 차도를 알기 위해 대변이 쓴지 단지 확인한 것을 말하며, 하늘에 기도한 것은 매일 저녁마다 북극성에 부친의 병을 자신이 대신하기를 빈 것을 말한다. 《南史 卷50 庾黔婁列傳》

26 부신(附身)과 부관(附棺) : 부신은 염을 할 때 쓰는 수의와 이불 같은 의금(衣衾)의 도구이고, 부관은 장례를 지낼 때 쓰는 명기(明器 : 부장품)와 용기(用器 : 고인이 쓰던 일반 물품) 등이다. 《예기》 〈단궁 상(檀弓上)〉에 "자사(子思)가 말하기를, 상을 당하면 3일 만에 빈(殯)을 하는데, 시신과 함께 관에 넣는 물건은 반드시 정성스럽고 신실하게 하여 후회를 남기는 일이 없어야 한다. 3개월이 지나 장사를 지내는데, 관곽(棺槨)과 함께 부장하는 물품들은 반드시 정성스럽고 신실하게 하여 후회를 남기는 일이 없어야 한다.〔子思曰 : 喪三日而殯, 凡附於身者, 必誠必信, 勿之有悔焉耳矣. 三月而葬, 凡附於棺者, 必誠必信, 勿之有悔焉耳矣.〕"라고 하였다.

27 반혼(返魂) : 장례 후에 신주를 모시고 원래 살던 집으로 돌아오는 의례를 말한다. '반우(返虞)', '흉제(凶祭)'라고도 한다.

종들이 서로 잇따라 굶어 죽었으나 오히려 정성을 다해 아침저녁으로 신위(神位) 앞에 음식을 차려 올리기를 하루도 그만두지 않았다. 당시 공은 나이가 겨우 서른 남짓이었으나 수염과 머리카락은 이미 하얗게 변한 것이 많았다. 삼년상이 끝나자 살길이 매우 어려웠으나 초하루와 보름, 시제(時祭), 예제(禰祭 아버지의 사당에 지내는 제사)는 오히려 그만두지 않았다.

집안은 대대로 청빈하고 아우와 누이가 많았는데, 공이 물려받은 밭과 종을 나누어 주었다. 아우 의징(宜澄) 또한 효성스럽고 우애로운 사람이었다. 판관공이 일찍이 공에게 말하기를, "내가 죽은 뒤에 너희 형제가 만약 예제(禮制)를 다한다면 반드시 몸이 상하여 죽을 것이다."라고 하였는데, 과연 아우가 공과 함께 예제를 지키다가 너무 고생하여 삼년상을 마치고 1년이 지나자 곧 세상을 떠났다.[28] 공이 선친의 말을 애통하게 생각하였고, 명절과 제삿날이 이를 때마다 눈물을 비 오듯 흘렸다. 아우를 잃은 뒤에는 인간 세상에 소홀하여 뜻이 없더니, 안색과 모습이 더욱 초췌해지고 이로 인하여 병들어 눕게 되었다.

당시에 명나라 군사들이 크게 이르렀는데, 판관(判官) 민항(閔沆)[29]은 무인이어서 교만하고 사나우며 선비를 좋아하지 않았다.

28 아우가……떠났다 : 《무첨당집》 권1에 아우의 죽음을 애통해하면서 지은 〈제사제 의징 문(祭舍弟 宜澄 文)〉이 있다.

29 민항(閔沆) : 《선조실록》 선조 32년 기해 조에 사헌부에서 아뢰기를, "경주 판관(慶州判官) 민항(閔沆)은 위인이 용렬하여 아무 하는 일 없이 국록만 축내고 있는데다가 본부(本府)의 기생과 간통하여 인륜을 어긴 일이 많으니, 파직시키소서."라고 하자, 파직하라고 답한 기사가 있다.

그는 공에게 각 읍(邑)의 군량을 거두어들이면서 위협과 노여움을 더하여 독려하기에 이르렀다. 공이 어쩔 수 없이 병든 몸을 이끌고 왕복하다가 마침내 병이 위독해져 어찌할 수 없는 지경이 되었다. 바야흐로 병이 심해졌을 때 배를 먹고 싶어 하였으나, 아들이 구할 수 없자 석류를 대신 드렸다. 공이 오열하며 말하기를, "아버지께서 임종하실 때 이 석류를 먹고 싶어 하셨는데, 나의 효성이 읍죽(泣竹)[30]에 부끄럽게도 구해 드리지 못했으니, 내가 차마 먹을 수 있겠느냐."라고 하였다. 무당이 기도하는 소리가 내당에서 나오는 것을 듣고 노하여 말하기를, "어찌 선조의 집에 이런 일이 있을 수 있겠느냐."라고 하며 명하여 쫓아내게 하였다.

당시에 명나라 군대가 증산(甑山)에서 왜적을 포위하였는데, 혹 승전보를 전하는 사람이 있으면, 공이 기뻐하며 말하기를, "다행히 내 목숨이 끊어지기 전에 이 소식을 들었으니, 죽어 저승에서 알려 드릴 수 있겠구나."라고 하였다. 이는 대개 판관공이 임종할 때 나라가 회복되는 것을 보지 못한 것을 한으로 여겼기 때문이다. 인하여 조용히 여러 아우들에게 말하기를, "장부가 전귀(全歸)[31]하니 무엇을 슬퍼하겠느냐. 훗날 결혼 안 한 두 아우를

30 읍죽(泣竹) : 삼국 시대 오(吳)나라에서 맹종(孟宗)의 어머니가 늙고 병들어 위독하였는데, 겨울철에 죽순을 먹고 싶어 했으나 이때는 땅이 얼어서 죽순이 없었다. 맹종이 대숲에 들어가서 슬피우니 이윽고 땅 위로 죽순 두어 줄기가 나와, 이것을 캐어 가지고 돌아와서 죽을 끓여 드리자 어머니의 병이 나았다는 고사에서 온 말이다. 《三國志 吳志 卷3 孫皓傳 裴松之注》 이와 관련하여 한림순출(寒林筍出), 맹종죽(孟宗竹), 읍죽(泣竹) 등의 성어가 있다. 여기서는 맹종과 같은 효성에 미치지 못함을 부끄러워한다는 뜻이다.

장가보내고, 내 아이 하나를 길러 집안을 유지하는 것이 나의 바람이다."라고 하고는 인하여 생을 마쳤으니, 만력(萬曆) 정유년(1597, 선조30) 12월 모일이었으며 공의 나이 겨우 34세였다. 당시 왜적의 기세가 매우 급박하여 7일 지난 무술년(1598, 선조31) 정월 5일 송도산(松濤山) 부유(負酉 동향) 언덕에 장사 지냈다.

공은 용모가 단정하고 기질이 순수하고 아름다웠다. 고요하고 담박하여 욕심이 적었고, 빼어나고 영리하여 도(道)에 가까웠다. 정 선생(鄭先生 정구(鄭逑))이 일찍이 그 굳은 절개를 칭찬하였으며, 송암(松庵) 김면(金沔)[32] 또한 단정하고 고아한 선비라고 여겨 이별할 때마다 반드시 다정하게 눈길을 보냈다.

평소 생활할 때는 항상 일찍 일어나 세수하고 머리 빗고 의관을 바르게 하였다. 새벽에 어버이께 문안 인사를 하고 저녁에 어버이 잠자리를 보살펴 드리는 것을 제외하고는 오직 옛 성현의

31 전귀(全歸) : 부모가 온전히 낳아 주신 몸을 자식이 손상하지 않고 온전히 보전하고서 죽는다는 뜻이다. 《예기》 〈제의(祭義)〉에, 증자(曾子)의 제자인 악정자춘(樂正子春)이 증자에게 들은 말을 전하여 말하기를, "부모가 자식을 온전히 낳아 주셨으니 자식이 몸을 온전히 하여 돌아가야 효도라고 이를 수 있다. 몸을 훼손하지 않으며 몸을 욕되게 하지 않으면 온전히 한다고 이를 수 있다.〔父母全而生之, 子全而歸之, 可謂孝矣. 不虧其體, 不辱其身, 可謂全矣.〕"라고 하였다.

32 김면(金沔) : 1541~1593. 본관은 고령, 자는 지해(志海), 호는 송암(松庵)이다. 조식(曺植)을 사사하고, 이황(李滉)의 문하에서 공부했다. 1592년(선조25) 임진왜란이 일어나자 5월에 조종도(趙宗道), 곽준(郭䞭), 문위(文緯) 등과 함께 거창과 고령에서 의병을 일으켰다. 1593년 1월 경상 우도 병마절도사가 되어 충청도·전라도의 의병과 함께 김산에 주둔하여 선산(善山)의 적을 격퇴할 준비를 하던 중 갑자기 병에 걸려 죽었다. 병조 판서에 추증되었으며, 1607년 이조 판서가 더해졌다. 고령 도암사(道巖祠)에 제향되었다. 그의 행적을 기록한 《송암실기》가 있다.

글을 가까이하였다. 특히 《소학(小學)》과 《심경(心經)》 등에서 체득하여 징험하고자 하였다. 경(敬)을 잡아 지키고 마음을 보존함에 조금도 게으른 적이 없었으며, 삼가고 조심해서 오직 혹시라도 마음이 달아날까 염려하였다. 일찍이 어느 하루는 책을 보다가 자신도 모르게 피곤해 잠들었는데, 곧바로 시 한 수를 지어 스스로 경계하였다.[33]

상달(上達)은 하학(下學)으로부터 시작한다[34]고 생각하여 어버이를 섬김에 다만 받들고 순종하여 뜻을 어기지 않을 뿐만이 아니라 대답하고 진퇴(進退)하는 사이에 기운을 온화하게 하고 용모를 부드럽게 하여 어버이의 마음을 기쁘게 할 수 있는 점이 있었다. 술과 음식 만드는 방법을 널리 구하여 손수 베껴 써서 책 한 권을 만들어 맛있는 음식을 마련하였다. 아울러 침 놓고 약 쓰

33 시……경계하였다 : 가장에 따르면, 이 시는 《무첨당집》 권1의 〈양진재에 홀로 앉아 글을 보는데 한참 지나자 졸음이 몰려오기에 절구 한 수를 지어 스스로 경계하다.〔獨坐兩進齋看書, 良久爲睡魔所侵, 因書一絶以自警.〕〉이다.

34 상달(上達)은 하학(下學)으로부터 시작한다 : 하학은 아래로 인사(人事)를 배운다는 말이요, 상달은 위로 천리(天理)를 통달한다는 말이다. 《논어》 〈헌문(憲問)〉에, 공자가 "나는 하늘을 원망하지 않으며 사람을 탓하지 않고, 아래로 인사(人事)를 배우면서 위로 천리(天理)를 통달하니, 나를 알아주는 것은 하늘일 것이다.〔不怨天, 不尤人, 下學而上達, 知我者其天乎!〕"라고 하였고, 《근사록》 권4 〈존양류(存養類)〉에 정호(程顥)가 "성현의 수많은 말씀들도 그 요점을 살펴보면 단지 사람으로 하여금 놓친 마음을 단속해서 다시 사람 몸 안으로 들어오게 하려는 것일 뿐이다. 그리하여 스스로 그 마음을 찾아서 위를 향해 나아간다면 그것이 곧 공자가 말씀하신 대로 아래로 인간의 일을 배우면서 위로 하늘의 이치를 체득하는 일이 될 것이다.〔聖賢千言萬語, 只是欲人將已放之心約之, 使反復入身來. 自能尋向上去, 下學而上達.〕"라고 하였다.

는 방법을 배워 의술(醫術)의 이치를 다 알았다. 관혼상제(冠婚喪祭)의 예절에 무릇 의심스러운 절목이 있으면 반드시 한강(寒岡) 선생에게 여쭙고 질정해서 시행하였다. 여러 아우들에게 우애가 있어 마치 수족(手足)과 같이 하였다. 비록 학문을 권장하기 위해 아우들을 매질하기도 하였으나 곧바로 눈물 흘렸다.

공은 평소 고상한 취향이 있었다. 문원공(文元公)이 일찍이 집의 서쪽 산허리에 영귀정(詠歸亭)을 지었는데, 비바람에 쓰러졌다. 공이 형강(兄江)[35]의 별장에 정자를 다시 짓고 작은 배를 마련하여 정자 아래를 왕래하며 거문고 하나와 낚싯대 하나를 가지고 노년을 마칠 계획으로 삼고자 하였다. 세상의 난리를 만나 뜻은 있었으나 이루지 못하고 세상을 떠났으니, 아 하늘이 이미 공에게 이와 같은 자질과 학문과 행실을 주었으면서도 오히려 장수하여 그 뜻과 학업을 끝마칠 수 있게 하지 않은 것은 무엇 때문인가.

부인은 창녕 조씨(昌寧曺氏) 도사(都事) 광익(光益)[36]의 따님이다. 17년을 함께 살면서 서로 공경하기를 손님 대하듯 하였다. 아들 하나가 있으니 참봉 주(賙)이며, 딸 하나는 대군사부(大君師

35 형강(兄江) : 지금의 형산강으로, 경상북도 경주에서 시작하여 동북쪽으로 흘러 포항의 영일만으로 흘러드는 강이다.

36 광익(光益) : 조광익(曺光益, 1537~1578)으로, 본관은 창원(昌原), 자는 가회(可晦), 호는 취원당(聚遠堂)·죽와(竹窩)이며, 상주(尙州) 함창(咸昌)·영천(永川)에 거주하였다. 호익(好益)의 형이며 이황(李滉)의 문인이다. 1578년 강동으로 좌천된 동생 호익을 만나려고 평안도 도사(平安道都事)로 내려갔다가 세상을 떠나자, 선조가 정문을 내려 표창하게 하였다. 오봉서원(五峰書院)과 청효사(淸孝祠)에 제향되었으며 《삼강행실록(三綱行實錄)》에 기재되었다. 저서로는 《취원집(聚遠集)》이 전한다.

傅) 최동집(崔東集)[37]에게 시집갔다. 주의 아들 돈(墩)은 직장(直長)이고, 현(垷)은 교관인데 양자로 나갔고, 그리고 광(垙)이다. 최동집의 아들은 위남(衛南)으로 생원이다. 돈의 아들은 덕종(德種), 덕중(德重)이며, 서자는 덕용(德用), 덕봉(德鳳)이다. 현의 아들은 덕순(德純), 덕신(德新)이다. 광의 아들은 덕함(德咸)이다. 덕종의 아들은 성중(誠中)으로 직장이다. 덕순의 아들은 민중(敏中)으로 학행(學行)이 있었으며, 그다음으로 징중(徵中), 생원 경중(敬中), 정중(政中)이다. 덕신은 정중을 양자로 삼았으며, 서자로 득중(得中), 복중(復中)이 있다. 덕함의 아들은 익중(益中), 겸중(謙中), 입중(立中), 정중(正中)이다. 성중의 아들은 헌조(憲祖), 헌익(憲翼)이다. 헌조는 정하(鼎夏)를 양자로 삼았고, 정하는 원상(元祥)을 양자로 삼았는데 전 참봉(前參奉)이다. 원상의 아들은 재정(在正)이다.

참봉군(參奉君)이 공의 유사와 박대암(朴大庵)[38]이 지은 묘지

37 최동집(崔東集) : 1586~1661. 본관은 경주(慶州), 자는 진중(鎭仲), 호는 대암(臺巖)이며, 한강(寒岡) 정구(鄭逑, 1543~1620)의 문하에서 수학하였다. 병자호란 이후 봉림대군(鳳林大君 : 훗날 효종(孝宗))이 심양(瀋陽)에 인질로 잡혀갈 때 사부로 임명되었으나 미처 따라가지 못하였고, 이후 명나라가 망했다는 소식을 듣고는 팔공산(八公山)의 농연(聾淵) 가에 은거하여 종신토록 나오지 않았다. 세상 사람들이 숭정처사(崇禎處士)라고 칭하였다. 저서에 《대암집》이 있으며, 《입재집》 권28에 〈대암집서〉가 있다.

38 박대암(朴大庵) : 박성(朴惺, 1549~1607)으로, 본관은 밀양(密陽), 자는 덕응(德凝), 호는 대암, 시호는 문간(文簡)이며, 대구(大邱) 현풍(玄風)·청송(青松)에 거주하였다. 정구(鄭逑)와 배신(裵紳)의 문인이다. 임진왜란 때 김성일(金誠一)의 참모로 종사했고, 정유재란 때 조목(趙穆)과 함께 의병 활동을 하였다. 사포서 사포

명, 권 희정공(權僖靖公)[39]이 지은 묘갈명을 가지고 와 나에게 보여 주고 행장을 지어 달라고 부탁하며 말하기를, "우리 월성(月城) 인사들이 공을 경모함이 쇠하지 않아 선조 문원공(文元公)의 곡강묘(曲江廟)[40]에 공을 올려 제향하고자 의논하였습니다. 대개 공을 드러내 밝힌 것이 이미 지극합니다만 오직 빠진 것이 행장이니 감히 행장 지어 주시기를 청합니다."라고 하였다. 나는 말하기를, "회재(晦齋) 선생은 한 세상에 쉽게 나오지 않을 큰 현인으로, 위로는 고정(考亭 주자(朱子))의 학문을 이었습니다. 공은 그분의 손자가 되니 이미 선조의 영광을 배태(胚胎)하고 또 남긴 가르침을 배우고 익혀 급박하고 위태로운 상황에서도 반드시 인(仁)에 의거하였으며, 선조의 아름다움을 따르고자 생각하였습니다. 이와 같다면 비록 생을 누린 것이 길지 않고 뜻과 학업을 끝까지 마치지 못한 바가 있지만, 그분이 지은 시와 잠(箴), 그리고

(司圃署司圃), 공조 좌랑 등을 역임하였다. 저서로는 《대암집(大庵集)》이 전한다. 《대암집》 권3에 〈무첨당 이공 묘지명(無忝堂李公墓誌銘)〉이 있다.

39 권 희정공(權僖靖公) : 권상일(權相一, 1679~1759)로, 본관은 안동(安東), 자는 태중(台仲)이며, 호는 청대(淸臺), 희정은 그의 시호이다. 〈사칠설(四七說)〉을 지어 이(理)와 기(氣)를 완전히 둘로 분리하고, 이는 본연의 성이며 기는 기질의 성이라고 주장했다. 저서로는 《청대집》, 《관서근사록집해(觀書近思錄集解)》와 《일기(日記)》 30여 권이 있다. 죽림정사(竹林精舍), 근암서원(近嵒書院)에 향사되었다. 《청대집》 권12에 〈무첨당 이공 묘갈명(無忝堂李公墓碣銘)〉이 있다.

40 곡강묘(曲江廟) : 곡강은 흥해(興海)의 옛 이름으로, 곡강서원(曲江書院)을 말한다. 곡강서원은 경북 포항시 북구 흥해읍 남송 3리에 소재하고 있으며, 1607년(선조40) 이언적(李彦迪)을 주벽으로 하고 조경(趙絅)을 함께 배향하였다. 대원군의 서원철폐 때 훼철되었다.

평소 생활할 때 날마다 볼 수 있었던 행실을 살펴보면, 문원공(文元公)의 훌륭한 모범을 공이 실로 잘 본받았습니다. 마땅히 고을의 인사들이 이런 의논을 두어 감추어진 덕과 숨겨진 빛이 세상에서 없어지지 않게 해야 할 것입니다."라고 하였다. 그러나 행장을 짓는 일은 내가 감히 할 수 있는 바가 아니어서 굳게 사양했으나 받아들여지지 않았다. 또 이 일은 예를 갖추어 기존의 글에 의거하는 데 불과하여 반드시 나의 말에서 중요한 것을 취할 것은 아니라고 생각하였다. 그래서 삼가 여러 믿을 만한 분들의 글에 의거하여 대략 위와 같이 은괄(檃括)[41]하였다.

41 은괄(檃括) : 기울어지고 굽은 것을 바로잡는 기구로, 굽은 것을 잡는 것을 은(檃)이라 칭하고 모난 것을 잡는 것을 괄(括)이라 한다. 《회남자(淮南子)》에, "그 굽은 것이 발라지게 되는 것은 은괄의 힘이다.〔其曲中規, 檃括之力.〕"라고 하였다.

익위사 익찬 죽당 최공 행장
翊衛司翊贊竹塘崔公行狀

공의 휘는 탁(濯), 자는 극수(克修)이며, 성은 최씨(崔氏)이니 본관은 완산(完山)이다. 고려 평장사(平章事)를 지냈고 시호가 문충(文忠)인 아(阿)가 그 비조이다. 그 뒤 대대로 높은 벼슬을 한 사람이 있었고, 우리 조선에 들어와 형조 판서에 증직된 군수 득경(得涇)에 이르렀다. 이분이 형조 참판에 증직된 효량(孝良)을 낳았으니, 비로소 진주(晉州)에 거주하였다. 이분이 첨정(僉正) 윤(崙)을 낳았다. 이분이 진사 휘 영견(永甄)을 낳았다. 그 아들 휘 정(涏)은 호조 참의에 증직되었다. 이분이 아들 넷을 낳았으니, 모두 귀하고 현달하였다. 그분의 둘째 아들 휘 기변(琦抃)은 군수이니 곧 공의 아버지이다. 어머니는 용궁 김씨(龍宮金氏)[42]이니 부사(副司) 용포(勇抛)의 따님으로 수문전 태학사(修文殿太學士) 백수(白秀)의 후손이다. 만력(萬曆) 무술년(1598, 선조31) 4월 11일 공을 낳았다.

공은 어려서부터 남다른 체질이 있어 우뚝이 발육이 빨랐다.[43]

42 용궁 김씨(龍宮金氏) : 저본에는 '전씨(仝氏)'로 되어 있으나, 하홍도(河弘度, 1593~1666)의 《겸재집(謙齋集)》 권8 〈증 좌승지 최좌랑 묘명(贈左承旨崔佐郎墓銘)〉과 최중습(崔重習)이 편찬한 《죽당 최 선생 보기(竹塘崔先生寶紀)》에 실린 행장에 의거하여 수정하였다.

43 우뚝이 발육이 빨랐다 : 하홍도의 묘명에는 "태어나면서 남다른 체질이 있어 어린 아이 때 우뚝이 거인 같았다.〔生有異質, 童丱屹如巨人.〕"라고 하였다.

번거롭게 스승이 감독하지 않아도 문학(文學)이 날로 성취되었다. 일찍이 여러 아이들과 말하다가 백이(伯夷)와 숙제(叔齊)가 굶어 죽은 일[44]에 이르자 한 아이가 "사람이 살면서 귀하게 되어 스스로 만족하면 되는데, 어째서 괴롭게 그렇게 하는가."라고 하였다. 공이 근심스레 얼굴빛을 바꾸면서 말하기를, "너는 사람이 아니구나. 두 분이 강상(綱常)의 윤리를 잡아 지킨 것에 힘입어서 천고(千古) 후에도 금수(禽獸)를 면할 수 있었다. 그렇지 않았다면 임금과 신하의 의리가 밝지 않고, 난신적자(亂臣賊子)가 후세에 연이어 나왔을 것이다."라고 하였다. 마침내 절교하고 함께 놀지 않았으니, 듣는 사람들이 놀라 탄식하지 않음이 없었으며 원대한 기국이 있다고 여겼다.

관례(冠禮)를 하지도 않았을 때 아버지 상을 당하였으나, 상제(喪制)를 지키며 몸이 상하게 된 것이 한결같이 성인과 같았다. 어머니를 섬김에 뜻과 몸을 봉양함이 다 지극하였다. 일찍이 타향에서 죽은 외숙(外叔)을 위해 운구하는 것을 도와 천 리 먼 곳에서 반장(返葬)하였다. 백씨(伯氏) 감찰공(監察公)과 우애가 매우 도타워서 백씨가 세상을 떠남에 애통해하기를 어버이 상과 같이 하였다. 은거하여 독서하며 과거 시험을 일삼는 뜻이 없었으나 늙으신 어머니가 공의 영달함을 빨리 보고자 하여 거듭 권면하였기

44 백이(伯夷)와……일 : 백이(伯夷)는 은(殷)나라 때 고죽국(孤竹國) 임금의 아들이다. 주 무왕(周武王)이 은나라를 쳐서 멸하자, 아우 숙제(叔齊)와 함께 의리상 주나라의 곡식을 먹을 수 없다 하여 수양산(首陽山)에 들어가 고사리를 캐 먹다가 마침내 굶어 죽었다. 《史記 卷61 伯夷列傳》

에 드디어 애써 활쏘기를 익혔다. 곧이어 어머니 상을 당하자 상례를 치름이 이전 아버지 상 때보다 더욱 정성을 다하였다. 삼년상이 이미 끝나자 유명을 따라 숭정(崇禎) 경오년(1630, 인조8) 과거에 급제하였다.[45] 묘당(廟堂 조정)에서 공을 효행으로 천거하니, 신미년(1631, 인조9) 종사(從事) 권심(權諗)의 보좌관으로 뽑혀 명을 받들고 가도(椵島)[46]로 가서 충절을 지키다 죽은 사람들을 제사 지냈다. 뒤에 또 체찰사(體察使) 김류(金瑬)[47]의 수행원으로 선발된 것 때문에 다시 가도에 이르니 중국 조정의 장수와 선비들이 막부(幕府)에 훌륭한 인재를 얻었다고 일컬었다. 공의 학문과 재덕(才德)은 서반(西班 무반(武班))에서 으뜸이었다.

계유년(1633, 인조11)에 특별히 선전관 겸 비변사 낭청(宣傳官兼備邊司郎廳)에 제수되었다. 을해년(1635, 인조13) 형조 좌랑

45 숭정(崇禎)……급제하였다 : 하홍도의 묘명에 따르면 "불행하게 일찍 아버지를 여의어 공부할 시기를 놓쳤다. 무예를 익혀 숭정 경오년 과거에 급제하였다.〔不幸早孤失學, 趾武登崇禎庚午科.〕"라고 되어 있다.

46 가도(椵島) : 평안북도 철산군(鐵山郡)에 있는 섬으로, 단도(椴島)라고도 한다. 1621년(광해군13)에 청 태조(淸太祖)가 요양(遼陽)을 공격하여 함락시키자, 명나라의 요동 도사(遼東都司)로 있던 모문룡(毛文龍)이 의주(義州)로 쫓겨 들어왔다가 이듬해에 가도에 진을 세우고는 동강진(東江鎭)이라고 칭한 다음, 철산(鐵山)·사량(蛇梁)·신미도(新彌島) 등에 분진(分鎭)을 두었다.

47 김류(金瑬) : 1571~1648. 본관은 순천(順天), 자는 관옥(冠玉), 호는 북저(北渚), 시호는 문충(文忠), 봉호는 승평 부원군(昇平府院君)이며, 송익필(宋翼弼)의 문인이다. 광해군 때 폐모론(廢母論)을 반대하였고, 이귀(李貴) 등과 함께 인조반정(仁祖反正)을 주도하여 정사공신(靖社功臣)에 책록되었다. 시문(詩文)과 서법(書法)에 뛰어났으며, 저서로는 《북저집》이 전한다.

(刑曹佐郎)으로 관직을 옮겼고, 얼마 후 감찰(監察)에 제수되었으나 부임하지 않았다. 병자년(1636, 인조14) 광양현(光陽縣)을 맡아 다스렸다. 이해에 청나라 병사들이 갑자기 서울을 침범하니 주상이 남한산성으로 몽진(蒙塵)하였으며, 동궁(東宮 세자)과 대군(大君) 두 분은 강화도로 들어가서 사직을 보호하였다. 공이 고을의 병사들을 모아 전주(全州) 감영으로 나아가 장차 세력을 합하여 주상을 뵈려 하였다. 화친(和親)의 의론이 있음을 듣고 상소하여 배척하였으나 이미 어쩔 수 없었다. 이에 하늘을 우러러 가슴을 어루만지며 애통해하고는 곧바로 벼슬을 그만두고 향리로 돌아가고자 하였으나, 아전과 백성들이 길을 막고 만류하였기에 드디어 과감히 떠나지 못하였다. 공이 정사를 함에 청렴하고 공평하며 검소하고 삼가서 위엄과 은혜가 아울러 드러났다. 임기가 끝나자 백성들이 구순(寇恂)을 일 년만 더 머물게 해 달라[48]고 한 것처럼 요청하였으며, 또 비석을 세워 칭송하였다.

계미년(1643, 인조21) 또 추관랑(秋官郎 형조 좌랑)에 제수되었다. 상경(上卿)이 매우 훌륭한 그릇이라 여겨 조무(曹務)를 맡겼다. 공은 좌우로 수응(酬應)하여 판결함이 물 흐르는 것 같으니,

48 구순(寇恂)을……달라 : 구순의 고사를 빌려, 최탁이 떠나는 데 대한 백성들의 아쉬움을 표현한 말이다. 후한 광무제(後漢光武帝) 때에 구순이 하내 태수(河內太守) 등을 역임하면서 누차 군도(群盜)를 평정하여 백성들을 편히 살게 해 주었다. 뒤에 광무제를 따라 영천(穎川)의 도적을 평정하고 돌아갈 적에 백성들이 광무제의 행차를 가로막고 엎드려서 "구군(寇君)을 1년만 더 이곳에 머무르게 해 주소서.〔復借寇君一年〕"라고 하소연하기까지 했다.《後漢書 卷46 寇恂列傳》'구순을 빌린다〔借寇〕'는 것은 후에 지방관의 유임을 청하는 비유로 쓰이게 되었다.

부중(府中)이 모두 추중하고 심복하였다. 이때 왕세자(王世子 소현세자(昭顯世子))는 심양(瀋陽)에 있었고, 효종은 대군(大君 봉림대군(鳳林大君))의 신분으로 함께 갔다. 조정에서는 문무를 겸비하고 덕행이 있는 자를 뽑아 궁료(宮僚 세자시강원의 관원)로 삼고자 하니, 곧 공이 익위사 익찬(翊衛司翊贊)에 제수되자 가서 배종하였는데, 동궁(東宮)과 대군(大君) 두 분이 의지하며 중시하였다. 동궁이 군용(軍容)과 전진(戰陣)을 관병(觀兵)하게 할 때 오직 공만 따르게 하였다. 공이 임기응변으로 의심스러운 일을 결정함에 대체로 바르고 곧음을 따르니, 여러 장수들이 모두 감복하였다. 뒷날 상원(上元 정월 대보름)을 맞아 등(燈)을 켜서 매달아 놓았다. 공이 세자에게 관등(觀燈)놀이에 가지 말 것을 간하였으나 받아들여지지 않았다. 얼마 후 불이 났는데 좌우의 사람들은 모두 달아나 피했으나, 공은 홀로 엎드려서 일어나지 않았다. 불이 옷섶에까지 번지자 세자가 중사(中使)에게 명하여 불을 끄게 하고는 말하기를, "어째서 일어나지 않았는가? 설마 불길이 장차 미칠 것을 알지 못했느냐?"라고 하니, 공이 대답하여 말하기를, "신은 관등놀이가 즐길 만하다는 것을 알지 못하는데, 어찌 불길이 미치는 것이 두려워할 만한 것임을 알겠습니까."라고 하였다. 이에 세자가 용모를 고치고 관등놀이를 그치도록 명하였다.

하루는 봉림대군이 어떤 일로 고래수염으로 만든 삿갓을 상으로 주었는데, 공이 하사한 것에 대해 감사하며 말하기를, "이백(李白)의 시에 이른바 '바다 건너 큰 고래를 벰〔跨海斬長鯨〕'[49]과

49 바다……벰 : 동쪽 바다의 흉악한 왜적을 단칼에 섬멸하고 싶다는 말이다. '고래'

유신(庾信)의 부(賦)에 이른바 '큰 고래가 목을 바침〔長鯨授首〕'[50]이라는 것이 이 물건이 아닙니까."라고 하였다. 인하여 틈을 엿보아 진언하여 말하기를, "옛날 월왕(越王) 구천(句踐)이 패망하고 남은 병졸로써 마침내 강한 오(吳)나라에 원수를 갚은 것은 실로 쓸개를 맛본 고통으로 말미암은 것이지만, 만약 범려(范蠡) 같은 무리들이 주군인 구천을 위해 도모하지 않았더라면 어찌 회계산(會稽山)의 치욕을 씻을 수 있었겠습니까."[51]라고 하니, 대군이 말하기를, "재능 있는 사람을 다른 시대에서는 빌릴 수 없지만, 어찌 수천 리 떨어진 동방에 범려 같은 사람이 한 명도 없겠는가."라고 하였다. 이 말은 의도가 대개 공에게 의탁하는 바가 있었기 때문이다. 뒷날 화가 맹영광(孟永光)[52]을 만나 회계산을 그려 달

는 해상의 흉포한 도적을 비유하는 말로, 여기서는 흉악한 왜구를 가리킨다. 당나라 이백(李白)의 〈임강왕절사가(臨江王節士歌)〉에 "장사는 분노하고 큰 바람이 이니, 어이하면 의천검을 얻어서, 바다 건너 큰 고래를 벨 거나.〔壯士憤, 雄風生. 安得倚天劍, 跨海斬長鯨?〕"라고 하였다. 《全唐詩 卷163 臨江王節士歌》

50 큰……바침 : 유신의 작품에서는 이 구절을 찾지 못하였다.

51 옛날……있었겠습니까 : 월왕(越王) 구천(句踐)이 숙적인 오왕(吳王) 부차(夫差)에게 패하여 회계산(會稽山)에서 굴욕적인 강화를 맺고 목숨을 부지한 뒤에, 치욕을 씻고자 쓸개를 매달아 놓고 이를 핥으면서 원한을 잊지 않았으며, 모신(謀臣)인 범려(范蠡)가 미인 서시(西施)를 오왕에게 보내어 여색에 빠지게 하였다. 오왕이 서시에게 빠져 충신인 오자서(伍子胥)를 죽이자, 구천은 오나라의 도성으로 쳐들어가 궁궐을 불태우고 오왕을 자살하게 하여, 오나라를 멸망시켰다.

52 맹영광(孟永光) : ?~?. 명말청초의 서화가로, 자는 월심(月心)이고, 절강(浙江) 산음(山陰) 사람이다. 《청죽화사(聽竹畫史)》에는 "맹영광은 중국의 빼어난 화가로, 인물화가 신묘하여 천하에 이름이 났다. 봉림대군(鳳林大君)이 심양에 볼모로 잡혀가 있을 때, 맹영광에게 〈구천서회계도(句踐棲會稽圖)〉를 그려 달라고 명하였

라고 부탁하였다.

대군이 항상 공과 함께 일을 논할 때마다 문득 칭찬하고 탄식하며 말하기를, "우리 동국에 공 같은 사람 몇 무리만 얻었다면, 어찌 청나라에 볼모가 되는 이런 행차가 있었겠는가."라고 하고 검은 가죽신을 상으로 주었다. 공이 동궁에게 훌륭한 그릇으로 중시된 것들이 이와 같았다. 심양에서 돌아옴에 미쳐서 곧 말하기를, "오랑캐의 치욕을 씻지 못하였으니 벼슬할 수 없다."라고 하고, 드디어 벼슬을 버리고 산으로 돌아갔다.

을유년(1645, 인조23) 조정에서 억지로 거제 현감(巨濟縣監)을 제수했으나 부임하지 않자 곧바로 죽주 부사(竹州府使)로 바꾸어 제수하니 마지못해 부임하였다. 이때는 명나라의 체통이 이미 떨어졌기에 공이 죽주에 도착하자마자 곧바로 벽에 절구(絶句) 한 수를 써서 자신의 뜻을 표명하여 말하기를, "대명은 어디로 갔나, 천지에 왕춘(王春)[53]이 없어졌네. 강한 오랑캐가 아직 죽지 않았으니, 고을살이하는[54] 이 몸이 부끄럽네.〔大明何處去? 天地非王

는데, 임금이 뜻이 다른 데 있었지, 완상거리로만 삼으려는 것이 아니었다. 봉림대군이 환국할 때, 우리나라로 따라 들어와 태자를 모시게 되었다.〔孟英光者, 中國工畫師也. 人物妙天下. 寧陵之滯瀋館也, 命英光畫句踐棲會稽圖, 蓋聖意有在, 非爲賞玩資也. 及其回轅也, 隨而東來, 留侍潛邸.〕"라고 하였다.

53 왕춘(王春) : 공자가 《춘추》를 편찬할 때 주나라 왕실을 높이고 대일통(大一統)의 사상을 표시하기 위해 노(魯)나라 은공(隱公) 원년 조(條)에, "원년 봄, 왕정월〔元年春王正月〕"이라 한 데서 온 말로, 즉 중국이나 사방의 오랑캐들이 모두 중국의 한 천자(天子)를 떠받듦을 의미한 말이다.

54 고을살이하는 : 원문은 '호죽(虎竹)'으로, 한(漢)나라 때 지방관이 차던 신부(信符)인 동호부(銅虎符)와 죽사부(竹使符)인데, 일종의 신표이다. 한(漢)나라 때 생

春. 强胡猶未殺, 虎竹愧斯身.〕"라고 하였다. 반달 동안 벼슬살이하고는 병을 핑계 대고 돌아와 속리산(俗離山)에 은거하여 노년을 마칠 계획을 삼았는데, 병부(兵部)에서 마음대로 벼슬을 버린 것 때문에 법률에 따라 남양(南陽)으로 귀양 보냈다.

얼마 뒤 특별히 사면하고 중국으로 사신 가라는 명이 있었다. 이보다 앞서 이미 인평대군(麟坪大君 인조(仁祖)의 셋째 아들 이요(李㴭))을 파견하여 소현세자를 석방하여 돌려보낸 것에 대해 감사하려 하였는데, 그 사신 행차가 이미 출발하였다. 일본의 왜추(倭酋)에게 당시 소란스러운 단서가 있는 것이 한둘이 아니었기에 장차 이 뜻으로 또 자문(咨文 중국과 왕복하는 공문서(公文書))을 마련하여 추송(追送)하려고 하였다. 사신의 행차보다 먼저 도착하게 하려 하니, 능력이 빨리 치달릴 수 있고 재능이 전대(專對)할 수 있는 사람이 아니면 불가하였다. 이에 소현세자가 공을 추천하니 주상이 말하기를, "나 또한 평소 그 사람을 알고 있다."라고 하고 곧 불러서 명하였다. 공이 머리를 조아리며 말하기를, "청나라에게 신이라 일컫는 문서는 신이 가지고 가고 싶지 않습니다."라고 하였다. 눈물과 콧물이 뒤섞여 흘렀으나 일의 기미가 매우 급박하였기에 주상이 또 관(冠)과 신을 하사하고, 위로하고 면려하며 말하기를, "오늘의 행차는 아마 돌아올 기약이 없을 것이다."라고 하였

긴 제도로, 한쪽은 수도에 두고 한쪽은 지방에 주었다가 인력을 징발할 때 사용하였다. 《후한서》 권31 〈두시열전(杜詩列傳)〉에 "옛날에는 군대를 동원할 때 모두 호부(虎符)를 사용하였고 기타 인력을 징발할 때는 죽사만 사용하였다."라고 하였다. 여기서는 죽주 부사(竹州府使)에 제수되었으므로 한 말이다.

으니, 대개 공의 곧은 충정은 결코 치욕에 굴복하지 않을 것임을 알았기 때문이었다.[55]

공이 마지못해 곧바로 출발하여 밤낮없이 말을 달려 병이 났으나 감히 쉬지 않으니, 과연 인평대군보다 먼저 연경에 도착할 수 있었다. 예부(禮部)에 이르러 즉시 호황(胡皇 청(淸)나라 황제)에게 자문(咨文) 올리기를 청하였다. 호황이 명하여 불러 사정을 물으니, 공은 행동거지가 단상(端詳)하고 주대(奏對)가 적절하였다. 오랑캐 가운데 높은 벼슬아치가 혹 가리키며 서로 말하기를, "저 사람이 바로 지난날의 최 익찬(崔翊贊)이다. 진실로 이미 그가 군자다운 사람임을 알았더니, 지금 과연 그러하구나."라고 하였다. 얼마 뒤 난간 끝에 있던 한 오랑캐가 소리 높여 공을 해치고자 하였는데, 공이 얼굴빛을 바르게 하고 소리 지르며 말하기를, "필부(匹夫)로서 제후(諸侯)를 미혹게 하는 자는 그 죄가 죽음에 해당한다. 일찍이 옛날의 중화가 곧 이와 같은 수준이 되었단 말인가."라고 하였다. 이는 대개 공이 왕명을 받은 날로부터 이미 생사를 도외시하였기 때문에 말의 적절하고 올곧음이 이와 같았다. 이런 대화가 열두어 번 오갔으나 입으로 '신(臣)'이라는 한 글자는 말하지 않았다. 호황(胡皇)이 새롭게 우리나라와 화친조약을 맺으면서 매양 뜻을 굽혀 우리 의견을 따름이 많았다. 그래서 곧바로

55 소현세자가……때문이었다 : 하홍도의 묘갈명에는 "세자가 공을 추천하니, 주상이 '알았다.'라고 하고 곧 명하여 자문(咨文)을 가지고 가는 벼슬아치로 불렀다. 관과 신을 하사하며 말하기를, '갈 기약은 있으나 올 기약은 없다.'라고 하였으니, 대개 오랑캐 땅의 안개와 이슬이 독하기 때문이었다.〔世子薦公, 上曰然, 卽命招帶齎咨官. 賜冠屨曰, 有往期無回期, 蓋慮霧露毒也.〕"라고 하였다.

명하여 공을 해치고자 한 오랑캐의 목을 베게 하고 회답하는 자문을 지어 주었다.

공이 객사로 돌아와 병이 마침내 위독해졌다. 이튿날 호황이 후회하고 다시 공을 불렀다. 공이 돌아보며 좌우에게 말하기를, "죽음이 있을 뿐, 의리상 굽힐 수 없다."라고 하고 곧바로 병이 위독하다는 이유로 거절하였다. 어찌할 수 없음으로 인하여 마침내 자손들에게 편지를 남겨 역관(譯官)에게 주어 전하도록 하였다. 그 대략 말하기를, "내가 왕명을 받들고 복명하지도 않았는데 오랑캐 땅에서 죽어 끝내 고향 산으로 돌아가 은거하려던 처음 뜻을 이룰 수 없으니, 어찌 하늘의 뜻이 아니겠는가. 반장하는 날, 곧바로 염한 것을 바꾸어 입히고 오랑캐의 비단을 사용하지 말며, 반드시 을해년 이전의 관직을 나의 명정(銘旌)에 새기고 나의 신주에 쓰는 것이 옳다."라고 하고 인하여 좌우에게 부축하여 일으키게 하여 의관을 바르게 하였다. 동쪽을 향해 네 번 절하고 자리에 돌아와 편안히 눕기도 전에 숨을 거두었으니,[56] 곧 을유년(1645, 인조23) 5월[57] 18일이다.

부고를 아뢰자 임금이 매우 슬퍼하고, 만윤(灣尹 의주 부윤(義州府

56 동쪽을……거두었으니 : 하홍도의 묘갈명에는 "곧바로 길을 떠나 새벽부터 밤늦도록 노정을 배로 가니 중도에 과연 병이 났으나, 조금도 쉬지 않고 말을 달려 연경에 도착하였다. 병이 위독해져서 겨우 보명(報命)하자마자 동쪽을 향해 네 번 절하고 세상을 떠났다.〔卽就道, 晨夜兼程, 中路果疾作, 不少休, 馱赴燕都. 病革, 纔報命, 東向四拜而卒.〕"라고 하였다.

57 5월 : 저본에는 4월로 되어 있으나, 하홍도의 묘갈명과 《죽당 최 선생 보기(竹塘崔先生寶紀)》에 실린 행장에 의거하여 수정하였다.

尹))으로 하여금 상여가 돌아오기를 기다려 관렴(棺殮)을 고치게 하였으며, 또 연도(沿道)의 감사(監司)와 수령(守令)들에게 명하여 치전(致奠)하고 호송하게 하였다.[58] 또 특별히 승정원 좌승지(承政院左承旨)에 증직하고, 지관으로 하여금 묘지를 하동(河東) 호사역(虎砂驛) 부신(負辛 남동 75도 방향) 언덕을 택하여 정하도록 하였으니, 실로 세상에 드문 특별한 은혜였다.

공은 타고난 자질이 관후(寬厚)하고 정신과 기운이 화평(和平)하였으며, 자상(慈詳)하면서도 측달(惻怛)하고 단정하면서도 간직(簡直)하였다. 평생 동안 말을 빠르게 하거나 얼굴빛을 급히 바꿈이 없었고, 행동거지와 말하고 침묵함이 모두 절도에 맞았다. 남을 대하고 사물을 접함에 옳고 그름을 마음속으로 분명히 알아도 모난 모습을 밖으로 드러내지 않고 겉으로 따르면서 속으로 반듯하여 옛사람의 풍도가 있었다. 믿음으로 벗을 대하고 공손함으로 이웃과 지냈다.

비록 무과로 출신했으나 유학을 매우 사랑하여 마음을 세우고 자신을 단속함에 항상 떳떳한 법도가 있었다. 병자호란 이후 항상 비분강개하여 즐거워하지 않았으며, 고악부체인 〈독록편(獨漉篇)〉

58 부고를……하였다 : 이 내용에 대해 《승정원일기》 인조 23년(1645) 윤6월 22일 기사에, 재자관(齎咨官)으로 북경(北京)에 갔다가 사망한 부친 최탁(崔濯)의 유골을 찾고자 하는 최처후(崔處厚)에게 강을 건널 때 필요한 공문(公文)을 성급(成給)해 주기를 청하는 비변사(備邊司)의 계(啓)를 올렸는데 답하기를, "이 사람의 죽음은 참으로 딱하고 측은하다. 해조로 하여금 증직(贈職)하게 하고, 관(官)에서 시신을 실어 올 인마를 제공하며, 또 경유하는 곳의 각 고을로 하여금 호송하게 하라.〔此人之死極爲矜惻, 令該曹贈職, 官給載屍人馬, 又令所經各官護送.〕"라고 하였다.

을 외우다가 "나라의 치욕을 씻지 못했으니, 무엇으로 말미암아 이름을 이룰 수 있으랴.〔國恥未雪, 何由成名?〕"[59]라는 구절에 이르러 문득 얼굴을 가리고 눈물 흘리기를 그치지 않았다. 사람 중에 병자호란 이후의 관직으로 부르는 자가 있으면 곧 손을 내저으며 저지하고 말하기를, "병자호란 이후에 벼슬한 것은 나의 뜻이 아니다."라고 하였다. 살던 곳에 반 이랑 크기의 못을 파고 대나무를 심어서 못을 두르고 죽당(竹塘)이라 부르니, 사람들이 드디어 죽당으로 공을 일컬었다.

공이 세상에 산 40여 년 동안 한 가지 행실도 이지러짐이 없었으니, 재주와 기량, 지취와 절의는 주상에게 알려진 바가 되었다. 공이 연경으로 사신 갈 때, 주상이 정주 목사(定州牧使) 자리를 비워 두라고 명하고 공을 기다렸다. 비국(備局 비변사)에서도 또한 관서 절도사(關西節度使)의 체직 기한을 늦추어 두었다가 공을 목사로 승진시킬 때에 이르러 절도사를 교대하려고 하였는데, 하늘이 빼앗아 감이 이와 같이 빨라 끝내 공으로 하여금 지위가 덕에 미치지 못하고 행실이 뜻에 걸맞지 않게 하였다. 처음에는 하급 관료직에서 머리를 숙이고 있었고 끝내는 땅끝 이역에서 목숨을 잃었으니, 무엇 때문인가.

공의 문무를 겸한 위엄 있는 풍도는 우리나라 사람들만 모두 사랑하고 공경할 뿐만 아니었다. 예컨대, 반노(叛奴) 정명수(鄭命壽)가 청나라 오랑캐에게 붙어 뜻을 얻어 청나라의 세력을 믿고

59 독록편(獨漉篇)을……있으랴 : 이백(李白)의 〈독록편〉에 나온다. 저본에 제목이 '탁록편(濁鹿篇)'으로 되어 있는 것을 수정하였다.

도리어 주인을 깨물었는데, 바야흐로 그가 칙사가 되어 호령하며 왔을 때 장어(帳御 휘장 및 사용하는 도구)와 기물과 복식이 조금이라도 마음에 맞지 않음이 있으면 문득 화를 내며 관리들을 매질하였다. 경기도의 여러 고을이 욕을 당하고 짓밟히지 않음이 없었다. 죽주(竹州)의 물품들은 모두 공이 마련한 것임을 알고는 비록 낡고 오래되어 깨끗하지 않더라도 불문에 부쳤으니, 대개 평소에 공을 두려워하며 꺼렸기 때문이었다.

공이 도의로 교제한 사람으로는 겸재(謙齋) 하홍도(河弘度),[60] 낙와(樂窩) 하홍달(河弘達),[61] 동계(東谿) 권도(權濤),[62] 한사(寒沙) 강대수(姜大遂),[63] 태계(台谿) 하진(河溍),[64] 동산(東山) 권극

60 하홍도(河弘度) : 1593~1666. 본관은 진주(晉州), 자는 중원(重遠), 호는 겸재(謙齋)이다. 조식으로부터 하항(河沆)과 하수일(河受一)에게 내려온 남명학의 핵심을 전수받아 후대에 이어지도록 하는 중요한 역할을 담당하였다. 저술로 《겸재집》이 있다.

61 하홍달(河弘達) : 1603~1651. 본관은 진주(晉州), 자는 치원(致遠), 호는 낙와(樂窩)이며, 겸재 하홍도의 아우이다. 광해군 말의 혼란한 정치 때문에 과거를 포기하고 학문에 전념하였다.

62 권도(權濤) : 1575~1644. 본관은 안동(安東), 자는 정보(靜甫), 호는 동계(東溪)이며, 정구(鄭逑)·장현광(張顯光)의 문인이다. 1624년(인조2) 이괄(李适)의 난 때 한림(翰林)으로 왕을 공주까지 호종(扈從)한 공으로 원종훈(原從勳)이 되었고, 도천서원(道川書院)에 제향되었다. 저서로는 《동계집》 8권이 있다.

63 강대수(姜大遂) : 1591~1658. 본관은 진주(晉州), 초명은 대진(大進), 자는 면재(勉哉)·학안(學顔), 호는 춘간(春磵)·한사(寒沙)·정와(靜窩)이다. 장현광(張顯光)의 문인이다. 우승지·병조 참지·병조 참의를 역임하였다. 합천의 도연서원(道淵書院)에 제향되었다. 저서로는 《한사집(寒沙集)》 7권 3책이 있다.

64 하진(河溍) : 1597~1658. 본관은 진주(晉州), 자는 진백(晉伯), 호는 태계(台溪)이다. 여러 번 장령·사간·집의로 부름을 받았으나 모두 병을 이유로 취임하지

량(權克亮),[65] 송대(松臺) 하선(河璿)[66] 등이 있었는데, 서로 절차탁마하고 문난(問難 따져 묻고 논박(論駁)함)하여 이택(麗澤)[67]의 유익함을 얻었다. 일찍이 병자호란 뒤에 공이 낙와(樂窩)에게 말하기를, "내가 죽으면, 자네가 내 신주를 쓰되, 반드시 호란 이전 관직인 형조 좌랑으로 쓰는 것이 옳다."라고 하였다. 이때는 명나라가 아직 망하지 않았는데도 그 뜻이 이미 이와 같았으니, 하물며 갑신년(1644, 인조22) 명나라가 망한 이후야 말할 것이 있겠는가.

비록 임금의 명으로 다그침을 받았기에 억지로 청나라 오랑캐의 조정에 갔으나 공의 격렬한 성품 때문에 살고자 하지 않음은 필연적이었다. 이와 같았으니, 중도에 병이 나서 객관에서 세상을 떠난 것은 비록 이국에서 장기의 해로움을 입은 것이 쌓이지 않음은 없으나, 진실로 가슴속에 응어리져 우울함이 그렇게 만든 것이다. 설령 바다에 들어가 죽지 않았지만, 이것은 공의 마음이 어

않았다. 효성이 지극하였고 관후한 성품으로 직언을 잘하였다. 진주의 종천서원(宗川書院)에 배향되었고, 저서로 《태계집》 4책이 있다.

65 권극량(權克亮) : 1584~1631. 본관은 안동(安東), 자는 사임(士任), 호는 동산(東山)이다. 진주의 서굴촌(西崛村)에 조그마한 집을 짓고 수행하여 사람들이 그를 동산처사(東山處士)라고 불렀다. 두릉서원(杜陵書院)·완계서원(浣溪書院)에 제향되었다. 저서로는 《동산집》 3권이 있다.

66 하선(河璿) : 1583~1652. 본관은 진주(晉州), 자는 사윤(士潤), 호는 송대(松臺)이다. 1613년(광해군5) 진사시에 합격하여 사헌부 감찰, 훈련원 주부에 제수되었으나 낙향하여 학문에 정진하였다. 저서에 《송대집(松臺集)》이 있다.

67 이택(麗澤) : 벗끼리 서로 도와 학문을 닦고 힘쓰는 것이다. 《주역》 〈태괘(兌卦) 상(象)〉에, "두 개의 택(澤)이 나란히 있는 것이 태괘이니, 군자가 이를 본받아 붕우간에 학문을 강습한다.〔麗澤兌, 君子以, 朋友講習.〕"라고 한 말에서 유래하였다.

찌 노중련(魯仲連)[68]보다 못해서이겠는가.

대저 충신을 구할 때는 반드시 효자의 가문에서 찾는다고 하였으니, 무릇 이는 모두 평소 어버이에게 독실한 것이 충성의 근본이 되기 때문이다. 또 공이 문무를 겸비한 것은 수하(隨何)와 육가(陸賈),[69] 주발(周勃)과 관영(灌嬰)[70]이 각각 한 가지 장점만 가지고 있는 것에 비할 것이 아니다. 비록 작은 행실과 간략한 절개일지라도 또한 사람들에게 규범이 될 만하니 아, 아름답도다.

부인은 파산 이씨(巴山李氏 함안 이씨(咸安李氏))이니, 군수 응성(應星)의 따님으로, 집의(執義) 의형(義亨)[71]의 현손이다. 아들

68 노중련(魯仲連) : 전국 시대 제(齊)나라의 고사(高士)로, 조(趙)나라에 가 있을 때 진(秦)나라 군대가 조나라의 수도인 한단(邯鄲)을 포위하였는데, 이때 위(魏)나라가 장군 신원연(新垣衍)을 보내 진나라 임금을 황제로 섬기면 포위를 풀 것이라고 하였다. 이에 노중련이 "진나라 왕이 만약 아무 방해 없이 제왕이 되어 잘못된 정치를 천하에 편다면 나는 차라리 동해에 빠져 죽는 게 낫지, 차마 그의 백성이 될 수는 없습니다.〔彼卽肆然而爲帝, 過而爲政於天下, 則連有蹈東海而死耳, 吾不忍爲之民也.〕"라고 한 고사가 있다. 《史記 卷83 魯仲連列傳》

69 수하(隨何)와 육가(陸賈) : 한(漢)나라 때 변설을 잘했던 사람이다. 수하는 고조(高祖) 유방(劉邦)을 위해 회남왕(淮南王) 경포(黥布)를 설득하여 초(楚)나라 항우(項羽)를 배반하고 한나라에 귀순하게 하였다. 육가는 고조의 명을 받고 남월(南越)에 사신으로 가 그 임금 위타(尉佗)를 설복하여 신(臣)이라 일컫게 하였다. 《漢書 卷34 黥布傳》《史記 卷97 陸賈列傳》

70 주발(周勃)과 관영(灌嬰) : 한(漢)나라 강후(絳侯) 주발과 영음후(潁陰侯) 관영으로, 두 사람은 포의(布衣)로 입신하여 촌스럽고 질박하며 학문이 부족하였으나, 한 고조(漢高祖)를 도와 천하를 평정하는 데 공을 세워 제후에 봉해졌다. 《진서(晉書)》 권101 〈유원해재기(劉元海載記)〉에 "한(漢)나라 수하(隨何)와 육가(陸賈)에게는 무용(武勇)이 없고, 강후 주발과 관영에게는 문학(文學)이 없다.〔隨陸無武, 絳灌無文.〕"라고 하였다.

둘 딸 하나를 낳았으니, 아들은 종사랑(從仕郞) 처후(處厚), 통덕랑(通德郞) 백년(栢年)이며, 딸은 김명겸(金命兼)에게 시집갔다. 처후는 아들이 하나이니, 두첨(斗瞻)이다. 백년은 아들이 둘이니, 두일(斗一)과 세첨(世瞻)이며, 딸이 둘이니, 권대익(權大益), 여이겸(呂以謙)에게 시집갔다. 김명겸의 아들은 성운(聖運)이니, 부자가 모두 학행(學行)으로 이름났다. 두첨은 아들이 셋이니 통덕랑 재하(載夏), 재기(載岐), 재태(載泰)이다. 두일은 자식이 없다. 세첨은 아들이 하나이니 재원(載元)이다. 재하는 동억(東嶷)을 양자로 들였다. 재기는 아들이 하나이니 동욱(東旭)이며, 딸이 하나이니 강엽(姜曄)에게 시집갔다. 재태는 아들이 둘이니 동준(東峻), 양자로 나간 동억이다. 재원은 참봉 동일(東逸)을 양자로 들였다. 나머지는 기록하지 않는다.

하루는 공의 7세손 덕민(悳民)이 그 아들 제열(濟說)을 보내 유사를 가지고 와서 나에게 보여 주고 행장 짓기를 부탁하며 말하기를, "지난 숙종 경인년(1710, 숙종36) 사림들이 인천(仁川)에 서원을 건립하여[72] 공을 제향하였습니다. 그러나 세월이 이미 오

71 의형(義亨) : 이의형(李義亨, 1442~1495)으로, 본관은 함안(咸安), 자는 용보(勇甫), 호는 행헌(杏軒)이다. 김종직(金宗直)의 문하에서 면학에 힘써 경전(經典)에 조예가 깊었다. 1477년(성종8) 창평 군수로 있을 때 문과에 병과로 등제하여 예문관 검열을 거쳐 1482년 집의가 되었다. 서장관(書狀官)이 되어 명나라 서울 연경에 갔을 때에는 황제로부터 《자치통감(資治通鑑)》을 받았다.

72 인천(仁川)에 서원을 건립하여 : 1710년(숙종36)에 지방유림의 공의로 최탁(崔濯)의 학문과 덕행을 추모하기 위해 경상남도 하동군 북천면 서황리에 인천서원(仁川書院)을 창건하여 위패를 모셨다. 선현 배향과 지방 교육의 일익을 담당하여 오던 중 1869년(고종6)에 대원군의 서원철폐령으로 훼철되어 서당으로 개편, 운영하여

래되고 집안도 또 울유(鬱攸)[73]의 재앙을 겪어서 공이 직접 남긴 유적으로는 다만 베껴 쓴 《상례비요(喪禮備要)》 1권만 남아 있을 뿐입니다. 그러나 묘갈명, 세첩(世牒), 그리고 읍지(邑誌) 외에도 또 여러 명현들의 만사와 뇌문이 있어 공에 대해 칭술한 것이 여기저기 흩여져 있습니다. 그래서 불초 소자가 두루 고찰하고 널리 채집하여 모아서 이와 같이 한 통으로 만들었습니다. 만약 추호(秋毫)라도 실상보다 넘침이 있다면 이는 속이는 것이니 감히 그렇게 하였겠습니까. 바라건대 어르신께서는 이것에 의거하여 은혜롭게 한 말씀 해 주십시오."라고 하였다. 내가 이에 시험삼아 열독해 보니, 의심스러운 것은 의심스러운 대로 전하고 확실한 것은 확실하게 전한 것[74]이 지극히 삼가고 엄정하여 숭상할 만하였다. 드디어 대략 은괄하고 차례대로 위와 같이 서술하였다.

이어서 크게 탄식하며 다음과 같이 말하였다.

공의 충성과 효성, 문장과 무예가 이미 저와 같으니, 만약 이역(異域)에서 죽지 않고 우리 성조(聖祖)가 중흥(中興)하는 업적을 함께 도왔다면 어찌 회계산(會稽山)의 치욕을 끝내 씻음을 보지 못하였겠는가만 천하의 대운이 이미 떠나 버린 것을 어찌하겠는가. 당시 말고삐를 잡고 심양까지 호종하여 성조(聖祖)의 매우 밝

왔다. 광복 후 서원으로 복원하였다.

73 울유(鬱攸) : 화재를 맡은 신의 이름으로, 화기(火氣) 즉 화마(火魔)를 뜻한다.

74 의심스러운……것 : 의심스럽기는 하지만 그대로 전해서 뒤에라도 확실한 내용이 밝혀지기를 기다리는 신중한 태도를 말한다. 《춘추곡량전》 환공(桓公) 5년 조에, "《춘추》의 의리로 말하면, 확실한 것은 확실하게 전하고 의심스러운 것은 의심스러운 대로 전하는 것이다.〔春秋之義, 信以傳信, 疑以傳疑.〕"라는 말에서 따온 것이다.

은 포창을 받은 사람으로, 우담(雩潭) 채득기(蔡得沂)[75] 공 같은 이도 또한 귀국한 지 몇 년 되지 않아 세상을 떠났으니, 이 점은 영원토록 뜻 있는 선비들이 함께 애통해하는 것이다. 비록 그러나 조정에서 포창하여 증직하는 은전과 향인(鄕人)들이 제향을 주관하는 일은 오히려 크게 풍성(風聲 풍교(風敎))을 세우고 금신(衿紳 선비)을 용동(聳動)시켜 백 년이 지나도 북두성처럼 우러르지 않음이 없을 것이다. 무릇 훗날 존주양이(尊周攘夷)에 뜻을 결정하여 죽음에 서게 되더라도 사양하지 않을 자는 또한 공의 무리가 끼친 정신이 아니라고는 하지 못할 것이니, 이것이 공의 뜻을 조금이나마 펴는 것이 되리라. 여러 번 읽고 감개(感慨)한 나머지 비루한 나의 견해를 아울러 써서 구구한 나의 사사로운 마음을 부친다.

75 채득기(蔡得沂) : 1605~1646. 본관은 인천(仁川), 자는 영이(詠而), 호는 우담(雩潭) 또는 학정(鶴汀)이며 충주(忠州) 출신이다. 봉림대군(鳳林大君)이 심양(瀋陽)에 볼모로 가게 되었을 때 호종하라는 명을 받았으나, 병을 핑계로 불응하여 3년 동안 보은(報恩)에 유배되기도 하였다. 그러다가 다시 인조의 권유에 의하여 심양에 가서 대군들을 잘 받들었다. 효종이 즉위한 뒤에는 몹시 총애를 받았으나 관직을 사양하고 낙동강 가에 있는 옥주봉(玉柱峯) 아래에 복거하였다. 상주 상의사(尙義祠)에 제향되었다.

통정대부 황해도 관찰사 겸 순찰사 병마수군절도사 해주목사 우천 정공 행장

通政大夫黃海道觀察使兼巡察使兵馬水軍節度使海州牧使牛川鄭公行狀

공의 휘는 옥(玉), 초휘는 주관(周觀), 자는 자성(子成), 호는 우천(牛川)이니, 서원(西原 청주(淸州))을 본관으로 하는 사람이다. 고려 별장(別將) 정극경(鄭克卿)의 후손이다. 2세를 지나 대장군 의(顗)[76]에 이르러 역도를 토벌하고 충의를 위해 죽은 공로로 포충표절사(褒忠表節祠 평안남도 성천(成川) 소재)에 배향되었다. 또 2세를 지나 찬성(贊成) 벼슬을 한 휘는 해(瑎),[77] 시호는 장경(章敬)에 이르렀다. 이분의 아들 책(幘)은 청하군(淸河君)에 봉해졌다. 이분의 아들 오(頫)는 사도(司徒)로 서원 백(西原伯)이며 시호는 문극(文克), 호는 설헌(雪軒)이다. 이 3세가 모두 문장(文章)과 덕업(德業)으로 《고려사》에 실려 있다.[78] 오의 아들 침(賝)

76 의(顗) : 정의(鄭顗, ?~1233)로, 본관은 청주(淸州), 초명은 정준유(鄭俊儒)이다. 1217년(고종4) 거란군이 서경에 침입하자 이 틈을 타 서경인 최광수(崔光秀) 등이 난을 일으키자 분대녹사(分臺錄事)로 일당 8명을 격살시키고 성을 회복하였다. 그 공으로 섭중랑장(攝中郎將)이 되어 내시에 소속되었으며 의관과 안마(鞍馬)를 하사받았다. 이후 1233년 필현보(畢賢甫)・홍복원(洪福源) 등이 서경에서 모반하자 선유(宣諭)의 임무를 띠고 서경에 갔으나 성공하지 못하고 살해되었다. 《고려사(高麗史)》 권121 열전34에 정의의 열전이 실려 있다.

77 해(瑎) : 1254~1305. 고려 후기의 문신으로, 초명은 정현계(鄭玄繼), 자는 회지(晦之)이다. 외유내강의 성품으로 마음은 너그럽고 조용하나 일에는 민첩하고 용감하다는 평을 들었다. 《고려사(高麗史)》 권106 열전19에 열전이 실려 있다.

은 소윤(少尹)으로 역성혁명으로 조선이 건국된 뒤 의리상 우리 조선에 벼슬할 수 없어 비로소 안동(安東)에 거주하였다. 7세를 지나 휘 탁(琢)은 좌의정(左議政)으로 서원 부원군(西原府院君)이며 시호는 정간(貞簡), 호는 약포(藥圃)인데, 퇴도(退陶) 이 선생(李先生)의 문하에서 유학하여 선조(宣祖) 중흥의 명재상이다. 이분의 아들 휘 윤저(允著)는 집의(執義)에 증직되었는데 명철하고 통달하며 학문을 좋아하였으니, 곧 공의 고조이다. 증조 휘 시영(時英)은 이조 참의에 증직되었다. 조부는 휘가 집(輯)이며, 아버지는 동지중추부사 석제(碩濟)로 모두 이조 참판에 증직되었다. 어머니는 함창 김씨(咸昌金氏)이니, 물암(勿巖) 휘 륭(隆)[79]의 현손 통덕랑(通德郞) 정휘(鼎輝)의 따님이다. 정부인(貞夫人)에 증직되었다. 공은 숙종 갑술년(1694, 숙종20) 모월 모일 영천(榮川 영주) 소천리(韶川里) 집에서 태어났다.

공은 어려서부터 남다른 자질이 있어 행동거지가 뭇 아이들과 달랐다. 5세에 시구(詩句)를 지을 수 있었는데 남을 놀라게 하는 말을 표현하였다. 아버지 참판공(參判公)이 공을 데리고 농묘(農

78 3세가……있다 : 《고려사》 권106 열전19 '정해(鄭瑎)' 조에 정오(鄭頫), 정포(鄭誧), 정공권(鄭公權)이 부록으로 실려 있고, 정책(鄭幘)은 열전이 실려 있지 않다. 아마도 착오가 있는 듯하다.

79 륭(隆) : 김륭(金隆, 1549~1594)으로, 본관은 함창(咸昌), 자는 도성(道盛), 호는 물암(勿巖)이며, 영주(榮州)에 거주하였다. 박승임(朴承任)·이황(李滉)의 문인이다. 임진왜란 때 상중임에도 인근 고을에 격문을 띄웠다. 삼봉서원(三峯書院)에 제향되었다. 저서로는 《물암집(勿巖集)》, 《삼경강록(三經講錄)》, 《소학석의(小學釋義)》 등이 전한다.

畝 농촌)에 이르러 한 들녘을 가리키며 묻기를, "이것이 모두 너의 땅이라면 어떻게 하겠느냐?"라고 하니, 대답하여 말하기를, "만약 그렇다면, 다른 사람들은 무엇을 먹습니까. 기쁘게 남들에게 베풀어 주겠습니다."라고 하였다. 차고 있던 좋은 노리개를 가지고자 하는 사람이 있음을 보면 곧바로 풀어서 주고 어려워하는 얼굴빛이 없었다.

7세에 집안이 명화적(明火賊)[80]을 만나 모두 정신없이 달아나느라 공을 데리고 나가지 못했다. 도적이 물러난 후 들어가 보니, 공은 벌거벗은 채 실(室) 가운데 앉아 있었다. 놀라서 묻기를 "도적들이 너의 옷을 벗겼느냐?"라고 하니, 공이 말하기를, "제 스스로 벗었습니다."라고 하였다. "겁나지 않더냐?"라고 하니, 공이 "제 몸에 이미 보물이 없으면 도적이 결코 해치지 않을 것이니, 무엇을 겁내겠습니까."라고 하였다.

10세에 《서경집전(書經集傳)》을 수업하였는데, 산가지를 펼쳐 놓고 기삼백(朞三百)[81]을 이해할 수 있었다. 17세에 한성시(漢城

80 명화적(明火賊) : 횃불을 들고 습격하므로 이 이름이 붙은 것인데, 명화 강도(明火强盜) 또는 화적(火賊), 화당(火黨)이라고도 한다.

81 기삼백(朞三百) : 《서경》 〈요전(堯典)〉에 "기년은 366일이다.〔朞三百六旬有六日〕"라는 말이 있는데, 채침(蔡沈)의 주(註)에 "1년에는 12달이 있고, 한 달에는 30일이 있으니 360일은 변하지 않는 1년의 날수이다. 따라서 해가 하늘과 만나면 5일과 940분의 235일이 많게 되는데 이것이 기영(氣盈)이 된다. 그리고 달이 해와 만나면 5일과 940분의 592일이 적게 되는데 이것이 삭허(朔虛)가 된다. 이 기영과 삭허를 합하면 윤달이 나온다. 따라서 1년의 윤율(尹率)은 10일과 940분의 827일이다. 3년에 윤달을 한 번 두면 32일 940분의 601일이고, 5년에 윤달을 두 번 두면 54일 940분의 375일이고, 19년에 윤달을 일곱 번 두면 기영과 삭허의 분수(分數)가 맞아 떨어져서

試)[82]에 합격하니, 보는 사람들이 모두 나라의 훌륭한 그릇으로 일컬었다. 20세에 관례(冠禮)를 함에 이르러 창설(蒼雪) 권두경(權斗經)[83]의 문하에서 수업하여 옛사람의 위기지학(爲己之學)을 들을 수 있었다. 일찍이 삼계서원(三溪書院)[84]에서 유학하였는데, 밤에 화장실을 가는데 개가 따라왔다. 호랑이가 개를 움켜잡아 갔으나 공은 앉은 채 태연자약하였다. 글 모임에 갈 때마다 여러 사람들이 비록 시끄럽게 떠들었으나 공만 홀로 잠심(潛心)하여 학업에 치중하니, 여러 벗들이 모두 경외하였다.

어버이의 명으로 박사업(博士業 과거 공부)을 닦았으나 오직 심득(心得)에만 힘쓸 뿐이었다. 과거 시험에 중요한 제술(製述)과 강경(講經) 두 가지에 진보가 있었으나 또한 벼슬길에 나아가는 것에 급급하지 않았다. 을사년(1725, 영조1) 사마시에 합격하였

1장이 된다."라고 하였다. 예로부터 계산하기 어려운 대목이라고 알려져 있다.

82 한성시(漢城試) : 문과·생원시·진사시의 초시(初試) 중 서울에서 보는 시험을 한성시라고 한다. 응시 대상은 서울에 거주하는 유학(幼學)과 관원(官員)이다. 정원은 문과 한성시의 경우에는 40명, 생원·진사시 한성시의 경우에는 각각 200명이었다. 여기서는 특히 서울에서 실시한 생원시와 진사시의 초시를 가리킨다.

83 권두경(權斗經) : 1654~1726. 본관은 안동(安東), 자는 천장(天章), 호는 창설재(蒼雪齋)이다. 권벌(權橃, 1478~1548)의 5세손이고, 이현일의 문인이다. 사간원 정원과 홍문관 수찬 등의 벼슬을 지냈다. 1717년(숙종43) 영남에서 만인소를 올릴 때 그 상소문을 기초하였다. 저서로는 《창설집》이 있고, 편서로는 《퇴도선생언행통록(退陶先生言行通錄)》이 있다.

84 삼계서원(三溪書院) : 경상북도 봉화군 봉화읍 삼계리에 있는 서원이다. 1588년(선조21)에 창건하여 충재(冲齋) 권벌(權橃)의 위패를 모셨다. 1660년(현종1)에 사액을 받았고, 1868년(고종5) 흥선대원군의 서원철폐령으로 없어졌다가 1951년에 복원되었다.

다. 정미년(1727, 영조3) 대책(對策)을 통하여 문과에 급제하니 친구들이 서로 축하하며 말하기를, "영남에 재상이 나올 것이다." 라고 하였다. 뽑혀 괴원(槐院 승문원(承文院))에 보임되어 임시 사관(史官)으로 입시함에 주상의 돌보심을 자주 입었다.

신해년(1731, 영조7) 율봉 승(栗峯丞)이 되었다. 당시 거듭된 흉년을 만났는데, 공은 봉급으로 받은 수천 꿰미를 자신을 위해 한 푼도 쓰지 않고, 다방면으로 꼼꼼히 계획하여 정성을 다해 백성을 진휼(賑恤)하여 백성들이 연척(捐瘠 방치되어 굶주리다가 쇠약해지는 것)됨이 없게 하였다. 암행어사가 기리어 아뢰니, 주상이 유지(諭旨)를 내려 장려하고 내구마(內廐馬)[85]를 하사하여 상으로 주었다. 임기를 마치고 돌아올 때 역졸들이 거사비(去思碑)를 세웠다. 후에 공이 보령 현감(保寧縣監)이 되어 율봉 역참을 지나가는 것을 보고는 역참의 백성들이 물과 밥을 가지고 쭉 늘어서서 말 머리에 절하면서 말하기를, "공은 우리 부모이십니다."라고 하였다.

얼마 뒤 전적(典籍)으로 승진하고 감찰(監察)로 관직을 옮겼는데, 법을 집행함에 흔들림이 없었다. 또 기조랑(騎曹郎 병조 낭관(兵曹郎官))으로 관직을 옮겼는데, 동가(動駕 임금이 탄 수레가 대궐 밖으로 나감)할 때마다 관례대로 금훤관(禁喧官 어지러이 떠드는 것을 금지하는 관리)을 겸하여 호령이 엄숙하니 감히 범접(犯接)함이 없었다. 갑인년(1734, 영조10) 해서 막부(海西幕府 황해도 관찰사(黃海道觀察使))의 보좌관이 되어 시험을 관장하고 전답을 검사하는 임무

85 내구마(內廐馬) : 임금의 거둥에 쓰기 위하여 내사복시(內司僕寺)에서 기르던 말을 말한다.

를 겸하였는데, 간척(干尺 뇌물)을 통렬히 끊어 버리고 추호(秋毫)의 사사로움도 없었다. 일이 끝나자 곧바로 관례대로 받은 쌀 백석을 본부(本府)에 주었으며, 낙권(落券 시험에 불합격한 사람의 답안지)은 아랫사람에게 주었다. 행낭(行囊)에는 다만 상관이 전별 선물로 준 묵홀(墨笏 먹 덩어리)과 간폭(簡幅 편지지)뿐이었다. 당시 방백(方伯)은 곧 재상 유척기(兪拓基)[86]였는데, 공을 한번 보고 큰 그릇으로 여겼다. 왕왕 편한 복장으로 공에게 나아가 이야기 하였고, 남들에게 말하기를, "이 아사(亞使 부사(副使))는 마땅히 머리가 검은 젊은 공보(公輔)[87]가 될 것이다."라고 하였다. 정사년(1737, 영조13) 사헌부 지평(司憲府持平)에 제수되어 달려가 사은숙배하였으나 서경(署經 인사 검증)을 하기도 전에 숙부(叔父)[88]의 부고를 들었고 이어서 어버이의 병환 때문에 사직서를 제출하고 곧바로 향리로 돌아왔다.

8월 다시 지평에 제수되었으나 또 어버이의 병환 때문에 사직서를 제출하였다. 사직서의 끝에 당시의 폐단을 진술하여 '언로를

86 유척기(兪拓基) : 1691~1767. 본관은 기계(杞溪), 자는 전보(展甫), 호는 지수재(知守齋)·미음(渼陰), 시호는 문익(文翼)이다. 김창집(金昌緝)의 문인이며, 노론(老論) 준론(峻論)의 대표적 인물이다. 영조 즉위 후 대사간으로 등용되어 호조판서, 우의정을 거쳐 영의정이 되었다. 노론 사대신인 김창집(金昌集)과 이이명(李頤命)에 대해 복관(復官)을 건의하여 신원시켰으며, 임인옥사(壬寅獄事)의 신설(伸雪)을 청하였다.

87 공보(公輔) : 천자(天子)를 보좌하는 삼공(三公)과 사보(四輔)를 일컫는데, 삼공은 태사(太師)·태부(太傅)·태보(太保)이며, 사보(四輔)는 전의(前疑)·후승(後丞)·좌보(左輔)·우필(右弼)이다. 임금을 보필하는 직임을 말한다.

88 숙부(叔父) : 정석범(鄭碩範)이다.

넓힐 것〔廣言路〕', '천재를 그치게 할 것〔弭天災〕', '옛 환곡을 탕감할 것〔蠲舊糴〕', '굶주린 백성을 진휼할 것〔賑飢民〕', '뇌물 받은 자에 대한 법을 엄하게 할 것〔嚴贓法〕', '수령을 제대로 선발할 것〔擇守令〕' 등을 청하였다. 그 대략은 다음과 같다.[89]

> 근래 이래로 재앙과 괴이함이 자주 나타나 우렛소리가 거두어지는 절기[90]부터 순음지월(純陰之月 10월)까지 우레 치고 우박 내리는 괴이한 현상이 세 번 있었습니다. 또 화광(火光)의 괴이함, 지진의 재앙, 무지개가 해를 꿰뚫는 변고 같은 것이 목천서(木天署)[91]의 기록에 끊이지 않고 현(縣)과 도(道)의 장계(狀啓)에 서로 이어집니다.
>
> 대저 국가에서 대관(臺官)을 두는 것은 장차 이목을 넓혀 훌륭한 말을 구하려는 것입니다. 대신(臺臣)이 된 자는 진실로 사사로운 뜻으로 협잡(挾雜 그릇된 짓으로 남을 속임)해서는 안 되며, 군상(君上)이 된 자도 또한 사사로운 뜻으로 권저(勸沮 권면하거나 저지함)해서는 안 됩니다. 오늘날은 그렇지 않아 양사(兩司 사헌부(司憲府)와 사간원(司諫院))에서 아뢰는 바를 한 번 올

89 그……같다 : 《입재집》에 제시된 상소의 내용은 《우천집(牛川集)》 권3의 〈서경후초소(署經後初疏)〉와 〈유환후청체소(由還後請遞疏)〉의 내용이 함께 언급되어 있다.

90 우렛소리가……절기 : 원문은 '수성지절(收聲之節)'로, 8월을 말한다. 《예기》 〈월령(月令)〉에서 중추(仲秋)를 설명하면서, "천둥이 비로소 소리를 거두고, 겨울잠 자려는 벌레들이 토굴 문을 손질한다.〔雷始收聲, 蟄虫坯戶.〕"라고 한 데서 유래하였다.

91 목천서(木天署) : 학사(學士)가 있는 한림원(翰林院)을 말한다. 여기에서는 국왕의 측근으로, 문한(文翰)을 담당하는 관각(館閣)을 가리킨다.

리면 한 해가 지나도록 여전히 종결되지 않습니다. 아랫사람이 대관(臺官)에 나아가 진계(陳啓)하는 것도 옛 종이를 베껴 전하는 것에 불과하며, 주상이 장계에 따라 비답을 내리는 것도 지도(知道 알았다는 뜻)[92] 두 글자에 불과하니, 이것이 어찌 성대(聖代)의 아름다운 일이겠습니까.

옛날 선조(宣祖) 때에 바다의 붉은 무지개가 해를 꿰뚫는 변고가 있었는데, 문충공(文忠公) 신(臣) 이원익(李元翼)[93]이 차자(箚剌)를 올려 먼저 큰 도량을 넓혀 궐실(闕失 당연히 해야 할 일을 잘못한 허물)을 즐거이 듣는 것으로 말하였고, '나라의 기강을 진작함〔振國綱〕', '백성을 편안케 함〔安百姓〕', '외적의 침략을 막음〔禦外侮〕', '천재를 없앰〔消天灾〕'으로 끝을 맺었습니다.[94] 원컨대 전하께서는 언로를 활짝 열어 대각(臺閣)의 기상

92 지도(知道) : 《우천집(牛川集)》 권3의 〈서경후초소(署經後初疏)〉에는 "번거롭게 하지 마라.〔勿煩〕"로 되어 있다.

93 이원익(李元翼) : 1547~1634. 본관은 전주(全州), 자는 공려(公勵), 호는 오리(梧里), 봉호는 완평 부원군(完平府院君), 시호는 문충(文忠)이다. 벼슬은 영의정에 오르고 호성 공신(扈聖功臣) 2등으로 완평 부원군에 봉해졌다. 대동법(大同法)의 실시를 건의하여 국민의 조세를 덜었고 청백리(淸白吏)에 녹선(錄選)되었다. 저서에 《오리집(梧里集)》과 《오리일기(梧里日記)》가 있다.

94 먼저……맺었습니다 : 갑진년(1604, 선조37) 정월 흰 무지개가 해를 꿰뚫자 임금이 재신(宰臣)들에게 명하여 회포를 써서 아뢰게 하였는데, 《오리집》 권3 〈무지개의 변고로 인하여 회포를 써서 아뢰다〔因虹變書啓〕〉에 "오직 바라건대 전하께서는 큰 도량을 더욱 넓히고 궐실을 즐거이 들어……나라의 기강을 진작하고 백성을 편안케 하여 무너지고 해이해지는 재앙을 그치게 한다면, 외적의 침략을 막을 수 있고 천재를 없앨 수 있습니다.〔唯願聖明益恢大度, 樂聞闕失,……振國綱安百姓, 以弭崩解之禍, 則外侮可禦, 天災可消矣.〕"라고 하였다.

을 넓혀 재앙을 그치게 하는 방도로 삼으십시오. 신은 이미 제 견문이 미친 바 몇 가지 일로 전하를 위해 진술하였습니다만 그 큰 근본의 경우는 오로지 군주의 덕에서 공부를 극진히 하는 데 달렸습니다. 재앙과 변고가 일어남은 실로 임금의 심법(心法)이 미약한 데 달렸으니, 이 마음의 미약함을 닦고 살피는 것은 경(敬)과 성(誠)에서 벗어나지 않을 따름입니다.

경(敬)이란 것은 형이상과 형이하를 꿰뚫어 도리를 응집하고 만선(萬善)을 기본으로 하는 지극한 덕이며, 성(誠)이란 것은 천지를 통하여 귀신을 이르게 하고 변화를 일으키는 지극한 도입니다. 임금이 진실로 경(敬)에 거하고 성(誠)에 서서 화려한 궁전[95] 가운데서 행동하고 생각하는 즈음에 늠연(凜然)히 마치 황천(皇天)의 상제(上帝)와 종묘(宗廟)의 신령이 위에 임재하고 곁에서 지켜 주어 추호의 사사로운 뜻도 그 사이에 용납함이 없다면, 천하의 모든 일이 바름에서 나오지 않음이 하나도 없어 성덕(盛德)과 대업이 처음부터 끝까지 순전하여 저절로 재해가 날로 사라지고 복록이 날로 이르는 경지에 이를 것입니다. 그 기미는 전하의 한 마음에 달렸으니 시험삼아 그 부절처럼 꼭 맞는 증거가 밖으로 드러난 것으로 말해 보겠습니다. 전하께서 침잠(沈潛)하여 상제를 대하듯[96] 조심하고 삼가고자 하

95 화려한 궁전 : 원문은 '연연확호(淵涓蠖濩)'로, 화려한 궁전을 뜻한다. 연연확복(淵蜎蠖伏)이라고도 한다.

96 침잠(沈潛)하여 상제를 대하듯 : 주자(朱子)의 〈경재잠(敬齋箴)〉에 "그 의관을 바르게 하고 그 시선을 존엄하게 하며 마음을 고요히 가라앉혀 거처하고 상제를 대하듯 경건한 자세를 가져라.〔正其衣冠, 尊其瞻視, 潛心以居, 對越上帝.〕" 하였다.

지 않은 것은 아니지만, 들어 정사에 시행하는 사이에 혹 그 화평함을 잃어버리셨다면, 신은 전하의 거경(居敬) 공부가 지극하지 않은가 걱정입니다. 정신을 수양함에 부지런히 힘써 무너진 기강을 쇄신(刷新)하고자 하지 않은 것은 아니지만 시행하는 즈음에 인순(因循)함을 면치 못하셨다면, 신은 전하의 입성(立誠) 공부가 극진하지 않은가 걱정입니다.

잘한 이를 올려 주고 잘못한 이를 내치는 정사에 피열(疲劣)한 이에게는 과감하고 고명(高明)한 이에게는 과감하지 않으며, 승탁(升擢)을 돌아보심에 그 문벌과 지위가 있는 이를 우선시하고 그 재주와 행실이 있는 이를 우선시하지 않음에 이르러서는 전하께서 인물을 뽑아 쓰고 내침 또한 성·경(誠·敬)으로 하지 않았습니다. 또 지난날의 일에 있어 더욱 분명히 알지 못할 바가 있으니, 총재(冢宰)는 육경(六卿)의 우두머리인데도 한 서제(書題)[97]가 쓴 편언(片言)으로 인해 배척하기를 마치 소리(小吏) 대하듯 하였습니다. 전하께서 정성을 미루어 예로 공경하는 도가 마땅히 이와 같지 않을까 걱정됩니다. 중신(重臣)이 떠나는 것을 또 어찌 괴이하게 여길 수 있으며, 정초(旌招)[98]의 번거로움 또한 어찌하여 허명으로만 얽어매려고 하

97 서제(書題) : 조선 시대에 중앙 관아에 속하여 문서의 기록과 관리를 맡아보던 하급 구실아치인 서리(書吏)를 가리킨다.

98 정초(旌招) : 학덕이 높은 선비를 과거를 거치지 않고 유림(儒林)의 천거로 벼슬을 제수하고 부르는 일을 이른다. 정(旌)은 꿩의 깃털을 깃대 끝에 단 기를 말하는데, 고대에 대부(大夫)를 부를 적에 정을 사용한 데서 유래하였다. 《맹자》 〈만장 하(萬章下)〉에, "서인은 전(旃)으로 부르고, 사는 기(旂)로 부르고, 대부는 정(旌)으

십니까. 신(臣)은 삼가 전하를 위해 애석하게 여깁니다.

주상이 넉넉한 비답을 내려 장려하였다. 드디어 대청(臺廳)에 나아가 논계(論啓)하기를, 전번(典藩) 아무개와 수토(守土 수령) 아무개가 직분을 소홀히 한 상황 및 토포사(討捕使)와 포도대장(捕盜大將) 등이 인명(人命)을 마음대로 죽인 죄를 아뢰어 혹 파직하기를 청하고 혹 나추(拿推 연행하여 추문(推問)함)하기를 청하였다. 인하여 선혜청(宣惠廳) 방납(防納 대납(代納))의 폐단 및 논사(論思)[99]의 신 아무개가 비로소 주상께 어려운 일을 실행하도록 요구하는 소장(疏章)을 진상(進上)한 것을 진술하였다. 곧이어 스스로 허물을 책임지고 사죄하였으며, 유신(儒臣)이 임금을 보좌하여 인도하는 체(體)가 아니라고 하여 또한 체직되기를 청하였다. 당시 대신 총재(冢宰)가 앞의 상소 때문에 책임을 지고 사직하였고, 또 호남 백(湖南伯 전라 감사(全羅監司))이 체직을 청하였으나 윤허하지 않았다. 공이 글을 올려 스스로 탄핵하고 어버이의 병환 때문에 사직서를 올리고 휴가를 얻어 향리로 돌아왔다.

수찬(修撰) 아무개가 또 상소하여 배척된 사람을 구원하였는데, 인하여 공을 논척하니 주상이 명하여 아무개의 관직을 빼앗게 하였다. 무오년(1738, 영조14) 봄 이전 관직으로 불렀으나 공은 혐의를 피하여 부임하지 않았다. 상소문[100] 말미에 권면하고 경계

로 부른다.〔庶人以旃, 士以旂, 大夫以旌.〕"라고 하였다.

99 논사(論思) : 의논하고 사색하는 것인데, 임금이 근신(近臣)들과 학문을 토론함을 가리킨다. 조선 시대에는 주로 홍문관(弘文館) 관원의 직책을 뜻한다.

하는 말을 진술하였으니, 그 대략은 다음과 같다.

무릇 임금은 하늘을 대신하여 사물을 다스리니 임하는 바는 천위(天位)이며, 다스리는 바는 천직(天職)입니다. 그래서 나의 기운이 순하면 천지의 기운도 또한 순하며, 나의 기운이 온화하면 천지의 기운도 또한 온화합니다. 무릇 기함(機緘)[101]을 파악하여 화육(化育)에 참여하여 돕는 바의 공은 진실로 천지가 개벽하여 혼돈(混沌)을 넓혀 맑게 하는 뜻이 있고, 정령(政令)의 시행과 조치로 억지로 할 수 없으며 언어사기(言語辭氣)로 빌릴 수 없는 점이 있습니다. 실심(實心)으로 실사(實事)를 행하여 마치 천지가 지성(至誠)하여 쉼이 없고 순일(純一)하여 간단이 없는 것과 같게 한 그런 뒤라야 비로소 여기에 참여할 수 있습니다.

삼가 바라건대 전하께서는 하늘의 강건(剛健)함과 땅의 유순(柔順)함을 법칙으로 삼아 사물을 응접할 때에 수식함을 일삼지 말고 오랫동안 함을 견지하여 한결같이 진실무망(眞實无妄)함으로 마음에 주장함을 둔다면, 전하의 심천(心天 마음)이 먼저 절로 열려 현기(玄機 현묘(玄妙)한 이치)가 묵묵히 운행되고 신화(神化)가 사방으로 흐름에 천도(天道)는 말하지 않아도 세공(歲功)이 절로 이루어져 천지 사이에 가득한 형형색색(形形

100 상소문 : 《우천집(牛川集)》 권3 〈유환후청체소(由還後請遞疏)〉이다.

101 기함(機緘) : 기관(機關)에 묶여 있는 것으로, 사물을 움직여 발생하게 하고 변화하게 하는 긴요한 구석, 관건(關鍵)을 말한다.

色色)의 모든 것이 천지개벽의 효과를 입지 않음이 없는 것과 같음이 있습니다. 당의(黨議)가 어긋나고 빗나가며 재이(災異)가 거듭됨에 이르러서도 다만 햇살에 드러난 눈[102]과 같을 것이니 어찌 성대(聖代)의 누가 되겠습니까. 그렇지 않고 실공(實工 실지공부(實地工夫))을 변모(弁髦)[103]처럼 여겨 다만 입으로 말만 하여 억지로 이름하여 개벽이라 하는 것도 또한 말단입니다.

주상이 넉넉한 비답을 내려 사직하지 말고 올라오도록 하였다.

3월 다시 지평에 제수되었으나 사양하고 부임하지 않았다. 체직해 줄 것을 빌고 인하여 양역(良役), 군정(軍政), 환곡(還穀), 형옥(刑獄), 역로영로(驛路嶺路)의 폐단[104]을 진술하였다. 또 말하기를,[105] "지금 한두 신하의 소계(疏啓) 때문에 정승〔元輔〕들은 손

102 햇살에 드러난 눈 : 원문은 '견현지설(見晛之雪)'로, 소인들이 득세하다가 몰락하는 것을 말한다. 《시경(詩經)》 소아 〈각궁(角弓)〉에 "눈이 펑펑 쏟아져도 햇빛 보면 사라진다.〔雨雪瀌瀌, 見晛日消.〕"라고 한 데서 나온 말이다.

103 변모(弁髦) : 변(弁)은 치포관(緇布冠)으로, 관례(冠禮)를 행하기 전에 잠시 쓰던 갓을 뜻하고 모(髦)는 총각의 더벅머리를 뜻한다. 관례가 끝나면 모두 소용없게 되므로, 전하여 쓸데없는 물건을 비유하는 말로 쓰인다.

104 양역(良役)……폐단 : 〈지평사직소(持平辭職疏) 재소(再疏)〉에 "무릇 이 양역의 폐단, 군정의 폐단, 전정의 폐단, 환곡의 폐단, 형옥의 폐단, 역로영로의 폐단 등 대여섯 조목의 경우, 말은 진부하고 쓸데없으며 잡되고 좀스럽지만 실로 군무와 국정의 이해와 생민의 화복에 관계된 것입니다.〔凡此良役之弊、軍政之弊、田政之弊、還穀之弊、刑獄之弊、驛路嶺路之弊五六條, 語雖陳冗猥瑣, 實係軍國之利害、生民之休戚.〕"라고 하였다.
역로영로(驛路嶺路)의 폐단은 산봉우리에 역로가 있는 경우, 수령이나 관리들이 수레나 가마를 타고 가면서 발생하는 여러 가지 폐단을 말한다.

황(遜荒)[106]하고 전지(銓地 전선(銓選)을 맡은 이조(吏曹)·병조(兵曹)를 가리킴) 또한 텅 비어 전하의 조정이 또 안정치 못합니다. 설령 대신 중신들이 과오가 있더라도 마땅히 부지런히 허물을 지적해 주고 공손하게 협력하여 괴장(乖張 틀리거나 어긋남)하거나 반환(泮渙 해이해짐)에 이르는 경우는 없어야 합니다. 그러나 지금 그 소계(疏啓)가 오로지 경알(傾軋 간계를 부려 모함함)을 일삼으니, 의지하고 믿을 만한 원로(元老)들이 조정에서 편안치 못합니다. 아무개 등이 죄를 지은 것이 어떠한가 같은 것에 이르러서는 지금에 와서 일이 지나간 뒤에 소급하여 제기하니,[107] 또 어찌 그리도 기탄(忌憚)함이 없는지요. 저 연석(筵席)에서 진언(進言)한 것은 그 뜻이 경계하고 면려함에 있는데, 다만 한 구절의 말만 끌어와서

105 또 말하기를 : 이 내용은 《우천집(牛川集)》 권3 〈지평사직소(持平辭職疏) 재소(再疏)〉에 실려 있으며, 5월에 올린 것이다.

106 손황(遜荒) : 난리를 피해 은둔한다는 의미이다. 《서경》 〈미자(微子)〉에 "부사여, 소사여, 우리가 미친 짓을 발출하기에 우리 국가의 노성한 사람들이 황야로 도망한다.〔父師少師, 我其發出狂, 吾家耄, 遜于荒.〕"라고 하였다.

107 아무개……제기하니 : 〈지평사직소(持平辭職疏)〉에는 "윤급(尹汲) 등이 죄를 지은 것이 어떠한가 같은 것에 이르러서는 지금 일이 지나간 뒤에 소급하여 제기하니……〔至如尹汲等負犯何如, 而至今追提於事往之後……〕"라고 하였다.
윤급(尹汲, 1697~1770)의 본관은 해평(海平), 자는 경유(景孺), 호는 근암(近庵), 시호는 문정(文貞)이다. 영조의 탕평책을 반대하다 여러 번 파직 또는 좌천되었으나 계속 재기용되어 이후에도 이조 판서·한성 판윤·좌참찬 등을 지내고 기로소(耆老所)에 들어갔다. 저서에 《근암집(近庵集)》 등이 있다. 1725년(영조1) 11월에 행한 정시(庭試)에 입격한 윤급(尹汲)이 비봉(秘封)에 나이와 주거지(住居地)를 쓰지 않아서 삭과(削科)당하였는데, 채응복(蔡膺福)이 상소를 올려 그의 복과(復科)를 청한 사실이 있다. 《국역 영조실록 1년 11월 8일》

영합하고 아첨하는 것이라고 배척합니다. 이것은 좋은 습속이 아닌데도 성상(聖上)께서 이로 인하여 매우 괴로워하십니다. 여러 신하들의 유배가 끊이지 않고, 국청(鞫廳)을 열라는 명이 내려오자마자 곧바로 중지되니, 저 국청이 어떤 거조(擧措 무엇을 처리하기 위한 조치)이기에 이와 같이 사령(辭令)의 사이에서 가벼이 언급한단 말입니까. 전하께서는 이 점에서 또한 중도에서 지나침을 면치 못할 것입니다. 신은 그 말이 한 번 바뀌고 거듭 변함에 갈등이 층층으로 생겨나 그 끝이 어떤 지경에 이르게 될지 예상할 수 없습니다. 세도(世道)를 염려함에 근심과 탄식을 이기지 못하겠습니다. 삼가 바라건대 전하께서는 성(誠)으로 임하시고 정(靜)으로 진무하신다면, 크게 무너지고 어지러워지는 지경에 이르지는 않을 것입니다."라고 하였다.

공이 전후로 논핵(論劾)한 사람은 모두 당시의 권귀(權貴)들이었기에 혹자가 공을 위하여 위험하게 될 것이라 생각하였는데, 공이 말하기를, "일에 따라 경계의 말을 올리는 것은 대각의 본분이니, 어찌 이 한 몸의 이해 때문에 회호(回互 말을 빙빙 돌림)하는 바를 두겠습니까."라고 하였다. 주상이 처음에는 혹 윤허하지 않았으나 뒤에 공이 차자를 소매에 넣어 와 진계(陳啓)할 때, 대신(大臣) 가운데 공이 탄핵한 이를 신구(伸救 호소하여 구원함)하는 말이 있었으나 공은 더욱 힘껏 간쟁하는 것을 보고는 웃으며 말하기를, "대신(臺臣)이 본분(本分)을 지키는 것을 과인이 마땅히 힘써 따라야 할 것이다."라고 하였다.[108] 공이 물러남에 이르러 주

108 대신(大臣)……하였다 : 채제공(蔡濟恭)의 《번암집(樊巖集)》 권50 〈통정대부

상이 눈짓하며 말하기를, "이미 대신(臺臣)의 풍채(風采)를 이루었구나."라고 하였다.

하루는 어떤 사람이 대신의 뜻을 가지고 와서 말하기를, "아무 고을의 현령이 천류(賤流)로 가마를 탔으니 사헌부에서 마땅히 탄핵하여 체직시켜야 한다."라고 하였으나, 공이 대답하지 않았다. 사람들이 그 까닭을 물으니, 공이 말하기를, "아무개가 비록 못난 사람이지만 또한 한 사람의 천류에게 대간(臺諫)의 위엄을 일으키는 것이 부끄럽다."라고 하였다. 대신이 그 말을 듣고는 혀를 내두르며 말하기를, "내가 망녕되이 말한 것이 부끄럽도다."라고 하였다. 이로부터 좋아하지 않는 자들이 많아져 많은 단서로 무고를 얽으니, 의금부(義禁府)에서 신문(訊問)하라는 명이 있기에 이르렀다. 공이 원정(原情)[109]을 올려 풀려날 수 있었다.

경신년(1740, 영조16) 경성 판관(鏡城判官)에 제수되었으나, 어버이의 병 때문에 사양하고 부임하지 않았다. 신유년(1741, 영조17) 겨울 정언(正言)에 제수되었으나, 외부에 있다는 이유로 체직되었다. 12월 정언에 제수되었으나, 상소로 논핵함을 받았기에 부임하지 않았다. 임술년(1742, 영조18) 여름 보령현(保寧縣)을 맡아 다스렸는데, 판여(板輿)를 받들고[110] 임지로 갔다. 정사를

수 황해도 관찰사 정공 묘갈명(通政大夫守黃海道觀察使鄭公墓碣銘)〉에는 "대신 가운데 비록 탄핵받는 이를 신구하는 이가 있었으나, 공이 간쟁하기를 힘써 하니, 주상이 웃으며 말하기를, '본분(本分)을 지키는 것을 과인이 마땅히 힘써 따라야 할 것이다.' 하였다.〔大臣雖伸救被劾者, 公爭之力. 上笑曰, 臺臣得體, 予當勉從.〕"라고 하였다.

109 원정(原情) : 억울한 사정을 임금에게 호소하는 글을 말한다.

110 판여(板輿)를 받들고 : '판여(板輿)'는 노인용 가마를 뜻하는데, 주로 지방관으

함에 한결같이 지극한 정성으로 하고 해민(海民)이 바치는 세금을 한결같이 모두 줄여 주었다. 당시 방백 이종성(李宗城)[111]이 공의 고을 다스림에 깊이 감복하여 백성들에게 폐가 되는 바를 요청하면 모두 들어주었다. 겨울에 체직되어 향리로 돌아왔다.

갑자년(1744, 영조20) 지평에 제수되었으나, 지난해 만났던 사람의 말 때문에 사직하고 부임하지 않았다. 상소하여 당론(黨論)의 폐단을 진술하여 말하기를, "전하께서 당론(黨論)을 혁파하고자 하여 신한(宸翰 임금의 어필)을 친히 쓰시어 심곡(心曲)을 크게 펴서 위로 태묘(太廟)에 아뢰고 아래로 팔방(八方)에 선포하여 온 나라와 함께 다시 시작하려 하였습니다. 이는 진실로 왕첩(往牒 사서(史書))에서는 듣기 어려운 바입니다. 오늘날 신하 된 자들이 마땅히 해야 할 바는 우러러 성상의 뜻을 체득하여 마음을 고치고 생각을 바꾸어 새롭게 하는 교화를 돕는 것인데도 어찌하여 용의(用意)가 더욱 정성스러울수록 식효(食效 효과)는 더욱 요원하여 문호(門戶)의 분열이 예와 같으며 세상의 어지러움이 더욱 심하단 말입니까. 이는 다만 전하의 건극(建極)[112]하는 공부가 지

로서 늙은 부모를 효성으로 모시는 것을 비유한다. 진(晉)나라 반악(潘岳)이 장안령(長安令)으로 옮겼다가 박사로 제수되자 벼슬을 버리고 〈한거부(閑居賦)〉를 지었는데, "태부인을 마침내 판여에 모시고 가벼운 수레에 오르시게 한 뒤 멀리는 궁성을 유람하고 가까이는 집안 뜨락을 소요하게 해 드린다.〔太夫人乃御板輿, 升輕軒, 遠覽王畿, 近周家園.〕"라고 하였다. 《晉書 卷55 潘岳列傳》

111 이종성(李宗城) : 1692~1759. 본관은 경주(慶州), 자는 자고(子固), 호는 오천(梧川), 시호는 효강(孝剛)에서 문충(文忠)으로 바뀌었다. 1728년 이인좌(李麟佐)의 난이 진압된 후에 영남 어사로 파견되었고 그 뒤 좌의정, 영의정을 역임하였다. 문집에 《오천집(梧川集)》이 있고, 장조(莊祖)의 묘정에 배향되었다.

극하지 않고 다만 정책을 시행하는 사이에만 자잘하게 신경 쓰기 때문입니다. 무릇 인심(人心)이 함께 옳다고 여기는 바를 국시(國是)라 하지만, 천하의 의론은 일정함이 없어 때때로 한때에 확정되지 않아 후세의 논의를 기다린 뒤에 확정되는 경우가 있습니다. 신은 생각건대 오늘날의 급한 일이 아닌 것은 일단 확정하지 않고 분별하지 않는 것으로 놓아두고 백세(百世) 뒤의 공의(公議)를 기다려서 황극(皇極)을 세우는 정사에 힘쓰고 붕비(朋比 붕당(朋黨)을 지어 자기편을 두둔함)를 여는 습속을 흩어 버리는 것이 진실로 제왕의 성절(盛節)이 될 것입니다."라고 하였다.

또 서원(書院)을 훼철하는 일을 언급하여 말하기를, "전하께서 서원의 폐단에 대해 깊이 살피시고 통렬히 징계하여 전후로 영갑(令甲 법령)을 내리신 것이 한두 번에 그치지 않았습니다. 금년에 이르러서는 끝내 서원을 훼철하고서야 그만두고자 하십니다. 저 신민(臣民)이 되어서 금지하는 것을 범하는 자는 진실로 죄를 주어야 합니다. 그러나 폐단을 바로잡으려는 극단(極端)에는 왕왕 중도를 지나치는 일이 있으니, 성덕(聖德)에 허물이 됨이 적지 않을까 두렵습니다. 오늘날 임궁(琳宮)과 범우(梵宇)[113]가 산천에서

112 건극(建極) : 군주가 인륜(人倫)의 모범을 보여 백성들의 표준이 되는 것을 말한다. 《서경(書經)》 〈홍범(洪範)〉에서 천하를 다스리는 아홉 가지 큰 요체인 홍범구주(洪範九疇)를 말하면서 그 다섯 번째로 "표준을 세우되 황극으로써 한다.〔建用皇極〕" 하였고, 그 주에 "극이란 북극(北極)의 극과 같이 지극하다는 뜻이요 표준이라는 명칭이니, 나라 중앙에 세워져 사방의 표준이 되는 것이다." 하였다.

113 임궁(琳宮)과 범우(梵宇) : 임궁은 도가(道家)의 사원이고, 범우는 불교의 사찰이다.

빛나고 승방(僧房)과 니원(尼院)이 교관(郊關)[114]에 나열되어 있으니, 그것이 국가에 폐단이 되고 생민들에게 해가 됨이 어찌 다만 지금 이른바 사당과 서원이란 것과 같겠습니까. 그러나 조정에서 명령을 내려 금지했다는 말을 듣지 못했습니다. 오직 저 각도(各道)의 사당과 서원 같은 경우, 그것이 과연 비록 선현을 제향하는 데 모두 합당한지는 알 수 없습니다. 그러나 유궁(儒宮)이라 이름하고 현사(賢祠)라고 게시하였으니, 그 당우(堂宇)를 모두 훼철하고 그 사판(祠版)을 모두 땅에 묻는다면 성대의 좋은 기상(氣像)이 절대 아닙니다. 신은 생각건대, 무릇 금지하는 것을 무릅쓰고 창건하는 경우는 그 방백(方伯)과 수령(守令)을 조사하여 파직하고, 먼저 의논을 일으킨 유생을 적발하여 죄를 준다면 불가한 바가 없을 것입니다. 이미 설립한 서원의 경우는 일단 그대로 보존하고, 금지하여 막는 것을 엄하게 하여 훗날 깎여 없어지지 않을 삼척(三尺)[115]의 법을 세우신다면, 아마 일의 마땅함에 부합할 것입니다."라고 하였다. 소장(疏章)이 이미 상달되어 체직되었으나, 공은 뜻을 철회하지 않았다.

을축년(1745, 영조21) 겨울 정언에 제수되자 병인년(1746, 영조22) 봄 사은숙배하였으나, 어버이의 병 때문에 사직하고, 인하여 굶주린 백성을 진휼하고 묵은 전답을 조사하며 궁결(宮結)[116]

114 교관(郊關) : 도성(都城)을 에워싼 교외 지역을 방어하는 관문(關門)을 말한다.

115 삼척(三尺) : 나라의 법령을 말한다. 한(漢)나라 때 석 자 되는 죽간(竹簡)에 법령을 기록하였으므로 이렇게 말하는 것이다.

116 궁결(宮結) : 각 궁(宮)에 내려 준 결세(結稅)이다. 궁(宮)이란 대군(大君)·

을 줄여 줄 것을 청하였다. 또 하맹춘(何孟春)[117]의 고사에 의거하여 당시에 급히 힘써야 할 다섯 가지 조목을 나열하여 말하기를, "사치를 금하고, 상벌(賞罰)을 신중하게 하고, 쓸데없는 비용을 줄이고, 청납(聽納 신하의 말을 받아들임)을 넓히고, 재세(災稅 재해를 입은 지역의 세금)를 면제하십시오."라고 하고 인하여 말하기를,[118] "나라를 다스리는 도는 백성을 편안케 하는 데 있으며, 백성을 편안케 하는 책임은 조정에 있습니다. 조정이란 것은 사방

왕자군(王子君)·공주(公主)·옹주(翁主)의 집이고, 결세(結稅)는 토지의 결복(結卜)에 의하여 매기는 조세(租稅)이다.

117 하맹춘(何孟春) : 저본에는 '河孟春'으로 되어 있으나, 《명사(明史)》 권304 〈환관열전(宦官列傳)〉에 의거하여 수정하였다. 하맹춘(何孟春, 1474~1536)은 명나라 때의 학자로 자는 자원(子元), 호는 연천(燕泉)이다. 이부 시랑(吏部侍郎)을 지냈다. 저서로 《여동서록(餘冬序錄)》, 《가어주(家語註)》, 《하문간소의(何文簡疏議)》 등이 있다. 명(明)나라 세종(世宗)은 헌종(憲宗)의 손자인 홍헌왕(興獻王)의 장자(長子)인데, 무종(武宗)이 후사가 없이 죽자 양정화(楊廷和) 등이 태후(太后)의 명을 받들어서 세종을 맞아들여 무종의 종제(從弟)라는 신분으로 황제(皇帝)의 자리에 오르게 했다. 세종은 황제가 된 뒤 친부(親父)인 홍헌왕의 전례(典禮)를 의논하도록 명하였는데, 양정화 등이 한(漢)나라 정도왕(定陶王) 및 송(宋)나라 복왕(濮王)의 고사를 인용하여 무종을 고(考)라 칭하고 홍헌왕을 숙부(叔父)라 칭하라고 의논을 올렸다. 그러자 세종은 "부모를 어떻게 서로 바꿀 수가 있는가." 하면서 다시 의논하게 하였다. 그때 마침 진사(進士) 장총(張璁)이 세종의 뜻에 영합하는 상소를 올리자, 세종이 기뻐서 그 상소대로 홍헌왕을 고(考)라고 칭하니, 계악(桂萼) 등의 무리가 세종의 뜻에 영합하였다. 이에 하맹춘 등이 대궐 뜰에서 통곡하며 반대하니, 세종이 대로하여 하맹춘 등 220명을 죄주었는데, 곤장을 맞고 죽은 자가 18명이나 되었다. 《史略 卷9 世宗肅皇帝》

118 말하기를 : 이 상소는 《우천집》 권4 〈정언사직소(正言辭職疏) 병인이월(丙寅二月)〉에 실려 있다.

(四方)의 근본이니, 조정이 편안하지 않으면서 사방이 편안한 경우는 있지 않습니다. 지금 한 나라의 백성으로 한 시대에 나란히 살면서 무릇 조정에서 벼슬하는 사람은 모두 우리의 형제입니다. 그런데도 지역과 경계를 나누어 마치 이역(異域)처럼 나누어져 피차간에 서로 경도되기도 하고 탈취하기도 하여 상대방을 살피는 데 지혜와 힘을 다하여 형체가 없는 데서 풍랑이 일어납니다. 심지어 묘당(廟堂)의 계책에 이르러서도 모두 당론에 의해 결정되니 전석(前席)[119]에 지척(咫尺)의 거리로 가까이 다가가는 것이 모양새가 좋지 않으며 전하를 청납(聽納)에 현혹(眩惑)되고 정진(靜鎭)에 피로하게 하여, 정히 폭풍에 부서진 배가 좌우로 키를 안정시켜도 정박할 바를 알지 못하는 것과 같으니, 전하의 조정이 평안하겠습니까, 평안하지 않겠습니까. 신은 청컨대 전하께서 마땅히 건극(建極)의 정사에 힘써 회극(會極)[120]의 오묘함에 이르기

119 전석(前席) : 임금이 신하의 이야기를 더 잘 들으려고 앞으로 나와 바짝 다가 앉는다는 의미로 임금의 총애를 받음을 뜻한다. 한(漢)나라 가의(賈誼)가 좌천되어 장사왕(長沙王)의 태부(太傅)로 있다가 일 년 남짓 만에 소명(召命)을 받고 조정으로 돌아오니, 문제(文帝)가 선실(宣室)에서 그에게 귀신의 본원(本源)에 대해 물었다. 이에 가의가 귀신의 유래와 변화 등을 자세히 이야기하느라 시간이 한밤중에 이르렀는데도, 문제가 그 이야기에 빠져 자신도 모르게 자리를 앞으로 당겨 몸을 가의 가까이로 다가갔다는 이야기가 전한다. 《史記 卷84 賈誼列傳》

120 회극(會極) : 왕도(王道)를 지켜 공평무사한 정치를 하게 되면 인심이 임금에게로 귀의하여 오게 된다는 뜻이다. 《서경》〈홍범(洪範)〉에 "편벽됨이 없고 편당함이 없으면 왕의 도가 탕탕(蕩蕩)하며, 편당함이 없고 편벽됨이 없으면 왕의 도가 평평(平平)하며, 상도(常道)에 위배됨이 없고 기울어짐이 없으면 왕의 도가 정직(正直)할 것이니, 그 극(極)에 모여 그 극에 돌아올 것이다.〔無偏無黨, 王道蕩蕩; 無黨無偏, 王道平平; 無反無側, 王道正直, 會其有極, 歸其有極.〕"라고 하였다.

를 기약하여 조정을 평안하게 한 연후라야 사방이 평안할 수 있을 것입니다."라고 하였다.

또 말하기를, "천하의 일이 지극히 많지만 국가의 흥망이 관련되는 바와 인심(人心)이 가장 우러러 바라는 바는 진실로 동궁을 가르쳐 인도하는 일보다 중요한 것이 없습니다. 오직 우리 동궁 저하께서는 슬기로운 자질을 타고 나시어 아름다운 명성이 일찍 드러났습니다. 오직 하늘과 오직 조종(祖宗)이 종묘사직을 도우시어 동궁 저하의 질병이 빨리 회복되니, 중륜(重輪)과 소해(小海)[121]는 이에 무한한 경사를 두터이 하고 갑관(甲觀)과 주연(胄筵)[122]은 정히 예교(豫敎 태자(太子)를 미리부터 가르치는 것)의 공부를 좋게 하였습니다. 무릇 효성과 어짊, 의로움과 예절, 동작과 언어

121 중륜(重輪)과 소해(小海) : 동궁의 덕을 상징한다. '중륜'은 해와 달의 가장자리에 나타나는 둥근 빛으로, 동궁의 덕을 상징한다. 후한(後漢) 명제(明帝)가 태자로 있을 때 악공이 〈일중광(日重光)〉, 〈월중륜(月重輪)〉, 〈성중휘(星重輝)〉, 〈해중윤(海重潤)〉이라는 4장의 노래를 지어 태자의 덕을 찬미한 데에서 유래하였다. 천자의 덕이 해처럼 빛나고 달처럼 둥글고 별처럼 찬란하고 바다처럼 윤택한데, 태자의 덕도 여기에 비견되기 때문에 중(重)이라는 글자를 더한 것이라고 한다. 《古今注 卷中 音樂》
'소해'는 동궁의 덕을 상징하는데, 임금의 덕을 대해(大海)에 비유하기 때문에 그렇게 말한 것이다.

122 갑관(甲觀)과 주연(胄筵) : '갑관'은 '갑관(甲館)'으로도 쓴다. 한(漢)나라 때의 누관(樓觀) 이름으로, 원제(元帝)가 태자궁에 있을 때 성제(成帝)가 갑관 화당(畫堂)에서 태어나 적황손(嫡皇孫)이 되었다. 성제가 3세 되던 해에 조부인 선제(宣帝)가 죽고 원제가 제위에 오르자 갑관 화당에서 태어난 성제가 태자가 된 고사에서 유래하여 태자의 전고로 쓰인다. 《漢書 卷10 成帝紀》
'주연'은 왕세자(王世子)가 독서·강론하는 자리이다. 서연(書筵)·이연(离筵)이라고도 한다.

에 있어서 전하께서는 이미 몸소 가르치는 방법을 극진히 하셨고, 또 유교의 학술이 있으면서 유일(遺逸)한 기로(耆老)와 석인(碩人)을 뽑아 춘방(春坊)의 여러 신하들과 함께 날마다 좌우에서 동궁 전하를 모시게 하니, 다만 개강(開講)하여 논설(論說)할 뿐만 아니라 또한 모름지기 일에 따라 규익(規益 경계하여 보익함)함이 있습니다. 내관(內官)과 설어(褻御)[123] 같은 신하에 이르러서는 그 형세가 친해지기 쉬우며 그 말이 받아들여지기 쉽습니다. 만약 적임자를 얻는다면 아침저녁으로 태자를 깨우쳐 인도하는 공을 외정(外庭)의 신하와 비교해 보면 일은 반만 하고도 공은 배가 된다고 말할 수 있을 것입니다. 옛날 황조(皇朝 명나라)의 효종(孝宗)이 담길(覃吉)[124] 한 사람을 얻어 홍치(弘治)의 아름다운 정치의 기초를 마련하였고, 무종(武宗)이 동궁(東宮)에 있을 때 함께 놀며 잔치하고 생활하던 사람인 마영성(馬永成)과 유근(劉瑾)[125]의 무리가 끝내 유련(流連)[126]으로 귀결됨을 면하지 못하였

123 설어(褻御) : 임금을 가까이에서 모시는 사람을 가리킨다. 저본에는 '지어(贄御)'로 되어 있는데, 뒷구의 '기언이입(其言易入)'이란 표현을 보면, 《국어(國語)》 〈초어 상(楚語上)〉에 "옛날에 위 무공(衛武公)은 침궁에서는 설어의 잠언(箴言)을 들었다.〔居寢有褻御之箴〕"라고 한 데서 온 말로 생각된다. 그래서 수정하였다.

124 담길(覃吉) : 명나라의 환관(宦官)으로, 효종(孝宗)의 사부이다. 홍치(弘治)의 시대에 정치가 순미(醇美)하고 군덕(君德)이 청명(淸明)함은 모두 담길의 도움 덕분이라고 평가한다. 《明史 卷304 宦官列傳》

125 마영성(馬永成)과 유근(劉瑾) : 명(明)나라 무종(武宗) 때 총애를 받은 환관으로, 무종에게도 신임을 받아 조정을 쥐고 흔들었으나, 나중에 반역을 도모하다가 처참된 인물들이다. 무종은 명나라 제10대 황제로, 연호는 정덕(正德)이고 재위 기간은 1505～1521년이다.

으니, 이것이 지난 일 가운데 징험할 수 있는 것입니다. 삼가 바라건대 성명(聖明)께서는 염두에 두십시오."라고 하였다. 인하여 대신(臺臣)이 규정을 넘어 의금부에서 추국한 잘못을 논하니, 주상이 말하기를, "이 사람은 용모가 볼품없지만 정신이 살아 있어 상소문에서 한 말이 대신의 본분을 얻었도다."라고 하고 즉시 넉넉한 비답을 내렸다.

병인년(1746, 영조22) 3월 이조 좌랑(吏曹佐郎)에 제수되었다. 지난해 겨울 상소문의 끝에서 진술한 바를 잘못이라며 상소하여 논척하는 사람이 있었는데, 주상이 말하기를, "선유(先儒)들도 근습(近習)의 말을 채택하여 쓰라는 말을 하였는데, 정 아무개의 말이 어찌 잘못이겠느냐."라고 하였다. 이해 7월 아버지 동추공(同樞公)의 상을 당하였다. 무진년(1748, 영조24) 삼년상이 끝나자 정언에 제수되었으나, 사양하고 부임하지 않았다. 경오년(1750, 영조26) 가을 지평에 제수되었는데, 그때는 주상이 온양(溫陽)으로 행차하기 하루 전이었다. 공이 연로(沿路)의 벼농사를 수확하지 않았고 날씨가 추워지려 한다며 행차를 멈추도록 청하였으나, 주상은 윤허하지 않았다. 겨울에 충청도 목천 현감(木川縣監)에 제수되었으나, 부임하지 않았다.

신미년(1751, 영조27) 경성 판관(鏡城判官)에 제수되었다. 연

126 유련(流連) : 유람이나 놀이에 빠져 돌아옴을 잊음을 이른다. 《맹자》 〈양혜왕 하(梁惠王下)〉에 "뱃놀이를 하다가 물길을 따라 아래로 내려가서 돌아옴을 잊음을 유(流)라 이르고, 물길을 거슬러 위로 올라가서 돌아옴을 잊음을 연(連)이라 이른다.〔從流下而忘反, 謂之流, 從流上而忘反, 謂之連.〕"라고 한 데서 나왔다.

로한데 먼 곳으로 벼슬하러 가는 것이 힘들다고 말하는 사람이 있었는데, 공이 탄식하며 말하기를, "지난해에 사직하고 부임하지 않았던 것은 어버이께서 살아 계셨기 때문이다. 지금 또 사직하고 피한다면, 이는 임지의 거리로 거취를 결정하는 것이다. 또 관북(關北) 지역이 거듭 기근이 들어 이미 나를 뽑아 임명하는 왕명이 있었으니, 분수와 의리가 있는 바여서 감히 사직할 수 없다." 라고 하고 드디어 부임하였다. 각사(各社)[127]의 굶주린 백성으로 의지할 곳 없는 사람들을 모두 공해(公廨 관아)의 온돌(溫堗)로 와서 살게 하고, 봉급으로 받은 쌀로 죽을 끓여 하루에 두 번씩 제공하였다. 상사(上司)에 신청하여 배로 운송하는 호령(湖嶺 충청도와 경상도의 별칭)의 곡식을 나누어 사방 경계의 백성들을 진휼하게 하였다. 어느 날 조운선(漕運船)이 부서졌다는 보고가 이르자 공은 밥을 먹고 있다가 숟가락을 놓고 밤길을 달려 절도사의 감영으로 갔다. 군량미를 빌려 달라고 청하면서 말하기를, "진휼함이 바야흐로 시급하니, 조금이라도 늦춘다면 백성들이 장차 다 죽을 것입니다. 백성이 없고서 어찌 군대가 있겠습니까. 만약 죄에 대한 책임이 있다면 청컨대 스스로 그 벌을 받겠습니다."라고 하니, 절도사가 처음에는 곤란해하다가 끝내 허락하였다.

매양 나누어 주어 진휼하는 여가에 필마를 타고 어린 종 몇을 데리고 다니며 백성들의 고통을 두루 물었는데, 깊은 산이나 궁벽한 골짜기처럼 먼 데도 가지 않은 곳이 없었다. 관아의 종에게 쌀

127 각사(各社) : 사(社)는 지방 행정구역의 하나로 현(縣)의 아래, 이(里)·촌(村)보다 위의 행정 단위이다.

과 나물, 작은 솥을 지게 하여 굶주려 시체처럼 누워 있는 백성을 만나면 반드시 말에서 내려 죽을 끓여 먹였다. 굶주려서 농사를 지을 수 없는 사람에게도 또한 그렇게 하고 양식을 공급하였다. 들에 한전(閒田 버려진 밭)이 있으면, 곧 면임(面任)[128]과 농관(農官)을 다스려 한 촌(寸)의 땅도 빈 곳이 없게 하였다. 당시에 일로(一路)에 굶주려 죽은 사람이 서로 이어졌으나, 오직 경성(鏡城) 백성들만은 공을 의지하여 평안함이 예와 같았다. 보리가 익은 뒤에 공해(公廨)에 머물던 굶주린 백성들을 파송(罷送)하니, 남녀노소들이 머리를 조아려 감사하고 축원하며, 다투어 나물을 캐 와서 말하기를, "정이 담긴 음식이니 한번 맛보시기 바랍니다."라고 하자 공이 한번 먹었다. 이보다 앞서 이른바 구서(丘鼠)라는 것의 재앙이 심하게는 사람과 물건을 죽이고 해치는 지경에까지 이르렀다. 이 보리가 익을 때에 이르러 백성들이 또 구서를 근심하였는데, 구서가 갑자기 모두 무리를 지어 북쪽으로 향해 가서 강물을 뒤덮고 가 버렸으니, 대개 그쪽 지역에서 온 것이기 때문이다.

경성부(鏡城府) 남쪽 물가에 제방을 쌓아 관개(灌漑)를 편리하게 하고, 비로소 시장을 열어 사람들이 모여들어 교역하기를 마치 남중(南中 경기 이남 지역)에서 하는 것과 같게 하니, 백성들이 매우 편리하게 여겼다. 지친(至親)끼리 서로 소송하는 사람이 있으면 곧 효도와 화목으로 깨우치며 혹 눈물을 흘리기까지 하니, 백

128 면임(面任) : 지방(地方)의 면에서 호적(戶籍) 및 기타 공무(公務)에 종사(從事)하는 사람을 말한다. 지금의 면장에 해당한다.

성들도 또한 감읍(感泣)하며 교화되었다. 만약 공법(公法)에 관련되는 것이라면 조금도 용서하지 않았다.

학교(學校)를 일으키고 군정(軍政)을 닦으며 성첩(城堞)을 보수하는 일을 모두 원대함을 경영하는 계책으로 삼으니, 고을을 다스린 지 2년 만에 정사는 맑아지고 일은 간결해졌다. 관아의 뜰 남쪽 두둑에 국화와 연꽃을 심고 때때로 그 사이에서 휘파람 불고 시를 읊조릴 때는 공무에 얽매인 몸이라는 것도 알지 못했다.

병영(兵營)이 경성부의 성내(城內)에 있었기에 이전부터 하는 일마다 불화가 생기고 아전들도 명을 받들지 않았다. 아침과 저녁 식사는 판관이 반드시 직접 감독하여 병마절도사에게 올렸다. 당시 병상(兵相 병마절도사(兵馬節度使)) 이경철(李景喆)이 공의 정치에 깊이 감복하여 매우 공경스럽게 대우하여 무릇 응접 비용을 일체 경감해 주고, 아침과 저녁 식사를 감독하여 제공하는 것 또한 없애 주었다. 계유년(1753, 영조29) 봄에 수의(繡衣 암행어사)가 포계(褒啓)하였고 감사(監司)도 치행(治行)이 첫째라는 것으로 아뢰니, 주상이 특별히 명하여 품계를 더하여 주었다. 벼슬을 마치고 돌아올 때에 이르러 행탁(行槖 행장을 넣는 자루)이 텅 비었다. 경성 백성들의 상하(上下)가 곳곳에 휘장을 설치하고 술과 고기를 마련하여 전송하였다. 눈물을 흘리며 말하기를, "우리를 살리는 어진 지방관을 다시는 볼 수 없을 것이다."라고 하였다. 당시 방백 윤득재(尹得載)[129]와 황정(黃晸)[130]이 북방에서 조정으로 돌

129 윤득재(尹得載) : 1697~1758. 본관은 해평(海平), 자는 자후(子厚), 호는 응휴(應休)이다. 1736년(영조12) 문과 급제한 후 정언·사서 등을 역임하고, 1741년

아와 사람들에게 거듭 칭찬하며 말하기를, "한(漢)나라 때의 순리(醇吏)를 정 모(鄭某)에게서 보았다."라고 하였다.

갑술년(1754, 영조30) 함경도 온성 부사(穩城府使)에 제수되었고, 을해년(1755, 영조31) 울산 부사(蔚山府使)에 제수되었으나, 모두 부임하지 않았다. 병자년(1756, 영조32) 평안도 초산 부사(楚山府使)에 제수되어 이미 폐사(陛辭 신하가 왕을 작별하고 물러감)하였으나, 주상이 공을 맞이하여 보고는 말하기를, "멀리 서쪽 변방으로 부임하는 것은 영남 사람이 감당할 바가 아니다."라고 하였다. 이날 밤에 승지에 제수되었다. 무릇 7개월 동안 묘신(卯申)[131]의 일에 이바지하였으나, 공은 날마다 의관을 정제하고 꼿꼿이 앉았으며, 전석(前席)을 출입할 때는 자세하고 신중하며 주도면밀하니 동료들도 모두 스스로 공에게 미치지 못한다고 생각하였고, 주상도 또한 자주 칭찬하였다. 복역(覆逆)[132]한 바가 있을

(영조17) 암행어사로 선발되어 충청도에 나가 백성들의 실태와 수령들의 현부(賢否)를 점검하고 남포 지역의 군액이 과다하다는 등의 보고를 하였다. 대사헌·이조판서 등을 지냈고, 청백리에 선발되었다.

130 황정(黃晸) : 1689~1752. 본관은 장수(長水), 자는 양보(陽甫)이다. 1719년(숙종45) 춘당대시(春塘臺試)에 급제했다. 호서 어사로 파견되었으며 예조 참의, 대사간, 함경도 관찰사를 지냈다.

131 묘신(卯申) : 관청에 출근하여 직무에 종사하는 것을 말한다. 옛날에 관리들이 묘시(卯時)에 출사하여 신시(申時)에 퇴근하였다. 《광해군일기(光海君日記)》 4년 4월 17일 기사에 "관사(官司)의 관원은 묘시에 출사하여 유시(酉時)에 퇴근하고, 해가 짧을 때에는 진시(辰時)에 출사하여 신시에 퇴근하는 것이 영갑(令甲)에 실려 있다."라고 하였다.

132 복역(覆逆) : 임금이 내린 명령이 잘못되었다고 여기면, 승정원에서 임금의 뜻

때 다른 사람은 해결할 수 없는 것이라도, 공이 한 번 아뢰면 주상이 곧 윤허하였다.

하루는 주상이 묻기를, "너의 선조 정간공(貞簡公 정탁(鄭琢, 1526~1605))이 임진왜란 때 공훈이 있었는데, 문집과 화상(畫像)이 있느냐?"라고 하니, 대답하여 말하기를, "화상은 집에 있으나, 문집은 아직 간행되지 않았습니다."라고 하였다. 주상이 홍문관(弘文館)에 명하여 《용만문견록(龍灣聞見錄)》[133]을 베껴 올리도록 하고 시신(侍臣)을 돌아보며 말하기를, "아무개에게 한 고을을 주어 그 조상의 유집을 간행하게 하는 것이 옳다."라고 하였다.[134] 또 화상을 진상케 하여 친히 명(銘) 한 편을 짓고 공에게 명하여 화상의 두루마리 상단에 쓰게 하였다. 주상의 은혜와 돌보심이 밝게 빛났고 영광이 조정의 신하들을 감동시켰다.

매번 주상의 어가가 움직일 때면 반드시 공을 임명하여 동조문안사(東朝問安使)[135]로 삼고 말하기를, "내가 이 일〔문안하는 일〕

을 거스르면서 다시 아뢰는 것을 말한다.

133 용만문견록(龍灣聞見錄) : 정탁이 1593년(선조26) 의주에서 왕을 호종하다가 이듬해 영위사(迎慰使)로 명나라 경략 송응창(宋應昌), 도독 이여송(李如松) 등을 영접했는데 그 전말을 적어 왕에게 바친 보고서이다. 머리에서 이 글을 기록하게 된 동기를 간단히 밝힌 다음 이어 동정(東征)에 참가한 명나라 사신 및 장군인 송응창, 이여송, 장삼외(張三畏), 호환(胡煥) 등을 접대한 전말을 상세히 설명했다.

134 주상이……하였다 : 영조의 배려로 정옥이 1759년(영조35) 황해도 관찰사로 나갔을 때 집안에 보관해 오던 정탁의 저술 초고를 바탕으로 유문을 수집, 편차하고 권정택(權正宅), 정밀(鄭宓)과 함께 교정하여 1760년에 해주(海州)에서 목판으로 7권 4책을 간행하였다.

135 동조문안사(東朝問安使) : 동조는 태후가 거하는 궁전을 말한다. 한(漢)나라

및 선온(宣醞)[136]·사찬(賜饌 음식을 내림)[137]을 신칙(申敕)하는 뜻을 별도로 더하여 이미 대왕대비전(大王大妃殿)에 고하였다."라고 하였다. 얼마 뒤 좌승지로 승진하였다. 당시 주상의 건강이 좋지 않자 유신(儒臣)에게 명하여 《자성편(自省編)》[138]을 가지고 입시하게 하였다. 유신이 《자성편》 가운데 성경(誠敬) 두 글자를 인용하여 그 뜻을 설명하고 인하여 정양하고 조섭하는 도리와 백성을 부지런히 돌보는 계책을 진술하였다. 주상이 말하기를, "유신의 말은 관련이 없는 말〔兩截〕이로다."라고 하였다. 공이 나아가 말하기를, "성학(聖學)은 성경(誠敬) 두 글자를 위주로 하니 성왕의 건강을 조섭하고 정양하는 방법에 이르러서도 또한 오직 이

때에 태후가 거처하던 장락궁(長樂宮)이 황제의 거처인 미앙궁(未央宮)의 동쪽에 있었던 데에서 유래한 것이다. 여기서는 숙종(1661~1720)의 계비(繼妃)로 당시 대왕대비인 인원왕후(仁元王后, 1687~1757) 김씨(金氏)를 말한다.

136 선온(宣醞) : 임금이 신하에게 술을 내려 주는 것으로, 내선온(內宣醞)과 외선온(外宣醞)이 있었다. 내선온은 내시가 나가서 전해 주는 것을 말하고 외선온은 승지가 나가서 전해 주는 것을 말한다. 《六典條例 吏典 承政院 儀節》

137 사찬(賜饌) : 임금이 신하에게 음식을 내려 주는 것을 말한다.

138 자성편(自省編) : 《어제자성편(御製自省編)》과 《어제속자성편(御製續自省編)》이 있다. 《어제자성편》은 영조가 53세 되던 해인 1746년(영조22)에 독서와 생활을 통해 느끼고 생각한 바를 모아서 엮은 책으로, 정사의 여가를 틈타 경전과 역대 사서에서 자기 자신을 수양하고 정치를 잘할 수 있게 하는 항목을 뽑아 편찬한 것이다. 내편(內篇)과 외편(外篇) 2책으로 구성되어 있다. 《어제속자성편》은 영조가 66세 되던 해인 1759년에 《어제자성편》과 마찬가지로 독서와 생활을 통해 느끼고 생각한 바를 모아서 엮은 책으로, 영조가 전에 《어제자성편》을 지어 자기 생활에 대한 반성의 자료로 삼았는데 13년이 지나서도 미칠 수가 없어서 누락된 내용을 수집하여 다시 이 책을 지었다고 한다. 《奎章閣韓國本圖書解題 子部 儒家類 御製自省編》

성경(誠敬)에 달렸습니다. 다만 아침과 낮으로 생활하는 즈음과 화려한 궁전[139]에 있을 때에도 성(誠)으로 마음을 보존하고 경(敬)으로 몸을 단속하여 중간에 끊어지거나 태만하여 소홀할 때가 없으면 자연히 심기(心氣)가 화평하여 조섭(調攝)함이 그 마땅함을 얻을 것입니다. 정령(政令)에 발하는 것도 모두 성경(誠敬)에서 나오니 국가가 그것 때문에 안정되고 생민(生民)이 그것 때문에 편안합니다."라고 하였다.

10월 영해 부사(寧海府使)에 제수되었는데, 바로 본도(本道 경상도)의 지구(知舊)들이 사는 고을이었기에 곤궁한 벗들과 가난한 친족들이 날마다 몰려들었다. 공은 관아의 문을 활짝 열고 응접함에 게으르지 않았으나, 재판하는 일에 이르러서는 친족이나 벗이라는 이유로 용서하는 바가 있지 않았다. 백성들에게 농사와 유학을 권장하고 직접 다니며 부지런한지 태만한지를 살핀 것이 한결같이 경성(鏡城)을 다스릴 때와 같았다. 또 삭망 제강법(朔望製講法)을 세워 오래도록 준행(遵行)할 수 있게 하였다. 형옥(刑獄)이 엄정하고 분명하였으며, 세금을 재촉하는 경우에 이르러서는 차라리 상사(上司)에게 죄를 얻을지라도 아랫사람을 매질하지 않았다. 감영(監營)과 병영(兵營)이 전폐(錢弊)[140]를 일으키는 것을 막아 백성을 편하게 하였다.

139 화려한 궁전 : 원문은 '연연확호(蜵淵蠖濩)'로, 화려한 궁전을 뜻한다. 연연확호(淵涓蠖濩), 연연확복(淵蜎蠖伏)이라고도 한다.

140 전폐(錢弊) : 화폐 제도(貨幣制度)의 불비(不備)로 인하여 일어나는 여러 가지의 폐단을 말한다.

정축년(1757, 영조33) 대왕대비의 상[141]을 당하여 공이 진향관(進香官)으로 입시하자, 주상이 빈전(殯殿)에서 공을 맞이하여 보았다. 공이 애도를 표하자 한참 뒤에 주상이 말하기를, "지난해 안부를 묻던 관리가 지금은 향을 올리며 조문하는 관리가 되었구려."라고 하며 오열하기를 그치지 않았다. 공 또한 허리를 굽히고 엎드려 눈물을 흘렸다. 주상이 고을의 일과 농사의 상황을 묻고 말하기를, "잘하였다."라고 하였다. 관아에 돌아가기도 전에 고을의 일[142] 때문에 취리(就理 죄지은 벼슬아치가 의금부에 나아가 심리를 받음)하게 되었는데, 주상이 특별히 용서하고 재촉하여 관아로 돌아가도록 하였다.

기묘년(1759, 영조35) 봄에 임기가 차서 돌아왔다. 주상이 승지(承旨)에게 명하여 영남 지방의 전최(殿最)[143]를 읽게 하였는데,

141 정축년 대왕대비의 상 : 인원왕후(仁元王后) 김씨(金氏)가 1757년(영조33) 3월 26일 세상을 떠난 것을 말한다. 본관은 경주(慶州), 경은 부원군(慶恩府院君) 김주신(金柱臣)의 딸이며 소생은 없다. 휘호(徽號)는 정의장목(定懿章穆), 시호는 혜순자경헌렬광선현익강성정덕수창영복융화정의장목인원왕후(惠順慈敬獻烈光宣顯翼康聖貞德壽昌永福隆化定懿章穆仁元王后)이고, 능호는 명릉(明陵)으로 경기도 고양시(高陽市) 서오릉(西五陵) 묘역 내에 있다. 영조가 직접 지은 행록(行錄)이 《영조실록》에 실려 있다. 《英祖實錄 33年 3月 26日》

142 고을의 일 : 연보(年譜)에 따르면, 적정(糴政) 곧 환곡(還穀)에 관한 사무로, "선생이 장차 심리를 받으려 하자 어떤 벗이 와서 '적정은 거말(居末 : 성적이 평가 기준의 최하위)이니, 어찌 미봉할 방법이 없겠는가.'라고 하였다. 선생이 웃으면서 말하기를 '내 평생 스스로 지킨 것은 다만 그 맡은 일을 제대로 하는 것뿐이다.'라고 하니 말한 사람이 감복하였다.〔先生將就理, 一知舊來曰糴政居末, 豈無彌縫之道乎? 先生笑曰平生自守只事其事耳. 言者嗟服.〕"라고 하였다.

143 전최(殿最) : 포폄(褒貶)이라고도 불렀다. 전최는 관원의 성적을 정기적으로

영해(寧海)의 포목(褒目) 내용 가운데, 유술(儒術)로 다스린 것이고 속리(俗吏)의 규범이 아니라는 것에 이르자 주상이 말하기를, "영해는 작지만 다스리기 어려운 곳이니, 저 같은 사람은 마땅히 방백(方伯)에 등용해야 한다."라고 하고, 여름에 황해 감사(黃海監司)에 제수하였다. 어떤 유신(儒臣)이 상소하여 특별한 은전으로 관직을 제수하는 잘못에 대해 논하였으니, 그 의도가 향하는 바가 있었다. 공이 이로 인하여 소장(疏章)을 올려 힘써 사직하였으나 주상이 윤허하지 않았다. 또 마음을 편치 않게 하는 주상의 명이 있자, 공이 드디어 한성으로 들어가 명을 기다렸다. 주상이 말하기를, "해백(海伯 황해 감사)이 줄곧 버티며 사직을 청하고 있으나 국법으로 임명한 바이니 체직을 허락할 수 없다. 이제 특별히 명하여 외직(外職)에 보임하는데 또 사직할 수 있겠느냐."라고 하였다. 그날 바로 조정을 떠나도록 독촉하고 인하여 활과 화살을 하사하며 말하기를, "나라를 저버리지 말고, 네 선조를 저버리지 말라."라고 하였다. 공이 마지못해 사은숙배하고 부임하였다.

겨울에 전최(殿最)를 봉진(封進)하였는데, 황주 목사(黃州牧使) 이규보(李珪輔)[144]는 하(下)였고, 연안 부사(延安府使) 이휘

평가하는 것을 말하는데, 조선 시대에는 6월과 12월에 행해졌다. 관원에 대한 성적 평가는 각 관사와 각 도에서 계본(啓本)으로 작성하여 올렸는데, 이를 포폄 계본(褒貶啓本)이나 전최 계본(殿最啓本)이라고 불렀다. 포폄 계본에는 소속 관원의 성적을 4자나 8자로 평가한 것과 그 평가에 따라 매긴 등급을 함께 기록하였다. 이때 평가한 글을 제목(題目)이라 하고, 등급을 등제(等第)라고 하였다. 제목은 해당 관원에 대해 좋은 쪽으로 평가하는 내용인 포목(褒目)과 좋지 않은 쪽으로 평가하는 내용인 폄목(貶目)이 있고, 등제는 평가 내용에 따라 상·중·하로 나뉘었다.

지(李徽之)[145]는 중(中)이었다. 주상이 감탄하며 말하기를, "지금 세상에 누가 이 두 사람에게 중(中)과 하(下)의 성적을 줄 수 있겠는가."라고 하였다. 대신(大臣)이 나아가 말하기를, "아무개가 권세 있는 이를 두려워하지 않음이 이와 같으니, 우리 성상(聖上)께서 중요한 지역〔重藩〕을 맡기신 뜻을 저버리지 않을 것입니다."라고 하였다. 주상이 용모를 고치고 말하기를, "정 아무개가 아니면 이와 같이 할 수 없다."라고 하였다. 본도(本道)의 산과 바다의 유리함은 팔로(八路)에서 으뜸이고 도내(道內)의 수재(守宰 수령(守令))가 모두 귀족의 자제들이었기에, 이전의 방백(方伯)들이 모두 그들의 잘못을 덮어 주고 내치지 못하였다.

공은 평소 청렴결백하고 공명정직함으로 이름이 났다. 수령들 가운데 혹 공의 풍도를 바라보고 인끈을 풀고 사직할 뜻을 가지기도 하였으나, 공은 겉치레를 생략하고 정성을 미루어 수령들을 대우하였다.[146] 백성의 일 때문에 요청하는 것은 한결같이 모두

144 이규보(李珪輔) : 1708~1783. 본관은 연안(延安), 자는 중옥(仲玉), 호는 은재(隱齋)이다.

145 이휘지(李徽之) : 1715~1785. 본관은 전주(全州), 자는 미경(美卿), 호는 노포(老圃), 시호는 문헌(文憲)이다. 좌의정 관명(觀命)의 아들로, 1735년(영조11) 진사에 급제하고 음보(蔭補)로 목사(牧使)를 지냈다. 1766년 정시 문과에 급제, 이조 참의를 거쳐 우의정에 올랐다. 1784년 청나라에 사신으로 다녀온 뒤 대제학을 지냈고 기로소(耆老所)에 들어갔다.

146 수령들……대우하였다 : 채제공(蔡濟恭)의 《번암집(樊巖集)》 권50 〈통정대부 수 황해도 관찰사 정공 묘갈명(通政大夫守黃海道觀察使鄭公墓碣銘)〉에는 "귀족 자제들로 수령이 된 자 가운데 공의 풍도를 바라보기만 하고도 벼슬에서 파직될 뜻을 둔 이가 많았으나, 공이 부임해 와서는 곧 겉치레를 생략하고 정성을 미루어 수령들

듣고 시행해 각 고을의 폐단을 제거하여 주었다. 이에 수령들이 모두 일치하여 공의 풍도를 따랐으며, 도민(道民)들 또한 공을 칭송해 마지않았다. 황해도는 풍속이 사나워서 살인 사건에 대한 옥사(獄事)의 체수(滯囚)[147]가 많았다. 공이 날마다 그 사건 서류를 고찰하고 열람하여 무릇 행적은 사형에 해당하는 죄를 범하였더라도 사정에 용서할 만한 점이 있는 사람은 비록 전임 감사가 이미 판결한 것이라 하더라도 평번(平反)[148]하여 생의(生議)[149]에 붙이니 칭송하는 소리가 한 지역에 가득하였다.

1년 동안 칙사의 행차〔勅行〕가 두 번 지나갔는데, 공은 맞이하

을 대우하였다.〔貴遊子弟爲守宰者多有望風解綬之意, 公至則推悃愊以待.〕"라고 되어 있고, 《우천집》 권수(卷首)의 연보에는 "수령들이 혹 공의 풍도를 바라보고 파직될 뜻을 가지기도 하였으나, 선생은 정성을 미루어 대우하였다.〔或有望風解綬意, 先生推誠待之.〕"라고 되어 있다.

147 체수(滯囚) : 죄가 결정되지 아니하여 오래도록 갇혀 있는 죄수를 말한다.

148 평번(平反) : 원죄(冤罪)를 다시 조사하여 무죄로 하거나 가볍게 처결하는 것을 말한다. 《한서(漢書)》 권71 〈준불의전(雋不疑傳)〉에, 한 소제(漢昭帝) 때 준불의(雋不疑)가 경조 윤(京兆尹)이 되어 매양 현(縣)을 순행하면서 죄수들을 조사하고 돌아올 적마다 노모가 불의에게 "이번에는 평번을 해서 몇 사람이나 살렸느냐?〔有所平反, 活幾何人?〕"라고 물었는데, 만일 불의가 평번을 해서 죄를 감해 준 것이 많으면 그의 모친이 기뻐하여 웃으면서 밥도 잘 먹고, 평번한 것이 없을 경우에는 노하여 밥도 먹지 않았다는 고사가 있는데, 그 주에 '번의 음은 번이다.〔反音幡〕'라고 하였다.

149 생의(生議) : 사형에 해당하는 자에게 의심할 만한 단서가 있을 경우 그 형을 경감하여 사형 이하의 형으로 논죄하는 것이다. 《한서(漢書)》 권23 〈형법지(刑法志)〉에 "간악한 관리들이 기회를 잡아 장사하여 죄인을 살리고자 하면 살리는 쪽으로 의론을 붙이고, 죽이고자 하면 사형 죄에 해당하는 안건에 비유한다.〔姦吏因緣爲市, 所欲活則傅生議, 所欲陷則予死比.〕"라는 내용이 보인다.

고 보냄에 접대하기를 한결같이 예(禮)로써 하니 우리 조선 사람으로 나열하여 모시는 사람들이 모두 엄숙히 정돈하여 늘어선 줄에서 벗어나지 않았으며 고요하기가 마치 함매(銜枚)[150]한 듯하였다. 상사(上使) 이하 모두가 더욱 공경하지 않음이 없어 또한 공수(拱手)하고 숨을 죽였다. 조금이라도 시끄럽게 떠드는 사람이 있으면 서로 돌아보고 손을 저으며 그치게 하였다. 접대의 예가 끝나자 칙사가 통사(通使)에게 사례하여 말하기를, "내가 지나온 삼도(三道)는 삼가고 엄숙함이 이 도(道)만 한 곳이 없었으니, 포정사(布政司)[151]는 참으로 대인(大人)이로다."라고 하였다. 이전에는 봉은화(封銀貨)[152]를 선물로 주면 곧 칙사의 마음에 흡족하지 않아 무수히 요구하였으나, 이때에 이르러서는 곧 공손히 받으며 말하기를, "우리들이 어찌 이 도(道)에 폐를 끼칠 수 있겠는가."라고 하니 접반사(接伴使)가 공에 대해 감복하며 말하기를, "어떤 위령(威令)을 시행했기에 전대에 듣지 못한 이런 수준에 이르렀는가."라고 하였다.

본영(本營)은 조빙(朝聘)의 큰길에 위치하여 책응(責應 수요에

150 함매(銜枚) : 군대를 행군할 때 적에게 들키지 않도록 소리가 나지 않게끔 군졸들의 입에 막대를 물리는 것을 말한다.

151 포정사(布政司) : 명 태조(明太祖) 홍무(洪武) 9년(1376)에 원나라의 대행중서성(代行中書省)을 고쳐 승선포정사사(承宣布政使司)로 만든 데서 시작되었다. 13개 성(省)의 정치·재정(財政) 등을 총괄하던 관청으로, 우리나라의 경우 관찰사(觀察使)를 두었던 감영(監營)과 같다. 여기서는 황해 감사를 맡고 있던 정옥을 말한다.

152 봉은화(封銀貨) : 비상시에 대비(對備)하기 위해 쓰지 못하도록 창고에 넣고 굳게 봉하여 움직이지 못하게 한 은화(銀貨)를 말한다.

따라 책임을 지고 물건을 대어 줌)이 많고 번거로웠다. 이전에 은전(銀錢)을 마련해 둔 것은 군수(軍需)와 칙수(勅需 칙사(勅使) 접대에 소용되는 물자)를 위한 것이었으나 유사(有司)가 그 이익을 탐하여 가져다 이자를 불리면서 '공화(公貨)'라고 이름하였다. 공화를 거두어들이고 빌려줄 때, 그 돈이 모두 오랫동안 해독을 끼친 좀벌레 같은 유사에게 돌아가니, 동쪽을 깨트려 서쪽을 막으며 다만 거짓 장부만 붙잡고 있었다. 공이 그 폐단을 자세히 알고 이에 상부의 명령을 받지 않고 재량껏 거두어들이니, 형벌을 번거롭게 사용하지 않고도 액수를 충당할 수 있었다. 드디어 그 악습을 모두 혁파하고 말하기를, "나라에서 이 저축한 은전을 둔 것이 어찌 방백을 위해 화수(貨隧 재화가 통하는 길)를 설치한 것이겠는가. 만약 위급한 일이 있으면 어떤 것을 가지고 조치하겠는가."라고 하였다. 이에 공화(公貨)가 사라져 군수(軍需)와 칙수(勅需)가 이 때문에 넉넉해졌다.

감영의 서쪽에 연당(蓮堂)[153]이 있으니, 바로 인조가 탄생한 곳으로, 세월이 오래되어 기울고 무너졌는데 공이 봉급을 덜어 중수

153 연당(蓮堂) : 우연당(友蓮堂)으로, 《신증동국여지승람》 권42 〈황해도(黃海道)〉 〈안악군(安岳郡)〉 '우연당(友蓮堂)' 조에 "동헌(東軒) 곁에 있는데, 군수 정숙은(鄭叔垠)이 지었다."라고 하였다. 《인조실록》 〈부록〉 인조 대왕 행장(行狀)에, "국왕의 성은 이씨(李氏)이며, 휘(諱)는 모(某)이고 자(字)는 모(某)이니, 원종 공량왕(元宗恭良王)의 큰아들이며 선조 소경왕(宣祖昭敬王)의 손자이시다. 어머니 인헌 왕후(仁獻王后) 구씨(具氏)는 능안 부원군(綾安府院君) 구사맹(具思孟)의 따님인데, 만력(萬曆) 을미년 11월 7일에 황해도 해주(海州)에서 왕을 낳으셨다. 이때 왜구가 침략했기에 모든 궁가(宮家)가 다 해주에 따라갔던 것이다."라고 하였다.

하였다. 공은 여가가 있을 때 빈좌(賓佐)[154]와 함께 이곳에서 휘파람 불고 시를 읊조리다가 돌아왔다. 항상 밭 갈고 수확하는 달에는 말 한 필에 동자 두어 명을 데리고 성곽 밖으로 나가 백성의 풍속〔風謠〕을 관찰하고 농사의 상황을 살폈으나 농부나 야로(野老)들은 관찰사(觀察使)가 지나가는 줄도 몰랐다. 순선(巡宣)[155]할 때도 또한 감사임을 나타내는 깃발〔旗幟〕을 없애고 추종(騶從 수행하는 종)을 단출하게 줄였으며, 혹 푸른 모시옷을 입고 말 한 마리가 끄는 수레를 타고 행차하며 여러 고을에 폐단이 있는 것은 모두 줄여 주었다.

정간공(貞簡公 정탁(鄭琢, 1526~1605))의 유집(遺集)은 전에 주상의 명이 있었기 때문에 이때에 이르러 비로소 간행하였다.[156] 백학(白鶴) 한 쌍을 바친 사람이 있었는데, 학을 뜰에 놓아 둔 지 이미 오래되자 날개깃이 점점 자랐다. 종이 그 날개깃을 자르고자

154 빈좌(賓佐) : 감사(監司), 유수(留守), 병사(兵使), 수사(水使) 등을 따라다니는 비장(裨將)을 말한다. 막비(幕裨), 막객(幕客), 막료(幕僚), 막빈(幕賓), 좌막(佐幕)이라고도 한다.

155 순선(巡宣) : 순(巡)은 순찰의 뜻이고 선(宣)은 왕정을 편다는 뜻으로, 《시경》 〈강한(江漢)〉에 "왕이 소호를 명하여, 와서 왕정을 펴게 하였네.〔王命召虎, 來旬來宣.〕"라고 한 데서 유래하였다. 여기서는 정옥이 황해 감사로서 경내를 순시함을 말한다.

156 정간공(貞簡公)의……간행하였다 : 1756년(영조32)에 저자의 5대손 정옥(鄭玉)이 좌승지(左承旨)로서 입시하였을 때, 영조(英祖)가 정탁의 《용만문견록(龍灣聞見錄)》과 유상(遺象)을 열람하고서 화상찬(畫像贊)을 지어 주며 정옥을 지방관으로 내려보내 유고를 간행할 수 있게 하라고 명하였다. 이에 정옥이 1760년에 해주(海州)에서 목판으로 7권 4책을 간행하였다. 《한국문집총간》 39에 포함되어 있다.

하니 공이 저지하며 말하기를, "날개짓이 더욱 자라는 대로 맡겨 두어 날아가게 하는 것이 옳다."라고 하니, 듣는 사람들이 공이 향리로 돌아갈 뜻이 있음을 알았다.

경진년(1760, 영조36) 12월 모일 감기에 걸려 감영에서 세상을 떠나시니 향년 67세였다. 부고가 나자 한 지역의 백성들이 모두 시장을 파하고 울부짖으며 곡하기를 마치 친척의 상에 슬퍼하는 것과 같았다. 주상은 공이 세상을 떠났다는 소식을 듣고 매우 애도하며 말하기를, "내가 높이 들어 쓰려고 하였는데, 어찌 갑자기 이런 지경에 이르렀단 말인가."라고 하고, 안타까워하는 말씀을 경연의 자리에서 여러 번 내고 해당 관청에 명하여 의례(依例)대로 상례를 돕도록 하였다. 또 전조(銓曹 이조(吏曹))에 명하여 공의 아들이 삼년상을 마치기를 기다려 조용(調用)하게 하였다. 신사년(1761, 영조37) 모월 모일 단양(丹陽) 모향(某向) 언덕에 반장하였다.

공은 타고난 자질이 도에 가까웠으며, 온화하고 윤택하며 화락하고 단아하였다. 신장은 평균치에 미치지 못했지만 앉으나 서나 침착하고 중후하니, 공을 바라보면 덕이 있는 사람임을 알았다. 뜻을 세움이 편안하고 담박하며 마음을 잡음이 어질고 너그러웠다. 입으로는 시비를 따지는 말을 하지 않았으며, 몸은 게으른 모습을 하지 않았다. 평소 생활할 때 심한 병이 아니면 머리 빗고 두건 쓰지 않은 적이 없었으며, 옷깃을 가지런히 하고 단정히 앉아 종일토록 책을 보았다. 피곤하면 다만 눈을 감고 정신을 집중할 뿐이었다. 젊어서부터 늙을 때까지 말을 급하게 하거나 당황하여 얼굴빛을 갑자기 바꾼 적이 없었으며, 자애롭고 겸손하여 쓰러질 듯 그 옷도 이기지 못하는 것 같았으나 마음속의 지조는 매우 확고하였다. 의리가 판가름 나는 곳에 이르면 단칼에 두 동강을 내는 것처럼 굽히거나 흔들리는 바가 없었다.

세상의 재미에 대해서는 그 마음에 담아 둔 바가 일절 없었다. 일찍이 말하기를, "내가 남들보다 뛰어난 점은 없으나, 다만 물욕(物欲)에 대해서는 분수를 헤아려 조금씩 줄여 가며 매양 스스로 점검하여 마음에 부끄러움이 없기를 바랐으나 도리어 학문의 공부에 힘써 그 국량을 확충하지 못하고 늙어 죽음에 이르렀으니 이것이 평생의 한이 된다."라고 하였다. 효우(孝友)의 행실은 천성(天性)에서 나온 것으로, 어버이를 섬김에 사랑과 공경이 모두 지극하여 꾸짖는 소리가 개나 말에게도 이르지 않았다. 아버지 동추공(同樞公)이 풍비(風痺 중풍으로 마비됨)를 앓아 돌아누울 때마다 남의 도움이 필요하였다. 공이 밤낮으로 부축하고 간호하며 곁을 떠난 적이 없었다. 아버지 상을 당함에 이르러서는 이미 불훼(不毁)의 나이[157]가 지났으나 능히 몸을 상하지 않는 한 최선을 다하는 절도를 지극히 하였다. 제전(祭奠)의 여가에 여러 사람들의 예설을 참고하고 열람하여 당시의 이름난 선비들과 의심스러운 절목에 대해서 서신 왕래하여 질정한 뒤에 시행하였다. 비록 영감(永感)[158]의 뒤라도 항상 평소 어버이를 모시고 앉았던 곳에

157 불훼(不毁)의 나이 : 아무리 부모상이라 하더라도 슬픔을 자제하여 몸이 손상되지 않도록 해야 할 나이라는 뜻으로, 60세를 가리킨다. 《예기》 〈곡례 상(曲禮上)〉에 거상(居喪)의 예법에 대해 말하면서 "50세에는 극도로 슬퍼하여 몸을 크게 훼손해서는 안 되고, 60세에는 슬퍼하는 마음을 조금 더 완화하여 몸을 훼손하지 않게 한다.〔五十不致毁, 六十不毁.〕"라고 한 데서 유래한 말이다.

앉았으며, 출입할 때도 방문의 중간으로 다니지 않았다.

날마다 일찍 일어나 가묘(家廟)에 배알하고 초하루와 보름에는 집안의 노소들을 모아 배알하게 하였다. 수일(晬日 생일)에는 술자리 마련하는 것을 금하였고 감영에 있을 때도 또한 본관(本官 사또)이 올리는 음식을 물리쳤다. 어버이의 기일이 되기 3일 전부터 실당(室堂)과 뜰을 물 뿌리고 청소하였으며, 종들에게도 또한 그 의복을 정갈케 하였다. 비록 추운 계절이라도 반드시 목욕재계하고 단정히 앉아 저녁을 지냈으며, 밤이 깊어지면 제사에 관련된 일이 아니면 말을 하지 않았다. 하루는 장차 제사를 지내려 하는데, 젯밥에 머리카락이 있는 꿈을 꾸었다. 살펴보게 하자 과연 그러하니, 곧바로 다시 밥을 지어 올리게 하였다. 제수(祭需)로 쓰고 남은 것은 비록 마땅히 버려야 할 물건이라도 반드시 멀리 정결한 곳에 두어서 사람들이 밟지 못하게 하였다. 외지에 있으면서 어버이의 기일을 만나면 반드시 새벽닭이 울 때 일어나 세수하고 머리 빗고 의관을 정제하고 앉아 아침이 될 때까지 흐느껴 울었다. 아우 한 명이 기이한 질병을 몇 해 동안 앓았는데, 공이 직접 약을 쓰고 간호하며 시종 한결같이 하였다. 어버이의 상중에 있을 때는 아우를 더욱 어린아이처럼 보살펴서 상례를 잘 마칠 수 있게 하였다.

항상 말하기를, "신하가 임금을 섬길 때 마땅히 속이지 않는 것

158 영감(永感) : 부모를 모두 여읜 것을 말한다. 옛날에 부모 모두 생존 시에는 구경(具慶), 부친만 생존 시에는 엄시(嚴侍), 모친만 생존 시에는 자시(慈侍), 부모 모두 여의었을 때에는 영감(永感)이라고 하였다.

으로 첫째 의리를 삼아야 한다."라고 하였다. 그러므로 대각(臺閣)에 있을 때는 일에 따라 할 말을 다 하였고 이해(利害) 때문에 그 마음을 바꾸지 않았으며, 번얼(藩臬 관찰사)로 있을 때는 출척(黜陟)이 엄준하고 분명하였고, 곧은 도를 잡아 흔들리지 않았던 것이 이미 저같이 분명하였다. 그래서 바야흐로 당의(黨議)가 정국(政局)을 무너뜨리려 할 때에도 사람들이 편벽되고 사사로운 사람이라고 지목하지 않았고, 탄핵을 당한 사람도 또한 유감의 뜻이 없었으니, 공이 본래 공명정대한 마음이 성실하여 다른 마음이 없었기에 남들에게 신복(信服) 받은 것이 또 이와 같았다.

일찍이 경성 판관(鏡城判官)에서 체직되어 돌아올 때 자제(子弟)들에게 말하기를, "전(傳)에 이르기를, '혈기가 쇠하였으므로 경계함이 얻으려는 욕심에 있다.'[159] 하였다. 이전에 율봉 승(栗峯丞)에서 돌아왔을 때는 다만 150전(錢)만 있었는데, 보령 현감(保寧縣監)을 할 때는 500전을 가져다 빚을 갚았다. 지금 노정이 매우 멀기 때문에 말 두 마리를 사서 돌아가니, 얻을 수 있는 백금(百金)을 물리쳤으나, 옛사람이 망아지를 돌려주었던 의로움[160]

159 혈기가……있다 : 노년에 경계해야 할 것을 말한다. 《논어》 〈계씨(季氏)〉에 "군자에게 세 가지 경계함이 있으니, 젊을 때엔 혈기(血氣)가 정해지지 않았으므로 경계함이 여색에 있고, 장성해서는 혈기가 한창 강하므로 경계함이 싸움에 있고, 늙어서는 혈기가 쇠하였으므로 경계함이 얻으려는 욕심에 있다.〔君子有三戒, 少之時, 血氣未定, 戒之在色; 及其壯也, 血氣方剛, 戒之在鬪; 及其老也, 血氣旣衰, 戒之在得.〕"라고 한 내용이 있기에 이렇게 말한 것이다.

160 옛사람이……의로움 : 고려 충렬왕 대 최석(崔碩)에 대한 고사이다. 최석이 승평 부사(昇平府使)에서 비서랑(秘書郎)이 되었을 때, 승평부에서는 관례상 태수가 교체되어 돌아갈 때면 반드시 말 8필을 선물로 주면서 마음대로 고르게 하였다. 최석

에 비하면 또한 부끄럽지 않겠느냐. 이후에 만약 고을을 다스리다가 돌아가는 행장이 조금이라도 불어난 듯하다면 매우 두려워할 만하다."라고 하였다.

평소 산수(山水)를 좋아하였는데, 동구(洞口)에 천석(泉石)의 경치가 빼어난 곳이 있었기에 그 사이에 대(臺) 하나를 짓고 소요하였다. 즐기면서 근심을 잊고 시사(時事)의 득실과 인물의 장비(臧否 선악(善惡))에 대해서는 말하는 사이에 혹 언급한 적이 없었다. 그러나 정사와 법령이 한 가지라도 백성들을 편안케 할 수 있었다는 것을 들으면 곧 기쁨이 얼굴빛에 드러났다.

집에서 생활할 때는 화평(和平)함을 주로 하여 자제와 종들이 잘못이 있으면 다만 조용히 헛기침하여 뜻을 나타내어 스스로 뉘우칠 줄 알게 하였다. 집 안에서 혹 나쁜 말이 들리면 반드시 귀를 막고 놀랐다. 이에 상하가 모두 녹듯이 교화되었다. 거처하는 곳의 벽에다 '의리를 바르게 하고 이익을 도모하지 않으며, 도를 밝히고 공로를 계산하지 않는다.〔正其誼, 不謀其利; 明其道, 不計其功.〕'[161]라는 14자를 쓰고, 또 '교묘한 거짓이 서투른 진실만 못

은 "말이야 개경까지만 타고 갈 수 있으면 되는데 굳이 좋은 말을 골라서 무엇 하겠느냐?"라고 말했다. 귀가한 후 그 말을 돌려보내니 고을 사람들이 받으려 하지 않았다. 최석은 "내가 너희 고을에 수령으로 있을 때 내 말이 새끼를 낳았길래 데려왔는데 이는 나의 탐욕이다. 너희들이 그러한 나의 탐욕을 알고서 겉으로 사양하는 것인가." 하면서 그 망아지까지 주었다. 이로부터 말을 바치는 폐단이 끊어졌으므로 고을 사람들이 송덕비를 세워 팔마비(八馬碑)라 이름하였다. 《高麗史 卷121 列傳34》《新增東國輿地勝覽 卷40 順川都護府》

161 의리를……않는다 : 동중서(董仲舒)의 말로, 《한서(漢書)》 권56 〈동중서전(董仲舒傳)〉에 나온다.

하다.〔巧詐不如拙誠〕'[162]라는 글을 새겨서 도장으로 만들고 말하기를, "이것은 내가 평생 동안 내 자신을 잡아 지킨 부절이다."라고 하였다. 공이 보령 현감으로 있을 때, 방백(方伯) 이종성(李宗城)이 공을 기려 말하기를, "정사는 정성스러움을 말미암고, 일은 헛되고 거짓됨이 없다."라고 하였으니, 공이 일찍이 벽에 쓴 글과 비슷하다고 여겼기 때문이다.

평소에 《노론(魯論 논어)》을 깊이 공부하였다. 표현하여 문장을 지은 것이 정밀하고 절실하며 간약하고 마땅하였으나 날카로운 기상을 드러내지 않았다. 항상 문하의 제자들을 경계하여 말하기를, "어린아이의 뜻과 학업은 큰 포부가 있어야 하니, 문장 짓는 것만 오로지 일삼으면 또한 장차 무엇하겠느냐."라고 하였다. 또 말하기를, "도량이 넓지 않으면 규모(規模 국량의 크기)가 협소하고 안목 또한 낮아 소인으로 귀결됨을 면치 못할 것이다."라고 하였다.

일찍이 과거에 응시하는 행차[163] 때 종이 뒤따라와서 급히 말에게 채찍질을 하니 말이 놀라 공이 진창에 떨어졌다. 공이 일어나 진흙을 닦으며 천천히 말하기를, "말은 잘 놀라니, 급히 채찍질하

162 교묘한……못하다 : 《한비자(韓非子)》 〈설림 상(說林上)〉에, 맹손(孟孫)이 사냥을 나갔다가 사슴 새끼를 사로잡아, 진서파(秦西巴)에게 그것을 끌고 오도록 했는데, 돌아오는 길에 그 새끼의 어미가 따라오며 울자, 진서파가 새끼 사슴을 놓아주었던 일과 전국 시대 위(魏)나라 문후(文侯)가 중산(中山)을 치려고 할 때 위나라 장수인 악양(樂羊)의 아들이 중산에 있었는데, 중산의 임금이 그 아들을 삶아 국을 끓여 악양에게 보내자, 악양이 그것을 먹었던 일을 제시한 뒤 평론하는 말로 나온다.

163 과거에 응시하는 행차 : 연보에 따르면 을사년(1725, 영조1) 가을 사마시에 합격하였다.

는 것은 마땅치 않다."라고 하였다. 황해도 관찰사(黃海道觀察使)가 되어 감영에 있을 때 아전이 앞에서 문장(文狀)[164]을 읽을 때 공의 휘(諱)를 연속하여 세 번이나 범하였으나, 공은 마치 듣지 못한 사람처럼 대처하였다. 아전이 스스로 깨닫고서는 죽기를 청하였으나 또한 죄를 주지 않았다. 어떤 종이 실수로 불을 내서 일산(日傘)을 태웠는데, 말하기를, "사람의 손이 데지 않았느냐?"라고 하였다. 거처(居處)와 행지(行止)에 반드시 일정한 장소가 있어 조금도 어긋나지 않았으니, 산악(山岳)이 우뚝이 솟은 것 같음이 있었다.

일찍이 소수서원(紹修書院) 동주(洞主)[165]로서 도백(道伯 관찰사)을 접견하였다. 도백이 물러나 사람들에게 말하기를, "처음에는 동주를 보잘것없는 사람이라고 여겼더니, 앉아서 이야기하며 시간이 흐르자 침착하고 중후하며 근엄하고 돈후함이 온 방에 가득하여 결코 범상한 사람이 아님을 점점 깨달았다."라고 하였다. 시랑(侍郎) 오광운(吳光運)이 온 조정의 인물을 논하면서 공을 제일(第一)로 여기며 말하기를, "문무 양반(兩班)의 인사 행정을 맡아 인재를 선발함에 조금의 실수도 하지 않은 이는 오직 이 사람뿐이다."라고 하였다. 청대(淸臺) 권 희정공(權僖靖公)도 또한 공을 영남 사람 가운데 으뜸이라고 여겼다. 그러나 장수를 누려 가슴속에 온축한 바를 크게 펴지 못하였으니, 무엇 때문인가.

164 문장(文狀) : 지방의 아전이나 사환 등이 본관 사또나 타관의 지방관에게 보고하는 문서를 이른다.

165 일찍이 소수서원(紹修書院) 동주(洞主) : 연보에 따르면 기사년(1749, 영조 25) 11월에 동주가 되었다.

부인 증(贈) 정부인(貞夫人)은 연안 이씨(延安李氏)이니, 통덕랑 연(演)의 따님으로, 연원 부원군(延原府院君) 광정(光庭)의 현손이다. 맑은 행실이 있었고, 딸이 둘이니, 현감 이세술(李世述), 김헌(金憲)에게 시집갔다. 후처 증(贈) 정부인(貞夫人)은 창녕 성씨(昌寧成氏)이니, 호군(護軍) 세진(世瑨)의 따님으로, 청백리(淸白吏) 이성(以性)의 증손이다. 성품이 단정하고 인자하며 맑은 덕이 있었다. 일찍이 관전(官錢) 삼백을 얻어 그 반으로 빚을 갚고 나머지 반은 돌려주었다. 아들이 셋이니 참봉 유간(惟簡), 숭간(崇簡), 장간(章簡)이며, 딸이 둘이니 이정현(李廷顯), 김한련(金漢錬)에게 시집갔다. 유간은 아들이 셋이니 필량(必良), 재행(才行)이 일찍 성취되었으나 불행하게도 단명한 필공(必恭), 그리고 필검(必儉)이며, 딸이 둘이니 박한공(朴漢恭), 김인수(金仁銖)에게 시집갔다. 서녀(庶女)는 채덕수(蔡德洙)에게 시집갔다. 숭간은 필공을 양자로 들였고, 딸이 둘이니 유낙휴(柳洛休), 이이연(李頤延)에게 시집갔다. 장간은 아들이 하나이니 필양(必讓)이며, 딸이 넷이니 교관(敎官) 김시찬(金是瓚), 성필로(成必魯), 생원 권의도(權義度), 이휘설(李彙卨)에게 시집갔다. 이세술은 아들이 하나이니 귀명(龜明)이다. 필량은 아들이 둘이니 광식(光植), 광주(光柱)이다. 필공은 딸이 둘이니 김영희(金永羲), 최운범(崔雲範)에게 시집갔다. 필검은 아들 둘, 딸 하나인데, 모두 어리다.

공의 증손 광규(光渠)가 선인(先人 돌아가신 아버지)이 찬술한 유사를 나에게 보여 주며 행장을 지어 달라고 부탁하였다. 나는 본디 공을 경모(景慕)한 것이 오래였기에 드디어 사양하지 않고 위와 같이 차례하고 다음과 같이 한마디 말을 덧붙인다.

우리 영조 임금 때는 선비로서 임금의 마음에 직접 선택된 사람이 아니면 드러나게 쓰일 수 있는 자가 드물었다. 공은 영남의 먼 곳 출신으로, 특별히 임금의 총애를 받아 발탁되어 방면지임(方面之任 관찰사(觀察使)의 소임(所任))을 맡는 데까지 이르렀다. 이는 비록 주상이 정간공(貞簡公 정탁(鄭琢))에 대해 세상에 드문 감회가 있어 그 자손에게까지 이르렀으나, 실로 공의 외로운 충성과 질박한 정성이 보통 사람보다 크게 뛰어나고 아울러 기국과 재량, 문식과 덕망을 시험함에 마땅하지 않음이 없었기 때문이다. 그러므로 당시에 미워하고 시샘하던 사람들도 또한 공에 대해서는 흠 잡을 수가 없었다. 만약 중도에 세상을 떠나지 않고 드러나게 등용됨을 끝까지 할 수 있었다면, 오당(吾黨)의 중망이 됨은 물론이고 성왕의 덕을 돕고 성왕의 교화를 돕는 것이 이름난 선조를 뒤따라 넉넉함이 있지 않다고 어찌 장담하겠는가.

공은 일찍이 스스로 학문(學問)에 오로지 뜻을 두지 못했다고 여겼다. 그러나 공이 전후로 면류(冕旒 임금)의 아래에서 진달하여 아뢸 때 곧은 도를 잡고 공평한 마음을 지녀서 경륜(經綸)을 출입한 것을 보면, 그 평소 함양한 공부의 힘은 또한 속일 수 없다. 이런 까닭으로 우리 정고(正考 정조(正祖))의 시대에 이르러 묘당(廟堂 조정(朝廷))에 앉아 공을 추억하며 저승에서 다시 살아 돌아올 수 없음에 대한 한스러움이 있었으니, 어찌 우연(偶然)한 말이겠는가. 나 또한 공을 뵙지 못한 것을 매우 한탄하였다. 그러나 나의 필력(筆力)이 본디 부족하여 크게 드러난 큰 절의와 밝게 빛나는 여러 행실을 모두 완전히 드러내어 기록할 수 없다. 훗날 군자(君子)가 있어 혹 너그러이 채택해 주겠는가.

현감 학포 정공 행장
縣監學圃鄭公行狀

공의 휘는 훤(暄), 자는 언승(彦昇), 성은 정씨(鄭氏)이니, 영일(迎日)을 본관으로 하는 사람이다. 고려 한림학사 습명(襲明)이 그 비조이다. 휘 몽주(夢周)에 이르러 관직은 시중(侍中)이고 동방(東方) 이학(理學)의 조종(祖宗)이 되었으며, 역성혁명 때 절개를 지키다 죽었기 때문에 우리 조선조에서 문충(文忠)으로 시호를 내렸다. 감찰(監察) 휘 보(保) 호 설곡(雪谷)은 단종(端宗) 때 권귀(權貴)한 자의 뜻에 거슬려 단성(丹城)으로 유배 갔다. 증 참의(參議) 윤관(允寬)과 증 참판(參判) 증(增)을 지나 절도사(節度使) 휘 세필(世弼), 호 임헌(林軒)에 이르렀다. 세필은 청렴결백함으로 이름이 났으며, 이분이 찰방(察訪) 휘 만령(萬齡)을 낳았다. 이분이 첨추 겸 오위장(僉樞兼五衛將) 휘 사서(思恕)를 낳았으니, 광해군(光海君)이 인목대비(仁穆大妃)를 폐하려 할 때 정청(庭請)[166]에 참여하지 않았으니, 바로 공의 황고(皇考 아버지)이다. 어머니 숙부인(淑夫人)은 의성 김씨(義城金氏)로 내금위(內禁衛) 관일(貫一)의 따님이니, 만력(萬曆) 무자년(1588, 선조21)

166 정청(庭請) : 세자(世子)나 의정(議政)이 백관들을 거느리고 대궐 뜰에 나아가 중대한 일을 계품하고서 하교를 기다리는 것을 말한다. 여기서는 1618년(광해군10) 1월에 우의정 한효순(韓孝純)이 백관을 인솔하여 선조(宣祖)의 계비(繼妃)인 인목대비(仁穆大妃)를 서궁(西宮)에 유폐시키라고 청하기 위해 하였던 정청을 말한다.

정월 모일 합천(陜川) 종간(宗澗)의 집에서 공을 낳았다.

공은 태어나면서부터 남달랐으며, 몸이 약해 장난을 좋아하지 않았다. 같은 어미에게서 난 닭들이 서로 싸우는 것을 보면 들로 쫓아내게 하고 말하기를, "비록 날짐승이지만 어찌 차마 형제가 싸우는 것을 볼 수 있겠는가."라고 하였다. 집안의 아이종이 바람에 휩쓸린 매를 잡아 왔는데, 거리에 횃대를 설치하여 매를 두고 그 주인을 기다리게 하였다. 흑치(黑齒 일본)의 난을 당하여 어머니를 따라 산속으로 피난하였는데, 지혜와 사려가 일반 사람의 생각을 뛰어넘는 경우가 많았다.[167] 14세에 같이 공부하던 아이가 《소학(小學)》 책 읽는 것을 보고 말하기를, "사람이 되는 도리가 모두 여기에 있구나."라고 하고, 이로부터 분연히 학문을 하려는 뜻을 두었다. 일찍이 상가(喪家)에서 책을 읽은 적이 있었는데, 생선과 고기를 놓아두고 먹지 않으며 말하기를, "공자께서 상을 당한 사람 곁에서는 먹는 것도 오히려 배부르게 먹지 않았거늘,[168]

167 흑치(黑齒)의……많았다 : 《학포집》 권4 〈행록(行錄)〉에 "정유왜란(1597)에 아버지 참판공은 무예(武藝)로 전쟁에 나갔다. 선생은 나이 10세였는데, 홀로 어머니를 따라 가야산 아래로 전쟁을 피하였다. 피난을 도모한 계책이 자못 일반 사람의 생각을 뛰어넘음이 있었으니, 명나라 사람으로 관상을 보는 사람이 훌륭하게 여기며, '이 아이는 반드시 훗날 위대한 사람이 될 것이다.'라고 하고 항상 만나러 와서 음식을 매우 후하게 주었다.〔丁酉倭亂, 參判公以武藝從征. 先生年十歲, 獨從母夫人避兵于伽倻山下. 其所以圖避規畫, 頗出人意表. 有一漢人相者見而異之曰 : 此必他日偉人也. 常常來見, 饋遺頗厚.〕"라고 하였다

168 공자께서……않았거늘 : 《논어》 〈술이〉에 "공자께서는 상사(喪事)가 있는 자의 곁에서 음식을 먹을 때에는 배부르게 먹은 적이 없으셨다.〔子食於有喪者之側, 未嘗飽也.〕"라고 한 것을 말한다.

하물며 생선과 고기야 말할 것이 있겠는가."라고 하였다.

공은 타고난 자질이 빼어났으며 자못 무략(武略)이 있었다. 아버지 첨추공(僉樞公)이 활 쏘고 말 타는 무예를 익히기를 권하자 공이 대답하여 말하기를, "저는 오직 옛글을 읽어 저의 뜻을 이루기를 원합니다."라고 하였다. 막 약관(弱冠 20세)이 되자마자 곧 과거 공부를 그만두고 실지공부(實地工夫)에 뜻을 굳건히 세웠다. 사서(四書) 및 《심경(心經)》, 《근사록(近思錄)》 등 여러 책을 즐기면서 마음을 다스리고 도에 들어가는 것, 이것이 그 요체라고 생각하였다.

성품이 지극히 효성스러워 어버이를 섬김에 뜻을 받들어 순종함이 한결같았으나, 어버이가 실수를 하면 또한 은미하게 간하여 받아들이게 하였다. 뜻과 몸을 봉양하는 것이 모두 지극하여 맛있는 음식을 마련하고 잠자리를 살핌에 남이 대신하게 하지 않았다. 첨추공(僉樞公)이 일찍이 호남(湖南)에서 벼슬하였는데,[169] 공이 따라가 모셨다. 하루는 밤에 문득 어머니 꿈을 꾸고 놀라 땀이 나자 곧바로 집으로 돌아오니 어머니의 병환이 한창 위독하였다. 공이 정성을 다하여 간호하니 끝내 소생할 수 있었다.[170] 31세에 아

169 호남(湖南)에서 벼슬하였는데 : 〈연보〉에 따르면, 당시 정훤의 나이 20세 때이며, 아버지는 동복 재(同福宰)로 있었다.

170 하루는……있었다 : 〈행록〉에 따르면, "당시 고향 집에는 어머니와 여섯 살 난 어린 아우가 있었는데, 아우가 설사병을 앓아 위독해지자 어머니가 너무 상심하여 병이 난 것이었다. 꿈을 꾼 뒤 고향 집으로 갔는데, 아우는 얼마 뒤 숨을 거두고 어머니도 슬픔으로 몸이 상하여 쓰러져 마비 증세까지 있었다. 밤낮으로 간호하고 의원을 맞이하여 약을 처방하는 등 정성을 다하니 8개월 만에 겨우 소생하였으며, 8년이

버지 상을 당하자 슬퍼하여 몸이 상함이 예제(禮制)보다 지나쳐 거의 목숨이 끊어질 지경에 이르렀다. 이미 장례 지내고 무덤 곁에 여막을 짓고 아침저녁으로 슬프게 부르짖었는데 추위와 더위 때문에 혹 그만두지 않았다. 종들도 감화되어 또한 공을 따라 상례를 잘 치렀다.

공이 처음에는 야홍(倻弘)[171]과 종유하였으나 인륜을 무너뜨리는 논의를 주장함에 이르러서는 절교하고 찾아가지 않았다.[172] 뒤에 어떤 일[173]로 인해 정인홍의 집을 지나갔는데, 시를 지어 그 울분을 부쳤다. 소서(小序)를 지어 말하기를, "그 죄를 알면서도 감히 공격하지 않는 것은 정당하게 좋아하고 싫어하는 하늘의 이

지난 뒤에야 비로소 평상을 회복하였다."라고 하였다.

171 야홍(倻弘) : 정인홍(鄭仁弘, 1535~1623)이 옛 가야 지역인 합천(陜川) 야로 출신이기에 그렇게 부른 것이다. 정인홍의 본관은 서산(瑞山), 자는 덕원(德遠), 호는 내암(來菴)이다. 북인의 영수(領首)로서, 광해군이 즉위하자 대북 정권을 수립하였으나 1623년 인조반정으로 참형되고 가산이 적몰(籍沒)당하였다. 저서로는 《내암집》이 있다.

172 절교하고 찾아가지 않았다 : 《학포집》 권4 〈행장〉에는 이 구절 뒤에 "가야산의 돌다리에 '맹세코 다시는 이 다리를 건너지 않으리라.'라고 썼다.〔書倻之石橋曰誓不復渡此橋〕"라는 구절이 더 있다.

173 어떤 일 : 《학포집》 권4 〈행장〉에는 "이연서원(伊淵書院) 강회의 행차〔伊淵院講會行〕"로 되어 있으며, 시의 원주에는 "이연서원 창건에 대한 회의의 일로 해인사에 들어갈 때, 이곳을 지났다.〔伊淵書院創建會議事, 入海印寺時, 過此.〕"라고 되어 있다. 〈연보〉에도 이연서원 창건의 일 때문으로 되어 있다. 이연서원은 1587년(선조20) 경남 합천군 야로면 구정리에 김굉필(金宏弼, 1454~1504)과 정여창(鄭汝昌, 1450~1504)의 학문과 덕행을 추모하기 위해 세운 서원이다. 1660년(현종1)에 사액서원이 되었다. 1869년(고종6) 흥선대원군의 서원철폐령으로 훼철되었다.

치를 상실한 것이리라."라고 하니,[174] 북인(北人)의 무리들이 다투어 공을 공격하였다. 공은 어버이를 모시고 가족을 데리고 용문산(龍門山)에 은거하였다. 그러면서도 오히려 정인홍과의 거리가 멀지 않음을 혐의하여 다시 단성(丹城)의 옛 마을로 이사하였다. 진주(晉州) 고산(孤山)에 별업(別業)을 두었는데, 그 남쪽에 정자를 지어 '임연(臨淵)'이라 하고 정자의 동쪽에 서재를 지어 '학포(學圃)'라 하고, 밝은 창 아래 책상에 서사(書史)를 좌우에 두었다. 혼정신성(昏定晨省)의 여가에 물러나 고요히 앉아 성정(性情)을 기르며 우유자득(優遊自得)하였다. 당시의 명현들로 무민(无悶) 박인(朴絪),[175] 겸재(謙齋) 하홍도(河弘度), 간송(澗松) 조임도(趙任道),[176] 운창(雲牕) 이시분(李時馩)[177] 같은 이들이 모두 종유하

174 뒤에……하니 : 이 시는 《학포집》 권1에 〈과인홍고거(過仁弘故居)〉로 실려 있으며, 그 소서에는 "그러나 그 죄를 알면서도 배척하지 않는 것은 진실로 친구로서 충후한 의리가 있기 때문이지만, 만약 그 죄를 알지 못하여 한 터럭이라도 애석해하는 마음이 있다면 정당하게 좋아하고 싫어하는 하늘의 이치를 상실한 것에 가깝지 않겠는가.〔然知其罪而不斥者, 固有知舊忠厚之義, 如不知其罪而有一毫愛惜之意, 不幾於汨喪其好惡之天理耶?〕"라고 하였다.
한편 이 시와 병서는 학포 정훤의 사위인 강대수(姜大遂, 1591~1658)의 《한사집(寒沙集)》 권2에 실린 〈과야정파택 병서(過倻鄭破宅 并序)〉와 비교하면 글자의 출입이 있기는 하지만 동일한 내용으로 되어 있으니, 혹 강대수의 문집을 정리하는 과정에서 학포의 글이 잘못 실린 것인 듯하다. 그러나 실상은 어떻게 된 일인지 알 수 없다.

175 박인(朴絪) : 1583~1640. 본관은 고령(高靈), 자는 백화(伯和), 호는 무민당(无悶堂)이다. 경상남도 합천군 야로면 출신이다. 그는 산림처사로 학식과 덕이 높고 애국심도 깊어, 1637년(인조15) 삼전도의 국치(國恥) 이후 호를 임헌(任軒)에서 무민당으로 고쳤다. 저서로는 《무민당집》이 있다.

176 조임도(趙任道) : 1585~1664. 본관은 함안(咸安), 자는 덕용(德勇), 초자는

여 도의로 사귀며 시(詩)로 수창(酬唱)하고 의리를 강평(講評)하면서 즐거움으로 삼았다.

갑술년(1634, 인조12) 어머니 상을 당하여 단구(丹邱)의 선영 아래에 반장하였다. 거상(居喪)에 예를 지킴이 한결같이 이전 아버지 상과 같았다. 삼년상이 끝나자 산방(山房)을 두루 다니며 거주하다가 한참 지난 뒤에 고산(孤山)의 옛 서재로 돌아와 책을 읽고 양아(養痾)[178]하며 노년을 마칠 계획으로 삼았다. 정축년(1637, 인조15) 남한산성에서 나와 청나라에 항복함에 이르자 풍천(風泉)의 감회[179]가 때때로 격동하여 북쪽을 바라보며 눈물 흘

치원(致遠), 호는 간송당(澗松堂)·용화산인(龍華山人)이다. 경상북도 칠곡군 약목면 덕산리 간송마을에서 살았다. 1611년(광해군3) 이황(李滉)과 이언적(李彦迪)의 문묘종사(文廟從祀)에 반대하는 정인홍(鄭仁弘)을 규탄하였다. 인조반정 이후 학행으로 천거되어 공조 좌랑이 되었고, 사헌부 지평에 추증되었다. 저서로는 《간송집》이 있다.

177 이시분(李時馩) : 1588~1663. 본관은 장수(長水), 자는 여문(汝聞), 호는 운창(雲牕)이다. 한강(寒岡) 정구(鄭逑)의 문인으로, 경상남도 산청군 생비량면 어은(漁隱)에 살았다. 유림들이 1850년(철종1) 경상남도 함안군(咸安郡) 칠원면(漆原面)에 청계서원(淸溪書院)을 세우고 그 학덕을 기렸다. 저술로 《단구지(丹邱誌)》와 《운창집》이 있다.

178 양아(養痾) : 병을 조섭한다는 핑계를 대고서 세상과의 관계를 끊는 것을 말한다. 후한(後漢) 고표(高彪)가 마융(馬融)을 방문하여 대의(大義)를 물으려고 하였으나, 마융이 병들어 만날 수 없다고 거절하자, 고표가 옛날 선비를 만나려고 급급했던 주공(周公)과는 전혀 다르게 "공은 지금 병을 치료한다면서 선비를 오만하게 대한다.〔公今養痾傲士〕"라고 책망하고는 그대로 떠났다는 고사가 전한다. 《後漢書 卷80下 高彪列傳》

179 풍천(風泉)의 감회 : 풍천은 〈비풍(匪風)〉과 〈하천(下泉)〉의 준말로, 비풍은 《시경(詩經)》 회풍(檜風)의 편명(篇名)이고 하천은 《시경》 조풍(曹風)의 편명이

렸다. 청나라가 장차 명나라를 공격하려 우리 조선에 병사를 요구한다는 소식을 듣고 가슴을 치며 애통해하였다. 비분강개한 말이 꿈속에서도 나올 지경이었다.[180]

경진년(1640, 인조18) 조정에서 공의 행의(行誼)를 가상히 여겨, 특별히 활인서 별제(活人署別提)에 제수하였다. 계미년(1643, 인조21) 영산 현감(靈山縣監)에 제수되자 공이 말하기를, "분수에 넘치는 은혜로운 명은 의리상 감히 사례하지 않을 수 없다."라고 하고 곧바로 달려가 사은숙배하고 돌아왔다. 어떤 사람이 그 출처(出處)를 의심하자 공이 말하기를, "나는 병이 들어 벼슬할 수 없는 것이 확실하다. 초개같이 미천한 나의 행적이 어찌 헛되이 임금의 명을 욕되게 할 수 있겠는가."라고 하였다. 정해년(1647, 인조25) 6월 모일 정침에서 세상을 떠났다. 병이 심해지자 부인(夫人)을 권면하여 부녀자의 규범을 잃지 말라 이르고,[181] 자제들에

다. 이 두 편은 모두 주(周) 왕실이 점점 쇠약해지는 것을 현인이 개탄하며 옛 번성했을 때의 주 왕실을 생각하는 내용이다. 여기서는 청나라에 항복한 감회를 말한다.

180 청나라가……지경이었다 : 청나라가 장차 명나라를 공격하려 우리 조선에 5천의 병사를 요구한다는 소문을 듣고 애통함이 심하여 밤에 잠잘 때에도 발현되었으며, 존주양이의 작품을 꿈꾸는 데까지 이르렀는데, 그 작품이 《학포집》 권2에 〈기몽(記夢)〉으로 수록되어 있다.

181 부인(夫人)을……이르고 : 《학포집》 권4 〈행장〉에는 "여러 며느리들에게 들어와 문후하게 하고, 부인을 돌아보며 말하기를, '모쪼록 며느리들과 서로 면려하여 부녀자의 규범을 잃지 마시오. 또 상례 등의 절차를 삼가 지키는 것이 옳을 것이오.'라고 하였다. 측실이 있어 후사에 대해 묻자, 곧 말하기를, '너는 구구한 일로 나를 더럽히려 하느냐.'라고 하였다.〔令諸婦人入候, 顧謂夫人曰 : 須與子婦等相勉無失閫範. 又謹守喪禮等節可也. 有側室問後事, 則曰 : 汝欲以區區溷我耶?〕"라고 되어 있다.

게 추향(趨向)을 삼가서 문호를 지킬 것을 경계하였다.[182] 처음에는 진주 서쪽의 오산(梧山)에 장례 지냈다가 단성(丹城) 소관동(小冠洞) 좌해(坐亥 남동 30도 방향) 언덕에 개장하였다.

부인은 남평 문씨(南平文氏) 동추(同樞) 홍원(弘遠)의 따님[183]이니, 그윽하고 순하며 정조가 있고 맑아서 부도(婦道)를 매우 잘 지켰다. 아들 여섯, 딸 둘을 낳았으니, 아들은 무과 급제한 연경(延慶), 연서(延序), 족조(族祖) 대순(大淳)[184]의 시양자(侍養子)[185]가 된 계(枅), 연도(延度), 연하(延廈), 연년(延年)이며, 딸은 사인 최처후(崔處厚), 참의 강대수(姜大遂)에게 시집갔다. 여남(餘男 측실에게서 난 아들)은 연응(延膺), 연은(延殷)이다. 연경의 아들은 형리(亨履)이다. 연서의 아들은 원리(元履)이다. 계의 아들은 상리(祥履), 경리(景履)이다. 연도의 아들은 성리(星履)이다. 연하의 아들은 봉리(奉履), 양자로 나간 중리(中履)이다. 연년은 중리를 양자로 들였다. 나머지는 기록하지 않는다.

공은 타고난 자품이 중후(重厚)하고 충신(忠信)하였으며, 밖으

182 자제들에게……경계하였다 : 《학포집》 권4 〈행장〉에는 "여러 아들을 불러 말하기를, '내가 일찍이 의롭지 않은 것으로 너희들을 가르친 적이 있느냐. 여러 아우들을 면려하고 인도하여 추향을 정하여 문호를 부지하도록 하라.〔呼諸子曰 : 吾嘗以非義敎汝輩乎? 勉率諸弟輩定趨向以持門戶.〕"라고 되어 있다.

183 동추(同樞) 홍원(弘遠)의 따님 : 《학포집》 권4 〈행장〉에 의거하여 보충하였다. 문홍원(文弘遠, 1569~1635)의 자는 여의(汝毅), 호는 모두헌(慕杜軒)이다.

184 대순(大淳) : 《학포집》 권4 〈행장〉에 의거하여 보충하였다.

185 시양자(侍養子) : 양사자(養嗣子) 할 목적이 아니면서 동성·이성을 가리지 않고 아이를 거두어 기르던 일. 수양(收養)은 자식이 없는 경우이나, 시양(侍養)은 자식이 있더라도 남의 귀한 자식을 대신 길러 주고 그 대가를 받았다.

로는 너그러웠으나 안으로는 굳세었다. 우뚝이 스스로 서서 오직 의리만 본 것은 포은(圃隱)의 의범(儀範)이 있었다. 뜻이 고상하고 행실이 깨끗하여 어려운 일을 만날 때마다 비분강개한 것은 설곡(雪谷)[186]의 풍도(風度)가 있었다. 그 밖의 기국(器局)이 우뚝하고 가지런하며, 회포가 높고 트인 것은 각각 병상공(兵相公)[187]과 선영공(先令公 아버지)을 닮았으니, 이는 그 기맥(氣脈)이 유래한 바가 있는 것이 어떠하였겠는가. 거기다 강론하고 학습한 공을 더하여 어렸을 때부터 늙었을 때까지 효의(孝義)의 행실이 집안에 축적되고 세상에 드러났다. 만약 때를 만나 등용되었다면, 그 업적이 반드시 우뚝이 빼어나 볼만한 것이 있었을 것이나 지위가 6품(六品)에 불과하고 목숨이 60세를 넘지 못하고 시골 마을에서 생을 마쳤다. 다만 몸만 온전히 해서 생을 마칠 수 있었을 뿐이니, 이것이 과연 하늘의 뜻인가. 공의 5세손 윤채(潤采)[188]가 이운창(李雲牕)이 지은 묘지명[189]을 가지고 와서 나에게 보여 주며 행장을 지어 달라고 부탁하였다. 드디어 위와 같이 차례하여 쓴다.

186 설곡(雪谷) : 정보(鄭保, 13??~14??)로, 정몽주(鄭夢周)의 손자이다. 사육신(死六臣)의 무죄를 주장하다가 연일(延日)로 유배된 뒤 단성(丹城)으로 이배(移配)되어 죽임을 당하였다. 경기도 용인(龍仁) 충렬서원(忠烈書院)에 배향되었다.

187 병상공(兵相公) : 병상은 병사(兵使) 즉 병마절도사(兵馬節度使)로, 정훤의 증조부인 정세필(鄭世弼)을 말한다.

188 공의 5세손 윤채(潤采) : 《학포집》 권4 〈행장〉에는 "공의 5세손 후익 등이 집안의 젊은 사람 윤채를 보내[公之五世孫後益等遣門少潤采]"로 되어 있다.

189 이운창(李雲牕)이 지은 묘지명 : 이시분(李時蕡)의 《운창집(雲牕集)》 권3에 〈학포 정공 묘지(學圃鄭公墓誌)〉로 실려 있다.

후송재 김공 행장

後松齋金公行狀

퇴도(退陶) 노선생(老先生)의 문하에서 당시의 여러 현인들이 모두 경서를 잡고 공부하면서 받들어 스승으로 섬겼다. 오직 후송재(後松齋) 김공(金公)만 총각머리를 한 아이였기 때문에 급문(及門) 제자가 되어 배우고자 하는 정성을 이루지 못하였다. 뒤에 도산사(陶山祠)를 배알하고 시를 지었는데,[190] 다음과 같다.

선생의 덕망과 학업이 해와 별처럼 빛나니	先生德業日星明
후학인 내가 지금 와서 모범이 됨을 생각하네	後學今來想典刑
직접 배우지[191] 못한 한을 모두 가지고	都將未及摳衣恨
배알하며 갱장[192]의 공경하고 사모하는 뜻 부치네	拜寓羹墻敬慕誠

190 도산사(陶山祠)를……지었는데 : 《후송재집》 권1 〈알도산묘(謁陶山廟)〉로 수록되어 있다.

191 직접 배우지 : 원문은 '구의(摳衣)'인데, 옷의 앞자락을 들어 올려 경의를 나타낸다는 뜻으로, 스승으로 섬김을 이르는 말이다. 《예기(禮記)》 〈곡례 상(曲禮上)〉의 "어른이 계신 방 안으로 들어갈 때에는 옷자락을 공손히 치켜들고 실내 구석을 따라 빠른 걸음으로 가서 자리에 앉은 다음에 반드시 조심성 있게 응대해야 한다.〔摳衣趨隅, 必愼唯諾.〕"라는 말에서 나온 것이다.

192 갱장(羹墻) : 옛날 요(堯)임금이 죽은 뒤 순(舜)임금이 3년 동안 지극히 앙모(仰慕)한 나머지 국그릇에서도 요임금을 보고 담장에서도 요임금을 보았다는 고사에서 연유한 단어로, 사후에 간절히 흠모하는 마음을 뜻한다. 《後漢書 卷63 李固列傳》

대개 평소 퇴계 선생의 풍도를 듣고 흠모하고 상상하던 끝에 감동하여 우러르고 분발함이 스스로 남들과 구별될 뿐만이 아니었다. 공의 학문 본령(本領)이 어찌 여기에서 확립되지 않았겠는가.

공의 휘는 사정(士貞), 자는 정숙(正叔)이다. 김씨(金氏)의 선조 가운데 안동(安東) 상락(上洛)[193]을 관향으로 하는 이는 고려 충렬공(忠烈公) 방경(方慶)이 그 비조이다. 도평의(都評議) 구정(九鼎)을 지나 우리 조선의 감목관(監牧官) 자첨(子瞻)에 이르러 의성현(義城縣) 사촌리(沙村里)로 이주하였다. 이분의 아들 효온(孝溫)은 사직(司直)을 지냈는데, 이분이 북평사(北評事) 극해(克諧)를 낳았다. 이분〔극해〕이 진사 호 송은(松隱) 휘 광수(光粹)를 낳았는데, 연산군의 정사가 어지러움을 보고 은거하며 세상에 나오지 않고 생을 마쳤으며, 서원에 제향되었다.[194] 이분이 참봉 휘 당(溏)을 낳았다. 이분이 인의(引儀) 휘 세우(世佑)를 낳았는데, 의성 김씨(義城金氏) 군수 한철(漢哲)의 손녀, 만겸(萬謙)의 따님에게 장가갔다. 가정(嘉靖) 임자년(1552, 명종7)에 공을 낳았다.

공은 어려서부터 성인(成人)의 의범과 국량이 있어 여러 아이들의 다툼을 멈추게 하였다.[195] 어버이를 효성으로 섬겼는데, 어머

193 상락(上洛) : 상락은 안동의 옛 이름인데, 구 안동 김씨 중에 대대로 상락군(上洛君)에 봉해진 명인(名人)이 많았기 때문에 붙여졌다. 구 안동 김씨는 신라 경순왕의 넷째 아들인 대안군(大安君) 김은열(金殷說)의 둘째 아들인 김숙승(金叔承)을 시조로 삼고, 충렬공 김방경(金方慶)을 중시조로 삼는다.

194 서원에 제향되었다 : 김광수(金光粹)는 의성(義城)의 장대서원(藏待書院)에 제향되어 있다.

195 여러……하였다 : 《후송재집》 권1 〈유사〉에 "여러 아이들의 다툼을 보면 곧 멈

니가 병이 나 매우 위독한 적이 있었다. 공이 북두칠성에게 머리를 조아리고 자신이 대신하기를 빌었는데, 마침내 병이 나았다. 장성함에 이르러 경서와 역사서를 두루 섭렵하였으나, 성리학(性理學)에 더욱 뜻을 두었다. 이창석(李蒼石),[196] 신오봉(申梧峯),[197] 이석담(李石潭)[198] 등 여러 현인들과 도의(道義)의 사귐을 맺었다. 서애(西厓) 유 문충공(柳文忠公)이 일찍이 공을 아끼며 말하기를, "훗날 수립할 바가 반드시 보잘것없지 않을 것이다."라고 하였다.[199] 형제간에 우애가 돈독하여 백씨(伯氏) 만취공(晩翠公),[200]

추게 하면서 말하기를, '어찌 어버이에게 받은 신체를 감히 훼상할 수 있겠느냐.'라고 하였다. 부로들이 듣고 훌륭하게 여겼다.〔見群兒爭鬪, 輒止之曰 : 豈以身體之受父母者, 敢毁傷乎? 父老聞而奇之.〕"라고 하였다.

196 이창석(李蒼石) : 이준(李埈, 1560~1635)으로, 본관은 흥양(興陽), 자는 숙평(叔平), 호는 창석 · 유계(酉溪), 시호는 문간(文簡)이다. 유성룡(柳成龍)의 문인이다. 1591년(선조24) 별시 문과에 합격하여 예조 정랑, 단양 군수를 지내다 1603년 경상 좌도 재상경차관(災傷敬差官)이 되었고, 이듬해에 세자 책봉 주청사(世子冊封奏請使) 이정귀(李廷龜)의 서장관이 되어 중국에 갔다. 상주(尙州) 옥성서원(玉成書院)에 봉안되었으며, 문집인 《창석집》이 전한다.

197 신오봉(申梧峯) : 신지제(申之悌, 1562~1624)로, 본관은 아주(鵝州), 자는 순보(順甫), 호는 오봉 · 오정(梧亭)이며, 의성(義城)에 거주하였다. 김성일(金誠一)의 문인이다. 임진왜란 시 예안 현감(禮安縣監)으로, 군대를 모집하여 항쟁하였다. 장대서원에 제향되었다.

198 이석담(李石潭) : 이윤우(李潤雨, 1569~1634)로, 본관은 광주(廣州), 자는 무백(茂伯), 호는 석담이며, 칠곡(漆谷)에 거주하였다. 정구(鄭逑)의 문인이다. 사관으로서 정인홍(鄭仁弘)을 직필(直筆)했다가 탄핵을 받아 사직하였다. 이조 참판에 증직되었다.

199 서애(西厓)……하였다 : 서애 유성룡의 어머니가 김사정의 할아버지인 김당(金瑭)의 누이이니, 유성룡과 김사정의 아버지는 고외종 간이 된다. 《후송재집》 권1 〈유

중씨(仲氏) 직장공(直長公)[201]과 함께 하루 종일 한집에서 학문에 매진하며 서로 즐거워하였다. 경진년(1580, 선조13)에 아버지 인의공(引儀公)의 상을 당하였고 임오년(1582, 선조15)에 모친이 세상을 떠났다. 전후 부모의 상에 모두 무덤가에 여막을 짓고 삼년상을 마쳤다. 바야흐로 장사 지낼 때 산 아래에 거주하는 백성이 몇 백 집이었는데, 처음에는 서로 오랫동안 의견 충돌이 있었으나, 얼마 후 공의 지극한 정성에 감동하여 모두 귀의하여 순종하였다. 또 백성들이 스스로 '촌집의 연기가 무덤 곁에 너무 가까이 가서 효자의 마음을 슬프게 할 수 없다.'라고 생각하고 드디어 조금 먼 곳으로 집을 옮겨 갔다.[202]

사〉에 유 문충공이 말하기를, "외가에 아무개 형제가 있으니, 훗날 수립할 바가 반드시 엉성하지 않을 것이다.〔外氏之門有某兄弟, 異日樹立必不草草矣.〕"라고 하였다.

200 만취공(晩翠公) : 김사원(金士元, 1539~1602)으로, 본관은 안동(安東), 자는 경인(景仁), 호는 만취당(晩翠堂)이며, 의성(義城) 사촌(沙村)에 거주하였다. 이황(李滉)의 문인이다. 1592년 임진왜란 때 의병장으로 추대되었다. 후산사(后山祠)에 제향되었다.

201 직장공(直長公) : 김사형(金士亨, 1541~?)으로, 본관은 안동(安東), 자는 도겸(道謙), 호는 독수헌(獨秀軒)이며, 의성(義城) 사촌(沙村)에 거주하였다. 1592년 임진왜란 때 의병을 일으켜 왜적과 싸웠다.

202 바야흐로……갔다 : 《후송재집》 권1 〈유사〉에 "처음에 바야흐로 장사 지낼 때, 마을 백성으로 산 아래에 널리 거주하여 묘지에 가까운 사람이 몇 백 집이었는데, 처음에는 서로 오랫동안 의견 충돌이 있었다. 공은 당시 현의 관아에 한마디 할 길이 있었으나 또한 힘과 권세로 압박하고자 하지 않고 다만 정성스러운 뜻과 간절한 슬픔을 보이니 백성들이 모두 감복하여 절로 소송이 없게 되었다. 심지어 '이 사람은 인자이고 효자이니, 차마 촌집의 연기가 여막 곁의 무덤에 너무 가까이 가게 할 수 있겠는가.'라고 하고 드디어 조금 먼 곳으로 집을 옮겨 갔다. 사람을 감동시킴이 대

임진년(1592, 선조25) 왜구가 크게 침입하여 노략질을 하니, 주상은 서쪽 의주(義州)로 몽진하였다. 공이 소매를 걷어붙이고 의병을 일으키니 원근에서 따르는 자가 몇 백 명이었다. 드디어 중씨(仲氏 김사형(金士亨))와 함께 망우(忘憂) 곽공(郭公)을 따라 화왕산성(火旺山城)으로 들어갔다. 쌓아 놓은 땔나무를 불사르고 맹세하여 말하기를, "죽을 힘을 다해 싸워 적을 섬멸하지 못한다면 이 땔나무처럼 사라지리라."라고 하고, 곧바로 또 "땔나무를 불살라도 뜻은 재가 되지 않으리.〔焚薪志不灰〕"[203]라는 구절을 읊조리니, 곽공이 훌륭하게 여겼다. 공이 척후(斥候) 활동을 잘하여 왜적이 이르기도 전에 항상 먼저 알았다. 그 때문에 군대를 부리고 병사를 씀에 패하지 않을 수 있었다. 영남 좌도의 고을들이 힘입어 보존된 것은 공의 힘과 도움이 많았기 때문이다.

곽공이 비슬산(琵瑟山)에 들어가자 공이 찾아가 만났다. 곽공이 손을 잡으며 화왕산에서 생사를 함께한 의리를 말하였다. 무릎을 두드리며 공의 시를 외웠으며, 공을 지불회의사(志不灰義士)라고 불렀다. 공도 또한 비분강개함을 이기지 못하여, 꿈에 왜적과

부분 이와 같았다.〔當初方葬也, 村民之盤居於山下近地者幾百戶, 相持久. 公時有縣衙一言之路, 而亦不欲以力勢壓之, 只示誠意懇惻, 民皆歎服, 自底無訟. 甚至於嘖嘖相謂曰 : 此仁人孝子也, 忍使村戶烟火逼近於其廬側之墓乎? 遂遷於稍遠之地. 其感動人多類此.〕"라고 하였다.

203 땔나무를……않으리 : 《후송재집》 권1 〈임진년에 화왕산성으로 망우당 곽공 재우를 따라가 땔나무를 쌓아 놓고 무리들에게 맹세한 뒤 인하여 절구 한 수를 읊다.〔壬辰從忘憂堂郭公再祐, 于火旺城, 積薪誓衆因吟一絶.〕〉라는 시인데, 두 구는 산실되고 "피를 머금어 맹세하니 마음은 칼날과 같고, 땔나무를 불살라도 뜻은 재가 되지 않으리.〔歃血心如釼, 焚薪志不灰.〕"라는 두 구절만 남아 있다.

싸우면서 스스로 부대 하나를 대적하여 승리하기에 이르렀다. 이미 꿈에서 깨자 시 한 수를 지었는데, "왜구를 눈앞에서 세 번 이긴 날〔虜在目中三捷日〕"[204]이라는 구절이 있다.

만년에는 은거하여 자연에 생활하면서 오직 자제를 가르치는 것으로 일을 삼았다. 일찍이 《대학》에 나아가 그림 하나를 완성하여 아들 형(泂)에게 주면서 말하기를, "이 책은 성인의 학문으로 들어가는 문이다. 《대학》 한 편의 요령이 이 그림에서 벗어나지 않으니 모름지기 십분 힘을 쓰는 것이 옳다."[205]라고 하였다. 명리(名利)에 담박하였기에 맏아들 회(淮)가 과거 급제하여 하객들이 집에 가득하였으나 전혀 기뻐하는 얼굴빛이 없이 도리어 학문이 성취되지 않았는데 높은 성적으로 합격한 것을 근심하였다.

일찍이 부부(夫婦) 사이에 삼감, 부자(父子) 사이에 친애함, 형제(兄弟) 사이에 화목함, 장유(長幼) 사이에 차례가 있음, 제사(祭祀)를 받듦, 친족과 이웃에 화목함, 동복(僮僕)을 부림, 벗과 사귐 등으로 〈가계(家誡)〉[206] 여덟 조목을 지어 자리 오른쪽에 써

204 왜구를……날 : 이 구절은 《후송재집》 권1 〈화왕산에서 돌아오는 길에 달성 관사에서 숙박하였는데, 꿈에 곽공과 함께 적진을 격파하였다. 이미 꿈에서 깨자 인하여 시를 지어 기록하다.〔火旺歸路宿達城館, 夢與郭公破賊陣. 旣覺因作詩以記之.〕〉의 경련(頸聯)으로 "왜구를 눈앞에서 세 번 이긴 날, 명성은 하늘 위 오운의 아침에 걸렸네.〔虜在目中三捷日, 名懸天上五雲朝.〕"라고 하였다.

205 대학에……옳다 : 그림은 〈대학도(大學圖)〉이며, 《후송재집》 권1 〈기아형(寄兒泂)〉의 뒤에 첨부되어 있다.

206 가계(家誡) : 《후송재집》 권1 〈가계 병서(家誡 幷序)〉에 따르면, 증조부 김광수가 〈경심십잠(警心十箴)〉을 지어 치가(治家)의 도가 완비되었으나, 세월이 흘러 가르침이 점점 무너지게 되어 선조의 유의(遺意)를 계승하고 옛사람의 가언(嘉言)

서 보고 반성하는 바탕으로 삼았다. 또 퇴계(退溪)의 예설을 분류하고 편찬하여[207] 후인들이 고증하는 데 편리하게 하였다.

날마다 새벽에 일어나 가묘를 배알하고 초하루와 보름마다 반드시 선영에 성묘하였는데, 늙었다고 해서 스스로 게을리하지 않았다. 생일날 아침을 맞아 자제들이 마련한 헌수연(獻壽宴)을 물리치며 말하기를, "어버이께서 고생스럽게 나를 낳아 주신 날이라 비통함이 절로 평소의 배가 되니, 차마 생일잔치를 받을 수 있겠느냐."라고 하였다. 집 주변에 몇 칸의 집을 짓고 편액하기를, '후송(後松)'이라고 하였다. 소나무〔松〕는 바로 송은공(松隱公 김광수(金光粹))이 심은 것을 가리키는데, 그것으로 세한(歲寒)의 뜻[208]을 부친 것이다.

만력 경신년(1620, 광해군12) 모월 모일 세상을 떠났으니, 향년 69세였다. 의성현의 북쪽 화곡리(禾谷里) 갑좌(甲坐 남서 75도 방향) 언덕에 장사 지냈다. 부인은 한양 조씨(漢陽趙氏) 진사 희로(希老)의 따님으로, 양경공(良敬公) 연(涓)[209]의 후손이다. 온화

과 선행(善行)을 모아서 편찬한 것으로 되어 있다.

207 퇴계(退溪)의……편찬하여 : 《계문예설(溪門禮說)》로, 《후송재집》 권1 〈계문예설범례 병후지(溪門禮說凡例 幷後識)〉에 따르면, 퇴계 선생이 문인(門人) 지구(知舊)들과 왕복한 예설로, 스스로 편람(便覽)을 위한 것이라 하였다.

208 세한(歲寒)의 뜻 : 난세(亂世)가 되어서야 군자의 굳은 지조를 알 수 있음을 비유한 말이다. 《논어(論語)》 〈자한(子罕)〉에 "날씨가 추워진 다음에야 소나무와 측백나무가 늦게 시든다는 것을 안다.〔歲寒然後, 知松栢之後凋也.〕"라고 한 데서 온 말이다.

209 연(涓) : 조연(趙涓, 1374~1429)으로, 본관은 한양(漢陽), 초명은 경(卿), 자는 여정(汝靜), 시호는 양경(良敬)이다. 조선이 건국되자 천우위 대장군(千牛衛大

하고 유순하며 용의가 바르고 엄숙하여 부인(婦人)의 도를 잘 지켰으니, 공이 윤리에 맞는 행실에 돈독한 것은 또한 내조의 힘이 컸기 때문이다. 아들 셋, 딸 셋을 두었으니, 아들 중 장남 회(淮)는 문과 급제하여 정랑(正郎)이 되었고, 그다음 한(瀚)과 형(泂)은 모두 통덕랑(通德郎)이다. 딸은 생원 안처선(安處善), 서경(徐璟), 이윤미(李允美)에게 시집갔다. 회는 아들이 하나이니 장사랑 상유(尙瑜)이며, 딸이 넷이니 박원(朴垣), 신점(申坫), 권선(權璿), 박륜(朴綸)에게 시집갔다. 한은 아들이 둘이니 상위(尙瑋), 상찬(尙璨)이며, 딸이 둘이니 현감 남해우(南海宇), 권대경(權大經)에게 시집갔다. 형은 아들이 하나이니 상관(尙瓘)이며, 딸이 하나이니 권문진(權文振)에게 시집갔다. 나머지는 기록하지 않는다. 과거 급제한 사람으로는 무과 급제하여 도총(都摠)을 지낸 이중(履中),[210] 문과 급제하여 통례(通禮)를 지낸 성(聲),[211] 문과 급제하여 병조 정랑을 지낸 오응(五應)[212]이 있다.

將軍)으로 왕을 호위하였고, 1400년(정종2) 제2차 왕자의 난에 이방원(李芳遠)을 도와서 좌명 공신(佐命功臣) 4등이 되고 한평군(漢平君)에 봉해졌다.

210 이중(履中) : 김이중(金履中, 1657~1731)으로, 자는 자집(子執), 호는 북오(北塢)이고, 김사정의 현손이며, 의성에 거주하였다. 1693년 무과에 급제하였다. 선전 오위장(宣傳 五衛將)에 이르렀고 이인좌(李麟佐)의 난에 의장(義將)으로 추대되어 군공을 세운 바 있다.

211 성(聲) : 김성(金聲, 1682~1760)으로, 초명(初名)은 성응(聲應), 자는 오원(嗚遠), 호는 성고(省皐)이고, 김사정의 5세손이며, 의성에 거주하였다. 1723년(경종3) 문과에 급제하였다. 통례원 좌통례(通禮院左通禮)를 지냈다.

212 오응(五應) : 김오응(金五應, 1699~1749)으로, 자는 송서(宋瑞), 호는 귀은(龜隱)이고, 김사정의 5세손이며, 의성 사촌(沙村)에 거주하였다. 1723년(경종3)

공은 타고난 자질이 이미 뭇사람들과 크게 달랐고 또 종유한 사우(師友)들이 모두 일대(一代)의 명현(名賢)들이었기 때문에 윤리에 돈독한 행실과 왜적에 대해 적개심을 가진 충성, 그리고 일상생활에 드러난 것들이 학문한 가운데서 유래하지 않은 것이 없으며, 저술한 바 〈대학도(大學圖)〉 하나, 〈가계(家誡)〉 여덟 조목, 예설(禮說) 두 편의 경우는 더욱 징험할 만한 것이 있다. 예설(禮說) 같은 경우는 또 다만 고증에 편리할 뿐만 아니니, 그 당시 깊이 체인(體認)하여 분류하고 상세히 기록한 것이 곧바로 퇴계에게 직접 배운 것과 다름이 없다.

외물에 대한 사모함이 전혀 없어 산수자연에서 거닐고 생활하며 다만 '날씨가 추워진 뒤에 늦게 시듦〔歲寒後凋〕'[213]으로 기약하였다. 본래 성품이 온화하고 담박하여 마음속에 스스로 즐기는 바가 있는 사람이 아니라면 어찌 이와 같을 수 있겠는가. 세상에서 옛날로 거슬러 올라가 인물을 논하는 자들은 대부분 명성과 지위의 현달함과 은미함으로 우열을 결정하지만 공의 숨겨진 덕과 그윽한 빛 같은 경우는 실로 100년이 지나도 사라지지 않을 점이 있으니, 오히려 초택(草澤)에 매몰된 것 때문에 하찮게 여길 수 있겠는가.

하루는 공의 8세손 양정(養楨)이 그 집안 부형의 편지를 받들

문과에 급제하였다. 병조 정랑, 함평 현감(咸平縣監) 등을 역임하였다. 이후 낙향하여 학문 연구와 후진 교육에 전념하였다.

213 날씨가……시듦 : 어려움에 처해서도 절조를 변치 않는 것을 말한다. 《논어》 〈자한(子罕)〉에 이르기를 "날이 추워진 다음에야 소나무와 잣나무가 늦게 시든다는 것을 안다.〔歲寒然後, 知松栢之後凋也.〕"라고 한 데서 온 말이다.

고 와서 해좌(海左) 정범조(丁範祖)가 지은 묘갈명[214]을 나에게 보여 주며 행장을 지어 달라고 부탁하였다. 드디어 위와 같이 차례하고 아울러 비루한 나의 견해를 뒤에 붙였다.

214 정범조(丁範祖)가 지은 묘갈명 : 정범조(1723~1801)의 본관은 나주(羅州), 자는 법세(法世), 호는 해좌(海左), 시호는 문헌(文憲)이다. 정조 연간에 문장이 바르다고 인정받아 문한을 관장하였다. 저서에 《해좌집(海左集)》이 있는데, 권29에 〈후송재 김공 묘갈명(後松齋金公墓碣銘)〉이 실려 있다.

손재 남공 행장
損齋南公行狀

공의 휘는 한조(漢朝), 자는 종백(宗伯)이니, 성은 남씨(南氏)이다. 당(唐)나라 현종(玄宗) 천보(天寶) 연간에 여남(汝南) 사람 김충(金忠)이 있었는데, 일본(日本)에 사신으로 갔다가 태풍(颱風)을 만나 신라(新羅)에 표류하였다. 신라 경덕왕(景德王)은 그가 남쪽에서 왔기에 남(南)을 성으로 하사하고 영양 백(英陽伯)에 봉하였다. 고려 시대에 군보(君甫)가 공로로 의령군(宜寧君)에 봉해짐에 이르러 자손들이 의령을 본관으로 삼았다. 그 후에 또 은(誾)[215]이 있으니 우리 조선 태조를 도와 개국공신에 책훈되었으며, 시호는 강무(剛武)이다. 6세를 지나 군수 영(嶸)에 이르러 효성으로 임금에게 알려져 좌참찬(左參贊)에 증직되고 서원에 배향되었으며, 실제 비로소 함녕(咸寧 함창)에 살았다.[216] 2세 뒤 휘 극로(極老)는 아들 둘이 있었는데, 첫째 후(垕)는 과거 급제하여

215 은(誾) : 남은(南誾, 1354~1398)으로, 조선 건국 뒤 개국 공신 1등에 책록, 의령군(宜寧君)에 봉해졌다. 태조를 도와 이방석(李芳碩)을 세자로 책봉하는 데 적극 간여하였다가, 태조 7년(1398)에 일어난 제1차 왕자의 난 때 정도전(鄭道傳), 심효생(沈孝生) 및 아우 남지(南贄)와 함께 살해당했다.

216 영(嶸)에……살았다 : 남영(南嶸, 1548~1616)은 유성룡(柳成龍)의 천거로 벼슬하여 선조 때 어의(御醫)를 지냈으며, 광해군 때 음죽 현감(陰竹縣監) 등을 지냈고, 문경에서 함창으로 이주하였다. 숙종(肅宗) 때 경상도 문경(聞慶)에 건립된 소양서원(瀟陽書院)에 정언신(鄭彦信)·심대부(沈大孚)·김낙춘(金樂春) 등과 함께 배향되었다.

관직이 납언(納言)에 이르렀으며 강직(剛直)함으로 이름이 났고, 둘째 지(至)는 일찍 죽어 자식이 없어 납언(納言)의 둘째 아들 진사 휘 도원(圖翩)을 양자로 들였으니, 이분이 공의 증조부이다. 조부 휘 정삼(鼎三)과 아버지 휘 필용(必容)은 대대로 은덕(隱德)이 있었다. 어머니는 의성 김씨(義城金氏) 감사(監司) 성구(聲久)의 증손(曾孫)으로, 참봉 경온(景溫)의 따님이다. 현명하고 정숙하며 여사(女士)의 행실이 있었다. 원릉(元陵) 갑자년(1744, 영조 20) 5월 3일 상산(商山 상주) 두릉리(杜陵里) 집에서 공을 낳았다.

공은 9세에 아버지를 여의었는데, 어머니가 자신의 아우인 소암공(素庵公) 진동(鎭東)[217]에게 보내 배우도록 하여 무릇 9년 만에 돌아왔다. 어려서부터 뜻과 기상이 보통 사람보다 빼어났으며 총명함이 무리들보다 뛰어났다. 책도 눈으로 보기만 하면 곧바로 기억하여 비록 거질(巨帙)의 책이라도 며칠 지나지 않아 이미 이해하였다. 중국이나 우리나라의 역사에서 역대의 치란흥망(治亂興亡), 인물현부(人物賢否), 산천도리(山川道里), 건호기년(建號紀年)은 따질 것도 없고 다른 집안의 세보(世譜)에 이르러서도 두루 섭렵하여 손바닥을 가리키는 것처럼 분명하지 않음이 없었다. 또 문장 제가(文章諸家)들에게 범람(汎濫 두루 출입함)하였는데, 먼저 작자(作者)의 체재(體裁)를 살펴 겨우 약관(弱冠 20세)에 이미

217 진동(鎭東) : 김진동(金鎭東, 1727~1800)으로, 본관은 의성(義城), 자는 정지(定之), 호는 소암(素巖)이다. 1798년(정조22) 경학(經學)으로 선공감 감역(繕工監監役)에 제수되었으나 연로함을 이유로 나아가지 않았다. 문집으로 《소암집(素巖集)》이 있다.

무리들보다 빼어났다. 일찍부터 국가를 경륜하는 사업에 뜻을 두어 일찍이 소장(疏章)을 초안하여 당세(當世)의 급선무를 논한 것이 만여 자에 이르렀는데, 사람들이 모두 큰 그릇이라고 칭찬하였다.

30세 이후에 비로소 부화함을 거두고 실지공부(實地工夫)로 나아가 〈거습잠(祛習箴)〉[218]을 지어 스스로 경계하였다. 또 대산(大山) 이 선생(李先生)을 찾아뵙고 듣지 못한 바를 더욱 들었기에 학문하는 절도(節度)를 모두 대산 선생을 모범으로 삼았다. 또 선생의 아들 시독(侍讀) 완(埦)[219] 및 선생의 급문 제자로 여러 노숙한 분들인 후산(后山) 이종수(李宗洙),[220] 천사(川沙) 김종덕(金宗德),[221] 동암(東巖) 유장원(柳長源)[222] 같은 분들과 강론하고

218 거습잠(祛習箴) : 《손재집》 권13에 실려 있다.

219 완(埦) : 이완(李埦, 1740~1789)으로, 본관은 한산(韓山), 자는 치도(致道), 호는 간암(艮巖)·주일재(主一齋)이며, 대산(大山) 이상정(李象靖)의 아들이다. 1789년 정조가 아버지 이상정의 학덕을 추념하여 이완을 홍문관 부교리에 임명하였다. 1785년(정조9) 이완의 둘째 아들 이병진(李秉進)과 남한조의 둘째 딸이 혼인하였으니, 사돈 간이 된다. 《입재집》 권46에 그의 행장인 〈홍문관 교리 주일재 이공 행장(弘文館校理主一齋李公行狀)〉이 있다.

220 이종수(李宗洙) : 1722~1797. 본관은 진성(眞城), 자는 학보(學甫), 호는 후산(后山)이며, 이상정(李象靖)의 문인이다. 천사(川沙) 김종덕(金宗德), 동암(東巖) 유장원(柳長源)과 더불어 대산 문하의 가장 탁월한 고제로서, 호문삼로(湖門三老)라 불렸다. 대산(大山)과 소산(小山)의 뒤를 잇는다는 의미로 자신의 호를 후산(后山)이라고 하였다. 저서로는 《후산집(后山集)》, 《가례집유(家禮輯遺)》, 《퇴계시집차의(退溪詩集箚疑)》, 《주자감흥시제가집해(朱子感興詩諸家集解)》 등이 있다.

221 김종덕(金宗德) : 1724~1797. 본관은 안동(安東), 자는 도언(道彦), 호는 천사(川沙)이며, 이상정(李象靖)의 문인이다. 1753년(영조29)에 생원시에 합격하였

절차탁마하며 질정하고 의심스러운 것을 물었으니, 경계해 주는 유익한 도움이 있었다. 동암(東巖)에 대해서는 또 직접 배웠기에 더욱 존모(尊慕)하였으며 나아가 질정한 바가 많았다.

평소 생활할 때는 일찍 일어나 가묘(家廟)를 배알하고 의관(衣冠)을 가지런히 하여 하루 종일 책을 보았다. 빈객이나 사무로 마음이 어지러운 경우가 아니면 잠시도 책을 덮은 적이 없었다. 사서(四書)를 읽을 때는 《중용혹문(中庸或問)》과 《대학혹문(大學或問)》을 함께 보았으며, 역전(易傳)을 읽을 때는 《역학계몽(易學啓蒙)》을 함께 보았으며, 주서(朱書)를 읽을 때는 《주자서절요(朱子書節要)》부터 《주자대전(朱子大全)》, 《주자어류(朱子語類)》까지 함께 보았으며, 퇴도서(退陶書) 또한 완미하고 연역하기를 그만둔 적이 없었다. 참된 공부가 쌓이고 힘쓰는 것이 오래됨에 공부의 순서가 어지럽지 않아 끝내 간약(簡約)함으로 돌아간 것이 순수하였다.

날마다 볼 수 있는 행실 같은 경우, 어머니를 섬김에 그 효성과 사랑을 지극히 하였으며, 상을 치를 때는 형식과 슬픔을 극진히 하였다. 아버지를 일찍 여의어 봉양하지 못한 것을 생을 마칠 때까지 항상 애통하게 여겼다. 생일을 맞을 때마다 아침과 저녁의

고, 1779년(정조3)에 학행(學行)으로 천거되어 의금부 도사를 지냈다. 저서로는 《천사집》, 《성학입문(聖學入門)》, 《초려문답(草廬問答)》 등이 있다.

222 유장원(柳長源) : 1724~1796. 본관은 전주(全州), 자는 숙원(叔遠), 호는 동암(東巖)이며, 이상정(李象靖)의 문인이다. 1763년(영조39)에 진사시에 합격한 후 벼슬에 뜻을 두지 않고 동암정(東巖亭)을 구축하여 공부하면서 후진 지도에 힘썼다. 저서에 《동암집(東巖集)》, 《상변통고(常變通考)》, 《자경록(資警錄)》 등이 있다.

음식을 또한 평소와 조금도 다르게 하지 않았다. 종족(宗族)과 지구(知舊)들이 수연(壽筵)에 초청하면, 곧 슬퍼하며 한 번도 가지 않았다.

마을에 돌아가신 아버지와 나이가 같은 사람이 있었는데 매우 가난하였기에 남들보다 배로 존경하고 자주 안부를 묻고 물품을 보내 주었다. 외조부모(外祖父母)의 기일(忌日)에는 해마다 제수(祭需)를 도와주기를 그만두지 않았다. 먼 곳에서 남편을 잃고 가난하게 살고 있는 손윗누이[223]를 위해서는 일꾼을 보내 나무하고 물 긷는 것을 도왔고, 봄가을에는 또 항상 그 급한 사정을 도와주었다. 병들어 살아갈 수 없는 손아랫누이[224]를 위해서는 전택(田宅)을 마련하고 매서(妹壻)를 맞이하여 그 이웃에 살게 하였고, 손아랫누이가 죽자 상례와 장례를 모두 집에서 도와주었다. 매서가 전염병에 걸려 거의 죽게 되자 힘을 다해 간호하고 돌보았는데, 손아랫누이가 죽고 자식이 없다는 것 때문에 조금도 다르게 대하지 않았다. 종손(宗孫)은 항렬(行列)이 낮고 나이도 또한 젊었으나 맞이하고 전송함에 반드시 문을 나와 그 공경함을 지극히 하였다. 종족이 흩어져 살아서 논의가 혹 나누어지면 한결같이 화목함으로 수습하니, 화합하여 온화하고 후덕한 풍도가 있었다.

어머니가 세상을 떠나고 곤궁하게 사는 친한 사람[225]이 있었는

223 손윗누이 : 남한호(南漢皜, 1760~1821)의 《성재집(誠齋集)》 권9 〈손재 선생 유사(損齋先生遺事)〉에 '오계 김자(梧溪金姊)'로 되어 있으니, 김진원(金眞源)에게 시집간 첫째 누이를 말한다.

224 손아랫누이 : 남한호의 유사에 '이매(李妹)'로 되어 있으니, 이정린(李廷鄰)에게 시집간 막내, 여섯째 누이를 말한다.

데, 곧바로 선방(禪房)으로 보내 공부하도록 해 주고 또 밭과 종을 빌려주어 의지하도록 하였다. 원근의 빈객들이 찾아오지 않는 날이 거의 하루도 없었으나 한결같이 정성으로 대우하여 친소(親疎)에 차별을 두지 않았다. 일찍이 말하기를, "증자(曾子)는 공손하고 검소하며 게으르고 태만하지 않았으니,[226] 이는 후세 사람들이 마땅히 모범으로 삼아야 할 바이다."라고 하였다. 후세(後世)에 우도(友道)가 쇠퇴하여 없어져 선행을 하도록 권면하는 말도 전혀 없음을 병통으로 여겼다. 벗에게 허물이 있음을 보면 직접 대면하여 규계하고 편지로 경계하였으니, 대개 충고(忠告)로 말미암아 인(仁)에 보탬이 되기를 기약한 뒤에야 그만두었다. 혹 충고 듣기를 기꺼워하지 않아 망녕되이 성난 말을 하는 사람이 있으면 또한 받아들여 자신의 잘못으로 여기고 구구하게 분변하지 않았다.

후진(後進)을 가르치는 것을 자신의 임무로 삼아 엄격하게 과정(課程 일정한 양)을 세워서 날마다 공부하는 바가 있게 하였다. 또 각자에게 그 뜻과 병통을 말하게 하고 거기에 대해 평가하여 해결책을 제시하였다. 또 말하기를, "벗들이 무리 지어 생활하는

225 어머니가……사람 : 남한호의 유사에 '이동오(李東五)'로 되어 있다.

226 증자(曾子)는……않았으니 : 증자(曾子)의 제자인 공명선(公明宣)이 증자의 문하에 있으면서 3년 동안 책을 읽지 않자, 증자가 배우지 않는 이유를 물었다. 이에 공명선이 대답하기를, "어찌 감히 배우지 않았겠습니까.……제가 선생님께서 빈객을 응대하실 때 공손하고 검소하며 태만하지 않으신 것을 보고 기뻐하여 배웠으나 능하지 못합니다.〔宣見夫子之應賓客, 恭儉而不懈惰, 宣說之, 學而未能.〕"라고 하였다. 《小學 稽古》《說苑 反質》

것은 다만 문의(文義)를 강론할 뿐만 아니라 반드시 서로 보고서 선해지는 공부가 많아서[227]이다."라고 하였다. 이에 어진 사람이나 어리석은 사람이 모두 그 유익함을 얻어 성취한 바가 많았다. 먼 곳에서 공의 풍도를 듣고 덕을 사모하여 온 사람들이 더욱 많아졌다. 그사이 도남서원(道南書院)[228]의 강석(講席)을 두 번 주관한 적이 있었는데, 경서의 뜻을 밝게 설명함이 마치 장님의 눈을 뜨게 함과 같이 환하여 제생들이 귀 기울여 듣고 마음으로 복응(服膺)하여 스승의 자리에 항상 의젓하게 임하기를 바라지 않음이 없었다.

만년에 여러 번 천섬(薦剡)[229]에 올랐으니, 방백과 수령들이 왕

227 서로……많아서 : 《근사록집해(近思錄集解)》 권2 〈위학(爲學)〉에 명도(明道) 선생이 "붕우 간에 강습(講習)함은 또 서로 보고 선해지는 공부가 좋은 것만 한 것이 없다.〔朋友講習, 更莫如相觀而善工夫多.〕"라고 한 말을 원용한 것이다. '상관이선(相觀而善)'은 붕우들이 서로 간에 선(善)을 보고 본받아 서로서로 선하게 하는 즐거움을 말하는 것으로, 《예기》 〈학기(學記)〉에 "서로 보고 선하게 함을 '마(摩)'라 이른다.〔相觀而善之謂摩〕"라고 한 것을 원용하였다.

228 도남서원(道南書院) : 경상북도 상주시 도남동에 있었던 서원으로, 1606년(선조39) 지방유림의 공의로 정몽주(鄭夢周), 김굉필(金宏弼), 정여창(鄭汝昌), 이언적(李彦迪), 이황(李滉)의 학문과 덕행을 추모하기 위해 창건하여 위패를 모셨다. 그 뒤 1616년(광해군8)에 노수신(盧守愼), 유성룡(柳成龍)을, 1635년(인조13)에 정경세(鄭經世)를 추가 배향하였다. 1677년(숙종3) '도남(道南)'이라고 사액되어 사액서원으로 승격하였다. 흥선대원군의 서원철폐령으로 1868년(고종5)에 훼철되고, 지금은 강당인 일관당만 남아 있다.

229 천섬(薦剡) : '섬(剡)'은 중국의 종이 생산지로 유명한 곳이다. 옛날에 그 지역에서 생산된 섬지(剡紙)에다 추천하는 글을 적었으므로, '섬'이 '사람을 추천하는 문서'의 대명사가 되었다.

왕 생활의 안부를 물었다. 공은 한 번도 사례하지 않았으며, 보내준 물건도 사양하고 돌려보냈다. 이전부터 많은 사람들에게 명망이 대개 성대하였으나 끝내 일명(一命)[230]의 벼슬도 하지 못했다. 당저(當宁 금상(今上)) 기사년(1809, 순조9) 7월 7일 세상을 떠났으니, 향년 66세였다. 상주 예진(芮津)에 장사 지냈다가 뒤에 함창 이현(梨峴)의 선영 곁 모향(某向) 언덕으로 이장하였다.[231]

공은 타고난 자질이 세속에서 빼어났고 학문의 힘이 무리들보다 뛰어났다. 웅대하고 뛰어나며 준걸스럽고 남달랐으며 시원하고 영특한 자질로 규구승묵(規矩繩墨 법도)의 가운데로 수렴하여 들어갔다. 총명하고 해박하며 민첩한 성품으로 격물치지(格物致知)·성의정심(誠意正心)의 공부에 종사하였다. 사우(師友)의 경계와 권면을 기다리지 않고도 한번 분발함에 곧바로 돌이키는[232] 용기

230 일명(一命) : 왕자(王者)로부터 임명받는 관등(官等) 중 최하 등급의 정식 관원을 말한다. 《주례(周禮)》 〈대종백(大宗伯)〉을 보면 일명에서 구명(九命)까지의 관등이 있다.

231 상주……이장하였다 : 유치명(柳致明)의 《정재집(定齋集)》 권29 〈손재 선생 묘갈명 병서(損齋先生墓碣銘 幷序)〉에는, 함창에서 또다시 상주의 외서(外西) 막곡(莫谷 : 幕谷) 축좌(丑坐) 언덕으로 이장하였다고 되어 있다.

232 한번……돌이키는 : 원문은 '일발변전(一撥便轉)'으로, 자질이 아름다운 사람의 특징을 말한다. 《소학》 〈선행(善行)〉에 서적 중거(徐積仲車)가 "처음 안정 선생을 뵙고 물러 나올 때에 머리 모양이 조금 기울었는데, 선생이 갑자기 큰 소리로 머리 모양을 바르게 하라고 말씀하셨다. 나는 그때 다만 머리 모양을 바르게 해야 할 뿐만 아니라 마음 또한 바루어야 한다고 생각하였다. 이로부터 감히 나쁜 마음을 품지 않았다." 라고 하였다. 이에 대해 집해에 주자(朱子)가 말하기를, "이러한 사람은 모두 자질이 아름답다. 그래서 한번 분발함에 곧바로 돌이켜 종신토록 악한 일을 하지 않는다.〔這樣人都是資質美. 所以一撥便轉, 終身不爲惡也.〕"라고 한 말을 원용한 것이다.

가 있었다. 이른 아침부터 밤까지 자신을 구속(拘束)하거나 자랑하는 마음을 드러내지 않았으나 날마다 편안한 곳을 밟는[233] 체도(體度)가 있었다. 평이하고 자유로웠으나 게으르고 느슨한 적이 없었으며, 뛰어난 경지를 스스로 터득했으나 차례를 뛰어넘는 단서가 없었다. 기량(器量)이 넓고 컸으나 자세하고 꼼꼼함을 더하였으며, 식견이 두루 통하였으나 단속하고 간약함을 보존하였다. 도량이 넓음은 무거운 책임을 맡을 수 있고 뜻이 굳셈은 먼 길을 갈 수 있었다.[234]

평실(平實)함으로 다급할 때 의연히 몸을 지키는 바탕으로 삼고, 공정(公正)함으로 평소 마음을 다스리는 바로 삼았다. 사도(斯道)가 이륜(彜倫)에서 벗어나지 않음을 알았기에 견고하게 잡아 확실하게 지켜 오직 실천함을 힘썼고, 만 가지로 다름이 모두 한 가지 근본에서 근원함을 알았기에 벼리로 이끌고 기강으로 이

233 날마다……밟는 : 원문은 '일리안지(日履安地)'로, 그 도 얻는 것을 즐거워하는 군자의 특징을 말한다. 《심경부주(心經附註)》 권2의 '군자낙득기도(君子樂得其道)' 장의 부주(附註)에 어떤 사람이 정이(程頤)를 위로하며 "선생은 사오십 년 동안 삼가 예(禮)를 지키며 사셨으니 몹시 노고가 크셨겠습니다." 하니 정이가 "나는 날마다 편안한 곳을 밟으니, 무슨 노고가 있었겠는가. 다른 사람들은 날마다 위태한 곳을 밟으니 그것이 곧 노고이지.〔吾日履安地, 何勞苦之有? 他人日履危地, 乃勞苦也.〕"라고 한 말을 원용한 것이다.

234 도량이……있었다 : 《논어(論語)》 〈태백(泰伯)〉에서 증자(曾子)가 말하기를, "선비는 도량이 넓고 뜻이 굳세지 않으면 안 되니, 책임이 무겁고 길이 멀기 때문이다. 군자는 인(仁)으로써 자기의 책임을 삼으니 막중하지 않겠는가. 죽은 뒤에야 끝나는 것이니 멀지 않겠는가.〔士不可以不弘毅, 任重而道遠. 仁以爲己任, 不亦重乎? 死而後已, 不亦遠乎?〕"라고 한 말을 원용한 것이다.

끌어 오직 대지(大旨)를 위주로 함이 있었다. 이것으로 스스로 수양하는 도를 극진히 하고 이것으로 남을 가르치는 방법을 시행하여 열심히 하고 차근차근히 하여 그 몸을 마칠 때까지 배움을 싫어하거나 가르침을 게을리하지 않았다.

공의 학문함 같은 경우 편안히 하면서도 이룬 것에 거의 가까운 것이리라. 이런 까닭으로 그 의모(儀貌)는 간약하면서도 엄중하고 기상(氣像)은 한가하면서도 편안하였다. 충담(冲澹)하면서도 여유가 있고, 화순(和順)하면서도 자적(自適)하였다. 마음과 운치는 씻은 듯 깨끗하여 한 점의 티끌 같은 생각이 없었고, 법도는 삼엄하여 본래의 떳떳한 분수를 생각하였다. 본디 곤궁했으나 이치를 따라 절대 하늘을 원망하고 사람을 탓하는 마음이 없었으며, 선(善)을 즐기고 의(義)를 좋아하여 잘잘못을 헤아리고 따지는 사사로움이 있는 줄 알지 못했다. 말하기 전에 믿음이 있어서 사람들이 공의 책망에 대해 원망하지 않았으며, 행적이 마음과 동일하여 대중들이 잘못을 의논할 수 없었다. 이런 것들은 하늘로부터 얻은 것이 진실로 이미 중도를 실천하는 선비에 가까우며, 학문에서 터득한 것이 또 어찌 이른바 "마음에 근본하여 얼굴빛에 드러나고, 성품에서 발하여 도에 합하여 자신도 모르게 옛사람과 함께 돌아간다."라는 것이 아니겠는가.

이치에 대한 조예가 이미 깊어지고 이단을 물리침이 또 엄중함에 이르렀다. 일찍이 이성호(李星湖)의 〈천주실의발(天主實義跋)〉을 보고 이단을 논척(論斥)함이 미진(未盡)하다고 여겨 설(說)을 지어 분명하게 배척하였고,[235] 또 안순암(安順庵)의 〈천학혹문(天學或問)〉을 보고 이단을 변파(辨破)함이 혹 거칠다고 여겨 변품

(辨稟)을 지어 의미를 확충하였다.[236] 대개 척안(隻眼)으로 진장(眞贓)을 간파(看破)한[237] 사람은 거의 당시에 손재 한 사람뿐이었다. 그러나 평소 성품이 명리(名利)에 담박하여 털끝만큼이라도 혐의에 가까움이 있으면 곧 피하였다. 서학을 하다가 배척되었던 사특한 사람이 당시에 바야흐로 드러나게 등용되자 서울의 어떤 지구(知舊)가 와서 서학을 비판한 책 보기를 구하였으나 보여 주

235 이성호(李星湖)의……배척하였고 : 성호(星湖)는 이익(李瀷, 1681~1763)의 호이다. 본관은 여주(驪州), 자는 자신(子新)이다. 일생을 학문에만 전심하였다. 저서에는 《성호사설(星湖僿說)》, 《성호집(星湖集)》 등이 있다. 남한조가 지은 글은 《손재집》 권12 〈이성호 익 천주실의발 변의(李星湖 瀷 天主實義跋辨疑)〉를 말한다. 이익(李瀷)이 〈발천주실의(跋天主實義)〉를 지으면서 《천주실의(天主實義)》에 대한 관심이 크게 일어나 신후담(愼後聃), 안정복, 이헌경(李獻慶) 등의 서학서에 대한 논평이 이어졌는데, 남한조는 유학적 시각에서 발문의 문제점을 제기하였다.

236 안순암(安順庵)의……확충하였다 : 순암은 안정복(安鼎福, 1712~1791)의 호이다. 본관은 광주(廣州), 자는 백순(百順), 호는 순암(順菴)·상헌(橡軒)·한산병은(漢山病隱)·우이자(虞夷子) 등이다. 저서에는 《동사강목(東史綱目)》, 《순암집(順菴集)》 등이 있다. 남한조가 지은 글은 《손재집》 권12의 〈안순암 천학혹문 변의(安順菴天學或問辨疑)〉를 말한다. 안정복이 《천주실의》를 겨냥하여 천주교 교리의 다양한 문제에 대하여 비판하며 성호학파의 권철신(權哲身) 계열 학자들이 서학에 심취되는 것을 경계하기 위하여 《천학혹문(天學或問)》을 지었는데, 남한조가 1782~1783년에 안정복에게 수학할 당시 《천학혹문》을 정정(訂正)하라는 명이 있었으며 이후 1790년(정조14)에 의심나는 부분을 변석하여 올린 것이다.

237 척안(隻眼)으로 진장(眞贓)을 간파(看破)한 : 마혜수라천(摩醯首羅天)에게는 눈이 세 개 있는데, 이마에 세로로 있는 눈을 '척안'이라 한다. 정문안(頂門眼) 혹은 활안(活眼)이라고도 이르는데, 범부의 육안(肉眼)이 아니라 진실한 정견(正見)을 갖춘 혜안(慧眼)을 뜻하는 말이다. '진장'은 저본에 '진장(眞臟)'으로 되어 있으나, 잘못이다. 범행의 확실한 증거물이란 뜻으로, 여기서는 천주교 책자나 그림 같은 것을 가리킨다. 남한조가 뛰어난 혜안으로 천주교의 잘못을 정확하게 꿰뚫어 보았음을 말한다.

지 않았다. 과거에 응시했을 때 무리들의 한결같이 조급한 마음을 따르지 않고 옷깃을 가지런히 하고 과거 시험장에 앉아 있었으며, 고시관의 물음에 답할 때는 한가히 거처할 때처럼 행동함이 있었다. 답지 작성한 것이 반드시 마음에 차야 비로소 제출하였으며, 미리 지어 본 시제를 만나면 또한 쓰지 않았다.

일찍이 도산서원(陶山書院) 별시에 낙방한 여러 사람들에게 다시 남성시(南省試)[238]에 응시하라는 특명(特命)이 내려졌기에 억지로 가서 응시하였는데, 때마침 며칠 뒤에 별과가 있었으나 공은 과거 시험이 평소의 뜻이 아니었기에 남성시가 끝나자 곧바로 미련 없이 향리로 돌아왔다.

생활할 때는 항상 문을 닫고 스스로를 지켰으며, 모든 서원 동주(洞主)의 직임에 대해 일절 사양하고 응하지 않았다. 항상 말하기를, "어진 이를 높이는 도가 어찌 여기에 있겠느냐."라고 하였다. 후생(後生)을 경계하여 절대 대중을 따라 행하지 못하게 하였다. 그러나 혹 대중의 논의가 소란스러운 때를 만나면 곧 근심하며 즐거워하지 않고 조율하여 멈추기에 힘썼으며, 홀로 선하게 하여 과망(果忘)[239]한 적이 없었다. 책 읽기를 부지런히 하고 공경

238 남성시(南省試) : 국자감시(國子監試)의 다른 이름으로, 성균관에서 보는 진사시와 생원시를 가리키는 말이다. 남한조의 나이 57세 때인 1792년(정조16) 4월에 도산서원(陶山書院) 별시가 있었으며, 가을에 왕명으로 내려진 복시(覆試)를 치르려 상경하였다가 돌아왔다.

239 과망(果忘) : 세상을 잊는 데 과감하여 무턱대고 세상을 떠나는 것이다. 《논어》 〈헌문(憲問)〉에, 삼태기를 메고 공자가 머문 집 앞을 지나가던 사람이 세상일에 연연해 한다며 공자를 비판하자, 공자가 그를 두고 "과감하도다. 어려울 것이 없

히 자제의 직분을 다하는 이가 있으면, 반드시 직접 만나 장려하였다. 비록 아래 자리에 있고 궁핍하여 세도(世道)를 돌이킬 뜻을 시행할 수는 없었으나, 의젓하게 한 지방의 모범이 되어 여러 어리석은 사람들을 거두어들여 그들과 대도를 함께하고자 한 것은 그 마음이 대개 단(丹)과 같이 환하여 공부를 통해 안정된 힘이 크게 있었기 때문이다.

경신년(1800, 정조24) 옥산지옥(玉山之獄)[240] 때 장리(將吏)들이 도망한 자를 체포하면서 공과 척의(戚誼)가 있기 때문에 혹 공의 집에 숨어서 모여 있다고 생각하였다. 그래서 종 하나에게 위협하여 거짓 자복을 얻고자 하였다. 당시 화색(禍色 재앙의 징조)

겠구나.〔果哉! 末之難矣.〕"라고 하였는데, 주희(朱熹)는 《집주(集註)》에서 "과감하다는 것은 그가 세상을 잊는 데 과감함을 탄식한 것이다.〔果哉, 歎其果於忘世也.〕"라고 하였다.

240 옥산지옥(玉山之獄) : 순조 즉위년인 1800년 정조 독살설이 영남에 유포됨에 따라 인동(仁同)의 장시경(張時景)·장시호(張時皥) 형제가 서울로 진격, 노론 벽파 세력을 제거하고 정권을 장악하려 했다는 역모 고변으로 인해 일어난 인동 작변(仁同作變) 사건을 말한다. 1800년 6월 28일에 정조가 갑자기 승하하고 인산(因山)이 이루어지지도 않았는데, 당시 인동 부사였던 이갑회(李甲會)가 풍악을 울리며 부친의 생신잔치를 마련하였다. 이에 분개하던 장윤혁(張胤爀, 1734~1800)이 생신잔치의 초청을 거절하자 이갑회는 추석날 장윤혁의 후원에 소머리를 던져 놓고는 인산 전에 소를 도축하였다는 혐의로 장윤혁의 가노(家奴)를 구금하였다. 그리고 항의하던 인동 장씨 일가와 군졸의 충돌이 있자 이갑회는 장씨 일가를 정조 독살설에 연루시키면서 장씨 일가가 관아를 침범하여 무기와 군량을 탈취한 다음 모반을 일으키려 하였다고 보고하였다. 감사는 8월 29일에 중앙으로 보고하였으며, 중앙에서는 이서구(李書九)를 안핵사로 선임하여 파견하였다. 9월 23일에 안핵사 이서구와 경상 감사는 모반 사건에 대한 보고서를 제출하였으며, 결과적으로 장씨 일문에 대한 대대적인 처벌이 이어졌다.

이 어떤 지경에 이르게 될지 알지 못했기에 모여서 구경하는 사람들은 모두 얼굴빛이 하얗게 되어 두려워하였으나, 이날 밤에도 공은 이전처럼 코를 골며 잤으며 아침에 일어나서도 또한 평소와 같이 웃으며 이야기하였다. 일찍이 털끝만큼의 요동도 없었으니, 평소에 충양(充養 내면을 확충하여 기름)함이 있지 않았다면, 누가 환난(患難)에 임하여 이와 같이 할 수 있겠는가.

공은 다만 외아들 택정(宅正)[241]이 있었는데, 기량(器量)이 낮지 않아 동료들이 의지하는 바였으나 일찍 죽었다. 공은 또한 오직 달관(達觀)하여 이성적으로 극복하여 생활할 때의 모습이 이 때문에 손상되는 바가 있지 않았다. 슬하에 아버지를 여읜 손자[242]가 바야흐로 막 입학(入學)의 나이[243]였는데, 자애로움 때문에 가르침을 폐하지 않고 혹 회초리로 때리는 것도 마다하지 않았다. 이런 점은 모두 남들이 미칠 수 없는 바이니, 정자(程子)가 이른바 "학문은 환란과 근심에 대처하고자 하는 것이다.〔學要處患難憂戚〕"[244]라는 것이 어찌 진실로 그렇지 않겠는가.

241 택정(宅正) : 남택정(南宅正, 1769~1830)으로, 자는 경명(敬明)이다. 《입재집》 권25에 〈남택정자설(南宅正字說)〉이 실려 있다. 《손재집》 권14에 〈제망아문(祭亡兒文)〉 두 편이 실려 있는데, 한 편은 개장(改葬)할 때 지은 것이다.

242 아버지를 여읜 손자 : 이름은 노병(魯秉)이다.

243 입학(入學)의 나이 : 소학에 들어가는 나이인 8세를 말한다. 〈대학장구서〉에 "사람이 태어난 지 8세가 되면 왕공(王公) 이하로 서인(庶人)의 자제에 이르기까지 모두 소학(小學)에 들어가서……〔人生八歲, 則自王公以下至於庶人之子弟, 皆入小學……〕"라고 한 데서 유래하였다.

244 학문은……것이다 : 이천(伊川) 정이(程頤)가 일찍이 부주(涪州)에 유배되었다가 뒤에 풀려 돌아왔는데, 기모와 용색(容色)과 수염과 머리털이 모두 평소보다

나처럼 보잘것없는 사람이 공과 교유할 수 있었던 것이 지금까지 거의 40년이 되었고, 게다가 혼인의 우호[245]를 더하였다. 잦은 왕래로 공의 평소 대략(大略)을 알 수 있었기에 평소 사모하며 흠복(欽服)하였다. 대개 내가 배우고자 한 바가 있었으나 능치 못한 것이 한둘에 그치지 않았고, 더욱 널리 배우고 높고 고결한 점에 있어서는 우뚝하여 미치지 못한 탄식이 있었다. 공은 또 과분하게도 나를 사랑함이 심하여 나의 공부 바탕이 된 것이 곡진하지 않음이 없었다. 아, 지금 어느 곳에서 다시 공 같은 이를 얻을 수 있겠는가.

공은 산수(山水)를 좋아하여 대금강(大金剛)과 소금강(小金剛)을 두루 유람하였고, 또 선유동(仙遊洞)에 정자 한 채를 지어[246] 노년을 마칠 계획으로 삼았다. 이 또한 결행하지 못하고 세상을 떠났으니, 이 또한 슬퍼할 만하다. 공은 저술하는 것을 기뻐하지

좋아졌으므로, 문인(門人)이 어떻게 해서 그렇게 되었느냐고 묻자, 대답하기를 "이것은 학문의 힘이다. 대체로 학자들은 환난과 빈천에 대처하는 것을 배워야 하고, 부귀영달 같은 것은 굳이 배울 것이 없다.〔學之力也. 大凡學者, 學處患難貧賤, 若富貴榮達, 卽不須學也.〕"라고 했던 데서 온 말이다. 《二程外書 卷12》《心經 正心章》

245 혼인의 우호 : 1791년(정조15) 정종로의 셋째 아들 정상관(鄭象觀, 1776~1820)과 남한조의 셋째 딸이 결혼한 것을 말한다. 정상관의 본관은 진양(晉陽), 자는 숙옹(叔顒), 호는 곡구원(谷口園)이다. 저서로 유고 4권과 《곡구원기》가 전한다.

246 선유동(仙遊洞)에……지어 : 정자의 이름은 옥하정(玉霞亭)이다. 《정재집(定齋集)》 권29 〈손재 선생 묘갈명 병서(損齋先生墓碣銘 幷序)〉에 "또 문희의 선유동을 사서 집을 지어 수석을 관리하며 옥하정이라 하고 그 실을 편액하여 손재라 하니, 학자들이 손재 선생이라 일컬었다.〔又貨聞喜之仙遊洞, 爲舘以管領水石曰玉霞亭, 扁其室曰損齋, 學者稱損齋先生.〕"라고 하였다.

않았는데, 지금 유집 약간 권이 여러 문인들의 손에 수습되어 나왔다.[247] 공의 재종제(再從弟) 한호(漢皜)[248]와 주서(注書) 유치명(柳致明)[249]이 또 공에게 직접 배우면서 보고 들은 바로 유사를 찬술하여 나에게 보여 주며 행장을 지어 달라고 부탁하였다. 아, 공이 나보다 여섯 살 적은데도 내가 도리어 공의 행장을 짓게 되었구나. 인하여 생각건대, 옛날 공이 부화하고 거칢을 근심하여 외람되게 고칠 방법을 물었는데, 내가 '주일무적(主一無適)'[250] 네 글자로 받들어 올리며 말하기를, "주일(主一)은 그 거칢을 고칠

247 지금……나왔다 : 저자의 유문과 관련하여 문집 내에는 서발(序跋) 등 간행 경위를 알 수 있는 기사가 없으나, 정종로의 연보(年譜)에, 1813년(순조13)에 손재유고(損齋遺稿)를 교정하였다는 기록으로 미루어 최소한 정종로의 몰년인 1816년 이전에 교정을 거친 고본(稿本)이 편성되었음을 알 수 있다. 간행된 문집은 15권 8책으로, 《한국문집총간》 속99에 실려 있다.

248 한호(漢皜) : 남한호(南漢皜, 1760~1821)로, 본관은 의령(宜寧), 자는 자호(子皜), 호는 성재(誠齋)로 상주(尙州)에 거주하였다. 이상정(李象靖)과 정종로(鄭宗魯)의 문인이다. 저서에 《성재집》이 있는데, 권9에 〈손재 선생 유사(損齋先生遺事)〉가 있다.

249 유치명(柳致明) : 1777~1861. 본관은 전주(全州), 자는 성백(誠伯), 호는 정재(定齋)이다. 지금의 경상북도 안동시 임하면 대평리 출신이다. 이상정의 외증손이고, 이상정의 문인인 남한조(南漢朝, 1744~1810), 정종로 등에게 수학하였다. 과거에 급제해서 벼슬이 병조 참판·동지춘추관사에 이르렀다. 성리학과 예학에 정통하여 학문적으로 큰 업적을 남겼고, 또 많은 제자를 길러 내었다. 저서로는 《정재집》이 있는데, 권36에 〈손재 선생 유사총서(損齋先生遺事摠敍)〉가 있다.

250 주일무적(主一無適) : 정자와 주자가 '경(敬)'의 개념을 해석한 말이다. 정이(程頤)가 "마음을 전일하게 가지는 것이 경이고, 이리저리 옮기지 않는 것이 일이다.〔主一之謂敬 無適之謂一〕"라고 하였다. 《近思錄 卷4 存養》 이 해석을 주자가 계승하여 정착시켰다.

수 있고, 무적(無適)은 그 부화함을 고칠 수 있습니다."라고 하였다. 이것은 실로 내가 능하지 못하는 바이면서도 지극히 천근(淺近)한 말이었으나, 공은 매우 그렇다고 여겼다. 즉시 벽에 이 네 글자를 써서 걸어 두고 이른 아침부터 밤까지 보면서 성찰하였으니, 이 한 가지 일은 공이 남의 말을 받아들여 선을 행함이 가는 곳마다 그렇지 않음이 없었음을 알 수 있다. 그러나 내가 장차 어느 곳에서 훌륭한 글솜씨를 빌려 공이 나와 교유했던 지극한 뜻에 조금이나마 보답할 수 있겠는가.

붓을 잡음에 눈물이 앞을 가리고, 근래에 또 정신이 더욱 혼미하여 지금 비록 유사(遺事)에 의거하여 글을 짓고, 간간이 나의 견해를 위와 같이 덧붙였다. 그러나 공에게 날마다 새로워진 덕망과 학업이 넉넉히 있었음을 드러내어 뒤에 죽는 나의 책임을 다하지 못한 듯하니, 더욱 탄식할 만하다. 붓을 잡아 글을 쓰는 군자들이 혹 이해하여 채납해 줄 수 있을지 모르겠다. 이로써 행장으로 삼는다.

입재집

제46권

행장
行狀

행장 行狀

사복시 정 하음 신공 행장
司僕寺正河陰申公行狀

공의 휘는 즙(楫), 자는 여섭(汝涉)이며, 하음(河陰)은 그의 호이다. 신씨(申氏)는 본래 평산(平山)에서 나왔으나 시조(始祖) 신숭겸(申崇謙) 이전은 아득히 멀어 징험할 수 없다. 고려 말에 진사 현(賢)이 있어 영해(寧海)에 살았는데, 자손들이 인하여 관향으로 삼았다. 공민왕(恭愍王) 때 득청(得淸)이란 이름을 하사받고 판예빈시 태복정(判禮賓寺太僕正)을 지낸 이가 있었다. 우리 조선 광묘(光廟 세조(世祖)) 때 생원 지(祉)[1]가 있었으니 효행(孝行)으로 천거되어 의영고 부사(義盈庫副使)에 제수되었으나 부임하지 않았다. 이사(里社)에 배향되었으니 이분이 공의 6대조이다. 고조 휘 권(眷)은 부사과(副司果)이다. 증조 휘 종위(從渭)는 축산군

1 지(祉) : 신지(申祉, 14??~?)로, 자는 독경(篤慶), 호는 풍호정(風乎亭)이다. 좀 더 자세한 행적은 김낙행(金樂行)의 《구사당속집(九思堂續集)》 권3 〈징사 풍호정 신공 묘갈 유사의 후서를 붙이다[徵士風乎亭申公墓碣 附遺事後敍]〉에 보인다. 이야순(李野淳)이 지은 하음(河陰)의 또 다른 행장에는 서강사(西江祠)에 제향되었다고 하였다.

지사(笠山郡知事)로, 성품이 지극히 효성스러워 시묘살이하며 삼년상을 마쳤다. 조정에서 그 효행으로 채용하였으며 영당(影堂)이 진성(眞城)의 합강(合江)에 있다. 조부 휘 연(演)은 습독(習讀)으로 비로소 청송부(青松府) 안덕현(安德縣)으로 이거하였으며, 한성 우윤(漢城右尹)에 증직되었다. 나의 선조 문장공(文莊公)이 그의 묘갈명을 지었다.[2] 아버지 휘 경남(慶男)은 주부(主簿)이며 승정원 좌승지(承政院左承旨)에 증직되었다. 어머니는 안동 권씨(安東權氏) 참봉 제세(濟世)의 따님이니, 만력(萬曆) 경진년(1580, 선조 13) 5월 모일 안동(安東) 송촌(松村)의 외가에서 공을 낳았다.

공은 어려서부터 우뚝하여 재주와 지혜가 남들보다 뛰어났다. 아버지 승지공(承旨公)은 가르치고 인도함이 또한 엄격하여 항상 학실(學室 공부방)에서 학업을 익히게 하여 잠시도 바깥출입을 하지 못하도록 하였다. 9세에 이미 문장을 지을 수 있었는데, 사기시(史記詩)[3]를 지어 역대의 치란득실을 서술하여 남김없이 다 기술하였다. 또 어른을 섬기는 절도를 잘 알아서 생활함에 의젓한 모습이 있었다. 여헌(旅軒) 장 선생(張先生)이 보고는 연거푸 칭찬해 마지않았다.

13세에 흑치란(黑齒亂 임진왜란)을 당하여 온 가족이 산골짜기로

2 연(演)은……지었다 : 신연(申演, 1534~1594)의 자는 중호(仲浩), 호는 우헌(寓軒)이다. 묘갈명은 정경세(鄭經世)의 《우복집(愚伏集)》 권18 〈습독 신공 묘갈명 병서(習讀申公墓碣銘 幷序)〉를 말한다.

3 사기시(史記詩) : 《하음집》에는 정종로가 지은 행장은 '행장략(行狀略)'으로 되어 있고, 이야순(李野淳)이 지은 또 다른 행장이 실려 있다. 두 곳 모두 '독사시(讀史詩)'로 되어 있는데, 문집에는 이 작품이 실려 있지 않다.

숨었다. 조부 습독공(習讀公)이 공의 손을 이끌고 산꼭대기에 올라 묻기를, "만약 왜적이 장차 너를 죽이려 하거든 온갖 방법으로 애걸하여 살기를 도모하겠느냐?"라고 하였다. 공이 대답하여 말하기를, "죽고 사는 것은 천명이 있으니, 어찌 구차히 살겠습니까. 차라리 왜적에게 항거하여 한 번 꾸짖고 죽겠습니다."라고 하였다. 습독공이 매우 기특하게 여겼다. 습독공이 평소 한질(寒疾)이 있어 따뜻한 곳에서 몸조리하고 싶었으나 그럴 수 없었다. 공이 부엌의 아궁이처럼 뚫린 넓은 궁륭형(穹窿形)[4]의 돌을 구해 땔나무를 태워 따뜻하게 하니, 마침내 조리하여 치료할 수 있었다.

정유년(1597, 선조30) 봄 도백(道伯) 이용순(李用純)이 왜적들에게 몰려 안덕(安德)으로 들어왔다. 왜적이 또 매우 가까이 다가왔다는 소문을 듣고 무기를 땅에 묻고 다른 지역으로 달아나려고 하여 고을 사람들과 의논하였다. 공은 나이가 적었기 때문에 말석에 있다가 분개하여 말하기를, "합하(閤下)는 곤외(閫外)의 장수[5]로서 이에 이 같은 계책을 내니, 자신을 잊고 나라에 보답하는 도가 결코 아닙니다."라고 하였다. 이용순이 부끄러워하며 그만두었다. 왜란이 평정됨에 이르러 공이 서쪽을 향해 절하고 〈평왜송

4 궁륭형(穹窿形) : 저본에는 '궁(穹)'으로 되어 있으나, 행장략과 행장에는 '륭(窿)'으로 되어 있다. 궁륭형은 반달 또는 활처럼 한가운데가 제일 높고 주위가 차차 낮아지는 모양을 말한다.

5 곤외(閫外)의 장수 : 곤외(閫外) 즉 문지방 밖, 대궐 밖 신하라는 뜻의 곤외지신(閫外之臣)에서 나온 말로, 대궐 밖의 모든 것을 맡기는 '장군'을 뜻한다. 일반적으로 병마절도사(兵馬節度使)와 수군절도사(水軍節度使)를 예스럽게 부르던 말이지만, 여기서는 도백을 말한다.

〈平倭頌〉[6] 수백 언을 지었다.

일찍이 중씨 타(柁) 및 이형(姨兄) 석문(石門) 정영방(鄭榮邦)[7] 공과 책상을 함께하여 공부하였다. 하루는 탄식하며 말하기를, "선비가 이 세상에 태어나 다만 명리가 있는 곳에만 골몰하고 위기지학을 알지 못한다면 부끄러운 일이다."라고 하였다. 드디어 함께 나의 선조 문하에 유학하여 격물치지·성의정심의 방법을 들을 수 있었다. 이로부터 학문의 조예가 날로 깊어져 당시의 벗들이 모두 공경하고 감복하였다. 갑진년(1604, 선조37) 영남의 선비들과 함께 소장을 올려 회재(晦齋) 선생의 을사사화 때의 일[8]을 변론하였다. 주상으로부터 넉넉한 비답이 있었다. 을사년(1605, 선조38) 조모의 상을 당하자 기제(朞制)를 끝마칠 때까지

6 평왜송(平倭頌) : 《하음집(河陰集)》 권6 〈평왜송 병서(平倭頌 並序)〉로, 임진왜란 때 우리나라를 도와준 명나라 황제의 은덕과 대의(大義)를 지켜 외적(外敵)을 막아 낸 선조(宣祖)의 공덕을 찬양하는 내용이다.

7 정영방(鄭榮邦) : 1577~1650. 본관은 동래(東萊), 자는 경보(慶輔)이고 호는 석문(石門)이다. 정경세의 문하에서 성리학을 배웠다. 광해군이 실정을 거듭하자 벼슬을 단념하고 진성(眞城)으로 은퇴하여 학문하면서 일생을 보냈으며, 특히 당시(唐詩)에 뛰어났다.

8 회재(晦齋) 선생……일 : 회재(晦齋)는 이언적(李彦迪, 1491~1553)으로, 본관은 여주(驪州), 자는 복고(復古), 호는 회재·자계옹(紫溪翁), 시호는 문원(文元)이다. 초명은 적(迪)이었으나 중종의 명령으로 언적(彦迪)으로 고쳤다. 을사사화는 1545년(명종 즉위년)에 일어난 명종의 외숙인 윤원형(尹元衡)과 인종(仁宗)의 외숙인 윤임(尹任)과의 권력 쟁탈전에 의한 사림의 옥사(獄事)로, 소윤(小尹 : 윤원형)이 대윤(大尹 : 윤임)을 몰아낸 사건을 말한다. 이언적은 1547년 을사사화의 여파인 양재역 벽서(良才驛壁書) 사건이 일어나 사림들이 다시 축출될 때 연루되어 강계로 유배되었다.

소식(素食)하였다.

부형의 명으로 과거 공부를 하여 병오년(1606, 선조39) 문과에 급제하였다. 무신년(1608, 선조41)에 삼척 교수(三陟敎授)로 차출되었고 경술년(1610, 광해군2)에 저작랑(著作郞)에 제수되었다. 이보다 앞서 공은 퇴도(退陶) 선생을 말로 모욕한 어떤 권귀(權貴)한 사람의 아들을 배척하여 권력자에게 거슬리게 되었는데, 이에 이르러 어떤 일에 연좌되어 파직되었다. 사람들은 혹 개탄하기도 하였으나, 공은 웃으며 말하기를, "장씨(臧氏)의 자식[9]이 어떻게 나를 쫓겨나게 할 수 있겠는가."라고 하였다.

임자년(1612, 광해군4) 박사(博士)로 승진하였다. 당시에 나의 선조가 무고함을 당한 가운데 있었는데, 공이 변론하는 소장 수천 언을 초안하여 올리고자 하였다. 나의 선조가 힘써 저지하여 결행하지 못했다. 겨울에 전적(典籍)에 제수되었으나 폐조(廢朝 광해군)의 정사가 문란함을 보고 물러나 생활한 것이 10여 년이었다. 당시의 여러 어진이들과 도의(道義)로 사귀고, 함녕(咸寧 함창) 율

9 장씨(臧氏)의 자식 : 노(魯)나라 평공(平公)이 맹자를 만나려고 하였으나, 맹자를 비난하며 만나지 못하게 한 폐신(嬖臣) 장창(臧倉)을 말한다. 맹자는 평공을 만나지 못한 것에 대해 "행하는 것도 누가 시켜서 행하는 수가 있고, 그만두는 것도 누가 저지하여 그만두는 경우가 있지만, 행하고 그만두게 하는 것은 사람의 힘으로 할 수 있는 것이 아니다. 내가 노나라 군주를 만나지 못한 것은 하늘의 뜻이 있어서이니, 장씨의 자식이 어떻게 나로 하여금 만나지 못하게 하겠는가?〔行或使之, 止或尼之, 行止非人所能也. 吾之不遇魯侯天也, 臧氏之子, 焉能使予不遇哉?〕"라고 하였다. 《孟子 梁惠王下》 성현(聖賢)의 출처(出處)는 천명(天命)에 의한 것이지 인력(人力)으로 미칠 수 있는 것이 아니기 때문에 권력자에게 아부하는 자의 도움은 필요 없다는 뜻이다.

리(栗里)에 별장(別庄)을 두어 생도들을 가르쳐 동몽을 계발한 효과가 많았다. 경신년(1620, 광해군12) 어머니의 상을 당하여 용궁(龍宮) 하풍(河豐)에 장사 지냈다. 슬퍼하여 몸이 상함이 예제(禮制)보다 지나쳤으며, 시묘살이하며 삼년상을 마쳤다. 하음(河陰)으로 호를 한 것은 이 때문이다.

계해년(1623, 인조1) 인조(仁祖)가 반정하자 구례 현감(求禮縣監)에 제수되었다. 정사를 함이 맑고 간약했으며 백성을 다스리고 아전을 거느림이 한결같이 정성스런 뜻에서 나왔다. 임기를 마치고 돌아올 때 짐 속에는 아무것도 없이 쓸쓸하였다. 고을 백성들이 동비(銅碑)를 세워 사모하는 마음을 부쳤다. 병인년(1626, 인조4) 형조 좌랑에 제수되었다가 얼마 뒤 강원 도사(江原都事)에 제수되었다. 무진년(1628, 인조6) 공조 정랑에 제수되었다가 또 형조 정랑으로 관직을 옮겼고 겨울에 춘추관 기주관(春秋館記注官)을 겸했으며 영사 원종공신(寧社原從功臣)에 녹훈되었고,[10] 충청도 도사(忠淸道都事)에 옮겨 제수되었다. 경오년(1630, 인조8) 외직으로 나가 무안현(務安縣)을 맡아 다스렸다. 난리를 겪은 뒤

10 또……녹훈되었고 : 이야순이 지은 행장에 "또 형조로 관직을 옮겨 춘추관 기주관을 겸했다. 당시 유효립의 역옥이 발생하자 공도 추국에 참여하여 영사 원종공신 1등에 녹훈되었다.〔又遷刑曹兼春秋館記注官. 時柳孝立逆獄起, 公亦與推鞫, 錄寧社原從勳一等.〕"라고 하였다. 인조반정으로 숙부인 유희분(柳希奮)이 참형되고 북인(北人)이 쫓겨나자 제천(堤川)으로 유배되어 귀양살이를 하던 유효립이 1628년(인조6) 몰래 다른 뜻을 품고는 광해군 때의 옛 신하로서 새 조정을 원망하는 자들과 공모하여 인성군 공(仁城君珙)을 추대하려고 역모를 꾸몄다가 사전에 발각되어 처형되었는데, 이 사건이 바로 유효립의 역옥이다.

라 온갖 폐단이 발생하였는데, 공이 감사(監司)에게 조목조목 진술함에 다시 주상께 아뢰어 혁파하였다. 전지(傳旨)에 "백 리의 고을이 태고(太古)처럼 태평하고 열읍(列邑)이 모범으로 삼았다." 라는 말씀이 있었다.[11] 또 원통한 옥사가 오래도록 판결 나지 않은 것이 있었고 당시에 날씨가 매우 가물었다. 공이 한마디 말로 옥사를 판결하고 직접 기우제를 지내자 곧바로 비가 내리니, 백성들이 크게 기뻐하였다.

병자년(1636, 인조14) 청나라 병사들이 도성을 침범하자 주상의 수레가 남한산성으로 몽진하였다. 공은 이때 향리에 있었는데, 의병을 규합하여 적개심을 품고 대적하려 하였으나 곧이어 청나라에 항복하였다는 소식을 듣고 통곡하고서 그만두었다. 정축년(1637, 인조15) 겨울 한성 서윤(漢城庶尹)에 제수되었다가 다시 형조 정랑에 제수되었다. 무인년(1638, 인조16) 성균관 사예(成均館司藝)에 제수되었으며 얼마 뒤 공주 목사(公州牧使)에 제수되었으나, 모두 병 때문에 사양하였다. 기묘년(1639, 인조17) 사복시 정(司僕寺正)에 제수되었고, 8월 밀양 부사(密陽府使)에 제수되었다. 부임하기 전에 향리로 내려가 성묘하고 어버이를 뵈었는데, 감기로 인해 세상을 떠났으니 9월 24일이다. 목숨이 끊어질 때 다른 말은 없었고 다만 자주 주상의 은혜로운 명을 받았으나 털끝만큼도 보답하지 못한 것을 한으로 여겼다. 또 어버이 봉양을 끝까지 하지 못한 것을 유감으로 여겨 계씨(季氏)를 돌아보며 잘

11 전지(傳旨)에……있었다 : 한치응(韓致應)이 지은 묘갈명(墓碣銘)에는 방백이 올린 포계(褒啓)의 내용으로 되어 있다.

봉양할 것을 당부하였다. 향년 60세였다. 12월 용궁(龍宮) 몽미(夢美) 유좌(酉坐 동향) 언덕에 장사 지냈다. 선비 가운데 모인 사람이 수백 명이었다.

부인은 부림 홍씨(缶林洪氏)이니, 사정(司正) 덕록(德祿)의 따님으로, 문광공(文匡公) 귀달(貴達)의 현손이다. 공보다 먼저 세상을 떠났으며, 자식이 없어 광하를 양자로 들였다. 후처는 상산 김씨(商山金氏) 생원 계(繼)의 따님으로, 아들 둘을 낳았으니 광욱(光旭), 광성(光星)이다. 광하(光夏)는 아들이 둘이니 방식(邦式), 방열(邦說)이다. 광욱은 아들이 둘이니 방윤(邦允), 방준(邦俊)이며, 딸이 셋이니 박존우(朴存遇), 김만최(金萬最), 남석명(南錫明)에게 시집갔다. 광성은 아들이 둘이니 방익(邦翊), 방중(邦重)이며, 딸이 셋이니 조잠(趙岑), 금격(琴格), 조봉익(曺鳳翼)에게 시집갔다. 증손·현손 이하는 다 기록하지 않는다.

공은 타고난 자질이 바르고 곧았으며 기상이 시원하고 밝았다. 스승을 찾고 벗을 구하여 일찍이 학문을 하는 큰 방법을 들었으며, 벼슬살이 30여 년 동안 벼슬에 나아가고 물러나는 의리가 한 번도 혹 어긋남이 없었다. 바야흐로 벼슬에서 물러나 향리에 거처할 때는 서울의 지구(知舊)에게 조각 편지도 보내지 않았으니, 영위(營爲)하거나 교계(較計 따지고 헤아림)하는 뜻이 전혀 없었기 때문이었다. 시장(詩章)과 가곡(歌曲)에 이르러서는 담소하며 술을 마시는 사이에 발휘한 것이 또한 모두 높고 유창하여 시원하였고 표치(標致 높은 운치)와 의상(意像)이 티끌 같은 세속을 크게 벗어났으니, 대개 학문의 힘에서 얻은 것이 많았다. 때문에 창석(蒼石) 이 선생(李先生)이 준 시에 "도에 들어감[12]에 군 같은 이가 가장 자질이 아름답다.〔入道如君最美質〕", "크게 근원한 것은 힘써 하늘과 사람에 대한 학문을 궁구함이었네.〔大原勉究天人學〕"라는 구절이 있다. 석문공(石門公)의 뇌문(誄文)에도 또한 말하기를, "충과 효가 모두 온전하였으며 재주와 기국이 우뚝하고 위대하였네. 장차 크게 훌륭한 일을 하려 했으나 운명과 시대가 어긋났네.〔忠孝俱全, 才器魁偉. 將大有爲, 命與時違.〕"라고 하였다. 능력을 추중하여 허여하고, 죽음을 슬퍼하며 안타까워한 것이 이와 같은 것이 있었다. 지금 유집(遺集) 약간 권[13]이 집에 보관되어 있는데, 또한 화재의 끝에 모아 수습한 것이다. 당시 사우들 사이에 왕복한 서신과 소(疏), 논(論), 설(說) 등의 문장은 십중팔구를 잃어버렸고, 그 아래는 가장(家狀)과 유사(遺事)[14] 열 몇 조목을 붙였을 뿐이었다.

하루는 공의 후손 사겸(思兼)이 가장과 유사를 받들고 와서 나에게 보여 주고 행장을 지어 달라고 부탁하였다. 나는 오직 나의 선조 문집 가운데 공과 함께 문답한 말이 적지 않았기에,[15] 일찍

12 도에 들어감 : 저본에는 '팔도(八道)'로 되어 있으나, 《하음집》 정종로 〈행장략(行狀略)〉에 의거하여 '입도(入道)'로 수정하였다.

13 유집(遺集) 약간 권 : 초간은 1825년에 불분권 1책으로 간행되었다. 중간은 1835년 간행되었으며, 9권 5책으로 《한국문집총간》 속20에 포함되어 있다.

14 유사(遺事) : 이야순(李野淳)이 지은 행장에 따르면 공의 7대손 홍좌(弘佐)가 유사를 지은 것으로 되어 있다. 그러나 한국문집총간본에는 가장과 유사가 실려 있지 않다.

15 나의……않았기에 : 《우복집》 권12에 신집에게 답한 편지 7편이 실려 있으며, 《하음집》 권5에 정경세에게 보낸 편지 17편이 실려 있다.

이 공의 학문과 사적이 반드시 남들보다 크게 뛰어남이 있을 것이라 삼가 생각하였다. 그러나 그 자손이 먼 곳에 살고 있었기 때문에 상세히 알 수 없었던 것을 항상 한으로 여겼는데, 지금 삼가 다행스럽게도 내가 생각한 대로 과연 그러하였다. 또 선조〔정경세〕의 문인록(門人錄)을 보니 그 가운데 선배들이 백수십 명이 넘는데, 이미 사당에 제향된 사람이 거의 3분의 1이지만 오직 공은 아직 제향되지 못했으니, 어찌 개탄스럽지 않겠는가. 드디어 위와 같이 서술하고 겸하여 마음에 느낀 바를 덧붙인다.

진무공신 가선대부 인원군 이공 행장
振武功臣嘉善大夫仁原君李公行狀

본관이 인천(仁川)인 이사맹(李師孟)이 그의 6세조 인원군(仁原君)의 사적(事蹟)을 받들고 함안(咸安)에서 북으로 400리를 달려와 나의 집에 이르러 행장을 지어 달라고 부탁하며 말하기를, "선조 행적의 전말은 이미 당시 교지를 내린 사제문(賜祭文)[16]에 갖추어져 천하에 밝게 알려졌으며, 또 신도비명과 묘지명[17]이 있어 묘도(墓道)를 밝게 비추고 있으나, 오직 빠진 것은 행장뿐입니다. 집사(執事)께서 한마디 말로 지어 주시기 바랍니다."라고 하였다. 내가 곧바로 받아서 공경히 열람하고 감탄하며 말하기를, "대장부가 이 세상에 태어나 문무(文武)를 모두 갖추고 충효(忠孝)를 아울러 완전히 할 수 있음이 공 같은 사람은 대개 많지 않습니다. 그리고 기리어 높이고 밝혀 드러낸 것이 또 저와 같으니 내가 다시 무슨 말을 하겠습니까. 다만 예를 갖추어 문장을 지을 뿐입니

16 사제문(賜祭文) : 세상을 떠난 이듬해인 을축년(1625, 인조3) 예조 좌랑(禮曹佐郞) 김주(金輳)를 보내어 집에서 치제(致祭)케 하고, 어제사제문(御製賜祭文)을 내렸는데, 《양졸정문집(養拙亭文集)》 권3에 실려 있다.

17 신도비명과 묘지명 : 한몽삼(韓夢參, 1589~1662)의 《조은집(釣隱集)》 권3에 〈인원군 이휴복 신도비명 병서(仁原君李休復神道碑銘 幷序)〉와 목만중(睦萬中, 1727~1810)의 《여와집(餘窩集)》 권17에 〈이인원 신도비명(李仁原神道碑銘)〉이 있다. 그러나 《양졸정문집(養拙亭文集)》에는 목만중의 글이 묘갈명(墓碣銘)으로 실려 있다.

다."라고 하였다. 또 공의 평소 행실과 위대한 공적은 즐거이 말하여 싫증 나지 않는 것이 있다. 그래서 드디어 살펴보고 다음과 같이 서술한다.

공의 휘는 휴복(休復), 자는 사장(士長), 호는 양졸정(養拙亭)이니, 고려 개국공신 좌복야(左僕射) 허겸(許謙)이 그의 비조이다. 그 뒤 상서령(尙書令), 평장(平章), 추밀(樞密), 시중(侍中) 이상(以上)의 벼슬을 한 사람이 무릇 수십 명이며, 여성 가운데 국모(國母)가 된 사람이 셋[18]이다. 시중(侍中) 문충공(文忠公) 공수(公壽)와 사공(司空) 문정공(文正公) 지저(之氐) 부자는 협의 도모하여 대의(大義)를 위해 친족을 멸하고 내란(內亂)을 안정시키는 데 참여하였으니,[19] 명성과 덕망, 공훈과 업적이 고려조와 함께 짝하여 아름다웠다. 참찬 대제학(參贊大提學) 공도공(恭度公) 문화(文和)에 이르러 비로소 우리 조선조에 벼슬하였다. 5세를 지나 증 통례(通禮) 휘 교(郊), 증 참의(參議) 휘 원성(元盛), 증 판서(判書) 휘 인(寅)이 있었으니, 이분들이 각각 공의 증조부, 조부, 아버지이다. 어머니는 경주 박씨(慶州朴氏)로 참봉 희삼(希參)의 따님이니, 융경(隆慶) 무진년(1568, 선조1) 3월 모일

18 여성……셋 : 허겸의 손자 자연(子淵)의 딸 셋이 모두 문종의 비가 된 것을 말한다. 이자연은 이로써 세력을 장악하고 문하시중을 지냈다.

19 공수(公壽)와……참여하였으니 : 친족인 이자겸(李資謙)을 제거한 것을 말한다. 이공수(李公壽, ?~1137)는 고려 인종 때의 문신으로, 1126년(인종4) 당시 정권을 잡고 있던 이자겸을 제거하였으며, 그 공으로 추충위사동덕공신(推忠衛社同德功臣)의 호를 받았으며, 개부의동삼사 문하시중 상주국(開府儀同三司門下侍中上柱國)으로 치사(致仕)하였다. 시호는 문충(文忠)이다.

공을 낳았다.

공은 타고난 자질이 굳세고 깨끗하며 씩씩하고 중후하였다. 젊어서는 박사업(博士業 과거 공부)을 익혀 향해(鄕解 향시)에 합격하였다. 임진왜란에 부모님이 모두 왜적의 칼날에 돌아가시자 피눈물을 흘리며 복수할 것을 맹세하였다. 고을의 의병들을 불러 모으고 신출귀몰하게 왜적을 토벌하였다. 난이 평정된 뒤에 드디어 글공부를 그만두고 무예를 익혔다. 선조 병오년(1606, 선조39) 무과에 급제하였다. 임자년(1612, 광해군4) 인재(訒齋) 최현(崔晛)[20]이 감군 종사(監軍從事)로서 공이 재략이 있다는 이유로 천거하여 구산 모장(龜山募將)이 되었다. 공이 규범과 계획을 만들어 세우니 2년이 되지 않아 모집에 응하는 군사들이 사방에서 모여들었고 군수품도 풍족하였다.

갑인년(1614, 광해군6) 비변사 낭청(備邊司郎廳)에 제수되었는데, 당시 조정에 일이 많아 공문이 번다하였다. 공은 입으로 응대하고 손으로 쓰면서 입담(立談)을 모두 갖추니, 주당(籌堂 비변사)에서 놀라 감탄하였다. 을묘년(1615, 광해군7) 훈련도감 낭(訓鍊都監郎)으로 관직을 옮겼는데, 1년이 되지 않아 무기와 화약이 이전에 비해 몇 배로 늘어났다. 이 때문에 6품으로 승진하였다. 이듬해에 또 부지런히 일을 맡아 한 공으로 그 머리에 옥관자(玉貫子)[21]를 달았다.

20 최현(崔晛) : 1563~1640. 본관은 전주(全州), 자는 계승(季昇), 호는 인재(訒齋), 시호는 정간(定簡)이다. 정구(鄭逑)의 문하에서 수학하고 증광 문과에 급제하였으며, 부제학과 강원도 관찰사를 역임하였다. 저서로 《인재집》이 있다.

정사년(1617, 광해군9) 겨울 경상도 미조항진(彌助項鎭) 첨절제사(僉節制使)가 되어 무너진 성가퀴를 보수하고 관사를 수선하며 전함(戰艦)을 만들었다. 한결같은 마음으로 군졸들을 어루만지니, 떠돌아다니거나 도망친 자들이 돌아와 모여들었다. 경신년(1620, 광해군12) 임기가 차서 체직되었다가 얼마 지나지 않아 통제사 이경심(李慶深)의 좌막(佐幕)이 되었다. 임기를 마치고 돌아올 때 이경심이 공에게 객지에서 벼슬살이한 경비를 주었으니, 대개 공의 집이 가난함을 알고 그 재주와 국량을 애석히 여겨 일찍이 그 뜻을 펴게 하고자 하였기 때문이다. 임술년(1622, 광해군14) 겨울 찬획사(贊畫使)[22] 이시발(李時發)[23]이 서변(西邊)에 있으면서 공을 불러 막하에 두어 이목(耳目)[24]으로 삼고 여러 고을을 순찰하며 검사하게 하였는데, 결재한 것이 모두 합당하였다.

계해년(1623, 인조1) 인조가 반정하자 공은 도원수(都元帥) 장

21 옥관자(玉貫子) : 3품관을 상징한다. 관자는 망건에 달아 당줄을 꿰는 작은 단추 모양의 고리로, 신분에 따라 금(金)·옥(玉)·호박(琥珀)·마노·대모(玳瑁)·뿔·뼈 등 재료를 달리하였으니, 옥관자는 3품관을, 금관자는 2품관을 상징한다.

22 찬획사(贊畫使) : 나라에 난리가 났을 때 조정에서 파견하여 그 지방의 주장(主將)을 도와 전술(戰術)·전략(戰略) 등의 일을 계획하게 하는 군직(軍職)을 말한다.

23 이시발(李時發) : 1569~1626. 본관은 경주(慶州)이고 자는 양구(養久)이며 호는 벽오(碧梧), 후영어은(後潁漁隱)이다. 임진왜란 때 많은 공을 세웠고, 광해군 때에는 오도 찬획사(五道贊劃使)에 임명되어 평안도 지방에 둔전(屯田)을 설치하여 군량을 풍족하게 하였다. 인조반정 이후에 한성부 판윤에 등용되었고, 이어 형조 판서에 올랐으며, 이후 삼남도 검찰사(三南道檢察使)가 되어 남한산성의 역사(役事)를 감독하였다. 저서로는 《주변록(籌邊錄)》, 《벽오유고(碧梧遺稿)》가 있다.

24 이목(耳目) : 윗사람의 귀와 눈이 되어 민속을 감찰하고 보호하는 것을 말한다.

만(張晩)[25]의 좌막(佐幕)이 되었다. 장만이 매우 의중(倚重)하게 여겨 주상께 아뢰니, 공을 황주 조방장(黃州助防將)으로 삼았다. 갑자년(1624, 인조2) 봄에 자산 군수(慈山郡守)에 제수되었으나, 부임도 하기 전에 역적 이괄(李适)과 한명련(韓明璉)이 반란하여 병사를 거느리고 경성으로 들어왔다. 주상이 남으로 행차하니, 도원수 장만이 공을 별장(別將) 겸 순천(順川)의 임시 군수로 삼고 병졸 천 명을 주었다. 공은 포수(炮手) 이천 명을 함께 거느리고 원수를 따라 반란군의 뒤를 밟아 안현(鞍峴)에 이르렀다. 먼저 첫째 봉우리에 올라가 반란군과 결사적으로 싸워 적의 선봉(先鋒)을 꺾으니 반란군의 무리가 크게 궤멸되었다. 이괄과 한명련은 모두 참형을 당하고 난이 드디어 평정되었다. 주상이 경성으로 돌아와 공을 진무 원종공신(振武原從功臣) 3등에 녹훈하였다. 2월 순천 군수(順川郡守)에 제수하면서 포창하는 글을 내리고 백금(白金) 천 정(錠)과 구마(廐馬) 한 필을 하사하였다. 공에게 갈성분무(竭誠奮武)라는 공신 칭호를 더하고 인원군(仁原君)에 봉하였으며 선조 삼대(三代)에게 관작(官爵)을 추증하였다. 공이 순천군에 부임한 지 겨우 반년 만에 청렴하고 삼감으로 백성들을 어루만지니, 온 고을이 평안하였다. 조정에서 장차 기조아경(騎曹亞卿 병조 참판)으로 처우하려 하였으나, 8월 28일 관청에서 세상을 떠

25 장만(張晩) : 1566~1629. 본관은 인동(仁同), 자는 호고(好古), 호는 낙서(洛西), 시호는 충정(忠定)이다. 인조반정 후 도원수에 임명되어 원수부를 평양에 두고 후금의 침입에 대비하였다. 이괄이 반란을 일으키자 각지의 관군과 의병을 모집해 이를 진압하였다. 이 전공으로 진무 공신(振武功臣) 1등에 책록되고 보국숭록대부(輔國崇祿大夫)에 올라 옥성 부원군(玉城府院君)에 봉해졌다. 영의정에 추증되었다.

나니, 향년 57세였다. 임종에도 관청의 장부를 가져와 하나씩 모두 봉하고 도장을 찍어 지워 없애는 근심을 막았다. 염(斂)할 때 비단을 사용하지 말 것과 장례에 재〔灰〕를 사용하지 말 것을 경계로 남겼으니, 대개 임진왜란 중에 어버이를 모두 잃어 장례를 제대로 치르지 못했기 때문이다. 모월 모일 가산(家山) 선영 해향(亥向 북서 60도 방향) 언덕[26]으로 반장하였다. 주상이 도신(道臣 관찰사)과 현차(縣次 현감)에게 명하여 호송하게 하고, 또 장례에 필요한 물품을 공급하고 관리를 보내 제사를 지내게 하였다. 공이 공신의 회맹(會盟)이 있기 전에 세상을 떠났기에 을축년(1625, 인조3) 봄 단서(丹書),[27] 식읍의 실제 토지 60결(結), 노비 7명, 은(銀) 20냥, 표리(表裏 옷의 겉감과 안감) 1습(襲), 말 1필을 하사하고, 별도로 노비 8명을 상으로 하사하고 호조 판서에 추증하였다.

부인은 광산 김씨(光山金氏)이니 교수 이려(以礪)의 따님으로, 공과 합장하였다. 아들 하나를 두었으니, 창(昶)이다. 창은 아들 셋을 두었으니, 철견(鐵堅), 석견(錫堅), 옥견(玉堅)이다. 철견은 아들이 둘이니, 대(岱), 부사(府使) 기(岐)이다. 대는 아들이 셋이니 수항(壽恒), 수호(壽豪), 수현(壽賢)이다. 수항은 아들이 둘이니 각(恪), 침(忱)이다. 각은 장사랑(將仕郎) 사맹(師孟)을 양자로 들였으니, 공의 제사를 맡은 자이다.

26 가산(家山)……언덕 : 연보에 함안(咸安) 평광(平廣) 사리동(沙里洞) 사좌(巳坐) 언덕으로 되어 있다.

27 단서(丹書) : '단서철권(丹書鐵券)'의 줄인 말로, 공신녹권을 말한다. 원래는 철제(鐵製)의 계권(契券)에 단사(丹砂)로 써서 임금이 공신에게 내려 주어 면죄 등의 특권을 누리게 한 증명서이다.

공은 어려서부터 행동거지가 남달랐으며, 조금 성장하여서는 학문에 뜻을 두고 독서하였으며, 효성과 공손을 돈독히 실천하였다. 성품이 간약(簡約)하여 사치하고 화려하며 오만하고 방자한 일을 하지 않았다. 기뻐함과 화냄이 망녕되지 않았으며, 남의 잘못을 말하기를 부끄러워하였다. 일찍이 향리의 부로(父老)들과 고을의 풍속을 바로잡았는데, 폐지되고 추락한 풍속을 닦아 일으키니, 당시의 무리들이 모두 추중하였다. 비록 무예(武藝)로 벼슬에 나갔으나 한결같이 선비의 행실로 몸을 경계하였다. 세상일을 익혀 통달함에 가을털 같은 미세한 것까지 꼼꼼하게 파고들었으며, 일을 처리함이 신중하고 주밀하니 물을 담아도 새지 않는 것 같았다. 지조(志操)가 굳어서 관절(關節 뇌물)을 승진하는 매개로 삼은 적이 없었다. 이런 까닭으로 하급 관료로만 맴돌고 승진의 길이 펼쳐지지 않았으나 또한 후회하지 않았다. 식자(識者)들이 훌륭하게 여겼다. 일찍이 아들 창(昶)에게 경계하여 말하기를, "우리 집안은 삼세효열(三世孝烈)로서, 전하는 바는 청렴 검소함이고, 일삼는 것은 시서(詩書)이다. 불행하게도 나는 무예로 벼슬에 나갔으니 선조를 욕되게 한 것이 지극하다. 너는 집안의 명성을 떨어트리지 않기를 두려워하고 염려해야 하지 않겠느냐."라고 하였으니, 공이 평소 숭상한 것을 또한 알 수 있다.

대저 공의 문무(文武)와 충효(忠孝)로도 처음에는 평범한 하급 무관[28] 가운데서 침체됨을 면치 못하였으나, 하루아침의 역변(逆

28 하급 무관 : 원문은 '기우(期羽)'인데, 기문(期門)과 우림(羽林)의 병칭이다. 기문은 왕을 호종(扈從)하는 호위병을 말한다. 한 무제(漢武帝)가 민정을 시찰하기 위

變)을 만남에 이르러 공렬(功烈)이 크게 드러나 조정에서 의지하며 맡기는 바가 되었다. 바야흐로 장차 복심지신(腹心之臣), 간성지장(干城之將) 같은 중요한 존재로 대우하려 하였다. 그러나 하늘이 또 공의 목숨을 빼앗아 간 것이 이처럼 빨라서 평소 가슴에 온축한 학문을 크게 펼칠 바를 둘 수 없게 하였고, 세상을 떠난 뒤 역명지전(易名之典)[29]도 또한 당시의 여러 공신들과 함께 받을 수 없었으니, 어찌 개탄할 만하지 않겠는가.

정조 경자년(1780, 정조4) 함안(咸安)의 선비들이 충무사(忠武祠)에 공을 배향하였으니 백세(百世) 뒤에도 마땅히 숭상하고 보답하는 것이 이와 같으리라.

해 미행(微行)할 때면, 기사(騎射)에 능한 무사들과 궁문 앞에서 몰래 만나기로 약속하고 출발했기에 그들을 기문이라고 불렀다. 우림은 천자(天子)의 숙위(宿衛)를 맡아보던 금위군(禁衛軍)의 이름이다. 무제 때 농서(隴西) 등 육군(六郡)에서 양갓집 자제를 뽑아 건장궁(建章宮)을 숙위하게 하여 건장영기(建章營騎)라 부르고, 뒤에 우림기(羽林騎)라 이름을 바꾼 것에서 유래하였다.

29 역명지전(易名之典) : 절혜지전(節惠之典)이라고도 한다. 역명(易名)은 이름을 바꾼다는 뜻으로, 시호를 내림을 뜻한다. 《예기》 〈단궁 하(檀弓下)〉에 "공숙문자(公叔文子)가 별세하자, 그 아들 수(戌)가 임금에게 시호를 청하며 아뢰기를 '시일이 정해져 장차 장례를 지내려 합니다. 청컨대 시호를 내려 주어 그 이름을 바꾸게 해 주소서.〔日月有時, 將葬矣. 請所以易其名者.〕'라고 하였다."라고 나온다.

부사 죽계 안공 행장

府使竹溪安公行狀

공의 휘는 희(憙), 자는 언우(彦優)이며, 죽계(竹溪)는 그의 자호이다. 안씨(安氏) 가운데 순흥(順興)을 본관으로 하는 이는 고려 시대부터 현달하였다. 문성공(文成公) 회헌(晦軒) 선생 휘 유(裕)에 이르러 예악을 일으키고 학교를 설립한 공으로 성무(聖廡 문묘(文廟))에 배향되었다. 그 아들 문순공(文順公) 호 죽옥(竹屋) 휘 우기(于器), 손자 문숙공(文淑公) 호 겸재(謙齋) 휘 목(牧), 증손자 문혜공(文惠公) 휘 원숭(元崇)을 지나 현손 경질공(景質公) 원(瑗)에 이르렀다. 원은 조선 조정에서 자주 불렀으나 나아가지 않았는데, 이분이 이조 참의를 지냈고 이조 참판에 증직된 종약(從約)을 낳았다. 이분이 바로 공의 5세조이다. 고조부 휘 수(琇)는 문과 급제하여 사성(司成)을 지냈다. 증조부 휘 창공(昌恭)은 진사(進士)이며 경성에서 와서 비로소 함안(咸安)에 거주하였다. 조부 휘 우(瑀)[30]는 충무위(忠武衛)이며 참의(參議)에 증직되었다. 아버지 휘 공진(公軫)은 장사랑(將仕郞)이며 참판(參判)[31]에 증직되었다. 처음에 남평 문씨(南平文氏)[32]를 아내로 맞았으며,

30 우(瑀) : 저본에는 '玙'로 되어 있으나, 《죽계집(竹溪集)》 권4에 실려 있는 가장과 허전(許傳)의 《성재집(性齋集)》 권28 〈부사 죽계 안공 행장(府使竹溪安公行狀)〉에 의거하여 수정하였다.

31 참판(參判) : 허전의 행장에는 형조 참의(刑曹參議)로 되어 있다.

후처는 광주 안씨(廣州安氏)로 생원 택(宅)의 따님이니, 가정(嘉靖) 신해년(1551, 명종6) 함안군(咸安郡) 동쪽 모곡리(茅谷里)에서 공을 낳았다.

공은 어려서부터 총명하고 경계함이 남달랐다. 6세에 공부를 시작하여 엄격하게 정한 학업 과정을 기다리지 않고도 문리(文理)를 스스로 통달하였고 또 시구(詩句)를 지을 줄 알아 사람을 놀라게 하는 말이 많았다. 이미 성장하여서는 당시의 이름난 사람들과 많이 종유하여 과거 공부 외에 우리 유학(儒學)이 있다는 것을 알고 힘써 종사하였다. 또 옛날의 풍도와 절의가 있는 사람을 매우 사랑하여 일찍이 〈수양부(首陽賦)〉[33]를 지었는데, "주 무왕(周武王)은 없어도 되지만 부자(夫子 백이를 지칭함)는 없어서는 안 된다."라고 말한 것이 있으니, 그 말 뜻이 늠름하다.

만력(萬曆) 병자년(1576, 선조9) 진사에 합격하였고, 을유년(1585, 선조18) 문과에 급제하여 전적(典籍)에 예속되었다. 임진년(1592, 선조25) 왜적이 크게 침략하자, 주상이 서쪽 의주로 몽진하였다. 공이 처음에 김해(金海) 금이산(金伊山)에 들어가 탄식하며 말하기를, "나라의 위태로움이 이와 같으니, 어찌 구차하게 살 수 있겠는가."라고 하였다. 곧바로 격문을 보내 동지들을 깨우치고 의병을 모집하여 천여 명을 얻어 왜적이 다니는 길을 막고

32 남평 문씨(南平文氏) : 허전의 행장에는 남평 문씨(南平文氏) 진사 응규(應奎)의 따님으로 되어 있다.

33 수양부(首陽賦) : 《죽계집(竹溪集)》 권1에 실려 있으며, 〈수양산부(首陽山賦)〉로 되어 있다.

여러 번 격퇴하였다. 9월 뜻하지 않은 습격을 당하여 열두 고을의 군사들이 모두 흩어져 물러났다. 공만 홀로 벗어나 의병을 온전히 하였다. 이해 겨울 아버지 상을 당하였는데, 몸이 상하여 거의 목숨이 끊어질 지경이었다. 당시 공의 형인 감찰 민(慜)[34]이 진해(鎭海)에서 전사하였다. 선공(先公 아버지)이 임종할 때 공에게 말하기를, "내가 죽은 뒤에 만약 어찌해 볼 수 있는 군세가 있으면 왕사(王事)를 위해 노력하여 충의(忠義)의 귀신이 되어라. 그렇지 않으면 풍기(豐基)로 돌아가는 것이 옳다."라고 하였다. 공이 울면서 명(命)을 받았다. 이미 장례 지내고 나서 여러 아들을 거느리고 쇠잔한 병사를 수습하여 김학봉(金鶴峯 김성일(金誠一))이 있는 진양(晉陽) 군진(軍陣)으로 갔다. 얼마 뒤 성이 함락되자 공의 세 아들이 모두 사망하였으나, 공만 홀로 벗어날 수 있었다. 이때가 계사년(1593, 선조26) 봄이었다. 공은 어찌할 수 없음을 헤아리고 8월에 드디어 풍기(豐基)로 들어가 백운동(白雲洞)의 소수서원(紹修書院)을 참배하고 지장산(智庄山)의 선영(先塋)에 성묘하였다. 인하여 호남과 영남 사이를 떠돌아다녔다. 이때 토구(土寇)가 왜란을 틈타 일어났는데, 공이 격문을 보내 깨우치니 도적들은 모두 간담이 서늘해졌고 싸우는 병사들의 사기는 배가 되었다고 한다.

기해년(1599, 선조32) 호조 좌랑에 제수되었다가 형조 정랑으로 승진하였다. 얼마 뒤 이천 부사(利川府使)에 제수되었는데 청렴하고 근면함으로 다스렸다. 경자년(1600, 선조33) 내직으로 들

34 민(慜) : 가장에 따르면 남평 문씨(南平文氏) 소생이다.

어와 호조 정랑이 되었다가 9월 외직으로 나가 경기도 장단 부사(長湍府使)가 되었다. 벼슬 자리에 있은 지 4년 만에 정사가 성취되고 백성이 화평하니, 주상이 《대학》 1부를 내사(內賜)하였다. 정미년(1607, 선조40)에 또 형조 정랑에 제수되었고, 4월 단양 군수(丹陽郡守)에 제수되었는데 그 다스림이 한결같이 장단(長湍)을 다스릴 때와 같았다.

무신년(1608, 선조41) 선조가 승하하니, 여름에 국장에 문상하였다. 7월 대구 부사(大邱府使)에 제수되어 쇠잔한 것을 소생시키고 해로운 것을 제거함에 오직 미치지 못할까 두려워하였다. 경내(境內)에 학행(學行)이 있는 자를 맞이하거나 방문하여 함께 의리를 강론하고 토의하였다. 학생들을 가르쳐 인도하고 군사들을 다스리고 가지런히 하니, 백성들이 화락하게 기뻐하였다. 경술년(1610, 광해군2) 정월 차출된 관원으로 노역(勞役)을 도왔기에 주상이 특별히 구마(廐馬) 1필을 하사하였다. 신해년(1611, 광해군3) 통정(通政)으로 품계가 올랐다. 계축년(1613, 광해군5) 3월 모일 관청에서 세상을 떠나니, 향년 63세였다. 함안(咸安) 치소 남쪽 가장동(可藏洞)[35] 좌갑(坐甲 남서 75도 방향) 언덕에 장사 지냈다.

공은 일찍부터 큰 뜻이 있었다. 그 영회시(詠懷詩)[36]에 다음과 같이 말한 것이 있다.

35 가장동(可藏洞) : 허전(許傳)이 지은 행장에는 '可莊洞'으로 되어 있다.

36 영회시(詠懷詩) : 《죽계집(竹溪集)》 권1에 〈추회(秋懷)〉 두 수 중 두 번째로 실려 있다.

칼을 갈던 당시에 관악[37]을 부끄러워하여 磨劒當年羞管樂
평일의 내 자신을 허여하여 고기[38]에 비견했네 許身平日比皐夔
어찌 부질없이 가을을 그리워하는 객이 되어 如何漫作懷秋客
행색이 여전히 두습유[39]인가 行色依然杜拾遺

대개 타고난 자질의 아름다움이 진실로 절로 남들과 크게 달랐으니, 집안 대대로 쌓은 절행(節行)과 문학(文學)의 기맥(氣脈)은 또한 속일 수가 없다. 그러므로 그 스스로 허여함이 이와 같았고 포부가 남달라서 당시에 뜻을 크게 펼치고자 하였으나, 도리어 항상 우뚝하게 자신을 지키고 절의를 굽혀 영합함을 구할 뜻이 없었다. 벼슬살이한 지 여러 해가 되었으나 다만 하급 관료로 전전하면서 먼 고을에서 대략 경륜을 펼 수 있었을 뿐이었다. 이것이 개탄스러울 뿐이다.

국가가 위급할 때를 당하자 떨쳐 일어나 자신의 몸을 돌아보지 않고 의병을 일으켜 왜적을 토벌하여 바야흐로 확장되려던 왜적

37 관악(管樂) : 춘추(春秋) 시대 제(齊)나라의 명상(名相)인 관중(管仲)과 전국(戰國) 시대 연(燕)나라의 명장인 악의(樂毅)의 병칭이다. 이들은 모두 무력을 사용한 자들이다.

38 고기(皐夔) : 순(舜) 시대의 현신(賢臣)이었던 법관 고요(皐陶)와 악관 기(夔)의 병칭이다.

39 두습유(杜拾遺) : 당 숙종(唐肅宗) 때 우습유(右拾遺)를 지낸 두보(杜甫)를 가리킨다. 두보의 〈구일등고(九日登高)〉 시에 "만 리 멀리서 가을이 슬퍼라 항상 나그네 신세, 일생을 병치레하는 몸 홀로 대에 올랐네.〔萬里悲秋常作客, 百年多病獨登臺.〕"라고 한 것을 원용하였다. 《杜少陵詩集 卷20》

의 기세를 저지하였다. 세 아들을 잃은 나머지 혼자의 힘으로는 형세상 어찌할 수 없음에 이르자 곧 아버지의 명에 따라 풍기(豐基)에 들어가 선조〔안향(安珦)〕의 제사를 받들었다. 이것은 모두 충효(忠孝)의 대절(大節)에 관계된 것이다. 또 여러 명유(名儒)들과 함께 잿더미가 된 유허지에 조남명(曺南冥 조식(曺植))의 사당을 다시 세우고 처사(處士) 신송계(申松溪)를 함께 배향하여[40] 선비들로 하여금 숭상하고 보답하는 정성을 부칠 수 있게 하였으니, 또한 어진 이를 좋아하는 지극한 마음이었다. 그 밖에 학봉(鶴峯 김성일(金誠一))을 제사 지내고 장수와 병졸들을 조문하며 충청도의 도적들에게 보낸 격문 같은 글은 모두 격앙(激昂)하고 비장하니 평소 마음에 온축한 것이 무리들보다 우뚝히 뛰어남을 볼 수 있다. 그 밖에 무릇 시(詩)와 부(賦), 서(書), 서(序)에서 형용한 바가 의리(義理)에 근본하여 감개(感慨)함에서 나오지 않음이 없었다. 그사이 한번 밥 먹을 때도 임금을 잊지 않는 말이 많았는데 왕왕 동곡칠가(同谷七歌)[41]와 비슷하였으니, 읽어 보면 사람들로

40 신송계(申松溪)를 함께 배향하여 : 신송계는 신계성(申季誠, 1499~1562)으로, 본관은 평산(平山), 자는 자함(子諴), 호는 송계이다. 박영(朴英)의 문인이며, 조식(曺植)과 매우 절친하였다. 신계성이 김해(金海)의 신산서원(新山書院)에 배향된 사실을 말한다. 신산서원은 1578년(선조11)에 지방 유림의 공의로 조식(曺植)의 학문과 덕행을 추모하기 위해 창건되었다. 1609년(광해군1)에 '신산(新山)'이라고 사액(賜額)되었으며 1616년에는 신계성을 추가 배향하였다.

41 동곡칠가(同谷七歌) : 두보(杜甫)가 일찍이 동곡현(同谷縣)에 우거(寓居)할 때에 지은 〈건원중우거동곡현작가(乾元中寓居同谷縣作歌)〉 일곱 수를 가리키는데, 편마다 일곱째 구절에 '오호(嗚呼)' 자를 넣어서 첫 편의 오호일가혜가이쇠(嗚呼一歌兮歌已哀)부터 마지막 편의 오호칠가혜초종곡(嗚呼七歌兮悄終曲)까지 모두 일곱 편으

하여금 자신도 모르게 공경하여 우러르며 탄식하게 하였다. 공의 형 감찰(監察)이 전사한 뒤, 그 아들 신갑(信甲)[42]이 초계 군수(草溪郡守)로서 원수를 갚기 위해 예의주시하다가 왜적을 크게 죽이고 인하여 순절(殉節)하였다. 조정에서 원종공신(原從功臣)에 녹훈하고 관작(官爵)을 증직하고 정려를 내리니, 그 또한 그 집안 사람이 됨에 부끄러움이 없도다.

부인 숙부인(淑夫人)은 흥해 최씨(興海崔氏) 목사 윤(崙)의 따님이다. 후처는 파평 윤씨(坡平尹氏) 이조 참판 수종(秀宗)의 증손 병조 참판 탁(鐸)의 따님이다. 아들이 둘이니 조산대부(朝散大夫) 득남(得男), 통사랑(通仕郎) 대남(大男)이며, 딸이 둘이니 별제(別提) 박근(朴瑾), 강대규(姜大逵)에게 시집갔다. 득남은 국반(國磐)을 양자로 들였으며, 딸이 하나이니 조경구(趙敬久)[43]에게 시집갔다. 대남은 아들이 둘이니[44] 휘조(徽祖), 국반(國磐)이며, 딸이 둘이니 성창서(成昌緖), 성하일(成夏一)에게 시집갔다. 휘조

로 되었는바, 제1편의 내용은 객지의 빈곤한 생활을 탄식한 것이고, 제2편은 온 가족이 굶주리는 형편을 탄식한 것이며, 제3편은 멀리 있는 아우를 생각한 것이고, 제4편은 누이동생을 생각한 것이며, 제5편은 고향에 돌아가고픈 생각을 읊은 것이고, 제6편은 산추(山湫)에 사는 용(龍)을 읊은 것이며, 제7편은 자기 만년의 불우함을 탄식한 것이다. 《杜少陵詩集 卷8》

42 신갑(信甲) : 안신갑(安信甲, 1564~?)으로, 경상남도 함안군 여항면 외암리 두릉서당(杜陵書堂)에 봉향되어 있다.

43 조경구(趙敬久) : 허전이 지은 행장에는 '조징구(趙徵久)'로 되어 있다.

44 대남은 아들이 둘이니 : 저본에는 '대남일자(大男一子)'로 되어 있으나, 허전이 지은 행장에는 '대남이자(大男二子)'로 되어 있다. 전후의 문맥을 살펴 허전이 지은 행장에 의거하여 수정하였다.

는 세직(世稷)을 양자로 들였다. 국반은 아들이 셋이니 세익(世益), 양자로 나간 세직(世稷), 세열(世說)이며, 딸이 하나이니 하윤하(河潤夏)에게 시집갔다. 세익은 아들이 셋이니, 성흥(聖興), 양자로 나간 달흥(達興), 무흥(武興)인데 모두 효성으로 정려를 받았다. 지평(持平)에 증직된 성흥은 딸이 둘이니, 조경송(趙景松), 유준(柳浚)에게 시집갔다. 세직은 달흥을 양자로 들였으며, 딸이 하나이니 문응필(文應弼)에게 시집갔다. 나머지는 기록하지 않는다. 하루는 공의 7세손 우룡(羽龍)이 공의 유사를 가지고 와서 나에게 행장을 지어 달라고 부탁하였다. 드디어 차례하고 위와 같이 쓴다.

도승지 안계 이공 행장
都承旨安溪李公行狀

공의 휘는 헌묵(憲默), 자는 백용(伯容)이며, 성은 이씨(李氏)이니, 그 선조는 여주(驪州)를 본관으로 하는 사람이다. 문원공(文元公) 회재(晦齋) 선생 휘 언적(彦迪)의 7대손이다. 사옹원 판관(司饔院判官) 증 좌승지(左承旨) 응인(應仁), 하양 현감(河陽縣監) 증 사복시 정(司僕寺正) 의잠(宜潛), 종사랑 영(畛), 증 사복시 정(司僕寺正) 지(墀), 증 이조 참의 덕항(德恒)을 지나 증 이조 참판 관중(寬中)에 이르렀으니, 이분이 공의 아버지이다. 어머니 증(贈) 정부인은 월성 손씨(月城孫氏) 처사 시권(是權)의 따님으로, 경절공(景節公) 우재(愚齋) 휘 중돈(仲暾)의 8세손이다. 참판공(參判公)의 셋째 동생인 순중(純中)이 바로 공의 생부이니, 신광 진씨(神光陳氏) 증 참판(參判) 홍(宖)[45]의 따님에게 장가들어 숙묘 갑오년(1714, 숙종40) 12월 15일 옥금(玉琴)의 우거하던 집에서 공을 낳았다. 이날 밤 손 부인(孫夫人)은 달이 장차 떨어지려 하자 받아서 품는 꿈을 꾸었다. 이튿날 공을 낳았다는 소식을 듣고 마음으로 이상하게 여겼는데, 마침내 공을 후사로 삼았다.

공의 용모는 헌걸차고 눈썹과 눈동자가 맑고 깨끗하였다. 7세

45 홍(宖) : 이가환(李家煥)의 《금대시문초하(錦帶詩文抄下)》〈가선대부 호조 참판 겸 동지의금부사 오위도총부 부총관 안계 이공 묘갈명(嘉善大夫戶曹參判兼同知義禁府事五衛都摠府副摠管安溪李公墓碣銘)〉에는 '宏'으로 되어 있다.

에 《십구사략(十九史略)》을 배웠는데, 스승의 가르침을 번거롭게 하지 않고도 대의(大義)를 통하였다. 책을 읽을 때는 정해 둔 횟수가 있었는데, 횟수를 채우지 못하면 비록 다른 일이 있어도 그만두지 않았다. 하루는 광대가 마을을 다니면서 노래하니, 여러 아이들이 책을 덮고 다투어 구경하러 갔으나, 공은 여전히 책을 읽었다. 곁에 있던 사람이 "어째서 혼자만 가지 않느냐."라고 물으니, 공이 말하기를, "저자가 반드시 이곳으로 올 것이니, 앉아서 보더라도 어찌 늦겠습니까."라고 하였다. 그 말을 들은 사람들이 모두 국량이 있음을 칭찬하였다. 9세에 책을 끼고 생가(生家)에 가다가 물을 건너면서 잘못하여 깊은 곳으로 들어갔다. 옷이 모두 젖었으나 책을 머리에 이고 손으로 움켜잡고서 나오니, 사람들이 두기공(杜祁公)이 모자를 보호한 일[46]에 비견하였다고 한다.

어려서부터 박사업(博士業 과거 공부)을 익혀 25세에 동당시(東堂試)[47]에 합격하였고, 35세에 서울에 들어가 성균관에서 학업을

46 두기공(杜祁公)이……일 : 기공은 송(宋)나라 산음(山陰) 사람 두연(杜衍)으로, 자는 세창(世昌), 시호는 정헌(正獻)이며, 기공은 그의 봉호이다. 여러 지군(知郡)을 거쳐 어사중승(御史中丞)·추밀사(樞密使)에 이르고, 한기(韓琦)·부필(富弼)과 함께 모든 폐단을 혁폐한 후 평장사(平章事)·태자소사(太子少師)를 역임했다. 뒤에 기국공(祁國公)에 봉해졌다. 《宋史 卷310 杜衍列傳》 여기서 말한 모자를 보호한 고사는 자세하지 않다. 저본에는 '祈'로 되어 있는데, 《송사》에 의거해 수정하였다.

47 동당시(東堂試) : 동당은 대궐 안 편전 동쪽에 있는 전당(殿堂)으로, 임금이 직접 과거 시험을 보인다. '동당시'는 원래 식년시(式年試) 또는 증광시(增廣試)를 일컫는 말이다. 일반적으로 대과(大科)나 문과(文科)의 속칭으로, 여기서는 문과 향시(鄕試)를 뜻한다.

익혔다. 가을에 장차 돌아와 향시(鄕試)에 응시하려고 하였는데, 시관(試官)이 서울 사람이었다. 당시 영남의 선비로 성균관에 머무르며 공부했던 사람들이 모두 시관에게 나아가 만나 보았으나, 공만 홀로 가지 않고 말하기를, "과거 시험이 임박한 유생은 규중에 숨어 있는 처자(處子)와 같거늘, 스스로 중매할 수 있겠는가." 라고 하였다. 이해 겨울 아버지 참판공(參判公)의 상을 당하였다. 영묘(英廟) 경오년(1750, 영조26) 병과(丙科)로 합격하였다. 주상이 입시(入侍)를 명하고 "너는 장차 무엇으로 임금을 섬기겠느냐?"라고 묻자 대답하여 말하기를, "성(誠)이라는 한 글자로써 하고자 합니다."라고 하였다. 주상이 말하기를, "너는 문묘(文廟)에 종사(從祀)된 사람인 회재의 후손(後孫)으로, 지금 성묘(聖廟 문묘(文廟))를 배알하는 데 참여하였으니, 매우 귀하도다."라고 하였다.

7월에 한림원의 추천에 포함되어 8월에 특별히 경상도 자여도 찰방(自如道察訪)에 제수되었다. 당시 역참의 피폐함이 심하였는데, 공이 도착하자 곧 옛 장부를 살펴보고 묵은 폐단을 엄하게 제거하였다. 염부(鹽釜)[48]를 다른 방법으로 계획하여 별도로 모아 놓은 700여 꿰미를 조사해서 찾아내어 별도로 두어 영원히 입마(立馬)[49]의 보조비로 삼도록 하니, 역졸들이 비석을 세워 칭송하였다. 신미년(1751, 영조27) 벼슬을 그만두고 돌아왔다. 주서(注書)의 추천에 포함되었다. 임신년(1752, 영조28) 사헌부 장령(司

48 염부(鹽釜) : 바닷물을 끓여 소금을 만들 때에 쓰는 큰 가마로, 염분(鹽盆), 염창(鹽倉)이라고도 한다. 여기서는 소금에 부여하는 세금인 염부세(鹽釜稅)를 말한다.

49 입마(立馬) : 각 역에서 역마(驛馬)를 길러 공용(公用)에 바치던 일을 말한다.

憲府掌令)에 제수되었다. 공은 품계가 6품이 되기 전에 대간의 직함을 받는 것은 격에 맞지 않다 하여 감히 부임하지 않았다. 이 때문에 체포되어 심문 받는 지경에 이르렀으나 원정(原情)[50]을 올려 풀려날 수 있었다.

계유년(1753, 영조29) 사간원 정언(司諫院正言)에 제수되었다. 이해 생모의 상을 당하였다. 병자년(1756, 영조32) 정월 성균관 사성(成均館司成)에 제수되었고, 6월 봉상시 정(奉常寺正)에 제수되었다. 8월 또 장령(掌令)에 제수되자 상소하여 6조목을 논하였으니, 향사(享祀) 때 제관(祭官) 선임, 입대(入對) 때 가부상제(可否相濟),[51] 주목(州牧)의 추천, 사치(奢侈)의 폐단, 호령(湖嶺 전라도와 경상도) 방백이 직분을 다하지 않음, 구포(舊逋)[52] 거두어들이는 것의 중지 등이다. 이것이 모두 시의적절한 말이었기에 특별히 주상의 가납(嘉納)을 받았다. 곧이어 어떤 일로 인해 파직되어 돌아왔다가 12월에 다시 봉상시 정(奉常寺正)에 제수되었다. 정축년(1757, 영조33) 9월 군자감 정(軍資監正)에 제수되었고,

50 원정(原情) : '원정(元情)'으로도 표기한다. 억울한 사정을 임금에게 호소하는 글을 말한다.

51 가부상제(可否相濟) : 《서경》 〈함유일덕(咸有一德)〉에 "관직을 맡기되……조화롭게 한결같게 하소서.〔任官……惟和惟一.〕"라고 하였고, 주석에 "……화(和)는 가(可)와 부(否)로 서로 구제해 주는 것이고……〔……和者可否相濟……〕"라고 하였다. 즉 이 말은 어떤 사안을 놓고 서로 가부를 논쟁하여 옳고 그름을 따져 구제하여 처리하는 것을 뜻한다.

52 구포(舊逋) : 그 전에 불법적으로 써 없앤 관청의 돈. 포흠(逋欠)의 포는 조세의 포탈이고, 흠은 관청의 재화를 사사로이 소비하여 부족을 초래하는 것을 말한다.

10월 또 장령(掌令)에 제수되었다.

무인년(1758, 영조34) 7월 세자시강원 필선(世子侍講院弼善)에 제수되었는데, 부름에 달려갔다. 10월 평안도 대동 찰방(大同察訪)에 제수되었다. 기도(箕都 평안도)는 색향(色鄕)으로 이름났으나, 몇 해가 지나도록 눈길을 준 기생이 한 명도 없었다. 식년(式年)[53] 추쇄(推刷 조사하여 찾아냄)할 때 각 역참을 순찰하였는데, 예부터 관례로 받은 뇌물이 거의 천 냥 남짓이 있었다. 공이 놀라 나리(邏吏)를 단속하여 엄하게 금지하였다. 당시 기백(箕伯 평안도 관찰사)이 공과 오래 묵은 혐의가 있었기에 이전의 일을 꼬투리 삼아 뇌물죄로 얽으려고 생각하여 친한 비장(裨將)을 보내 몰래 살펴보게 하였다. 비장이 중도에 돌아와 공의 청렴하고 삼가는 모습을 아뢰니, 관찰사가 이에 크게 탄복하여 공을 맞이하여 만나 보고 정성을 다하였다. 역졸들이 또 비석을 세워 칭송하였다.

기묘년(1759, 영조35) 12월 사간원 헌납(司諫院獻納)으로 부름을 받고 돌아왔으나, 패초(牌招)를 어겨 체직되었다. 경진년(1760, 영조36) 정월 또 특별히 헌납(獻納)에 제수되자 사양했으나, 주상이 윤허하지 않았다. 입시(入侍)하여 아뢰어 말하기를, "근래에 나라의 기강이 점점 무너지고 세상의 도는 날로 낮아져 혼탁한 물결이 멋대로 흐르고 맑은 절의는 보기 어렵습니다. 자신을 수양하고 삼가는 사람은 도리어 기롱과 비웃음을 당하고, 탐욕스럽고 더러운 사람은 징계나 두려움이 전혀 없습니다. 부극(掊克

53 식년(式年) : '3년마다'란 뜻으로, 태세(太歲)에 자(子)·오(午)·묘(卯)·유(酉)가 드는 해를 말하는데, 이해에는 과거(科擧)를 보이며 호적(戶籍) 등을 정리하였다.

조세를 함부로 받아서 백성을 못살게 함)이 여러 방면이어서 백성들이 그 곤란함을 받는 지경에 이르렀으니, 참으로 한심스럽습니다. 이전에 대신(臺臣)들이 혹 염근리(廉謹吏)[54]를 뽑아 기록하기를 청하기도 하고 혹 장안(贓案)[55]을 만들어 두기를 청하기도 하였다고 들었는데, 이는 실로 성조(聖朝)의 옛 법도입니다. 청컨대 전조(銓曹 이조(吏曹))에 명하여 묘당(廟堂)에 나아가 의논하여 수리하고 회복하여 일시의 풍습을 쇄신하십시오."라고 하였다. 이튿날 주상이 연신(筵臣)에게 말하기를, "어제 이헌묵(李憲默)을 보니 사람됨이 순수하고 진실하였다. 이른바 탐리안(貪吏案)은 내가 자못 근지(靳持 마음이 내키지 않아 미룸)하였는데, 간쟁하는 것이 더욱 확고하니 이 또한 순수하고 진실함이 지나치다."라고 하였다. 이 뒤로 헌납(獻納)에 제수된 것이 두 번이었다.

신사년(1761, 영조37) 정월 필선(弼善)에 제수되었고, 4월 종부시 정 겸 춘추관 편수관(宗簿寺正兼春秋館編修官)에 제수되었고, 5월 헌납에 제수되었고, 8월 장령(掌令)에 제수되었고, 9월 사성(司成)에 제수되었고, 10월 헌납에 제수되었고, 12월 장령에 제수되었다. 임오년(1762, 영조38) 2월 필선(弼善)으로 부름에 달려갔다. 4월 체직되어 향리로 돌아왔다. 5월 장헌세자(莊獻世子 사도세자(思悼世子)의 시호)의 휘음(諱音 부음(訃音))이 이르자 공이 춘

54 염근리(廉謹吏) : 청백리(淸白吏)와 같은 뜻이다. 살아생전 청백리에 선발된 자를 염근리라 부르다가 죽은 뒤에는 청백리로 불렀다.

55 장안(贓案) : 장물죄(贓物罪)를 범한 관리들의 명단을 적은 장부인 장리안(贓吏案)으로, 장오인녹안(贓汚人錄案)이라고도 한다. 여기에 오르면 자손들은 벼슬길이 막혔다.

방(春坊)의 옛 관료의 자격으로 함께 흰옷과 띠를 착용하여 기년상을 마쳤다. 윤5월 사성에 제수되었고, 7월 사간(司諫)에 제수되었으나, 모두 부임하지 않았다. 10월 또 사간에 제수되니, 공은 왕명을 자주 어긴 것을 편치 않게 여겨 억지로 부임하였다. 당시 팔로(八路 팔도(八道))에 가뭄과 기근이 들었는데 삼남(三南 충청도, 전라도, 경상도)이 더욱 심하였다. 공이 상소하여 백성을 구휼할 계책을 진술하고, 또 환곡의 상환을 중단하거나 반으로 줄일 것을 청하였다. 주상이 윤허하고 묘당(廟堂 조정)으로 하여금 시행하게 하였다. 이듬해 공이 향리로 돌아갈 때 조령(鳥嶺)을 지나는데, 남녀 수백 명이 말 앞에 모여들어 사례하며 말하기를, "사대(使臺)[56]가 아니었다면 우리들은 모두 죽어 산골짜기에 버려졌을 것입니다."라고 하였다.

12월 옥당(玉堂 홍문관(弘文館))에서 《대학》 '먼저 덕을 삼감〔先愼乎德〕'[57] 일절(一節)을 진강(進講)하였는데, 주상은 공이 입시한 것을 보고, 공을 돌아보며 문의(文義)를 물었다. 공이 대답하여 말하기를, "이 '덕(德)' 자는 곧 '밝은 덕을 밝힘〔明明德〕'[58]의 '덕

56 사대(使臺) : 감사(監司)나 사신(使臣)으로서 풍기(風紀)를 단속하는 직임을 띠고 있거나 사헌부 관원의 임무를 겸하고 있는 사람을 말한다. 외대(外臺)라고도 한다.

57 먼저 덕을 삼감 : 《대학장구》 전10장 '치국평천하' 장을 말하는 것으로, "그러므로 군자는 먼저 덕을 삼가는 것이니, 덕이 있으면 이 인민이 있고, 인민이 있으면 이 토지가 있고, 토지가 있으면 이 재물이 있고, 재물이 있으면 이 쓰임이 있는 것이다.〔是故, 君子先愼乎德, 有德, 此有人; 有人, 此有土; 有土, 此有財; 有財, 此有用.〕"라고 하였다.

58 밝은 덕을 밝힘 : 《대학장구》 경1장에 나오는 말이다.

(德)'으로, 《대학》 한 편의 강령입니다. 그 덕을 밝힐 수 있다면, 이하의 네 가지[59]는 모두 이로부터 미루어 나간 것입니다. 재용(財用)에 이르러서는 비록 폐할 수는 없으나 재물을 모으고자 하면 백성을 해치게 됩니다. 반드시 윗사람의 것을 덜어서 아랫사람에게 더해 준 뒤라야 백성을 모이게 할 수 있습니다. 전하께서 삼남(三南)과 기전(圻甸 기전(畿甸), 즉 경기(京畿))을 진념(軫念)[60]하시어 특별히 세금을 줄여 반으로 하시면, 실로 재물을 흩으면 백성이 모인다[61]는 뜻에 부합함이 있을 것입니다."라고 하였다. 주상이 말하기를, "간약하면서도 극진하도다."라고 하고, 인하여 하교하여 말하기를, "이 사람을 그대로 대간(臺諫)에 두면 반드시 사직소를 올리고 향리로 내려갈 것이다."라고 하고 특별히 세손시강원 사서(世孫侍講院司書)에 제수하면서 말하기를, "동궁(東宮)을 강학(講學)함에 인재가 서울과 지방에 무슨 차이가 있겠는가. 하물며 추로지향인 영남 사람인 경우야 말할 것이 있겠는가."라고 하였다.

계미년(1763, 영조39) 정월 야대(夜對)에 사서(司書)로 입시하였는데, 주상이 "동궁의 강학이 근래에 과연 어떠한가?" 하고 묻

59 네 가지 : 인민, 토지, 재물, 쓰임을 말한다.

60 진념(軫念) : '윗사람이 아랫사람의 사정을 걱정하여 생각함' 또는 '임금이 신하나 백성의 사정을 걱정하여 근심함'의 의미이다.

61 재물을……모인다 : 《대학장구》 전10장 "덕은 근본이고, 재물은 말단이니, 근본을 밖으로 하고 말단을 안으로 하면 백성들을 다투게 하고 약탈하는 풍조를 조장하게 된다. 그렇기 때문에 재물을 모으면 백성들이 흩어지고, 재물을 흩으면 백성들이 모인다.〔德者, 本也; 財者, 末也. 外本內末, 爭民施奪. 是故財聚則民散, 財散則民聚.〕"라고 한 것을 말한다.

자 대답하여 말하기를, "왕세자의 학문이 일찍이 성취되었고, 문의(文義)에 대해 질문하는 것이 일반 사람의 의표(意表)을 뛰어넘습니다."라고 하였다. 주상이 말하기를, "너는 부지런히 오래도록 직분에 이바지하였으니, 내가 매우 가상히 여기노라."라고 하였다. 얼마 뒤 딸의 혼사 때문에 휴가를 얻어 향리로 돌아왔다. 5월 사복시 정(司僕寺正)에 제수되고, 7월 집의에 제수되었으며, 이달 동지사 서장관(冬至使書狀官)에 제수되었다. 8월 명을 받들어 도성으로 들어가니 특별히 필선(弼善)에 제수하였다. 입시하자 주상이 선정(先正 이언적)의 문집이 몇 권인지와 판본(板本)의 소재를 묻고 도신(道臣 관찰사)에게 명하여 옥산서원(玉山書院)에서 인쇄 출판하여 진상케 하였다. 10월 집의에 제수되고, 또 사간원 필선(司諫院弼善)에 제수되었다.

11월 연행(燕行)을 떠날 때 주상이 맞이하여 만나 보고 위로하며 환약(丸藥), 호초(胡椒), 난모(暖帽), 단목(丹木) 등의 물품을 하사하였고, 중전(中殿) 및 동궁(東宮) 또한 환약을 하사하였으니, 당시에 춘방(春坊 세자시강원(世子侍講院))을 맡고 있었기 때문이었다. 서장관은 관례적으로 행대(行臺)[62]를 겸하는데, 일행(一行)을 검속함에 여러 역관(譯官)들이 공의 청렴함과 삼감에 두려워하여 감히 속이지 못하였다. 이미 연경에 이르러 사신의 일을 마치고 돌아올 때 백탑보(白塔堡)에 이르렀는데, 함께 간 장채유(張

62 행대(行臺) : 일반적으로, 임금의 명령을 받고 지방에 파견되어 불법한 일을 규찰하는 사헌부의 관리를 일컫는 말이다. 조선 시대 삼사신(三使臣) 가운데 서장관(書狀官)이 사신을 규찰하는 임무를 수행하였다.

采維)가 당시 재상과 친한 사람이라는 이유로 관문(關文)[63]을 얻어 와서 여러 역관들이 잡물(雜物)을 매매한 이익을 독점하려 하였다. 일행들은 두려워 감히 말하지 못했으나, 공이 말하기를, "여러 역관들이 만 리(萬里)를 다녀온 수고에 보답은 오직 이것뿐이거늘, 어찌 위세에 꺾일 수 있겠는가."라고 하고 무궁한 폐단을 조정에 아뢰자 곧바로 비국(備局 비변사)에서 회보(回報)하여 힘을 다해 폐단을 막았다.

의주(義州)에 도착하여 상사(上使)의 탁장(橐裝 짐꾸러미)을 열람하였는데, 몰래 감춘 재화가 있었다. 마침내 실상에 의거하여 아뢰었다.[64] 의주 부윤(義州府尹)도 또한 옛 관례대로 공의 행장(行裝)을 열람하였는데, 다만 서책(書冊), 의저(衣褚 솜옷) 및 서양금(西洋琴) 하나뿐이었다. 이달에 홍문관 수찬(弘文館修撰)에 제수되었다. 대간(臺諫)에서 상사(上使)가 몰래 감춘 재화를 엄히 막지 못했다는 것으로 아뢰니, 공은 파직되었다. 5월 필선(弼善)에 제수되었다가 얼마 뒤 교리(校理)에 제수되었다.

63 관문(關文) : 상급 관청에서 하급 관청에 시달하는 공문서 또는 허가서(許可書)를 말한다.

64 의주(義州)에……아뢰었다 : 이가환(李家煥)이 지은 묘갈명에 "의주(義州)에 도착하여 상사(上使)의 탁장(橐裝)을 검사하는 것은 예부터의 관례였다. 탁장에 금지하는 물품이 있었다. 공이 말하기를, '수천 리를 동행하면서 근심과 기쁨을 함께한 것은 정이고, 행대가 금지하는 물품을 검사하는 것은 법이다.'라고 하고 실상을 아뢰었다. 상사도 또한 원망하지 않고 말하기를, '내가 이미 법을 어겼으니 서장관이 한 일은 옳다.'라고 하였다.〔到義州, 搜檢上使橐古例也. 橐有禁物, 公曰, 同行數千里, 憂喜與共者情也, 行臺搜禁物法也. 狀聞之. 上使亦不恨曰, 我旣犯科, 書狀所爲是也.〕"라고 되어 있다.

공이 연행(燕行) 때에 상부사(上副使)와 함께 옛 관례에 따라 좌거(坐車)를 탔다. 조정(朝廷)에서는 북사(北使)[65]가 올 때 새로운 금령을 두어 가마를 탈 수 없게 하였기에 좌거를 탄 것은 혐의할 만하다고 생각하였다. 돌아오기를 기다려 두 사람 모두 의주(義州)로 유배 보낸다는 명이 내려졌다. 공이 상부사와 함께 잘못을 책망하고 예부(禮部)에 글을 올렸다. 예부에서 칙서(勅書)를 내려 말하기를, "이는 금령(禁令)이 미치는 바가 아니니, 이후에 경성에 갈 때 그대로 좌거(坐車)를 타시오."라고 하였다. 그러나 공은 유배의 명이 내려왔고 또 마침 대간(臺諫)의 아룀이 있었기 때문에 연이어 사양하고, 겸하여 구두학(句讀學)을 한 사람은 본디 고문직(顧問職 옥당(玉堂) 벼슬)에 제수하는 뜻에 부합하지 않는 것임을 진술하였다. 지신(知申 도승지(都承旨)의 별칭)이 이헌묵(李憲默)이 끝내 명에 복응하지 않고 바야흐로 석고대죄(席藁待罪)하고 있다고 아뢰었다. 주상이 말하기를, "석고대죄라고 한 것은 모두 헛말이다. 이 사람은 반드시 사직함에 이를 것이다."라고 하고 교유(敎諭)를 전하여 "한 번 은혜로운 명에 사례하면 허부(許副 사임을 허락함)하겠다."라고 하였다.

공이 입시(入侍)함에 이르러 주상이 또 말하기를, "유신(儒臣)이 혐의에 책임을 지고 사직하는 것은 지나치다. 옛날 선정(先正) 또한 경서에 밝은 것으로 유신(儒臣)이 된 이가 많았으니, 다만 강하게 핍박하는 것은 비례(非禮)로 신하를 부리는 도인 까닭에

65 북사(北使) : 북조(北朝)의 사신이라는 뜻으로, 청(淸)나라 사신을 낮춰서 부른 말이다.

지금 일단 체직을 허락하노라. 이후에는 다시 지나치게 사직하지 말라."라고 하였다. 명하여 이전의 관직을 그대로 임명케 하고 말하기를, "이 같은 영남 사람은 세손(世孫)에게 보게 하는 것이 좋다."라고 하였다. 곧 필선(弼善)에 제수되었고, 얼마 뒤 또 교리(校理)에 제수되었다. 공이 휴가를 청하여 향리로 돌아왔다. 6월 집의(執義)에 제수되었고, 7월 부교리(副校理)에 제수되었으나, 모두 사양하고 부임하지 않았다. 8월 집의에 제수되었다.

을유년(1765, 영조41) 정월 또 부교리에 제수되었다가 얼마 뒤 사간 겸 지제교(司諫兼知製敎)에 제수되었다. 당시 본 고을〔경주〕에 간사한 아전이 하나 있었는데, 온 고을의 큰 해악이었다. 공이 이전에 집의로 임명되었을 때 백성들의 분노로 인하여 엄하게 징계하여 다스린 적이 있었다. 부백(府伯) 이해중(李海重)이 자신을 핍박한다고 여겨 자기의 처당(妻黨)인 곽진순(郭鎭純)을 사주하여 삼사(三司 사헌부(司憲府), 사간원(司諫院), 홍문관(弘文館))에 고쳐 바르게 해 주기를 청하였다. 주상이 그 사주를 받은 정황을 살피고 엄하게 교지를 내려 물리치고 배척하였다. 이에 이르러 공이 상소하여 혐의에 책임을 지고 사직하니, 주상이 비답을 내려 말하기를, "풍문(風聞)이 실정보다 지나친 것은 이미 알고 있도다. 대장(對章)[66]이 온화하니 마음이 기쁘도다."라고 하였다. 4월 집의에 제수되자 사양하였다. 6월 또 집의에 제수되고 8월 사간에 제수되었으나, 모두 사양하였다. 12월 또 사간에 제수되었다.

당시 주상의 건강이 평안치 못하였기에 마지못해 서울로 들어

66 대장(對章) : 어떤 탄핵에 대해 자신을 변론하는 소장을 말한다.

갔으나, 다시 이전의 혐의에 책임을 지고 사직하면서 보색(保嗇)[67]의 설을 덧붙여 진술하였다. 주상이 비답을 내려 말하기를, "이미 자세히 살펴 알았거늘, 한결같이 자기의 주장을 고집하여 거절하니 너무 지나치지 않느냐. 겸하여 진술할 바를 덧붙인 것은 임금을 사랑함이 매우 가상하다."라고 하였다. 드디어 억지로 나가 사례하였다. 이듬해 4월 체직되어 향리로 돌아왔다. 그 뒤 사간에 제수된 것이 다섯 번, 집의에 제수된 것이 한 번이었으나 모두 사양하고 부임하지 않았다. 정해년(1767, 영조43) 7월 또 집의에 제수되었다. 공이 자주 명을 어기는 것을 미안하게 여겨 드디어 부임하였다.

윤7월 부교리에 옮겨 제수되었다. 공이 상소하였는데, 대략 말하기를, "우리 전하께서는 순수한 복을 크게 받아 보배로운 계책이 더욱 융성하시니, 이는 실로 우리 동방의 억만년토록 무궁한 아름다움이나, 요순(堯舜)과 문왕(文王)의 나이에 비하면 아직 많은 것이 아닙니다. 옛사람이 말하기를, '성인의 혈기(血氣)는 쇠퇴할 때가 있으나, 성인의 지기(志氣)는 쇠퇴할 때가 없다.'라고 하였고, 《중용장구》에 말하기를, '쉬지 않으면 오래가고, 오래가면 징험이 나타나고, 징험이 나타나면 더욱 오래간다.'[68]라고 하였습니다. 그렇다면 하늘의 도가 쉬지 않음에 달려 있으니, 제왕(帝王)이 하늘의 덕에 부합할 수 있는 까닭도 또한 오직 쉬지 않음

67 보색(保嗇) : 몸을 보호하고 아낀다는 뜻으로, 배불리 먹고 충분히 자면서 조섭(調攝)하여 건강을 돌보는 일을 말한다.

68 쉬지……오래간다 : 《중용장구》 제26장에 나오는 말이다.

에 달려 있을 뿐입니다. 위 무공(衛武公)이 95세가 되어서도 오히려 나라에 경계하였고, 억계(抑戒)[69] 시 한 편을 지어 정성스럽게 반복하였으며, 늙어 쇠하였다는 핑계로 스스로 게으른 바를 두지 않았습니다.[70] 전하께서 매양 이로써 평생 경계하고 반성할 요체로 삼는다면 누군들 사모하여 우러르고 찬양하여 전하지 않겠습니까. 다만 생각건대, 성학(聖學)의 요체는 진실로 성(誠)과 경(敬) 두 글자에 있습니다. 성(誠)이란 진실무망(眞實無妄)을 말하며, 경(敬)이란 성학(聖學)의 처음이자 끝이 되는 바입니다. 무릇 잡아 지키면 보존되고 놓아두면 달아나 버려 항상함이 없고, 나가고 들어옴에 때가 없는 것은 오직 마음입니다. 성(誠)이 아니면 이 마음을 보존할 수 없고, 경(敬)이 아니면 이 마음을 잡아 지킬 수 없습니다. 더구나 인주(人主)의 마음이 온갖 변화의 근원이니, 인주의 마음이 바르면 조정(朝廷)이 바르게 되고 백관(百官)이 바르게 되고 만민(萬民)이 바르게 되어 정령(政令)·시조(施措)·동정(動靜)·운위(云爲)의 절도가 바름으로 귀일되지 않음이 없음이야 말할 필요가 있겠습니까. 신은 감히 《대학장구》 정심(正心)의 뜻과 맹자(孟子) 양심(養心)의 가르침으로 전하를 위해 외우니,

69 억계(抑戒) : 저본에는 '억융(抑戎)'으로 되어 있으나, 문맥상 오자로 여겨진다.

70 위 무공(衛武公)이……않았습니다 : 위 무공은 춘추 시대 위나라의 군주로, 나이가 95세였는데도 오히려 나라에 경계하기를 "경(卿)으로부터 이하 사(師), 장(長), 사(士)에 이르기까지 진실로 조정(朝廷)에 있는 자들은 내가 늙었다 하여 나를 버리지 말고 반드시 아침저녁으로 공손히 하고 조심하여 서로 나를 경계하라."라고 하였고, 마침내 〈억(抑)〉 시를 지어 스스로 경계하였다. 《詩經 大雅 抑》《國語 楚語上》

그 요체는 성(誠)과 경(敬)을 넘지 않을 뿐입니다."라고 하였다.

또 말하기를, "중묘조(中廟朝 중종)에 선신(先臣) 문원공(文元公) 아무개가 〈일강십목소(一綱十目疏)〉[71]를 진상하였는데, 말하기를, '옛날의 성제(聖帝)와 명군(明君)은 하늘을 본받아 정성[72]을 다하며 주경 근독(主敬謹獨)[73]하여 시종 한결같이 하고 잠시도 중간에 끊어짐이 없었습니다. 내 다스림이 이미 높은 경지에 이르렀다고 생각하여 스스로 안일하지 않고, 내 덕이 이미 훌륭하다고 생각하여 스스로 자만하지 않으며, 내 나이가 이미 많다고 생각하여 스스로 나태하지도 않아, 남들이 보지 못하고 듣지 못하는 곳

71 일강십목소(一綱十目疏) : 이언적이 1539년(중종34) 10월 중종의 명에 응하여 올린 1강 9목 모두 10조로 된 소(疏)로, 《회재집》 권7에 수록되어 있다. 1강은 치중화(致中和)이며, 9목은 궁금 불가불엄(宮禁不可不嚴), 기강 불가부정(紀綱不可不正), 인재 불가불변(人才不可不辨), 제사 불가불근(祭祀不可不謹), 민은 불가불휼(民隱不可不恤), 교화 불가불명(教化不可不明), 형옥 불가불신(刑獄不可不愼), 사치 불가불금(奢侈不可不禁), 간쟁 불가불납(諫諍不可不納)이다.

72 정성 : 저본에는 '性'으로 되어 있으나, 《회재집》 권7 〈일강십목소〉에는 '誠'으로 되어 있어 이에 의거하여 번역하였다.

73 주경 근독(主敬謹獨) : 주경(主敬)은 경(敬)을 위주로 한다는 뜻인데, 여기에서의 경은 주일무적(主一無適)하여 정신이 왔다 갔다 함이 없는 것을 말한다. 이는 송나라의 유학자인 정자(程子)나 주자(朱子) 등이 주창한 수양법(修養法) 가운데 하나이다.
근독(謹獨)은 신독(愼獨)과 같은 말이다. 즉 남은 알지 못하고 자기 마음에만 아는 데 있어서도 도리어 어그러짐이 없도록 삼가는 것으로, 도학 공부의 중요한 부분이다. 《대학》의 성의장(誠意章)에 "군자는 반드시 그 독(獨)을 삼간다.〔君子必愼其獨也〕."라고 하였고, 《중용》 첫 장에도 "군자는 그 독(獨)을 삼간다.〔君子愼其獨也〕"라고 하였다.

에서도 힘을 보존하여 항상 경계하고 두려워하여 소리도 없고 냄새도 없는 경지에 밝게 이르렀습니다.'라고 하였습니다. 그때 성조(聖祖)의 가장(嘉奬)을 입어 '옛날 진덕수(眞德秀)라도 이보다 더 나을 수는 없을 것이다.'[74]라는 하교가 있는 데까지 이르렀으니, 아름답고도 성대합니다. 이 어찌 오늘의 귀감이 아니겠습니까."라고 하였다. 주상이 비답을 내려 말하기를, "지난번 춘방(春坊)에 특별히 제수한 것은 너의 선조를 생각했기 때문이었다. 지금 소장에서 진술한 바는 그 말이 절실하고 또 옛날 너의 선조가 한 말을 외워 다시 나에게 진술했으니, 체념(體念)하지 않을 수 있겠느냐."라고 하였다. 10월 집의에 제수되었다.

무자년(1768, 영조44) 4월 사간(司諫)에 제수되었고, 7월 특별히 승정원 동부승지(承政院同副承旨)로 승진하였으나 곧이어 외부에 있다는 이유로 체직되었다. 9월 형조 참의에 제수되자 나아가 사은숙배한 뒤 사양하고 향리로 돌아왔다. 임진년(1772, 영조48) 10월 주상의 건강이 안녕치 못하여 외부에 있는 시종신(侍從臣)들을 올라오게 하라는 연락이 있음을 듣자 밤낮없이 말을 달려 서울로 올라갔다. 계사년(1773, 영조49) 5월 대사간(大司諫)에 제수되었다. 갑오년(1774, 영조50) 11월 동부승지(同副承旨)

74 옛날……것이다 : 《회재집》 권8 〈진수팔규(進修八規)〉에는 일찍이 〈일강십목소〉를 올리자 중종께서 칭찬하기를 "언론의 강직함이 진덕수(眞德秀)라도 능가하지 못할 것이다.〔言論剛正, 雖眞德秀, 亦無以加此.〕"라고 하였다. 〈진수팔규〉는 이언적이 유배지에서 지은 것으로, 생전에 올리지 못하고 1566년(명종21) 9월에 이언적의 아들인 이전인(李全仁)이 올렸다. 《명종실록(明宗實錄)》 21년 9월 4일 기사에 〈진수팔규〉 내용이 실려 있으나, 이 말은 보이지 않는다.

에 제수되었는데, 부름에 나아갔다. 12월 우승지(右承旨)로 옮겼다가 병신년(1776, 영조52) 2월 체직되어 향리로 돌아왔다. 3월 영조가 승하하자 7월 인산(因山 국장(國葬))에 나아갔다. 국옥(鞫獄)이 바야흐로 엄중하였는데[75] 공이 영남(嶺南)의 선비들과 연명으로 상소하여 뿌리까지 징계할 것을 청하였다. 정조 무술년(1778, 정조2) 윤6월 우승지(右承旨)에 제수되었고, 또 병조 참의(兵曹參議)에 제수되었는데, 부름에 나아갔다.

8월 평안도 박천 군수(博川郡守)로 옮겨 제수되었다. 어떤 이가 고을이 피폐하고 길이 멀다는 이유로 공을 가지 못하게 하려고 "오래지 않아 마땅히 좋은 자리를 얻을 것입니다."라고 하자, 공이 말하기를, "진실로 이와 같이 된다면, 이는 농단(隴斷)[76]이니, 나는 차마 할 수 없다."라고 하였다. 말 한 마리를 타고 임지로 갔다. 박천군의 풍속이 본디 사납고 싸움을 좋아하였다. 이보다 앞서 부임한 사람들은 오로지 형법으로 다스렸으나, 공은 한결같이 고요함으로 진무하였으니, 마치 장방평(張方平)[77]이 촉(蜀)

75 국옥(鞫獄)이 바야흐로 엄중하였는데 : 을미년(1775, 영조51) 겨울 영조가 세손(世孫)에게 대리청정(代理聽政)하도록 명하였을 때 홍인한(洪麟漢)과 정후겸(鄭厚謙) 등이 정후겸의 어머니인 화완옹주(和緩翁主)와 결탁하여 왕세손의 신하들을 무함(誣陷)하여 내쫓은 다음 왕세손의 시청(視聽)을 현혹시키려 했는가 하면, 왕세손의 대리청정을 반대하면서 왕위에의 즉위를 가로막았으므로 정조로서는 갖은 어려움을 겪으면서 왕위에 올랐다. 그리하여 왕위에 오른 뒤에 곧 그들을 사사(賜死)하는 사건이 있었다. 《英祖實錄 51年 12月 3日》《正祖實錄 1年 12月 3日, 15年 9月 13日》

76 농단(隴斷) : 높은 언덕을 말하는데, 《맹자》〈공손추 하(公孫丑下)〉에 어느 천장부(賤丈夫)가 시장 근처의 높은 언덕에 올라가 이리저리 둘러보고 싼 물건을 사서 비싸게 팔아 이익을 독점하였다는 고사에서 온 말로, 이익을 독점한다는 뜻이다.

땅의 사람들을 제로(齊魯)의 사람처럼 대우한 것같이 대우하니, 고을 사람들이 흡족히 감화되었다. 공이 아권(衙眷)[78]을 대동하지 않았기 때문에 관례에 따라 제공하는 여러 가지 수요도 모두 물리쳤다. 고을에 군대를 정비하기 위해 남겨 둔 돈이 있었는데, 이전의 관리들은 이자를 불려 사사로이 사용하는 자금으로 삼았다. 공은 2년 동안 살면서 그 문을 자물쇠로 채우고 끝내 돈을 내거나 들이지 않았다. 또 무기를 수리하고 남은 돈이 모두 수백 냥이었으며, 시장의 세금으로 거둔 돈도 천 냥 남짓에 이르렀는데, 옛날부터 태반(太半)은 관리들이 사사로이 사용하는 일이 있었다. 공은 털끝만큼도 범하지 않고 낱낱이 숫자를 대조하고 엄하게 봉하여 자물쇠를 채우고 훗날 공적인 비용으로 삼으니, 고을 사람들이 그 청렴결백함에 감복하였다. 돈이나 재화 때문에 다투는 사람이 있어 소송하려 하면, 문득 말리면서 말하기를, "의롭지 못한 일로 이 관청의 뜰에서 시끄럽게 할 수 없다."라고 하였다.

일찍이 늦가뭄을 만나 온갖 곡식이 마르고 손상되었는데, 공이 제단을 수리하여 기우제를 지내려 하면서 날을 정하였으나 감사

77 장방평(張方平) : 1007~1091. 송(宋)나라 영종(英宗)·신종(神宗) 때 사람으로 자는 안도(安道), 호는 낙전거사(樂全居士), 시호는 문정(文定)이다. 벼슬은 익주 지주(益州知州)·참지정사(參知政事)를 역임하였다. 저서에 《낙전집(樂全集)》이 있다. 소순(蘇洵)이 지은 〈장익주화상기(張益州畫像記)〉에 나오는 말로, 송나라 인종(仁宗) 때 익주(益州)에 도둑이 창궐하여 민심이 흉흉하자 조정에서 문무를 겸비한 장방평을 익주 자사로 보내 진무(鎭撫)하게 하였는데, 그가 촉인을 제(齊)·노(魯)의 사람처럼 대우하여 줌으로써 촉인을 심복하게 하였다고 한다.

78 아권(衙眷) : 수령(守令)의 내아(內衙)에 있는 권속(眷屬)을 말한다.

(監司)가 허락하지 않았다. 공이 스스로 문장을 짓고 손수 베껴서 기우제를 지냈다. 제사가 끝나자 큰비가 질펀하게 내렸고 그해는 굶주리지 않았다. 또 학교 제도를 상세히 살펴 과조(科條 규칙의 조목)를 엄격히 세워 고을의 자제들에게 학문을 권하고 가르치니, 문교(文敎)가 크게 흥기하였다. 경자년(1780, 정조4) 가을 벼슬을 버리고 돌아올 때 온 고을의 백성들이 모두 전별금을 내어놓았으며, 혹은 눈물을 흘리며 "이제부터 한묵(翰墨 글공부)에 강론하고 질정할 곳이 없어졌다."라고 말하였다. 그 뒤에 수의(繡衣 암행어사)가 고을에 이르러 치적을 열람하고 조정에 포계(褒啓)하였다.

신축년(1781, 정조5) 5월 우부승지(右副承旨)에 제수되어 입시(入侍)하니, 주상이 말하기를, "승선(承宣)은 몇 년 만에 왔는가?"라고 하였다. 대답하여 말하기를, "4년 만입니다."라고 하였다. 지금 어느 곳에 머무는지를 물으매, 말하기를, "흥덕동(興德洞)입니다."라고 하니, 주상이 말하기를, "대궐(大闕)에서 가까워서 좋구나."라고 하였다. 인하여 전교하여 말하기를, "이 승선(承宣)은 선정(先正)의 후손으로, 당시에 궁료(宮僚 세자시강원)로 벼슬한 것이 이미 30년이 지났고, 품계를 올려 준 것도 또 10년에 가까우니 이번 상경(上京)한 때에 맞추어 2품의 관직을 마련해 주고자 한다."라고 하였다. 당시에 마침 실직(實職)이 없어 동지중추 동의금 부총관(同知中樞同義禁副摠管)에 제수하였다가 얼마 뒤 경연특진관(經筵特進官)으로 삼았다. 임인년(1782, 정조6) 5월 분황(焚黃)[79] 때문에 휴가를 청하고 돌아왔다. 10월 형조 참판

79 분황(焚黃) : 벼슬을 하였을 때 사당이나 묘소에서 노란 종이에 고유문을 써서

(刑曹參判)에 제수되었다.

계묘년 2월 행 우승지(行右承旨)에 제수되었고, 7월 한성 우윤(漢城右尹)에 제수되었고, 8월 동지중추(同知中樞)에 제수되었고, 9월 도승지(都承旨)에 제수되었다. 공은 당시에 향본원(鄕本院)에 있었는데 아뢰어 말하기를, "내일 어가를 움직일 때 마땅히 인원을 갖추어야 하니 빠트려서는 안 됩니다. 마땅히 변통(變通)에 대비한 방도를 두어야 합니다."라고 하였다. 주상이 말하기를, "비록 도승지(都承旨)가 없더라도 별도로 구차하고 어려운 일은 없을 것이다."라고 하고 다만 공을 재촉하여 올라오게 하였다. 공이 명을 듣고 황송하여 즉시 말을 달려 도착하였다. 한성에 들어오기 전에 대신(大臣)이 과거 시험 거행의 복잡다단함으로 아뢰니, 공이 체직되어 동의금(同義禁)에 제수되었다. 10월 호조 참판(戶曹參判)에 제수되었고, 도승지(都承旨)로 옮겨 제수되었다.

내각(內閣)에서 문원공(文元公)이 지은 〈태극논변(太極論辨)〉[80]을 진상함으로 인하여 주상이 말하기를, "이같이 좋은 책자가 어찌 상주(上奏)함이 늦추어졌는가."라고 하고 다시 도신(道臣)에게

조상께 고유하고 그것을 불사르는 의식을 말한다.

80 태극논변(太極論辨) : 《회재집》 권5에 실려 있는 〈망재와 망기당의 무극태극설 뒤에 쓰다〔書忘齋忘機堂無極太極說後〕〉를 말하는 듯하다. 이언적이 27세이던 1517년(중종12), 망재(忘齋) 손숙돈(孫叔暾)과 망기당(忘機堂) 조한보(曺漢輔)가 주돈이(周敦頤)의 〈태극도설(太極圖說)〉을 놓고 벌인 '무극이태극(無極而太極)' 논변을 본 이언적이 망기당의 견해를 비판한 글이다. 손숙돈과 조한보는 모두 경주 지역의 인사로, 손숙돈은 이언적의 셋째 외숙이고, 조한보는 본관이 창녕(昌寧)으로, 정재(靜齋) 조상치(曺尙治)의 손자이다.

인쇄하여 올리게 하였다. 갑진년 정월 체직되어 동중추 지의금(同中樞知義禁)에 제수되었다. 공은 양조(兩朝)의 지우(知遇)가 융성함에 감동하여 만분의 일이라도 보답하기를 도모하였으나 일흔 노인의 근력으로 벼슬살이를 견디지 못하였다. 3월에 정고(呈告 휴가 신청)하고 향리로 내려왔다. 이해 연말에 도신(道臣)에게 명하여 세찬(歲饌)을 하사하였고, 을사년(1785, 정조9) 정월에 또 이와 같이 하였다. 당시에 역변(逆變)이 없는 해가 없었다. 공이 근심과 울분을 이기지 못하여 상소하여 궁치(窮治 철저하게 조사하여 다스림)를 청하였다. 인하여 맡고 있던 추함(樞銜 중추부의 관직)의 사직을 빌었으나 윤허를 받지 못하였다. 이로부터 연이어 세찬(歲饌)을 공급하라는 명이 있었다. 6월 동의금(同義禁)에 제수되었고, 7월 행 대사간(行大司諫)에 제수되었다. 공은 현거(懸車)의 나이[81]를 넘으면서부터 물러나 한가로이 지냄에 뜻을 정하였다. 시내〔溪〕 서쪽 고요하고 외진 곳에 일곱 칸의 정사(精舍)를 짓고 마을의 이름인 안계(安溪)로 편액하였다. 때때로 친척, 오랜 벗들과 소요하며 단란하게 지내고, 휘파람 불고 시를 읊조리며 스스로 즐기면서 말하기를, "30년간 덧없는 영화가 이 즐거움만 못하다."라고 하였다.

무신년(1788, 정조12) 3월 설사병을 앓았는데 한 달이 되자 매

81 현거(懸車)의 나이 : 70세를 말한다. 현거는 수레를 타고 다닐 필요가 없어서 집안에 걸어 놓는다는 뜻으로, 벼슬을 그만두고 집에서 쉬는 것을 말한다. 한나라 때 설광덕(薛廣德)이 연로하여 벼슬을 내놓고 고향으로 돌아갈 적에 황제가 그에게 안거(安車)를 하사하였는데, 고향으로 돌아와 이를 매달아 두고 자손 후대에 전한 데에서 유래하였다. 《漢書 卷71 薛廣德傳》

우 심해졌으나, 매양 탄경(誕慶 세자 탄생) 여부를 물으며 말하기를, “국본(國本 세자(世子))이 아직 서지 않았으니, 내가 죽어서도 눈을 감지 못할 것이다.”라고 하였다. 여러 아들에게 말하기를, “너희는 감여(堪輿)의 방술[82]에 미혹되어 다른 사람의 금처(禁處 묘를 쓴 곳)에 묫자리를 쓰지 마라. 만사(輓詞)를 구하는 것 또한 아름다운 일이 아니다. 책상 위의 여러 책들은 모두 성주(聖主)가 하사한 바와 선현(先賢)의 유집(遺集)으로, 병실(病室)에서 더럽힐 수 없으니, 다른 곳에 옮겨 두어라. 평소에 남에게 빌린 서책은 빨리 돌려주는 것이 옳다.”라고 하였다. 인하여 집 곁의 서숙(書塾)을 수리하도록 명하고, 병든 몸을 억지로 이끌고 부축을 받아 가서 곧바로 자리를 정하고 말하기를, “창문이 환히 트여 있어 병이 나은 것 같다.”라고 하였다. 또 남쪽 창밖에 장막을 설치하도록 명하여 내실과 차단하고 생을 마쳤으니, 곧 5월 11일이다. 향년은 75세였다. 이해 10월 19일 경주부(慶州府)의 북쪽 금곡산(金谷山) 정좌(丁坐 북동 15도 방향) 언덕에 장사 지냈다.

공은 타고난 자질이 순실(淳實)하고 돈후(敦厚)하며, 침중(沈重)하고 과묵(寡默)하였다. 젊어서부터 남들과 농담한 적이 없었으며 또한 스스로 남들과 다르게 행동한 적이 없었으나, 바라보면 의젓하고 다가가 보면 용색(容色)이 부드러웠다. 효성과 우애에 돈독하여 항상 녹봉으로 어버이를 봉양하지 못함을 평생의 애통함으로 여겨 생일날을 맞을 때마다 술을 진설하지 못하게 하였다.

82 감여(堪輿)의 방술 : 풍수지리설을 이른다. 원래 감여는 하늘과 땅이란 뜻인데, 여기서는 지리에 치중하여 말한 것이다.

가묘(家廟)의 상탁(床卓)과 정제(庭除 뜰)는 반드시 몸소 스스로 물 뿌리고 청소하였다. 자제들이 대신 일하기를 청하여도 허락하지 않았다. 선생의 사우(祠宇 사당)가 조금 떨어진 곳에 있고, 서원도 또한 수십 리 멀리 떨어져 있었으나 서울에 갈 때마다 반드시 길을 돌아 나아가 배알하였고, 귀가할 때도 또한 그같이 하였다.

제례(祭禮)의 절도는 한결같이 선생의 《봉선잡의(奉先雜儀)》[83]를 따랐다. 자신은 비록 거친 밥조차 계속 먹지 못했으나 반드시 기일(忌日)이 되기 전에 제수를 마련하여 혹 때에 닥쳐 갖추는 일이 없었다. 여러 아들에게 "먼 조상에게 정성과 공경을 다하기를 어버이 기일과 같이 하라."라고 말하였다. 숙제(叔弟 막내아우)가 일찍 죽어 후사가 없었는데, 자신의 막내아들이 결혼하여 며느리를 맞이하여 집에 들일 때, 남편 잃은 제수를 맞이하여 막내며느리에게 그 예를 시어머니에게 올리는 것과 같이 하도록 하고, 말하기를, "나는 그 아우가 죽어 묻히던 날 이미 마음으로 허락하였다."라고 하였다.

참판공(參判公)의 무덤 앞에 남은 혈(穴 묏자리)이 있었는데, 공이 스스로 생각하기를 자신이 죽은 뒤에 묏자리로 쓸 계획이었다. 종질(從姪)이 아버지 상을 당하여 장례 지내려 함에 궁핍해서 묘

83 봉선잡의(奉先雜儀) : 회재(晦齋) 이언적(李彦迪, 1491~1553)이 조상을 제사 지낼 때의 의례를 적은 책이다. 목판본이며 2권 1책으로 구성되어 있다. 주자(朱子)의 《가례(家禮)》 및 사마광(司馬光), 정이(程頤) 등의 제례서(祭禮書)에서 내용을 취사 선택해 일가(一家)의 예법을 작성하고, 예경(禮經)과 선현들의 글에서 보본추원(報本追遠)의 뜻이 담긴 대목을 추려서 따로 하편 1권을 만들었다. 1550년(명종5)에 쓴 저자의 서(序)가 있고, 1643년(인조21)에 쓴 송국택(宋國澤)의 간기(刊記)가 있다.

터를 잡을 수 없음을 보고는 곧바로 사용하도록 허락하고 아울러 송추(松楸)[84]의 획계(畫界 구역)도 나누어 주었다.

무릇 딸들이 출가할 때, 손수 《소학(小學)》 가운데서 부인(婦人)에게 가장 긴절한 말을 써서 주고는 모두 패복(佩服)하게 하였다. 집안사람들을 은혜로 다스리고 종족(宗族)을 화목함으로 대하고 향당(鄕黨)에 공경함으로 처하였다. 비록 수레를 모는 하인이나 천한 아랫사람이라도, 공은 그들의 기뻐하는 마음을 얻지 않음이 없었다. 벼슬에 나가 임금을 섬김에 한결같은 마음으로 공무를 받들었다. 항상 선조를 욕되게 할까 경계하였다. 비록 물러날 것을 결심한 뒤에도 평소의 말이나 언어나 시구(詩句)가 반 이상은 나라를 근심하고 임금을 그리워하는 뜻이었다. 평소 생활함에 혼후(渾厚)하여 모난 성품을 드러내지 않았으나, 의(義)와 이(利)가 판가름 나는 곳에 이르면 단칼에 두 동강을 내듯 하니, 확고하여 빼앗을 수 없는 것이 있었다.

경자년(1780, 정조4) 가을 맏아들 정채(鼎采)가 바야흐로 동당시(東堂試)에 응시하러 갔는데, 시관(試官)이 선생의 사당을 배알하기 위해 시험 날짜보다 앞서 옥산서원(玉山書院)에 도착하였다. 공이 동주(洞主)로서 접견하였다. 이미 송별하고 나자 곧바로 편지를 보내 아들의 향시 행차를 저지하며 말하기를, "혐의는 피하지 않을 수 없다."라고 하였다. 경성에서 같이 관료 생활하던 벗이 보낸 편지를 받을 때마다 보관하지 말고 버리게 하면서 말하

84 송추(松楸) : 소나무와 가래나무라는 뜻으로, 묘소 혹은 선영(先塋)의 별칭으로 쓰인다. 그곳에 이 두 나무를 많이 심었던 데에서 기인한다.

기를, "나는 후세에 혹 못난 자손이 있어 이 편지를 가지고 세의(世誼)가 있다고 말하면서 편지를 품고 달려가 배알하기를 구하는 매개로 삼기를 마치 유속(流俗)에서 하는 것과 같음이 있을까 두렵다. 그렇게 되면 부끄러움 중에 어떤 것이 이보다 심하겠느냐."라고 하였다.

성품이 검소하여 화려함을 좋아하지 않았다. 집안이 또 가난하여 스스로를 봉양함에 견디지 못할 것이 있었으나, 생활함이 편안하였다. 의리에 맞는 것이 아니면 터럭 하나라도 남에게 구하지 않았다. 박천(博川)을 다스릴 때 어떤 사인(士人)이 올린 백어포(白魚苞 뱅어포)를 물리쳐서 간알(干謁 사사로이 청탁함)의 싹을 끊었다. 연행(燕行)에서 돌아온 뒤 어떤 사람이 공이 보리죽 먹는 것을 민망하게 여겨 부유한 백성에게 양식을 빌려 구제하려 하자 공이 불가하다면서 말하기를, "담박함은 나의 떳떳한 분수이다."라고 하였다.

책을 열심히 읽는 버릇〔癖〕이 늙어서는 더욱 독실하였다. 매양 손이 흩어지고 밤이 고요한 뒤와 닭이 울고 새벽이 밝아 오는 때에는 반드시 옷깃을 가지런히 하고 장엄하게 책을 읽었는데 소리가 금석에서 나온 듯 청아하였다. 《심경(心經)》, 《근사록(近思錄)》 그리고 선생의 유집 같은 경우는 한 질(帙)을 다 읽는 동안 한 글자도 잘못 읽지 않았다. 또 《퇴도언행록(退陶言行錄)》을 보다가 간간이 긴요한 곳을 만나면, 반드시 자질(子姪)을 불러 보여주며 말하기를, "이것은 《노론(魯論 논어(論語))》의 〈향당(鄕黨)〉편과 같다. 말 한마디, 행동 하나가 후인(後人)의 모범이 아님이 없다."라고 하였다. 또 말하기를, "사군자(士君子)는 마땅히 몸을 삼가고 행실을 돈독하게 하여야 하니, 과거 공부는 곧 여사(餘事)일 뿐이다. 만약 마음에 얻는 바가 없으면서 이익과 녹봉에 유혹되어 마음이 빼앗기게 된다면 끝내 몸을 망치는 데 이르는 것이 필연적일 것이다. 두려워하지 않을 수 있겠느냐. 나는 못난 재주로 외람되이 두 임금의 은혜로운 대우(待遇)를 입었으니, 모두 선조의 음덕이 미친 바이다. 그러므로 한평생 마음을 잡아 지키며 감히 조금도 홀만하지 않았음은 너희들도 아는 바이다. 어찌 나의 이런 뜻을 체득하여 굳게 지키지 않겠느냐."라고 하였다. 그 말이 정성된 마음에서 나왔다.

무릇 대현(大賢)의 후손으로, 순정(純正)한 기운을 품부받아 일찍이 과거에 급제하여 청요직(淸要職)에 두루 올랐으나 겸손함과 공경함으로 스스로를 견지하여 교만하거나 자랑하는 얼굴빛이 있은 적이 없으며, 검소하고 간약함으로 스스로를 지켜 빈한하고 소박한 지조를 바꾸지 않았다. 처신(處身)과 일을 행함에는 규범을 잘 따랐다. 벼슬에 나아가 조정에 설 때는 그 임금을 사랑하는 정성이 간절하였으며, 물러나 집에 거처할 때는 조상을 욕되게 할까 하는 경계에 두려워하고 조심하였다. 재물과 이로움, 음악과 여색에 대해서는 담박하여 그 마음에 누가 되게 할 수 없었고, 권세와 지위, 작위와 녹봉에 대해서는 담담하여 그 마음을 움직일 수 없었다. 벼슬에 나아가기를 어렵게 여기고 물러나기를 쉽게 여기는 절도는 전후로 물러나고 나아갈 때에 이미 볼 수 있었고, 남을 대하고 사물을 접함이 한결같이 천진(天眞)의 본색(本色)에서 나왔으니, 처음부터 끝까지 문원공(文元公)의 어진 자손이 됨을 잃지 않았다. 여러 성군(聖君)의 특별한 대우도 대개 또한 인재를 알아본 칙철(則哲)[85]이 있었던 것이고, 다만 주상이 선정(先正)에게 보기 드문 감회가 있었을 뿐만이 아니다. 아 성대하도다. 지금 세상에 구해 보면, 공 같은 이를 어찌 쉽게 얻을 수 있겠는가.

공의 전처는 달성 서씨(達城徐氏) 사인 시대(始大)의 따님으로, 부드럽고 도리를 따르며 부지런하고 검소하여 부인(婦人)의 직분을 다하였다. 아들 하나를 낳았으니 곧 정채(鼎采)이며, 딸이 하나이니 이귀우(李龜祐)에게 시집갔다. 후처는 월성 손씨(月城孫氏) 처사 시수(是樹)의 따님으로, 엄숙하면서도 따뜻하고 순수하면서도 중후하여 입으로는 의(義)가 아닌 일을 말하지 않았다. 사람이 궁핍하고 굶주린 것을 보면 반드시 불쌍히 여겨 잘 대우하였다. 제사를 받듦에 정성으로 하고 집안사람들을 다스림에 온화함으로 하니, 이웃 사람들이 탄복하지 않음이 없었고 공도 또한 공경하며 중히 여겼다. 아들 둘을 낳았으니 정래(鼎來), 정뢰(鼎賚)이며, 딸이 둘이니 권재경(權載經), 최운경(崔雲慶)에게 시집갔다.

하루는 공의 손자 의상(義祥)이 상사(上舍) 손국제(孫國濟)가 지은 공의 유사를 가지고 와서 행장을 지어 달라고 부탁하였다. 사양했으나 받아들여지지 않아 삼가 위와 같이 차례하여 쓴다.

85 칙철(則哲) : 인재를 알아보는 제왕의 명철한 지혜를 말한다. 《서경》 〈고요모(皐陶謨)〉에 우(禹)임금이 고요(皐陶)와 함께 정사의 요체를 논하면서 "임금께서도 어렵게 여기셨으니, 사람을 알아보면 명철해서 사람을 제자리에 쓸 수 있다.〔惟帝其難之, 知人則哲, 能官人.〕"라고 한 데서 온 말이다.

홍문관 교리 주일재 이공 행장
弘文館校理主一齋李公行狀

공의 휘는 완(埦), 자는 치도(致道)이며, 성은 이씨(李氏)이니 그 선조는 한산(韓山)을 본관으로 하는 사람이다. 상세(上世)에 가정(稼亭) 곡(穀), 목은(牧隱) 색(穡) 부자가 있어 문장(文章)과 덕업(德業)으로 고려 말에 크게 현달하였다. 그 이후로 위대한 인물과 큰 덕을 가진 사람이 끊이지 않아 해동(海東)의 문헌(文獻)[86] 집안이 되었으며, 대대로 경사(京師)에 살았다. 현감(縣監) 휘 홍조(弘祚)에 이르러 혼조(昏朝 광해군)의 정사가 문란함을 보고 소백산을 넘어 안동(安東)의 소호(蘇湖)에서 살았으니, 이분이 공의 5세조이다. 고조의 휘는 효제(孝濟), 증조의 휘는 석관(碩觀), 조부의 휘는 태화(泰和)이다. 아버지는 대산(大山) 선생 휘 상정(象靖)으로, 퇴도(退陶 퇴계 이황)의 적전(嫡傳)을 얻었으며, 정조(正祖) 초에 이르러 관직이 예조 참의(禮曹參議)에 이르렀는데, 주상

86 문헌(文獻) : 《논어》 〈팔일(八佾)〉에 "하대(夏代)의 예법을 내가 말할 수는 있지만 기나라에서 증거 자료를 찾기가 어렵고, 은대(殷代)의 예법을 내가 말할 수는 있지만 송나라에서 증거 자료를 찾기가 어렵다. 이는 문헌이 부족하기 때문인데, 문헌만 충분하다면 내가 실증할 수가 있다.〔夏禮, 吾能言之, 杞不足徵也, 殷禮, 吾能言之, 宋不足徵也, 文獻不足故也, 足則吾能徵之矣.〕"라는 공자(孔子)의 말이 나온다. 기(杞)나라와 송(宋)나라는 주 무왕(周武王)이 하(夏)의 우왕(禹王)과 은(殷)의 탕왕(湯王)을 각각 제사 지내게 하기 위하여 세워 준 나라이다. 문헌에 대해서 주희(朱熹)는 "문은 전적을 가리키고, 헌은 현인을 가리킨다.〔文, 典籍也, 獻, 賢也.〕"라고 해설하였다.

이 바야흐로 향용(嚮用 마음에 들어서 등용함)하려 하였으나 갑자기 돌아가셨기에 등용하지 못하였다. 어머니 숙부인(淑夫人)은 장수 황씨(長水黃氏) 익성공(翼成公) 희(喜)의 후손 혼(混)의 따님이다. 원릉(元陵) 경신년(1740, 영조16) 11월 3일 공을 낳았다.

공은 영오(穎悟)함이 남들보다 빼어나 5세에 눈〔雪〕을 시로 읊을 수 있었는데, 보취(步驟)의 표현이 있었다.[87] 유랑하는 걸인이 아이를 데리고 다니는데 추위에 피부가 튼 것을 보고는 곧바로 옷을 벗어 그들에게 입혀 주었다. 경주(慶州)에서 이범중(李範中)[88]의 딸을 아내로 맞을 때에 이르러, 경주의 풍속에는 결혼하여 새로 집안에 들어오는 사람을 대우함에 무리들이 모여 농담을 하였다. 공은 엄숙하여 함께 친압하지 않았기에 크게 공경과 삼감을 받았다.

임오년(1762, 영조38)에 조정에서 경과(慶科)[89]를 시행하였는

87 5세에……있었다 : 이병원(李秉遠)의 《소암집(所菴集)》 권20 〈선고 통훈대부 홍문관 교리 부군 유사(先考通訓大夫弘文館校理府君遺事)〉에 따르면, "눈이 크게 내려 천지가 하얗다.〔雪大來天地白〕"라고 하였다. 보취(步驟)는 시문을 짓는 규모와 법도로, 송(宋) 왕우칭(王禹偁)의 〈적거감사(謫居感事)〉에 "보취는 반고와 사마천을 의거하고, 학문의 근원은 공자와 주공을 법 삼았네.〔步驟依班馬, 根源法孔姬.〕"라고 하였다.

88 이범중(李範中) : 1708～1783. 본관은 여주(驪州), 자는 이경(彝卿)이다. 동부도사(東部都事), 한성부 판관(漢城府判官), 온양 군수(溫陽郡守) 등을 지냈다. 이완(李埦)은 이범중의 첫째 사위가 되었다.

89 경과(慶科) : 국가에 경사가 있을 때 임시로 행하는 과거인데, 특별히 궐정(闕庭)에서 실시하기 때문에 정시(庭試)라고도 한다. 《영조실록》 38년 임오 7월 22일 조에 "정시 회시에 응한 선비들을 불러 보다."라는 기사가 있으나, 정확히 어떤 경사

데, 공이 당시에 장인인 이범중의 온양(溫陽) 부임지에 있었다. 장인이 행장을 꾸려 주며 과거에 응시하러 갈 것을 권하였으나 병을 핑계로 응시하러 가지 않았다. 본가로 돌아옴에 이르러 대산 선생이 기뻐하며 말하기를, "나는 네가 머무는 곳이 서울과 가까워 과거에 응시하러 가지 않을 수 있을지 기필하지 못하였는데, 지금에야 과연 나의 바람에 부응하였구나."라고 하였다.

을유년(1765, 영조41), 대산 선생이 여강서원(廬江書院)에서 도를 강론할 때,[90] 공이 배행(陪行)하였다. 구름처럼 모여든 많은 선비들이 변론하고 힐난함이 분분하였는데 공이 선생의 명을 받들어 응대함이 정밀하고 넉넉하니, 자리에 앉은 사람들이 모두 탄복하였다. 기축년(1769, 영조45)에 어머니 숙부인(淑夫人)의 상을 당하였다. 신묘년(1771, 영조47)에 사마시(司馬試 소과(小科))에 합격하고, 갑오년(1774, 영조50)에 대과에 급제하였다. 건릉(健陵) 정유년(1777, 정조1) 후릉 별검(厚陵別檢)[91]에 제수되었으나, 공은 아버지가 노쇠하다는 이유로 가고자 하지 않았다. 대산 선생은 "내가 만년에 특별히 총애를 받아 발탁되었으나 늙었기에 힘을 다해 벼슬길에 나갈 수 없었다. 너 또한 벼슬하지 않는다면 이는

가 있었던 것인지는 분명치 않다.

90 을유년……때 : 1765년 윤2월에 호계서원(虎溪書院)에서 김낙행(金樂行), 김익명(金翼溟), 이상진(李象辰) 등이 모여 《대학》을 강론하였다. 호계서원은 1573년(선조6) 이황(李滉)을 제향하기 위해 건립된 서원으로, 처음의 이름은 여강서원이었는데, 뒤에 호계서원으로 사액되었다. 《大山先生實記 卷1 年譜》

91 후릉 별검(厚陵別檢) : 후릉은 정종(定宗)과 비 정안왕후(定安王后) 김씨(金氏)의 능으로, 경기도 개풍군에 있다.

아버지와 아들이 모두 은혜로운 왕명을 저버리는 것이다."라고 하고 달려가 사은숙배하도록 하였다. 부임한 지 반년도 되지 않아 정순(呈旬)[92]하고 향리로 돌아왔다. 신축년(1781, 정조5) 아버지 대산 선생의 상을 당하였다.

병오년(1786, 정조10)에 과거 급제한 지 10년이 되었다는 것으로 6품(六品)으로 승진하였고, 정미년(1787, 정조11)에 전적(典籍)에 임명되고, 무신년에 지평(持平)에 제수되었다. 기유년(1789, 정조13) 정월(正月), 주상이 대산 선생을 추념(追念)하여 특별히 명을 내려 부교리(副校理)에 제수하였다. 이어 전교하여 말하기를, "그 집안사람은 반드시 남들과 다르다. 문학(文學)과 인품(人品)도 일찍이 또한 익숙히 들었으니, 고문(顧問)의 반열에 두고자 한다."라고 하였다. 공이 주상의 특별한 대우에 감격하여 곧바로 일어나 부름에 달려갔다. 3월에 삼일제(三日製)[93]의 대독관(對讀官)[94]으로 차출되었다. 시권축(試卷軸) 가운데 어떤 표문(表文)이 있었는데, 자획(字畫)을 바꾸고 편방(偏傍)을 더하거나 고쳤으며, 구절 가운데 "상 신(商辛 은(殷)나라의 주왕(紂王))이 백성들에게 포악하게 하여 스스로 멸망에 이르렀다.〔商辛虐民, 自底滅

92 정순(呈旬) : 삼도정순(三度呈旬)이라고도 하는데, 낭관(郎官)이 사임하려고 할 때 열흘에 한 번씩 세 번을 계속하여 소속 상관에게 사임원을 제출하는 것을 말한다.

93 삼일제(三日製) : 명절을 기념하여 치르는 절일제(節日制) 가운데 하나로서, 성균관과 지방의 유생들을 대상으로 삼짇날인 매년 3월 3일에 시행된 과거 시험이다. 《일성록(日省錄)》에 따르면 1789년(정조13) 2월 27일 시행되었다.

94 대독관(對讀官) : 조선 시대에 임금이 몸소 보이는 과거에서 독권관(讀券官)을 보좌하기 위하여 임시로 임명하던 벼슬이다. 정3품 이하의 벼슬아치가 맡았다.

亡.]" 등의 말이 있었다. 그래서 그 이름을 열어 보니, 바로 성주(星州) 사람인 김준검(金俊儉)이었다. 조정에서는 은어(隱語)로 비방하며 나쁜 마음을 품고 있다고 여겨 국청(鞫廳)을 설치하여 엄하게 문초할 것을 청하였다. 주상은 공이 영남(嶺南)에 산다는 이유로 성주(星州)의 풍속 및 김준검과 평소에 친분이 있는지 여부를 하문하였다. 공이 실상에 의거하여 진계(陳啓)하니, 주상이 그 주대(奏對)의 정밀하고 자세함을 칭찬하였다.

이튿날 차대(次對)에서, 조정에서 의논하여 더욱 엄하게 죄를 다스릴 것을 청하였다. 공의 생각으로는 이는 시골 마을의 어리석은 자가 글자의 형태를 정확히 알지 못하고 옛 작품[95]을 베껴 올린 소치에 불과하니, 춘추(春秋)의 의리가 얼마나 근엄한데 갑자기 이 무리들에게 국청을 시행하고자 하는 것은 사체(事體)의 마땅한 바가 아니라고 생각하여 통렬히 진술하려 하였으나 감히 언급하지 못하였다. 좌상(左相) 이성원(李性源)[96]이 옥당(玉堂 홍문

95 옛 작품 : 김준검이 어제(御題) 제목만 써 놓고 정작 다른 제목으로 자신의 고조부의 전시(殿試) 과작(科作)을 도용해 지었다. 《日省錄》

96 이성원(李性源) : 1725~1790. 본관은 연안(延安), 자는 선지(善之), 호는 호은(湖隱), 시호는 문숙(文肅)이다. 1788년(정조12) 좌의정에 이르렀다. 이성원이 아뢰기를, "이번 김준검(金俊儉)의 시권(試卷)은, 제목은 어제(御題)를 썼으나 다른 제목으로 청표(請表)하여 지어 올린 것이었습니다. 청표와 사표(謝表)의 제목은 체격(體格)이 자별할 뿐만이 아닌데 자구(字句) 사이에 편방(偏傍)을 첨삭하여 잘못 썼으며, 문리(文理)는 이해하기 어렵고 뜻은 해괴하였습니다. 사실(事實)을 들으니, 그의 고조(高祖) 김중남(金重南)의 전시(殿試)의 과작(科作)을 도용(盜用)하였는데, 그 제목이 바로 〈소공이, 무익한 일을 하여 유익한 일을 해치지 말기를 청하였다.〔召公請不作無益害有益也〕〉였습니다. 사표의 제목을 멋대로 청표로 올린 것과

관(弘文館))에 청하여 상주(上奏)하게 하였다. 공이 기복(起伏 임금께 아뢸 때 먼저 일어났다가 다시 엎드리는 것)하고 대답하여 말하기를, "신의 어리석은 견해로는 그 문장은 이 시제에 맞는 작품이 아닙니다."라고 하였다. 말이 끝나지도 않았는데, 좌상이 문득 상주하는 말이 매우 완곡하니, 주상이 그만두게 하였다.

얼마 뒤 또 삼일제(三日製)에 사제(賜第 임금의 명령으로 특별히 급제한 사람과 똑같은 자격을 주는 것)한 사람인 임업(任㸁)과 윤명렬(尹明烈)을 불러 면전에서 진퇴부(進退賦)와 진퇴표(進退表)를 시험하였다. 두 사람 모두 곧바로 완성하지 못하니, 조정에서 논의하여 그 둘을 방목에서 삭제하려 하여 옥당으로 하여금 가부를 결정케 하였다. 공은 또 인재는 영민함과 노둔함이 있는데도 조정에는 선갑(先甲)[97]의 영(令)이 없었으며, 더구나 지난날 알성시(謁聖試)에서 사제(賜第)한 사람들 모두에게 이런 예를 적용하지 않고 오직 이 두 사람에게만 일체지법(一切之法 형편이나 상황을 고려하지 않는 일률적인 법)으로 판단하니, 옳은지 알지 못하겠다고 생각하였다. 인하여 상주하여 말하기를, "나라에서 과거제를 설치하여

후손으로서 조상의 시권을 도용한 것은 이미 시규(試規)를 어긴 것이고 또한 윤리와 관계되는 것이니 결코 심상하게 처리해서는 안 됩니다. 추조(秋曹)에 이송하고 바친 시권과 함께 본도(本道) 감영(監營)에 내려보내어 도신(道臣)으로 하여금 자세히 조사하여 엄히 형추하고 원배(遠配)하도록 하는 것이 어떻겠습니까?"라고 하였다.

97 선갑(先甲) : 《주역(周易)》 〈고괘(蠱卦)〉에, "갑의 앞에 3일, 갑의 뒤에 3일.〔先甲三日, 後甲三日.〕"이라고 한 데서 유래한 것으로, 새로운 법령을 선포하기 앞서 백성에게 은근하게 고한다는 뜻이다. 법의 시행에 앞서 미리 고지하고 유예 기간을 두지 않았음을 의미한다.

인재를 뽑는 것은 장차 재주를 시험하려는 것인데, 저들의 그 지리멸렬함이 이와 같으니, 법의 뜻으로 판단함에 마땅히 내칠 바에 해당합니다. 그러나 신의 어리석고 망녕된 견해로는 너그러이 용서할 길이 있을 듯합니다."라고 하였다. 좌상이 또 탄핵하며 상주하여 말하기를, "전하께서 어떤 사람인지 알 수 없는 인물을 초빙하여 그가 전후로 상주하여 대답한 것이 이와 같으니 파직하여 내칠 것을 청합니다."라고 하였으나, 주상은 또 그만두게 하였다. 공이 곧바로 물러나 금문(禁門)을 나왔다. 얼마 뒤 소패(召牌)[98]가 뒤따라 이르렀으나 나아가지 않았기에 파직되었다. 공은 바로 그날 남으로 돌아왔다. 후에 유사(攸司 해당 관청)에서 조사하여 증거를 찾으니, 김준검(金俊儉)이 과연 그 조부의 글을 베껴 올린 것이었다.

얼마 되지 않아 서용(敍用)하라는 명이 있어 3월에 부교리(副校理)에 제수되고, 5월에 수찬(修撰)에 제수되고, 곧이어 교리(校理)에 제수되고, 6월에 부교리에 제수되고, 7월에 교리에 제수되었으니, 몇 달 동안 여섯 번 소명(召命)을 받았다. 공은 험난한 벼슬길에 나아가기 어렵다는 것을 더욱 잘 알았기에 물러나 은둔하려는 뜻을 굳게 지켰다. 또 그 당시에는 대신들의 논박 때문에 그 말을 끝까지 하지 못하였지만 임금 앞에서 잘못을 숨기려는 뜻[99]이 전혀 아니었다. 인하여 사직소에서 갖추어 진술하고, 끝에

98 소패(召牌) : 임금이 신하를 부를 때 사용하던 패 또는 그 패를 보내어 부르던 일을 말한다. 붉은 빛깔의 나무 패에, 한쪽에는 '명(命)'자를, 다른 한쪽에는 부르는 신하의 성명을 써서 보냈다.

어진 이를 등용하고 소인을 물리쳐 건단(乾斷 임금의 결단)의 뜻을 결단하여 보여 줄 것을 덧붙였다. 7월에 기한을 넘기도록 사은숙배하지 않았기에 잡혀서 감옥에 갇혔다. 하룻밤 자고 나자 분간(分揀)[100]을 명하고 소패(召牌)를 여러 번 내렸으나, 끝내 나아가지 않았다. 그때 주상의 돌아봄이 더욱 융성하고 벼슬길이 더욱 열리자 병신(柄臣 정권을 잡은 신하)・병전(秉銓 전형을 맡은 관료) 가운데 공을 서학교수(西學敎授)에 의망한 사람이 있었다. 인하여 근거 없는 말로 주상에게 아뢰어 겉으로는 추천하면서도 속으로는 배척하는 계획을 행하였다. 공이 말하기를, "이는 분명하게 아뢰지 않을 수 없다."라고 하고, 곧바로 상소하여 스스로 자신의 죄상을 나열하니, 그 말이 매우 절실하고도 강직하였다. 끝에 적자(賊子) 노(魯)[101]의 더러운 해골이 신원(新園)[102]이 있는 수성(隋城 수원(水原)) 경내에 묻혀 있음을 진술하고, 파내어 없앨 것을 청하였다. 주상이 자주 조회에 임하여 칭상(稱賞)하고 아울러 서학교수의 망통(望筒 후보자의 성명을 적어 넣은 통)을 시행하지 말고

99 임금……뜻 : 원문은 '무은지의(無隱之意)'인데, 《예기》 〈단궁 상(檀弓上)〉에, "임금을 섬길 때는 직언하여 숨김이 없어야 한다.〔事君有犯而無隱〕"라고 한 데서 온 말이다.

100 분간(分揀) : 죄상(罪狀)을 보아서 용서하는 쪽으로 처결(處決)하는 일로, 지금의 집행유예(執行猶豫)와 같다.

101 적자(賊子) 노(魯) : 누구인지 자세하지 않다.

102 신원(新園) : 원(園)은 세자의 무덤을 말하는 것으로, 사도세자(思悼世子)의 무덤인 영우원(永祐園)을 수원(水原)으로 천장(遷葬)하였기 때문에 신원이라 하였으며, 호(號)를 현륭원(顯隆園)으로 하였다.

힘써 주상의 뜻에 부응할 것을 명하였다. 공은 맡은 바의 관직이 아직 체직되지 않았기에 감히 갑자기 향리로 돌아갈 수 없었다. 사도세자의 무덤을 옮기는 것 때문에 상복을 입고 어가(御駕)를 호종하면서 한데서 거처하였기에 인하여 감기에 걸려 9월 2일 반촌(泮村)의 집에서 생을 마쳤으니, 향년이 겨우 50세였다. 부고가 들리자 주상은 탄식하며 애석히 여겨 자주 말로 표현하였다. 공의 여러 아들이 널을 받들어 돌아왔다. 12월에 봉현(蓬峴) 숙부인(淑夫人)의 무덤 곁에 장사 지냈다가 무진년(1808, 순조8) 적라현(赤羅縣 군위) 서쪽 모로동(毛老洞) 묘좌(卯坐 서향) 언덕으로 이장하였으니, 선영을 따른 것이다.

공은 대산 선생의 맏아들로, 어릴 때부터 아버지의 가르침을 실천하고 익혀 밥 먹거나 쉴 때도 감히 벗어나지 않는 것이 있었으니, 그 조예(造詣)와 성취가 이미 남들보다 크게 빼어남이 있었다. 선생의 나이가 더욱 많아지고 원근에서 믿고 숭상함이 더욱 많아져 덕을 상고하여 스승으로 섬기며 학업을 묻는 사람이 항상 문하(門下)에 가득함에 이르자 공이 그 사이에서 주선할 때, 응대함이 물 흐르듯 막힘이 없었다. 나아가서는 학문을 강론하고 질정함에 참여하고, 물러나서는 헤아려 확정함에 참여하여 혹 한밤에 이르도록 게으르지 않았다. 만년에는 더욱 근본(根本)의 공부를 배양하여 견고하게 함에 힘써 평소 힘써야 할 일을 제외하고는 문득 언제나 읽고 사색하며 깊이 연구하고 기미를 밝히니,[103] 힘

103 깊이……밝히니 : 원문은 '극심연기(極深硏幾)'로, 《주역》 〈계사전 상(繫辭傳上)〉에 "《주역》은 성인께서 심오하고 은미한 부분을 깊이 연구하여 그 기미를 밝혀

써 노력하여 마치 앞으로 나이가 얼마 남지 않았다는 것도 모르는 것[104] 같았다. 또 선생의 문인인 동암(東巖) 유장원(柳長源), 천사(川沙) 김종덕(金宗德), 후산(后山) 이종수(李宗洙)와 함께 서로 절차탁마하여 그 의리(義理)를 분변함에 있어 실상을 따짐에 오히려 정밀하지 못할까 두려워하고, 말로 설명함에 오히려 상세하지 못할까 두려워하여 곧장 끝까지 궁구하여 구차하게 부화뇌동한 적이 없었다. 비록 아버지의 가르침을 받았던 시절에도 또한 아버지나 스승의 말이라고 해서 갑자기 따르지 않았다. 때때로 위복(違覆)[105]한 바가 있으면 대산 선생도 자신의 견해를 버리고 공을 따르는 경우가 있었으니, 대개 공의 자질과 성품이 견고하면서도 성실하고 마음을 잡아 지킴이 힘쓰면서도 확고하여 온화하고 평안하면서도 시속을 따라 흘러가지 않고, 빼어나고 명철하면서도 견해를 드러내지 않았기 때문이었다. 온화하고 공손하며 인자하고 후덕하며, 강직하고 과감하며 주도면밀하여 흉중에는 티끌만 한 가림도 없고, 공부에는 막히고 더러운 문제점이 없었으니, 이는 그 천품(天品)과 학력(學力)이 어떠해서 그런 것이었겠는가.

놓으신 책이다.〔夫易, 聖人之所以極深而研幾也.〕"라는 구절에서 나온 말이다.

104 앞으로……것 : 《예기》 〈표기(表記)〉에 "몸이 늙어 가는 것도 잊고, 앞으로 나이가 얼마 남지 않았다는 것도 모른 채, 날마다 열심히 노력하다가 죽음에 이른 뒤에야 그만둔다.〔忘身之老也, 不知年數之不足也, 俛焉日有孜孜, 斃而後已.〕"라고 한 말을 원용한 것이다.

105 위복(違覆) : 어떤 사안(事案)에 부당성(不當性)이 있으면 반대 의견을 제시해 논변(論辯)하고, 그래도 시정되지 않으면 다시 와서 반복해 논쟁(論爭)하는 것을 말한다.

행실에 드러난 것으로 말해 보자면, 그 어버이를 섬김에 힘을 다하여 취양무방(就養無方)[106]하였으며, 질병으로 자리에 누워 계실 때는 띠를 풀지 않고 밤낮으로 붙들어 부축하며, 대모(敦牟)[107]와 수저를 올릴 때는 남에게 대신 시키지 않았다. 몇 년 동안을 하루같이 하였으며 심지어 대변을 맛보고서 질병의 증세를 점검하였다. 선생의 상을 치를 때는 이일한열(二日寒熱)의 증세[108]가 있은 지 이미 오래여서 섶처럼 여윔이 매우 심하였으나, 새벽과 저녁에 제전(祭奠) 올리기를 직접 하지 않은 적이 없었으며, 곡읍(哭泣)하는 소리가 좌우 사람들을 슬프게 감동시켰다. 사찰 가까운 곳에 장지를 정하였는데, 또 다른 사람의 무덤이 있었기에 금지하는 사람이 어지러이 일어났으나 또한 오직 지극한 정성으로 감동시켜 마침내 송사(訟事) 없이 하관(下官)할 수 있었다. 하관할 때 선비로 모인 사람이 천여 명이었다. 공은 처음부터 끝까지 사흘 밤낮으로 병든 몸을 억지로 일으켜 조문을 받으면서 조금도

106 취양무방(就養無方) : 어버이 곁을 떠나지 않고 봉양하는 효자의 도리를 말한다. 《예기》 〈단궁 상(檀弓上)〉에 "부모를 섬길 때에는 부모의 허물을 은미하게 간하는 일은 있으나 대들며 극간(極諫)하는 일은 없어야 하며, 좌우에서 봉양하되 일정하게 일의 구분을 따지지 말고 직접 나서서 해야 한다.〔事親, 有隱而無犯, 左右就養無方.〕"라고 하였다.

107 대모(敦牟) : 그릇을 말한다. 《소학(小學)》 〈명륜(明倫)〉에 "어버이와 시부모의……대(敦)・모(牟)・치(卮)・이(匜)는 남겨 주신 음식을 먹는 경우가 아니면 감히 사용하지 않는다.〔父母舅姑之……敦・牟・卮・匜, 非餕莫敢用.〕"라고 하였는데, 그 주에 "대와 모는 모두 서직을 담는 그릇이다. 치는 술 그릇이다. 이는 물이나 장을 담는 그릇이다.〔敦與牟, 皆盛黍稷之器. 卮, 酒器. 匜, 盛水漿之器.〕"라고 하였다.

108 이일한열(二日寒熱)의 증세 : 자세하지 않다.

쉬지 않았는데도 오히려 몸을 보존할 수 있었다. 사람들이 이상하게 여기면서 정성을 다한 효성의 결과라고 말하였다.

대산 선생이 남긴 글이 매우 많아, 낱낱이 편집하여 멈추지 않고 정서하니, 순세(旬歲 한 해)가 되기도 전에 두 개의 거질(巨帙)이 되었는데, 모두 70여 편이었다.[109] 또 선생의 평소 언행의 대체와 선조의 빛나는 전통을 발휘할 만한 것을 손수 기록하여 《통모록(痛慕錄)》이라 명명하여 갱장(羹墻)의 사모하는 마음[110]을 부쳤다.

계부(季父) 소산(小山) 선생[111] 섬기기를 마치 아버지인 대산 선생과 같이 하여 아침저녁으로 안부 묻기를 그만두지 않았고, 맛있는 음식을 얻으면 반드시 먼저 드렸다. 일이 있으면 반드시 여쭙고 의심이 있으면 반드시 질정하였다. 혹 분변하여 따질 것이 있으면 완곡하게 돌려서 말하였다. 소산 선생은 성격이 씩씩하고 엄격하여 자제(子弟)에게도 말과 얼굴빛에 가차가 없었으나, 공의

109 모두 70여 편이었다 : 현존하는 《대산집》은 본집은 목록(目錄) 2권, 원집(原集) 52권 합 27책으로 이루어져 있다.

110 갱장(羹墻)의 사모하는 마음 : 돌아가신 선조에 대한 지극히 사모하는 마음을 뜻한다. '갱장'은 국과 담장으로, 앙모하는 마음이 지극함을 비유하는 말이다. 《후한서(後漢書)》 권63 〈이고열전(李固列傳)〉에 "옛날 요임금이 붕어한 뒤 순임금이 3년 동안 요임금을 앙모한 나머지, 자리에 앉으면 요임금이 담장에 보이고, 밥을 먹으면 요임금이 국그릇 속에 보였다.〔昔堯殂之後, 舜仰慕三年, 坐則見堯於牆, 食則睹堯於羹.〕"라고 하였는데, 여기에서 온 말이다.

111 소산(小山) 선생 : 이광정(李光靖, 1714~1789)으로, 본관은 한산(韓山), 자는 휴문(休文), 호는 소산이다. 형 이상정과 함께 학문에 전념하여 천거를 통해 벼슬에 제수되어도 나아가지 않았다. 저서에 《소산집(小山集)》이 있다.

말에는 허여하여 옳게 여긴 바가 많았는데 말하기를, "이는 그 말로 풀이한 것이 사람으로 하여금 마음이 평온하고 기운이 온화하게 하기 때문이다."라고 하였다. 또 일찍이 말하기를, "네가 과거 급제하여 청현직(淸顯職)을 두루 거쳤으나, 털끝만큼도 이로써 자처하는 마음이 없었으니, 이것이 뛰어난 점이다. 장중(莊重)하고 진밀(縝密)한 공부에 더욱 힘써서 유속(流俗)을 짓누르고 세도를 지키는 것이 옳다."라고 하였다.

제사를 받들 때는 옷을 성대히 차려입고 몸을 씻으며, 깨끗이 재계하여 엄숙히 받들어 신명(神明)을 감응시켜 이르게 하기를 기약하였다. 집에서 생활할 때는 은혜가 두루 미치고 위엄이 미더웠기에 온 집안이 엄숙하였으며, 편안하고 화락한 뜻을 아울러 시행하였다. 항상 "집안이 망하려면 예가 먼저 없어진다."라는 경계를 가지고 자주 거론한 것이 흡사 훈계하는 듯하였기 때문에 아녀자나 어린아이에 이르기까지 또한 모두 이 일전어(一轉語)[112]를 암송하였다. 자제를 가르침에 엄격하였으나 다그치지 않았으며 반드시 학업에 부지런하고 효도와 공손함에 돈독하게 하였다. 종족(宗族)을 대함에 화목함과 의로움이 모두 지극하여 위급하고 어려운 이를 위해 달려가고 과실(過失)을 규계(規戒)함에 곡진하게 하지 않음이 없었다. 항상 교화를 먼저 하고 형벌을 뒤로하는 것으로 마음을 삼아 종들이 죄가 있으면 반복하여 분명히 알려 주어 스스로 새롭게 되도록 하였다. 이웃 마을에 그 어머니에게 순

112 일전어(一轉語) : 선가(禪家)에서 유래한 말로, 깨달음의 계기를 제공해 주는 한마디의 번뜩이는 어구를 말한다.

종하지 않는 어떤 백성이 있었는데, 그를 불러서 오게 하여 대의(大義)로써 면전에서 깨우치니 마침내 감동하여 교화되었다.

마을의 벗들 같은 경우에는 한결같이 겸손하고 공손하며 충실하고 미더움으로 대하여 일에 따를 만한 점이 있으면 따랐으나 절대 화광동진(和光同塵)[113]하진 않았으며, 의리에 경계할 만한 점이 있으면 경계하였으나 남의 잘못을 드러내는 것으로 올곧다고 여긴 적은 없었다. 진실되고 한결같은 충성스러운 마음이 평소에 남들에게 미더웠기에 선(善)을 행하도록 책망할 때에 비록 혹 남들이 말하기 어려운 바를 말하더라도 사람들이 또한 매우 화내지는 않았으며, 왕왕 분노를 풀고 유감을 버리며 분명히 깨달아 복종하는 사람도 있었다.

무릇 유림(儒林) 사이에 일이 있어 절충하기 어려우면, 공을 기다려 처리하지 않음이 없었으니, 대개 그 잡아 지킨 바가 공명정대하여 치우치거나 사사로움이 없고, 오직 대체(大體)를 잡았기 때문이다. 바야흐로 선비들이 서원을 세워 대산 선생을 제향하려 일제히 궁궐에 호소할 의논을 발하였다. 어떤 이가 "만약 주상의 윤허를 받지 못하면 사사로이 설치하는 것 또한 어려우니 어떻게 해야겠습니까?"라고 하니, 공이 말하기를, "궁궐에 호소하는 까닭은 금지하는 것을 감히 범하지 않기 위함입니다. 만약 주상의 윤

113 화광동진(和光同塵) : 이것은 《노자(老子)》 제4장에 "자신의 빛을 부드럽게 하고 세속 사람과 어울리는 것을 현동이라 한다.〔和其光同其塵, 謂之玄同.〕"라고 한 데서 온 말이다. 그 원뜻은 자기의 재주와 현명함을 감추고 세속에 따른다는 것이나, 여기서는 지조 없이 속세에 어울리는 것을 말한다.

허를 받지 못하면 비록 백 년이라도 기다리는 것이 옳습니다."라고 하였다.

후진을 이끌어 진보하게 하고 가르쳐 계발하는 뜻에 더욱 정성을 다하여 그 규칙을 엄격하게 하고 그 과정(課程)의 기한을 삼가서 왕왕 응대하는 것이 매우 번거로웠으나 피곤하게 여기지 않았다. 항상 안자(顏子)의 범불교(犯不校)[114]와 맹자(孟子)의 삼자반(三自反)[115]과 정자(程子)의 불감의부족책(不敢疑不足責),[116] 망노관리(忘怒觀理)[117] 등의 말을 가지고 자신을 단속하고 남을 대

114 범불교(犯不校) : 자신에게 범하는 자가 있어도 따지지 않는다는 뜻이다. 《논어》 〈태백(泰伯)〉에 "증자가 말하기를, 능하면서 능하지 못한 이에게 물으며, 학식이 많으면서 적은 이에게 물으며, 있어도 없는 것처럼 여기고, 가득해도 빈 것처럼 여기며, 자신에게 잘못을 범하여도 따지지 않는 것을, 옛적에 내 벗이 일찍이 이 일에 종사하였었다.〔曾子曰 : 以能問於不能, 以多問於寡, 有若無, 實若虛, 犯而不校, 昔者, 吾友嘗從事於斯矣.〕"라고 하였다.

115 맹자(孟子)의 삼자반(三自反) : 《맹자》 〈이루 상(離婁上)〉에 "나는 그를 사랑하는데 그가 나를 친하게 대하지 않거든 나의 사랑을 돌아봐야 하고, 남을 다스리는데 제대로 다스려지지 않거든 나의 지혜를 돌아봐야 하며, 그에게 예우를 다했는데 그가 나를 예우하지 않거든 나의 공경을 돌아봐야 한다.〔愛人不親, 反其仁, 治人不治, 反其智; 禮人不答, 反其敬.〕"라고 하였다.

116 불감의부족책(不敢疑不足責) : 정이(程頤)가 송 철종(宋哲宗) 소성(紹聖) 4년에 부주(涪州)로 귀양 가게 되었다. 문인 사양좌(謝良佐)가 "이 귀양 길은 제가 그 유래를 아는데, 곧 족질 정공손(程公孫)과 형서(邢恕)의 소위입니다." 하니, 정이는 "족질은 지극히 어리석어서 꾸짖을 것조차 없고, 고인(故人)은 정이 두터워서 감히 의심하지 못한다.〔族子至愚不足責, 故人情厚不敢疑〕"라고 하였다. 《二程全書 卷19, 卷50 伊川年譜》 고인(故人)은 문생(門生)으로, 여기서는 정이의 문인이었던 형서(邢恕)를 가리키는데 나중에 정이를 배반하였다.

117 망노관리(忘怒觀理) : 송유(宋儒) 장횡거(張橫渠)의 물음에 답한 정명도(程明

우하는 첫 번째 의리로 삼았다. 그리고 여러 번 반복하여 가르쳐 말하기를, "진실로 이와 같이 한다면 천하에 어찌 더불어 다툴 자가 있겠는가. 또 구차하게 털끝만큼이라도 공을 따지고 이익을 꾀하는 뜻이 있다면, 비록 하늘을 놀라게 하고 땅을 뒤흔들 공적을 쌓더라도 또한 거짓일 뿐이다. 자신의 수양을 위하고 자신에게 절실한 공부는 오직 마땅히 사자(四子)[118]와 낙건(洛建)[119]의 여러 글을 근본으로 삼아야 한다. 그렇지 않고 외전(外傳)과 잡기(雜記)를 많이 보고 얽어 모으면 무슨 유익함이 있겠느냐."라고 하였다.

도학(道學)이라는 이름이 세상에서 웃음거리가 되어 간혹 뜻이 있는 사람이 있더라도 감히 대중들에게 강설(講說)하지 못함을 안타깝게 여겼으니, '남들이 지목하는 것을 이와 같이 두려워하여 얼버무리거나 침묵하고 있으면, 자잘한 지기(志氣) 또한 이 때문

道)의 이른바 '정성서(定性書)'에 "사람의 감정 가운데 가장 쉽게 일어나면서 제어하기 어려운 것은 노여워하는 것이라고 해야 할 것이다. 하지만 노여워하는 감정이 일어날 때에 문득 그 노여움을 잊어버리고서 그 사리의 옳고 그름을 살필 줄만 알게 된다면, 또한 외물(外物)이 나를 유인하는 것 역시 미워할 대상이 아니라는 것을 알게 될 것인데, 이쯤 되면 도의 경지에서 반절은 넘었다고 할 수 있을 것이다.〔夫人之情, 易發而難制者, 惟怒爲甚. 第能於怒時, 遽忘其怒而觀理之是非, 亦可見外誘之不足惡, 而於道亦思過半矣.〕"라는 말이 있다. 《近思錄 卷2 爲學類》

118 사자(四子) : 사자서(四子書)의 준말로, 공자(孔子), 증자(曾子), 자사(子思), 맹자(孟子)의 언행록이라 할 《논어(論語)》, 《대학(大學)》, 《중용(中庸)》, 《맹자(孟子)》를 가리킨다.

119 낙건(洛建) : 낙양(洛陽)과 건명(建明)으로, 송나라의 학자인 정자(程子)와 주자(朱子)를 말한다. 정자는 낙양(洛陽) 사람이고, 주자는 복건성(福建省) 건명(建明) 사람이므로 이렇게 칭한다.

에 사라지게 됨에서 벗어나지 못함을 장차 보게 될 것이니 옳겠는가.'라고 생각하였다. 이 때문에 비록 사람이 빽빽한 넓은 자리에서도 반드시 큰 소리로 말하여 분명히 분별하여 이끌어 다스리는 방도를 지극히 하니 믿고 숭상하는 사람이 또한 많았다. 《중용장구》의 성도(性道)[120]와 체용(體用)에 대한 논의 같은 경우는 의리(義理)의 대원두(大原頭)로 지극히 정미한 곳인데, 이후산(李后山)[121]은 본성을 따라 행하기 이전을 성(性)의 계분(界分)에 소속시키고 다만 본성을 따라 행하는 곳에 나아가는 것을 도(道)라고 한다고 여겼다. 당시의 여러 선배들이 모두 이후산의 설(說)을 숭상하였으나, 공만 홀로 '미발(未發) 때의 치우치지 않고 기울어지지 않음 또한 그 천성의 자연스러움을 따르는 것으로 도(道)의 체(體)가 여기에 있으니, 또한 도라고 이름할 수 있다. 어찌 유독 행(行)하는 곳만 도가 되며, 도는 다만 용만 있고 체는 없겠는

120 성도(性道) : 《중용(中庸)》 제1장에 "하늘이 명(命)하신 것을 성(性)이라 이르고, 성(性)을 따름을 도(道)라 이르고, 도(道)를 품절(品節)해 놓음을 교(敎)라 이른다.〔天命之謂性, 率性之謂道, 修道之謂敎.〕"라고 하였는데, 여기에 언급된 성(性)과 도(道)의 동이(同異)를 말한다. 주자의 집주에는 "성과 도가 비록 같으나 기품이 혹 다르기 때문에 과불급의 차이가 없지 못하다.〔性道雖同而氣稟或異, 故不能無過不及之差.〕"라고 하였다.

121 이후산(李后山) : 이종수(李宗洙, 1722~1797)로, 본관은 진성(眞城), 자는 학보(學甫), 호는 후산이다. 천사(川沙) 김종덕(金宗德), 동암(東巖) 유장원(柳長源)과 더불어 대산 문하의 가장 탁월한 고제로서 호문삼로(湖門三老)라 불렸다. 대산(大山)과 소산(小山)의 뒤를 잇는다는 의미로 자신의 호를 후산(后山)이라고 하였다. 문집으로는 《후산집(后山集)》이 있다. 《후산집》 권9에 이완에게 보낸 편지 13통이 실려 있다.

가.'라고 생각하였다. 이후산과 서로 왕복하며 변론하고 따진 것이 거의 편지 수십 통에 이르렀으나 끝내 해결하지 못한 안건이 되었다. 그러나 공이 홀로 도달한 정밀하고 조예가 있는 견해는 무릇 모두 이와 같았다.

집안이 본디 청렴하고 가난하여 거친 음식도 혹 제대로 먹지 못하였으나 대처함이 편안하였으니, 대개 자득(自得)한 즐거움이 그 마음 가운데에 있었기 때문이다. 무릇 이미 빈천(貧賤)함이 공의 마음을 바꿀 수 없는 것이 이와 같았다면, 세상에 나가 도를 행함에 부귀(富貴)함이 공을 분수에 넘치게 할 수 없고, 위무(威武)가 공을 굽히게 할 수 없으니, 맹자(孟子)가 이른바 대장부(大丈夫)[122]라는 것에 부끄러움이 없었다. 이런 경지를 좌계(左契)[123]로 잡을 만하였으나 불행하게 중도에 갑자기 세상을 떠났다. 그래서 바야흐로 진척(進陟)하려는 지업(志業)을 끝까지 다하게 하지 못한 바가 있어서 공이 품은 포부의 실상을 세상에서 혹 아는 사람이 없게 되었으니, 슬프지 않겠는가. 비록 그렇지만 김천사(金

122 대장부(大丈夫) : 《맹자》 <등문공 하(滕文公下)>에 "천하의 넓은 집에 거처하며 천하의 바른 자리에 서며 천하의 큰 도를 행하여, 뜻을 얻으면 백성과 함께 도를 행하고 뜻을 얻지 못하면 홀로 그 도를 행하여, 부귀가 마음을 방탕하게 하지 못하고 빈천이 절개를 옮겨 놓지 못하며 위무가 지조를 굽히게 할 수 없으니, 이런 것을 대장부라고 이르는 것이다.〔居天下之廣居, 立天下之正位, 行天下之大道, 得志, 與民由之, 不得志, 獨行其道, 富貴不能淫, 貧賤不能移, 威武不能屈, 此之謂大丈夫.〕"라고 하였다.

123 좌계(左契) : 둘로 나눈 부신(符信) 가운데 왼쪽의 것을 의미하는데, 명확한 증거를 뜻하는 말이다. 《노자(老子)》에 "성인은 좌계를 가질 뿐이지 사람을 책망하지는 않는다.〔聖人執左契, 而不責於人.〕"라는 말이 보인다.

川沙)가 공에 대해 "벼슬이 높아져도 절대 으스대는 바가 없었다."[124]라고 칭찬한 것도 또한 소산 선생의 한마디 말과 어긋나지 않는다. 이후산(李后山)의 경우는 "슬기로움은 의리를 분변할 수 있고, 문장은 왕의 계책을 아름답게 꾸밀 수 있고, 재주는 임무를 이룰 수 있고, 올곧음은 숨김이 없을 수 있고, 굳셈은 의로운 일에 반드시 갈 수 있다."[125]라고 하였으니, 이 몇 분의 말이 또한 어찌 후세에 미더움을 전하지 않겠는가. 유고(遺稿) 약간 권이 집안에 보관되어 있으며, 공은 필법(筆法 글씨) 또한 좋아서 세상에 가지고 있는 사람이 많다고 한다.

부인은 이씨(李氏)로 아들 셋, 딸 둘을 낳았으니, 장남은 지금 함창 현감(咸昌縣監)인 병운(秉運)이고, 그다음은 병진(秉進), 그다음은 생원 병원(秉遠)이며, 딸은 진사 유회문(柳晦文), 유노문(柳魯文)에게 시집갔다.

하루는 현감 형제가 공의 유사를 나에게 보여 주며 행장을 지어 달라고 부탁하였다. 아, 내가 공을 안 지 오래되었으니, 대개 정유년(1777, 정조1)에 내가 선생께 인사드릴 때부터 이미 서로 교유하였기에 절로 특별한 우의가 있었다. 선생이 돌아가심에 이르러서는 선생의 전형(典刑)이 오직 공에게 있었기에 항상 선생에 대한 고산경행(高山景行)[126]의 사모함이 있을 때면, 문득 만년

124 벼슬이……없었다 : 출전이 분명하지 않다. 다만 김종덕(金宗德)의 문집인 《천사집(川沙集)》 권18에 〈제이치도문(祭李致道文)〉이 있는데, 여기에는 나오지 않는다.

125 슬기로움은……있다 : 《후산집》 권17 〈이치도애사(李致道哀辭)〉에 나온다.

에 서로 절차탁마하며 함께 생을 마치고자 하였다. 그러나 공이 나보다 앞서 생을 마친 것이 이미 20년이 지나서 나 홀로 이와 같이 헤맬 줄 누가 생각이나 했겠는가. 예와 지금을 두루 생각해 보니 나도 모르게 서글피 마음이 아팠다. 마침내 혼미한 정신을 추스르고 노쇠함을 무릅쓰고 위와 같이 찬술하여 훗날 붓을 잡아 글 쓰는 사람이 채택해 줌이 있기를 바란다.

126 고산경행(高山景行) : 옛사람 중에 높은 덕이 있는 자를 사모하고, 밝은 행실이 있는 자를 모범으로 삼아 행한다는 뜻이다. 산은 덕에, 길은 행실에 각각 비유하니, 《시경》 〈거할(車舝)〉에 "높은 산을 우러르고 큰길을 따라가네.〔高山仰止, 景行行止.〕"라고 한 데서 유래하였다.

효자 증 종부시 주부 덕탄 김공 행장
孝子贈宗簿寺主簿德灘金公行狀

공의 휘는 두남(斗南), 자는 여앙(汝仰)이다. 김씨(金氏)는 계림(鷄林)에서 나왔고 알지(閼智)를 시조로 한다. 의성(義城)을 본관으로 하는 김씨는 태자첨사(太子詹事) 용비(龍庇)가 홍건적(紅巾賊)을 토벌한 공으로 이 고을을 식읍으로 받은 것에서 시작되었다. 4세를 지나 이조 참의 증 호조 판서 로(路)가 있었다. 이분이 직제학(直提學) 숙검(叔儉)을 낳았으니, 공에게 5세조가 된다. 고조는 휘가 안중(安中)이니 부사이다. 증조는 휘가 전(巓)이니 직제학이다. 조부는 휘가 윤우(允佑)이니 대호군(大護軍)이다. 아버지는 휘가 수일(守一)이니 첨추(僉樞)이다. 어머니는 강양 이씨(江陽李氏) 부장 추(樞)의 따님이니, 융경(隆慶) 정묘년(1567, 명종22)에 공을 낳았다.

공은 자질이 남달랐으며, 온화하고 순수하며 침착하고 고요하였다. 성품이 지극히 효성스러워 어려서부터 이미 어버이를 사랑하고 공경할 줄 알아 항상 곁에 있으면서 떠나지 않았다. 외출하였다가 특별한 음식을 얻으면 반드시 소매에 넣어 와서 어버이께 드렸다. 장성함에 이르러서는 집안 살림의 유무를 헤아리지 않고 힘을 다하여 맛있는 음식을 마련하여 봉양하였다. 어버이가 질병이 있으면 옷도 벗지 않고 시중들며 간호하였다. 어머니 상을 당함에 이르러서는 몸을 상함이 예제(禮制)를 넘어 숨이 끊어졌다가 다시 소생한 것이 두 번이었다. 시묘(侍墓)살이하며 죽을 마시고 소리 내어 우는 것이 마치 막 돌아가셨을 때와 같았다. 삼년상을 마치니 거의 두 눈의 시력을 잃을 지경이었다.

아버지가 돌아가시자 또 이전의 어머니 상 때와 같이 하였으니, 몸이 여위어 거의 죽을 뻔했다가 끝내 죽음을 면하였다. 사람들이 이르기를, "신명(神明)이 도운 바이다."라고 하였다. 선친(先親)의 벗을 만날 때마다 문득 목이 메어 눈물을 흘리며 말하기를, "아버지의 벗은 아무 탈이 없는데, 나의 아버지는 어디 계시는가."라고 하고 공경하기를 이전보다 더함이 있었다. 매월 초하루와 세시(歲時)에 성묘할 때 묘지 입구를 바라보기만 하면 이미 울부짖어 통곡하였으며, 황망히 구하는 것이 있는데도 얻지 못한 듯하니, 보는 사람들이 모두 눈물을 흘렸다.

형제자매에게 우애가 있어 은혜로운 뜻을 곡진히 하였다. 서모(庶母) 봉양하기를 낳아 준 생모와 같이 하였다. 무릇 여러 가지 일을 경영하고 처리함에 모두 남을 먼저 배려하고 자신을 뒤로하니, 이웃 마을 사람들이 모두 감복하여 허물이 있으면 오직 공이 알까 두려워하였다. 일찍이 임진왜란 때 공은 나이가 겨우 약관(弱冠 20세)일 뿐이었으나, 망우당(忘憂堂) 곽 선생(郭先生)[127]과 함께 한목소리로 의병을 일으켰으니, 그 일이 《응모록(應募錄)》[128]에 실려 있다.

127 망우당(忘憂堂) 곽 선생(郭先生) : 곽재우(郭再祐, 1552~1617)로, 본관은 현풍(玄風), 자는 계유(季綏), 호는 망우당이며, 시호는 충익(忠翼)이다. 임진왜란이 일어나자 제일 먼저 의령에서 의병을 일으켰다. 왜적을 맞아 싸울 때마다 대승을 거두었으며, 이때 홍의(紅衣)를 입고 선두에서 왜적을 무찔렀으므로 홍의장군이라고 불렸다. 저서로 《망우당집》이 있다.

128 응모록(應募錄) : 곽재우가 의령(宜寧)에서 의병을 모집해 활동할 때 함께한

문장 짓는 재주가 넉넉하고 넓어 지학(志學 15세) 때에 문장이 이미 성취되었으나 도리어 나아가 벼슬을 취하려는 뜻이 없었다. 어버이의 명에 따라 과거 공부에 종사하고 과거 시험에 응하였으나 어버이가 모두 세상을 떠난 뒤에는 곧 사양하고 그만두었다. 덕천(德川) 가에 몇 칸의 정사를 짓고 스스로 '덕탄(德灘)'이라고 이름하였다. 한결같이 자제를 가르치고 후진을 양성하는 것으로 자신의 임무를 삼았다. 백가(百家)의 여러 책들은 익숙히 반복하지 않음이 없었고, 더욱 사서(四書)에 힘을 다하고 마음을 오로지하여 연구하였으니, 그 수양한 바를 또 상상해 볼 수 있을 것이다. 이에 한때의 여러 이름난 선비, 예를 들면 이노파(李蘆坡),[129] 박무민(朴无悶),[130] 이죽각(李竹閣)[131] 등이 모두 즐거워하며 도의로 교제하였고, 원근의 문학하는 선비들이 그 문하에서 많이 나왔다.

사람들의 명단을 적은 《용사응모록(龍蛇應募錄)》을 말한다. 이 기록은 화왕산성에 들어가 적과 싸울 때 함께한 사람들의 명단을 적은 《화왕산성동고록(火旺山城同苦錄)》과 합하여 후에 《창의록(倡義錄)》이라는 이름으로 간행되었다.

129 이노파(李蘆坡) : 이흘(李屹, 1557~1627)로, 본관은 벽진(碧珍), 자는 산립(山立), 호는 노파이다. 지금의 경상남도 함안군 가야읍 가야리 출신이다. 소과에 합격한 다음 천거로 벼슬길에 나아가 구성 부사와 중부시 정 등을 역임하였다. 저서로는 《노파집》이 있다.

130 박무민(朴无悶) : 박인(朴絪, 1583~1640)으로, 본관은 고령(高靈), 자는 백화(伯和), 호는 무민당(无悶堂)이다. 경상남도 합천군 야로면 출신이다. 그는 산림처사로 학식과 덕이 높고 애국심도 깊어, 1637년(인조15) 삼전도의 국치(國恥) 이후 호를 임헌(任軒)에서 무민당으로 고쳤다. 저서로는 《무민당집》이 있다.

131 이죽각(李竹閣) : 이광우(李光友, 1529~1619)로, 본관은 합천(陝川), 자는 화보(和甫), 호는 죽각으로, 단성(丹城)에 거주하였다. 조식에게 수학하였다. 저서로는 《죽각집》이 있다.

만력(萬曆) 을묘년(1615, 광해군7) 전염병에 걸려 세상을 떠나니, 향년 49세였다. 당동(堂洞) 침건(枕乾 남동향) 언덕에 장사 지냈다. 인조 갑술년(1634, 인조12) 효행이 주상께 알려져 종부시 주부(宗簿寺主簿)에 증직되었고, 효종 경인년(1650, 효종1)에 특별히 정려(旌閭) 내릴 것을 명했다. 부인은 남평 문씨(南平文氏) 처사 면(勉)의 따님이니, 공의 무덤 왼쪽에 합장하였다.

아들 둘, 딸 둘을 낳았으니, 장남은 극민(克敏)이고, 그다음은 극형(克亨)이니, 모두 문행(文行)으로 이름났으며, 딸은 별제(別提) 송내원(宋來遠), 노전(盧堧)에게 시집갔다. 극민은 아들이 둘이니, 팔해(八諧)는 후사가 없고, 팔화(八和)는 지행(至行)이 있었으며, 딸이 셋이니, 찰방 성계창(成繼昌), 이익견(李益堅), 강대일(姜大逸)에게 시집갔다. 극형은 아들이 넷이니, 팔휴(八休), 팔석(八碩), 팔거(八擧), 팔휘(八徽)이며, 딸이 둘이니, 이형진(李炯震), 이성량(李星良)에게 시집갔다. 극민, 극형, 그리고 팔해, 팔화, 팔휴, 팔거는 어버이 상을 당함에 한결같이 공이 했던 것과 같이 하였고, 팔해, 팔휴, 팔거는 모두 몸이 상하여 목숨을 잃었다. 숙종 병술년(1706, 숙종32)[132] 3대의 여섯 사람[133]에게 모두 급복

132 숙종 병술년 : 저본에는 '현묘병술(顯廟丙戌)'로 되어 있으나, 현종 재위 시에는 병술년이 없다. 여섯 효자에 관련된 자료를 모은 《육효록(六孝錄)》 가운데 정위(鄭煒, 1740~1811)가 지은 김두남의 행장에도 역시 '顯廟丙戌'로 되어 있다. 그러나 여섯 효자 가운데 가장 나중에 세상을 떠난 팔화(八和)의 사망 연도가 1698년(숙종24)이다. 그리고 박태적(朴泰迪)이 지은 김팔휴의 행장과 박훈(朴壎)이 지은 김팔거의 행장에 의거하여 수정하였다.

133 3대의 여섯 사람 : 김두남(金斗南, 1567~1615)과 그의 아들인 극민(克敏,

(給復)[134]하고 효도에 대해 정려를 내렸으니, 아 성대하도다.

공은 물질로 어버이의 몸만 봉양하는 것〔養口體〕에 그치지 않고 얼굴빛을 기쁘게 하고 용모를 부드럽게 하여 한결같이 어버이의 뜻을 받들었다.[135] 공경히 받들고 순종함에 어버이의 마음으로 자신의 마음을 삼아 어버이가 근심하면 자신도 근심하고 어버이

1591～1670), 극형(克亨, 1609～1650), 극민의 아들인 팔화(八和, 1633～1698), 극형의 아들인 팔휴(八休, 1625～1662), 팔거(八擧, 1630～1671)이다. 극민의 자는 사행(士行), 호는 반곡(磻谷)이다. 극형의 자는 사장(士長), 호는 무위당(无爲堂)이다. 팔화의 자는 성언(成彦), 호는 노촌(蘆村)이다. 팔휴의 자는 성보(成甫), 호는 수구재(守口齋)이다. 팔거의 자는 필보(弼甫), 호는 개암(開巖)이다.

134 급복(給復) : 조선 시대에 특정의 국역(國役)을 지는 소위 정역호(定役戶 : 내관(內官) · 의녀(醫女) · 진상사격군(進上沙格軍) · 조군(漕軍) · 어부(漁夫) · 진부(津夫) · 수부(水夫) · 역리(驛吏) · 역졸(驛卒) · 일수(日守) · 영리(營吏) · 인리(人吏) · 목자(牧子) · 봉군(烽軍) 등등)와, 충신 · 효자 · 열녀로 표창된 가호(家戶), 그리고 능(陵) · 원(園)을 비롯한 몇몇 전(殿) · 묘(墓) 등을 수직(守直)하는 군사에게 주는 특전의 하나로, 이들이 경작하는 일정한 전토에서는 전세(田稅)만 받고 대동미(大同米)와 잡역(雜役)을 면제한 것을 말한다. 만일, 이들이 면제될 수량의 전토를 갖지 못했을 경우에는 그에 상당하는 대동미를 지급하였다. 급복의 특전을 받은 가호를 복호(復戶)라 하였다.

135 물질로……받들었다 : 증자가 부친 증석(曾晳)을 봉양할 적에 밥상에 반드시 술과 고기〔酒肉〕가 있었는데 장차 밥상을 치울 적에 증자가 "누구에게 주시겠습니까?"라고 청하였고 증석이 "남은 것이 있느냐?"라고 물으면 반드시 "있습니다."라고 대답하였다. 증석이 죽은 뒤 증원(曾元)이 증자를 봉양할 적에 또한 반드시 술과 고기가 있었는데 밥상을 치울 적에 증원은 "누구에게 주시겠습니까?"라고 청하지 않았고, 증자가 "남은 것이 있느냐?"라고 물으면 반드시 "없습니다."라고 대답하였으니, 이는 그 음식을 다시 올리려고 해서였다. 맹자(孟子)는 증자의 섬김을 '뜻을 봉양함〔養志〕'이라 하고, 증원의 섬김을 '구체만을 봉양함〔養口體〕'이라고 하였다. 《孟子 離婁上》

가 기뻐하면 자신도 기뻐하여 한 몸이 나뉘어 둘이 된 것을 알지 못할 정도였다. 어버이가 세상을 떠난 뒤에 그 아파하고 슬퍼한 것이 몸을 마치도록 다함이 없었다. 어찌 저와 같이 지극하지 않을 수 있겠는가. 이로 말미암아 동기(同氣 형제자매)에게 우애하고, 이로 말미암아 분개할 바 왜적을 대적하며, 이로 말미암아 또 훌륭하게 그와 닮은 사람이 있게 되었다.[136] 아들과 손자 여섯 사람의 효자가 한 집안에 모였으니, 세상에 더불어 짝함이 드물다.

만약 천하에 사람의 자식된 이가 모두 이와 같이 할 수 있다면 국가가 어찌 다스려지지 않음이 있겠는가. 성조(聖朝)에서 포상함이 저와 같음이 마땅하며 여러 이름난 선비들이 칭송하여 기술한 말도 또 백세(百世)에 징험할 만하다. 공의 후손 수구(収九)가 더욱 천양하고자 함이 끝이 없어 나에게 행장을 구함이 이와 같으니, 수구 또한 효성스러운 자손이로다.

136 훌륭하게……되었다 : 원문은 '식곡사지(式穀似之)'로, 자식이나 제자를 훌륭하게 가르치는 것을 뜻한다. 《시경》 〈소완(小宛)〉에, "들 가운데 콩이 열렸거늘 사람마다 가서 따도다. 뽕나무 벌레 새끼를 나나니벌이 업고 가도다. 네 자식을 잘 가르쳐서 착한 것을 닮게 하라.〔中原有菽, 庶民采之. 螟蛉有子, 蜾蠃負之. 教誨爾子, 式穀似之.〕"라고 한 데서 온 말이다.

성균 생원 부훤당 김공 행장
成均生員負暄堂金公行狀

공의 휘는 해(楷), 자는 정칙(正則), 성은 김씨(金氏)이다. 그 선조는 안동(安東)을 본관으로 하는 사람이니 고려의 공신(功臣)인 대광태사(大匡太師) 선평(宣平)의 후손으로, 대대로 이름난 사람이 있었다. 고조 휘 시좌(時佐)에 이르러 효행으로 참봉에 제수되고 정려(旌閭)를 받았다. 증조 휘 집(緝)은 군수이며, 조부 휘 사득(士得)은 생원이다. 아버지 휘 광호(光灝)는 문행(文行)이 있었다. 청주 정씨(淸州鄭氏) 생원 신(伸)의 따님이자 지헌(芝軒) 사성(士誠)의 손녀에게 장가들어 숭정(崇禎) 계유년(1633, 인조11) 11월 모일에 풍산리(豐山里) 집에서 공을 낳았다.

공은 용모가 단아(端雅)하고 기질이 명수(明粹)하였다. 아이 때도 노는 것이 평범하지 않았다. 어른이 비록 급하게 부르더라도 반드시 옷을 입고 버선을 신은 뒤에 나아갔으며, 평범한 말도 반드시 생각한 뒤에 하였다. 여러 아이들이 다른 사람 밭의 외를 훔쳐서 공과 함께 먹고자 하였으나, 공은 의리상 옳지 않다면서 말하기를, "이것은 훔친 물건이다."라고 하고는 곧바로 뿌리치며 배척하였다. 경서와 역사서를 두루 섭렵하여 문사(文詞)가 넓고 컸기에 나이가 약관(弱冠 20세)이 되기도 전에 이미 큰 선비가 되니, 고을에서 문장 짓는 것에 관련된 일은 모두 공에게 귀속되었으며, 다른 벗들은 공에게 미치지 못하였다. 28세 되던 경자년(1660, 현종1)에 이르러 생원시에 일등으로 합격하니, 명예가 서울과 지방을 진동하였다. 식자(識

者)들은 원대한 경지에 이를 것으로 기약하지 않는 이가 없었다.

공은 천성이 지극히 효성스러워 아버지 처사공(處士公)의 병을 시중들 때, 띠를 풀지 않고 잠도 자지 않으면서 받들어 섬겼는데, 여러 달 동안을 마치 하루같이 하였다. 상을 당하여서는 몸이 상함이 예제(禮制)를 넘었다. 어머니 상을 당함에 이르러서는 공의 나이가 이미 노년이었으나 또한 아버지 상 때와 같이 하였다. 이미 합장하고는 인하여 무덤가에 여막을 짓고 삼년상을 마쳤다. 무덤이 깊고 험한 곳에 있었기에 여우와 살쾡이가 울부짖는 곳이었으나 항상 홀로 무덤을 지키며 상을 치렀다. 밤에는 계단 위에 앉아서 말하기를, "어버이의 혼령이 가까이 계시니, 나로 하여금 크게 위험하거나 두려운 지경에 이르게 하지 않으신다."라고 하였다.

집안이 매우 가난하였으나 힘을 다해 경영하고 마련하여 표석(表石)을 세우고 상석(牀石)을 안치하였으며, 기일(忌日)을 만나면 목욕재계하여 조상의 혼령이 마치 계신 듯이 정성을 다하였다. 조상을 위한 토지와 밭 그리고 종을 두어 종자(宗子)로 하여금 제사를 주관하게 하였다. 형제들과 우애가 돈독하여 재물에 임하여 물아(物我)의 구분을 두지 않았으며, 심지어 함께 살고자 하였으나 그렇게 하지는 못하였다. 중년에 상주(尙州) 대도촌(大道村)으로 이사하였는데, 초가집이 쓸쓸하고 초라하였다. 원근의 이름난 큰 선비들이 번갈아 가며 왕래하였는데, 나은(懶隱) 이동표(李東標)[137] 같은 경우는 정호(情好)가 더욱 친밀하였다. 일찍이 그

137 이동표(李東標) : 1644~1700. 자는 군칙(君則)·자강(子剛)이고, 호는 나은(懶隱)이며, 본관은 진보(眞寶)이고, 시호는 충간(忠簡)이다. 예천(醴泉) 출신으로

가 보낸 편지에 쓰기를, "비파산(琵琶山) 아래의 집이 배와 같은데, 주졸(走卒 심부름하는 하인)은 모두 김진사(金進士)임을 아네."[138] 라고 하였다. 만년에 또 근암촌(近嵒村)으로 이주하였는데, 그 마을을 '보가(保家)'라고 이름하고 그 당(堂)을 '부훤(負暄)'이라 편액하여 야인(野人)이 헌폭(獻曝)[139]하는 뜻을 부쳤다. 도서(圖書)로 스스로 즐기며 간간이 휘파람 불고 시를 읊조렸다. 때때로 거친 밥도 제대로 먹지 못했으나 편안하였다. 병신년(1716, 숙종42) 10월 모일, 정침(正寢)에서 세상을 떠나니, 향년 84세였다. 이듬해 정월에 부인 연안 이씨(延安李氏)의 묘에 합장하였으니, 운달산(雲達山) 모향(某向) 언덕에 있다.

공은 타고난 자품이 고결하고 조리(操履 몸가짐과 마음가짐)가 견고해서 의롭지 않은 데 관여된 일은 털끝만큼도 자신을 더럽히지 않았다. 일찍이 말하기를, "내가 욕심〔慾〕이란 글자에 대해서는 거의 다 없앴으나, 오직 분노에 관련한 모든 마음을 다스리기가 가장 어려웠다."라고 하였다. 질병이나 사고가 있지 않으면 손에

1675년(숙종1)에 진사가 되고, 기사환국 때 인현왕후의 폐위를 반대하다가 양양 부사(襄陽府使)로 좌천되었으나 경학(經學)에 밝은 선비라 하여 곧 헌납으로 기용되었다. 저서에 《나은집(懶隱集)》이 있다.

138 비파산(琵琶山)……아네 : 이 구절은 《나은집(懶隱集)》 권2 〈제서봉증금정칙해(題書封贈金正則 楷)〉의 전구와 결구이다.

139 헌폭(獻曝) : 임금에게 햇볕을 드린다는 뜻으로, 갸륵한 충성심을 말한다. 《열자(列子)》 〈양주(楊朱)〉에, "송(宋)나라에 한 농부가 있었는데, 천하에 넓은 집과 따뜻한 방, 두터운 솜옷과 따뜻한 털옷이 있음을 모르고서 그 아내에게 말하기를, '등에 따뜻한 햇볕을 쪼이는 법을 아는 사람이 없을 것이니, 이 같은 추위에 우리 임금에게 이 방법을 아뢰면 반드시 후한 상이 있을 것이다.' 하였다."라는 고사(故事)에서 나온 말이다.

서 책을 놓지 않았다. 문장은 기세가 원대하고 시원하였기에 무릇 유림의 크고 작은 응대가 있을 때에 걸핏하면 공에게 의지하여 초안을 짓는 일이 많았다. 대개 사기(辭氣)가 굳세고 바르며 지의(旨意)가 명백함을 취하였으니, 세속에 부합하지 않은 것이 또한 이 때문이었으나, 공은 신경 쓰지 않았다.

만년에 《주역》을 읽어 미묘하고 심오한 뜻을 탐색하여 마침내 《계몽복역(啓蒙覆繹)》[140]을 저술하여 천발(闡發)하였다. 또 《안씨하락고정도(安氏河洛考定圖)》[141]를 얻어 천착(穿鑿)하고 견강부회한 병통을 변증하고 배척하였다. 《상례비요(喪禮備要)》[142]에 대해서도 또한 의심스럽고 잘못된 것을 고증하였으며, 농암(農巖) 김창협(金昌協)과 심의(深衣), 방령(方領), 속임(續衽)의 제도를 논의하여 마침내 스스로 제작하여 입었다. 천문(天文), 지법(地法 지리), 율려(律呂), 산수(算數) 같은 학문에 대해서도 두루 통하여

140 계몽복역(啓蒙覆繹) : 원명은 《역학계몽복역(易學啓蒙覆繹)》으로, 6권 4책이며, 주희(朱熹)의 《역학계몽》에 대한 선유들의 설을 인용하여 해설하고, 미진한 점에는 '해안(楷案)'이라 하여 자기의 의견을 진술하였다. 권1은 본도서(本圖書)로 하도(河圖)·낙서(洛書)·상생도(相生圖)·주갑기도(周甲氣圖) 등 34도, 권2~4는 원괘획(原卦劃)으로 태극·양의·사상팔괘·십육괘용사·참동계납갑(參同契納甲)·복희팔괘·문왕팔괘 등 도설 37편, 권5·6은 명시책(明蓍策)으로 주자설도·옥재설도(玉齋說圖)·사변도(四變圖) 등 도설 13편으로 구성되어 있다.

141 안씨하락고정도(安氏河洛考定圖) : 자세하지 않다.

142 상례비요(喪禮備要) : 신의경(申義慶, 1557~1648)이 《주자가례(朱子家禮)》의 원문을 위주로 고금의 여러 예설(禮說)을 참고하여 사용하기 편리하도록 서술한 책이다. 후대에 김장생(金長生)이 교정하고, 그 아들 김집(金集)이 다시 수정 증보하여 간행한 바 있다.

환히 알지 못하는 것이 없었다. 양전법을 논하기를, 등급에 따라 각각 그 척도(尺度)를 만드는 것보다 좋은 것이 없다고 하니, 하리(下吏)는 감히 간사한 행동을 하지 못하고 비록 어리석은 백성이라도 한 뙈기도 손해 보지 않았으니, 또한 좋은 제도이다.

무릇 공의 효성스럽고 우애 있는 행실과 민첩하고 강건한 덕망으로 문장은 군왕의 정사를 크게 보좌할 수 있으며, 식견은 위로 천도(天道)에 통달할 수 있으며, 재주는 세상일을 경륜할 수 있었으니, 만약 때를 만나 조정과 지방에서 벼슬하여 마음속에 온축한 바를 펼 수 있었다면 반드시 남들보다 뛰어난 업적이 있었을 것이다. 그러나 도리어 거칠고 한가하며 적막한 물가에 한가하게 살다가 곤궁하게 그 세상을 마친 것은 무엇 때문인가. 비록 그렇지만 수(壽), 강녕(康寧), 유호덕(攸好德), 고종명(考終命)은 홍범(洪範)의 오복(五福)[143] 가운데 네 가지인데 공이 이를 겸하였다.

문을 닫고 고요히 심성을 길렀으며, 학문에 무젖어 심성을 잘 기르는 공부에 힘을 다하였으니, 일로(一路 한 지역)의 문형(文衡) 부탁을 맡았을 뿐만 아니라 공이 저술한 역의 해설서와 예의 변론은 환하게 뒷날의 선비들에게 드리울 만한 것이 있다. 또 일찍이 '독서과농(讀書課農)' 네 글자로써 후생들을 면려하여 말하기를, "게으름은 천하의 악덕(惡德)이니, 경계하지 않을 수 있겠는가."라고 하였다. 이 말이 비록 천근하지만 공이 평소에 부지런히 힘쓰며 쉬지 않았음을 또한 이에서 볼 수 있다. 공 같은 경우 그

143 홍범(洪範)의 오복(五福) : 《서경》 〈홍범(洪範)〉에 나오는 다섯 가지 복을 가리킨다. 여기서는 김해가 가난하게 살았기 때문에 부(富)를 제외한 네 가지를 말하였다.

아름다운 명성과 훌륭한 모범이 영원토록 길이 보존될 것이니, 어찌 한때에 부귀한 사람이 아침에는 화려하였다가 저녁에는 시드는 것과 같은 데 비길 수 있겠는가.

공은 일찍이 이백(李白)과 두보(杜甫)의 시에 주석을 달아서 예전의 잘못을 바로잡은 적이 있는데, 이백의 시는 그 작업을 끝마치지 못했다. 필법 또한 굳세면서도 아름다워 절로 일가의 서체를 이루었다고 한다.

부인 이씨(李氏)는 판서 오봉(五峯) 호민(好閔)의 형의 손자 한미(漢美)의 따님이다. 아들 둘을 낳았으니 만지(萬祉), 만정(萬禎)이며, 딸이 하나이니 채선징(蔡善徵)에게 시집갔다. 만지는 아들이 둘이니 명천(命天), 명전(命全)이며, 딸이 넷이니 안복리(安福履), 고명승(高命承), 진사 채식(蔡湜), 이인강(李寅綱)에게 시집갔다. 만정은 명전을 후사로 삼았다. 명천의 아들은 택인(宅仁)이다. 명전은 족자(族子) 호인(好仁)을 후사로 삼았다. 택인의 아들은 상륜(尙倫)이다. 상륜의 아들은 우량(佑良), 우직(佑直), 우동(佑東)이다. 호인의 아들은 정륜(正倫)이다. 정륜은 족자(族子) 우천(佑天)을 후사로 삼았다. 우량의 아들은 생원 현규(顯奎)이다.

하루는 현규가 공의 유집 및 청대(淸臺) 권 희정공(權僖靖公 권상일(權相一))이 지은 묘갈명[144]을 가지고 와서 나에게 보여 주며 행장을 지어 달라고 부탁하였다. 나는 그것을 읽으면서 나도 모르게 옷깃을 여미었다. 드디어 차례에 따라 위와 같이 쓴다.

144 묘갈명 : 《청대집(淸臺集)》 권12 〈부훤당 김공 묘갈명 병서(負暄堂金公墓碣銘 並敍)〉를 말한다.

성균 생원 눌옹 송공 행장
成均生員訥翁宋公行狀

공의 휘는 석충(碩忠), 자는 원로(元老), 호는 눌옹(訥翁)이며, 성은 송씨(宋氏)이다. 고려 중대부좌간의(中大夫左諫議) 맹영(孟英)이 바로 비조인데, 합천(陜川) 야로성(冶爐城)을 식읍으로 받았기에 자손들이 인하여 본관으로 삼았다. 그 뒤에 대대로 높은 벼슬을 한 사람이 있었다. 우리 조선에 들어와 경기도 관찰사(京畿道觀察使) 구(構)가 있으니, 공의 5세조이다. 고조 휘 길창(吉昌)은 개성 부윤(開城府尹)이며 거듭 야로성에 봉해졌다. 증조 휘 천우(千祐)는 장례원 판결사(掌隷院判決事)이며, 조부 휘 수겸(守謙)은 현감이다. 아버지 휘 윤(倫)은 현령으로 다스리는 곳마다 명성과 치적이 있었으며, 성종(成宗) 때 좌리공신(佐理功臣)에 책훈(策勳)되었는데, 비로소 왕성(王城 서울)의 호현방(好賢坊)에 살았으며, 호는 경산(京山)이다. 어머니 숙인(淑人)은 청주 한씨(淸州韓氏) 증(贈) 영의정(領議政) 청주 부원군(淸州府院君) 창(昌)의 따님이다. 경태(景泰) 5년 갑술년(1454, 단종2) 모월 모일에 공을 낳았다.

공은 어려서부터 의표(儀表)가 빼어났다. 자라서는 총명함이 무리들보다 빼어났으며, 민첩하고 학문을 좋아하였다. 외숙 영의정공(領議政公)이 말하기를, "이 아이는 참으로 우리 집안의 훌륭한 외손[145]이다."라고 하였다. 이미 스승에게 나아가 공부할 나이인 10세에 점필재(佔畢齋 김종직(金宗直)) 김 선생(金先生)을 배알하고 위기지학(爲己之學)을 구하였다. "말은 충성스럽고 믿음직하게 하며 행실은 독실하고 공경스럽게 한다.〔言忠信行篤敬〕"[146]라는 말을 써서 자리의 오른쪽에 걸어 두고 스스로 경계하였다. 일찍이 백이(伯夷), 이윤(伊尹), 유하혜(柳下惠)[147] 세 사람을 논하여 말하기를, "이윤의 자임은 진실로 쉽게 배울 수 없고, 유하혜의 화합을 배우는 것 또한 쉽지 않지만 오직 백이의 맑음은 혹 거의 가까울 것이다."라고 하였다.

공은 타고난 자품이 굳세고 깨끗하며 삼가고 말이 적었다. 그 학문은 경(敬)으로 마음을 잡아 지켰고, 예(禮)로 자신을 단속하였으며, 일상생활의 떳떳한 윤리 사이에서 행동하는 것은 반드시 효성과 공손을 근본으로 삼았다. 어버이의 상을 치를 때는 한결같이 주자의 《가례(家禮)》를 따랐다. 성리(性理)를 강구하는 여가에는 활 쏘는 재주와 과거에 필요한 문장을 아울러 익혀 24세에

145 훌륭한 외손 : 원문은 '택상(宅相)'으로, 훌륭한 외손을 말한다. 진(晉)나라 때 위서(魏舒)가 어려서 고아가 되어 외가인 영씨(寧氏) 집에서 자랐다. 일찍이 영씨가 집을 지으려고 할 때 집터를 보는 사람이 반드시 귀한 외손을 두겠다고 하므로, 위서의 외조모가 위서의 총명함을 보고는 마음속으로 위서가 바로 그 아이라고 생각하였다. 위서 또한 "의당 외가를 위하여 내가 이 집터의 상(相)대로 이루겠다.〔當爲外氏, 成此宅相.〕"라고 하더니, 뒤에 과연 위서가 현달하게 되었다는 고사에서 온 말이다. 《晉書 魏舒列傳》

146 말은……한다 : 《논어》 〈위령공(衛靈公)〉에 나오는 말이다.

147 백이(伯夷), 이윤(伊尹), 유하혜(柳下惠) : 《맹자》 〈만장 하(萬章下)〉에, "백이는 성인 가운데 맑은 분이고, 이윤은 성인 가운데 자임한 분이고, 유하혜는 성인 가운데 화합한 분이고, 공자는 성인 가운데 시중을 한 분이다.〔伯夷, 聖之淸者也; 伊尹, 聖之任者也; 柳下惠, 聖之和者也; 孔子, 聖之時者也.〕"라고 평하였다.

사마시에 합격하였다. 그때 한훤당(寒暄堂) 김 선생(金先生)[148]이 같은 호현방(好賢坊)에 살았기에 서로 교제하였다. 금남(錦南) 최부(崔溥),[149] 영천(靈川) 박담손(朴聃孫),[150] 숭양(崇陽) 신희연(申希演),[151] 그리고 공이 한훤당(寒暄堂)의 집에 모여 도의계(道義契)를 맺고 이름을 나열하여 쓰고 말하기를, "나이가 서로 같고 도(道)가 서로 비슷하며, 마음과 뜻이 서로 미덥다."라고 하였다. 계회(契會) 그림은 바로 한훤당이 그린 것이다.

강정왕(康靖王 성종(成宗)의 시호)의 시대를 만나 공은 묵묵히 때의 변화를 관찰하고는 명리의 길에 대한 뜻을 끊었다. 여러 어진 이들에게 기미를 살펴 안전을 도모할 것을 권하고는 마침내 남쪽으로 내려가 소백산 남쪽 강주(剛州 경북 영주(榮州))의 동쪽에 은거하였다. 얼마 지나지 않아 사화(士禍)[152]가 일어나 한훤당이 희천(熙川)으로 유배 가니, 사람들이 공에게 선견지명이 있음을 크

148 한훤당(寒暄堂) 김 선생(金先生) : 김굉필(金宏弼, 1454~1504)로, 본관은 서흥(瑞興), 자는 대유(大猷), 호는 한훤당, 시호는 문경(文敬)이다. 1498년 무오사화로 인하여 평안도 희천과 순천으로 유배되었고, 1504년 갑자사화에 사사되었다. 관련 자료로는 《경현록(景賢錄)》이 있다.

149 최부(崔溥) : 1454~1504. 본관은 탐진(耽津), 자는 연연(淵淵), 호는 금남(錦南)이다. 김종직(金宗直)의 문인이다. 무오사화(戊午士禍) 때 화를 입어 함경도 단천(端川)으로 귀양 갔으며 거기서 6년을 지내다 갑자사화(甲子士禍) 때 처형되었다.

150 박담손(朴聃孫) : 자세하지 않다.

151 신희연(申希演) : 자세하지 않다.

152 사화(士禍) : 무오사화(戊午士禍)로, 연산군 4년(1498)에 유자광(柳子光)을 중심으로 한 훈구파(勳舊派)가 《성종실록》에 실린 사초(史草) 조의제문(弔義帝文)으로 사림파(士林派)를 모함하여 일어난 사화(士禍)이다.

게 칭찬하였다. 얼마 뒤 여러 군자들이 모두 일망타진되는 재앙에 빠졌는데, 혹 천양(泉壤)의 화[153]에 미치기도 하였다. 공이 그 소식을 듣고 애통해하면서 이에 평소의 저술 및 지구들의 서신을 모두 가져다가 수화(水火)에 던져 버리고는 생을 마칠 때까지 인간 세상의 일을 말하지 않았다.

남으로 돌아온 뒤에는 가난함이 더욱 심하였으나, 대처함이 담박하였다. 오직 시골의 늙은이들과 상마(桑麻 뽕과 삼베)와 숙속(菽粟 콩과 조)을 말할 뿐이었다. 당시에 재상이 굳이 공을 만나 몰래 후하게 대하는 사람으로 하여금 공에게 벼슬을 권하게 하려 하였으나, 공이 사양하고 응하지 않았다. '눌(訥)'로 그 서재를 편액하고, 항상 병들어 쓸모없는 물건으로 자처하였다. 비록 집안 자제들이라도 병에 의탁한 뜻을 아는 사람이 없었으나, 오직 뜻이 같은 사람인 망헌(忘軒) 이주(李冑),[154] 도촌(桃村) 이수형(李秀亨)[155] 같은 사람들만 알았다. 단산(丹山) 우석정(禹錫鼎)[156]이 이

153 천양(泉壤)의 화 : 천양은 황천(黃泉) 또는 지하(地下)의 뜻으로, 이미 죽은 사람인 김종직(金宗直, 1431~1492), 표연말(表沿沫, 1449~1498) 등이 부관참시당한 것을 말한다.

154 이주(李冑) : 1468~1504. 본관은 고성(固城), 자는 주지(冑之), 호는 망헌(忘軒), 시호는 충원(忠元)이다. 김종직(金宗直, 1431~1492)의 문인이다. 과거에 급제하여 검열을 거쳐 정언을 지냈다. 무오사화 때 김종직의 문인이라는 이유로 진도로 귀양 갔다가, 갑자사화 때 궐내에 대간청을 설치할 것을 청한 일이 있다는 이유로 김굉필(金宏弼, 1454~1504) 등과 함께 사사되었다. 후일 도승지에 추증되었다. 저서로는 《망헌집》이 있다.

155 이수형(李秀亨) : 1435~1528. 본관은 우계(羽溪), 자는 영보(英甫), 호는 도촌(桃村)이다. 벼슬은 평시서 영(平市署令)이었는데, 세조가 등극하자 단종에 대한

별할 때 지어 준 시에 "날씨가 추워진 뒤에 우뚝하여 마음이 더욱 굳세었네.〔歲寒磊落腸愈堅〕"라는 구절이 있다.

가정(嘉靖) 갑신년(1524, 중종19) 모월 모일에 생을 마치니, 향년 71세였다. 영주의 남쪽 평은역(平恩驛)[157] 동쪽 언덕에 장사 지냈다. 치명(治命 정신이 맑을 때 내린 유명(遺命))을 따라 묘지명을 청하지도 않고 만사를 구하지도 않았다. 그러나 도촌(桃村) 이수형(李秀亨)의 애사(哀詞)에 "미덥도다 눌언자여, 조심조심하며 우직함으로 지켰네. 경산(京山)과 점필재를 아버지와 스승으로 모셨고, 일두(一蠹 정여창(鄭汝昌))와 한훤당을 벗으로 사귀었네. 도를 닦음에 돌처럼 견고하였고, 재주를 온축함에 그릇이 호련(瑚璉) 같았네. 일생 동안 병을 핑계 대며 생을 다하였으나, 아 마음의 자취는 길이 전하리라.〔允矣訥言子, 兢兢守以愚. 父師京畢老, 交友蠹暄徒. 修道介于石, 縕才器也瑚. 一生移病盡, 心迹足長吁.〕"라고 말한 것이 있다. 백여 년 뒤에 정백곡(鄭栢谷),[158] 한강(寒岡 정구

절의를 지켜 처향(妻鄕)인 경상도 순흥(順興)의 도촌(桃村)으로 이주하여 살았다. 순흥의 도계서원(道溪書院)에 제향되었다. 이수형의 행적을 살필 수 있는 자료로는 《도촌실기(桃村實記)》가 있다.

156 우석정(禹錫鼎) : 자세하지 않다.

157 평은역(平恩驛) : 저본에는 '平隱驛'으로 되어 있으나, 송희규(宋希奎, 1494~1558)의 《야계집(倻溪集)》 권1, 〈종조숙부 눌재 선생 유사(從祖叔父訥齋先生遺事)〉 및 통행하는 표기에 의거하여 수정하였다.

158 정백곡(鄭栢谷) : 정곤수(鄭崑壽, 1538~1602)로, 본관은 청주(淸州), 자는 여인(汝仁), 호는 백곡·경음(慶陰)·조은(朝隱)이며, 시호는 충민(忠愍)이다. 임진왜란 때는 임금을 의주로 호종하였고, 명(明)나라 원병을 얻어 오는 데 큰 공을 세웠다. 저서로는 《백곡집》이 있다.

(鄭逑)) 두 선생이 제문을 들고 제사를 지냈다. 정조 병오년(1786, 정조10)에 고을의 사림이 산천서원(山泉書院)에 배향하였다.

부인은 옥천 전씨(沃川全氏)로, 관성군(管城君) 유(侑)의 후손이며, 생원 진사로 호군(護軍)을 지낸 효철(孝哲)의 따님이니, 부인의 행실을 잘 갖추었다. 아들 넷을 두었으니 통정대부(通政大夫) 엄(儼), 참의(參議) 의(儀), 내금위(內禁衛) 간(侃), 부사직(副司直) 칭(偁)[159]이며, 딸이 셋이니 참봉 이준근(李峻根), 충순위(忠順衛) 안배곤(安配坤), 문과 급제하여 좌통례(左通禮)인 권오기(權五紀)에게 시집갔다. 엄은 아들이 둘이니 참의(參議) 복숭(福崇), 우후(虞候)[160] 덕숭(德崇)이며, 딸이 넷이니 권서일(權瑞日), 금응남(琴應南), 진사 이홍제(李弘濟), 생원 김윤흠(金允欽)에게 시집갔다. 의는 아들이 다섯이니 주부(主簿) 복령(福齡), 복남(福男), 복임(福稔), 찰방 복기(福基), 생원 복원(福源)이며, 딸이 하나이니 권종경(權宗慶)에게 시집갔다. 간은 아들이 셋이니 복영(福榮), 복항(福恒), 부호군(副護軍) 복유(福綏)이며, 딸이 셋이니 진사 김진헌(金進憲), 권재홍(權在興), 신여공(申汝恭)에게 시집갔다. 칭은 아들이 셋이니 현감 복인(福仁), 복담(福聃), 정랑 복경(福慶)이며, 딸이 하나이니 한우(韓祐)에게 시집갔다.

159 칭(偁) : 저본에는 '이(儞)'로 되어 있으나, 유사에는 '偁'으로 되어 있기에 수정하였다.

160 우후(虞候) : 조선 시대 서반 무관 외직이다. 각 도에 두었던 병마절도사(兵馬節度使)와 수군절도사(水軍節度使) 밑에 두었던 부직(副職)으로, 병마우후(兵馬虞候)는 종3품(從三品)으로 병우후(兵虞候)・아장(亞將)이라 하였고, 수군우후(水軍虞候)는 정4품(正四品)이었다.

이준근의 아들은 은(㶏)이다. 안배곤의 아들은 위(衛)이며, 딸은 찰방 박승건(朴承健)에게 시집갔다. 권오기의 아들은 찰방 우(祐)이며, 딸은 대사간(大司諫) 박승임(朴承任)에게 시집갔다. 복숭의 아들은 침(沈)이다. 내외 증손 현손은 많아서 기록하지 않는다.

하루는 공의 9대손 회엽(晦燁)이 여러 믿을 만한 분들이 쓴 글을 가지고 와서 나에게 보여 주며 행장을 지어 달라고 부탁하였다. 사양하였으나 받아들여지지 않아 삼가 열람해 보니, 대개 일두(一蠹) 정 선생(鄭先生) 같은 경우는 공을 칭송하여 효성스럽고 인애(仁愛)하다고 하였으며, 탁영(濯纓) 김일손(金馹孫), 추강(秋江) 남효온(南孝溫), 수헌(睡軒) 권오복(權五福),[161] 장륙(藏六) 이오(李鰲), 인재(仁齋) 공인달(孔仁達) 같은 사람은 모두 한 시대에 이름난 선비들인데, 어떤 사람은 공의 굳세고 올바름을 칭송하고, 어떤 사람은 공의 고궁(固窮)[162]을 칭송하고, 어떤 사람은 공이 나라에 도가 행해지지 않자 자신의 몸을 보전한 것[163]을 칭송하였으니, 무릇 어찌 공을 알지 못하면서 그렇게 말

161 권오복(權五福) : 1467~1498. 본관은 예천, 자는 향지(嚮之), 호는 수헌(睡軒)이다. 김종직의 문인이며, 무오사화 때 처형되었다.

162 고궁(固窮) : 곤궁한 것을 당연한 것으로 알고 태연하게 처한다는 뜻으로, 군자의 절조(節操)를 가리킨다. 《논어》 〈위령공(衛靈公)〉에 "군자가 진실로 궁한 것이니 소인은 궁하면 멋대로 굴기 마련이다.〔君子固窮, 小人窮斯濫矣.〕"라고 하였는데, 주자의 집주에 정자(程子)가 고궁(固窮)을 "궁함을 굳게 지키는 것이다.〔固守其窮〕"라고 한 것도 뜻이 통한다고 하였다.

163 도가……것 : 《중용장구》 제27장에 "나라에 도가 행해질 때에는 자신의 뜻을 표현하여 나라에 보탬이 되게 해야겠지만, 나라에 도가 행해지지 않을 때에는 침묵으로써 자신의 몸을 보전해야 할 것이다.〔國有道, 其言足以興; 國無道, 其默足以

할 수 있겠는가.

아, 공은 집안이 본래 사족(士族)이었기에 더불어 연인(聯姻 혼인으로 인하여 친척이 됨)한 바가 모두 척리(戚里)[164]나 훈구의 집안이었다. 만약 공이 구차하게 그들과 부합했더라면, 부귀를 보통의 수준을 뛰어넘을 정도로 취할 수 있었을 것이다. 그러나 부귀 보기를 마치 자신을 더럽히는 것처럼 여겨 비단옷 입은 부귀한 사람의 자제들과는 절대 왕래하지 않았다. 세속에서 훌쩍 벗어나 달가운 마음으로 궁벽한 고을 먼 지방에서 은둔하여 자취를 감추고서 세상을 마쳤으나 여러 어진 이들이 공을 추중함이 저와 같으니, 공이 이에 참으로 명철보신(明哲保身)하여 남들이 미칠 수 없는 군자가 됨은 마땅하도다. 무릇 사람으로서 아름다운 빛을 드리워 후세에 비추는 자는 지위가 높고 작록이 무거운 것에 달려 있지 않은 까닭으로, 중니(仲尼 공자(孔子))의 문하에는 다만 사과(四科)[165]만 일컫는다.

점필재 선생 이전에는 정사를 맡아 행한 사람이 없었으며, 공

容.〕"라고 하였다.

164 척리(戚里) : 장안(長安)에 있던 마을 이름으로, 한(漢)나라 때 천자(天子)의 인척(姻戚)이 여기에서 살았기 때문에, 전(轉)하여 임금의 외척(外戚)이란 뜻으로 쓰인다.

165 사과(四科) : 《논어》 〈선진(先進)〉에 공자(孔子)의 제자들을 장점에 따라 네 가지로 분류하여 "덕행(德行)에는 안연(顔淵)과 민자건(閔子騫), 염백우(冉伯牛)와 중궁(仲弓)이고, 언어(言語)에는 재아(宰我)와 자공(子貢)이고, 정사(政事)에는 염유(冉有)와 계로(季路)이고, 문학(文學)에는 자유(子游)와 자하(子夏)이다."라고 하였는데, 후세에 이를 공문 사과(孔門四科)라고 하였다.

같은 경우는 이미 한훤당, 일두와 도(道)가 서로 비슷하니, 비록 벼슬하지 않은 포의(布衣)로 생을 마쳤으나 무슨 상관이 있겠는가. 이 때문에 후세의 이름난 선비들 또한 모두 기쁘게 공을 위하여 칭술하였으니, 소고(嘯皐) 박승임(朴承任)[166]과 학사(鶴沙) 김응조(金應祖)[167]의 표(表)와 지(識) 같은 경우는 모두 백대토록 믿음을 전할 수 있다. 대산(大山) 이 선생(李先生)이 지은 봉안문(奉安文)도 그 정중함을 극진히 하였으니, 행적을 기록하는 행장은 비록 짓지 않더라도 괜찮다. 다만 공을 위해 예를 갖추어 문장을 짓고자 하여 나에게 부탁함이 이와 같았다. 그래서 이에 감히 여러 믿을 만한 분들의 글을 다 채택하여 대략 나의 거친 말을 얽어서 그 요청에 부응하고, 또 진실로 실덕(實德)이 있으면 한때의 궁달에 얽매이지 않음이 이와 같음을 드러낸다.

166 박승임(朴承任) : 1517~1586. 본관은 반남(潘南), 자는 중보(重甫), 호는 소고·철진(鐵津)·수서옹(水西翁)이다. 이황의 문인으로 성리학 연구에 조예가 깊었을 뿐 아니라 문장도 뛰어났다. 저서로 《소고집(嘯皐集)》이 전한다. 《소고집》 권4에 〈생원 송공 묘갈(生員宋公墓碣)〉이라는 제목으로 묘도문자가 실려 있다.

167 김응조(金應祖) : 1587~1667. 본관은 풍산(豐山), 자는 효징(孝徵), 호는 학사(鶴沙) 또는 아헌(啞軒)이다. 유성룡(柳成龍)과 장현광(張顯光)의 문하에서 학문하였다. 저서로는 《학사집》, 《사례문답(四禮問答)》, 《산중록(山中錄)》, 《변무록(辨誣錄)》 등이 있다.

가선대부 동지중추부사 문소 김공 행장

嘉善大夫同知中樞府事聞韶金公行狀

공의 휘는 시동(始東), 자는 계원(季源), 성은 김씨(金氏)이다. 신라 경순왕(敬順王)의 아들 석(錫)이 의성(義城)에 봉(封)해지니, 인하여 관향으로 삼았다. 중세에 용비(龍庇)가 있어 의성을 습봉(襲封)하였는데, 공덕(功德)으로 고을에서 사당이 세워져 제향되었다. 우리 조선에 들어와 휘 희삼(希參) 호 칠봉(七峯)이 있었는데, 남상(南牀)[168] 사인(舍人)으로 천관경(天官卿 이조 판서)에 증직되었다. 이분이 휘 우굉(宇宏) 호 개암(開巖)을 낳으니, 관직은 부제학을 지냈다. 이분이 휘 득가(得可) 호 주봉(柱峯)을 낳으니, 현감으로 사복시 정에 증직되었다. 이분이 휘 률(瑮) 호 천유당(天有堂)을 낳으니, 진사로 좌승지에 증직되었다. 이분이 휘 추길(秋吉) 호 학정(鶴汀)을 낳으니, 생원으로 천관아경(天官亞卿 이조 참의)에 증직되었다. 이분이 공에게 고조가 된다. 증조 휘 성후(聲厚)는 사복시 정에 증직되고, 조부 휘 여탁(汝鐸)은 천관 우시랑(天官右侍郞 이조 좌랑)에 증직되고, 아버지 휘 경학(景澩)은 천관 아경(天官亞卿)에 증직되었으니, 삼세(三世) 모두 공 덕분에 추은(追恩 사후에 내리는 성은)되었다. 어머니 정부인(貞夫人)은 선

168 남상(南牀) : 남상(南床)으로도 쓰며, 홍문관 정자(弘文館正字)를 가리킨다. 홍문관 관원들의 좌차(坐次)가 정자가 남쪽 상(床)에 자리 잡고 앉는 데에서 이렇게 이른다.

성 김씨(宣城金氏) 문절공(文節公) 담(淡)[169]의 후손 행추(行秋)의 따님이다. 영조 7년 신해년(1731) 6월 모일 안동(安東) 호평리(虎坪里) 집에서 공을 낳았다.

공은 어려서부터 우뚝하여 평범한 아이들과 달랐다. 10세에 아버지 시랑공(侍郎公)의 상을 당하였기에 외조부 매학공(梅鶴公)과 족부(族父) 학음공(鶴陰公)[170]에게 배웠다. 어머니 정부인이 병에 걸리자 공에게 집안일을 맡도록 하였기에 마침내 학문에 뜻을 전일하게 할 수 없었다. 공이 홀어머니를 섬김에 받들고 순종하여 뜻을 어김이 없었다. 모든 일을 반드시 명을 받고서 행하였다. 누이 셋과 우애가 매우 지극하여 재산을 나누어 줌에 이미 넉넉하게 하였고, 부족함을 도와줌에 또 정성스러웠다. 중부(仲父)가 늙어 곤궁한 데다 홀아비로 괴이한 질병에 걸렸는데, 모시고 간호하며 곁을 떠나지 않았고, 중부가 세상을 떠나자 신주를 받들어 제사 지냈다. 마침내 후사를 세워 전택(田宅)을 마련해 주었으며, 어루만지고 사랑하기를 동기(同氣 형제)와 같이 하였다.

의탁할 곳이 없는 재종제(再從弟)의 어린 자식을 데려다가 길렀고, 또 살림과 종들을 경영하고 결혼시켜 가정을 두게 하였다. 다른 고을에 우거하면서 가난하여 스스로 살 수 없었던 재종질

169 담(淡) : 김담(金淡, 1416~1464)으로, 본관은 예안(禮安), 자는 거원(巨源), 호는 무송헌(撫松軒), 시호는 문절(文節)이다. 천문과 역법 등에 밝았다. 저서로는 《무송헌집》이 있다.

170 학음공(鶴陰公) : 김경필(金景泌, 1701~1748)로, 본관은 의성(義城), 자는 원중(源仲)이며, 학음은 그의 호이다. 봉화(奉化) 해저(海底), 안동(安東)에 거주하였다. 1735년 과거 급제하여 병조 좌랑을 제수받았다. 이조 참의에 추증되었다.

(再從姪)을 집으로 데리고 와서 함께 살았는데, 그가 죽자 곧 그 딸을 기르고 혼수를 마련하여 시집보냈다. 종족 가운데 염을 하고 장례를 치를 수 없는 사람과 관청에 세금을 마련하여 바칠 수 없는 사람이 있으면, 반드시 힘을 다해 구제하였으며, 항상 곤궁한 절기가 되면, 양식이 없어 밥을 하지 못하는 사람이 있는지를 두루 물어서 도와주었다. 비록 본디 알지 못하는 사람에 대해서도 옷을 벗어서 그 추위를 구제해 주었다. 사람들 가운데 돈을 빌려 가서 오랫동안 갚지 못하는 경우가 있으면, 곧 차용증을 찢어 버리고 묻지 않았다.

선조를 받드는 정성에 더욱 돈독하여 여러 대에 걸친 분암(墳庵 묘를 보살피기 위해 세운 암자)과 제전(祭田)을 모두 힘을 다해 경영하여 마련함에 완전히 새롭게 하여 넉넉하게 하였다. 자손 가운데 계장(繼葬 조상의 묘지 아래에 잇대어 묘를 쓰는 것)한 사람도 또한 묘소에서 합동으로 제사 지내니, 설령 재물이 없거나 혹 후사가 없는 경우도 모두 굶주린[171] 탄식이 없었다. 항상 말하기를, "집안에 종중(宗中)이 있는 것은 나무에 줄기가 있는 것과 같다. 지자(支子)는 가지와 잎이니, 덮어 보호할 바의 도를 생각지 않을 수 있겠느냐. 옛사람 가운데 9대가 함께 산 사람이 있었는데, 비결은 다만 '인(忍)' 자뿐이었다.[172] 만약 더불어 서로 다투지 않는다면,

171 굶주린 : 원문은 '뇌이(餒而)'로, 《춘추좌씨전(春秋左氏傳)》 선공(宣公) 4년에 "오씨(敖氏)의 귀신은 굶주리지 않겠는가?〔若敖氏之鬼, 不其餒而?〕"라고 한 데서 온 말이다. '이(而)'는 본디 어조사이나 '뇌(餒)'와 함께 성어가 되어 특별히 '자손이 끊겨 제사 지낼 사람이 없다'는 뜻으로 쓰인다. 《李宗侗, 春秋左傳今註今譯, 臺灣商務印書館, 1995, 中冊 543쪽》

지금 어찌 다만 9대가 함께 살 수 없겠는가."라고 하였다.

공은 다만 외아들 승선군(承宣君)만 두었는데, 방긋 웃거나 손을 잡고 다닐 정도[173]의 어린아이 때부터 가르치고 인도하기를 매우 엄하게 하였다. 조금이라도 싸우거나 다툼이 있으면, 반드시 하초(夏楚)[174]를 더하였다. 세시(歲時)나 명절에도 날마다 정한 공부 과정을 그만두지 못하게 하며 말하기를, "하루라도 책을 읽지 않으면 게을러진다. 우리 집안 문헌(文獻)의 명망은 오로지 너에게 달렸다."라고 하고, 드디어 사랑의 정을 떼어 버리고 필요한 물품을 실어 고을의 선진가(先進家)에 보냈다. 승선군이 거친 밥 먹기 힘들어한다는 소식을 들어도 또한 그대로 내버려두고는 말하기를, "남자의 많은 업적들은 모두 고난을 겪는 가운데서 나왔다." 라고 하였다. 위양(渭陽)[175]과 빙가(聘家 처가(妻家)) 같은 경우에는

172 옛사람……자뿐이었다 : 장공예(張公藝)의 고사에서 나온 말이다. 장공예는 9대가 함께 동거하여 북제(北齊), 수(隋), 당(唐) 등 세 왕조에서 그 집에 정표(旌表)를 내렸다. 인덕(麟德) 연간에 당나라 고종(高宗)이 태산(泰山)에 봉선(封禪)을 하고 나서 그 집에 행차하여 친족 간에 화목하게 지낼 수 있는 방법을 물었다. 이에 장공예가 지필묵을 꺼내어 참을 인(忍) 자 백여 자를 써서 올렸더니, 고종이 훌륭히 여겨 비단을 하사하였다고 한다. 《小學 卷6 善行》

173 방긋……정도 : 원문은 '해제(孩提)'로, 두세 살 정도 되는 나이를 말한다. 《맹자(孟子)》 〈진심 상(盡心上)〉에 "해제의 어린아이도 자기 부모를 사랑할 줄 모르는 이는 없다.〔孩提之童, 無不知愛其親也.〕"라고 하였는데, 이에 대해 주희는 "해제는 두세 살 정도 되는, 웃을 줄 알고 손을 잡아 주고 안아 줄 만한 아이이다.〔孩提, 二三歲之間, 知孩笑可提抱者也.〕"라고 하였다.

174 하초(夏楚) : 《예기》 〈학기(學記)〉의 "하와 초 두 가지 회초리를 사용하여 위의를 수렴하게 한다.〔夏楚二物, 收其威也.〕"라는 말을 인용한 것이다. 하(夏)는 모양이 둥글고, 초(楚)는 모양이 모난 체벌 도구를 가리킨다.

왕래하는 것도 허락하지 않고 말하기를, "외가 사람들은 장난을 좋아하니, 장난하면 그 행실이 어그러진다. 처가 사람들은 반드시 넉넉히 대우할 것이니, 넉넉히 대우하면 공부에 방해가 된다."라고 하였다. 친척의 장례나 제사 외에는 한가하게 출입하지 못하게 하였다. 날마다 정해진 공부량을 주어 혹 잠시라도 멈추거나 그만둠이 없게 하였다. 이와 같이 한 것이 무릇 십오륙 년이었다.

공이 여관에서 대산(大山) 이 선생(李先生)을 뵙고 돌아와서는 아들 승선군에게 말하기를, "나는 밤낮으로 네가 입신양명하기를 기대하였다. 입신양명의 방법은 영달함에 달린 것이 아니라 스스로 실지공부(實地工夫)에 바탕을 두는 것이다."라고 하고, 곧바로 대산 선생에게 가서 수업받게 하였다. 대개 공(公) 자신이 어려서 이런 학문에 종사할 수 없었던 것을 한으로 여겨서 그렇게 한 것이다. 승선군(承宣君)이 연속으로 과거 시험에 합격하여 화현직(華顯職)을 두루 거치자, 공이 항상 경계하여 말하기를, "일자반급(一資半級 보잘것없이 조그마한 벼슬)도 모두 정해진 분수가 있으니, 지혜와 힘으로는 구할 수 없다. 또 우리 선조의 맑은 덕과 중후한 명망은 세상 사람들이 추중하는 바였는데도 벼슬의 품계가 크게 드러나지 않았던 것은 대개 고아함으로 스스로 지켜 일찍이 권귀한 사람들과 서로 알고 지낸 적이 없었기 때문이다. 너

175 위양(渭陽) : 외숙 또는 외가를 뜻한다. 진(秦)나라 목공(穆公)의 아들 강공(康公)의 외숙이 진(晉)나라 공자(公子) 중이(重耳)인데, 중이가 진(秦)나라에 망명해 있다가 본국으로 돌아갈 때 강공이 태자로 있으면서 중이를 위수의 북쪽까지 전송하며 "내가 외숙을 전송하여, 위수의 북쪽에 이르렀네.〔我送舅氏, 曰至渭陽.〕"라는 시를 지었는데, 여기에서 유래한다. 《詩經 秦風 渭陽》

는 모름지기 이 뜻을 체득하여 삼가 집안의 법도를 지켜 오직 힘을 다해[176] 보답하여 주상의 융성한 은혜에 답하는 것이 옳다."라고 하였다.

공이 일찍이 승선군이 다스리는 영해(寧海) 임소(任所)에 간 적이 있었는데, 백성들의 휴척(休戚 행(幸)·불행(不幸))은 수령에게 달렸으니, 만에 하나 혹 아랫사람에게 원망을 받는다면 이는 나라를 저버리는 것이라고 생각하여 관아의 공무가 끝날 때마다 반드시 그날 했던 일을 자신 앞에서 모두 아뢰게 하였다. 고을 사람들이 서로 말하기를, "아버지[177]가 오시니, 태수의 명성과 치적이 더욱 드러났다."라고 하였다. 공이 민물 생선을 즐긴다는 것을 아는 사람이 있어서 한 소반을 바치자, 공이 말하기를, "이는 반드시 그 사사로움을 위하여 나에게 아첨하기를 구하는 것이니, 여기에 오래 머물러서 관리의 정사에 누가 될 수 없다."라고 하고는 마침내 곧바로 집으로 돌아갔다. 또 승선군의 아이들에게도 관아에 오래 머무르지 못하게 하고는 말하기를, "부형의 관아에 머물면, 그 뜻을 손상케 하지 않음이 드물다."라고 하였다. 승선군에게 벼슬을 제수한다는 주상의 명이 있을 때마다 문득 '성(誠)'이라는 한

176 힘을 다해 : 저본에는 '갈궐(蹋蹶)'인데, 일반적인 용례에 근거하여 '蹋'을 '갈(竭)'로 바로잡아 번역하였다.

177 아버지 : 원문은 '판여(板輿)'로, 노인용 가마인데 주로 지방관으로서 늙은 부모를 잘 모시는 것을 뜻한다. 진(晉)나라 반악(潘岳)이 지은 〈한거부(閑居賦)〉에 "태부인을 마침내 판여에 모시고 가벼운 수레에 오르시게 한 뒤 멀리 궁성을 유람하고 가까이 집안 뜨락을 돌아보게 해 드린다.〔太夫人乃御板輿, 升輕軒, 遠覽王畿, 近周家園.〕"라고 하였다. 《晉書 潘岳列傳》 여기서는 '아버지'란 뜻으로 사용되었다.

글자를 주면서 임금을 섬기는 원부(元符)로 삼게 하고는 말하기를, "조정에 서서 일을 처리함에 이것〔誠〕을 뛰어넘는 것은 없다." 라고 하였다.

공은 본디 성품이 부지런하고 검소하였다. 생활함에 전원(田園)의 넉넉함이 있었고, 어버이를 봉양함에 자신이 고을 수령이 되어 받는 봉급으로 받들었으나, 옷은 곱고 세밀한 것을 취하지 않았고 음식은 진귀하고 기름진 것을 구하지 않았다. 선을 즐거워하고 악을 미워하였기에 사람에게 선함이 있음을 보면 곧 칭찬하기를 그만두지 않았으며, 선하지 않음이 있으면 꾸짖고 책망하여 용서하지 않았다. 사람을 대할 때는 선비, 농부, 부녀자를 따지지 않고 곧 각각 그들이 하는 일로써 권면하였는데, 다만 집안 사람이나 자제들에게만 그런 것은 아니었다. 경신년(1800, 정조24)에 공은 주상을 시종(侍從)한 신하의 아버지 나이가 일흔이라는 것으로 통정대부(通政大夫)의 품계를 받아 첨추(僉樞)에서 오위장(五衛將)에 제수되었다. 경오년(1810, 순조10) 가선대부(嘉善大夫) 부호군(副護軍)으로 승진하였고, 인하여 동지중추부사(同知中樞府事)에 제수되었다.

신미년(1811) 5월 모일, 정침에서 세상을 떠났으니, 향년 81세였다. 유명(遺命)으로 관(棺)은 옻칠한 것을 사용하지 말고 염(殮)은 비단을 사용하지 말게 하였다. 이듬해 정월에 안동부의 북쪽 갈산리(葛山里) 급시곡(及時谷) 해좌(亥坐 남동 30도 방향) 언덕에 장사지냈다. 부인은 반남 박씨(潘南朴氏)이니, 소고(嘯皐) 선생 승임(承任)의 후손 효술(孝述)의 따님으로, 공손하고 검소하며 자애롭고 유순하였으며, 부녀자의 일에 부지런하였다. 정미년(1727, 영조3)

에 태어나 임자년(1792, 정조16)에 생을 마쳤다. 아들 하나를 두었는데, 희주(熙周)이니 바로 승선군(承宣君)이다. 안동(安東) 권사급(權思汲)의 따님에게 장가들어 아들이 둘이니 재공(在恭), 재익(在翼)이며, 딸이 하나이니 이면순(李勉淳)에게 시집갔다. 여남(餘男 측실의 아들)은 재순(在順)이다. 재공은 응교(應教) 이귀운(李龜雲)의 따님에게 장가들어 딸 넷을 나았으니, 모두 어리다. 재익은 익찬(翊贊) 유심춘(柳尋春)의 따님에게 장가들어 아들 하나를 나았는데, 어리다. 이면순은 아들 하나, 딸 하나인데, 어리다.

공은 의모(儀貌)가 우람하고 컸으며 지기(志氣)가 굳고 확고하였기에 옳은 것을 보면 반드시 자신의 뜻을 행하였다. 식견과 사려가 두루 통함이 남들과 전혀 달랐기에 무릇 해야 할 일이 있으면 섬세하고 자세하여 빠트림이 없었다. 집에서 생활할 때도 힘써 그 도를 다하였으니, 효도하고 우애한 행실, 돈독하고 화목한 의리, 부지런하고 검소한 지조, 힘을 다해 선조를 받드는 정성, 마음을 다해 자식을 가르치는 방법이 모두 남들이 미칠 바가 아니었으니, 그 본령을 말해 보건대 독실하고 중후하며, 충성스럽고 미더움이 그 천성이었다. 게다가 어려서부터 《소학(小學)》의 가르침을 복습(服習)하였기에 날마다 생활하는 모든 것이 중(中)을 얻은 데서 나오지 않은 것이 하나도 없었다. 공은 평소 생활할 때 말이 적고 웃으면서 장난하거나 가볍지 않았으며, 남들과 사귈 때는 반드시 자신보다 나은 사람과 종유하였다. 또 일을 맡을 만한 기국(器局)이 있었기에 공의 삼종씨(三從氏)인 용담(龍潭),[178] 소암(素庵)[179] 두 분이 서로 칭찬하였는데, 혹 말하기를, "이 사람이 문학(文學)은 비록 넉넉지 않지만 실지공부에 힘씀이 있는 사람을 보면 성심(誠心)으로 좋아하니, 이 점이 바로 남들이 미치기 어려운 점이다."라고 하였고, 혹 말하기를, "만약 내 아우가 탁지(度支 호조(戶曹)의 별칭)가 되었다면 나라에 반드시 이로움이 있었을 것인데, 애석하게도 곤궁하게 살다가 생을 마쳤기에 업적이 한 집안에만 그쳤다. 그러나 뒷날 후손이 마땅히 그 보답을 받을 것이다."라고 하였다.

승선군(承宣君)도 또한 가르침을 받듦에 게으르지 않으니, 앞길이 얼마나 잘될지 헤아릴 수 없다. 이 또한 공이 세상을 떠난 뒤의 복이 무궁토록 미치는 것이 아니겠는가. 승선군이 근래에 욕되게도 나와 잘 지낸 적이 있었는데, 날마다 지친 모습으로 최복(衰服)을 입고 와서 친족 가운데 원로로 우윤(右尹)을 지낸 귀호(龜湖) 김굉(金埃) 씨가 지은 묘지명[180]을 보여 주면서 행장 짓는 일을 부탁하였다. 사양했으나 받아들여지지 않아 위와 같이 차례하여 쓴다.

178 용담(龍潭) : 김익동(金翼東, 1716~1780)을 가리킨다. 자는 성필(聖弼), 호는 송하(松下)이다.

179 소암(素庵) : 김익동의 아우 김진동(金鎭東, 1727~1800)을 가리킨다. 자는 정지(定之), 호는 소암이다. 저서로는 《소암집》이 전한다.

180 김굉(金埃)……묘지명 : 김굉(金埃, 1739~1816)의 본관은 의성(義城), 자는 자야(子野), 호는 귀와(龜窩)이다. 이상정(李象靖)의 문인이며, 1777년(정조1) 문과에 급제하여 우부승지, 대사간 등을 역임하였다. 문집으로 《귀와집(龜窩集)》이 전한다. 묘지명은 《귀와집》 권10에 〈동지중추부사 김공 묘지명(同知中樞府事金公墓誌銘)〉으로 실려 있다.

증 홍문관 수찬 의은 이군 행록
贈弘文館修撰依隱李君行錄

군의 이름은 원상(元祥), 자는 선장(善長), 성은 이씨(李氏)이니, 그 선조는 여주(驪州)를 본관으로 하는 사람이다. 문원공(文元公) 회재(晦齋) 선생의 9세손이다. 8세조 휘 응인(應仁)은 사옹원 판관(司饔院判官)이며, 좌승지(左承旨)에 증직되었다. 이분이 휘 의윤(宜潤)을 낳으니, 호는 무첨당(无忝堂)이며 한강(寒岡) 선생의 문하에서 공부하였다. 이분이 휘 주(輈)를 낳으니, 진사에 합격하여 참봉이다. 이분이 휘 돈(墩)을 낳으니, 직장(直長)이다. 이분이 휘 덕종(德種)을 낳았다. 이분이 휘 성중(誠中)을 낳으니, 직장인데 바로 군의 증조부이다. 조부의 휘는 헌조(憲祖)이며, 아버지의 휘는 정하(鼎夏)인데, 모두 일찍 생을 마쳤기에 음직을 받지 못하였다. 어머니는 풍산 유씨(豐山柳氏)로, 겸암(謙庵) 선생 운룡(雲龍)의 후손 사인 정(渊)의 따님이다. 생부는 휘가 정상(鼎象)이며, 생모는 안동 권씨(安東權氏)로, 생원 렴(濂)의 따님이다. 원릉(元陵) 임오년(1762, 영조38) 10월 모일, 양좌동리(良佐洞里) 집에서 군을 낳았다. 태어난 지 6일 만에 생부가 돌아가시니, 유씨(柳氏)가 조정의 명을 받들어 권씨가 낳은 아들을 후사로 삼았다.

군은 타고난 자질이 온아하면서도 남들을 놀라게 하는 빼어남이 있었다. 어려서부터 장난을 좋아하지 않았으며, 어른을 모시고 응대함에 오직 삼갔다. 정와(靜窩) 정훈(鼎勳)에게 수학하였는데,

문의(文義)가 정밀하고 자세하였으며, 식견이 관통하고 환하였다. 정와(靜窩)가 칭찬하며 말하기를, "이 아이의 학업은 반드시 일찍 성취될 것이다."라고 하였다. 8·9세 때에 상사(上舍) 정희(鄭熺)의 가숙(家塾)에 나아가 글짓기를 시험하였는데, "성(性)이 곧 이(理)이다."라는 말이 있었다. 상사〔정희〕가 무릎을 치고 감탄하여 말하기를, "부자(夫子 회재(晦齋) 이언적(李彦迪)을 가리킴)의 주손(胄孫)이 됨에 마땅하니 학문의 연원(淵源)이 반드시 마르지 않을 것이다."라고 하였다.

겨우 성동(成童 15세)이 되었을 때 문예(文藝)가 이미 성취되었다. 정조 계묘년(1783, 정조7)에 향해(鄉解 향시(鄉試)로, 소과를 말함)에 합격하였는데, 그때 지은 시험 답안지가 고관(考官)에게 크게 칭찬을 받았다. 예위(禮圍)[181]에 갔을 때, 번암(樊庵 채제공(蔡濟恭)) 채공(蔡公)이 다른 사람을 통하여 만나려는 뜻을 전달하였는데, 군은 만나러 가는 것을 즐겨 하지 않았다. 이로부터 조사(藻思 시문(詩文)을 잘 짓는 재능)가 더욱 진보하였다. 갑인년(1794) 두 차례 발해(發解)[182]에 들었으나 합격하지는 못하였다. 도신(道臣 관찰사(觀察使))과 수의(繡衣 암행어사(暗行御史))가 문행(文行)과 재서(才諝 재주)로 천거할 때 군을 으뜸이라고 추천함이 많았다. 을묘

181 예위(禮圍) : '예위(禮闈)'라고도 하며, 과장(科場)을 뜻한다. 원래 과거(科擧)의 회시(會試) 또는 그 회시를 보이는 장소를 지칭하는 것인데, 예조(禮曹)에서 주관하기 때문에 붙여진 이름이다.

182 발해(發解) : 주현(州縣)의 고시(考試)에 급제한 학생을 그 지방 관청에서 중앙 정부에 공진(貢進)하는 일로, 공문서를 중앙 정부에 발송하여 거인(擧人)을 경사(京師)에서 과거에 응시하게 하는 일을 가리킨다.

년(1795)에 유생응제(儒生應製 유생을 대상으로 시행하는 응제)에 참여하였을 때, 명을 받들어 입시(入侍)하였다. 주상이 현달한 친족에 대해 묻자, 군이 전 참판 정규(鼎揆)로 대답하였다. 혹자가 왜 선정(先正 회재 이언적)의 적손(嫡孫)이라 말하지 않았느냐고 하니, 군이 말하기를, "주상께서 하문하지 않은 바는 감히 말하는 것이 아닙니다."라고 하였다.

계해년(1803, 순조3)에 또 두 차례 발해(發解)에 들었으나 응시하러 가기 전에 어머니 유 부인(柳夫人)의 상을 당하였다. 장례에 예제를 지킴이 능히 모두 유감이 없게 하였다. 병인년(1806)이 되어서야 비로소 전천(銓薦)[183]으로 효릉 참봉(孝陵參奉)에 제수되었다. 고사(故事 예날의 사례)에 능관제명안(陵官題名案)이란 것이 있었는데, 그 선조 가운데 인종(仁宗)까지 섬긴 사람이 있으면, 모두 아무개의 후손이라고 써서 스스로를 드러내었으나, 공은 쓰지 않았다.

정묘년(1807, 순조7) 진사에 합격하였다. 관리 인사를 맡은 관원 가운데 평소 군을 추천하는 사람이 있었는데, 군의 재주와 행실이 모두 완전함을 가상히 여겨 한번 만나 보고자 하였으나 끝내 가지 않았다. 영소(榮掃)[184]로 인해 돌아와 말하기를, "나는 적임자가 아닌데 선조의 음덕을 바탕으로 가장 낮은 벼슬자리를 얻

183 전천(銓薦) : 전조(銓曹)에서 그 벼슬에 적합한 자를 임금에게 천거하는 것으로, 문관(文官)은 이조(吏曹)가, 무관(武官)은 병조(兵曹)가 맡는다.

184 영소(榮掃) : 자기 또는 아들이 과거나 벼슬 등 경사로운 일이 있을 때, 선조의 무덤에 고하고 제사 지내는 일을 말한다. 영(榮)은 영광, 소(掃)는 소분(掃墳)의 뜻이다.

은 것만으로도 만족하니, 다시 무엇을 구하겠는가."라고 하였다. 드디어 스스로 '의은(依隱)'이라 호를 하고 날마다 서적을 읽고 자제를 가르치는 것을 즐거움으로 삼았다. 5년 뒤 신미년(1811, 순조11) 군의 나이 50세에 〈지비음(知非吟)〉을 지어 스스로 경계하였다.

계유년 가을, 나라에 큰 경사가 있어 증광시를 실시하니, 군은 스스로 세신(世臣)으로서의 의리 때문에 마땅히 가야 한다고 여겨 곧바로 과거에 응시하고 합격하였다. 10월에 대책(對策)으로 병과(丙科)에 합격하였다. 전시(殿試)를 치를 때 대신들이 군의 명인(銘引)[185]을 보고 놀라며 말하기를, "이 문체는 영남의 선비로는 익숙한 자가 드문 바인데 문장의 화려함이 이와 같으니, 마땅히 문임관(文任官)[186]에 두어야 한다."라고 하였다. 지구(知舊)와 재신(宰臣)들이 모두 우리나라 유학의 다행이라고 축하하였다. 이에 영예와 명성이 매우 성대하여 조정에 가득한 신료들이 안부를 물었으나 공은 한 번도 사례하지 않았다. 노창(臚唱)[187]하던 날 곧바로 한성을 나갔는데, 짐꾸러미가 여전히 소박하였다. 공은 평소 천연두를 조심하였으나, 우연히 영소의 행차에서 천연두에 걸

185 명인(銘引) : 과거 시험에 쓰는 문체의 종류인 듯한데, 자세하지 않다.

186 문임관(文任官) : 홍문관(弘文館)・예문관(藝文館)의 제학(提學) 또는 임금의 교문(敎文)이나 외교문서를 맡아보던 종2품의 관직이다.

187 노창(臚唱) : 의식의 순서를 적은 것을 차례대로 소리 높여 읽는 것이다. 관직을 제수받은 신하는 궐 안에 나아와서 먼저 사배례(四拜禮)를 행하고 교지(敎旨)를 받고 나서 다시 사배례를 행하였는데, 앞서 행한 사배례를 선사배(先四拜)라 하고 뒤에 행한 사배례를 후사배(後四拜)라 하였다.

려 수레를 타고 돌아왔다. 어떤 사람이 묻기를 "마음이 흔들리지 않을 수 있겠습니까."라고 하니, 군이 말하기를, "죽고 사는 것은 하늘의 뜻이니, 내가 무엇 때문에 마음이 흔들리겠습니까."라고 하였다. 병이 위독해지자 옷을 바꾸어 입고 자리를 바르게 하였으며, 집안일에 대해서는 언급하지도 않고 갑작스럽게 세상을 떠났으니, 바로 12월 28일이었다. 향년이 겨우 52세였으니, 원근의 사람들이 모두 탄식하며 눈물 흘렸다. 이듬해 봄에 조정에서 특별한 은전으로 조봉대부 홍문관 수찬(朝奉大夫弘文館修撰), 지제교 겸 경연검토관 춘추관 기사관(知製教兼經筵檢討官春秋館記事官), 중학교수 한학교수(中學教授漢學教授), 세자시강원 사서(世子侍講院司書), 문겸선전관(文兼宣傳官)에 증직하였다. 6월에 송도산(松濤山) 오좌(午坐 북향) 언덕에 장사 지냈다. 장작랑(將作郎) 임하(林下) 이경유(李敬儒)[188]가 묘지를 지었다.

부인은 영인(令人)에 증직된 연안 이씨(延安李氏)로, 첨추(僉樞) 강재(剛齋) 승연(承延)의 따님이며, 장작군(將作君)의 손아랫누이이다. 곧고 고요하며 단정하고 맑았으며, 부인의 규범이 잘 갖추어졌기에 종족들의 사랑과 떠받듦을 받았다. 아들이 하나이니 재정(在正)이며, 딸이 하나이니 김진화(金鎭華)에게 시집갔다. 후처는 문소 김씨(聞韶金氏)로, 대사성 방걸(邦杰)의 현손인 사인

188 이경유(李敬儒) : 1750～1821. 본관은 연안(延安), 자는 덕무(德懋), 호는 반속(半俗) 또는 임하(林下)이다. 상주(尙州) 북곽(北廓) 승곡에 거주하였으며, 이만부(李萬敷)의 증손자이다. 시동인(詩同人)을 모아 추수사(秋水社)를 주도하였으며 《시평집(詩評集)》과 《창해시면(滄海時眠)》을 편찬하였다. 저서로 《임하집》이 있다.

복운(復運)의 따님으로, 아들딸이 하나씩이니, 모두 어리다.

아, 군은 문원공(文元公)의 총손(冢孫 맏손자)으로, 대대로 집안의 가르침을 계승하고, 장성하여서는 또 강재(剛齋)의 문하에 출입하여 강론하고 절차탁마하며 영향을 받았기에 덕기(德器)가 일찍 성취되었다. 그 마음을 잡아 지킨 것은 정성〔誠〕이었고, 그 몸을 행함은 공경〔恭〕이었기에, 몸은 옷도 감당하지 못하는 듯하고 말은 입에서 나오지 못하는 듯하였다. 갑작스러운 상황이라고 해서 갑자기 얼굴빛이 변하는 경우가 없었으며, 평소 생활할 때는 게으른 모습이 없었다. 겸손하고 낮춤으로 스스로를 수양하여 절대 화려함이나 명예를 구하는 뜻이 없었다. 온화하고 부드러우며 화락하였기에 남들과 다툰 적이 없었으나, 의(義)와 이(利)를 판가름함에 이르러서는 확고하여 흔들리지 않았으니, 평생 잡아 지킨 것이 하루 같았다. 덕의(德義)가 안으로 충만하고 부채(符彩 옥의 광채로 문장의 아름다움을 비유함)가 밖으로 드러났으며, 맑고 담박하여 욕심이 적은 기상이 곧바로 호월(壺月)[189]과 비슷하였으니, 이것이 군의 대체이다.

날마다 볼 수 있는 행실에 이르러서는 어머니 유 부인(柳夫人)이 일찍 남편을 여의고 성품이 엄격하였기에 일에 조금이라도 거슬림이 있으면 혹 말과 얼굴빛에 가차가 없었으나, 군은 부드럽고

189 호월(壺月) : '빙호추월(氷壺秋月)'의 준말로, '옥병의 얼음'과 '가을 달'이라는 말인데, 사람의 마음이 맑고 깨끗함을 비유한다. 일찍이 송(宋)나라의 등적(鄧迪)이 이통(李侗)의 사람됨을 주송(朱松)에게 평하기를 "원중(愿中)은 마치 빙호추월과 같아 한 점 티 없이 맑게 비치니 우리들이 미칠 바가 아니다.〔愿中如氷壺秋月, 瑩徹無瑕, 非吾曹所及.〕"라고 하였다.

완만하게 곡진히 받들어 하나도 거역하는 바가 없었다. 심지어 어린아이처럼 장난하며 어머니를 기쁘게 해 드렸다. 손윗누이에게도 은혜로운 뜻을 지극히 하여 맛있는 것 하나를 얻으면 반드시 나누어 주었다. 어버이가 모두 세상을 떠난 뒤에는 양자로서 대통을 계승한 도를 더욱 돈독히 하였다. 친형에 대한 우애가 매우 도타워 베 한 자, 곡식 한 말[190]도 함께하지 않음이 없었다. 선조를 받드는 절도에도 정성을 다하여 제기를 진설하고 제사 음식을 마련함에 힘써 정결함을 극진히 하였다. 항상 봉양하지 못한 것을 종신토록 애통함으로 여겼다. 기일이 되면 울부짖으며 통곡한 것이 막 상을 당했을 때와 같았다. 외출하고 귀가할 때마다 반드시 가묘에 참배하였다. 사촌 형의 집안이 매우 가난한 것을 안타깝게 여겨 그 자식들을 자신의 집에서 가르치고 길렀는데 친자식과 다름이 없었다.

정와공(靜窩公)[191]은 외아들이 있었는데, 군이 그와 함께 학문함에 서로 아끼는 것이 천륜을 타고난 형제 같았다. 그가 병이 위

190 베……말 : 원문은 '척포두속(尺布斗粟)'으로, 아주 적은 양이지만 형제간에 우애가 있으면 함께할 수 있음을 말한다. 한(漢)나라 문제(文帝)의 동생인 회남왕(淮南王) 유장(劉長)이 모반죄로 귀양 가다가 굶어 죽자 사람들이 "한 자의 베로도 옷을 지을 수 있고, 한 말의 곡식만 가지고도 찧어서 밥을 지을 수 있건만, 형제 두 사람이 서로 포용하지 못하였네.〔一尺布, 尙可縫; 一斗粟, 尙可舂, 兄弟二人不能相容.〕"라는 노래를 불러 풍자한 일이 있다. 《史記 淮南王列傳》

191 정와공(靜窩公) : 조석철(趙錫喆, 1724~1799)로, 본관은 풍양(豊壤), 자는 명중(明仲), 호는 정와이며 청대(淸臺) 권상일(權相一, 1679~1759)의 문인이다. 저서로 《정와공고(靜窩公稿)》가 있다. 《입재집》 권28에 〈정와집서(靜窩集序)〉가 있고, 권31에 〈제정와 조공 석철 문(祭靜窩趙公 錫喆 文)〉이 있다.

독해지자 군은 그를 데려다 자신의 집에 살게 하였고, 치료에 온갖 방도를 다하였으나 끝내 고치지 못하니, 또 그를 위해 아버지를 여읜 아이들을 보살펴서 장성하여 독립할 수 있도록 하였다. 비록 공시(功緦)[192]의 친척이라 하더라도 반드시 끊임없이 찾아가서 인정을 곡진히 하였다. 여러 종족과는 절기마다 화수회(花樹會)를 열어 해마다 상례화하였는데, 또한 오직 정성스러울 뿐이었고 종자(宗子)라고 해서 혜택을 더 받은 적이 없었다.

부리던 종들도 꾸짖거나 책망하지 않고 스스로 변화되기를 기다렸다. 물정(物情 세상 인심)을 잘 알아서 애이(崖異 모가 나고 남들과 다름)의 일을 절대 하지 않았기에 전후로 전염병을 피해 남의 집에 우거한 것이 몇 곳인지 모르지만 들른 곳마다 감복하지 않음이 없었다. 고을에서 생활할 때는 한결같이 겸손함과 공경함으로 하고 밖으로 드러내는 것을 일삼지 않았으니, 대개 저에서도 악함이 없고 이에서도 싫어함이 없는 점이 있었다.

일찍이 과거 시험에 응시하였을 때, 같은 고을 사람이 군의 책문을 베껴 쓰려고 하였으나, 날씨가 매우 추워 붓과 벼루가 모두 얼어서 베껴 쓸 수가 없었다. 군은 붓을 입김으로 불어 스스로 쓰기를 끝내자 이에 답안지를 자리의 오른쪽에 두고 그 사람이 답안지 짓기를 기다려 함께 올리고자 하면서 말하기를, "과거의 합

192 공시(功緦) : 오복(五服) 가운데서 9개월 복에 해당하는 대공(大功), 5개월 복에 해당하는 소공(小功), 3개월 복에 해당하는 시마(緦麻)를 가리킨다. 대공은 종형제·자매·자부(子婦)·손자와 손녀·질부(姪婦)·남편의 조부모·백숙부모(伯叔父母)·질부 등을 위한 복이고, 소공은 종조부모·재종형제·종질·종손 등을 위한 복이며, 시마는 종증조(從曾祖)·삼종형제(三從兄弟)·증손·현손의 복이다.

격 여부는 진실로 글을 빨리 짓는 것에 달려 있지 않습니다. 또 나의 경우는 다행히 일품의 품계를 받았으니, 만족하게 여기지 않음이 없습니다. 그대는 문호가 쇠퇴하였으니, 지금 만약 합격하게 된다면 나 또한 영광에 참여하는 것입니다."라고 하니, 그 사람이 항상 칭찬하여 말하였다. 스스로를 기름에는 담박하고 간약하여 거친 것도 싫어하지 않았으며, 항상 집안 형편이 넉넉하지 못하여 종족에게 근심을 끼치는 것을 번민하였다. 비록 과거에 급제한 후라도 조복(朝服) 한 건 외에는 털끝만큼도 사치함이 없었다. 오직 관곡(官穀) 출납에 힘써 반드시 기한보다 앞서 납부하고자 하니, 모든 백성들에게 솔선수범하였다.

성품이 지극히 총명하여 외우는 것이 남보다 뛰어났다. 무릇 두루 익힌 것이 있으면 더욱 오래되어도 잊지 않았으니, 백사(百史), 구류(九流 제자백가),[193] 산천(山川), 지지(地誌), 병농(兵農), 패설(稗說) 같은 것도 두루 꿰뚫어 이해하지 않음이 없었기에 질문을 하면 응답함이 마치 메아리 같았다. 성현의 글에 있어서도 미묘하고 심오한 뜻을 연구하여 장구(章句)만 전문적으로 연구한 사람보다 나았다. 그러나 항상 스스로 식견을 숨기고 있어도 없는 듯, 꽉 찼어도 텅 빈 듯하였기 때문에 사람들 가운데 군이 널리 통달한 선비임을 아는 이가 적었다. 또 시율(詩律)에도 빼어나 충

193 백사(百史), 구류(九流) : 김흥락(金興洛, 1827~1899)의 《서산집(西山集)》 권19 〈외왕고 계공랑 승문원 정자 증 통정대부 홍문관 부제학 의은 이공 묘갈명(外王考啓功郎承文院正字贈通政大夫弘文館副提學依隱李公墓碣銘)〉에는 '제자백사(諸子百史)'로 되어 있다.

담(冲澹)하면서도 한원(閒遠)하여 고인이 남긴 영향을 깊이 얻었다. 장작군(將作君)과 서로 수창한 것이 수십 편인데 《채지록(採芝錄)》이라고 이름하였다. 평소에 고아한 지취가 있어 아름다운 산수를 만날 때마다 문득 저녁이 지나도록 휘파람 불고 시를 읊조리면서 산뜻한 아취를 폈다. 군 같은 경우는 어찌 이른바 '그 위의가 한결같고 마음이 변함없는 숙인 군자'[194]가 아니겠는가.

아, 이 같은 자질의 순수함과 학생의 아름다움으로 성군의 조정에서 남다른 총애를 받았으니, 만약 수명을 더 누려서 지업(志業)을 끝까지 하여 당세에 역량을 펼 수 있었다면, 우리 유학의 의표가 되고 이 백성들의 의지가 되는 것이 마땅히 어떠하였겠는가. 그러나 오직 하늘의 뜻은 믿기 어려워 중도에 갑자기 꺾이게 되어 상서로운 봉황의 날개가 장차 성군의 조정에서 위의를 드러내려 하였다가 신령한 기린의 발이 갑자기 벼슬길에 나아가는 첫 걸음에 무릎 꿇게 되었다. 축하하는 사람이 문에 있었는데, 조문하는 사람이 마을에 있게 되었으니, 이와 같이 어그러짐은 무엇 때문인가. 지금 조정에서 슬퍼하며 증직하는 은전은 보통의 수준에서 크게 벗어났으니, 나는 생각건대 군이 세상을 떠난 뒤의 복

194 그……군자 : 《시경》 조풍(曹風) 시구(尸鳩)에 "뻐꾸기가 뽕나무에 있으니, 그 새끼가 일곱이로다. 숙인 군자여, 그 위의가 한결같도다. 그 위의가 한결같으니, 그 마음이 변함없도다.〔鳲鳩在桑, 其子七兮. 淑人君子, 其儀一兮. 其儀一兮, 心如結兮.〕"라고 한 데서 온 말인데, 뻐꾸기는 본디 새끼를 먹이는 데 있어 아침에는 위에서부터 아래로 내려가고 저녁에는 아래에서부터 위로 올라가서 여러 새끼들을 고르게 먹이므로, 이것을 들어서 균평(均平)하고 전일(專一)한 군자(君子)의 용심(用心)을 찬미한 것이다.

록이 반드시 자손들에게 미쳐서 끝내 우리 문원공의 백세 뒤까지 끊어지지 않을 복을 드러낼 것이라는 데 정히 의심이 없다.

처음에 내가 강옹(剛翁)의 처소에서 군을 보고는 진실로 이미 마음으로 사랑하였는데, 지난해에 군이 나를 보잘것없다고 여기지 않고 그 아들 가운데 남다른 재주가 있는 자를 나에게 부탁하면서 공부하게 하였다. 군이 영귀(榮歸)하던 길에 나를 방문하여 그 은근한 정을 다하였다. 그 기모(氣貌)와 용색(容色)이 이전보다 나은 것이 있었다. 그래서 내가 군에게 기대하는 바가 더욱 얕지 않았기에 항상 그 앞길이 만 리나 될 것이라고 생각하였더니, 하루아침에 사람의 일이 이미 변하여 군의 아들이 나에게 행장의 글을 부탁하였다. 아, 슬프다. 묘지명과 그 종숙(從叔) 정제(鼎濟)가 찬술한 유사에 의거하여 위와 같이 서술하여 붓을 잡아 글 쓰는 이가 채택해 주기를 바란다.

지은이 정종로(鄭宗魯)

1738년(영조14)~1816년(순조16). 본관은 진주(晉州), 자는 사앙(士仰), 호는 입재(立齋)이다. 우복(愚伏) 정경세(鄭經世)의 6대손으로, 외가인 함창(咸昌 : 지금의 문경군 영순면)에서 태어나 상주 우산(愚山)에서 살았다. 그는 가학을 전수받는 한편 당시 영중삼로(嶺中三老)로 불리던 대산(大山) 이상정(李象靖), 남야(南野) 박손경(朴遜慶), 백불암(百弗菴) 최흥원(崔興遠)의 문하에 나아가 영남학파의 학통을 계승하였다. 그중에 특히 이상정에게 배운 호문삼종(湖門三宗 : 鄭宗魯, 李宗洙, 金宗德)에 속하는 사람으로, 영남학파의 퇴계학통을 잇는 데 중추적인 역할을 하였다. 관직에 뜻이 없어 학문에만 매진하다가 만년에 천거로 광릉참봉(光陵參奉)과 함창 현감 등을 역임하였다. 이후 벼슬에서 물러나 향리에서 성리학 연구와 후학 양성 및 저술에 힘썼다. 그는 또 상주(尙州) 지역에서 일정한 학맥을 세웠는데, 서애와 우복에서 내려오는 학맥을 서애의 후손인 강고(江皐) 유심춘(柳尋春) → 낙파(洛坡) 유후조(柳厚祚) → 계당(溪堂) 유주목(柳疇睦)으로 잇게 하는 중추적인 역할을 하였다. 사후에 우산서원(愚山書院)에 배향되었으며, 저서로는 《입재집》이 있다.

옮긴이 송희준(宋熹準): 권43

1958년 대구시 달성에서 태어났다. 경북대학교 사학과를 졸업하고 고려대학교 국어국문학과에서 한문학 전공으로 박사학위를 받았다. 계명대학교 한학촌 교수를 역임하였고 현재 한국고전번역원 권역별거점연구소 경북대학교 영남문화연구원 책임연구원으로 재직하고 있다. 역서로는 《사미헌집(四未軒集)》 권1~권3과 《대동운부군옥(大東韻府群玉)》 권11~권20(공역)이 있고, 편저서로는 《심경주해총편(心經註解叢編)》 10권과 《근사록주해총편(近思錄註解叢編)》 10권 등이 있으며, 저서로는 《조선의 마지막 문장》이 있다.

옮긴이 김숭호(金崇浩): 권44~46

1969년 대구의 속칭 갓바위에서 태어났다. 한문학 전공으로 박사학위를 받았다. 현재 한국고전번역원 권역별거점연구소 경북대학교 영남문화연구원 선임연구원으로 재직하고 있다. 한문 공부 모임인 주덕회(周德會) 회원이다. 역서로 《전쟁은 속임수다》가 있고, 《주자대전》, 《목재집》, 《구사당집》, 《입재집》 등의 번역에 참여하였다. 편서로 《초결가·초천자》가 있다.

한국고전번역원 권역별거점연구소협동번역사업
경북대학교 영남문화연구원 연구진

연구책임자 정병호(경북대학교 한문학과 교수)
공동연구원 황위주(경북대학교 한문학과 교수)
책임연구원 송희준
선임연구원 김영옥
김숭호
보조연구원 이미진
자문 이갑규(한국국학진흥원 대구강원 주임교수)
이세동(경북대학교 중어중문학과 교수)

입재집 11

정종로 지음 | 송희준 · 김숭호 옮김

2020년 12월 31일 초판 1쇄 발행

편집 · 발행 경북대학교출판부 | 등록 1973년 10월 10일 ㉣97호

주소 대구시 북구 대학로 80

전화 053-950-3830 | 팩스 053-953-4692 | 이메일 press@knu.ac.kr

값 30,000원

ISBN 978-89-7180-548-0 94810
978-89-7180-469-8 (세트)